Kompendium der Einzelhandelsimmobilie

1. Auflage September 2012

© 2012 IZ Immobilien Zeitung Verlagsgesellschaft, 65205 Wiesbaden

Lektorat: Thomas Hilsheimer
Umschlagsgestaltung: Epiphan, Wiesbaden, Yvonne Orschel, Wiesbaden
Satz: Sibylle Tietze
Druck: Beltz Druckpartner, Hemsbach

ISBN 978-3-940219-18-3

Kompendium der
Einzelhandelsimmobilie
Ein Praxis- und Rechtshandbuch

Thomas Lüttgau
Joachim Stumpf
Thomas Elsner

(Hrsg.)

IMMOBILIEN ZEITUNG
edition

Grußwort

Stephan Jung

Vorsitzender des Vorstands des German Council of Shopping Centers e.V.
Head of Retail Consultancy Germany – Director Savills Immobilien Beratungs-GmbH

Deutschland genießt weltweit den Ruf einer stabilen Wirtschaft und zahlreiche Kennzahlen unterstreichen dies eindrucksvoll: robustes BIP-Wachstum, sinkende Arbeitslosenzahlen, überraschende Umkehr des Bevölkerungsschwundes und ein starker Anstieg der Handelsumsätze im Jahr 2011.

Dies inspiriert nationale und internationale Händler, ihre Expansionsbemühungen in Deutschland zu verstärken. Doch es stellt sich die Frage, in welcher Qualität und Quantität neue Flächen geschaffen werden sollten. Fast jedes Produkt ist doch schließlich zu jeder Zeit zum besten Preis verfügbar.

Der stationäre Handel steht weltweit vor der großen Herausforderung, sich so attraktiv zu machen und zu positionieren, dass der Kunde trotz vielfältiger Alternativen weiter zu ihm kommt. Doch wie kann dies gelingen in Zeiten, in denen ein Mausklick genügt, um sein Wunschprodukt zu erwerben?

Zweifler sagen ja bereits seit einigen Jahren den Untergang der stationären Warenwelten voraus, Fußgängerzonen gleichen in ihren Phantasien einer leeren Westernstadt und Shoppingcenter stehen als verlassene Betonruinen herum. Der Konsument sitzt in ihrer Phantasie stundenlang an seinem PC und lässt sich per Mausklick alles zum Bestpreis nach Hause liefern.

Doch der Kunde sucht mehr als je zuvor die neu definierten Marktplätze in den Innenstädten, um seine sozialen Kontakte zu pflegen, und der Kauf von Ware bedeutet nun mal auch Erleben mit allen Sinnen.

Doch leider folgt daraus nicht, dass für den deutschen Handel Entspannung angesagt ist, denn einige Branchen und Formate erleben den Veränderungsdruck mit Tempo und Härte. Musik und Bücher sind die deutlichsten Beispiele dafür, dass das Netz Konsumentenansprüche und -verhalten und damit den Handel stark verändert. Der klassische Handel mit Büchern ist so gut wie tot, es lebe das Haus der Medien! Weniger Fläche, mehr Service und ein Kundenbeziehungsmanagement sind der Schlüssel zum Fortbestand dieses Formats, was sich bestens eignet, viele Themen so intelligent umzusetzen, dass der Kunde immer wiederkommt.

Jeder Händler, der heute nur noch Ware verteilt, wird morgen schon sein Geschäft schließen müssen, denn die Ware steht nicht mehr im Mittelpunkt, da sie dank Internet omnipräsent und immer verfügbar ist. Die Krise der Warenhäuser zeigt leider deutlich, was passiert, wenn man über Jahre den Kunden und seine Bedürfnisse aus den Augen verliert. Das Warenhaus muss endlich ein Kundenhaus werden, um zu überleben.

Es zeigt sich eine beschleunigte Evolution des Kundenverhaltens, was eine zügige Anpassung aller Marktteilnehmer erfordert. Das betrifft zunächst die Händler, aber auch die Entwickler, Finanzierer und Investoren von Handelsimmobilien. Es mag dem Investor zum Beispiel nicht gefallen, dass neben dem klassischen 10- oder besser 15-Jahresmietvertrag mehr Bedarf an kurzlaufenden Verträgen besteht, kommen doch immer mehr Pop-up-Stores mit dem Wunsch nach hoher Flexibilität auf den Markt.

Neu ist auch, dass selbst Unternehmen, die das Konzert des Onlinevertriebs meisterhaft spielen, zunehmend eine lokale, ja erlebbare Präsenz errichten. Unter dem Stichwort „A brand needs a home" beobachten Experten zunehmend, dass Marken sich vermehrt selbst als stationäre Händler erproben. Pirelli, Ritter Sport, Nivea oder Vorwerk sind nur einige Beispiele dafür, dass hier ein neuer Ladentypus entsteht.

Das alte Spiel vom Aussterben mancher Konzepte und dem Entstehen neuer Formate setzt sich fort. Aktuell gibt es zahlreiche Beispiele für lustlose Handelsformen und mangelhafte Kundenbeziehungen, was der Konsument heute konsequent abstraft und was in Insolvenzanträgen endet.

Es ist aber auch wichtig, auf eine weitere Notwendigkeit des Handelsmanagements einzugehen: gehirnfreundlich! Nicht mal ein Dutzend Händler in Deutschland haben bislang erkannt, dass nicht nur Produkte, sondern auch deren Präsentation für das Gehirn des Kunden passend gemacht werden kann. Dabei geht es um Emotionalität, Aufenthaltsqualität, Bequemlichkeit und Service.

Es ist Zeit, dass der Handel sich zügig verändert: Er muss ehrlicher und serviceorientierter werden, er muss Online- und stationäres Angebot perfekt vernetzen und immer wieder überraschend für den Kunden sein, der nur darauf wartet, sein kleines Einkaufsabenteuer zu bestehen.

Diese Gedanken zur Handelsentwicklung sind gleichzeitig Herausforderung an Handel, Immobilienwirtschaft, Städte und Regionen. Handelsimmobilienentwicklungen werden immer komplexer und ihre Projektentwicklungsdauer länger. Das vorliegende Kompendium zur Handelsimmobilie ist ein wichtiges Hilfsinstrument bei der komplexen Entwicklung von Handelsimmobilien. Es nennt sich zu Recht „Ein Praxis- und Rechtshandbuch". Seine Einzigartigkeit liegt nämlich darin, dass die Autoren mit großem Tiefgang und praktischem Bezug sowohl die Aspekte des Marktes als auch die rechtlichen Bestimmungen beleuchten. Man spürt, dass die Autoren einen reichen Erfahrungsschatz rund um die Entwicklung von Handelsimmobilien mitbringen.

Die oben erwähnten Herausforderungen des Marktes vertiefen die Autoren ausführlich und leiten die Implikationen auf Standorte und Betriebsformen ebenso ab wie die Anforderungen an ein zukünftiges Centermanagement. Zusätzlich wird die wichtige Rolle der Standortanalyse und der Standortgutachten methodisch und inhaltlich beleuchtet.

Prägend für die Innenstädte, versuchen Bundes- und Landesgesetzgeber, Raumordnungsbehörden und die Kommunen selbst den Handel so zu steuern, dass er raum- und stadtverträglich ist. Das Buch weist den Weg durch das Dickicht der zahlreichen rechtlichen Regelungen und zeigt Lösungs- und Handlungsmöglichkeiten für die erfolgreiche, schnelle und rechtssichere Projektentwicklung auf. Hilfreich für die Praxis ist insbesondere, dass der Blick dabei auch auf Rechtsbereiche gelenkt wird, die am Beginn der Projektentwicklung nicht primär im Fokus der Betrachtung liegen, aber sehr zeit- und kostenintensiv sein können, wie etwa der Artenschutz, das Störfall- und Denkmalschutzrecht und der Umgang mit Abgaben und Gebühren.

Die Handreichungen für die Praxis enden nicht mit der erfolgreichen Projektentwicklung. Es werden Gestaltungsmöglichkeiten für Bau- und Planerverträge aufgezeigt und auch die Themen rund um Verkauf und Vermietung werden berücksichtigt und sind Bestandteil des alle wesentlichen Bereiche der Entwicklung einer Handelsimmobilie erfassenden Kompendiums.

Vorwort der Herausgeber

Die Handelsimmobilie ist für Investoren ein begehrtes Anlageprodukt, für den Handel ist ihre Lage einer der bedeutendsten Erfolgsfaktoren und für Kommunen ist sie stadtbildprägend. Damit finden Neuentwicklung, Weiterentwicklung und Revitalisierung von Handelsimmobilien im Spannungsfeld der Interessen von Investoren, Kommunen und Nutzern statt.

Für alle Beteiligten bilden die Rahmenbedingungen für den Handel und deren Auswirkungen auf Standorte und Betriebsformen eine wichtige Grundlage für ihre Entscheidungen. Denn der nachhaltige Erfolg einer Handelsimmobilie wird durch den langfristigen Erfolg seiner Nutzer bestimmt. Dieser wiederum findet in einem Umfeld höchster Wettbewerbsintensität statt, die auch als Hyperwettbewerb zu bezeichnen ist: online gegen offline, Großstadt gegen Kleinstadt, City gegen Peripherie, Luxus gegen Discount und Weltstadtshopping rund um den Globus. Hinzu kommt, dass sich Verbraucher opportunistisch und wenig loyal gegenüber einer bestimmten Betriebsstätte oder Betriebsform verhalten. Der Handel muss sich sozio-psychologischen, sozio-demografischen, politisch-rechtlichen, technischen, infrastrukturellen und kompetitiven Entwicklungen und Trends stellen, um langfristig zu reüssieren.

Die Nachfrage im Handel ist real betrachtet seit fast 20 Jahren nicht gestiegen, während das Flächenwachstum stark zugenommen hat. In diesem Verdrängungswettbewerb findet trotzdem eine sehr dynamische Entwicklung statt, da die besseren Konzepte die schlechteren Konzepte verdrängen und die besseren Standorte die schlechteren Standorte. Die Konsequenz daraus ist: Es gibt Gewinner wie Verlierer, und die Notwendigkeit, Entscheidungen sorgfältig zu fundieren, steigt.

In der öffentlichen Wahrnehmung spiegelt keine Entwicklung die Veränderung im Markt so stark wider wie der Marktanteilsverlust der Warenhäuser. Dabei ist der Marktanteilsverlust der inhabergeführten Fachgeschäfte und der damit einhergehende Verlust von Vielfalt in den deutschen Innenstädten um ein Vielfaches höher, aber aufgrund von „Einzelschicksalen" pressemäßig ungleich geringer wahrnehmbar. Die Gewinner im Markt waren vor allem vertikale Textiler wie H&M, Mango, Zara etc., der Onlinehandel, aber auch Fachmärkte und Discounter. Es gibt aber auch Gewinner und Verlierer auf der Standortseite. Während die 1a-Lagen der Ballungsräume und Shoppingcenter-Standorte an Bedeutung gewonnen haben, haben die City-Lagen von vielen Mittelstädten und die B-Lagen stark verloren. Die hohen regionalen Unterschiede in der Bevölkerungsentwicklung führen zusätzlich zu starken unterschiedlichen Standortperspektiven. Das skizzierte Wettbewerbsumfeld stellt auch zunehmend anspruchsvollere Herausforderungen an das Management von Handelsimmobilien, um die Positionierung, den Branchenmix und das Marketing permanent neu auszurichten.

Das vorliegende Buch widmet sich daher in seinen ersten Teilen den Rahmenbedingungen im Handel und ihren Implikationen auf Standorte und Betriebsformen, den Markt- und Standortanalysen als Grundlage für Standortentscheidungen sowie dem Management von Handelsimmobilien.

Der Handel mit seiner zentralen Bedeutung für die Stadtentwicklung ist Objekt einer Vielzahl von rechtlichen Regelungen. Bundes- und Landesgesetzgeber, Raumordnungsbehörden und die Kommunen selbst versuchen den Handel so zu steuern, dass er raum- und stadtverträglich ist. Nicht selten gehen die Vorstellungen der Gesetz- und Verordnungsgeber sowie der Planer und des Handels so weit auseinander, dass der Satz „Baurecht und Handel passen nicht zusammen" immer aktuell ist. Die Dynamik des Handels und die systemkonforme Statik des Rechts sind teilweise unüberbrückbare Gegensätze.

Das Buch möchte in seinem rechtlichen Teil (ab Kapitel 6) Orientierung in diesem Spannungsfeld geben und Möglichkeiten aufzeigen, mit den rechtlichen Rahmenbedingungen – und soweit erforderlich auch dagegen – erfolgreich Handelsentwicklung zu betreiben. Europarechtliche Regelungen gewinnen zunehmend an Bedeutung. Der Blick wird auch auf Rechtsbereiche gerichtet, die bei der Planung nicht direkt im Vordergrund stehen (wie etwa Artenschutz, Denkmalschutz, Gebühren und Abgaben), die aber bei der Entwicklung zeit- und kostenintensiv sein können.

Neben den öffentlich-rechtlichen Fragen, die sich mit der Zulässigkeit einer bestimmten Nutzung befassen, müssen für jeden einzelnen Standort auch weitergehende zivilrechtliche Fragestellungen in den Blick genommen werden. Sowohl bei der Neuentwicklung als auch im Falle der Revitalisierung eines Objektes muss die Verfügbarkeit des

Standortes mit entsprechenden immobilienrechtlichen bzw. mietrechtlichen Instrumenten gesichert werden. Nur bei rechtzeitiger und vorausschauender Vertragsgestaltung ist gewährleistet, dass das in Aussicht genommene Vorhaben auch planungsgemäß umgesetzt werden kann.

Neben immobilienrechtlichen und mietrechtlichen Gesichtspunkten sind regelmäßig auch anspruchsvolle Gestaltungen von Bau- und Architektenverträgen für die bedarfs-, zeit- und kostengerechte Realisierung des Projekts von Bedeutung. Die Kapitel 10 bis 12 geben in diesem Zusammenhang Hinweise zur rechtlichen Ausgangssituation und Empfehlungen für die rechtssichere und individuelle Gestaltung der erforderlichen Verträge. Solche am einzelnen Objekt orientierten Vertragsgestaltungen erlangen in einem zunehmend „verrechtlichten" Bereich immer mehr Bedeutung. Wer sich nur auf vermeintlich bewährte Standardtexte verlässt, geht häufig das nicht zu unterschätzende Risiko ein, dass die gewählte Vertragsgestaltung für sich betrachtet zwar in Ordnung ist, aber die Besonderheiten des Einzelobjekts auf der Strecke bleiben. Daraus resultierende Schwierigkeiten lassen sich erfahrungsgemäß im Nachhinein nur schwer oder gar nicht beheben.

Die Idee zu diesem Buch resultiert aus dem großen Erfolg eines 2-Tages-Seminares, das die Herausgeber seit über 10 Jahren für Projektentwickler, private und institutionelle Investoren sowie die Expansions- und Immobilienabteilungen aus nahezu allen Handelsbranchen geben. Es ist die Zusammenfassung der Ergebnisse und orientiert sich am konkreten Informationsbedarf der Branche.

Wir bedanken uns bei allen Autoren und bei unserem Lektor, Herrn Thomas Hilsheimer, der mit viel Umsicht und Engagement einen wichtigen Beitrag zum vorliegenden Buch geleistet hat.

Thomas Lüttgau, Joachim Stumpf, Thomas Elsner

im August 2012

Inhaltsverzeichnis

Grußwort 5

Vorwort der Herausgeber 8

1   **Einleitung** 15

2   **Marktentwicklung im Einzelhandel,** *Joachim Stumpf* 21

2.1   Rahmenbedingungen und Marktumfeld für den Einzelhandel 21

2.2   Betriebsformen 30

2.3   Handelsimmobilienentwicklungen 38

2.4   Exkurs: Revitalisierung 52

2.5   Ausblick...*59*

3   **Standort- und Marktanalysen und Nutzungskonzepte,** 63

3.1   Kerninhalte, *Joachim Stumpf* 65

3.2   Nutzungskonzepte – Inhalte und Ableitung, *Markus Wotruba* 91

3.3   Exkurs: Due Diligence für Handelsimmobilien, *Angelus Bernreuther* 96

4   **Shoppingcenter-Management,** *Tobias Lagaly* 101

4.1   Aufgaben.. 101

4.2   Erfolgsfaktoren.. 109

4.3   Anforderungen an Center-Manager und Center-Management-Gesellschaften... 115

5   **Gutachten und Projektentwicklung** 121

5.1   Markt- und Standortgutachten/Verträglichkeitsgutachten, *Markus Wotruba*... 121

5.2   Verkehrsgutachten und -prognosen, *Andreas Bergmann* 126

5.3   Exkurs: Kommunale Einzelhandelskonzepte in ihrer Bedeutung für die Projektentwicklung von Handelsimmobilien, *Rainer Schmidt-Illguth* 135

6   **Rechtliche Rahmenbedingungen** 141

6.1   Handelsimmobilien im öffentlichen Bau- und Planungsrecht, *Thomas Lüttgau*... 141

6.2 Die Handelsimmobilie in Raumordnung und Landesplanung,
Thomas Lüttgau und Christian Giesecke 165

6.3 Die Entwicklung von Handelsimmobilien durch
Bebauungsplan, *Thomas Lüttgau, Christian Giesecke,*
Gerrit Krupp, Inga Schwertner, Kai Petra Dreesen 194

7 Vom Bauantrag zur Genehmigung 247

7.1 Baugenehmigungsverfahren, *Markus Johlen* 247

7.2 Die Genehmigung im Plangebiet (§ 30 BauGB),
Thomas Lüttgau und Filiz Yildirim 255

7.3 Die Genehmigung von Handelsimmobilien im
unbeplanten Innenbereich, *Rainer Voß und Nick Kockler* 265

7.4 Die Genehmigung von Handelsimmobilien im
Außenbereich, *Thomas Lüttgau, Filiz Yildirim* 278

7.5 Nachbarliche Abwehrrechte gegen die Genehmigung
von Handelsimmobilien, *Felix Pauli* 283

7.6 Gesicherte Erschließung von Handelsimmobilien,
Tanja Lehmann 291

7.7 Immissionen, *Christian Giesecke* 297

7.8 Altlasten, *Inga Schwertner* 307

7.9 Besonderheiten bei Baudenkmälern, *Alexander Beutling* 309

7.10 Baugenehmigungsgebühren, *Inga Schwertner* 313

7.11 Haftung bei Vorenthaltung oder Verzögerung
von Baurechten, *Franz-Josef Pauli* 318

8 Partnerschaftliche Projektentwicklung
Michael Oerder 327

8.1 Kooperative Handlungsformen 327

8.2 Städtebauliche Verträge nach § 11 BauGB 328

8.3 Erschließungsverträge § 124 BauGB 336

8.4 Business Improvement Districts 338

9 Beiträge und Ablösungsverträge, *Rainer Schmitz* 341

9.1 Erschließungsbeiträge 341

9.2 Straßenausbaubeiträge 351

9.3 Kanal- und Wasseranschlussbeiträge 358

10 Immobilienkaufverträge, *Philipp Libert* 365

10.1 Einführung – Grundlegende Vertragsinhalte 365

10.2 Unsicheres Baurecht 368

10.3 Mietverhältnisse 370

10.4 Sachmängelhaftung/Altlasten 371

10.5 Steuerliche Fragestellungen 374

10.6 Unzulässige Architektenbindung (Koppelungsverbot) 375

11 Mietverträge, *Philipp Libert* 377

11.1 Einführung – Grundlegende Vertragsinhalte 377

11.2 Die gesetzliche Schriftform, § 550 BGB 379

11.3 Miete und Wertsicherungsklauseln 384

11.4 Mietdauer, Verlängerungsoptionen 387

11.5 Instandsetzungspflichten, Schönheitsreparaturen 388

11.6 Betriebs- und Nebenkosten 390

11.7 Gewährleistungsrechte des Mieters 392

11.8 Betriebspflicht 394

11.9 Konkurrenzschutz 395

11.10 Kündigung und Beendigung des Mietvertrages 396

11.11 Mietverträge in der Insolvenz 399

11.12 Dingliche Sicherung des Mieters (Dienstbarkeiten) 401

11.13 Steuerliche Aspekte des Mietvertrages 402

12 Gestaltung von Bau- und Planerverträgen, *Thomas Elsner* 405

12.1 Bauverträge 405

12.2 Architekten- und andere Planerverträge 424

Autorenverzeichnis 437

Register 443

1 Einleitung

Thomas Lüttgau, Joachim Stumpf, Thomas Elsner

Wie im Vorwort bereits erwähnt, liegt das Konzept des Buches darin, die Aspekte der Entwicklung von Handelsimmobilien aus grundsätzlich zwei Blickwinkeln zu beleuchten.

Erstens: aus dem Blickwinkel des Marktes

Die betreffenden Kapitel 2 bis 5 beschäftigen sich mit den Rahmenbedingungen und Trends im Handel und ihren Implikationen auf Standorte, Betriebsformen und Konzepte. Dieser Themenbereich ist erweitert um die Methoden der Standort- und Marktanalyse als Grundlage für Standortentscheidungen und Nutzungskonzepte sowie die zukünftigen Anforderungen an das Property-Management. Die Marktanalytik wird in einem eigenen weiteren Kapitel ergänzt durch die bei Einzelhandelsentwicklungen häufigen Gutachtenthemen: Einzelhandels- und Verkehrsgutachten.

Zweitens: aus dem Blickwinkel der rechtlichen Rahmenbedingungen

Die Kapitel 6 bis 9 stellen die wesentlichen öffentlich-rechtlichen Rahmenbedingungen, Vorgaben und Handlungsmöglichkeiten dar. Sie erläutern die wesentlichen Grundbegriffe, die wichtigsten Schritte im Planungs- und Genehmigungsprozess und zeigen kooperative Handlungsformen mit den Kommunen bei der Entwicklung von Handelsimmobilien und im Umgang mit den besonders kostenträchtigen kommunalen Abgaben auf. Die Kapitel 10 bis 12 befassen sich mit zentralen zivilrechtlichen Fragen, die bei der Realisierung neuer Objekte oder Restrukturierung von Bestandsobjekten zu beachten sind. Dies beginnt mit Fragen des Kaufs oder Verkaufs von Handelsimmobilien und erstreckt sich weiter auf in diesem Zusammenhang wichtigen Fragen des gewerblichen Mietrechts. In einem weiteren Kapitel werden schließlich Fragen der richtigen Vertragsgestaltung bei Bau- und Planerverträgen behandelt.

Im Einzelnen beinhalten die Kapitel folgende Themen:

Kapitel 2: Marktentwicklung im Einzelhandel

In diesem Kapitel werden die sozio-psychologischen, die sozio-demografischen, die politisch-rechtlichen, die technischen, die infrastrukturellen und die kompetitiven Rahmenbedingungen und Trends für den deutschen Handel analysiert. U.a. geht es um die Verschiebung der Alterspyramide, die Bevölkerungsentwicklung, den Einfluss von Multichannel sowie das zunehmend unberechenbare Verbraucherverhalten. Ziel dieser Analyse ist die Ableitung der Implikationen auf Betriebsformen, Konzepte und Standorte. Aufgrund des herrschenden Verdrängungswettbewerbes und der hohen Dynamik bei der Entwicklung von Konzepten und Standorten können nur die Handelsimmobilien nachhaltig rentabel sein, die sich an Standorten befinden, an denen Handelsunternehmen Konzepte präsentieren, die nachhaltig vom Verbraucher goutiert werden. Da Handelsimmobilien eine hohe Attraktivität bei Investoren besitzen, wurden die Implikationen der Rahmenbedingungen auf die wichtigsten Assetklassen Shoppingcenter, Fachmärkte, Geschäftshäuser, Nahversorger und Factory-Outlet-Center erweitert.

Ein Exkurs in diesem Kapitel ist der Revitalisierung von Handelsimmobilien gewidmet. Dies ist der Tatsache geschuldet, dass sich in den kommenden Jahren ein Großteil der Handelsimmobilienentwicklungen in Deutschland auf die Entwicklung im Bestand konzentrieren wird. Der Revitalisierungsbedarf betrifft nicht allein das Segment Shopping-Center, sondern viele andere Handelsimmobilientypen wie Möbelhäuser, Fachmarkt- und Nahversorgungszentren, SB-Warenhäuser, Warenhäuser, Stand-alone-Fachmarkt- und Lebensmittelstandorte, Geschäftshäuser etc. Das Kapitel beschäftigt sich mit Auslösern von Revitalisierungen sowie den daraus abzuleitenden strategischen Optionen.

Kapitel 3: Standort- und Marktanalysen und Nutzungskonzepte

Standortentscheidungen sind sehr langfristige Unternehmensentscheidungen, und Veränderungen des Standortes sind extrem kapitalintensiv. Umso wichtiger ist es, durch fundierte Methoden und Instrumente die Risiken bei der Standortwahl, beim Branchenmix und bei der Betreiberkonzeption zu reduzieren, welche im vorherrschenden Verdrängungswettbewerb sehr hoch sind. Dieses Kapitel beschäftigt sich mit den Inhalten einer Standort- und Marktanalyse wie Makro- und Mikrostandort, Wettbewerb, Abgrenzung von Einzugsgebieten, Markt- und Umsatzpotenzialen sowie der Eignung von Immobilien.

Die Besonderheit liegt darin, dass in diesem Beitrag anhand eines Fallbeispiels für einen Nutzer konsequent die Perspektive des Handelsmanagements eingenommen wird, da diese, neben den für die Immobilienbranche wichtigen Rückschlüssen auf die nachhaltige Mietleistung, eine deutlich größere Tiefenschärfe für die Beurteilung einer Standortentscheidung besitzt. Ein weiterer Aspekt ist der Ableitung von Erkenntnissen auf mögliche Nutzungskonzepte gewidmet sowie der Ableitung von Nachhaltigkeitsbetrachtungen von Standorten und Objekten im Rahmen einer Due Diligence.

Kapitel 4: Shoppingcenter-Management

Shoppingcenter sind seit den 1960er Jahren auch in Deutschland eine bedeutende und expandierende Agglomerationsform des Handels. Als Management-Immobilie stellen Shoppingcenter hohe Anforderungen an die Betreiber, die das Center ständig an die sich verändernden Rahmenbedingungen anpassen müssen. Dabei gilt es Veränderungen der Standortqualität ebenso zu berücksichtigen wie das sich ständig wandelnde Kundenverhalten. Kapitel 4 beschäftigt sich daher mit den Aufgaben eines Centermanagers, den Erfolgsfaktoren erfolgreichen Center-Managements und den sich daraus ergebenden Anforderungen an die Person des Centermanagers bzw. die Center-Management-Gesellschaft.

Kapitel 5: Gutachten und Projektentwicklung

Wie bereits am Aufbau des Buches erkennbar wird, gibt es im Bereich der Projektentwicklung von Einzelhandelsimmobilien vielfältige juristische Aspekte zu beachten. Als Genehmigungsgrundlage ist regelmäßig eine Standort- und Marktanalyse in Form eines Verträglichkeitsgutachtens erforderlich, die die potenziellen Auswirkungen einer Projektentwicklung im Vorfeld thematisiert und damit eine Entscheidung über die rechtliche Zulässigkeit ermöglicht.

Auch aus wirtschaftlicher Sicht sind Standort- und Marktanalysen eine wesentliche Grundlage zur Einschätzung der Erfolgsaussichten und wirtschaftlichen Nachhaltigkeit eines Projektes. Zu Recht fordern Banken oder Aufsichtsgremien als Entscheidungsgrundlage ein solches Gutachten an.

Eine Handelsimmobilie erzeugt immer auch Verkehrsströme. Daher ist es erforderlich, bereits im Vorfeld zu prüfen, ob der induzierte Verkehr auf dem vorhandenen oder geplanten Straßennetz abgewickelt werden kann. Nur so ist einerseits die Genehmigungsfähigkeit darstellbar und andererseits ein erfolgreicher Betrieb der Handelsimmobilie sichergestellt.

Eine besondere Form von Gutachten stellen schließlich die kommunalen Einzelhandelskonzepte dar, die den Kommunen bei der Weiterentwicklung ihres Einzelhandelsbesatzes helfen sollen. Zu diesem Zweck greifen Einzelhandelskonzepte steuernd ein und definieren Räume, in denen die Einzelhandelsansiedlung gefördert bzw. unterbunden werden soll. In einem Exkurs wird in Kapitel 5 erläutert, welche Bedeutung zentrale Versorgungsbereiche und Sortimentslisten für die Projektentwicklung haben.

Kapitel 6: Rechtliche Rahmenbedingungen

Die größten Fehler bei der Entwicklung werden am Anfang gemacht: Wird ein Projekt bereits auf die falsche „Schiene gesetzt", kann es nicht in Fahrt kommen.

Bei der Entwicklung von Handelsimmobilien stellen sich immer wieder die gleichen Rechtsfragen: Was gehört zur Verkaufsfläche? Was ist eine

Fachmarktagglomeration, was ein Einkaufszentrum? Was sind Ziele der Raumordnung? In diesem Kapitel werden die wesentlichen Grundbegriffe anhand der aktuellen Rechtsprechung erläutert und Hinweise zum zielorientierten Umgang mit den rechtlichen Determinanten gegeben.

Ein weiterer wesentlicher Aspekt ist der Umgang mit den raumordnungsrechtlichen und landesplanerischen Vorgaben der Einzelhandelssteuerung. In jedem Bundesland gelten sehr unterschiedliche landesplanerische Vorgaben, deren Kenntnis für die erfolgreiche Projektentwicklung wesentlich ist. Die europarechtlichen Implikationen werden dabei in den Blick genommen und die Grenzen der landesplanerischen Steuerung aufgezeigt.

Schließlich werden die wesentlichen rechtlichen Anforderungen an die (bauleit-)planerische Steuerung von Handelsimmobilien dargestellt. Dies geht in zwei Richtungen: Die Entwicklung größerer Handelsprojekte ist fast ausnahmslos nur noch über die Aufstellung von Bebauungsplänen möglich. Die Sicherheit der Investitionen hängt von der Rechtssicherheit der Planung ab. In der anderen Richtung versuchen Kommunen, ihnen unliebsame Ansiedlungen über Bauleitplanung zu verhindern. Der Projektentwickler muss also die Gefahrenquellen bei der Planung kennen und bewältigen. Die Anforderungen an eine rechtssichere Planung werden umfassend dargestellt.

Kapitel 7: Vom Bauantrag zur Genehmigung

Nach der Baurechtschaffung durch Bauleitplanung geht es um die Sicherung des Baurechts durch Baugenehmigung oder Bauvorbescheid. Auch hierbei gilt es, taktisch und rechtlich richtig zu handeln. Die richtige Antragstellung ist wesentliche Voraussetzung für den Projekterfolg. Sie ist aber auch bedeutsam für die Frage, ob der Antragsteller gegenüber einer rechtswidrig handelnden Genehmigungsbehörde Schadensersatzansprüche geltend machen kann, wenn diese die Genehmigung nicht oder verzögerlich erteilt.

Das „Baunebenrecht" ist für die Erlangung der Genehmigung ebenso bedeutsam wie für deren Erhaltung. Daher werden auch Aspekte des Immissionsschutzes, des Baunachbarrechts, des Denkmalrechts und Erschließungsfragen behandelt. Einen erheblichen Kostenfaktor stellen die Genehmigungsgebühren dar; auch die Handlungsmöglichkeiten in diesem Zusammenhang werden aufgezeigt.

Kapitel 8: Partnerschaftliche Projektentwicklung

Kooperatives Handeln zwischen Investor und Gemeinde ist in vielen Fällen Grundvoraussetzung für die Ansiedlung von Einzelhandelsvorhaben überhaupt. Die Einsatzmöglichkeiten der städtebaulichen Verträge, ihre Grenzen und Rückabwicklungsmöglichkeiten werden in Kapitel 8 dargestellt.

Kapitel 9: Beiträge und Ablösungsverträge

Kommunale Abgaben wie etwa Erschließungsbeiträge und Straßenausbaubeiträge können die Kosten der Projektentwicklung erheblich belasten. Da sie häufig erst sehr spät, meist nach Abschluss der Entwicklung geltend gemacht werden, treten sie ein wenig aus dem Blickfeld. Dies zu vermeiden und Möglichkeiten des frühzeitigen, planvollen Umgangs hiermit, etwa durch Ablösungsvereinbarungen, aufzuzeigen, ist Anliegen des 9. Kapitels.

Kapitel 10: Immobilienkaufverträge

Handelsimmobilien werden auf Grundstücken errichtet, die erworben und veräußert werden. Beim Abschluss der Immobilienkaufverträge sind die in den vorhergehenden Kapiteln dargestellten Risiken bei der Realisierung des Standortes zu berücksichtigen und umsetzen. Das Kapitel beschäftigt sich mit Grundkomponenten eines jeden Grundstückskaufvertrags wie auch mit Besonderheiten des Erwerbs bzw. der Veräußerung von Handelsimmobilien. Hierzu gehört namentlich die Sicherung des Baurechts und die Vermietung der Immobilie.

Kapitel 11: Mietverträge

Nahezu alle Handelsimmobilien werden vermietet. Die Verhandlung und der Abschluss eines Mietvertrags ist Bestandteil fast jeder Projektentwicklung. Aus Vermietersicht ist sicherzustellen, dass baurechtliche Einschränkungen der Nutzungen an den Mieter weitergegeben werden. Insbesondere bei Einkaufszentren stellen sich darüber hinaus regelmäßig Fragen des Konkurrenzschutzes, der Beteiligung des Mieters an den Kosten für die Instandhaltung von Gemeinschaftsflächen (Mall) oder eine Pflicht zur dauerhaften Nutzung des Mietobjekts (Betriebspflicht).

Kapitel 12: Gestaltung von Bau- und Planerverträgen

Sowohl für die Neuerrichtung als auch bei der Restrukturierung von Handelsimmobilien kommt Bau- und Planerverträgen eine erhebliche rechtliche und wirtschaftliche Bedeutung zu. Die „richtige" Gestaltung dieser Verträge ist entscheidend für eine zeit- und kostengerechte bauliche Umsetzung des Vorhabens. Dabei ist zu beachten, dass es nicht den allein richtigen Standardvertrag für alle Situationen gibt. Wichtig ist vielmehr eine zielgerichtet am einzelnen Objekt orientierte Vertragsgestaltung. Kapitel 12 gibt in diesem Zusammenhang Hinweise und Empfehlungen zu grundlegenden Fragen der Vertragsgestaltung und zu Besonderheiten, die bei der Entwicklung von Handelsimmobilien berücksichtigt werden sollten.

2 Marktentwicklung im Einzelhandel

2.1 Rahmenbedingungen und Marktumfeld für den Einzelhandel

Joachim Stumpf

Die Investitionen in einzelhandelsgenutzte Immobilien haben langfristigen Charakter. Die Immobilien müssen die zukünftigen Ansprüche der Nutzer an Größe, Funktionalität, Betriebsformenspezifika etc. berücksichtigen. Aber auch die Konzepte der Nutzer werden ständig modifiziert, weiter- oder neu entwickelt. Dieses Kapitel soll die Umfeldbedingungen sowie die Branchen- und Betriebstypenentwicklungen im Einzelhandel erklären und die Implikationen auf die wichtigsten Handelsimmobilientypen aufzeigen. Eine Sonderbetrachtung ist der Revitalisierung gewidmet, da diese in den kommenden Jahren einen hohen Stellenwert innerhalb der Handelsimmobilienentwicklung erlangen wird.

2.1.1 Marktentwicklung

Bis Anfang der 90er Jahre ist der Einzelhandel mit einigen wenigen Unterbrechungen kontinuierlich gewachsen. Im darauf folgenden Zeitraum, seit nunmehr fast 20 Jahren, stagnierte oder schrumpfte der Markt. Abbildung 1 (HDE-Zahlenspiegel, 2012, Statistisches Bundesamt 2012) zeigt, dass im Zeitraum von 1995 bis 2011 der deutsche Einzelhandel im engeren Sinne (ohne Kfz, Tankstellen und Apotheken) nominal nur einen Umsatzzuwachs von 10,2% erzielen konnte, was einem preisbereinigten Minus von 0,2% entspricht. Gleichzeitig sind die Verkaufsflächen um 27,9% angewachsen, was zu einem Rückgang der Flächenleistung von 13,9% geführt hat. Keine andere Kennziffer beschreibt die vorherrschende Wettbewerbsintensität besser als die Flächenleistung. Sie ist im europäischen Vergleich niedrig, ebenso wie die Umsatzrenditen im deutschen Einzelhandel. Eine sinkende Flächenleistung bedeutet aber auch: Die flächenbezogenen Kosten (Miete, Energie, Ladenbau, Warenpräsentation etc.) sind im Verhältnis zum Umsatz deutlich gestiegen.

Ein Markt ohne reales Wachstum

Hohe Wettbewerbsintensität

Druck auf die Mieten nicht an allen Standorten

Für die Immobilienwirtschaft stellt sich die Frage, ob und wann sich die sinkende Flächenleistung auf die Miethöhe auswirkt, und für den Handel stellt sich die Frage, wie die höheren flächenbezogenen Kosten betriebswirtschaftlich kompensiert werden können. Bisher sind lediglich die Mieten in den 1a-Lagen der Innenstädte von Klein- und Mittelzentren sowie in den Nebenlagen unter Druck geraten. In vielen dieser Städte hat der Flächenzuwachs primär an peripheren Standorten zu Lasten der gewachsenen Innenstadtlagen stattgefunden. Die Mieten sind bei weitem noch nicht in dem Maße gesunken wie die Flächenleistung. Im Gegenteil: bei Neuentwicklungen von Nahversorgungs- und Fachmarktzentren, in den 1a-Lagen der Ballungsräume und bei Shoppingcentern sind die Mieten sogar gestiegen.

Leistungsstarke Händler kompensieren höhere Standortkosten

Die Gründe dafür lassen sich erklären: Den leistungsstarken Handelsunternehmen und damit den Hauptmietern vieler Handelsimmobilienentwicklungen ist es bisher gelungen, in einem Markt ohne Wachstum negative Auswirkungen des Anstiegs der flächenbezogenen Kosten auf die Rentabilität zu kompensieren. Eine wesentliche Maßnahme bestand in den vergangenen Jahren in der Substitution von Personal durch Fläche, wodurch der sinkenden Flächenleistung eine steigende Personalleistung gegenübersteht. So stieg z.B. im Zeitraum von 1995 bis 2011 die Personalleistung im gesamten Einzelhandel um 21,6%. Die weiteren Maßnahmen bestanden in der Verbesserung der Handelsspanne durch Direktimporte, Vorwärts- und Rückwärtsintegration (vgl. 2.1.2), Erhöhung der Eigenmarkenanteile etc.

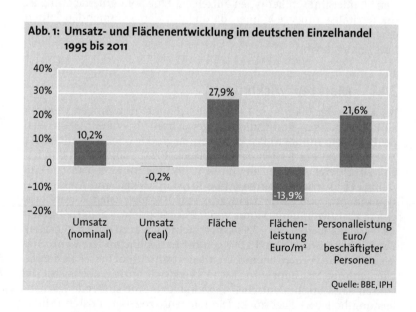

Abb. 1: Umsatz- und Flächenentwicklung im deutschen Einzelhandel 1995 bis 2011

Quelle: BBE, IPH

In diesem Zeitraum wurden auch die größten Liberalisierungsfortschritte im europäischen und im Welthandel erzielt. Daher ist die Frage berechtigt, ob die Globalisierung eine oder gar die Ursache der Marktstagnation sein kann. Sie lässt sich nicht ganz eindeutig beantworten. Dennoch ist von einem starken Zusammenhang auszugehen. Die Liberalisierung der Beschaffungsmärkte (siehe Abschnitt 2.1.2 „Umfeldbedingungen") hat zu sinkenden Einkaufspreisen, mehr Warenvielfalt und zu einem erheblichen Warendruck im Handel geführt. Dies würde die Stagnation des Marktes zum einen damit erklären, dass beim Verbraucher „volle Schränke" vorhanden sind und er dadurch in einigen Produktbereichen nur noch Ersatzbedarf deckt. Zum anderen wecken Produkte mit technischer Innovation (z.B. in der Unterhaltungselektronik, der Telekommunikation, dem Sporthandel) oder in der Mode (nicht nur bei Textilien und Schuhen, selbst bei Wohnen und Einrichten) permanent Bedarfe. Aber auch in diesen Branchen wächst der Markt nur schwach oder gar nicht, da die Verbraucher heute mehr Menge und mehr Vielfalt an Ware zum gleichen oder günstigeren Preis als vor der Globalisierung erhalten und daher ein geringer Anreiz für eine Ausdehnung der Ausgaben im Handel besteht. Es gibt keinen Nachfragestau.

Hoher Zusammenhang zwischen Globalisierung und Marktstagnation

Da der Anteil des Einzelhandels am privaten Verbrauch aber kontinuierlich sinkt (von 35,2% 1995 auf 28,6% 2011; HDE-Zahlenspiegel 2012), wäre zusätzlich der Frage nachzugehen, ob nicht eine Verbesserung der Attraktivität des Angebotes die Ausgabebereitschaft der Konsumenten im Einzelhandel verbessern könnte. Doch diese Überlegung ist wenig belastbar, da die Ausstattung des deutschen Einzelhandels quantitativ mit 1,44 m² Verkaufsfläche pro Einwohner weltweit führend ist, und auch qualitativ gesehen lässt das Niveau des Einzelhandels wenige Wünsche des Verbrauchers offen. So sind die Ausdifferenzierung der Konzepte und Betriebsformen und das Niveau des Ladenbaus im weltweiten Vergleich sehr hoch.

Anteil des EH am privaten Konsum fällt

Hohe VKF-Ausstattung und Attraktivität des deutschen Einzelhandels

Der sinkende Anteil des Einzelhandels am privaten Verbrauch erklärt sich vielmehr mit der zunehmend veränderten Mittelverwendung. Zuwachs im privaten Verbrauch entfällt vor allem auf Ausgaben für Verkehr/Nachrichtenübermittlung, Wohnung/Wasser/Strom/ Brennstoffe und übrige Verwendungszwecke, zu denen auch die Gesundheits- und Altersvorsorge zählen. Von steigenden Anteilen für Ausgaben für Dienstleistungen kann jedoch auch der Einzelhandel profitieren. So haben die Konzerne des Lebensmittelhandels mittlerweile erkannt, dass schrumpfende Umsätze bei Non-Food-Artikeln substituiert werden durch neue Dienstleistungsprodukte wie Reisen, Telekommunikationstarife etc. Wissensbasierte Dienstleistungen und Forschungsfelder leisten in Deutschland bis 2020 den größten Anteil der Bruttowertschöpfung (Deutsche Bank Research, 2007). Die Implementierung daraus resultierender Dienstleitungen ist eine besondere Herausforderung für den Handel.

Verbraucher-
erwartungen und
Immobilienbranche
treiben
Flächenwachstum

Zum Flächenwachstum: Gestiegene Verbrauchererwartungen an Präsentation, Ruhezonen, Ladenlayout etc. sowie Großflächenwachstum außerhalb der City erklären zum Teil das starke Flächenwachstum, welches vor allem durch Filialisten generiert wird. Der zweite Erklärungsansatz für das starke Flächenwachstum liegt in der treibenden Kraft des Immobilienmarktes. Handelsimmobilien sind begehrte Anlageprodukte und Immobilienentwickler suchen Standorte für neue Investitionen wie z.B. Shoppingcenter, Nahversorgungs- oder Fachmarktzentren. Nicht immer sind die Projektentwicklungen ausgelöst durch Expansionswünsche des Handels. In vielen Fällen reagiert der Handel erst auf die Opportunität des neuen Standortangebotes, womit der Wettbewerb zu bestehenden Standorten erst ausgelöst wird.

Der Rückblick auf die Einzelhandelsentwicklung der letzten Jahre bietet keine Perspektive für Wachstumsimpulse, auch wenn etwa 2011 ein nominales Plus von 2,6% (Einzelhandel im engeren Sinne, HDE-Zahlenspiegel 2012) ermittelt wurde. Mittelfristig aber wird der Einzelhandelsmarkt von einem Verdrängungswettbewerb gekennzeichnet bleiben. In diesem haben Großbetriebsformen Vorteile. Daher soll im Folgenden ein weiterer Blick in die Umfeldbedingungen des Handels getätigt werden.

2.1.2 Umfeldbedingungen

Verdrängungswett-
bewerb bestimmt die
Entwicklung

Die Veränderungen der Umfeldbedingungen im Handel wirken sich unterschiedlich stark auf die Entwicklung einzelner Betriebsformen aus. Die wichtigsten Umfeldbedingungen lassen sich wie in Abbildung 2 dargestellt zusammenfassen.

Bevorzugte Konzepte
und Betriebsformen

Unter Verzicht auf weitere umfangreiche Erläuterungen jeder einzelnen Umfeldkategorie sollen die wichtigsten Implikationen für den Handel erklärt werden: Die großen Veränderungen begünstigen tendenziell Großbetriebsformen, aber auch eine Reihe von neuen Nischenkonzepten des Fachhandels (Bio-Konzepte, Senioren-Konzepte), neue Standorte (Wohnquartiere und Transitstrecken wie regionale und überregionale Bahnhöfe, Omnibusbahnhöfe, Flughäfen, Tankstellen, Rasthöfe etc.), Modifikationen von Fachgeschäftsstrategien (service-, convenience- und zielgruppenbezogen) und neue Vertriebsformen (Electronic und Mobile Commerce). Einen Teil der größenbedingten Nachteile gleichen Verbundgruppen des Einzelhandels (z.B. Intersport, Euronics) für den mittelständischen Fachhandel aus, ebenso wie die Vielzahl an Franchisesystemen, die Konzeptgeber in nahezu allen Betriebsformen und Branchen für viele mittelständische Unternehmer sind, wie z.B. Palmers (Wäsche), Reno (Schuhe), Marc O'Polo (Textil), Villeroy & Boch (Porzellan), Obi (Bau- und Gartenmärkte), BabyOne (Babybedarf) etc. Selbst im konzerngeprägten Lebensmittelhandel reüssieren viele mittelständische Unternehmer als selbständige Kaufleute unter dem genossenschaftlichen Dach z.B. der Rewe Group oder der Edeka. Ebenfalls eine Unternehmer-Gruppe, die größenbedingte

Nachteile in Beschaffung, Logistik, Marketing und Organisation kompensiert, sind die sogenannten „kleinen Riesen", also regionale Kleinfilialisten aus dem mittelständischen Fachhandel.

Abb. 2: Umfeldbedingungen für den deutschen Einzelhandel (Stand August 2012)

Umfeldkategorie	Veränderung	Konsequenzen
Politisch-rechtlich	Liberalisierung des Welthandels (Aufheben von Zollbeschränkungen, Euro-Zone etc.)	Beschaffungsvorteile für Großbetriebsformen (auch Verbundgruppen und Franchisesysteme) durch z.B. Direktimporte
	Sektorale Deregulierung (Liberalisierung Ladenöffnung, Preis- und Konditionenpolitik, Werbung, Verkaufsförderung),	Organisatorische und marketingbezogene Vorteile für Großbetriebsformen und Convenience-Stores
	aber: das Fremd- bzw. Mehrbesitzverbot bleibt Teil des Apothekenrechtes	Verlangsamung der Apothekenfilialisierung
	Restriktive Handhabung von Einzelhandelsgroßprojekten durch Regelungen in der Raumordnung und Landesplanung sowie in der BauNVO	Bedeutungsgewinn für City-Standorte und wohnortnahe Standorte; Nachteile für grüne Wiese
Sozio-ökonomisch	Verschiebung der Altersstruktur, Schrumpfung der Bevölkerung, Singleisierung, Mobilitätszunahme, Einkommens/Vermögenspolarisierung, Rolle der Frau	Begünstigung von Autostandorten, aber auch Renaissance der City und der Versorgung von Wohnquartieren, neuen Convenience- und „Senioren"-Konzepten, Preis- und Luxuskonzepten
Technologisch, infrastrukturell	Ausbau Internetnutzung, UMTS, Web 2.0, Radiofrequenzenidentifikation (RFID)	Neue Möglichkeiten im Electronic Commerce, Mobile Commerce und der Logistik, neue Kommunikationsformen im Marketing (regionales Online-Marketing, digitales Instore-Marketing, Augmented Reality etc.), neue Möglichkeiten der Kommunikation (Social Media)
Sozial-psychologisch	Wertewandel, Individualisierung, Multioptionalität mit 5 Grundorientierungen: - Erlebnis/Freizeit/Action/Fun - Convenience - Marken - Preis - Öko/Bio/Gesundheit	Ausdifferenzierung von Konzepten: - Verknüpfung von Einkaufen und Entertainment - neue Services und Standorte (Transitstrecken, Wohngebiete) - Markenstores (im High End und bei Kids) - Smart-Shopper-Konzepte - Bio-/Öko-/Health-Konzepte - neue Communities, z.B. LOHAS (lifestyle of health and sustainability) - individualisierte Konzepte und Quartiere als Gegenpol zur Uniformierung - Schaffen von Third Places
Kompetitiv	Konzentration auf Hersteller und Händlerseite Vertikalisierung	Beschaffungs-, Logistik-, Marketing-, Sortimentsvorteile vor allem von Großbetriebsformen, neue Formate zur Markenerziehung

Quelle: eigene Darstellung in Anlehnung an Liebmann/Zentes/Swoboda, 2008, S. 17 ff

Nach wie vor hohe Bedeutung von Konzepten mit Preisprofilierung

Dadurch, dass viele Großbetriebsformen ihren Wettbewerbsvorteil durch Kosten- und Beschaffungsvorteile bei gleichzeitig hoher Werbepräsenz vor allem für ein herausragendes Preisimage einsetzen und zusätzlich eine dominante Grundorientierung der Verbraucher im „Smart Shoppen" liegt, sind nach wie vor Betriebsformen mit hoher Preisorientierung wie Discounter, Fachmärkte, aber auch eine Reihe von E-Commerce-Anbietern begünstigt. Am schnellsten und am stärksten wirkt die technologische Entwicklung auf das Verbraucherverhalten und das Handelsmanagement. Electronic und Mobile Commerce

Größter Treiber von Veränderungen ist die Technologie

wird nicht nur Konkurrenz zum stationären Handel, sondern auch Teil dessen im Rahmen eines Multi- Channel-Ansatzes. Prognosen sehen die größte Verschiebung im Non-Food-Handel im Mehrkanal-Handel, nämlich von 9,5% Umsatzanteil 2009 auf 16,9% 2015. Der Umsatzanteil des rein stationären Handels wird im gleichen Zeitraum von 83,6% auf 72,9% sinken und der reine Online-Handel erhöht seinen Anteil von 6,9% auf 10,2% (Accenture/GfK, Non-Food Multichannel-Handel 2015, 09/2010, S.12).

Während der stationäre Handel in allen Facetten seine Möglichkeiten der neuen Technologien prüft und ausdifferenziert, versuchen umgekehrt reine Online-Händler oder Versandhändler wie z.B. Bonprix, Manufactum oder Cyberport, eigene stationäre Aktivitäten zu forcieren. Es gibt mittlerweile nicht eine Warengruppe, die nicht erfolgreich über E-Commerce betrieben werden kann. Überhaupt wird das Verschmel-

Multichannel in allen Facetten bestimmt die Zukunft im Handel

zen von „Cyberspace" und Realität auch in zunehmendem Maße das Verhalten sowie die Kommunikation der Menschen und damit das Marketing radikal verändern. Im Extrem kann das bedeuten: „Der Handel braucht den physischen Laden nicht mehr (nur) zum Verkauf, dafür umso mehr für andere Funktionen. Der Konsumraum wird zum Experimentierfeld, Begegnungsort oder Testlokal in der tatsächlichen Welt" (German Council of Shopping Centers e.V., 2009, S. 5).

Das Marketing im Handel und im Centermanagement steht vor der Herausforderung, den optimalen Mix der neuen technischen Möglichkeiten zu nutzen. Dies kann betreffen: Aktion und Reaktion auf die Möglichkeiten von Applikationen (Apps) bei der Vorauswahl, der Preispolitik etc., Nutzung von sozialen Netzwerken durch Social-Media-Aktivitäten, Steuerung/Veränderung der Kaufprozesse durch digitales Instore-Marketing und Augmented Reality (computergestützte erweiterte Realitätswahrnehmung, z.B.: Lego-Produkte bauen sich am Bildschirm realitätsnah in 3D-Perspektive zusammen), Einsatz von QR-Codes (Quick Response), aber auch die Nutzung der Möglichkeiten von regionalem Online-Marketing zur gezielten Identifikation potenzieller Kunden in den Suchmaschinen des Internet oder zum Angebot von Location Based Services (z.B. Angebot auf Smartphone über Aktionen an die Besucher eines Shoppingcenters, eines Warenhauses oder einer Innenstadt etc.).

Wie insbesondere in der Bekleidungsbranche zu erkennen ist, gewinnen unterschiedlichste Stufen der Vertikalisierung immer mehr an Bedeutung. Diese Entwicklung wird auch in andere Branchen Einzug halten. Die geschieht entweder im Zuge der sog. Vorwärtsintegration von Herstellern, die eigene Retail-Stores oder Shop-in-Shop-Konzepte betreiben. Dadurch entstehen für die Immobilienwirtschaft auch neue Formate und Mieter (z.B. WMF, Villeroy & Boch, Porsche Design, Ritter Sport, Nivea, Milka, Maggi etc.), wobei die Motive für die Vereinnahmung der Einzelhandelsfunktion durch den Hersteller vielschichtig sind: Zum einen geht es um eine bessere Endkundenansprache, zum anderen um die reine Markenerziehung und in einigen Branchen haben die Handelspartner Marktanteile verloren (z.B. Kauf-, Waren- und Textilhäuser), die kompensiert werden müssen. Oder es geschieht im Zuge der Rückwärtsintegration von Handelsunternehmen, die die Vorstufen der Beschaffung vereinnahmen (z.B. Ikea, H&M, Görtz etc.), um durch die Optimierung der Wertschöpfungskette Ertragsverbesserungen zu erzielen.

Vertikalisierung in unterschiedlichen Stufen

Die deutsche Bevölkerung schrumpft und wird älter, allerdings mit sehr großen regionalen Unterschieden. Je nach Zuwanderung wird die Bevölkerung bis zum Jahr 2030 um etwa 4 Millionen abnehmen. Im Süden und Nordwesten Deutschlands sowie rund um die Ballungsräume wird die Bevölkerung durch die innerdeutsche Wanderungsbewegung noch ein bis zwei Jahrzehnte zu Lasten der östlichen Gebiete, aber auch z.B. großen Teilen des Ruhrgebietes wachsen. Die Bevölkerungspyramide verändert sich stark. Bis 2020 wird die Altersgruppe der über 50-Jährigen 50% der Bevölkerung ausmachen. Auch diese Entwicklung verläuft regional unterschiedlich. Weniger Einwohner bedeuten auch weniger Käufer im Einzelhandel. Die dadurch bedingte Schrumpfung des Marktvolumens kann nur zum Teil durch höhere Konsumausgaben der älteren Bevölkerung kompensiert werden. Die über 50-Jährigen stellen bereits heute einen Anteil von 50% an den Konsumausgaben. Der Handel muss darauf mit neuen Konzepten und die Immobilienwirtschaft mit objektspezifischen Anpassungen reagieren.

Demografischer Wandel regional sehr unterschiedlich

Überalterung beeinflusst Konzepte in Handel und Immobilienwirtschaft

Der Wertewandel und das zunehmend als unberechenbar, sogar als paradox zu bezeichnende Verbraucherverhalten erfordern vom Handel auf der einen Seite stärkere Kundenbindungssysteme, auf der anderen Seite ermöglichen sie die Ausdifferenzierung von neuen Konzepten wie Marken-Stores, Integration von Entertainment- und Edutainment etc. Darüber hinaus ist hervorzuheben: Die Individualisierung und damit Ich-Bezogenheit der Konsumenten verlangt maßgeschneiderte Produkte und personalisierte Dienstleistungen. Laut einer Studie des Gottlieb Duttweiler Instituts „glaubt ein wachsender Teil der Konsumenten nicht mehr, dass sich Anbieter für den einzelnen Kunden interessieren. Stattdessen suchen die Verbraucher Rat und Informationen bei anderen Kunden oder Gleichgesinnten. Immer mehr Menschen holen sich selbst bei spontanen Kaufentscheidungen via Mobiltelefon

Verbraucheransprüche und soziale Netzwerke erfordern neue Konzepte

noch schnell den Ratschlag ihrer Freunde. Die Händler verlieren damit zunehmend die Kontrolle über die Kommunikation – selbst am Point of Sale." (Frick/Hauser, 2007). Auch dieser Trend wird durch die technologischen Entwicklungen verstärkt, da die leistungsfähigen Internetnetze jegliche Art von Nutzergemeinschaften (Communities/Soziale Netzwerke) begünstigen.

Handels- und Handelsimmobilienkonzepte werden aber auch durch zwei weitere Trends beeinflusst:

Aufenthaltsqualität als Standortvorteil

Erstens: Das Schaffen von sogenannten Third Places (vgl. Stanley, 2005). Dieser Trend wird häufig am Beispiel von Starbucks erklärt: „Consumers spend time at home, their first place; at work, their second place and then often have a favourite third place." (Stanley, 2005). Der „Dritte Raum" kann das Pub, das Restaurant oder das Fitness-Studio sein, aber auch das Kaffeehaus, das Shoppingcenter und ein einzelnes Geschäft. Es geht darum, „Dritte Räume" bewusst zu schaffen, um Verbrauchern eine höhere Aufenthaltsqualität und neue Besuchsanreize jenseits der Einkaufsplanung zu geben.

Individualität statt Uniformierung

Zweitens: Die Renaissance der Individualität: Die zunehmende Uniformierung der Innenstädte und Verarmung der Vielfalt von Handelskonzepten durch die weiter voranschreitende Konzentration schaffen neue Nischen. Der Wunsch nach Individualität steigt. LOHAS (lifestyle of health and sustainability) als Lebenstil ist eine Folge dieses Trends (vgl. Hinderfeld, 2009, S. 33). Während LOHAS nach Nachhaltigkeit, Authentizität und Transparenz in den Produktionsprozessen suchen, gibt es noch weitere Möglichkeiten, Konsumentenwünsche jenseits der Uniformität anzusprechen, sowohl auf der Handelsseite als auch auf der Immobilienseite durch die Entwicklung von neuen Standortclustern. Themen wie Gesundheit, Prestige, Entertainment und viele mehr können dabei Ideengeber sein.

Die guten Konzepte verdrängen die schlechten Konzepte, und die guten Standorte die schlechten Standorte.

Insgesamt ist allerdings davon auszugehen, dass auch weiterhin keine realen Umsatzzuwächse im Einzelhandel zu erzielen sind und individuelles Wachstum vor allem aus Verdrängungsumsätzen resultieren wird. Verdrängungstreiber sind dabei die den aufgezeigten Trends entsprechenden Standorte und Konzepte. Auf einen Nenner gebracht lassen sich die Rahmenbedingungen für Immobilieninvestitionen wie folgt beschreiben: Die guten Konzepte verdrängen die schlechten Konzepte und die guten Standorte verdrängen die schlechten Standorte.

Aktuell werden Flächenreduzierungen durch Online-Wettbewerb und Ausscheiden unprofilierter Konzepte durch das Entstehen neuer Flächen im Zuge von Vorwärtsintegration, Markenerziehung, Markteintritt ausländischer Handelsunternehmen (Primark, Abercrombie & Fitch inkl. Hollister und Gilly Hicks, Forever 21 etc.) sowie Flächenvergrößerungen bestehender Formate kompensiert. Allerdings mutiert die Mietfläche zunehmend von der reinen Verkaufsfläche zur Verkaufs-, Logistik-, Präsentations-, Technologie- und Animationsfläche. Handel und Hersteller wollen in unterschiedlicher Dosierung an 365 Tagen 24

Stunden lang Kontakt zum Kunden halten, wobei die Gesamtwertschöpfung pro Kunde interessiert, egal ob er online oder offline kauft, sich nur vorinformiert oder Preise vergleicht. Diese Tatsache macht es der Immobilienwirtschaft schwer, in Zukunft zuverlässig Umsatzmieten einzuschätzen.

Das bedeutet, dass in Zukunft neben einer sorgfältigen Standortanalyse mitsamt ihren genehmigungsrechtlichen Rahmenbedingungen auch die Konzepte der Betreiber und deren Fähigkeit, sich auf die dynamische Entwicklung im Handel einzustellen, auf den Prüfstand kommen muss. Nicht alle Betriebsformen und Branchen sind gleichermaßen von der beschriebenen Entwicklung betroffen. Daher erfolgt ein tieferer Blick in die Betriebsformenentwicklung und -perspektive.

2.2 Betriebsformen

Joachim Stumpf

Die Entwicklung der Betriebsformen ist dynamisch und mittlerweile sehr stark ausdifferenziert. In der Literatur haben hierzu vor allem McNair (1931) mit der Beschreibung des „Wheel of Retailing" und später Nieschlag/Kuhn (1980, S. 113 ff.) mit dem Konzept der Dynamik der Betriebsformen Stellung genommen. Im Wesentlichen geht es um Entstehung und Aufstieg von Betriebsformen sowie um deren Reife und Niedergang bzw. Assimilation. Der Markteintritt erfolgt durch die absatzpolitische Überlegenheit des Preises. Die weitere Entwicklung kennzeichnet ein Trading-up, welches letztendlich in der Assimilation mit bestehenden Betriebsformen endet. Es gibt mittlerweile allerdings auch eine Reihe von anders gelagerten Entwicklungen wie das Trading-down von Betriebsformen oder der Markteintritt über die Leistungsebene, womit die Lebenszyklus-„Gesetzmäßigkeiten" als generelle deterministische Aussagen nicht haltbar sind. Die für das Handelsmanagement wichtigste Erkenntnis aus diesen theoretischen Ansätzen ist die Notwendigkeit, die Entwicklung ihrer Betriebsform zu beobachten und bei ersten Krisenzeichen Maßnahmen zur Modernisierung, Umgestaltung oder Revitalisierung zu ergreifen (vgl. Schenk, H.-O., 2007, S. 106). Zusammenhänge und Entwicklungen sollen dem Handelsmanagement im Folgenden Denkanstöße für die eigenen strategischen Überlegungen und der Immobilienwirtschaft ein Gefühl für die Belange des Handels geben.

Keine generellen Lebenszyklus-„Gesetzmäßigkeiten", sondern permanente Konzeptüberprüfung

2.2.1 Entwicklung

Die nachstehende Abbildung zeigt die Veränderung der Marktanteile einzelner Betriebsformen. Die höchsten Marktanteilszuwächse im Zeitraum von 2000 bis 2011 entfallen auf Discounter und Fachmärkte, gefolgt von SB-Warenhäusern/Verbrauchermärkten. Bei allen drei Betriebsformen, sowohl mit breitem als auch mit tiefem Sortiment, bildet der Preis einen wesentlichen Profilierungsfaktor. Die höchsten Marktanteilsverluste hat der nicht filialisierte Fachhandel zu beklagen. Aber auch Kauf- und Warenhäuser sowie Supermärkte und traditionelle Lebensmittelhändler verzeichnen Marktanteilsrückgänge. Es handelt sich ausnahmslos um Betriebsformen ohne ausgeprägte Preisprofilierung. Davon betroffen sind nicht nur mittelständische Unternehmen, sondern auch Großbetriebsformen. So sind die Probleme der Kauf- und Warenhäuser leistungs- und nicht größenbedingt. Gleiches gilt für die kleinen Supermarktkonzepte der Lebensmittelkonzerne. Hinzu kommt bei den Warenhäusern der über zwei Jahrzehnte wachsende Bedeutungsverlust vieler Sortimente (Möbel, Glas/Porzellan/Keramik, Haushaltswaren, Consumer Electronic, Lebensmittel etc.) mit dem einhergehenden Positionierungsverlust des Konzepts „Alles unter einem Dach", welcher noch zusätzlich durch die zeitgleich stark wachsenden Shoppingcenter verstärkt wurde.

Preisprofilierte Betriebsformen mit bester und nicht filialisierter Fachhandel mit schlechtester Entwicklung

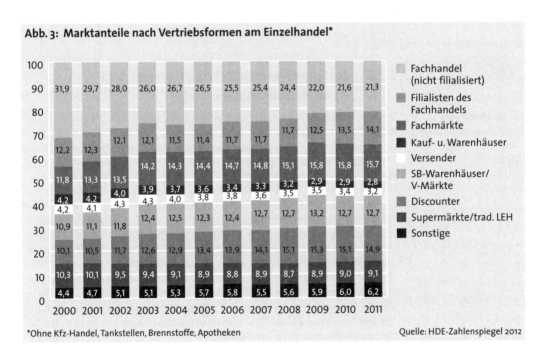

Abb. 3: Marktanteile nach Vertriebsformen am Einzelhandel*

Legende:
- Fachhandel (nicht filialisiert)
- Filialisten des Fachhandels
- Fachmärkte
- Kauf- u. Warenhäuser
- Versender
- SB-Warenhäuser/V-Märkte
- Discounter
- Supermärkte/trad. LEH
- Sonstige

*Ohne Kfz-Handel, Tankstellen, Brennstoffe, Apotheken   Quelle: HDE-Zahlenspiegel 2012

Filialisten des Fachhandels können Größennachteile ausgleichen. Sie konnten ihren Marktanteil von ca. 12% sogar leicht steigern. Auch im mittelständischen Fachhandel gibt es in dieser Kategorie exzellente Beispiele von regionalen Kleinfilialisten. Ihnen gelingt es, als Filialbetriebe Größe und damit Preiskompetenz zu vermitteln. Gleichzeitig erzeugen die Regionalität, die Flexibilität und die Führungsnähe zu allen Filialen eine hohe Sortiments- und Beratungskompetenz. Die Markt-

Filialisierter Fachhandel mit leichten Marktanteilsgewinnen

anteilszuwächse im Bereich „Sonstige" sind vor allem auf das Wachstum im Bereich des Electronic Commerce zurückzuführen, welches die Marktanteilsverluste des klassischen Versandhandels überkompensiert. Die Umsätze in diesem Bereich sind von 1,25 Mrd. Euro 1999 auf 29,5 Mrd. Euro 2012 (Prognose) angestiegen (HDE-Zahlenspiegel 2012, S. 28). Laut Bundesverband des deutschen Versandhandels entfallen auf den gesamten Versandhandel 2010 30,3 Mrd. Euro, wovon 18,3 Mrd. Euro auf den reinen E-Commerce entfallen. In diesem Segment befinden sich Umsätze der klassischen Multi-Channel-Versender wie z.B. Otto (Katalog + Internet) mit 6,7 Mrd. Euro, der Pure-Player wie z.B. Amazon (nur Internet) mit 5,7 Mrd. Euro, der Ebay-Powerseller mit 2,3 Mrd. Euro und der Versender mit stationärer Heimat mit wie z.B. Globetrotter, Thalia, Obi (stationär + Internet) mit 1,51 Mrd. Euro. Es gibt keine Warengruppe mehr, die nicht online vertrieben werden kann. Es entfallen zwar nach wie vor die höchsten Umsatzanteile auf die Gruppe Bekleidung/Textilien/Schuhe mit knapp 30%, gefolgt von Medien/Bild- und Tonträgern und Unterhaltungselektronik/E-Artikel mit zusammen rund 25%. Aber auch Möbel- und Dekorationsartikel erzielen noch Umsätze von knapp 5%.

E-Commerce wächst überdurchschnittlich

2.2.2 Perspektiven für Betriebsformen und Handelsimmobilien

Ein Vergleich von Betriebsformen- und Handelsimmobilienzyklen

Um die Perspektiven einzelner Betriebsformen besser beurteilen zu können, lohnt eine Betrachtung sowohl der Handelsformate als auch der Handelsimmobilien, da die Immobilienwirtschaft eine wesentliche Triebkraft von Standortentwicklungen im Handel bildet. Auch wenn, wie bereits erwähnt, Betriebsformen-„Gesetzmäßigkeiten" als deterministische Aussagen über zwangsläufige Abfolgen von Entwicklungen nicht haltbar sind, so liefert der Vergleich von Handelsformaten und Handelsimmobilien mit dem Produktlebenszyklus dennoch wichtige Erkenntnisse für strategische Überlegungen (vgl. Abbildung 5). Solange ein Konzept sich in der Einführungs- und Wachstumsphase befindet, konzentriert sich der Markt auf eine schnelle Expansion in die Fläche (gilt für E-Commerce nur eingeschränkt; primär für Verwaltungs- und Logistikflächen). Sofern sich unerschlossene Marktgebiete eröffnen, wie dies etwa durch die deutsche Wiedervereinigung bzw. den Fall des „Eisernen Vorhangs" geschah, wird versucht, diesen Markt mit den bekannten Konzepten zu erschließen.

Dabei wird die Expansion wesentlich vom der Marktwirtschaft systemimmanenten Zwang zum Wachstum getrieben. Neben den Wachstumsplänen der Handelsunternehmen ist aber auch die Immobilienwirtschaft eine wesentliche Triebkraft für Handelsexpansion. Zum einen gibt es frei verfügbares Kapital, welches auf der Suche nach Anlagemöglichkeiten ist, zum anderen bestimmen die reine Verfügbarkeit von Flächen und die Notwendigkeit der Auslastung der Projektentwicklungskapazitäten großer Entwickler sehr häufig die Standortentwicklung mehr als etwa nur die Nachfrage der Bevölkerung oder besondere Standortqualitäten.

Überträgt man die Kurve des Produktlebenszyklus auf Handelskonzepte im Sinne von Betriebsformen und auf Handelsimmobilien, so ergibt sich folgendes Bild (vgl. Abb. 4 und 5):

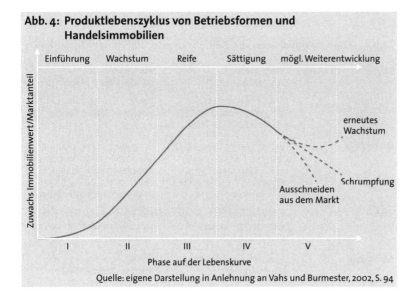

Abb. 4: Produktlebenszyklus von Betriebsformen und Handelsimmobilien

Quelle: eigene Darstellung in Anlehnung an Vahs und Burmester, 2002, S. 94

In der Einführungs- und Wachstumsphase befinden sich neben den nicht-stationär betriebenen Betriebsformen des Mobile und des Electronic Commerce vor allem preis- (FOC, DOC, Spezialdiscounter) und convenience-orientierte Konzepte (City-Supermärkte und Convenience-Stores der Nahversorgung oder an Transitstrecken). Das Wachstum des E-Commerce wird weiter stark ansteigen, wobei die im Kapitel 2.1.2. aufgezeigten Rahmenbedingungen alle Facetten des Multi-Channel umfassen und das Marketing für Handelsunternehmen und Handelsimmobilien verändern wird. Auf der Seite der Immobilientypen sind stationär die betreffenden Äquivalente zu finden im Bereich der Nahversorgung, der Transitstrecken sowie der FOC-/DOC-Outlets. Dem weiteren Wachstum des Fabrikverkaufs in größeren Outlets sind allerdings durch die genehmigungsrechtlichen Rahmenbedingungen für Einzelhandelsgroßprojekte außerhalb der Innenstädte Grenzen gesetzt. Das Flächenwachstum an Transitstrecken, vor allem in Flughäfen, wird weiter anhalten. Die Konzepte werden verfeinert und landside sowie airside zielgruppengenauer ausdifferenziert. Das Flächenmanagement und das Marketing werden professioneller.

E-Commerce, preis- und convenienceorientierte Konzepte in der Einführungs- und Wachstumsphase

Vertikale Konzepte, Fachmärkte, Mega-Baumärkte, mittelgroße SBW in der Reifephase

Fachmarktzentren in der Wachstumsphase

Während sich die Betriebsform der Fachmärkte bereits in der Reifephase befindet, sind die Fachmarktzentren noch der Wachstumsphase zuzuordnen, da deren Erfolgsfaktoren „Größe, Branchenmix, Kopplungskaufpotenziale" zu Wachstum führen, das durch Substituierung von Stand-alone-Standorten zugunsten von Fachmarktzentren entsteht. Auch wenn es nach wie vor sehr gut betriebene Stand-alone-Fachmärkte gibt und geben wird, so scheiden viele dieser Typen bereits aus dem Markt aus.

Abb. 5: Lebenszyklusphasen von Betriebsformen und Handelsimmobilien

Phase/ Entwicklung	Perspektive der Betriebsformen	Perspektive der Handelsimmobilien
Einführung	Mobile Commerce, Spezialdiscounter im LEH, z. B. Tiefkühldiscounter	Factory Outlet Center/ Designer Outlet Center
Wachstum	Factory Outlet Center (FOC)/ Designer Outlet Center (DOC), Electronic Commerce, City-Supermärkte, Convenience-Stores	Shoppingcenter (regional), Nahversorgungszentren mit Kopplungspotenzialen, Fachmarktzentren, Bahnhof- und Flughafenimmobilien
Reife	vertikale Konzepte, Mega-Baumärkte, mittlere SB-Warenhäuser, Fachmärkte	Shoppingcenter (national), Geschäftshäuser an 1a-City-Standorten
Sättigung	Discounter, große SB-Warenhäuser	Shoppingcenter (regional), mittlere Möbelhäuser
Ausscheiden aus dem Markt	kleine Baumärkte, mittlere Möbelvollsortimenter	Stand-alone-Fachmärkte
Schrumpfung	Kauf- und Warenhäuser, traditionelle Fachgeschäfte, klassischer Versandhandel	Kauf- und Warenhausimmobilien, Geschäftshäuser an schlechten Standorten
Erneutes Wachstum durch Revitalisierung	Supermärkte	Kauf- und Warenhausimmobilien an guten Standorten; Fachmarkt- und Shoppingcenter; gut geschnittene Flächen in zentralen Lagen.

Quelle: eigene Darstellung in Anlehnung an Vahs und Burmester, 2002, S. 94

In der Reifephase befinden sich neben den Fachmärkten auch vertikale Konzepte (z.B. H&M, Mango, Zara, Ikea etc.), Mega-Baumärkte und mittelgroße SB-Warenhäuser. Bei den Fachmärkten zeigt sich ein zunehmend höherer Spezialisierungsgrad. Mittlerweile gibt es neben den hochgesättigten Fachmarktbranchen Drogerie, Consumer-Electronic, Mitnahmemöbel, Bodenbeläge, Bau- und Gartencenter auch Mega-Spezialfachmärkte für Küchen (mit mehr als 5.000 m² VKF), Fahrräder (mit bis zu 10.000 m² VKF), Zooartikel (mit bis zu 3.000 m² VKF) sowie darüber hinaus Erotik-Fachmärkte, Wein-Fachmärkte, Feinkostfach-märkte, Sport- und Outdoor-Fachmärkte und viele mehr.

Gerade der Fachmarkt bildet die Synthese aus Fachgeschäft und Dis-counter, indem er neben der reinen Preisprofilierung auch Leistungs-vorteile (Sortimentskompetenz und Beratung) bietet. Im Segment des serviceintensiven Fachmarktes zeigen sich wachsende Aktivitäten des mittelständischen Fachhandels, wobei die Konzepttreiber die Einkaufs-kooperationen sein können. Ein gutes Beispiel hierfür sind die Profi-Fachmärkte der Intersport (vgl. Römer, BBE/IPH Fachmarktatlas, 2008, S. 48/49). Der hohe Spezialisierungsgrad der Fachmärkte geht zu Las-ten der Generalisten in den betroffenen Branchen (z.B. Küchenfach-märkte versus Küchenabteilung der Wohnkaufhäuser) oder zu Lasten der Mehrbranchenanbieter (z.B. Spielwarenfachmarkt versus Spielwa-renabteilung im Warenhaus).

Von dieser Entwicklung sind insbesondere die Warenhäuser betroffen, welche auch zukünftig Marktanteile verlieren werden. Damit befindet sich die Betriebsform Warenhaus trotz vieler positiver Beispiele ins-gesamt eindeutig in der Schrumpfungsphase. Der Immobilientyp Warenhaus in guten Lagen dagegen kann durch geeignete Revitalisie-rungsmaßnahmen einem erneuten Wachstum im Sinne der Steigerung des Mietertrags zugeführt werden. Warenhausimmobilien in schlech-ten Lagen dagegen scheiden aus dem Markt aus und benötigen eine neue, handelsunabhängige Nutzung.

Betriebsform Warenhaus in Schrumpfungsphase, als Immobilie hängt Entwicklung von Standortqualität

Ein ähnliches differenziertes Bild ergibt sich bei der Betrachtung der Shoppingcenter. Analog zur Betrachtung in angelsächsischen Ländern werden diese bei uns erst jüngst als eigene Betriebform definiert. Es handelt sich faktisch um eine Ansammlung verschiedener Betriebsfor-men. Beispielsweise sind oder waren in etliche, auch neue Shopping-center, wie z.B. Limbecker Platz in Essen mit Karstadt, Warenhäuser integriert. Einige Shoppingcenter haben sogar mehr als ein Warenhaus (z.B. Olympiaeinkaufszentrum München mit Kaufhof und Karstadt). Bezogen auf den nationalen Markt befinden sich Shoppingcenter in der Reifephase. Regional betrachtet dagegen, zeigen sich entweder be-reits die Marktsättigung (z.B. Berlin) oder noch Wachstumspotenziale (z.B. München).

Shoppingcenter in der Reifephase, regional z.T. Sättigung

Der traditionelle Fachhandel befindet sich seit vielen Jahren in der Schrumpfungsphase, und auch die von ihm sehr häufig im Eigentum betriebenen Geschäftshäuser haben an Wert (vor allem in B-Lagen und in kleineren Zentren) verloren. Nach wie vor erlebt der Fachhandel einen Ausleseprozess im herrschenden Hyperwettbewerb. Nur dort, wo die Unternehmensnachfolge vollzogen werden kann, die Stand-ort- und Immobilienqualität wettbewerbsfähig sind sowie das Unter-nehmenskonzept mehr als Mittelmaß bietet, ist eine Fortführung dau-erhaft gesichert. Das Bild in der Entwicklung ist dementsprechend uneinheitlich. Es gibt in den von der BBE-Handelsberatung betriebe-

Nicht filialisierter Fachhandel schrumpft weiter

nen Erfahrungsaustausch-Gruppen im mittelständischen Fachhandel einen Anteil von ca. 15% bis 20% Unternehmen, die sich wesentlich besser als der gesamte Einzelhandel entwickeln, ca. 50% bis 60%, die sich analog zum Durchschnitt entwickeln, aber auch ca. 20% bis 35%, die sich deutlich schlechter als der Branchenschnitt entwickeln. Daraus lassen sich – ebenso wie anhand der Umfeldbedingungen – weitere Marktanteilsverluste ableiten, wenngleich es einem großen Anteil gut profilierter Mittelständler, kleiner Filialisten und Franchisenehmer gelingen wird, weiterhin als wohl goutierte Betriebsform gegenüber großen uniformierten Filialsystemen wahrgenommen zu werden.

Kleine und große Filialisten und Franchiser mit stabilen Marktanteilen

2.2.3 Fazit

Seit 1995 müssen deutsche Einzelhändler ein preisbereinigtes Umsatzminus von 0,2% beklagen. Wirtschaften im Einzelhandel heißt wirtschaften in einem schrumpfenden Markt. Nach sorgfältiger Analyse aller Einflussfaktoren ist auch in Zukunft davon auszugehen, dass keine realen Umsatzzuwächse im Einzelhandel zu erzielen sind und individuelles Wachstum vor allem aus Verdrängungsumsätzen resultieren wird. Der Anteil des Einzelhandels am privaten Verbrauch sinkt stetig und konkurriert mit der Abschöpfung der Kaufkraft durch Sozialabgaben, Krankenversicherung, Altersvorsorge und Energiekosten. Ebenso ist eine Konsumzurückhaltung angesichts unsicherer Zukunftsprognosen zu vermerken. Schließlich zeigen einige Märkte spürbare Sättigungstendenzen und einen deutlichen Preisverfall mit der Folge, dass die Verbraucher in Deutschland im Vergleich zu 1995 mengenmäßig, aber nicht wertmäßig mehr konsumieren und das in einem der quantitativ und qualitativ am besten ausgestatteten Einzelhandelsmärkte der Welt.

Daher sind die Chancen auf eine Ausweitung der Ausgaben im Einzelhandel gering – zumal die Bevölkerungszahlen in der Bundesrepublik Deutschland leicht rückläufig sind. Die Verkaufsflächen sind seit 1995 um ca. 28% gestiegen und werden weiter schneller ansteigen als der Umsatz. Für den Einzelhandel stellt sich angesichts sinkender Flächenleistungen die Frage nach der idealen Betriebsgröße und den Substitutionsmöglichkeiten steigender flächenbezogener Kosten. Individuelles Wachstum im herrschenden Hyperwettbewerb lässt sich auf reine Verdrängung komprimieren: Die besseren Standorte verdrängen die schlechteren Standorte und die besseren Konzepte die schlechteren Konzepte. Verdrängungsstarke Konzepte bzw. Betriebsformen sind auf der einen Seite diejenigen, die das Thema Preis besetzen (Discounter, Fachmärkte), auf der anderen Seite diejenigen, die die weiteren Trends im Verbraucherverhalten aufgreifen (Gesundheit, Convenience, Erlebnis, Individualität, Nachhaltigkeit).

Auf der Standortseite gibt es einen Trend zur Standortagglomeration (Shoppingcenter, Fachmarktagglomerationen oder -zentren) und zurück in die integrierten Lagen. In den Innenstädten schreitet die Uniformierung voran. Ein Grund dafür ist die hohe Marktbedeutung von systemgetriebenen, vertikal gesteuerten, filialisierten Formaten von Handelskonzernen, die ihr internationales Wachstum vorantreiben. Sie haben ihre Marktanteile zu Lasten des Fachhandels in den vergangen Jahren ausgebaut. Zusätzlich wachsen der Bereich des E-Commerce und alle Facetten des Multichannel überdurchschnittlich stark.

Konzepte und Marketing stellen den Handel vor große Herausforderungen. Einzelne Branchen reagieren ganz unterschiedlich auf die gegebenen und zu erwartenden Umfeldbedingungen im Handel. Der Transfer auf die eigene Betriebsformen- und Standortpolitik soll den Wahrnehmungshorizont erweitern. Die Immobilienwirtschaft muss ihre Mieter stärker daran messen, wie gut sie sich den zukünftigen Herausforderungen anpassen.

2.3 Handelsimmobilienentwicklungen

Joachim Stumpf

Für die Beurteilung der Nachhaltigkeit von Investments in bestehende oder neue Standorte ist es notwendig zu wissen, welche Implikationen sich aus den analysierten Umfeldbedingungen für einzelne Handelsimmobilienprodukte ableiten lassen.

2.3.1 City-Immobilien

Wertentwicklung der 1a-Lagen der Großstädte überdurchschnittlich

Der Verkaufsflächenzuwachs der vergangenen 15 Jahre hat vor allem außerhalb der Innenstädte stattgefunden. Dies betrifft die starke Expansion der Möbelmärkte, der Lebensmitteldiscounter mit ihren komplementären Fachmarktansiedlungen sowie die Fachmärkte selbst (Bau- und Gartenmärkte, Unterhaltungselektronik-Fachmärkte, Spielwaren- und Sportfachmärkte etc.). Der Anteil an peripherer Verkaufsfläche gegenüber den City-Lagen nimmt in den kleineren Zentren im Gegensatz zu den Ballungsräumen tendenziell einen höheren Anteil ein, was sich in der Wertentwicklung der innerstädtischen Immobilien außerhalb der Ballungsräume negativ widerspiegelt. Während sich in den Metropolen die Werte von Immobilien in 1a-Lagen seit 1987 (Kemper, 2007, S.18) deutlich gesteigert haben, erleiden Mittelzentren und kleinere Oberzentren z. T. erhebliche Rückgänge der Immobilienwerte in 1a-Lagen. Daher haben städtebauliche Erwägungen in der jüngeren Vergangenheit dazu geführt, dass die Genehmigungen für periphere Einzelhandelsgroßprojekte zunehmend restriktiv gehandhabt werden. Ein Trend zur Rückkehr in die Innenstädte ist erkennbar.

Trend zur Rückkehr in die City

Mode bestimmt die Attraktivität

Was macht eine attraktive Innenstadt aus? Eine Untersuchung der Attraktivitätsfaktoren von Innenstädten der TU Hafencity Hamburg zeigt, dass die Attraktivität sehr maßgeblich von den Sortimentsanteilen des modischen und persönlichen Bedarfs (Textil, Schuhe, Parfümerieartikel, Lederwaren etc.) abhängt. Er beträgt bei den attraktiven

Städten im Durchschnitt 58,8% und bei den unattraktiven Städten nur 35,6% (Walther, 2007, S. 5).

Welche Entwicklungen sind zu erwarten?

- Es erfolgt eine weitere Konzentration auf die 1a-Lagen. Von der hohen Nachfrage nach 1a-Lagen können die 1b-Lagen nicht profitieren. Im Gegenteil: die 1a-Lagen werden z. T. noch enger gefasst. Filialbetriebe gehen bei der Standortwahl keine Kompromisse ein. Die Standortvorgaben sind bis auf die Ebene von Hausnummern exakt eingegrenzt.

1b-Lage profitiert nicht von Nachfrage nach 1a-Lage

- Die Uniformierung der Innenstädte schreitet weiter voran. Ursache hierfür ist die hohe Korrelation zwischen Miethöhe und Frequenz. Korreliert man die Passantenfrequenzen von 119 1a-Lagen in Städten mit mehr als 100.000 Einwohnern mit den durchschnittlichen Mietpreisen, ergibt sich ein Korrelationskoeffizient von nur 0,573. Erst die Clusterbildung der unterschiedlichen Standorte bringt ein aussagekräftigeres Bild. Das erste Cluster beinhaltet 15 1a-Lagen, die trotz hoher Mietpreise niedrige Passantenfrequenzen aufweisen. Diese Lagen befinden sich, bis auf zwei, in Städten mit mindestens einer halben Million Einwohner und gehören meist zu den exklusiven Lagen (z.B. Neuer Wall und Poststraße in Hamburg, Goethestraße in Frankfurt, Maximilianstraße in München). Dort gleicht die Homogenität des hochwertigen Angebotes, und die damit verbundene Zielgruppenhomogenität unter den Passanten, die geringe Frequenz aus, was in diesen Lagen ebenfalls zu Spitzenmieten führt. Ein zweites Cluster ergibt sich für Einzelhandelslagen, die trotz hoher Passantenfrequenz ein niedriges Mietpreisniveau aufweisen. Zu dieser Gruppe gehören 18 1a-Lagen. Vor allem die kleinen Großstädte (z.B. Gelsenkirchen, Hagen, Aachen) befinden sich in diesem Cluster.

Uniformierung schreitet voran

Die folgende Grafik (Abb.6) stellt das verbleibende dritte Cluster mit 85 1a-Lagen dar und damit den Großteil der deutschen Städte mit mehr als 100.000 Einwohnern. Sie zeigt einen signifikanten Zusammenhang zwischen den Mietpreisen und den Frequenzzahlen. Der Korrelationskoeffizient liegt bei 0,79.

Grund: hohe Korrelation von Mietpreis und Frequenz

Dort, wo die Miete nicht subventioniert wird, z.B. in Form von niedrig kalkulierten Eigenmieten bei Betreiberimmobilien oder städtischen Vermietern, die eine bestimmte Branchenvielfalt vor einer Mietertragsmaximierung priorisieren, können sich nur die Unternehmen die Höchstmiete leisten, die aus der vorhandenen Frequenz den höchsten Deckungsbeitrag generieren können. Dies sind primär die vertikalen Textilunternehmen mit ihren komplementären Sortimenten aus der Schuhbranche sowie die Fastfood- und Telekommunikationsanbieter, welche das Stadtbild der Innenstädte stark prägen. Weiterhin kann man in den Großstädten auch die Polarisierung der Nachfrage an ausgeprägten Standortclustern erkennen. Während z.B. in München der Bereich Neuhauser-/Kaufingerstraße das kon-

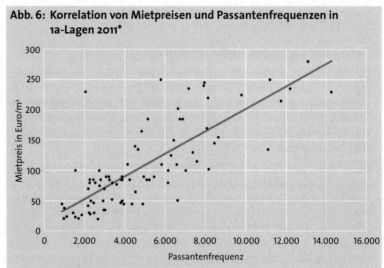

Abb. 6: Korrelation von Mietpreisen und Passantenfrequenzen in 1a-Lagen 2011*

Durchschnittliche Mietpreise und Passantenfrequenzen von 85 1a-Lagen in Städten mit über 100.000 Einwohnern   Quelle: Kemper's CityScout 2011, eigene Berechnung/Darstellung

sumige Angebot an Schnelldrehersortimenten beherbergt, bildet sich eine Luxusmeile von der Maximilianstraße über die Perusastraße hin zu den Fünf Höfen in die Theatinerstraße. Ähnliche Cluster gibt es in Hamburg, Berlin, Frankfurt und anderen Ballungsräumen.

- Ebenfalls bedeutend für den Einzelhandelsstandort City ist deren Erreichbarkeit mit dem Pkw bzw. mit dem ÖPNV. Die Verbraucher haben über Jahrzehnte eine wesentlich höhere Mobilität erreicht. Lag die Pkw-Dichte im Jahre 1980 noch bei 376,1 Pkw pro 1.000 Einwohner, liegt sie im Jahre 2011 bei 622 Pkw pro 1.000 Einwohner (Quelle: Kraftfahrt Bundesamt 2011). Zu dieser Mobilität kommt

ÖPNV und Auto-orientierung sind entscheidende Kriterien für die nachhaltige Standortattraktivität

gerade in kleineren und mittelgroßen Städten eine mangelhafte Erschließung durch den ÖPNV. Dadurch sind gerade dort innerstädtische Einkaufsstandorte gegenüber autogerecht ausgebauten Standorten an der Peripherie benachteiligt. Die BAG-Untersuchung „Kundenverkehr 1965 bis 2004" belegt, dass sich der Anteil der Einzelhandelsbesucher, die mit dem Pkw zum Einkaufen in die Innenstädte fahren bei ca. 45% eingependelt hat. Ca. ein Drittel benutzt den ÖPNV. In den Großstädten scheinen laut der Langzeituntersuchung keine größeren Verlagerungen vom Pkw auf den ÖPNV mehr möglich zu sein (vgl. Pangels, 2009, S. 30/31). Daher spielen die Themen Parken, Parkgebühren und Erreichbarkeit der Innenstädte bei der Standortwahl und bei der Nachhaltigkeitsbetrachtung der Standortattraktivität eine wichtige Rolle.

---

* Bei einem Wert von 1 besteht ein vollständig positiver Zusammenhang zwischen den beiden betrachteten Merkmalen, bei einem Wert von 0 sind die beiden Merkmale überhaupt nicht linear voneinander abhängig.

- Aktives Management von Innenstädten und Quartieren zur Steigerung ihrer Wettbewerbsfähigkeit wird weiterhin ein bedeutender Faktor für den Standort Innenstadt bleiben. Hierzu dient vor allem ein aktives Stadtmarketing bis hin zur Einrichtung von sogenannten BIDs (Business Improvement Districts) wie z.B. im Standortbereich Neuer Wall in Hamburg. Dieses Thema soll hier nicht weiter vertieft, allerdings der Vollständigkeit erwähnt werden, um an das Handelsmanagement, die Betreiber von Shoppingcentern und kommunale Entscheider zu appellieren, sich in solche Prozesse regional einzubringen.

Management von Städten und Quartieren bleibt wichtig

2.3.2 Fachmarktstandorte

Mit den Marktanteilsgewinnen der Fachmärkte hat sich auch die Anzahl der Fachmarktstandorte erhöht. Lag ihr Marktanteil am gesamten Einzelhandelsumsatz 2000 noch bei 11,8%, so betrug er 2011 bereits 15,7% (HDE-Zahlenspiegel 2012, S. 20). Bei Investoren genießen Fachmarktzentren einen hohen Stellenwert. 64,7% der Immobilieninvestoren legen bei zukünftigen Investitionen auf diese Asset-Klasse ihren Schwerpunkt (Hahn, Retail Real Estate Report, 2011, S. 51). Die wichtigsten Sachverhalte, welche sich auf die Standortpolitik auswirken, lassen sich wie folgt zusammenfassen (vgl. Adamovicz/Stumpf/Wotruba, BBE/IPH Fachmarktatlas, 2008, S. 144/145):

Hohe Marktanteilsgewinne von Fachmärkten, Fachmarktzentren beliebtes Anlageprodukt

- Innenstadtnahe Standorte gewinnen für Fachmarktansiedlungen an Bedeutung.

Trends in der Fachmarktentwicklung

- Standortagglomerationen werden aufgrund ihrer Koppelungskaufpotenziale in Zukunft favorisiert.

- Gefahr geringerer Nachhaltigkeit von Solitärstandorten.

- Grenzen zwischen Konzepten für City und Peripherie verschwinden (z.B. C&A in Fachmarktlagen und Ikea in Citylagen).

- Fachmärkte erzielen betriebswirtschaftliche Vorteile gegenüber innerstädtischen Fachgeschäften.

- Es gibt viele Formen von Handelsimmobilien, in die Fachmärkte integriert sind, vom reinen Fachmarktzentrum und der Fachmarktagglomeration hin zu Mischformen wie Nahversorgungszentrum mit Fachmärkten oder Shoppingcentern mit integrierten Fachmärkten.

- Viele Konzepte bleiben zur leichteren Genehmigungsfähigkeit unter der Grenze von 1.200 m² Geschossfläche, um nicht als Einzelhandelsgroßprojekte im Sinne des § 11 Abs. 3 BauNVO zu gelten.

Das bedeutet, dass nach wie vor verstärkt Fachmarktstandorte entwickelt werden und sich für viele Betriebe, auch für diejenigen, die im Fachgeschäftsbereich tätig sind, neue Standortchancen ergeben. Die Standorte werden häufiger an integrierten Standorten und im Verbund mehrerer Fachmärkte kombiniert mit Nahversorgungsbetrieben entstehen. Diese Entwicklung vollzieht sich sowohl in kleinen Gemeinden ab ca. 7.000 Einwohnern als auch in Ballungsräumen.

Fachmärkte profitieren von ihrer Preiskompetenz bei gleichzeitiger Sortimentskompetenz. Sie werden sich noch stärker spezialisieren und ebenfalls den neuen Themen Multichannel, Schaffen von Third Places etc. widmen müssen.

2.3.3 Shoppingcenter

Shoppingcenter sind weiterhin im Verdrängungswettbewerb begünstigte Formate

Die Shoppingcenter-Entwicklung in Deutschland erfährt ein kontinuierliches Wachstum (siehe nachstehende Abbildung 7), welche Beleg dafür ist, dass das Shoppingcenter in der Lage ist, den dort ansässigen Handelsunternehmen ein Umfeld zu bieten, das Marktanteilsgewinne zu Lasten von anderen Standorten ermöglicht. Das Shoppingcenter ist ein im Verdrängungswettbewerb begünstigter Standort und ein stark nachgefragtes Immobilienprodukt. Es orientiert sich an den Erfolgsfaktoren attraktiver Innenstädte und versucht, deren Nachteile (Freiwilligkeit des Stadtmarketings versus vertragliche Verpflichtung zum Center-Management, Parkprobleme versus kostenlose und ausreichende Stellplätze, veraltete Immobiliensubstanz versus moderne, funktionale Architektur, Witterungsabhängigkeit versus Überdachung, zufälliger Branchenmix versus geplanter Branchenmix) in Wettbewerbsvorteile zu wandeln. Außerdem haben Shoppingcenter zusätzlich eine hohe Anziehungskraft durch ihre Größe von meist 10.000 bis 30.000 m² Verkaufsfläche.

Abb. 7: Entwicklung Shoppingcenter in Deutschland

Quelle: EHI Handelsdaten 2011

Nachdem mittlerweile in den Großstädten eine Vielzahl von Shopingcentern entstanden ist, verdichten aktuell die Entwickler von Shoppingcentern vor allem in den Stadtteilen der Großstädte sowie in den Mittelzentren und kleinen Oberzentren nach. Aus städtebaulichen Gesichtspunkten erfreulich, finden die Neuentwicklungen fast nur noch in integrierten Lagen und nicht mehr auf der grünen Wiese statt.

Je größer die Shoppingcenter-Fläche im Verhältnis zur Gesamtfläche des innerstädtischen Einzelhandels ist, umso stärker ist die Auswirkung auf die Wertentwicklung der Einzelhandelsimmobilien in den 1a-Lagen. Diese wiederum ist die Folge niedrigerer Mietzinszahlungen, als Konsequenz der gesunkenen Umsätze der Mieter außerhalb der Shoppingcenter. Es dauert oft viele Jahre – in einigen Fällen gelingt es gar nicht mehr –, bis das ursprüngliche Umsatzniveau außerhalb der Shoppingcenter wieder erreicht wird.

Am Beispiel von München und Augsburg ist dies gut nachvollziehbar (vgl. Stumpf, 2008, S. 38/39; Kempers Retail City Profile 2010 Augsburg/München). In Augsburg mit ca. 133.000 m² Verkaufsfläche in der City wurde im Jahre 2001 die City-Galerie mit ca. 20.000 m² Verkaufsfläche eröffnet. Zu diesem Zeitpunkt lag der Wertindex für Einzelhandelsimmobilien in der 1a-Lage bei 100. Bereits 2002 sank er auf 89,5 und bis 2006 sogar auf 73,75. Die Erholung erfolgte erst sechs Jahre später. 2007 lag der Index bei 78,25 und 2010 bei über 80. Der ursprüngliche Wert ist also immer noch nicht erreicht. Dagegen haben sich, ausgehend von einem Index von 100 für das Jahr 2000, die Werte der Einzelhandelsimmobilien in 1a-Lage in München trotz Revitalisierung des PEP (Perlacher Einkaufszentrum) im Jahre 2000, Revitalisierung und Erweiterung des OEZ 2002 (Olympia Einkaufszentrum), Eröffnung der Fünf Höfe (innerstädtisches Passagenkonzept) mit ca. 16.000 m² Verkaufsfläche und Eröffnung der Riem Arcaden mit ca. 38.000 m² Verkaufsfläche jedes Jahr positiv entwickelt. Der Index lag im Jahr 2007 bei 126, im Jahr 2010 bei über 140. Die Attraktivität und damit die Gravitationsmasse der City mit 440.000 m² Verkaufsfläche innerhalb des Altstadtringes (BBE Handelsatlas München, 2009) ist so groß, dass der Flächenzuwachs keinerlei Auswirkungen hatte.

Im DFG-Forschungsprojekt der HafenCity Universität Hamburg weist Monika Walther zu Recht darauf hin, dass die Betrachtung der Shopanzahl eines Centers im Verhältnis zur Shopanzahl in den jeweiligen 1a-Lagen der Innenstädte eine hohe Aussagekraft für die Beurteilung der Verträglichkeit eines Centers mit bestehenden Einzelhandelsstrukturen in der City ist. Aus Investorensicht steigt bei gleicher Verkaufsfläche mit steigender Shopanzahl der Entwicklergewinn. Als Orientierungswert für eine gute Verträglichkeit wird ein Shopverhältnis von Center zu 1a-Lage von 1:3 und für eine maximale Verträglichkeit von 1:2 aufgeführt (Immobilien Zeitung Nr. 50/2011, S. 10).

Shoppingcenter-Ansiedlungen besitzen eine sehr hohe politische Brisanz. Auf der einen Seite haben sie in meist prominenter Lage einen

Hohe politische Brisanz bei Neuansiedlung

hohen städtebaulichen Reiz und werben mit der Chance von Kaufkraftgewinnung aus dem Umland. Auf der einen Seite verdrängen sie Umsatz am bestehenden Standort und bergen die Gefahr eines ungewünschten Attraktivitätsverlusts an städtebaulich schützenswerten Standorten. Dieser Diskurs begleitet die Projektentwicklung von Shoppingcentern und erfordert neben den gutachterlichen Analysen zu den städtebaulichen Auswirkungen auch die „einfühlsame" Interessenabwägung der beteiligten und betroffenen Akteure. Dieser Diskurs begleitet die Projektentwicklung von Shoppingcentern und erfordert neben den gutachterlichen Analysen zu den städtebaulichen Auswirkungen auch die „einfühlsame" Interessenabwägung der beteiligten und betroffenen Akteure.

Anforderungen an Center-Management steigen

Die aufgezeigten sozio-ökonomischen, technologischen und sozialpsychologischen Trends im Handel und im Verbraucherverhalten verlangen nach einem ausgesprochen professionellen Center-Management, das sich auf die Erwartungen an Aufenthaltsqualität, Nutzung von neuen Medien, attraktivem Branchenmix einstellt und die Wettbewerbsveränderungen im Umfeld berücksichtigt. Die Ausrichtung auf eine älter werdende Gesellschaft und auf einen Anstieg der 1-Personen-Haushalte erfordern nicht nur vom Handel neue Konzepte, sondern auch von den Betreibern von Handelsimmobilien.

Shoppingcenter gewinnen weitere Marktanteile

Auch wenn restriktive baurechtliche Rahmenbedingungen die Neuansiedlung von Shoppingcentern erschweren und der Markt für Konsumgüter stagniert, werden Shoppingcenter ihre Expansion fortsetzen und erfolgreich im Verdrängungswettbewerb Marktanteile ausbauen. Shoppingcenter werden weiterhin ein sehr begehrtes Anlageprodukt für Immobilieninvestoren bleiben.

2.3.4 Nahversorgungsimmobilien

2.3.4.1 Lebensmitteleinzelhandel

Nahversorgung größter Markt im Einzelhandel

Von den 447 Mrd. Euro inkl. Apothekenumsätzen, die die 82 Mio. Einwohner in Deutschland im Einzelhandel 2010 ausgegeben haben, entfallen 217 Mrd. Euro auf die Kernsortimente der Nahversorgung (Lebensmittel, Getränke, Drogeriewaren, Apothekenwaren, Blumen). Dies entspricht einem Anteil von knapp 50% und dokumentiert die hohe Bedeutung dieses Marktsegmentes, auch für die Immobilienwirtschaft.

Überdurchschnittliche Entwicklung

Während der Einzelhandel insgesamt stagnierte, ist in einem Zeitraum von 2000 bis 2010 die Nachfrage nach Nahrungs- und Genussmitteln um 13,9% gestiegen und die nach Nonfood-Artikeln um 6,6% gesunken (BBE, Metro Group, Daten/Zahlen/Fakten 2011/2012, S. 19).

Hohe Konzentration, wenige Anbieter

Der Lebensmittelhandel erreicht den höchsten Konzentrationsgrad im deutschen Einzelhandel. Die größten Anbieter (Metro Group, Schwarz-Gruppe, Rewe Group, Aldi Nord und Süd, Edeka-Gruppe) vereinen knapp 90% des Marktes im organisierten Lebensmitteleinzelhandel

(LEH) auf sich. Durch die hohe Konzentration im LEH sind die Betreiber und damit Mieter für die Immobilienwirtschaft nahezu ausschließlich bonitätsstarke Konzerne, was die Attraktivität von Investments in Nahversorgungsimmobilien erhöht. Auf der anderen Seite ist die Konzentration durch viele Fusionen mittlerweile so weit fortgeschritten, dass die Anzahl der potenziellen Mieter an manchen Standorten sehr gering wird und sich dadurch die Verhandlungsposition der Vermieter verschlechtert.

Verhandlungsposition der Vermieter wird schlechter

Die Betriebsformen im LEH umfassen Discounter, kleine Supermärkte (100 bis 399 m²), große Supermärkte (400 bis 999 m²), kleine Verbrauchermärkte (1.000 bis 2.499 m²) und große Verbrauchermärkte und SB-Warenhäuser (ab 2.500 m²). Discounter erreichen einen Marktanteil von 41,3% (Metro, Daten/Zahlen/Fakten 2011/2012, S. 32). Damit ist dies die bedeutendste Betriebsform, welche seit über 20 Jahren gewachsen ist, auch wenn sich das Wachstum deutlich verringert hat und viele Anzeichen auf eine Sättigung hinweisen. Ein Grund des rasanten Wachstums liegt sicherlich neben der Preiskompetenz in der Betriebsgröße mit meist weniger als 1.200 m² Bruttogrundfläche, was unterhalb der Großflächigkeit im Sinne des § 11 Abs. 3 BauNVO liegt und damit die Genehmigungsfähigkeit begünstigt hat. Die Konzepte der Discounter sind mittlerweile ausdifferenziert zwischen Hard-Discountern (Aldi, Norma) und Marken-Discountern (Lidl, Penny, Netto) und umfassen eine Anzahl von 800 bis 2.500 Artikel.

Discounter erzielen die höchsten Marktanteile

Die zweitgrößte Betriebsform im LEH entfällt mit einem Marktanteil von 28% auf SB-Warenhäuser (SBW) und große Verbrauchermärkte. Diese Betriebsform ist das Gegenteil des Discounters und umfasst ca. 40.000 bis 70.000 Artikel. Durch das Wachstum der Non-Food-Fachmärkte sind die Non-Food-Sortimente bei SB-Warenhäusern unter Druck geraten. Gleichzeitig wirkte die restriktivere Genehmigungspraxis der Expansion von SB-Warenhäusern entgegen. Die Folge war eine Bereinigung der Filialnetze vor allem bei den traditionellen Großmärkten von Real und Marktkauf. Die Expansion erfolgt aktuell vor allem in der Verkaufsflächenkategorie von 2.500 bis 4.000 m² Verkaufsfläche mit einem entsprechend hohen Food-Anteil.

Große SBW unter Druck, große Verbrauchermärkte begünstigt

Die größten Verlierer der letzten Jahre sind die kleinen Supermärkte, die nur noch 4,1% des Umsatzes auf sich vereinigen. In den 70er Jahren lag deren Anteil bei über 50%. Eine zeitlang drohten auch die Supermärkte zwischen der Polarisierung von großflächigen SB-Warenhäusern und Discountern mangels Profilierung zerrieben zu werden. Aber die Marktanteilsbetrachtung bestätigt eine zu beobachtende Renaissance der Supermärkte bzw. kleinen Verbrauchermärkte zwischen 1.000 und 2.500 m² Verkaufsfläche. Neben regionalen Anbietern wie tegut und Feneberg dominieren diese Betriebsform die Rewe Group und die Edeka mit neuen Konzepten und einem klaren Profil zwischen Discount und Großfläche. Von 2004 bis 2009 ist der Marktanteil von 14,5% auf 15,3% angestiegen.

Kleine Supermärkte mit höchsten Marktanteilsverlusten

Renaissance der Supermärkte und kleinen Verbrauchermärkten

Ansonsten lassen sich vor allem folgende Trends im Lebensmitteleinzelhandel ausmachen (BBE/IPH Nahversorgung 2010, S. 12-16, bvh Pressegespräch, 2007, S.1 und Bitkom Presseinformation 2011, S.1):

Trends

- Die Online-Umsätze im Bereich Food sind im Vergleich zum Non-Food-Handel deutlich unterrepräsentiert. Aber jeder fünfte Befragte kann sich laut Bitkom-Webmonitor vorstellen, Lebensmittel online einzukaufen. Ein interessantes Nischenprodukt ist Wein mit einem Marktanteil von über 5%, der im Versandhandel getätigt wird. Die Aktivitäten der LEH-Akteure nehmen zu: Real und Rewe testen ein Drive-in-Konzept mit Bestellung im Internet und Abholung in ausgewählten Märkten, Edeka und Tengelmann bieten einen Lieferservice für die online bestellten Artikel. Interessantestes ausländisches Beispiel ist der erste QR-Code-Supermarkt Homeplus von Tesco in Süd-Korea. Die Bestellung erfolgt via Smartphone über QR-Codes (Quick Response, Link zur Website) auf Bildern an U-Bahn-Stationen, geliefert wird nach Hause. Noch sind die Konzepte vor allem für Ballungsräume unter dem Aspekt Convenience (Einkaufsbequemlichkeit) geeignet, sie zeigen aber, mit welcher Geschwindigkeit und technologischer Innovation die Entwicklung voranschreitet.

- Neue Technologien führen aber auch zu völlig neuen Services für die Kunden: z.B. Bargeldservice bei Rewe, Self-Scanning bei Edeka, aber auch digitale Instore-Terminals mit Rezepttipps sowie der Aufbau von Kunden-Communities etc. Auch die Radiofrequenztechnologie (RFID) wird neben den schon jetzt genutzten logistischen Möglichkeiten zukünftig z.B. die Bezahlvorgänge beschleunigen können.

- Der ungebrochene Gesundheitstrend hat auch im LEH neue Vertriebskonzepte für Bio-Produkte hervorgebracht. Als erfolgreichstes Konzept hat sich der Bio-Supermarkt, wie ihn z.B. denn's und Alnatura betreiben, durchgesetzt. Die Ausweitung des Bio-Sortimentes bei Vollsortimentern und Discountern führt jedoch zu einer fortschreitenden Intensivierung des Wettbewerbs bei Biolebensmitteln. Darunter leiden vor allem kleinere Biofachgeschäfte und teilweise Reformhäuser). Bio-Supermärkte sind gerade in Ballungsräumen eine gute Branchenmixergänzung in Nahversorgungszentren.

- Der insgesamt sehr hohe Wettbewerbsdruck im LEH und die im weltweiten Vergleich sehr hohe Ausstattung mit Verkaufsflächen führen zu einer ständigen Optimierung des Filialnetzes und Ausdifferenzierung der Konzepte. Weiterhin führen die Verbraucherforderungen nach großzügiger Präsentation, Ruhezonen etc. dazu, dass die Ladeneinheiten größer werden, was zu einem hohen Verlagerungsbedarf, gerade in Ballungsräumen führt. Zusätzlich zu strategischen Nachverdichtungen von Standorten bleibt das Expansionstempo im LEH und damit auch das Immobilieninvestitionsvolumen hoch.

- Neue Standortentwicklungen suchen wieder mehr die Nähe zum Verbraucher. So testet die Rewe das Konzept „To Go" und hat wieder vermehrt kleinere Rewe-City-Märkte in Innenstädten und Flughäfen eröffnet. Im ländlichen Raum entstehen neue Dorfladenkonzepte wie z.B. Markttreff in Schleswig-Holstein oder Um's Eck in Bayern und Baden-Württemberg.

- Convenience für den Verbraucher heißt je nach Standort neben fußläufiger Erreichbarkeit auch Erreichbarkeit mit dem Pkw. 74,4% der Lebensmitteleinkäufe erfolgen mit dem Pkw. Dies gilt es bei Projektentwicklungen zu berücksichtigen.

- Architektur und Aufenthaltsqualität gewinnen auch im Lebensmitteleinzelhandel an Bedeutung. Was diesbezüglich etwa in Tirol bei den M-Preis-Märkten seit vielen Jahren zu beobachten war, hat nun auch Einzug vor allem bei Rewe, Edeka und Tengelmann gefunden.

Aus Investorensicht hat das Nahversorgungszentrum mit seiner Drittverwertbarkeit und höheren Anziehungskraft eine besonders große Nachhaltigkeit: Verbraucher wünschen neben dem Lebensmittelangebot vor allem Bäcker, Metzger, Apotheke, Geldautomat, Post und Drogeriemarkt (Befragungsergebnisse aus BBE/IPH Nahversorgung 2010, S. 80)

Hohe Nachhaltigkeit von Nahversorgungszentren

2.3.4.2 Drogeriewaren

Der Markt für Drogeriewaren profitiert vom Gesundheits- und Wellnesstrend und ist überdurchschnittlich stark gewachsen, von 2005 bis 2010 um 17,3% auf 13,2 Mrd. Euro (EHI Handelsdaten 2012). Die Konzentration ist ähnlich hoch wie im Lebensmitteleinzelhandel. Drogeriefachmärkte erzielen einen Marktanteil am Gesamtmarkt für Drogerieartikel von ca. 75% (BBE/IPH Nahversorgung 2010, S. 18/19).

Grundsätzlich sind Drogeriefachmärkte mit ihrem tiefen und breiten Sortiment die favorisierte Einkaufsstätte für den Einkauf von Drogeriewaren beim Verbraucher. Auf die Frage „Wo kaufen Sie Drogerieartikel ein?" geben zwei Drittel der Befragten einen Drogeriefachmarkt als Stammgeschäft an (BBE/IPH Nahversorgung 2010, S. 79). Die Insolvenz von Schlecker mit dem dichtesten Filialnetz von ca. 6.070 Filialen und einem Bruttoumsatz von ca. 5,2 Mrd. Euro im Jahr 2011 (EHI Handelsdaten, Stand Juli 2011) zeigt jedoch, dass ohne ein klares Profil auch ein großer Player in einer vom Verbraucher goutierten Betriebsform gegenüber dem leistungsstärkeren Wettbewerb nicht bestehen kann. Es gab bei Schlecker in allen für den Erfolg eines Handelsunternehmens relevanten Profilierungsfaktoren wie Standort, Preis, Sortiment, Mitarbeiter, Marketing, Erscheinungsbild und Service keinen Wettbewerbsvorteil. Darüber hinaus war das Image der Marke extrem negativ belastet.

Wichtige Säule der Nahversorgung mit hohen Koppelungskaufpotenzialen

Dagegen setzten die Wettbewerber dm und Rossmann, aber auch Müller seit Jahren auf großzügige Läden, moderne Eigenmarken und Engagement im Bereich der Nachhaltigkeit. Marktführer ist im Jahr 2011 dm mit 4,48 Mrd. Bruttoumsatz und 1.256 Filialen, gefolgt von Rossmann mit 3,81 Mrd. Bruttoumsatz mit 1.612 Filialen und Müller mit 2,64 Mrd. Bruttoumsatz und 470 Filialen.

Supermärkte und Discounter können mit Sortimentstiefe und -breite eines Drogeriefachmarktes nicht mithalten. Ihr Drogeriesortiment dient dem Großteil der Kunden als Ergänzung. Durch den Trend zur Renaissance der Vollsortimenter im Lebensmitteleinzelhandel mit größeren Verkaufsflächen sind auch deren Drogeriewarenabteilungen kompetenter geworden, so dass sie neben den verbleibenden Drogeriemärkten einen Teil der durch Schlecker entstandenen Lücken kompetent auffangen können.

Seitdem sich Verbraucher einen Drogeriemarkt als Ergänzung zu den Lebensmittelanbietern explizit wünschen und von ihnen hohe Koppelungskaufeffekte auf die umliegenden Anbieter ausgehen, sind sie eine wichtige Säule der Nahversorgung und der Nahversorgungszentren.

2.3.4.3 Apothekenbranche

Starke Fragmentierung des Marktes

Ein Auszug aus der BBE/IPH-Studie Nahversorgung 2010 (S. 20 bis 25) soll die wichtigsten Fakten dieser wichtigen Nahversorgungsbranche zusammenfassen: Apotheken erzielten 2010 einen Umsatz von 40 Mrd. Euro netto, welcher sich auf 21.441 Apotheken verteilt. Eine Apotheke versorgt durchschnittlich 3.813 Einwohner. Der deutsche Apothekenmarkt zeichnet sich durch eine starke Fragmentierung aus. Die Ursache dafür ist im Fremd- bzw. Mehrbesitzverbot zu sehen, welches den mittelständischen Apotheker in Deutschland vor dem Markteintritt von Kapitalgesellschaften, Handelsketten und branchenfremden Anbietern schützt. Ein mit Spannung erwartetes Urteil des europäischen Gerichtshofes bestätigte im Mai 2009 die Vereinbarkeit des deutschen mit dem europäischen Apothekenrecht, so dass die erwartete aggressive Expansion vieler Konzernkonzepte wie z.B. DocMorris (Celesio Group) oder Easy ins Stocken geraten ist. Allerdings haben die Apotheker seit dem Gesundheitsmodernisierungsgesetz (GMG) aus dem Jahr 2004 die Möglichkeit, neben einer Hauptapotheke maximal drei Apothekenfilialen zu betreiben (Mehrbesitzverbot). Inhaber einer Apotheke muss eine natürliche Person sein, die die Apothekerapprobation hält (Fremdbesitzverbot).

Filialisierungstendenz gebremst, aber anhaltend

Wenngleich sich die Zahl der Apothekenfilialen im Jahr 2007 gegenüber dem Zeitraum vor dem GMG um ein Drittel erhöht hat, steht die Branche im Hinblick auf Filialisierungstendenzen erst am Anfang. Nur ein Prozent der Apotheker betreibt aktuell zwei Filialen. Konzentrationstendenzen werden sich aber kontinuierlich fortsetzen. Franchise-Anbieter (z.B. Avie oder Easy) und Kooperationen (z.B. Vivesco, Meine Apotheke etc.) treiben die Entwicklung voran. Versandapotheken gewinnen weiter Marktanteile und werden 2013 1 Mrd. Euro Umsatz überschreiten.

Die Überalterung der Gesellschaft, die steigende Lebenserwartung und die Trends Gesundheit, Wellness, Lifestyle und Bio begünstigen eine steigende Nachfrage nach Arzneimitteln und OTC-Produkten (Over the Counter). Dennoch beeinflusst die Gesundheitsgesetzgebung immer wieder die betriebswirtschaftlichen Rahmenbedingungen für Apotheken. Die größten Umsatzchancen bieten sich für die Lauflagen- und die Ärztehaus-Apotheke. Bei der Center-Apotheke hängt der Erfolg sehr stark vom gesamten Branchenmix und der Centerausrichtung ab. Der durchschnittliche Umsatz einer Apotheke liegt bei 1,75 Mio. Euro p.a. (netto) und die durchschnittliche Flächenleistung (Umsatz brutto pro m² VKF) bei ca. 25.000 Euro. Mit der Einführung des AMNOG (Arzneimittel-Neuordnungsgesetz) werden voraussichtlich die Erträge deutlich sinken und wird sich die Anzahl der Apotheken reduzieren.

Positive Wachstumsprognose von Umfeldbedingungen begünstigt

2.3.5 Factory-Outlet-Center

Es gibt mehrere Formen des Direktverkaufs der Industrie, welche unter Umgehung der Distributionsstufe Einzelhandel an Endverbraucher verkaufen: Der Fabrikverkauf direkt am Fabrikgebäude, der Fabrikverkauf und die Fabrikverkaufsagglomeration an Standorten außerhalb der Produktionsstätte ohne zentrale Verwaltung sowie das Factory-Outlet-Center (FOC), auch als Fabrikverkaufszentrum zu bezeichnen. Letzteres ist das Produkt, welches im Mittelpunkt des Interesses der Immobilienbranche steht. Es lässt sich dadurch charakterisieren, dass es mehrere Herstellermarken oder vertikal integrierte Händler (z.B. Hallhuber, Lambert) in einem gemeinsam geplanten und verwalteten Immobilienkomplex mit 60 bis 100 Läden und mindestens 5.000 m² Verkaufsfläche beheimatet und dadurch den Charakter eines speziellen Shoppingcenters erlangt. Das Marketing erfolgt über ein zentrales Center-Management. Verkauft werden Zweite-Wahl-Ware, Produktionsüberschüsse, Vorsaisonware und Auslaufmodelle. Textil, Schuhe und Sport sind die Leitbranchen im FOC. Neben dem Markenangebot wird die Aufenthaltsqualität weiterhin durch vielfältige Gastronomieangebote, eine ansprechende architektonische Gestaltung, Events und eine komfortable Parksituation erhöht.

Die Ursprünge der FOCs liegen in den USA und gehen zurück bis in die 70er Jahre. Im Gegensatz zum deutschen Einzelhandel liegt in den USA das Lagerrisiko der Ware beim Hersteller und nicht beim Handel, der deshalb in Deutschland mit seinen Sommer- und Winterschlussverkäufen sein eigenes Absatzinstrument geschaffen hat, während in den USA der Handel die Ware an den Hersteller zurückgeben kann, womit dieser mit dem Fabrikverkauf seinen Absatzkanal hat. Daher gingen die Bestrebungen einer FOC-Expansion in Deutschland primär von der Immobilienbranche bzw. den Betreibergesellschaften aus und nicht von den Markenherstellern selbst, die sogar Gefahr liefen, vom regionalen Handel ausgelistet zu werden. Durch die Marktanteilsverluste des mittelständischen Fachhandels mit seiner hohen Markenprä-

In Deutschland ein Produkt der Immobilienwirtschaft und der Betreiber, zunehmendes Interesse aber auch der Hersteller selbst

senz und der gleichzeitigen Expansion der vertikalen Anbieter wird die Betriebsform für Markenhersteller bedeutender. Über Großbritannien erreichte die Expansion der FOCs Deutschland, forciert von spezialisierten Unternehmen wie z.B. Value Retail oder Mc Arthur Glenn.

Erfolgsfaktoren ähnlich der Shoppingcenter + Preisprofilierung

Neben den Erfolgsfaktoren eines Shoppingcenters in Bezug auf Management, Marketing und Aufenthaltsqualität besteht der Erfolg eines FOC in seiner Preispolitik. Das Erfolgserlebnis des hohen Anteils an Smart-Shoppern wird besonders dann befriedigt, wenn wertige Markenware günstig gekauft werden kann. Ein FOC benötigt keine Frequenzbringer des täglichen Bedarfs wie z.B. ein SB-Warenhaus. Beim Einkauf in einem FOC handelt es sich nicht um einen Bedarfskauf sondern vielmehr um einen Erlebniseinkauf, der nahezu touristischen Charakter hat. Dadurch erreichen FOCs Kunden aus sehr großen Einzugsgebieten von bis zu zwei Autofahrstunden. Durch diese Besonderheit liegt der ideale Standort eines FOC an überregionalen Autobahnnetzen, die mehrere Ballungsräume erschließen oder gar Touristenströme (z.B. Kooperation DOC Soltau und Heide Park) ansprechen können. Sie benötigen Einzugsgebiete von 3 bis 5 Mio. Einwohner. Außerdem bieten Standorte außerhalb der Ballungsräume die geringsten unmittelbaren Kannibalisierungseffekte mit den Markenanbietern in den Innenstädten.

Erlebniseinkauf erzeugt große Einzugsgebiete

Genehmigungs-möglichkeit limitiert Wachstum, polarisierende Diskussion

Aber gerade diese Standortkriterien führten zur Limitierung der Expansion in Deutschland, da sie nicht kompatibel sind mit den Zielen der Raumordnung und Landesplanung. FOCs sind baurechtlich Einzelhandelsgroßprojekte beziehungsweise Einkaufszentren wie jedes andere im Sinne des § 11 Abs. 3 BauNV. Ausgelöst durch den Ansiedlungsdruck der FOC-Betreiber und deren Ausweichen auf grenznahe Standorte wie z.B. in Belgien (Maasmelchen) und in den Niederlanden (Roermond), von denen aus deutsche Kaufkraft angezogen werden sollte, entstand seit Anfang der 90er Jahre in Deutschland eine stark polarisierende Diskussion um eine baurechtliche Sonderbehandlung der FOCs. In deren Folge sind FOCs z.B. in Wertheim (Wertheim Village), Zweibrücken (Designer Outlet Center) und in Ingolstadt (Ingolstadt Village) entstanden. Viele Gemeinden initiierten FOC-Planungen in der Hoffnung, ihre Industriebrachen und Konversionsflächen zu verwerten oder ihre regionalen Strukturprobleme zu überwinden. Die Widerstände von Nachbargemeinden, Raumplanungsbehörden, Einzelhandelsverbänden, Industrie- und Handelskammern, von lokalen Einzelhändlern und die teilweise unprofessionelle Entwicklung dieser Immobilien mit ihrer besonderen Mieterstruktur verhinderten eine stärkere Expansion dieser Betriebsform.

Aufgrund der Sorge, dass Umsatzumlenkungen durch eine FOC-Ansiedlung eine Verödung der Innenstädte nach sich ziehen könnten, kam es auf der Ministerkonferenz für Raumordnung (MKRO) im Jahr 1997 zu folgendem Beschluss: „FOC sind entsprechend den Leitvorstellungen einer nachhaltigen Raumentwicklung nur in Oberzentren/

Großstädten an integrierten Standorten in stadtverträglicher Größenordnung zulässig." (MKRO 1997). Mittlerweile gibt es mehrere unab-
hängige wissenschaftliche Begleitstudien, die nachweisen konnten,
dass sich die Kaufkraftströme auf einen extrem großen Einzugsbereich
ausweiten und dadurch nicht zu den vermuteten städtebaulich schädlichen Auswirkungen führten.

Dies ist sicherlich einer der Gründe, warum aktuell wieder ein verstärktes Interesse an Neuentwicklungen entstanden ist und die Entwickler
ermutigt, erneut Vorstöße zu unternehmen. Da die Landesentwicklungsprogramme und damit die baurechtliche Umsetzbarkeit nach wie
vor eine Ansiedlung außerhalb zentraler Lagen verhindern, kann ein
FOC nur im Rahmen eines Zielabweichungsverfahrens realisiert werden. Grundsätzlich wäre der Markt in Deutschland aus Verbraucher-
sicht und damit aus Sicht der notwendigen Marktpotenziale für 20 bis
30 weitere FOCs aufnahmebereit. Wesentlich mehr wären wegen der
notwendigen großen Einzugsgebiete und der im Vergleich zum Aus-
land beschränkten Öffnungszeiten nicht realisierbar. Egal ob im Vil-
lage-Stil (Ingolstadt, Wertheim), als offenes Einkaufszentrum (Zweibrücken, Wolfsburg) oder als Einkaufszentrum mit geschlossener Mall
konzipiert, ein FOC trifft den Bedarf vieler Konsumenten. Auch aus
Sicht von Investoren, Betreibern und Mietern ist Deutschland ein
Markt mit überdurchschnittlichen Erfolgschancen, da er über eine sehr
breite kaufkraftstarke Mittelschicht verfügt, welche besonders affin für
das Smart-Shopping ist.

Verstärktes Interesse an Neuansiedlung

Marktpotenziale für 20 bis 30 neue FOC, gerade Deutschland ein erfolgverspre-chender Standort

Nach Berechnungen der Ecostra GmbH lag die Verkaufsfläche pro
1.000 Einwohner in Deutschland 2010 bei 0,9 m², während sie beispielsweise in Österreich 12,1 m², in Großbritannien 10,0 m², in Italien
8,3 m² und in Portugal 7,6 m² betrug. Auf der anderen Seite verfügt
Deutschland über eine der höchsten Einzelhandels-Verkaufsflächen-
ausstattungen weltweit. Es ist nicht davon auszugehen, dass sich die
politische Gesamthaltung zu Einzelhandelsgroßprojekten im Allgemeinen und zu FOCs im Speziellen maßgeblich ändern wird, womit einer
intensiveren Expansion deutlich Grenzen gesetzt sind.

2.4 Exkurs: Revitalisierung

Joachim Stumpf

Zukünftige Entwicklung von EH-Immobilien durch Revitalisierung geprägt

In den kommenden Jahren wird sich ein Großteil der Handelsimmobilienentwicklungen auf die Entwicklung im Bestand und damit auf die Revitalisierung konzentrieren. In der folgenden Betrachtung soll es nicht darum gehen, die unterschiedlichen Begriffe rund um die Revitalisierung (Refurbishment, Restrukturierung, Redevelopment, Renovierung) zu erläutern, sondern Auslöser und Besonderheiten bei der Bestandsbetrachtung aufzuzeigen.

Breites Spektrum der Revitalisierungsobjekte

Um den Revitalisierungsbedarf in Deutschland zu erfassen, reicht es nicht aus, allein das Segment Shoppingcenter zu betrachten. Auch wenn das einzelne Shoppingcenter ein vergleichsweise großes Investitionsvolumen auslöst, wird dieses Segment nur den kleineren Teil der Revitalisierungen der nächsten Jahre ausmachen. Andere Handelsimmobilientypen wie Möbelhäuser, Fachmarkt- und Nahversorgungszentren, SB-Warenhäuser, Warenhäuser, Stand-alone-Fachmarkt- und Lebensmittelstandorte, Geschäftshäuser etc. werden ebenfalls alle möglichen Facetten der Revitalisierung erfahren.

Die Überlegungen dieser Sonderbetrachtung knüpfen an die vorstehenden Kapitel an, in denen sich bereits aus den gewonnenen Erkenntnissen aus den Umfeldbedingungen, den Handelsentwicklungen und den Implikationen auf Betriebsformen und Immobilientypen Revitalisierungsbedarfe erkennen lassen. Revitalisierungen lassen sich nicht monokausal auf einen bestimmten Auslöser zurückführen. Die Anlässe lassen sich wie folgt zusammenfassen:

Auslöser von Revitalisierungen

1. Lebenszyklus von Betriebsformen, Konzepten und Immobilien

Einige Betriebsformen wie Fachmärkte und Discounter waren von der vergangenen Marktentwicklung begünstigt, während andere wie Fachgeschäfte und Warenhäuser benachteiligt waren. Überträgt man die

Kurve des Produktlebenszyklus auf Handelskonzepte im Sinne von Betriebstypen und auf Handelsimmobilien (vgl. Kapitel 2.2.2.), so zeigt sich, dass mit dem Schrumpfungsprozess einer Betriebsform (z.B. Warenhaus, kleine Baumärkte, mittelgroße Möbelhäuser etc.) noch lange nicht der Niedergang einer Handelsimmobilie einhergeht. Während sich z.B. der Betriebstyp Warenhaus trotz vieler positiver Beispiele insgesamt eindeutig in der Schrumpfungsphase befindet, lässt sich der Immobilientyp Warenhaus in guten Lagen durch geeignete Revitalisierungsmaßnahmen einem erneuten Wachstum im Sinne der Steigerung des Mietertrags zuführen. Warenhausimmobilien in schlechten Lagen dagegen scheiden aus dem Markt aus und benötigen eine neue, handelsunabhängige Nutzung. Allein aus dieser Zyklusbetrachtung und der Erkenntnis, dass viele Handelsimmobilien aus der Hauptexpansionsphase von 1990 bis Anfang der Jahrtausendwende jetzt einen zeitlich bedingten Verschleiß mit sich bringen, zeigt den großen Revitalisierungsbedarf über alle Handelsimmobilientypen hinweg. Darin enthalten sind auch alle zeitlich bedingten Anpassungen an die Infrastruktur einer Handelsimmobilie (Verbesserung der Energieeffizienz, Brandschutzauflagen, Dimensionierung von Parkplatzanlagen, Zugänglichkeit von mobilitätseingeschränkten Kunden, Anforderungen an Ver- und Entsorgung etc.).

Objekte aus der starken Expansionsphase benötigen, Chancen hängen von Standortqualität ab

2. Der starke Wettbewerbsdruck im deutschen Einzelhandel.

Wie in Kapitel 2.1.1. beschrieben, stagniert der Markt für Konsumgüter real betrachtet seit fast 20 Jahren, während die Flächen überdurchschnittlich wachsen. Ausdruck für den intensiven Verdrängungswettbewerb ist die gesunkene Flächenleistung. Die guten Konzepte verdrängen die schlechten Konzepte und die guten Standorte die schlechten Standorte. Mittelmaß ist für Handelskonzepte und Handelsstandorte verboten. Dieser ständige Anpassungsbedarf kann in regionalen Märkten ganz unterschiedlich intensiv ausfallen. Es ist ein Unterschied, ob eine schleichende Intensivierung des Wettbewerbs stattfindet oder eine Großansiedlung wie z.B. ein Shoppingcenter oder ein großes Nachversorgungszentrum plötzlich zu einer massiven Lageverschlechterung für Bestandsobjekte führt.

Anpassungsbedarf durch Verdrängungswettbewerb

Der starke Wettbewerbsdruck führt aber auch dazu, dass Konzept- und Managementfehler zu wirtschaftlichen Schieflagen, Insolvenzen und Marktaustritten führen (Sinn Leffers, Arcandor, WalMart, Woolworth etc.), die mangels adäquater Nachnutzungen ebenfalls Revitalisierungen auslösen können.

3. Baurechtliche Rahmenbedingungen

Eine restriktive Ausweisung von neuen Handelsflächen und eine auf den Schutz von zentralen Versorgungsbereichen ausgerichtete Landes- und Stadtplanung erzwingt die stärkere Entwicklung im Bestand. Neben dieser allgemeinen Betrachtung kann im Einzelfall eine Revi-

Restriktive Ausweisung von neuen Flächen bedingt Entwicklung im Bestand

talisierung auch dadurch ausgelöst werden, dass sich eine Handelsimmobilie in einem Gebiet ohne Bebauungsplan befindet und die Kommune die Aufstellung eines Bebauungsplanes plant, der eine Veränderungssperre beinhaltet. Dadurch werden die zukünftigen Handlungsspielräume eventuell eingeschränkt (vgl. Stumpf/Wotruba, Einzelhandelsimmobilien 2010, S. 135).

4. Veränderte Kundenbedürfnisse

Erwartungen der Verbraucher erfordern immer schnellere Anpassung

Der steigende Anteil an Smart Shoppern hat Konzepte mit hoher Preisprofilierung begünstigt. Hybrides, wenn nicht sogar paradoxes Einkaufsverhalten führt zu geringerer Einkaufsstättenbindung und zu steigenden Erwartungen an Handel und Einkaufszentren. Das betrifft die Aspekte Erlebnis, Verweildauer, Ladenbau, Convenience etc. Diese Bedürfnisse sind keine originären Auslöser von Revitalisierungen. Sie lösen aber Anpassungen bei Konzepten, Ladenbau, Marketing und Serviceleistungen aus und können den Verlust an relativer Marktattraktivität beschleunigen. Auf alle Fälle sind sie bei Weiterentwicklungen entsprechend zu berücksichtigen.

5. Technologischer Fortschritt

Neue Konzepte und Formate entstehen

Electronic Commerce, Mobile Commerce etc. werden nicht nur Konkurrenz zum stationären Handel, sondern auch Teil dessen im Rahmen eines Multichannel-Ansatzes. Überhaupt wird das Verschmelzen von „Cyperspace" und Realität auch in zunehmendem Maße das Verhalten sowie die Kommunikation der Menschen und damit das Marketing radikal verändern. Im Smartphone verschmelzen Information, Einkauf,

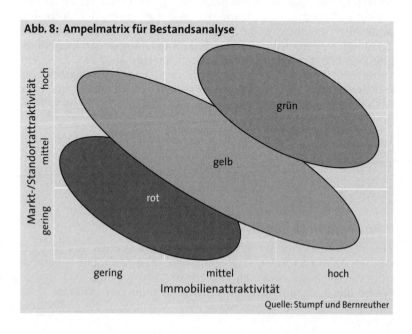

Abb. 8: Ampelmatrix für Bestandsanalyse

Quelle: Stumpf und Bernreuther

Abb. 9: Strategische Optionen auf Basis der Ampelmatrix

Ampel-phase	Bewertung	Implikationen	Mögliche Strategien
Rot	• Marktattraktivität maximal mittel • Immobilienattraktivität maximal mittel	• Hohes Risiko bei auslaufenden Mietverträgen • Schwieriges Ausbaupotenzial (hohes Investitionsrisiko)	• Pflege Bestandsmieter / Halten • Exit vorbereiten • Immobilienseitig deutliche Aufwertung bzw. Standortausbau (Erhöhung der Eigenattraktivität, um als stärkster im Markt aufzutreten) • Weitere Verwertung durch Spezialkonzepte oder gewolltes Trading-down
Gelb	• Marktattraktivität: gering bis hoch • Immobilienattraktivität: gering bis hoch	• Risiko ist differenziert zu betrachten	• Über Steigerung der Potenziale bei der Immobilie deutlich positive Effekte möglich (Umnutzungen, Revitalisierungen) • Besonderes Augenmerk auf Bestandsmieter bei guten Immobilieneigenschaften und schlechtem Marktumfeld • Ggf. Exit vorbereiten, falls schlechte Aussichten auf Anschlussvermietungen
Grün	• Marktattraktivität: mittel bis hoch • Immobilienattraktivität: mittel bis hoch	• Geringes Risiko • Besonderes Augenmerk auf Umfeldveränderungen (z.B. neues Shoppingcenter)	• Kontinuierliche Bestandspflege • Laufende Optimierung des Branchenmixes

Quelle: Stumpf und Bernreuther

Hobby, Beruf und Kommunikation. Aktuell führen die Innovationen noch dazu, dass Versand- und Online-Händler mit eigenen stationären Konzepten (z.B. Jako-O, Manufactum, Bon Prix) als neue Mieter in den Markt eintreten. Unklar bleibt aber, ob die Multichannel-Aktivitäten der stationären Unternehmen in Zukunft zu Flächenreduzierungen führen werden. Erst dann würde sich ein erhöhter Revitalisierungsbedarf ergeben.

Da die Komplexität und die Projektentwicklungsdauer von Handelsimmobilien steigt und auf der anderen Seite die Konzeptanforderungen der Betreiber immer schnelllebiger werden, müssen Bestandshalter ein professionelles Frühwarnsystem implementieren, um die Handlungsspielräume für ihre Handelsimmobilienbestände bestmöglich nutzen zu können. Bereits zwei bis drei Jahre vor der Beendigung

Frühwarnsystem notwendig, um Handlungsspielräume ausschöpfen zu können

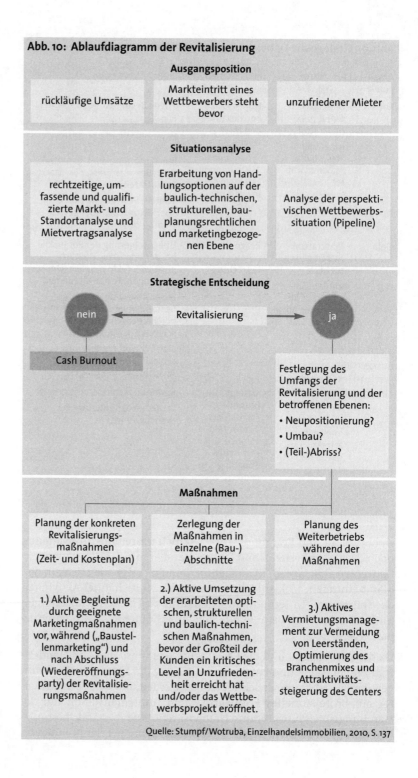

Abb. 10: Ablaufdiagramm der Revitalisierung

Ausgangsposition

rückläufige Umsätze	Markteintritt eines Wettbewerbers steht bevor	unzufriedener Mieter

Situationsanalyse

rechtzeitige, umfassende und qualifizierte Markt- und Standortanalyse und Mietvertragsanalyse	Erarbeitung von Handlungsoptionen auf der baulich-technischen, strukturellen, bauplanungsrechtlichen und marketingbezogenen Ebene	Analyse der perspektivischen Wettbewerbssituation (Pipeline)

Strategische Entscheidung

nein ← Revitalisierung → ja

Cash Burnout

Festlegung des Umfangs der Revitalisierung und der betroffenen Ebenen:
• Neupositionierung?
• Umbau?
• (Teil-)Abriss?

Maßnahmen

Planung der konkreten Revitalisierungsmaßnahmen (Zeit- und Kostenplan)	Zerlegung der Maßnahmen in einzelne (Bau-)Abschnitte	Planung des Weiterbetriebs während der Maßnahmen
1.) Aktive Begleitung durch geeignete Marketingmaßnahmen vor, während („Baustellenmarketing") und nach Abschluss (Wiedereröffnungsparty) der Revitalisierungsmaßnahmen	2.) Aktive Umsetzung der erarbeiteten optischen, strukturellen und baulich-technischen Maßnahmen, bevor der Großteil der Kunden ein kritisches Level an Unzufriedenheit erreicht hat und/oder das Wettbewerbsprojekt eröffnet.	3.) Aktives Vermietungsmanagement zur Vermeidung von Leerständen, Optimierung des Branchenmixes und Attraktivitätssteigerung des Centers

Quelle: Stumpf/Wotruba, Einzelhandelsimmobilien, 2010, S. 137

der Hauptmietzeit eines Ankermieters muss die eigene Verhandlungsposition unter Einbeziehung potenzieller alternativer Nutzungen detailliert analysiert werden. Auf der Ebene der strategischen Betrachtung hilft die Einordnung der Immobilie in eine Ampelmatrix analog Abbildung 8, welche durch die Aggregation und Bewertung aller erhobenen Objekteigenschaften ermöglicht wird. Die Handlungsstrategien lassen sich auf dieser Basis wie in Abbildung 9 schematisch ableiten.

Leider führen in den seltensten Fällen frühzeitige strategische Überlegungen zu einer Revitalisierung. Meist ist es der Leidensdruck, der sich wegen baulicher, technischer oder ökonomischer Mängel (z.B. rückläufige oder schleppend eingehende Mieten) aufbaut. Bei aktiv gemanagten Immobilien sind es die Gespräche des Centermanagers mit unzufriedenen Mietern oder die sinkenden Umsatzmieten, die einen Handlungsbedarf erkennen lassen. Der daran anschließende Prozess einer Revitalisierung lässt sich schematisch wie in Abbildung 10 darstellen.

Spürbarer Leidensdruck meist der Beginn der Revitalisierung

Die Handlungsoptionen für Revitalisierung, Restrukturierung oder Redevelopment einer Handelsimmobilie können am fundiertesten beurteilt werden, wenn alle Entscheidungsparameter in einer Markt- und Standortanalyse (intern oder mithilfe von externer Expertise) zusammengetragen und in einer SWOT-Analyse (Strengths, Weaknesses, Opportunities, Threats) bewertet werden. Die Analyse kann je nach Objekt und Fragestellung in unterschiedlichem Umfang erstellt werden. In der Regel umfasst sie die Makro- und Mikro-Standortfaktoren, die Abgrenzung des Einzugsgebietes, die Analyse des Wettbewerbsumfel-

Fundierte Markt- und Standortanalyse Basis für Revitalisierung

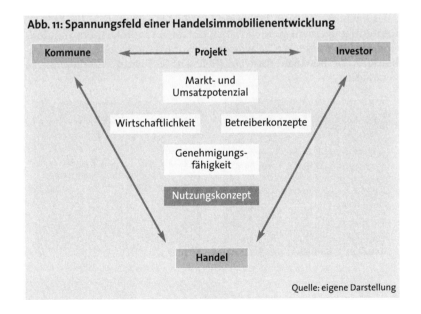

Abb. 11: Spannungsfeld einer Handelsimmobilienentwicklung

Kommune ← Projekt → Investor

Markt- und Umsatzpotenzial

Wirtschaftlichkeit   Betreiberkonzepte

Genehmigungsfähigkeit

Nutzungskonzept

Handel

Quelle: eigene Darstellung

des (inkl. zu erwartender Veränderungen), die Objektanalyse und die Berechnung des vorhandenen Markt- und Umsatzpotenzials (siehe hierzu Kapitel 3). Sie kann aber auch um eine Verbraucher- und/oder Kundenbefragung erweitert werden. Wichtig ist es, neben den möglichen Nutzungsoptionen inkl. Mietertragsprognosen, eine langfristige, am Wettbewerb ausgerichtete Positionierung der Immobilie anzustreben, an welcher sich Nutzung und Marketing orientieren können.

Analyse von Mietverträgen und Baurecht

Neben der Analyse der marktrelevanten Betrachtung gehören zur fundierten Vorarbeit ebenfalls die intensive Mietvertragsanalyse sowie die der baurechtlichen Spielräume (etwaige vorhandene Baurechtsreserven und/oder Stolpersteine bei Nutzungsänderung) aufgrund der beschriebenen baurechtlichen Besonderheiten von Einzelhandelsimmobilien.

Revitalisierung oder Cash Burnout

Auf Basis dieser Vorarbeit kann zunächst die strategische Entscheidung erfolgen, ob und in welchem Umfang eine Revitalisierung stattfinden soll oder ob der Cash Burnout, also die Weiternutzung der Immobilie bis zum kompletten Leerstand, erfolgen soll.

Jede Revitalisierung ist individuell

Die weiteren Maßnahmen in der Revitalisierungsphase wie Sicherung der Marktpräsenz, das Einbeziehen der Nutzer, das Marketing für das Objekt etc. sollen an dieser Stelle nicht vertieft werden. Revitalisierungen zeichnen sich dadurch aus, dass keine einzige der anderen gleicht. Sie sind hochgradig individuell und müssen an Objekt und Umfeld intelligent angepasst werden. Wie die folgende Abbildung zeigt, erfordert dies den Dialog im Spannungsfeld zwischen Kommune, Investor und Betreiber sowie die rechtzeitige Einholung von juristischem Rat aufgrund der von Bundesland zu Bundesland unterschiedlichen Regelungen bei der Baurechtschaffung für Einzelhandelsgroßprojekte.

Aber auch die Ansprüche an ein Center-Management oder Teilzeit-Centermanagement werden höher, um auch schon kleinere Standortagglomerationen oder Nahversorgungszentren als Destination nachhaltig in die bewusste Auswahl (Relevant Set) eines Verbrauchers zu verankern.

2.5 Ausblick

Joachim Stumpf

Globalisierung, demografische, technologische und sozioökonomische Entwicklungen sowie Veränderungen im Konsum- und Freizeitverhalten stellen hohe Anforderungen an das Handelsmanagement und erfordern eine schnelle Anpassung in einem Markt mit intensivem Hyperwettbewerb. Die Herausforderung besteht darin, die Wirtschaftlichkeit dauerhaft sicherzustellen und Kundenbedürfnisse optimal zu adaptieren. Dies führt zur Modifikation, Neu- und Weiterentwicklung von Handelsformaten, Konzepten und Standorten.

Der Handel ist ein Wirtschaftszweig mit sehr ausdifferenzierten Branchen- und Betriebsformenkonzepten und er ist prägend für die Attraktivität einer Stadt oder einer Region. Der Handel wird sich weiter konzentrieren und zunehmend als Multichannel-Player am Markt auftreten. Der Wettbewerb bleibt intensiv, die Ausweisung von Baurecht für Neuansiedlungen im Handel bleibt restriktiv.

Die Veränderungen im Handel haben große Auswirkungen auf die Immobilienwirtschaft, die den Handel in seiner Funktion als potenziellen Mieter wahrnimmt. Veränderte Betriebsgrößen, Standortanforderungen, Verbrauchererwartungen an Aufenthaltsqualität und Service etc., aber auch die Zukunftsfähigkeit der Mieter müssen von den Investoren, Projektentwicklern und Centermanagern berücksichtigt werden.

Es gibt einen Trend zurück in die Innenstädte. In Ballungsräumen werden neue Convenience-Konzepte in Hochfrequenzlagen entwickelt. Auf die Nahversorgung entfallen fast 50% der Ausgaben im gesamten Handel, und die Expansion in diesem Segment bleibt überdurchschnittlich dynamisch. Die Größe des Marktes und die Betreiber machen dieses Marktsegment auch für die Immobilienwirtschaft weiterhin interessant.

Discount bleibt nach wie vor bedeutend, dasselbe gilt für Fachmarktformate. Shoppingcenter und Fachmarktzentren sind vom Verbraucher goutierte Immobilientypen, die in der Gunst der Investoren ganz oben stehen, aber aufgrund ihrer Genehmigungsthematik lange Entwicklungszeiten nach sich ziehen. Auch Factory Outlet Center sind bei Investoren begehrt und von Smart Shoppern akzeptiert, werden jedoch noch langsamer wachsen, da ihre Genehmigungsfähigkeit noch eingeschränkter ist. Überhaupt ist die restriktive Genehmigungspolitik „Nachhaltigkeitsschutz" auf der einen Seite und Herausforderung auf der anderen Seite. Die zukünftigen Entwicklungen im Handel werden weit mehr durch Revitalisierung als durch Neuentwicklungen bestimmt werden. Darin eingeschlossen sind nicht nur die Revitalisierungen von Shoppingcentern, sondern auch von SB-Warenhäusern, Warenhäusern, Fachmärkten, Innenstadtimmobilien und -quartieren etc.

Die Nachfrage nach Handelsimmobilien bleibt hoch. Da die Entwicklung von Verdrängungswettbewerb gekennzeichnet bleiben wird, spielt die sorgfältige Analyse von Konzepten und Standorten eine wichtige Rolle. Denn die guten Standorte verdrängen die schlechten Standorte und die guten Konzepte die schlechten Konzepte. Das Management von Handelsimmobilien im Sinne der nachhaltigen Bestimmung einer Einkaufsdestination und einer optimalen Orientierung an modernen Verbrauchererwartungen wird anspruchsvoller und bereits bei kleineren Einheiten notwendig werden.

Literaturverzeichnis

Adamovicz, Mirjam/Stumpf, Joachim/Wotruba, Markus, Fachmarktatlas 2009. München 2008.

Ahlert, Dieter/Kenning, Peter, Handelsmarketing. Grundlagen der marktorientierten Führung von Handelsbetrieben, Berlin 2007.

Ausschuss für Definitionen zu Handel und Distribution (Hrsg.), Katalog E. Definitionen zu Handel und Distribution, 5. Aufl. Köln 2006.

Barth, Klaus/Hartmann, Michaela/Schröder, Hendrik, Betriebswirtschaftslehre des Handels, 6. Aufl. Wiesbaden 2007.

BBE Handelsberatung GmbH (Hrsg.), Möbelatlas 2008. Brennpunkte – Fakten – Standorte – Agglomerationstypen, München 2007.

BBE Handelsberatung GmbH (Hrsg.), Nahversorgungsstudie 2010, München 2009.

BBE Handelsberatung GmbH (Hrsg.), BBE Markt- und Strukturdaten. Laufende Aktualisierungen, München 2010.

BBE!CIMA!MB-Research (Hrsg.), Markt- und Strukturdaten, München 2009.

Behrens, Christian, Der Standort der Handelsbetriebe (Der Standort der Betriebe, 2. Bd.), Köln 1965.

Bernreuther, Angelus, Fachmarktatlas 2009, München 2008.

Bosshart, David/Kühne, Martina, Shopping Center 7. Generation, Ludwigsburg 2009.

Bundesverband des Deutschen Versandhandels e.V., (2011), Aktuelle Zahlen zum interaktiven Handel. Zugriff am 1.8.2012 auf http://www.bvh.info/zahlen-und-fakten.

Bundesverband Informationswirtschaft, Telekommunikation und neue Medien e.V., (2011), Rasantes Wachstum im Onlinehandel mit Lebensmitteln. Zugriff am 1.8.2012 auf http://www.bitkom.org/de/markt_statistik/64038_66629.aspx.

Destatis, (2009). Zugriff am 1.8.2012 auf https://www-genesis.destatis.de/genesis/online/logon.

Deutsche Bank Research (Hrsg.), Expedition Deutschland. Deutschland im Jahr 2020, Frankfurt a. M. 2007.

Deutsche Bank Research (Hrsg.), Handel Aktuell – Ausgabe 2009/2010. Struktur, Kennzahlen und Profile des internationalen Handels Schwerpunkt Deutschland, Österreich, Schweiz, Köln 2009.

Deutscher Industrie- und Handelskammertag e.V. (Hrsg.), Best-Practice-Beispiele „Demografischer Wandel" Einzelhandel, Dienstleistungen & Tourismus, Berlin 2008.

EHI Retail Institute (Hrsg.), Handel aktuell – Ausgabe 2002. Struktur, Kennzahlen und Profile des internationalen Handels Schwerpunkt Deutschland, Österreich, Schweiz, Köln 2002.

EHI Retail Institute (Hrsg.), Handel aktuell – Ausgabe 2008/2009. Struktur, Kennzahlen und Profile des internationalen Handels Schwerpunkt Deutschland, Österreich, Schweiz, Köln 2008.

EHI Retail Institute (Hrsg.), Handel aktuell – Ausgabe 2009/2010. Struktur, Kennzahlen und Profile des internationalen Handels Schwerpunkt Deutschland, Österreich, Schweiz, Köln 2009.

Falk, Bern/Wolf, Jakob, Handelsbetriebslehre, Landsberg 1975.

Frick, Karin/Hauser, Mirjam, Vertrauen 2.0. Auf wen sich Konsumenten in Zukunft verlassen (GDI-Studie Nr. 25), Rüschlikon 2007.

Handelsjournal (Hrsg.), Factbook für den deutschen Einzelhandel 2009, Neuwied 2009.

HDE (Hrsg.), Zahlenspiegel 2010, Berlin 2010.

HDE (Hrsg.), Zahlenspiegel 2012, Berlin 2012.

Hinderfeld, Christoph, Regionale Qualitätsprodukte vermitteln Glaubwürdigkeit, in: Info3 - Anthroposophie im Dialog Nr. 4 (2009).

Jones Lang LaSalle, Retail City Scout Deutschland – 2011, Hamburg 2011.

Kemper, Gregor, Folien zum Vortrag gehalten beim Bernd Heuer Handelsdialog Hessen am 20.11.2007, Frankfurt a. M. 2007.

KPMG, Trends im Handel 2010. Consumer Markets and Retail, Köln 2006.

Liebmann, Hans-Peter/Zentes, Joachim/Swoboda, Bernhard, Handelsmanagement (Vahlens Handbücher der Wirtschafts- und Sozialwissenschaften), 2. Aufl. München 2008.

Meffert, Heribert, Marketing. Grundlagen marktorientierter Unternehmensführung, 9. Aufl. Wiesbaden 2000.

Metro Group, Metro – Handelslexikon 2011/2012. Daten, Fakten und Adressen zum Handel in Deutschland, Europa und der Welt, Düsseldorf 2011.

Müller-Hagedorn, Lothar, Handelsmarketing, 4. Aufl. Stuttgart 2005.

Nelson, Richard L., The Selection of Retail Locations, New York 1958.

Schenk, Hans-Otto, Psychologie im Handel. Entscheidungsgrundlagen für das Handelsmarketing, 2. Aufl. München 2007.

Stanley, John, (2005), Third Place Retailing - The New Battlefield. Zugriff am 1.8.2012 auf http://www.johnstanley.com.au/_blog/John's_Blog/post/Third_Place_Retailing_-_The_New_Battlefield/.

Stumpf, Joachim, Folien zum Vortrag gehalten beim Bernd Heuer Handelsdialog Bayern „Daten/Fakten/Trends, Was tut sich im Handel und den Handelsimmobilien in Bayern?" am 22.01.2008, München 2008.

Stumpf, Joachim, Branchen- und Betriebsformenentwicklung in: Gutknecht/Stumpf/Funck (Hrsg.), Erfolgreich im mittelständischen Handel, Wolnzach 2010.

Stumpf, Joachim/Wotruba, Markus, Einzelhandelsimmobilien. Stand – Entwicklung – Perspektiven, Grundlagen für erfolgreiches Investment und Management, München 2010.

Vahs, Dietmar/Burmester, Ralf, Innovationsmanagement. Von der Produktidee zur erfolgreichen Vermarktung, 2. Aufl. Stuttgart 2002.

Walther, Monika, Doppelte Ladenzahl verdreifacht Entwicklergewinn, in: Immobilien Zeitung Nr. 50 (2011), S. 10.

Walther, Monika, Folien zum Vortrag gehalten beim Bernd Heuer Handelsdialog Hessen am 20.11.2007, Frankfurt a. M. 2007.

3 Standort- und Marktanalysen und Nutzungskonzepte

Joachim Stumpf

Sehr häufig antworten Handelsexperten auf die Frage nach den wichtigsten Erfolgsfaktoren eines Handelsunternehmens: „Standort, Standort, Standort" und Immobilienexperten auf die Frage nach den wichtigsten Erfolgsfaktoren einer Einzelhandelsimmobilie: „Lage, Lage, Lage". Dies symbolisiert die große Bedeutung der Standortpolitik für den Unternehmenserfolg eines Handelsunternehmens und für die Nachhaltigkeit einer Investition in eine einzelhandelsgenutzte Immobilie (Stumpf, 2010, S. 92). Standortpolitik ist konstitutiv und hat Struktur gebenden Charakter für das jeweilige Unternehmen (vgl. Falk/Jakob, 1975, S. 194).

Zentrale Bedeutung der Faktoren Lage und Standort

Standortentscheidungen sind sehr langfristige Unternehmensentscheidungen, und Veränderungen des Standortes sind extrem kapitalintensiv. Umso wichtiger ist es, durch fundierte Methoden und Instrumente die Risiken bei der Standortwahl, beim Branchenmix und bei der Betreiberkonzeption zu reduzieren, welche im vorherrschenden Verdrängungswettbewerb sehr hoch sind. Die Entwicklung der Flächenproduktivität (Umsatz pro Quadratmeter Verkaufsfläche) ist u.a. Ausdruck für die hohe Wettbewerbsintensität. Von 1995 bis 2010 ist die Flächenproduktivität im deutschen Einzelhandel von 3.958 Euro auf 3.331 Euro pro Quadratmeter Verkaufsfläche gesunken – mit anhaltender Tendenz (HDE Zahlenspiegel, 2011, S. 16 u. 25, eigene Berechnungen). Auch weiterhin werden die Verkaufsflächen stärker als der Umsatz wachsen, und die Einzelhandelsimmobilie bleibt ein begehrtes Anlageobjekt für Immobilieninvestoren. Wie in Kapitel 2 dargestellt, werden Standorte vor allem für Fachmärkte, Shoppingcenter, FOC (Factory-Outlet-Center), Transit-Shopping (Bahnhöfe, Flughäfen, Tankstellen etc.) und die Nahversorgung neu entwickelt, welche sich in einem stagnierenden Gesamtmarkt vor allem durch ihren besseren Standort durchsetzen können. Zusätzlich drängen aufgrund von In-

Langfristige Wirksamkeit von Standortentscheidungen

ternationalisierung, Vertikalisierung und Multichannel neue Mieter in die Innenstädte und Shoppingcenter der Großstädte (siehe 2.1.2). Dadurch verlieren Bestandsstandorte mit geringerer Attraktivität an Anziehungskraft für den Konsumenten

Bedeutung von Standort- und Marktanalysen für ...

... Genehmigungs-verfahren

Neben der nachhaltigen Wettbewerbsfähigkeit eines Handelsunternehmens bzw. einer Handelsimmobilie erlangt die Standort- und Marktanalyse auch für Genehmigungsverfahren eine zentrale Bedeutung, zumal europaweit eine restriktive Genehmigungspraxis für Einzelhandelsgroßprojekte auszumachen ist. Die Neuansiedlung sowie die Erweiterung und Nutzungsänderung von Bestandsobjekten muss landesplanerischen, raumordnerischen und städtebaulichen Vorgaben genügen. Es geht darum, die Auswirkungen zu analysieren, die von diesen Vorhaben ausgehen. Dabei werden die Maßstäblichkeit zum Zentralen-Orte-Prinzip (Kongruenzgebot) und die Höhe der Verdrängungsumsätze (Beeinträchtigungsverbot) betrachtet. Darüber hinaus spielt auch die städtebauliche Integration des Mikrostandortes (Integrationsgebot) eine wichtige Rolle.

... Investitions- und Finanzierungsent-scheidungen

Wichtig sind Standort- und Marktanalysen auch für Investitions- und Finanzierungsentscheidungen. So wollen private und institutionelle Investoren sicher sein, bei ihrer Ankaufsentscheidung keine für die Wertentwicklung des Objekts wesentlichen Faktoren zu übersehen. Das finanzierende Institut wiederum muss sicher sein, dass die gewährten Kredite auch wieder zurückfließen bzw. das Investitionsobjekt als Sicherheit geeignet ist.

... Raumplanung

Nicht zuletzt nutzt die öffentliche Hand, insbesondere die Kommunen, Standort- und Marktanalysen zur Steuerung der räumlichen Entwicklung in ihrem Hoheitsbereich (vgl. Kapitel 5.6).

Kapitel 5.2 zeigt die unterschiedlichen Arten und Zielsetzungen von Standort- und Marktanalysen auf. Im Folgenden werden zunächst die Kerninhalte einer Standort- und Marktanalyse beschrieben, die unabhängig von der Zielsetzung der Analyse immer zu erarbeiten sind.

3.1 Kerninhalte

Joachim Stumpf

Die nachstehende Abbildung zeigt schematisch die Struktur einer Standort- und Marktanalyse.

Schematischer Aufbau

Voraussetzung für eine Standortanalyse ist zunächst die grundsätzliche Umfeldanalyse der Rahmenbedingungen für Einzelhandelsentwicklungen (siehe Kapitel 2, Marktentwicklung im Einzelhandel) und deren Implikationen für Handelskonzepte sowie Handelsimmobilien und ihre Standorte.

Relevante Rahmenbedingungen

Die Standortanalyse selbst beginnt mit einer großräumigen Betrachtung der allgemeinen Rahmenbedingungen, der Makro-Standortanalyse. Parallel dazu erfolgt eine fundierte quantitative und qualitative Analyse der Wettbewerbsituation (Angebotsseite) sowie eine Analyse der kleinräumigen und objektbezogenen Standortsituation, die Mikro-Standortanalyse. Auf Basis der daraus gewonnenen Erkenntnisse wird das potenzielle Einzugsgebiet abgegrenzt, um darin das Marktpotenzial (Nachfrageseite) berechnen zu können. Als Ergebnis der Standortanalyse wird der Umsatz für den zu betrachteten Standort in der Umsatzpotenzialanalyse prognostiziert.

Makro-Standort, Mikro-Standort und Wettbewerb

3.1.1 Makro-Standortanalyse

Die Makro-Analyse beschäftigt sich mit der großräumigen Betrachtung eines gegebenen oder potenziellen Standortes und besteht primär aus der Analyse sekundärstatistischen Materials. Es handelt sich dabei um die Analyse der wichtigsten Wegebeziehungen sowie der soziodemografischen Rahmenbedingungen. Diese Form der Analyse lässt einen ersten groben Vergleich zwischen den Strukturunterschieden potenzieller Standorte unabhängig vom Wettbewerb zu. Sofern es nicht um die vergleichende Analyse mehrerer Standorte geht, sondern ein einzelner Standort zu bewerten ist, wird dieser mit den Durchschnittswer-

Sekundärstatistik

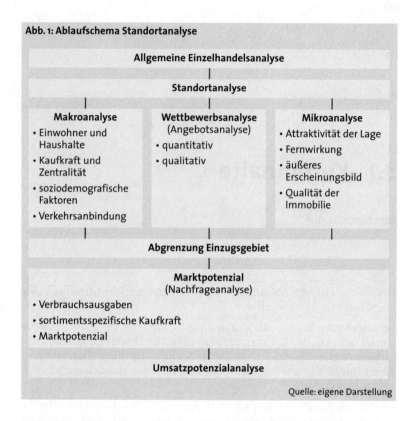

Abb. 1: Ablaufschema Standortanalyse

Allgemeine Einzelhandelsanalyse

Standortanalyse

Makroanalyse	**Wettbewerbsanalyse** (Angebotsanalyse)	**Mikroanalyse**
• Einwohner und Haushalte	• quantitativ	• Attraktivität der Lage
• Kaufkraft und Zentralität	• qualitativ	• Fernwirkung
• soziodemografische Faktoren		• äußeres Erscheinungsbild
• Verkehrsanbindung		• Qualität der Immobilie

Abgrenzung Einzugsgebiet

Marktpotenzial (Nachfrageanalyse)

• Verbrauchsausgaben
• sortimentsspezifische Kaufkraft
• Marktpotenzial

Umsatzpotenzialanalyse

Quelle: eigene Darstellung

ten eines definierten Raums (z.B. Bundesland, Bundesgebiet) verglichen, um eine Bewertung der einzelnen Faktoren vornehmen zu können.

Fallbeispiel Weilheim

Im Folgenden werden alle Analyseschritte mit Werten für ein Fallbeispiel in Weilheim in Oberbayern dargestellt. Abbildung 2 zeigt eine Möglichkeit auf, die Makro-Rahmendaten zu erfassen. Im Beispiel sind die Daten bereits nach verschiedenen Fahrzeitradien zum Standort selektiert. Das Fallbeispiel bezieht sich auf die Analyse nur einer einzigen Branche, um es möglichst gut nachvollziehbar zu machen. Ein Sportanbieter mit 300 m² Verkaufsfläche möchte die Erfolgschancen einer Anmietung eines 800 m² großen Ladenlokales einschätzen. Die Be-

Perspektive des Handelsmanagements

trachtung erfolgt weiterhin aus der Perspektive des Handelsmanagements, da diese, neben den für die Immobilienbranche wichtigen Rückschlüssen auf die nachhaltige Mietleistung, eine deutlich größere Tiefenschärfe für die Beurteilung einer Standortentscheidung besitzt. Damit grenzt sich das Beispiel von Standortanalysen, die der städtebaulichen oder landesplanerischen Verträglichkeit dienen, welche in Kapitel 5.1 behandelt werden ab. Die Beurteilung von Mehrbranchenkonzepten bei Warenhäusern, Shoppingcentern oder Fachmarktagglomerationen erfolgt analog, aber nicht in der gleichen Tiefe. Die Größe

Abb. 2: Makro-Standort-Rahmendaten nach Entfernungszonen für ein Fallbeispiel

Zeile	Rahmendaten*	Entfernungszonen nach Fahrzeit-Minuten				Bundesdurch-schnitt
		15 Min.	20 Min.	25 Min.	30 Min.	
1	Einwohner 2011	38.893	68.832	103.661	127.057	81.540.568
2	Bevölkerungsdichte (Einw./km²) 2011	267	157	143	141	229
3	durchschnittl. Einzelhandels-Kaufkraft 2011 in %	105,2	107,7	107,4	108,5	100,0
4	Arbeitslosenquote Dezember 2010 in %	2,8	2,8	3,2	3,1	7,2
5	**Haushaltsstruktur**					
6	Anzahl Haushalte 2011	18.582	32.058	48.010	58.550	40.334.049
7	durchschnittliche Haushaltsgröße 2011	2,1	2,1	2,2	2,2	2,02
8	Anzahl Einfamilienhäuser je 1.000 Einwohner 2011 in %	154,7	161,1	156,4	154,1	138,7
9	Anzahl Zweifamilienhäuser je 1.000 Einwohner 2011 in %	50,7	54,7	56,1	56,2	43,9
10	Nettoeinkommen					
11	unter 900 Euro	10,5	9,8	9,6	9,7	12,9
12	zwischen 900 Euro bis 1.500 Euro	19,8	19,2	19,5	19,2	22,9
13	zwischen 1.500 Euro bis 2.000 Euro	15,9	15,8	15,9	15,5	16,4
14	zwischen 2.000 Euro bis 2.600 Euro	16,3	16,3	16,4	16,2	15,6
15	zwischen 2.600 Euro bis 3.200 Euro	11,7	11,7	11,7	11,8	11,0
16	zwischen 3.200 Euro bis 4.500 Euro	15,7	16,3	16,1	16,5	12,5
17	über 4.500 Euro	10,2	10,9	10,8	11,1	8,6
18	Baugenehmigungen pro 1.000 Einwohner 2011	2,2	3,1	2,6	3,0	2,1
19	Baufertigstellungen pro 1.000 Einwohner 2011	2,3	3,0	2,7	2,8	2,2
20	durchschnittliche Wohnfläche in m² pro Einw. 2011	42,3	43,8	43,9	44,0	41,6
21	Bevölkerungsentwicklung in % 2006 bis 2011	0,7	0,9	0,8	0,7	–1,1
22	Anteil weibliche Bevölkerung in % 2011	51,7	51,8	51,5	51,7	51,0
23	Pkw-Dichte je 1.000 Einwohner 2011	541	548	548	551	506
24	**Alterstruktur 2011**					
25	unter 16 Jahre	16,2	16,3	16,2	16,2	14,6
26	16 bis 29 Jahre	15,7	15,0	14,8	14,7	16,2
27	30 bis 49 Jahre	27,1	27,4	27,9	27,8	28,1
28	50 bis 65 Jahre	20,3	20,3	20,3	20,4	20,5
29	über 65 Jahre	20,8	21,1	20,8	21,0	20,5
30	**Summe**	**100,0**	**100,0**	**100,0**	**100,0**	**100,0**

■ positive Abweichung vom Bundesdurchschnitt; ■ negative Abweichung vom Bundesdurchschnitt; ■ bei Alterstruktur: Wert überdurchschnittlich; *Gemeinde Weilheim i. OB; Zentralität 2011 = 198,3; Einwohner 2011 = 21.732; EH-Kaufkraft = 109,4
Quelle: BBE!CIMA!-MB-Research

des Betrachtungsraumes, d.h. der Entfernungszonen, ist branchenspezifisch unterschiedlich. Die Daten sind von statistischen Ämtern, Marktforschungsinstituten, z.T. auch von den Städten aus Einzelhandelsgutachten zu erhalten oder zuzukaufen. Zusätzlich sollte man sich z.B. mit gängigen Routenplanern eine Karte mit verschiedenen Fahrzeitzonen zum potenziellen Standortbereich erstellen (vgl. Abbildung 8) und die Lage in der Region sowie die Verkehrsanbindung beurteilen.

Die Rahmendaten sind nach Entfernungszonen gegliedert und mit dem Bundesdurchschnitt ausgewiesen. Sie sind wie folgt zu lesen: Zeile 1 zeigt die Einwohnerzahl für Weilheim in Oberbayern 2011. In Zeile 21 befindet sich die dynamische Betrachtung der vergangenen fünf Jahre. Zeile 3 weist die einzelhandelsrelevante Kaufkraft aus, die später noch ausführlich beschrieben wird. Diese Daten sind für die Markt- und Umsatzpotenzialanalyse am wichtigsten. Weitere Rahmendaten wie z.B. Haushaltsgröße (Zeile 7), Immobilienstruktur (Zeilen 8 und 9), Bautätigkeit (Zeilen 18 und 19), Wohnungsgröße (Zeile 20), Einkommensstruktur (Zeilen 10 bis 17) und Altersstruktur (Zeilen 24 bis 30) bringen für unterschiedliche Konzepte weitere Erkenntnisgewinne. So erhöht z.B. eine junge Altersstruktur der Bevölkerung für einen Baby-Fachmarkt das Umsatzpotenzial, während für ein Bestattungsunternehmen gerade die gegenteilige Struktur potenzialerhöhend wirkt. Die Bevölkerungsdichte (Zeile 2) ist für die Potenzialbestimmung zunächst unbedeutend. Sie ist aber im Zusammenhang mit der konzeptbedingten Zielgruppenansprache relevant (vgl. Pkw-Dichte). Die Arbeitslosenquote fließt nicht separat in die Potenzialberechnung ein, da sie indirekt in der Kaufkraftkennziffer enthalten ist. Die Anzahl der Haushalte (Zeile 6) korrespondiert mit der Einwohnerzahl und wird häufig bei der Berechnung der Streukosten für Werbemittel herangezogen. Die Pkw-Dichte (Zeile 23) ist Ausdruck der Automobilität der Bevölkerung. Sie ist im ländlichen Raum höher als im städtischen, was der schlechteren Erschließung durch öffentlichen Nahverkehr geschuldet ist. Eine hohe Pkw-Dichte kommt tendenziell den autoorientierten Standorten zugute. Konzepte, die nicht primär auf Autokunden abzielen, profitieren dagegen von einer hohen Bevölkerungsdichte und einer bei der Mikro-Standortanalyse zu prüfenden Anbindung an den ÖPNV.

Hauptaussagen aus der Makroanalyse

Am Fallbeispiel des Ortes Weilheim i. Obb., eines Mittelzentrums mit 21.732 Einwohnern, kann man aus der ersten Grobanalyse folgende Hauptaussagen treffen:

- sehr gute Verkehrsanbindung über die Bundesstraße 2 in Nord-Süd-Richtung nach Starnberg und nach Murnau. Beide Orte befinden sich in ca. 25 Minuten Entfernung und besitzen mittelzentrale Funktion. Starnberg ist mit seinen 26.000 Einwohnern allerdings mehr als doppelt so groß wie Murnau und auch als Einzelhandelsstandort attraktiver. Daher ist schon in dieser frühen Betrachtung zu erwarten, dass sich das Einzugsgebiet nach Norden Richtung

Abb. 3: Karte mit Entfernungszonen zum Fallbeispiel

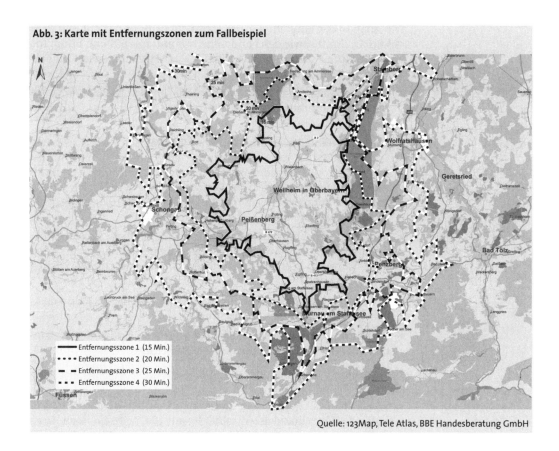

Quelle: 123Map, Tele Atlas, BBE Handesberatung GmbH

Starnberg etwas geringer ausdehnt als nach Süden, sofern nicht die Wettbewerbsanalyse zu weiteren Erkenntnissen führt.

- Die Verkehrsanbindung nach Osten (Richtung Penzberg) und Westen (Richtung Schongau) ist schlechter. Im Osten bilden der Starnberger See und die BAB 95 eine Barriere für die Erreichbarkeit von Weilheim. Im Westen führen untergeordnete Straßen nach Schongau, einem weiteren Mittelzentrum. Die Entfernung nach Schongau und zur BAB 95 korrespondiert mit dem 25-min-Fahrzeitradius.

- Obwohl noch keine Abgrenzung des Einzugsgebietes stattgefunden hat und die Wettbewerbsanalyse weitere Erkenntnisse bringt, lässt sich der 25-min-Fahrzeitradius für einen Sportanbieter als voraussichtliches Einzugsgebiet großräumig definieren.

- Die Anbindung an den ÖPNV erfolgt über die Regionalbahn (Strecke München-Weilheim) sowie über ein Bussystem.

- Die Entfernung in die City des Oberzentrum Münchens beträgt ca. 45 Fahrzeitminuten.

Die Analyse der Einwohner- und Haushaltsstruktur bezieht den Bundesdurchschnitt sowie den Landesdurchschnitt mit ein und bringt folgende Hauptaussagen, auf die sich das Handelsmanagement im Fallbeispiel konzentrieren sollte:

- Weilheim selbst hat 21.732 Einwohner. Im 15-, 20-, 25- und 30-min-Fahrzeitradius leben 38.893 bzw. 68.832 bzw. 103.661 bzw. 127.057 Einwohner.

- Die einzelhandelsrelevante Kaufkraft liegt je nach Radius zwischen 105,2% und 108,5%. Der Index setzt die Kaufkraft je Einwohner, die für den Einzelhandel ausgegeben werden kann, ins Verhältnis zum Bundesdurchschnitt. Im Gegensatz dazu bezieht sich die allgemeine Kaufkraftkennziffer auf das gesamte verfügbare Einkommen der Bundesbürger.

- Die überdurchschnittliche Kaufkraft korrespondiert mit den unterdurchschnittlichen Anteilen der Haushaltsnettoeinkommen unter 2.000 Euro pro Monat und vor allem den überdurchschnittlichen Anteilen bei den Haushaltsnettoeinkommen über 3.200 Euro.

- Die Arbeitslosenquote liegt im bayerischen Durchschnitt und deutlich unter dem Bundesdurchschnitt.

- Wohnungsbautätigkeit und Bevölkerungsentwicklung liegen deutlich über dem Bundes- und auch Landesschnitt.

- Die Altersstruktur der Bevölkerung liegt im Landesschnitt und ist jünger als der Bundesschnitt.

- Weilheim besitzt eine sehr hohe Einzelhandelsattraktivität. Der Index der Einzelhandelszentralität ist mit 198,3 extrem hoch. Er ist der Quotient aus getätigtem Einzelhandelsumsatz je Einwohner und der Einzelhandelsnachfrage je Einwohner. Ein Index > 100 steht für einen Kaufkraftzufluss, d.h. in dieser Region wird mehr Umsatz im Einzelhandel getätigt, als die dort lebende Bevölkerung für den Einzelhandel zur Verfügung hat, bzw. die Kaufkraftzuflüsse von der außerhalb des Untersuchungsortes lebenden Bevölkerung ist höher als die Kaufkraftabflüsse der Bevölkerung des Untersuchungsortes.

Die positiven Rahmenbedingungen für den Standort Weilheim sind die Grundlage für eine genauere Prüfung der Wettbewerbssituation, um im Anschluss daran weitergehende Überlegungen zum Mikro-Standort vornehmen zu können.

Weitere Daten

Weitere Daten zur Haushaltsgröße und der Wohnstruktur (Ein-, Zweifamilienhäuser, evtl. auch Eigentumsquote oder Wohnungsgrößen etc.) können zusätzlich Erkenntnisse für die zielgruppengenaue Analyse einzelner Konzepte bringen. Für überregional tätige Unternehmen können als weitere Standortfaktoren auch das Personalkostenniveau, Steuern und Abgaben sowie Logistikkosten in die Standortentscheidung einbezogen werden.

Sinnvoll ist es, neben den statischen Daten (Ist-Situation bzw. Stichtagsbetrachtung) auch die Entwicklungsdynamik zu berücksichtigen, da Ansiedlungsentscheidungen sich über die gesamte Nutzungsdauer auswirken. Im Einzelhandel rechnet man, je nach Branche und Konzept, mit einer Mindestnutzungsdauer von 10 bis 15 Jahren. So lassen sich aus der Entwicklung der Bevölkerungszahl über den Zeitraum von beispielsweise den letzten 10 Jahren eigene Annahmen zur zukünftigen Entwicklung ableiten. Je detaillierter die Analyse hier ist, desto sicherer sind die Ergebnisse (z.B. Vergleich von 10-Jahres-Werten vs. Vergleich von zwei Zeitpunkten mit einem Abstand von 10 Jahren). Ein Abgleich mit der offiziellen Bevölkerungsprognose des Betrachtungsraumes gibt zusätzliche Sicherheit.

Dimension „Zeit"

3.1.2 Mikro-Standortanalyse

Die Mikro-Standortanalyse umfasst die kleinräumige, lokale Standortbetrachtung. Es geht vor allem darum, die richtige Standortwahl für den Fall zu treffen, dass die Makro-Standortrahmendaten positive Prognosen erwarten lassen. Die Faktoren zur Wahl des Mikro-Standortes sind in Abbildung 4 als Checkliste zusammengestellt:

Abb.: 4: Checkliste Mikro-Standortfaktoren

Erfolgsfaktoren Mikro-Standort	Anhaltspunkte zur Beurteilung
Attraktivität der Lage	☐ Verkehrsfrequenz, Passantenfrequenz
	☐ Einzelhandelsagglomeration, Einzelhandelsmix für Zielgruppe (Koppelungskaufpotenziale)
	☐ Magnetbetriebe im Umfeld
	☐ Erreichbarkeit, Parkmöglichkeiten, ÖPNV-Anbindung
	☐ Bekanntheit als Einkaufsstätte (z.B. als Stadt oder des Shoppingcenters)
	☐ Leerstände im Umfeld
Fernwirkung	☐ Sichtbarkeit der Immobilie, des Logos und des Namens (Passanten, Kfz)
	☐ Rückschluss auf Konzept, Sortiment, Kooperation aus Ferne möglich?
	☐ Einsatz von weithin sichtbaren Werbemitteln (Flaggen, Pylon etc.)
	☐ Erkennbarkeit bei Nacht, schlechter Sicht, Dämmerung
Äußeres Erscheinungsbild	☐ Architektur des Gebäudes, Zustand der Fassade
	☐ Farbliche, materielle Gestaltung
	☐ Außenanlagen (Parkplatz, Gehwege, Grünanlagen, Warenträger etc.)
	☐ Außenreklame, Schriftzug, Markise
	☐ Schaufensteranlage, Schaufensterattraktivität, -gestaltung, -dekoration
	☐ Eingangslösung (einladend, leichter Zutritt, Türe)
	☐ Einsehbarkeit, Transparenz und Erkennbarkeit des Konzepts
Qualität der Immobilie	☐ Modernität, Bausubstanz
	☐ Aufteilung/Zuschnitt
	☐ Raumhöhe
	☐ Erweiterbarkeit
	☐ Anbindung der Stockwerke (Aufzüge/Rolltreppen/Treppenlösung)
	☐ behindertengerecht
	☐ eigene Parkanlage (Anzahl Stellplätze, Ein- und Abfahrten etc.)

Quelle: BBE Handelsberatung GmbH

Die Beurteilungskriterien umfassen im Wesentlichen die Fernwirkung, das äußere Erscheinungsbild, die Qualität der Immobilie sowie die Attraktivität der Lage. Die Gewichtung der einzelnen Faktoren bei der Einschätzung von unterschiedlichen Standorten ist unterschiedlich. So sind die Attraktivität der Lage und wesentliche Faktoren der Immobilienqualität irreversibel, während z.B. die Fernwirkung und das äußere Erscheinungsbild sehr häufig zu ändern sind. In letzterem Fall müssen bei der Standortbeurteilung die notwendigen Investitionen berücksichtigt werden. Die Anforderungen unterscheiden sich für einzelne Betriebsformen ganz maßgeblich. Während ein Discountanbieter die Verkehrsanbindung und die Parkplatzsituation an Ausfallstraßen bei mäßigen Ansprüchen an die Architektur hoch bewertet, erwartet ein High-End-Fashion-Anbieter ein genregleiches Umfeld sowie eine ansprechende Immobilie in Citylage.

Beurteilungskriterien

Ein Fallbeispiel aus dem Buchhandel:

Ein Buchhandelsunternehmen betreibt seit 25 Jahren in einem 9.000-Einwohner-Vorort eines Ballungsraumes sein Geschäft auf 165 m² Verkaufsfläche. Die ca. 400 m lange Geschäftsstraße führt zum S-Bahnhof. Der Standort wird im Eigentum betrieben und befindet sich ca. 200 m vom S-Bahnhof entfernt. Die Vermietung des eigenen Standortes an ein Optikunternehmen und die Verlagerung in eine angemietete ehemaligen Bankfiliale mit ca. 175 m² Verkaufsfläche gegenüber eines Drogeriemarktes, ca. 30 m vom S-Bahnhof entfernt, bringt eine Umsatzsteigerung im gleichen Einzugsgebiet von dauerhaft 16%. Ursache dafür sind die höhere Passantenfrequenz sowie das Koppelungskaufpotenzial mit dem Drogeriemarkt.

Fallbeispiel Buchhandel

3.1.3 Wettbewerbsanalyse

Ein wesentlicher weiterer Bestandteil der Standort- und Marktanalyse ist die Wettbewerbsanalyse. Sie liefert wichtige Erkenntnisse über die Begrenzung des potenziellen Einzugsgebietes, das bindungsfähige Marktpotenzial sowie die eigene Positionierung.

Bedeutung

Zur Durchführung der Wettbewerbsanalyse müssen alle Wettbewerber unabhängig von ihrer Betriebsform betrachtet werden. Wettbewerber mit überregionaler Reichweite, welche in das potenzielle Einzugsgebiet ausstrahlen, müssen ebenfalls berücksichtigt werden. Da die Wettbewerbsstruktur das Einzugsgebiet und den potenziellen Umsatz beeinflusst, ist sie Inhalt jeder Standort- und Marktanalyse, ganz unabhängig davon, ob es sich um eine Analyse als Basis für eine wirtschaftliche, genehmigungsrechtliche oder finanzierungstechnische Entscheidungsgrundlage handelt.

Vorgehensweise

3.1.3.1 Quantitative Analyse

Wettbewerbs-
erhebung

Basis für die Berechnung der regionalen Kaufkraftbindung sowie der Beurteilung des Verkaufsflächenbesatzes vorhandener Anbieter ist die quantitative Wettbewerbsanalyse. Sie besteht vor allem aus der Erhebung bzw. Schätzung der Verkaufsflächen sowie der darauf erzielten Umsätze aller Wettbewerber. Hilfsmittel für die Umsatzeinschätzung sind Flächenleistung, Attraktivität, Anzahl der Mitarbeiter, Anzahl der Kassen (besetzt, nicht besetzt zu unterschiedlichen Zeiten), Frequenzen zu unterschiedlichen Zeiten, Zugehörigkeit zu einer Verbundgruppe, Einschätzungen von Experten (z. B. Unternehmensberater, Industrievertreter, Regionalbetreuer, der Einkaufskooperationen) etc. Darüber hinaus lohnt es sich auch für wichtige Wettbewerber deren Websites zu analysieren.

Abb. 5: Wettbewerberliste mit Umsatz und Verkaufsflächen für Fallbeispiel

Nr.	Name	PLZ	Ort	Adresse	VK-Fläche geschätzt in m²	Umsatz geschätzt in TEuro
1	Muster-unternehmen		Weilheim		300	850
2	Fachgeschäft 1		Weilheim		300	550
3	Fachgeschäft 2		Weilheim		300	480
4	Fachgeschäft 3		Weilheim		80	220
Summe Fachhandel					**980**	**2.100**
6	LM-Discounter 1		Weilheim		variabel*	50
7	LM-Discounter 2		Weilheim		variabel*	35
8	SBW		Weilheim		70	250
Summe andere Betriebsformen					**70**	**335**
Summe alle Betriebsformen					**1.050**	**2.435**
Arealitätskennziffer in m² VKF/1.000 EW = 112						

* saisonal unterschiedlich, aber im Durchschnitt unter 5 m², daher statistisch nicht erfasst

Quelle: eigene Darstellung und Berechnung

Abbildung 5 zeigt die Wettbewerbssituation im frei erfundenen Fallbeispiel Weilheim, um eine mögliche Darstellung der rein quantitativen Faktoren (Umsätze, Verkaufsfläche) für alle Anbieter einer Branche (z.B. Sport) aufzuzeigen. Alle Anbieter im Fachhandel der Musterbranche erzielen auf einer Verkaufsfläche von 980 m² einen Umsatz von 2,1 Mio. Euro inkl. des Musterunternehmens, welches auf 300 m² VKF 850.000 Euro erzielt. Hinzu addieren sich Umsätze von nicht Fachgeschäften wie Lebensmittelmärkten und SB-Warenhäusern in Höhe von zusammen 335.000 Euro. Der Gesamtumsatz in Weilheim beträgt in der Musterbranche 2,435 Mio. Euro. Möchte man die quantitative Wettbewerbssituation mit anderen Standorten vergleichen, dann vergleicht man die Arealitätskennziffer (Verkaufsfläche pro 1.000 Einwohner). Für das Fallbeispiel beträgt sie 112 m² VKF pro 1.000 Einwohner.

In den Konkurrenzstädten Starnberg, Penzberg und Schongau befinden sich, ebenfalls in der fiktiven Betrachtung, keine überregional bedeutsamen Anbieter der gleichen Branche, sondern ausschließlich Anbieter in der gleichen Größenordnung wie in Weilheim. In Murnau gibt es keinen Anbieter der Musterbranche. Der überregionale Wettbewerb befindet sich in München.

Bei Analysen in Branchen wie Heimtextilien, Leuchten, Glas/Porzellan/Keramik (GPK), Hausrat etc. müssen auch die Sortimente der großen Möbelhäuser im Einzugsbereich mit einbezogen werden. Bei großen Möbelvorhaben ist der Analyseradius deutlich größer.

3.1.3.1 Qualitative Analyse

Die Wettbewerbsanalyse kann jedoch auch eine Reihe wertvoller qualitativer Aspekte, welche z.B. für Positionierung, Sortimentsoptimierung, Marketingaussagen, Preis- und Servicepolitik etc. relevant sind, liefern. Sie bildet aber auch die Grundlage, um bei der Einschätzung des Umsatzpotenzials vor allem das Verdrängungspotenzial durch Leistungsvorteile gegenüber den bestehenden Wettbewerbern beurteilen zu können. Hierzu gibt es verschiedene Analyseinstrumente von denen nur einige wichtige aufgezeigt werden sollen:

a) Vergleichbarkeit der Attraktivitätsentwicklung

Abbildung 6 soll einen Überblick darüber geben, welche Mitbewerber am ehesten vergleichbar mit dem zu untersuchenden Unternehmen sind und die damit die gleiche Zielgruppenansprache betreiben. Bei dieser Analyse bringt die Beurteilung der Attraktivitätsentwicklung der vergangenen 5 bis 10 Jahre einen weiteren Erkenntnisgewinn: nämlich wie sich die relative Attraktivität am Standort gegenüber den Wettbewerbern entwickelt hat. Beurteilungskriterien sind: Verkaufsflächenerweiterungen, Sortimentsveränderungen, Ladenbauinvestitionen, Marketingmaßnahmen etc. Für die ähnlich positionierten und damit als Hauptmitbewerber zu bezeichnenden Anbieter kann nun eine detailliertere qualitative Analyse erfolgen.

Dynamische Betrachtung der Mitbewerber

Im Beispiel ist Fachgeschäft 1 mit dem Musterunternehmen sehr stark vergleichbar und hat in den vergangenen fünf Jahren deutlich an Attraktivität gewonnen, was einer Sortiments- und Flächenerweiterung sowie einem neuen Werbekonzept geschuldet ist. Fachgeschäft 2 hat eine etwas geringere Vergleichbarkeit. Es hat sich etwas stärker auf Hartwaren konzentriert, während das Musterunternehmen textillastiger ist. Außerdem hat Fachgeschäft 2 seit Jahren im Vergleich zum

Abb. 6: Wettbewerberliste mit Vergleichbarkeit und Attraktivitätsentwicklung für Beispiel Weilheim

Mitbewerber	Vergleichbarkeit mit eigenem Unternehmen*	Entwicklung der Attraktivität ggü. dem eigenen Unternehmen**	Bemerkungen zur Entwicklung
Fachgeschäft 1	95%	20%	Verkaufsfläche um 100 m² erweitert, Sortiment ausgebaut, neue Werbelinie
Fachgeschäft 2	70%	−30%	seit vielen Jahren keine Investitionen mehr, Nachfolge fraglich

* 0 = überhaupt nicht, 100 = austauschbar; ** -100 = am schlechtesten gegenüber eigenem Betrieb entwickelt, 0 = gleiche Entwicklung, +100 = im Vergleich am attraktivsten entwickelt
Quelle: eigene Darstellung und Bewertung

Musterunternehmen nicht mehr investiert und an relativer Attraktivität verloren.

Geplante Vorhaben berücksichtigen

Die dynamische Betrachtung sollte neben der Vergangenheit auch die Zukunft berücksichtigen. Zur Vervollständigung wettbewerbsrelevanter Daten gehört die Ermittlung von in Planung befindlichen Einzelhandelsvorhaben. Auskunft darüber können Einzelhandelsverbände, IHK, Wirtschaftsförderung, Planungs- und Genehmigungsbehörden, Citymanager, Presseberichte, Internetrecherchen etc. geben.

b) Scoring-Modell

Detaillierte Analyse der Leistungsfaktoren

Für die detailliertere Analyse gibt es viele Scoring-Modelle. Eine einfach zu handhabende Darstellung für das Handelsmanagement bietet das nachfolgende Arbeitsblatt. Ausgehend von den vorgegebenen Beurteilungskriterien werden die jeweils zutreffenden Werte zwischen 1 und 5 für das eigene Untenehmen sowie für die relevanten Mitbewerber eingetragen.

Die jeweiligen Beurteilungspunkte werden in der Zeile „Gesamteindruck" addiert. Sofern für die jeweilige Branche empirische Ergebnisse über die Wirkung einzelner Faktoren auf den Unternehmenserfolg vorliegen, so werden die einzelnen Faktoren mit deren Bedeutung für den Verbraucher gewichtet. Die Addition der einzelnen Werte in der Zeile „Gesamteindruck" dient als grobe Orientierung für die Leistungsfähigkeit des eigenen Unternehmens im Vergleich zu den Hauptmitbewerbern.

Außerdem hilft die systematische Einschätzung in der aufgezeigten Weise die eigene Sortimentskonzeption, Servicepolitik, Preispolitik, Standortsituation, Marketingkonzeption und Personalpolitik kritisch zu überprüfen.

Abb. 7: Wettbewerberliste (Scoring-Modell)

Erfolgsfaktoren	Beurteilungskriterien	eigener Betrieb	Wettbewerber					
			A	B	C	D	E	F
Standortlage (Verkehrs-anbindung, Frequenz)	1 = liegt „versteckt", sehr schwer zu finden 5 = beste Passanten- und/oder Verkehrsfrequenz							
Parksituation	1 = schlechte Parksituation 5 = sehr viele Parkplätze, bequem anzufahren							
Fernwirkung	1 = keine 5 = sehr auffällig							
Äußeres Erscheinungsbild	1 = veraltet, unattraktiv, abstoßend 5 = modern, attraktive Architektur, einladend							
Inneres Erscheinungsbild	1 = veraltet, unattraktiv, abstoßend 5 = modern, übersichtlich, spannend							
Größe der Verkaufsfläche	1 = deutlich kleiner als Mindestbetriebsgröße 5 = größter Anbieter im Einzugsbereich							
Freundlichkeit des Personals	1 = Kunde ist Belästigungsfaktor 5 = durchweg äußerst sympathisch							
Fachkompetenz des Personals im Verkauf	1 = keine Ahnung 5 = höchste Kompetenz							
Sortimentsprofil/ Spezialisierungsansatz	1 = übersichtlich, klares erkennbares Konzept 5 = unübersichtlich, kein erkennbares Konzept							
Kundendienst/Service	1 = keine Kompetenz 5 = höchste Kompetenz							
Inhaberorientierung	1 = Inhaber nach außen nicht bekannt 5 = hier „bedient" der Chef							
Werbehäufigkeit	1 = fast nie 5 = starke Präsenz der Werbung							
Kontinuität der Werbekonzeption	1 = keine 5 = klar erkennbare Linie							
Gesamteindruck								

Quelle: BBE Handelsberatung GmbH

c) Wettbewerbsportfolio

Die Einschätzung der eigenen Situation im Vergleich zu den Mitbe-werbern ist die wichtigste Grundlage, um eigene Stärken herauszuar-beiten und um eine bessere Profilierung bei den Verbrauchern anstre-ben zu können. Je mehr Aspekte dabei Berücksichtigung finden, desto aussagekräftiger sind die Ergebnisse. Anhand des nachstehenden Port-folios (in Anlehnung an Meffert, 2000, S. 1188) sollte die Position sämtlicher Mitbewerber und die des eigenen Unternehmens anhand der Kriterien Sortimentsbreite/Sortimentstiefe und Qualität/Kostenori-entierung festgelegt werden. Die Marktbedeutung der Wettbewerber kann dadurch dargestellt werden, dass sie im Größenverhältnis zu ihrer Verkaufsfläche oder ihres Umsatzes als Kreisfläche in die Matrix eingetragen wird.

Darstellung der unterschiedlichen Positionierung von Handelsunternehmen

Die Darstellung zeigt, welche Positionierungen am Standort vorhanden sind. Im Möbelhandel wären z.B. die großen Wohnkaufhäuser mit breitestem Sortiment zwischen großem Fachgeschäft und großem Fachmarkt positioniert, da sie sowohl qualitäts- als auch kostenorientiert (durch ihre Selbstbedienungs- und Mitnahmeabteilungen) anbieten. Kostenorientiert und ebenfalls mit breitem Sortiment arbeiten die großen Mitnahmemärkte wie Ikea. Noch stärker kostenorientiert mit breitem Sortiment sind die großen Discounter wie z.B. Roller positioniert. Als kleine Discounter mit hoher Kostenorientierung, aber stärkerer Spezialisierung sind Dänisches Bettenlager und kleine SB-Anbieter etc. einzustufen und im rechten, unteren Quadranten einzuordnen. Die hochspezialisierten Fachgeschäftsstrategien mit hoher Qualitätsorientierung wie Küchenstudios, Ligne Roset, Hochwert-Studios etc. sind im linken unteren Quadranten positioniert. Noch aussagekräftiger wäre der Vergleich mit anderen Standorten, um mögliche Spezialisierungs- oder Betriebstypenlücken offensichtlich zu machen. In der Modebranche wären der Modegrad und die Preisorientierung die entsprechenden Kategorien (vgl. Müller-Hagedorn, 2005, S. 106).

Die qualitative Wettbewerbsanalyse ist genauso wichtig wie die quantitative, um das eigene Vorhaben im Vergleich zum Wettbewerb beur-

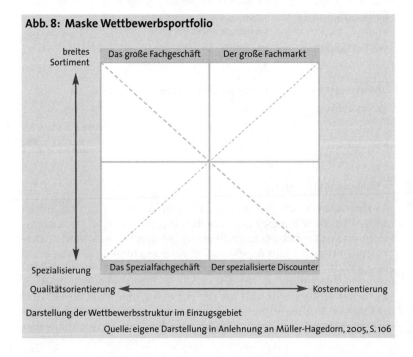

Abb. 8: Maske Wettbewerbsportfolio

breites Sortiment

Das große Fachgeschäft   Der große Fachmarkt

Spezialisierung

Das Spezialfachgeschäft   Der spezialisierte Discounter

Qualitätsorientierung ◄───► Kostenorientierung

Darstellung der Wettbewerbsstruktur im Einzugsgebiet

Quelle: eigene Darstellung in Anlehnung an Müller-Hagedorn, 2005, S. 106

teilen zu können. Sie sollte regelmäßig erfolgen, da ihre Ergebnisse zur permanenten Leistungs- und Strategiekontrolle unverzichtbar sind. Auch die permanente Werbemittelkontrolle und Preisüberprüfung bei Wettbewerbern gehören zu den notwendigen Instrumenten der Wettbewerbsanalyse. Nur so können objektive Einschätzungen gewonnen werden. Gerade für die Optimierung der Preispolitik ist die Preisüberprüfung in Konkurrenzunternehmen unverzichtbar, da die ausschließliche Betrachtung von Preisen in Werbemitteln im Mittelstand zu einer tendenziell zu wenig selbstbewussten Einschätzung der eigenen Preispolitik führt.

3.1.4 Abgrenzung des Einzugsgebiets

Das Einzugsgebiet beschreibt das Gebiet, aus welchem die Konsumenten mit einer gewissen Regelmäßigkeit den Einzelhandelsstandort aufsuchen. Dabei nimmt der Grad der Regelmäßigkeit mit zunehmender Distanz zur Einkaufsstätte ab.

Definition

Es entstehen Zonen unterschiedlichen Grades der Kaufkraftbindung. Die Reichweite bestimmen Betriebstyp, Branche und die Attraktivität der Einkaufsstätte im Vergleich zum Wettbewerb, aber auch geografische Grenzen (Flüsse, Seen etc.), landsmannschaftliche, psychologische sowie kulturelle Grenzen. Für die Nahversorgung (Lebensmittel, Drogeriewaren, Apothekenbedarf etc.) ist die Distanzempfindlichkeit sehr hoch, für Artikel des langfristigen Bedarfs (z.B. Möbel, Baumarktartikel etc.) ist sie deutlich geringer und die Einzugsgebiete dementsprechend größer. Während Lebensmittelanbieter sehr häufig ihre Haupteinzugsbereiche innerhalb von 500 m zum Standort erreichen, liegen sie bei Wohnkaufhäusern bei 45 Fahrzeitminuten und mehr.

Zonierung

Abgrenzung

3.1.4.1 Bestehende Standorte

Für bestehende Unternehmen kann eine detaillierte Bestimmung des Einzugsgebiets durch die Analyse der erreichten Marktanteile nach Entfernungszonen erfolgen. Es werden z.B. die Umsätze auf 5-stelliger Postleitzahlenzone erfasst und dem Marktpotenzial (siehe V.1.) gegenübergestellt. Es gibt dabei folgende Möglichkeiten, die Umsätze geografisch zuzuordnen:

Über die Warenwirtschaft

Die Analysen über die Warenwirtschaft liefern die genauesten Daten über die erzielten Marktanteile

Verschiedene Methoden für bestehende Standorte

- bei Branchen mit Kaufvertragserfassung (z.B. Möbelhandel) über die Kaufvertragsadresse. In diesem Fall müssen die nicht über Kaufverträge erfassten sonstigen Umsätze nach einem repräsentativen Schlüssel umgelegt werden.

- bei Branchen mit Barverkauf ohne Kaufverträge über die Kassensysteme, indem die Kunden-PLZ abgefragt wird. In der Praxis erfolgt dies bei hochfrequentierten Unternehmen in Stichproben außerhalb der Hochfrequenzzeiten, damit der Kassiervorgang nicht zu stark behindert wird.

Über Befragung

Am Point of Sale (POS) können PLZ und Kaufbetrag pro Kunde über einen repräsentativen Zeitraum erfasst werden. Die gewichteten Umsätze pro PLZ bestimmen den Verteilungsschlüssel für den Jahresgesamtumsatz.

Über Kfz-Analyse

Eine gröbere Einschätzung liefert die Analyse der Kraftfahrzeug-Kennzeichen bei Anbietern mit überregionalen Einzugsbereichen. Sie ist leicht zu erstellen und kann im Vergleich zum eigenen Unternehmen auch bei Wettbewerbern unkompliziert durchgeführt werden.

Über Kundenkarten

Auch die Auswertung von Umsätzen über Kundenkarten oder die Anzahl von Kundenkarten nach geografischer Herkunft können Anhaltspunkte über das Einzugsgebiet liefern.

Über Serviceaufträge

Ebenfalls einen Anhaltspunkt über die Kundenherkunft kann die Analyse der Serviceaufträge liefern, auf denen in der Regel die Kundenadresse erfasst ist.

Die Ermittlung der Kundenherkunft liefert neben den Erkenntnissen über Marktausschöpfung und Wachstumschancen weitere Erkenntnisse über die Optimierung des Werbegebietes. In vielen Fällen determiniert nämlich das Streugebiet der Werbemittel das Einzugsgebiet. Aber es gibt auch die Gebiete, in denen aus nur wenigen PLZ-Gebieten nennenswerte Umsätze generiert werden, das Verteilmedium aber die großräumige Bewerbung z.B. gesamter Landkreis erfordert. In diesem Fall kann die Analyse Anhaltspunkte dafür liefern, z.B. alternative Werbemittelverteilungen zu prüfen. Die Analyse der erzielten Marktanteile kann bis auf Warengruppenebene vollzogen werden, so dass die Ergebnisse auch hilfreiche Ansätze für Flächen- und Sortimentskonzepte liefern. Je mehr Daten im eigenen Filialvergleich oder im Vergleich mit Kollegenbetrieben vorhanden sind, desto aussagekräftiger sind die Interpretationen.

3.1.4.2 Planstandorte

Verschiedene Prognosemethoden

Es gibt eine Vielzahl von Methoden, um Einzugsgebiete abzugrenzen. Die Marktanteilsanalyse an Bestandsstandorten zeigt, dass die Grenzen von Einzugsgebieten sehr fließend sind, da die Einflussfaktoren äußerst vielschichtig sind. Daher können alle Methoden nur Modellcharakter besitzen mit dem Ziel, eine möglichst hohe Übereinstimmung mit der Realität zu erzielen.

Für das Handelsmanagement sollen die Methoden näher erläutert werden, die in der Praxis anzuwenden sind, die anderen werden der Vollständigkeit wegen aufgeführt.

a) Analogverfahren

Gerade Filialunternehmen können aus der Vielzahl an Ist-Daten an bestehenden Standorten einfache Modelle entwickeln, die eine Übertragung auf potenzielle neue Standorte zulassen. Voraussetzung ist die Analyse der erzielten Marktanteile nach Entfernungszonen an den Bestandsstandorten sowie die Analyse des jeweiligen Wettbewerbes. Aber auch Einkaufskooperationen können für ihre Handelspartner-Standorte vergleichbare Modelle erstellen. Bei Lebensmittelanbietern spielt die fußläufige Entfernung zum Standort eine Rolle, bei allen Anbietern des mittel- und langfristigen Bedarfsbereichs bildet die Fahrzeitdistanz die Grundlage für die räumliche Entfernung. Wenn für eine ausreichend große Anzahl von Standorten die Marktanteile nach Entfernungszonen vorliegen, so können diese in einem ersten Schritt analog auf neue Standorte übertragen werden. Da jedoch der Wettbewerb unterschiedlich stark ist, kann als Faktor für die Marktanteilsgewichtung auch noch die Arealitätskennziffer (vgl. Abbildung 5) herangezogen werden. Dadurch entsteht ein grober Annäherungswert, welcher allerdings viele weitere Faktoren am Projektstandort wie Einzelhandelszentralität, überregionaler Wettbewerb, Einzugsgebietsgrenzen, unterschiedliche Zentrenhierarchie etc. nicht berücksichtigt. Das Analogverfahren ist ein Marktanteilsmodell, bei dem für ein Vorhaben die Marktanteile am Gesamtmarktpotenzial aufgrund von Vergleichswerten geschätzt werden.

Für Filial- und Franchiseunternehmen gut geeignet

Das Analogverfahren kann für das Musterunternehmen in Weilheim dann eine Rolle spielen, wenn eine Filialisierung geplant wird. Es könnten z.B. für den neuen Standort die Rahmendaten analog Abb. 2 und die Wettbewerber analog Abb. 5 für den neuen Standort ermittelt werden. Ebenso sollten die erzielten Umsätze in den einzelnen Fahrzeitradien ermittelt und dem darin vorhandenen Marktpotenzial (vgl. Abb. 10 und 11) gegenübergestellt werden. Dadurch kann am neuen Standort errechnet werden, wie hoch der Umsatz bei gleich hohen Marktanteilen wie am Bestandsstandort wäre.

Für eine erste Chancen- und Risikoeinschätzung ist das Verfahren geeignet. Oftmals verfügen auch Einkaufskooperationen und spezialisierte Unternehmensberater über Vergleichsdaten, welche zur Verifizierung der möglichen Marktanteile herangezogen werden können. Für eine belastbare Einschätzung ist eine entsprechende Expertise notwendig.

erste Chancen- und Risikoeinschätzung

Unter das Analogverfahren fällt auch die Adaption von Standorter-folgsfaktoren wie z.B. die Nähe zu bestimmten Anbietern. So erreicht z.B. ein Baby-Fachmarkt im Umfeld von Ikea immer eine ausreichend große Menge an potenziellen Verbrauchern, da die Zielgruppe von Ikea eine große Schnittmenge mit der des Baby-Fachmarkts aufweist. Oder die neuen Apotheken-Konzepte mit ihrem hohen Anteil nicht ver-schreibungspflichtiger Sortimente brauchen eine bestimmte Tagesfre-quenz am Standort, z.B. in Nahversorgungszentren, um über eine re-lativ konstante Abschöpfungsquote an der Frequenz wirtschaftlich ausreichend hohe Umsätze erzielen zu können.

b) Empirisch-induktive Methoden

Zu den empirisch-induktiven Verfahren zählen das Thiessen-Polygon, die Kreismethode und die Zeitdistanzmethode (vgl. Heinritz/Klein/Popp, 2003, S. 95). Am besten geeignet zur Abgrenzung von Einzugs-gebieten für das Handelsmanagement ist die Zeitdistanzmethode (Iso-chronenmethode), wie am Beispiel in Abbildung 3 gezeigt. Die Fahr-zeitdistanz zu einem Standort berücksichtigt topografische und verkehrliche Gegebenheiten. In der Praxis wird diese Methode häufig **Häufig verwendet:** modifiziert und daher auch als modifizierte Zeitdistanzmethode oder **modifizierte** modifizierte Isochronenmethode bezeichnet. Das Einzugsgebiet be-**Zeitdistanzmethode** schränkend oder auch erweiternd können sich z.B. folgende Faktoren auswirken:

- landsmannschaftliche Grenzen (z.B. Bundeslandgrenzen und damit verbundene historische Einkaufsgewohnheiten);

- der unterschiedlich intensive überregionale Wettbewerb und damit die unterschiedliche relative Attraktivität des eigenen Standortes ge-genüber anderen gleichweit entfernten;

- Werbegebietsgrenzen (z.B. in den Regionen in denen der Werbemit-teleinsatz trotz näherer Entfernung als zu anderen Regionen unwirt-schaftlicher ist, da die Streukosten teurer sind, womit sich auch die Umsatzpotenziale verringern);

- Barrieren wie Flüsse, Bahnlinien etc.

Diese Methode erbringt die genauesten Erkenntnisse unter den empi-risch induktiven Verfahren.

Fallbeispiel Am Fallbeispiel von Weilheim ergibt die modifizierte Zeitdistanzme-thode unter Berücksichtigung der Wettbewerbssituation, der Verkehrs-anbindung, der Attraktivität konkurrierender Einkaufsstätten etc. eine Begrenzung nach Norden bereits nach 20 Fahrzeitminuten (ohne Pö-cking mit ca. 5.600 Einwohnern), da Starnberg im Vergleich zu den Mittelzentren im Westen (Schongau), im Osten (Penzberg) und im Süden (Murnau) die größere Nähe zu München besitzt und daher die relative Attraktivität von Weilheim geringer ist als für die anderen ge-nannten Gemeinden. Ansonsten bildet der 25-min-Fahrzeitradius das Einzugsgebiet sehr gut ab.

Damit liegt das Einwohnerpotenzial für das Fallbeispiel Weilheim bei ca. 62.000 Einwohnern.

Für die Praxis hilfreich ist auch die Berechnung der Zahl der tatsächlich in Weilheim kaufenden Konsumenten, und zwar in Form von Vollkunden oder Vollkonsumenten, die theoretisch ihren kompletten Bedarf an Einzelhandelsausgaben von Lebensmitteln bis Möbel dort decken. Die Berechnung der theoretisch gebundenen Vollkonsumenten für Weilheim (auf Basis der Daten aus Abb. 2) geschieht wie folgt:

Kenngröße „Vollkunden"

Einwohner x Zentralitätskennziffer in % = theoretisch gebundene
                                                Vollkonsumenten

Berechnung für das Fallbeispiel:
21.732 Einwohner x 198,39% = 43.095 theoretisch gebundene
                                          Vollkonsumenten in Weilheim

In Weilheim decken rechnerisch 43.095 Einwohner ihren kompletten Bedarf an Einzelhandelsnachfrage. Dies entspricht einem Anteil von 69,5% am Einwohnerpotenzial im abgegrenzten Bereich (62.000).

Dieser Anteil bildet eine gute Orientierung und damit ein Fundament für die Beurteilung der Marktanteilschancen in einzelnen Branchen. Bei der Würdigung der Zentralität und der rechnerischen Vollkonsumenten ist zu beachten, dass große Einzelunternehmen z.B. aus dem Möbelhandel in kleineren Gemeinden zu erheblichen Verzerrungen führen können. Die Umsätze dieser Unternehmen sollten aus dem Gesamteinzelhandelsumsatz am Untersuchungsort herausgerechnet werden.

c) mathematisch deduktive Methoden

Zu diesen Methoden zählen die komplexeren, auf den Gravitationsgesetzen von Newton basierenden Modelle (als Law of Retail Gravitation bezeichnet) z.B. von Reilly und Converse (vgl. Barth/Hartmann/Schröder, 2007, S. 128) sowie das probabilistische Modell von Huff (Huff, 1964, S. 34-38). Die Modelle von Reilly und Converse bilden wesentliche Einflussfaktoren auf ein Einzugsgebiet wie Verkehrsanbindung, Qualität des Einzelhandelsangebotes etc. nicht ab und finden in der Praxis keinerlei Anwendung mehr.

Komplexere Gravitationsmodelle, geeignet z.B. für Innenstädte, Shopping-Center, Wohnkaufhäuser

Das Modell von Huff ist allerdings ein nach wie vor praxisrelevantes Instrument vor allem für die Analyse von Einzugsgebieten großräumig orientierter Objekte wie z.B. Shoppingcenter oder Wohnkaufhäuser oder für die Analyse der Einzugsgebiete einer gesamten Innenstadt. Das Modell berücksichtigt neben den Fahrzeitdistanzen auch die Attraktivität der Einkaufsstätten sowie die unterschiedliche Zeitdistanzempfindlichkeit von unterschiedlichen Sortimenten. Außerdem erfährt es methodische Weiterentwicklungen. So hat etwa Kannhäuser das Modell so modifiziert, dass es eine Modellrechnung mit einer Genauigkeit von +/- 4% erlaubt (vgl. Kannhäuser, 2007, S. 75-107).

Huff-Modell

3.1.5   Markt- und Umsatzpotenzial

Definition

Innerhalb des abgegrenzten Einzugsgebietes kann das Marktpotenzial rechnerisch ermittelt werden. Unter Marktpotenzial versteht man die Nachfrage nach bestimmten Waren, unabhängig davon, wo sie tatsächlich gekauft werden. Es umfasst die in einem Markt maximal absetzbare Menge eines Gutes oder Sortimentes. Basis bilden Annahmen aus Vergangenheitswerten, Marktwachstumsprognosen und soziodemografischen Anpassungen an Regionalmärkte. Das Umsatzpotenzial dagegen, welches auch als Marktanteil am vorhandenen Marktpotenzial bezeichnet werden kann, ist der Anteil des Marktpotenzials, der laut Prognoise für das Untersuchungsvorhaben abgeschöpft werden kann.

3.1.5.1   Marktpotenzial

Berechnung

Das Marktpotenzial ist das Produkt aus der sortimentsspezifischen Pro-Kopf-Verbrauchsausgabe, der Einwohnerzahl im relevanten Gebiet sowie der Kaufkraftkennziffer. Die Gewichtung mit der einzelhandelsrelevanten Kaufkraftkennziffer (Einwohner x Verbrauchsausgabe x Kaufkraft) ist der Anpassung an das regionale Einkommensniveau geschuldet .

Verbrauchsausgaben

Die Pro-Kopf-Verbrauchsausgabe je Sortiment errechnet sich aus der Division des in diesem Sortimentsbereich getätigten Jahresnachfragevolumens in der Bundesrepublik und der gesamten Einwohnerzahl von 81,752 Mio. Bei 404,7 Mrd. Euro Umsatz für 2010 beträgt die Pro-Kopf-Verbrauchsausgabe über alle Sortimentsbereiche des Einzelhandels hinweg ca. 4.950 Euro (Statistisches Bundesamt, Stand 31.12. 2010; HDE Zahlenspiegel 2011, S.16, eigene Berechnungen) für den stationären Einzelhandel ohne Kfz-Handel, Tankstellen, Brennstoffe und Apotheken. Je nach Datengrundlage beinhalten die Verbrauchsausgaben über die Umsätze des stationären Handels hinaus auch die Umsätze des Versandhandels, des Direktverkaufs der Industrie und des E-Commerce.

Kaufkraftkennziffer

Oftmals liegen nur Kaufkraftkennziffern als Durchschnitt über alle Warengruppen vor. Angebot und Nachfrage reagieren aber nicht gleich auf steigende oder abnehmende Preis- oder Einkommensveränderungen. Die Berechnung von sogenannten Elastizitätskoeffizienten ermöglicht die sortimentsgenaue Anpassung der Kaufkraftkennziffer an einzelne Sortimente. Ist der Koeffizient kleiner als 1, spricht man von unelastischer Reaktion, ist er größer als 1, von elastischer Reaktion. Konkret bedeutet dies, dass sich die Kaufkraft für Güter des täglichen Bedarfs wie z.B. Lebensmittel (vor allem für die Grundversorgung, weniger für Feinkostartikel), Drogerieartikel etc., mit steigendem Einkommen kaum verändert, während sie für Luxusgüter wie z.B. Uhren, Schmuck, Antiquitäten, High-End-Fashion etc. deutlich erhöht.

Abbildung 9 zeigt für das Fallbeispiel Weilheim ausgewählte sortimentsspezifische Kaufkraftkennziffern im abgegrenzten Einzugsbereich mit seinen ca. 62.000 Einwohnern. Die durchschnittliche einzelhandelsrelevante Kaufkraftkennziffer (KKZ) z.B. im Sportbereich beträgt 114,6%. Der Produktbereich Tabakwaren kann von der überdurchschnittlichen Kaufkraft nicht profitieren, im Gegenteil, die sortimentsspezifische Kaufkraft beträgt nur 97,3%, für Uhren und Schmuck dagegen beträgt sie 121,4%.

Fallbeispiel

Abb. 9: Gewichtete sortimentsspezifische Kaufkraft

Sortimentsbereich	Sortimentsspezifische KKZ
Schuhe	111,4
Sonstige Bekleidung	107,6
Spielwaren	113,1
Sportkleidung	114,9
Sportgeräte	114,7
Sportschuhe	114,1
Sport gesamt	**114,6**
Strumpfwaren	109,6
Tabakwaren	97,3
Telekommunikation	109,2
Uhren, Schmuck	121,4
Unterhaltungselektronik	110,8
Wäsche	111,9
Wasch-, Putz- u. Reinigungsmittel	111,1
Einzelhandelsrelevante KKZ	109,4

Quelle: BBE!CIMA!MB-Research 2010

Mit der sortimentsspezifischen Kaufkraft wird die durchschnittliche Pro-Kopf-Verbrauchsausgabe gewichtet. Abbildung 10 zeigt für eine ausgewählte Warengruppe des Fallbeispiels eine solche Gewichtung.

Abb. 10: Pro-Kopf-Verbrauchsausgaben für Fallbeispiel

Sortimentsbereich	Verbrauchsausgaben pro Kopf in Euro	
	Fallbeispiel (modifizierter Fahrzeitradius)	Bundesdurchschnitt
Sportkleidung	48,0	40,6
Sportgeräte	31,2	26,2
Sportschuhe	21,8	18,6
Sport gesamt	**101,0**	**85,4**

Quelle: BEE!CIMA!MB-Research 2010

Das Marktpotenzial wird durch die Multiplikation der gewichteten Pro-Kopf-Verbrauchsausgabe und den 62.000 Einwohnern errechnet. Abbildung 11 zeigt in Zeile 1 bis 4 die Berechnung für die ausgewählte Warengruppe. Das Marktpotenzial für einen Sportvollsortimenter beträgt 6,26 Mio. Euro (Zeile 4).

Abb. 11: Marktanteilsberechnung für Fallbeispiel

	in Mio. Euro	Anteil am Markt- potenzial in %
Marktpotenzial gesamt	6,260	
Sportkleidung	2,980	
Sportgeräte	1,930	
Sportschuhe	1,360	
Ist-Umsatz Wettbewerb	**2,440**	**39,0**
Fachhandel	2,100	33,6
andere Betriebsformen	0,340	5,4
Ist-Umsatz Beispielunternehmen	**0,850**	**13,6**
Sportkleidung	0,430	14,3
Sportgeräte	0,260	13,2
Sportschuhe	0,170	12,5

Quelle: BBE!CIMA!MB-Research 2010

3.1.5.2   Umsatzpotenzial

Umsatzprognose als Basis für Prognose der Miethöhe

Der letzte Schritt in der Standort- und Marktanalyse ist die Prognose des Umsatzpotenzials, d.h. des Anteils am vorhandenen Marktpotenzial, der vom Planvorhaben oder vom bestehenden Unternehmen oder Immobilienprojekt in Zukunft zu realisieren ist. Dabei geht es um die Einschätzung der Wahrscheinlichkeit, mit der bestimmte Umsätze für ein Vorhaben erzielt werden können. Spezialisierte Beratungsgesellschaften oder Filialunternehmen verfügen, wie unter 3.1.4.2.c. bereits angedeutet, hierfür teilweise über mathematische Modelle. In den meisten Fällen wird jedoch, ähnlich wie bei der Einzugsgebietsabgrenzung (vgl. 3.1.4.2.a.), auf Basis der Erfahrungswerte an bestehenden Standorten im Analogverfahren prognostiziert. Die Anzahl an Erfahrungswerten bestimmt die Qualität der Prognose. Die diesbezüglichen Erfahrungswerte haben Filialunternehmen, Verbundgruppen oder Branchenspezialisten in der Unternehmensberatung.

Es gibt aber auch weitere Überlegungen, die zur Plausibilisierung von Umsatzprognosen bzw. zur Chancenanalyse für Planvorhaben herangezogen werden können. Diese sind vor allem für das mittelständische Handelsmanagement empfehlenswert, welches sehr häufig über wenig Vergleichswerte verfügt. Zur Bestimmung des Umsatzpotenzials von Bestandsunternehmen ist folgender Zwischenschritt zu empfehlen:

Für das Fallbeispiel wurden dem Marktpotenzial in Höhe von 6,26 Mio. Euro aus Abb. 11 die erzielten Umsätze der regionalen Anbieter und des Fallbeispiels aus Abb. 5 gegenübergestellt. Der Marktanteil des untersuchten Unternehmens im abgegrenzten Einzugsbereich beträgt bei 850.000 Euro 13,6% (Zeile 11). Alle Unternehmen der Branche erzielen zusammen einen Umsatz von 2,44 Mio. Euro, was einem Marktanteil von 39% (Zeile 7) am Gesamtmarktpotenzial von 6,26 Mio. Euro (Zeile 4) entspricht. Das restliche Potenzial des Einzugsgebietes fließt aufgrund der geringen Attraktivität in Weilheim in überdurchschnittlichem Maße ab in Konkurrenzzentren, z.B. nach München. Je geringer die Attraktivität im Nahbereich für den Verbraucher ist, umso höher ist seine Bereitschaft, weite Fahrzeiten in Konkurrenzzentren in Kauf zu nehmen.

Musterrechnung für Fallbeispiel

Zur Würdigung dieser Analyse ist festzustellen:

- Die Kaufkraftbindung in der Beispielbranche Sport ist mit 39% (entspricht dem Umsatz aller Wettbewerber im Verhältnis zum Marktpotenzial) deutlich geringer als im Durchschnitt der Anbieter aller Branchen von 69,5% (siehe 3.1.4.2.b. Berechnung auf Basis der Zentralitätskennziffer). D.h. die Anbieter der untersuchten Branche besitzen eine wesentlich geringere Attraktivität als die anderer Branchen.

- Nicht ein Anbieter hat mehr als 300 m² VKF, was die Chancen, zum regionalen Marktführer zu werden, entsprechend erhöht.

- Die Kaufkraftbindung des Beispielunternehmens in Höhe von 13,6% ist bei der gegebenen Wettbewerbsituation sehr niedrig. Vergleichbare Unternehmen der gleichen Größe erzielen an ähnlichen Standorten Marktanteile von bis zu 20% bzw., bei größeren Flächen, von bis zu 30%.

Ergebnis der Analyse ist: Es bestehen am Standort überdurchschnittlich gute Erfolgschancen, durch eine Betriebserweiterung oder eine Standortverlagerung an einen Standort an dem eine größere Fläche zu betreiben ist, deutliche Umsatzzuwächse zu erzielen.

Das Unternehmen steht vor der Entscheidung eine neue Mietfläche von 1.000 m² Geschäfts- und 800 m² Verkaufsfläche anzumieten. Das Umsatzpotenzial beträgt ca. 2 Mio. Euro, was einer exakt branchenspezifischen Flächenleistung bei dieser Betriebsgröße von 2.500 Euro/m² VKF gegenüber aktuell 2.833 Euro/m² VKF entspricht. Ein Marktanteil von 32% gegenüber aktuell 13,6% ist nachhaltig erzielbar, denn auch eine Gesamtkaufkraftbindung aller Sportunternehmen am Standort von somit rechnerisch 57,4% liegt immer noch unter der von 69,5%, den alle Einzelhandelsunternehmen im Durchschnitt erzielen.

Mietertragsprognose

Bei der Prognose der nachhaltig zu leistenden Miete pro m² Mietfläche muss ausgehend vom vorhandenen Umsatzpotenzial die betriebswirtschaftlich angemessene Mietbelastung in % vom Umsatz herangezogen werden. Diese liegt bei Sportunternehmen der gleichen Größenordnung im Durchschnitt bei 4,9% vom Bruttoumsatz. Leistungsstarke Unternehmen können bis zu 7% vom Bruttoumsatz leisten. Abbildung 12 zeigt die diesbezügliche Berechnung, aus der sich ableiten lässt, dass das Musterunternehmen für die neue Mietfläche zwischen 8,17 Euro und 11,67 Euro pro m² Mietfläche und Monat leisten kann.

Abb. 12: Berechnung der Mietbelastung

Umsatz in TEuro	Mietfläche in m²	Mietbelastung in % v. U. durchschnittlich	Mietbelastung in % v. U. max.	Miete pro Monat in Euro/m² durchschnittl.	Miete pro Monat in Euro/m² max.
2.000	1.000	4,9	7,0	8,17	11,67

Quelle: eigene Berechnungen

3.1.6 Immobilieneignung

Nach der umfassenden Analyse der Rahmenbedingungen inklusive des Makro- und Mikrostandortes gilt das Augenmerk der Eignung des Grundstückes bzw. einer bestehenden Immobilie.

Faktoren

Wesentliche Faktoren, die ein späteres Nutzungskonzept beeinflussen, sind

- die Grundstücksgröße,
- die zulässige oder bestehende Geschossanzahl des Gebäudes,
- die genehmigungsrechtlichen und baurechtlichen Rahmenbedingungen (z.B. Bebauungsplan),
- die städtebauliche Einbindung von Grundstück oder Immobilie und
- die verkehrliche Erschließbarkeit auf dem Grundstück.

Parken

Fernwirkung

Während Grundstücksgröße und Geschossigkeit sich gemeinsam mit der verkehrlichen Erschließbarkeit auf die Anzahl der realisierbaren Parkplätze auswirken, ist die städtebauliche Einbindung wesentlich für die Wahrnehmbarkeit (Sichtbarkeit/Visibilität) und Fernwirkung des Gebäudes auf verschiedene Verkehrsteilnehmer (MIV, ÖPNV, Radfahrer und Fußgänger).

Innere Erschließung

Die Geschossanzahl des Gebäudes bestimmt zusammen mit der Grundstücksgröße nicht nur die mögliche Dimensionierung und Anordnung der Verkaufsflächen, sondern wirkt sich auch maßgeblich auf die Komplexität der inneren Erschließung aus. Obwohl im Einzelfall eine Situierung von Verkaufsflächen auf mehreren Etagen möglich ist, konzentrieren sich Einzelhandelsimmobilien aufgrund des Einkaufsverhaltens der Kunden in Deutschland in der Regel auf das Untergeschoss, Erdgeschoss und das erste Obergeschoss.

Ergänzende Nutzungen

Stehen weitere Geschosse zur Verfügung, so ergibt sich daraus der Bedarf, zusätzliche Nutzungen über den Einzelhandel hinaus einzubinden. Hierbei ist regelmäßig an eine Nutzung durch einzelhandelsnahe Dienstleister zu denken, die sich durch ähnliche Standortbedingungen auszeichnen. Dies sind zum Beispiel Arztpraxen oder Fitnessstudios, aus denen sich darüber hinaus mehr oder weniger große Kopplungseffekte mit dem Einzelhandel ergeben.

Hohe Kopplungseffekte sind z.B. bei Augenärzten und Optikern oder Allgemeinärzten und Apotheken zu verzeichnen. Fitnessstudios dagegen bringen weniger eindeutige Kopplungseffekte, können jedoch helfen, den Standort in den Köpfen der Kunden zu verankern. Alternativ ist an eine Büronutzung zu denken. Aufgrund des demographischen Wandels und einer zunehmenden Reurbanisierung sind auch Wohnungen wieder verstärkt interessant.

Kopplungseffekte

Mit jeder zusätzlichen Nutzergruppe und mehr als zwei Geschossen nimmt die Komplexität der inneren Erschließung zu, so dass unproduktive Flächen für Erschließungswege, Liftanlagen und Treppenhäuser entstehen. Folgende Abbildung zeigt zwei Erschließungsvarianten. Bei identischer Fläche wird das Gebäude einmal von der Straße aus erschlossen. Über zwei Rolltreppen gelangen die Kunden von der Verkaufsfläche im Erdgeschoss in die Verkaufsflächen im Obergeschoss (sogenannter Durchstecker). Dabei lassen sich die Flächen an zwei verschiedene Unternehmen vermieten. Bei der zweiten Variante wird die verfügbare Fläche im Erdgeschoss in vier Einheiten aufgeteilt. Es wird eine Wegefläche (Mall) zur Erschließung der Obergeschosse erforderlich, die Mietfläche kostet und keine Umsätze generiert. Die Obergeschosse werden über eine Rolltreppe erschlossen.

Zunehmende Komplexität

Ist das Gebäude (ursprünglich) als Wohngebäude konzipiert und spielte der Einzelhandel daher nur eine untergeordnete Rolle, ist es aufgrund von tragenden Wänden und Stützenrastern sowie Erschließungskernen oft schwer, geeignet geschnittene und dimensionierte zusammenhängende Verkaufsflächen in den Handelsgeschossen zu realisieren.

Wohnnutzung

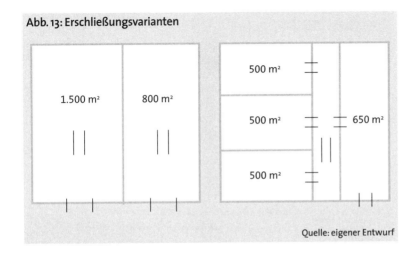

Abb. 13: Erschließungsvarianten

1.500 m² 800 m²

500 m²

500 m² 650 m²

500 m²

Quelle: eigener Entwurf

Nachfragegerechte Flächen

Obwohl sich die Anforderungen der Einzelhandelsmieter ständig verändern, ist es für den Vermietungserfolg entscheidend, zum Zeitpunkt der Erstellung oder des Umbaus Flächen bieten zu können, die der aktuellen Nachfrage entsprechen. Dies betrifft nicht nur den Flächenzuschnitt und die Dimensionierung von Verkaufs- und Nebenflächen, sondern auch die Raumhöhe oder die Länge der Ladenfront zur Erschließungsfläche (Mall) bzw. zur Straße. Erst entsprechend lange Schaufensterfronten und hohe Räume erlauben eine den Kundenanforderungen entsprechende Außenwirkung und Warenpräsentation. Für den nachhaltigen wirtschaftlichen Erfolg ist es von Vorteil, wenn sich die Flächen zudem flexibel in ihrer Aufteilung und Größe verändern lassen.

Ver- und Entsorgung

Weitere wichtige Aspekte betreffen die logistische Erschließung der Handelsflächen für die Ver- und Entsorgung. Bei modernen Handelsimmobilien ist für jeden Mietpartner eine direkte individuelle Anliefermöglichkeit oder der direkte Zugang zu einem gemeinsamen Anlieferhof vorzusehen. Hierbei ist es erforderlich, die jeweiligen branchenspezifischen Anforderungen im Auge zu haben, da der Lebensmittelhandel anders dimensionierte Fahrzeuge einsetzt, als dies z.B. bei Apotheken oder Drogeriemärkten der Fall ist. Die Fahrzeugdimensionen sind auch bei der Planung der Wendemöglichkeit der Anlieferfahrzeuge zu berücksichtigen. Behördliche Auflagen können ein Rückstoßen eines Lkw untersagen, so dass entweder eine entsprechend dimensionierte Schleppkurve oder ein entsprechend teurer Drehteller erforderlich werden.

3.2 Nutzungskonzepte – Inhalte und Ableitung

Markus Wotruba

Aus einer Standort- und Marktanalyse lässt sich ein Nutzungskonzept für ein Grundstück oder eine Immobilie ableiten. Darin werden mögliche Nutzungsarten untersucht und durch eine Rückkopplung mit den Ergebnissen der Standort- und Marktanalyse empfohlen oder verworfen. Das Ergebnis kann eine oder mehrere Nutzungsvarianten sein.

3.2.1 Inhalte eines Nutzungskonzepts

Das Nutzungskonzept beinhaltet zunächst grundsätzliche Aussagen über die vorgeschlagene Art und den Umfang der Nutzung (etwa Handels-, Gewerbe-, Wohnnutzung) und begründet diese auf Basis der Ergebnisse der Standort- und Marktanalyse. Oft ist aufgrund der Interessenlage des Auftraggebers bereits eine Nutzung favorisiert oder ausgeschlossen, etwa wenn dieser nur in einem Geschäftsbereich tätig ist.

Art und Umfang der Nutzung

Bei einer reinen Handelsnutzung ist neben der Branche, dem Betriebstyp und der Größe der Verkaufsfläche auf die Realisierbarkeit branchenüblicher Anforderungen zu achten. Dazu zählen neben der Raumhöhe und der Länge der Schaufensterfront auch Stützraster und Anliefermöglichkeiten. Hier ist es sinnvoll von Anfang an einen im Bereich der Handelsimmobilien erfahrenen Architekten einzubinden. Innerhalb der jeweiligen Branche ergeben sich weitere Unterschiede aus dem vorgesehenen Betriebstyp. So stellt ein Supermarkt andere Anforderungen an die Immobilie als ein Discounter oder ein Drogeriemarkt. Insbesondere das Thema Anlieferung ist hier zu beachten, da unterschiedliche Betreiber ganz verschiedene Logistikketten betreiben. Eine zu klein dimensionierte Anlieferung kann die Vermietung an einen bestimmten Betreiber damit bereits unmöglich machen.

Branchen-anforderungen

Aufgrund der unterschiedlichen Anforderungen der Branchen, Betriebstypen und Betreiber sollte bei der Konzeption idealerweise die

Flexibilität

größtmögliche Flexibilität eingeplant werden. In der Regel ergibt sich zwar bereits aus dem Nutzungskonzept welche Branche und welcher Betriebstyp angestrebt werden, jedoch ist es selten sinnvoll, sich in dieser Phase bereits auf einen Betreiber festzulegen. Dennoch sind die Expansions- und Standortkriterien der verschiedenen Betreiber, die potenziell zur Verfügung stehen, zu beachten, um sicherzugehen, dass zum Zeitpunkt der Mietvertragsverhandlungen auch eine Wahlmöglichkeit unter mehreren potenziellen Interessenten besteht und damit im Wettbewerb der Interessenten ein wirtschaftlich tragfähiges Verhandlungsergebnis zu erhalten. Zudem ist der Faktor Zeit zu berücksichtigen. So sollten Verkaufsflächen später aufteilbar oder zusammenlegbar sein, da sich die Verkaufsflächenansprüche der Betreiber dynamisch verändern.

3.2.2 Ableitung eines Nutzungskonzepts aus der Standort- und Marktanalyse

Die Ergebnisse der Standort- und Marktanalyse beeinflussen das Nutzungskonzept ganz wesentlich. Sinnvolle Nutzungen ergeben sich aus der Analyse des Makro- und Mikrostandortes sowie des Markt- und Umsatzpotenzials und der Wettbewerbsanalyse.

Bevölkerungsstruktur und -entwicklung

Die Analyse des Makrostandortes mit ihren Aussagen zur Bevölkerungsentwicklung und -struktur sowie zum Kaufkraftniveau im Einzugsgebiet gibt Hinweise auf die Nachfrage nach bestimmten Nutzungen. Sie ist aber nie losgelöst vom Mikrostandort und der Wettbewerbsanalyse zu sehen.

Kaufkraft

Betriebstypenmix

So kann in einem kaufkraftschwachen Gebiet die Nachfrage nach einem Lebensmittel-Discounter höher sein als nach einem Supermarkt. Dennoch bedeutet dies nicht, dass die Ansiedlung eines Supermarktes in einem Gebiet mit einer bereits hohen Discounterdichte nicht zu bevorzugen ist. Umgekehrt kann ein kaufkraftstarkes Viertel mit einer hohen Nachfrage nach Biolebensmitteln bereits so gut mit spezialisierten Anbietern versorgt sein, dass sich eher die Ansiedlung eines noch fehlenden Discounters empfiehlt.

Zielgruppen-orientierung

Für ein Wohn- oder Mischgebiet mit einer relativ gleichmäßigen Frequentierung über den Tag bzw. die Woche empfehlen sich andere Angebotsschwerpunkte als in einem Gebiet, in dem eine Büronutzung vorherrscht. Im ersten Fall stehen die täglichen Besorgungen im Vordergrund. Im zweiten Fall geht es darum, den Bürobeschäftigten in der Mittagspause, aber auch vor und nach der Arbeit entsprechende Angebote zu machen. Insbesondere um das Nachfragepotenzial zur Mittagszeit zu befriedigen, sind hier entsprechende Gastronomiekonzepte, aber auch Anbieter mit vorbereiteten Speisen (Convenience-Artikel) gefragt.

Das in der Standort- und Marktanalyse ermittelte Marktpotenzial zeigt an, in welchen Branchen eine besonders hohe Nachfrage herrscht. Zusammen mit dem über die Wettbewerbsanalyse ermittelten Umsatzpotenzial können attraktive Ansiedlungsoptionen ausgemacht werden. Trotz einer hohen Verkaufsflächenausstattung in Deutschland gibt es lokal oder regional immer noch quantitative oder qualitative Angebotslücken.

In diesem Zusammenhang sollte parallel zur Erarbeitung des Nutzungskonzeptes immer auch eine Marktsondierung erfolgen. Dabei gilt es Lücken im Filialnetz einzelner Filialisten ebenso zu betrachten wie die konkreten Anforderungen möglicher Mietpartner hinsichtlich ihrer Expansionskriterien, Mindestgrößen und der Expansionsneigung. Nur wenn rechtzeitig bekannt ist, welche Mieter potenziell überhaupt am Markt zur Verfügung stehen, kann das Nutzungskonzept dies berücksichtigen – eine Grundvoraussetzung für die spätere Umsetzbarkeit.

Sondierung des Mietermarktes

In der marktwirtschaftlichen Wirtschaftsordnung ist es legitim, durch eine Neuansiedlung in einen Wettbewerb mit den bestehenden Anbietern zu treten. Voraussetzung für einen erfolgreichen Markteintritt ist dabei, dass der Standort es erlaubt, mit konkurrierenden Standorten gleichzuziehen. Idealerweise bietet der gewählte Standort sogar Vorteile gegenüber den bestehenden Standorten. Je stärker der Wettbewerb ist, desto wichtiger ist hierbei das Nutzungskonzept. Dies setzt eine entsprechend vertiefte Kenntnis der Stärken und Schwächen der Wettbewerber aus der Wettbewerbsanalyse voraus.

Wettbewerb

Aus der Standort- und Marktanalyse ist bekannt, welche der Anbieter vor Ort Verlagerungspotenzial haben, da sie in suboptimalen Immobilien eingemietet sind. Möglicherweise ist die Bestandsimmobilie in die Jahre gekommen und es besteht ein Investitionsstau, der bisher vom Eigentümer nicht angegangen wurde. Auch kann sich die Infrastruktur verändert haben (z.B. durch den Bau einer Ortsumgehung), so dass die Lage nicht mehr vorteilhaft ist. Häufig erfüllt die Verkaufsfläche aber einfach nicht mehr die aktuellen Größenanforderungen.

Verlagerungs-potenzial

Bereits die Dimensionierung der jeweiligen Flächen kann dem neuen Objekt bzw. Betreiber einen Wettbewerbsvorteil verschaffen (z.B. ein zeitgemäßer, großflächiger Supermarkt mit 1.600 m² Verkaufsfläche gegenüber bestehenden 800-m²-Märkten im Einzugsgebiet).

Dimensionierung

Während die Verlagerung eines Betreibers von einer Bestandsimmobilie in einen Neubau in vielen Fällen zunächst einen Leerstand bedeutet, muss dies nicht unbedingt negativ für den Eigentümer, die Lage und die Kommune sein. Oft gelingt es durch frühzeitigen Dialog mit weiteren Akteuren, vor allem mit der Kommune, einem Quartiersmanager oder Stadtmarketingbeauftragten, eine große Lösung zu finden. So kann die Umsiedlung eines 800 m² großen Supermarktes in einen Neubau mit 1.600 m² Verkaufsfläche eine ideale Fläche für die Ansiedlung eines Drogeriemarktes in der Bestandsimmobilie schaffen.

Ein Leerstand ist daher immer auch als Potenzialfläche zu sehen.

Branchenmix

Weitere Faktoren sind der Branchenmix und die kleinräumige Anordnung der einzelnen Branchen im Gebäude. So kann ein Lebensmittelmarkt sich im Wettbewerb besser stellen, wenn er im gleichen Gebäude oder in unmittelbarer Nähe einen Drogeriemarkt statt eine Bankfiliale als Nachbar hat, da die Sortimente Lebensmittel und Drogeriewaren sich gut ergänzen und aus Kundensicht ideal beim gleichen Einkaufsgang verbinden lassen.

Kopplungseffekte

Solche Kopplungseffekte gewinnen im intensiven Wettbewerb der Standorte zunehmend an Bedeutung und sind daher ein wichtiger Faktor bei der Erarbeitung von Nutzungskonzepten. Die Kopplungseffekte sind zu unterscheiden von Synergieeffekten, als die sie oftmals fälschlich bezeichnet werden (vgl. Abbildung 14).

Empirische Erhebungen haben gezeigt, dass die Kopplungsintensität verschiedener Branchen und Betriebstypen untereinander sehr unterschiedlich ausfällt. So verbinden Kunden insbesondere gerne Erledigungen bei unterschiedlichen Betreibern aus dem gleichen Bedarfsbereich. Neben den Kopplungen innerhalb der gleichen Fristigkeit des Sortiments (kurzfristiger Bedarf, z.B. Lebensmittel und Drogeriewaren, mittelfristiger Bedarf, z.B. Kleidung und Schuhe, und langfristiger Bedarf, z.B. Möbel und Baumarktartikel) spielt die Koppelung innerhalb von Branchen (z.B. Supermarkt und Discounter, Textilkaufhaus und Monolabel-Store oder Wohnkaufhaus und Küchenstudio) eine wichtige Rolle. Folgende Abbildung gibt einen Überblick über empirisch ermittelte Kopplungsintensitäten.

Nachhaltige Mieten

Die Standort- und Marktanalyse als Grundlage der Analyse des Umsatzpotenzials erlaubt schließlich über die branchenspezifisch unterschiedliche mögliche Mietbelastung nachhaltige Mieten anzusetzen. Über die Summe der erzielbaren Mieten der im Nutzungskonzept vor-

Abb. 14: Synergie- und Kopplungseffekte

		Vorteile
Kopplungen	Kunden verbinden Versorgungseinkäufe in unterschiedlichen Geschäften/Branchen	bestehende Kundenströme werden ausgeschöpft, die Gesamtattraktivität für die Kunden steigt
Synergien	Positive Wirkung, die sich aus der Zusammenarbeit mehrer Unternehmen ergibt	Vorteile, die zumeist durch Kostenersparnisse erlangt werden, wie z.B. gemeinsame Nutzung von Anlagen (Parkplätze, Infrastruktureinrichtungen), Personal (Sicherheits- und Reinigungskräfte), Etatbündelungen für Imageverbesserung, größere Werbewirkung etc.

Quelle: Hepke, Wotruba, Klein (2008, 13)

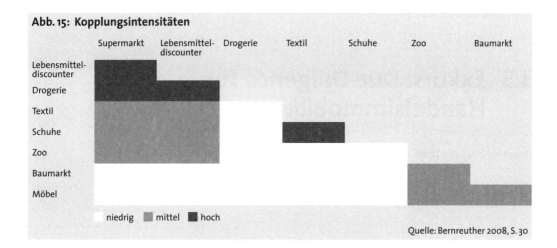

Abb. 15: Kopplungsintensitäten

Quelle: Bernreuther 2008, S. 30

gesehenen Flächen lässt sich letztendlich ermitteln, ob das Nutzungskonzept wirtschaftlich ist. Im Falle mehrerer Nutzungsvarianten kann darüber der potenzielle Mietertrag der unterschiedlichen Varianten verglichen werden, der letztendlich den entscheidenden Faktor für den Wert der Immobilie ausmacht. Eine fundierte Markt- und Standortanalyse erlaubt dabei eine wesentlich genauere Einschätzung der nachhaltig erzielbaren Mieten, als dies über eine Auswertung veröffentlichter Vergleichsmieten möglich ist. Dies ist darauf zurückzuführen, dass jedes Objekt individuell ist und selbst beim Vorliegen einer großen Zahl von Vergleichsobjekten kaum ein Objekt wirklich vergleichbar mit dem anderen ist. Insbesondere wenn die Standort- und Marktanalyse von einem Team aus Standort- und Branchenexperten durchgeführt wird, ist das Ergebnis daher individuell ermittelt und aussagekräftiger. Eine Ausnahme bilden die Filialisten in Branchen mit einem engmaschigen Standortnetz, etwa im Lebensmittelhandel. Eine Anzahl von mehreren hunderten oder gar tausenden Märkten ermöglicht es, Vergleiche durchzuführen, die zu sehr validen Ergebnissen führen.

Eine sorgfältige Ableitung des Nutzungskonzeptes aus einer fundierten Standort- und Marktanalyse ist ein entscheidender Erfolgsfaktor für eine Immobilienprojektentwicklung. Nur wenn das Nutzungskonzept überzeugend ist und auch eine konzeptgetreue Vermietung stattfindet, kann die Immobilie im Wettbewerb langfristig bestehen.

Nutzungskonzept als Erfolgsfaktor

3.3 Exkurs: Due Diligence für Handelsimmobilien

Angelus Bernreuther

Due Diligence essenziell bei Ankäufen von Handelsimmobilien

Due Diligence (DD) bezeichnet gemeinhin die gebotene Sorgfaltspflicht, hier im Zusammenhang mit der Akquisition von Einzelhandelsimmobilien. Nur eine profunde Einschätzung in der Ankaufphase kann Aufschlüsse über die möglichen Chancen, aber auch Risiken geben. Die Erfahrung der letzten Krise im Immobilienbereich hat gezeigt, dass oftmals dabei Risiken nicht oder nur eingeschränkt offengelegt bzw. die Chancen durch Wertsteigerungen deutlich überschätzt wurden. Dies mag an zwei Dingen liegen: Zum einen stehen Ankaufprüfungen immer unter einem sehr hohen Zeitdruck. Zum anderen handelt es sich bei einer Due Diligence um ein sehr komplexes und umfängliches Feld. Um letztendlich den nachhaltigen Erfolg einer Handelsimmobilie einzuschätzen, ist diese gebotene Sorgfalt jedoch mehr als angezeigt.

Due Diligence als integrativer Prozess

Der Prozess der Due Diligence durchläuft verschiedene Einzelprüfungen, die zu einer Wertermittlung für den Ankauf führen bzw. die Grundlage für oder gegen eine Ankaufentscheidung stellen; im Einzelnen sind dies (in Anlehnung an Börschig / Sturmfels (2010), S. 203ff.):

- Wirtschaftliche Due Diligence
- Finanzielle Due Diligence
- Steuerliche Due Diligence
- Rechtliche Due Diligence
- Technische Due Diligence

Plädoyer für stärkere Verknüpfung von rechtlicher und wirtschaftlicher Due Diligence

- Umweltbezogene Due Diligence
- Betriebliche Due Diligence

Im Folgenden soll keine detaillierte Aufarbeitung aller Teilaspekte vorgenommen werden; hierzu sei auf vertiefende Literatur verwiesen (vgl.

z.B. Everling/Jahn/Kammermeier (2009), Soethe/Rohmert (2010)). Vielmehr konzentriert sich dieser Exkurs auf Aspekte, die im Rahmen einer Due Diligence von Handelsimmobilien einer noch stärkeren Aufmerksamkeit bedürfen, als das gewöhnlich noch der Fall ist. Dies betrifft insbesondere die Verknüpfung von Aspekten der (bau-)rechtlichen und der wirtschaftlichen Due Diligence. Dies stellt inhaltlich auch eine Klammer zwischen der Kenntnis und zielsicheren Bewertung von Marktentwicklungen im Handel (vgl. Kapitel 2), einer ausführlichen Analyse von Standorten und Märkten sowie dem immobilienseitigen Nutzungskonzept (vgl. Kapitel 3), aber eben gerade auch der rechtlichen Rahmenbedingungen (vgl. insbesondere Kapitel 6) dar.

Damit soll nicht zum Ausdruck kommen, dass alle anderen genannten Punkte nicht notwendig wären. Vielmehr geht es darum, wie typische Fehler in der Ankaufphase bzgl. der Leistungsfähigkeit sowie der Chancen und Risiken eines Objekts, die früher oder später im Asset-Management zu Tage kommen, vermieden werden können.

Im Kern geht es um den oftmaligen Gegensatz zwischen den Markt-, Standort- und Konzeptqualitäten einerseits und dem baurechtlichen Rahmen andererseits. Diese Aspekte bestimmen maßgeblich, wie nachhaltig ein Standort und eine Handelsimmobilie einzuschätzen sind. Damit sind insbesondere oft langfristige Entwicklungszeiträume für mögliche Konzeptanpassungen im Zuge mit Baurechtsänderungen verbunden:

Markt-, Standort- und Konzeptqualität vs. baurechtlicher Rahmen

Abb. 16: Zielkonflikte zwischen Baurecht und Handelsimmobilien

Konzepte und Standorte im Handel	Baurecht
• werden kurzlebiger • verlangen aktives Handeln • benötigen so viel Freiraum wie möglich	• ist statisch • ist reaktiv • versucht möglichst genau zu steuern

Quelle: eigene Darstellung

Folgende praxisnahe Beispiele verdeutlichen diese Gegensätze:

Fall 1: Erweiterung eines kleinflächigen Discounters in einem Gewerbegebiet:

Die Flächenentwicklung im Lebensmittelhandel geht weiterhin nach oben. Discounter benötigen heute meist mehr als 799 m², sind also nicht mehr kleinflächig. Beim Ankauf eines solchen Marktes ist zu berücksichtigen, dass die Möglichkeit bestehen muss, die Mietfläche zu erweitern, um den Mieter langfristig zu halten. Damit steht eine Änderung des Bebauungsplans in ein Sondergebiet großflächiger Einzelhandel an, die u.U. langwierige Abstimmungsprozesse mit Kommunen und Genehmigungsbehörden benötigt.

Fall 2: Umnutzung eines ehemaligen Baumarktes:

Die Zahl der Baumärkte nimmt gegenwärtig ab, die Fläche pro Baumarkt dagegen zu. Gerade für kleinere Baumärkte oder auch schwache Betreiber von Baumärkten stellt sich die Frage der Nachnutzung im Falle nicht mehr konkurrenzfähiger Konzepte. Bebauungspläne regeln zumeist jedoch lediglich die Nutzung als Baumarkt. Bei Nutzungskonzeptänderungen, insbesondere in Richtung Nahversorgung oder sog. innenstadtrelevante Sortimente, treten regelmäßig Konflikte mit Kommunen und Genehmigungsbehörden auf.

Quantitative und qualitative Faktoren bewerten

Im Rahmen der Due Diligence sollten also hier schon mögliche Nachvermietungen bzw. Konzeptanpassungen genehmigungsrechtlich beleuchtet werden, zumindest in einer ersten Chancen-Risiken-Abwägung.

Inhaltlich beschäftigt sich die wirtschaftliche Due Diligence von Handelsimmobilien vor allem mit den Dimensionen des Standortes (v.a. Makro- und Mikrostandort, Frequenzen), des Marktes (v.a. soziodemographische Rahmenbedingungen, Kaufkraftverhältnisse, Wettbewerbssituation lokal/regional/branchenbezogen/betriebstypenbezogen) und des Objektes (im Sinne der Funktionalität als Handelsimmobilie aus Sicht des Mieters und des Kunden). Diese Punkte werden ausführlich in Kapitel 3 beschrieben und stellen qualitative Faktoren der wirtschaftlichen Due Diligence dar. Baurechtliche Aspekte spielen dabei hinsichtlich einer zukunftsgerichteten Flexibilität eine wichtige Rolle (vgl. Kap. 6).

Viele Investoren beschäftigen sich vorrangig mit der Qualität des Cashflows, also den eingepreisten Mietverträgen im Objekt. Neben den aktuellen und zu erwartenden Mieteinnahmen spielen hier auch Faktoren wie Mietlaufzeiten eine Rolle. Dies umschreibt die quantitative Dimension der wirtschaftlichen Due Diligence.

Die Qualität des Cashflows ist allerdings der Output der Faktoren Standort, Markt und Objekt und nicht umgekehrt. Veränderungen bei diesen Faktoren schlagen mindestens mittelfristig eben direkt auf den Cashflow durch, im schlimmsten Fall mit einem Leerstand. Die wichtigsten Eckpunkte für eine Szenariobetrachtung beim Ankauf hinterfragen deshalb verstärkt die quantitativ vorliegenden Rahmendaten eines Objektes durch die möglichst umfassende Einwertung qualitativer Faktoren (siehe Abb. 17).

Genehmigter Bestand reicht oft nicht für Fortentwicklung aus

Eine Analyse der qualitativen Faktoren ermöglicht letztendlich auch einen wahrscheinlichen Entwurf für eine zukünftige Entwicklung des Standortes. Die Verbindung zum Baurecht ist deshalb in dieser Phase schon so wichtig, da eine Verwaltung des (genehmigten) Bestandes oftmals nicht ausreicht. Die Prüfung der Baugenehmigung in der Due Diligence reicht somit für eine aktive und nachhaltige Steuerung des Standortes nicht aus. Es ist zumindest möglich, Grobszenarien für die Fortentwicklung im Asset-Management zu entwerfen. So werden zu-

Abb. 17: Quantitative vs. qualitative Faktoren der wirtschaftlichen Due Diligence

Quantitative Faktoren in der Due Diligence (Auswahl)	Qualitative Faktoren in der Due Diligence (Auswahl)
• Renditeanforderungen • Betriebskosten • Instandhaltungskosten • Qualität und Laufzeit der Mietverträge • Verwaltungskosten	• Branchenmix • Zugkraft Ankermieter • Aktualität der Konzepte und Betriebstypen • Erweiterungspotenziale • Umnutzungsmöglichkeiten • Drittverwertbarkeit • Pipeline-Projekte in der Region • Baurechtlicher Gestaltungsrahmen
= Qualität des Cashflows	= Qualität von Markt, Standort und Objekt

Quelle: eigene Darstellung

nächst von der Marktseite Nachvermietungsoptionen an die jetzigen Mieter oder an Konkurrenzkonzepte, Optimierungen des Branchenmixes durch Austausch von Mietern oder auch Erweiterungen sowie gänzlich andere Nachnutzungsoptionen geprüft. Nur wenn aber in dieser Phase auch schon der baurechtliche Gestaltungsrahmen (von Seiten der Baugenehmigung, des Bauplanungsrechts, der Regularien der Landes- und Regionalplanung, der Kommunen im Rahmen von Einzelhandelskonzepte etc.) beachtet wird, werden realistische oder zumindest unter gewissen Voraussetzungen realistische Konzepte für den Standort entworfen. Auf diese Weise können aber insbesondere die Risiken im Ankauf durch die Einstellung von nachhaltigen Mieterträgen im Vergleich zu den jetzigen Mieterträgen weit umfassender eingeschätzt werden. Risiken werden kalkulierbarer, da insbesondere auch die notwendigen Entwicklungszeiträume oder gar sog. Killerkriterien rechtzeitig erkannt werden.

Rechtzeitige Steuerung im Asset- Management

Literaturverzeichnis

Adamovicz, Mirjam/Stumpf, Joachim/Wotruba, Markus, Fachmarktatlas 2009, München 2008.

Ahlert, Dieter/Kenning, Peter, Handelsmarketing. Grundlagen der marktorientierten Führung von Handelsbetrieben, Berlin 2007.

Barth, Klaus/Hartmann, Michaela/Schröder, Hendrik, Betriebswirtschaftslehre des Handels, 6. Aufl. Wiesbaden 2007.

BBE Handelsberatung GmbH (Hrsg.), Möbelatlas 2008. Brennpunkte – Fakten – Standorte – Agglomerationstypen, München 2007.

BBE!CIMA!MB-Research (Hrsg.), Markt- und Strukturdaten, München 2009.

Behrens, Christian, Der Standort der Handelsbetriebe (Der Standort der Betriebe, 2. Bd.), Köln 1965.

Bernreuther, Angelus, Der optimale Branchenmix, in: Fachmarktatlas 2009, hrsg. von A. Bernreuther, München 2008.

Bernreuther, Angelus, Nahversorgung und Genehmigungspraxis, in: Nahversorgungsstudie 2010, hrsg. von BBE Handelsberatung GmbH, München 2009.

Börschig, Daniel/Sturmfels Dirk, Technische Due Diligence, in: Einzelhandelsimmobilien. Marktsituation, Perspektiven, Trends, hrsg. von R. Soethe/W. Rohmert, München 2010, S. 203–212.

EHI Retail Institute (Hrsg.), Handel aktuell – Ausgabe 2008/2009. Struktur, Kennzahlen und Profile des internationalen Handels Schwerpunkt Deutschland, Österreich, Schweiz, Köln 2008.

Everling, Oliver (Hrsg.), Rating von Einzelhandelsimmobilien. Qualität, Potenziale und Risiken sicher bewerten, Wiesbaden 2009.

Falk, Bern/Wolf, Jakob, Handelsbetriebslehre, Landsberg 1975.

Handelsjournal (Hrsg.), Factbook für den deutschen Einzelhandel 2009, Neuwied 2009.

HDE (Hrsg.), Zahlenspiegel 2012, Berlin 2012.

Heinritz, Günter/Klein, Kurt E./Popp, Monika, Geographische Handelsforschung, Berlin, Stuttgart 2003.

Hepke, Sophia/Wotruba, Markus, Blick auf einzelne Branchen im Fachmarktsegment, in: Fachmarktatlas 2009, hrsg. von A. Bernreuther, München 2008.

Huff, David L., Defining and Estimating a Trading Area, in: Journal of Marketing Nr. 28 (1964), S. 34–38.

Kemper, Gregor, Folien zum Vortrag gehalten beim Bernd Heuer Handelsdialog Hessen am 20.11.2007, Frankfurt a. M. 2007.

Kempers'(Hrsg.), City Scout 2008/2009, 5. Aufl. Düsseldorf 2009.

Klein, Ralf/Rauh, Jürgen, Analysemethodik und Modellierung in der geographischen Handelsforschung (Schriftenreihe Geographische Handelsforschung Bd. 13), Passau 2006.

Liebmann, Hans-Peter/Zentes, Joachim/Swoboda, Bernhard, Handelsmanagement (Vahlens Handbücher der Wirtschafts- und Sozialwissenschaften), 2. Aufl. München 2008.

Lüttgau, Thomas, Konfliktfeld Raumordnung, in: Fachmarktatlas 2009, hrsg. von A. Bernreuther, München 2008.

Meffert, Heribert, Marketing. Grundlagen marktorientierter Unternehmensführung, 9. Aufl. Wiesbaden 2000.

Müller-Hagedorn, Lothar, Handelsmarketing, 4. Aufl. Stuttgart 2005.

Nelson, Richard L., The Selection of Retail Locations, New York 1958.

Popien, Ralf, Die Bedeutung von Koppelungsmöglichkeiten für den Einzelhandel, in: Geographische Untersuchungen zum Strukturwandel im Einzelhandel, hrsg. von G. Heinritz, Kallmünz/Regensburg 1989, S. 129–155.

Schenk, Hans-Otto, Psychologie im Handel. Entscheidungsgrundlagen für das Handelsmarketing, 2. Aufl. München 2007.

Stumpf, Joachim, Folien zum Vortrag gehalten beim Bernd Heuer Handelsdialog Bayern „Daten/Fakten/Trends, Was tut sich im Handel und den Handelsimmobilien in Bayern?" am 22.01.2008, München 2008.

Stumpf, Joachim, Standortanalyse und Standortstrategien, in: Erfolgreich im mittelständischen Handel. Erprobte Methoden, Hilfsmittel und Erfolgsstrategien, hrsg. von K. Gutknecht, Wolnzach 2010.

Stumpf, Joachim/Wotruba, Markus, Einzelhandelsimmobilien. Stand–Entwicklung–Perspektiven, Grundlagen für erfolgreiches Investment und Management, München 2010.

Walther, Monika, Folien zum Vortrag gehalten beim Bernd Heuer Handelsdialog Hessen am 20.11.2007, Frankfurt a. M. 2007.

4 Shoppingcenter-Management

Tobias Lagaly

Stetige Veränderungen der Handelslandschaft erfordern für Einkaufszentren aktives und vorausschauendes Management, um langfristig
am Markt zu bestehen.

Der folgende Beitrag stellt zunächst die Aufgaben eines Center-Managements dar und zeigt im zweiten Abschnitt die Faktoren für den
erfolgreichen Betrieb von Einkaufszentren auf.

Immobilieneigentümer und Handelsunternehmen haben erkannt,
dass durch aktives Management Umsätze und Kundenfrequenzen und
somit die Werte von Handelsimmobilien gesteigert werden können.
Dies erklärt, warum auch andere Handelslagen wie Einkaufs-Passagen,
Fachmarktzentren, Nahversorgungszentren, Bahnhöfe oder Flughäfen
zunehmend auf Leistungen von Center-Management-Gesellschaften
zurückgreifen, um neue Standorte am Markt zu etablieren oder bestehende Standorte neu zu positionieren.

Der dritte Abschnitt dieses Beitrags befasst sich mit den Anforderungen
an Center-Management-Gesellschaften und den verschiedenen Leis-
tungsumfängen zur Betreuung von Handelsimmobilien.

4.1 Aufgaben

Die wesentliche Aufgabe des Center-Managements liegt in der Steuerung und Koordination sämtlicher Handlungsstränge, die für den erfolgreichen Betrieb eines Einkaufszentrums notwendig sind. Das Center-Management überblickt die komplexen Zusammenhänge, die über
den wirtschaftlichen Erfolg eines Einkaufszentrums entscheiden: beginnend beim Konsumenten und dessen Erwartungshaltung, über die
Geschäfte, deren Sortiment und finanzielle Leistungsfähigkeit bis hin

**Kernaufgaben
sind Steuerung und
Koordination**

zum Eigentümer einer Handelsimmobilie und dessen Renditeerwartung. In diesem Spannungsfeld agiert das Center-Management.

Das Center-Management nimmt vor Ort die Interessen des Eigentümers wahr und ist grundsätzlich erster Ansprechpartner für Mieter, Kunden, Behörden, Institutionen sowie für im Dienst des Einkaufszentrums eingesetzte Unternehmen.

Abb. 1: Aufgaben des Center-Managements

Quelle: eigene Darstellung

4.1.1   Kommunikation mit dem Eigentümer

Die Kommunikationsbedürfnisse der Eigentümer von Einkaufszentren können sehr unterschiedlich sein. Es bedarf klar definierter Vereinbarungen darüber, welche Informationen zur Abstimmung der Entscheidungsprozesse benötigt werden und wann diese zur Verfügung gestellt werden.

Die Erstellung eines Reportings ist verbindlich

Unabhängig von dieser individuell festgelegten Kommunikation unterrichtet das Center-Management den Auftraggeber über alle wichtigen Ereignisse und Entwicklungen im Rahmen eines regelmäßigen Reportings.

Das Reporting umfasst, abhängig vom beauftragten Leistungsumfang, folgende Informationen:

- Kommunikation mit Mietern, Mietergespräche
- Vermietung
- Aktivitäten der Werbegemeinschaft
- Besucherfrequenzen
- Umsätze der Geschäfte
- Rechtsangelegenheiten
- Mietrückstände
- Vakante Mietverhältnisse, Fristen
- Technik
- Schadensfälle
- Presseveröffentlichungen
- Wettbewerbsbeobachtungen

4.1.2   Vermietung, Branchenmix

Im Bereich der Vermietung kommt dem Center-Management ebenfalls eine steuernde Funktion zu. Basierend auf einer fundierten Markt- und Standortanalyse wird ein langfristiges Branchenmixkonzept für das Einkaufszentrum erstellt. Das Branchenmixkonzept wird in Zusammenarbeit mit Markt- und Standortexperten sowie Vermietungsfachleuten konzipiert und ist ein entscheidender Faktor für die Attraktivität eines Einkaufszentrums.

Grundlegend ist die Festlegung des Branchenmixes

Die Auswahl und Ansprache der aktuell am Markt erfolgreichen nationalen und internationalen Konzepte der gesuchten Branchen erfolgt zumeist über eine spezialisierte Vermietungsabteilung oder ein auf Einzelhandel fokussiertes Maklerunternehmen. Die Untersuchung des regionalen Marktes führt in der Regel das Center-Management durch. Vermietungsfachleute und Center-Management arbeiten eng zusammen, um gegenüber den angesprochenen Mietinteressenten gemeinsam zielgerichtet aufzutreten.

Zusammenarbeit mit Vermietungsspezialisten

Die Entscheidung für einen bestimmten Mieter ist sehr weitreichend. Eine gute Bonität ist dabei Grundvoraussetzung. Entscheidend ist aber die Prognose über den künftigen Erfolg am betreffenden Standort. Spätestens die Insolvenzen selbst großer Retailer in der jüngeren Vergangenheit verdeutlichen, dass darüber hinaus auch die grundsätzliche Zukunftsfähigkeit der Mieterkonzepte kritisch beurteilt werden sollte. Ist das Konzept anpassungsfähig an sich schnell verändernde Anforderungen des Marktes hinsichtlich Multichannel, Ladenbau, Warenpräsentation, Aufenthaltsqualität etc.? Die Entscheidung kann durchaus auch auf einen Mietinteressenten fallen, der isoliert betrachtet einen geringeren Mietertrag erbringt, mit dem aber die richtigen Impulse zur Steigerung der Attraktivität des gesamten Standorts gesetzt werden können.

Das Anforderungsprofil der Mietinteressenten hinsichtlich Größe und Lage stimmt häufig nicht mit den verfügbaren Flächen überein. Lösungsmöglichkeiten können sich ergeben, wenn bekannt ist, dass Bestandsmieter Flächenanpassungen oder Flächenwechsel vornehmen möchten. Dies erfordert regelmäßige fundierte Kommunikation mit den Bestandsmietern.

4.1.3   Mieterbetreuung

Kommunikation und partnerschaftliche Zusammenarbeit

Das Center-Management ist der Vertreter des Eigentümers, hat aber faktisch eine vermittelnde Funktion zwischen den Interessen des Vermieters und den Interessen der Mieter. Die Kernaufgabe besteht darin, für partnerschaftliche Mietverhältnisse mit den Mietern zu sorgen. Durch regelmäßige konstruktive Kommunikation können die Anliegen beider Seiten erfasst und bearbeitet werden.

Das Center-Management kann die Mieter unter anderem in folgenden Bereichen unterstützen:

- Auswahl und Belegung von regionalen Werbemedien
- Durchführung von Sonderverkäufen oder Aktionen in der Mall
- Warenpräsentation und -platzierung
- Sortimentsberatung und Preisgestaltung
- Mietflächenverlagerung/Mietflächenanpassung
- Vermittlung von regionalen Dienstleistern/Fachfirmen
- Herstellung von Kontakten zu Ämtern, gemeinsame Interessenwahrnehmung
- Informationen über Wettbewerbsentwicklungen im Einzugsgebiet
- Kooperationen der Mieter untereinander

Sofern die Umsätze eines Mieters auf zu geringem Niveau verharren, sollte das Mietverhältnis mittelfristig beendet werden. Neben dem Mietausfallrisiko für den Vermieter können unzufriedene Mieter die Stimmung innerhalb der Mieterschaft nachteilig beeinflussen oder gegenüber Kunden und Presse negativ auftreten.

4.1.4   Marketing, Führung der Werbegemeinschaft

Interessenbündelung in der Institution Werbegemeinschaft

Zur Vermarktung eines Einkaufszentrums sollte eine Werbegemeinschaft installiert werden, der im Idealfall alle Mieter angehören. Über die Institution einer Werbegemeinschaft können die zum Teil unterschiedlichen Interessen der Mieter gebündelt werden. Die Existenz einer Werbegemeinschaft stellt sicher, dass für das Einkaufszentrum kontinuierlich Werbemaßnahmen durchgeführt werden.

In allen Mietverträgen sollte die Pflicht zur Mitgliedschaft in einer Werbegemeinschaft verankert sein, zumindest aber die Pflicht zur Zahlung von Werbebeiträgen. Ohne diese vertragliche Vereinbarung ist die Gründung einer Werbegemeinschaft in der Praxis schwierig, besonders nach der Eröffnung eines Einkaufszentrums.

Verankerung im Mietvertrag

Das Center-Management nimmt in der Werbegemeinschaft folgende Aufgaben wahr:

- Briefing und Auswahl von Werbegenturen

- Erarbeitung der Werbeziele

- Erarbeitung von Vorschlägen für Aktionen, Events, Ausstellungen inkl. deren Bewerbung

- Vorschläge für Dekorationen und Werbekampagnen

- Vorbereitung und Leitung der operativen Sitzungen des Führungsorgans

- Umsetzung der Beschlüsse der operativen Sitzungen: Organisation und Durchführung der Aktionen, Events, Ausstellungen, Dekorationen, Werbekampagnen etc.

- Durchführung von Pressearbeit

- Vorbereitung und Durchführung der jährlichen Vollversammlung aller Mitglieder

- Verwaltung: Budgetplanung, Beauftragungen, Rechnungsprüfung, Buchhaltung

- Mitglied des Führungsorgans als Eigentümervertreter

Die Umsetzung von Werbekampagnen sowie die Aktionsbewerbung erfolgt in Zusammenarbeit mit einer Werbeagentur, die zumindest die gestalterischen Aufgaben übernimmt. Je nach vorhandenem Etat kann die Werbeagentur auch beratende Funktionen übernehmen, z.B. bezüglich der Mediaplanung oder der Aktions- und Eventplanung. Darüber hinaus kann eine Presseagentur bzw. ein Kommunikationsbüro eingesetzt werden, um professionelle Pressetexte zu erstellen oder eine Centerzeitung zu konzipieren und zu gestalten.

Zusammenarbeit mit einer Werbeagentur

In Abstimmung mit dem Eigentümer kann die Werbegemeinschaft auch Standvermietungen in der Mall vornehmen, so dass diese Einnahmen direkt der Werbegemeinschaft zufließen und das Werbebudget des Einkaufszentrums erhöhen.

Aus Sicht des Eigentümers eines Einkaufszentrums hat die Existenz einer Werbegemeinschaft auch monetäre Vorteile. Die erfolgreiche Vermarktung eines Einkaufszentrums erfordert jährlich ein bestimmtes Budget. Die von den Mietern erbrachten Mittel müssen nicht vom Eigentümer aufgewendet werden. Dennoch sollte auch der Eigentümer sein Interesse an der Werbegemeinschaft in Form seiner Mitgliedschaft verbunden mit einer angemessenen Beteiligung am Budget zeigen.

Existenz einer Werbegemeinschaft ist vorteilhaft für Immobilieneigentümer

Schließlich dienen alle Maßnahmen der Wertsteigerung bzw. dem Werterhalt der Immobilie.

Zunehmende Akzeptanz von Werbebeiträgen

In den vergangenen Jahren zeigte sich eine deutliche Tendenz, dass Einzelhändler die Notwendigkeit von Werbegemeinschaften und von Werbebeiträgen erkennen. In Mietvertragsverhandlungen muss zunehmend nicht mehr über Werbebeiträge verhandelt werden. Handelsunternehmen mit langjähriger Erfahrung in Einkaufszentren überprüfen nicht selten vor Anmietung, ob eine Werbegemeinschaft existiert und ob diese das verfügbare Budget effizient einsetzt.

4.1.5 Öffentlichkeitsarbeit, Repräsentation, Interessenwahrnehmung

Kontaktpflege, Interessenwahrnehmung

Das Center-Management ist als Vertreter des Eigentümers erster Ansprechpartner für Mieter, Kunden, Presse, Behörden, Institutionen und externe Firmen, die im Objekt und im Einzugsgebiet tätig sind.

Das Center-Management pflegt insbesondere Kontakte zu:

- Kunden (Auskunft, Fundbüro, Beantwortung und Weiterleitung von Beschwerden)
- Vertretern der regionalen Presse
- Interessengruppen (Bürgervereine, Einzelhandelsverbände etc.)
- Benachbarten Institutionen (Schulen, Vereine etc.)
- Behörden (Bauamt, Stadtplanung, Polizei, Feuerwehr, Amt für öffentliche Ordnung etc.)
- Regionalpolitik

Mehrwert durch gezielte Interessenwahrnehmung

Durch kontinuierliche Öffentlichkeitsarbeit und gezielte Interessenwahrnehmung bietet ein strategisch ausgerichtetes Center-Management dem Eigentümer einer Handelsimmobilie einen Mehrwert, der sich auch erheblich auf den Wert der Immobilie auswirken kann. Das Center-Management erhält z.B. Informationen über geplante Projekte im Einzugsgebiet des Einkaufszentrums und kann in Absprache mit dem Eigentümer geeignete Maßnahmen ergreifen, um Nachteile für den Standort zu verhindern. Genehmigungsprozesse für Revitalisierungen oder geplante Erweiterungen können professionell gesteuert und durch Lobbyarbeit begleitet werden.

4.1.6 Property-Management

Im Bereich Property-Management bestehen verschiedene Möglichkeiten von Vertragsbeziehungen. Der Eigentümer kann ein Unternehmen mit dem gesamten Property-Management beauftragen oder die Leistungsbereiche kaufmännisches Objektmanagement, technisches und infrastrukturelles Gebäudemanagement separat beauftragen.

Unabhängig von den möglichen Vertragskonstellationen fungiert das Center-Management als kommunikatives Bindeglied zwischen Mietern und kaufmännischem Objektmanagement sowie technischem und infrastrukturellem Gebäudemanagement.

Kaufmännisches Objektmanagement

Der Aufgabenumfang ist vom vereinbarten Leistungsspektrum abhängig und kann folgende Tätigkeiten beinhalten:

- Mietvertragsverwaltung
- Überwachung von Fristen (Kündigungsfristen, Optionen, Indexierungen)
- Umsatzmietberechnungen
- Buchhaltung und Mahnwesen
- Betriebskostenabrechnung
- Beauftragung von Drittdienstleistern (z.B. Handwerksfirmen)
- Rechnungsprüfung
- Mieterkorrespondenz bzgl. kaufmännischer Themen
- Erstellung von Nachträgen zu Mietverträgen
- Abnahmen und Übergaben von Mietflächen
- Schadensmeldungen an Versicherungen

Technisches und Infrastrukturelles Gebäudemanagement

Unabhängig von den möglichen Vertragskonstellationen kommt dem Center-Management in diesem Bereich eine übergeordnete koordinierende und steuernde Funktion zu. Das Center-Management fungiert hier ebenfalls als kommunikatives Bindeglied zwischen Eigentümer und „Technik". Kernaufgabe ist die wirtschaftliche Steuerung technischer Sachverhalte und Maßnahmen.

Wirtschaftliche Steuerung technischer Sachverhalte

Entscheidender Vorteil des Center-Managements ist die „Vor-Ort-Kompetenz". Technische Sachverhalte werden in Augenschein genommen, Stellungnahmen werden angefordert. So können zeitnah wirtschaftlich sinnvolle Maßnahmen empfohlen werden. Für den Eigentümer ist dies aufgrund der räumlichen Entfernung in der Regel nicht möglich. Es zeigt sich immer wieder, dass z.B. bei Umbaumaßnahmen oder Investitionen in technische Anlagen z.T. erhebliche Kosteneinsparungen erzielt werden können. Treten technische Defekte auf, können potenzielle Schwierigkeiten oder gar Mietminderungen durch schnelles und zielgerichtetes Handeln durch das Center-Management verhindert werden.

„Vor-Ort-Kompetenz" durch das Center-Management

Weiterhin gehört es zur Aufgabe des Center-Managements, das eingesetzte Personal zu führen. Hierzu ist eine Weisungsbefugnis gegenüber dem technischen Personal sinnvoll.

Im Einzelnen nimmt das Center-Management folgende Aufgaben wahr:

- Regelmäßige Abstimmungsgespräche über anstehende Maßnahmen und Erarbeitung von Lösungen bestehender Probleme

- Durchführung und Protokollierung von Hausrundgängen zusammen mit dem technischen Personal mit Fokus auf Funktion der technischen Anlagen, Sicherheit und Sauberkeit

- Ortung und Kategorisierung von Instandsetzungsmaßnahmen

- Wirtschaftliche Beurteilung von Investitionen in haustechnische Ausstattung

- Durchführung von Abnahmen und Übergaben von Mietflächen zusammen mit dem technischen Personal

- Zeitliche und wirtschaftliche Steuerung von Umbaumaßnahmen

- Ausübung des Hausrechts und Aussprache von Hausverboten

4.1.7   Bauliche Maßnahmen, Modernisierungen

Investitionsstau vermeiden

Die Kunden eines Einkaufszentrums erwarten zu jeder Zeit ein angenehmes und modernes Ambiente sowohl in der Mall wie auch im Außenbereich. Um diesem Anspruch im Zeitverlauf gerecht zu werden, sind regelmäßige Investitionen notwendig:

- Mallmöblierung: Bänke, Pflanzen, Entsorgungsbehälter

- Modernes und stets aktuelles Leitsystem

- Center- und Mieterwerbeanlagen am und im Gebäude

- Ggf. Fahnen

- Ggf. Außenbepflanzung

- Austausch von Boden-, Wand- und Deckenbelägen

- Modernisierung des Lichtkonzepts

- Sanitäre Anlagen

4.1.8   Wettbewerbsbeobachtung

**Wettbewerbs-
beobachtung
ist strategische
Aufgabe**

Das Center-Management beobachtet kontinuierlich das Markt- und Wettbewerbsumfeld des Einkaufszentrums und unterrichtet den Eigentümer über wesentliche Veränderungen wie auch über den Planungsstand anstehender Einzelhandelsprojekte im Nah- und Ferneinzugsgebiet.

Mieter werden ebenfalls über spezifische Änderungen informiert und bezüglich zu treffender Maßnahmen beraten.

Veränderungen im Wettbewerbsumfeld führen zur Überprüfung und ggf. Anpassung der langfristigen Branchenmixstrategie.

4.1.9 „Einsatzort Mall"

Das Center-Management, konkret der/die Centermanager, zeigt Präsenz in der Mall und ist kontinuierlich im Gespräch mit den Mietern. Durch Kommunikation werden Probleme frühzeitig erkannt und Lösungen können rechtzeitig erarbeitet werden. Im Gespräch mit Mietern oder Kunden entstehen Ideen für Aktionen und Werbemaßnahmen. Die Mieter werden motiviert, image- oder verkaufsfördernde Aktionen in der Mall durchzuführen.

Präsenz in der Mall, Kontaktpflege mit Mietern, Kunden und öffentlichen Personen

Zu den weiteren Aufgaben gehört die Überwachung folgender Bereiche:

- Ungenehmigtes Aufstellen von Werbeträgern oder Warenträgern außerhalb der Mietfläche

- Schaufenstergestaltung

- Ungenehmigte Sortimentsanpassungen, die zu Konkurrenzschutzproblemen mit anderen Mietern führen

- Überprüfung der Funktion und Wertigkeit von Werbeanlagen des Centers und der Mieter

- Sauberkeit

- Sicherheit, Ausübung des Hausrechts

- Feststellen ungenehmigter Umbauten auf den Mietflächen

4.2 Erfolgsfaktoren

Grundsätzlich kann unterschieden werden zwischen Erfolgsfaktoren, die mit Abschluss der Projektentwicklung – also mit der Eröffnung eines Einkaufszentrums – bereits festgelegt sind und solchen Faktoren, die im Lebenszyklus einer Immobilie gesteuert werden können.

Unterscheidung zwischen gegebenen Erfolgsfaktoren und steuerbaren

In der Phase der Entwicklung eines Immobilienprojekts werden weitreichende Entscheidungen getroffen, die das Potenzial des Projekts begründen:

- Standort, Einzugsgebiet

- Größe der genehmigten Verkaufsfläche

- Architektur und die Einbindung in das Stadtbild

- Erreichbarkeit (Zuwegung, Anbindung ÖPNV)

- Parkmöglichkeiten

- Innenarchitektur, Sichtbeziehungen, Laufwege

Diese Erfolgsfaktoren sind wesentlich und nur eingeschränkt veränderbar.

Die nachfolgenden Faktoren können hingegen beeinflusst bzw. gesteuert werden. Dem Center-Management kommt die Aufgabe zu, gemeinsam mit dem Eigentümer und den Mietern das Potenzial der Immobilie auszuschöpfen.

Folgende Faktoren bestimmen über den langfristigen Erfolg:

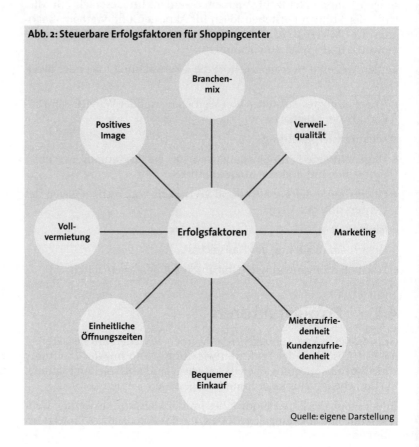

Abb. 2: Steuerbare Erfolgsfaktoren für Shoppingcenter

Branchen-mix

Positives Image

Verweil-qualität

Voll-vermietung

Erfolgsfaktoren

Marketing

Einheitliche Öffnungszeiten

Mieterzufrie-denheit

Kundenzufrie-denheit

Bequemer Einkauf

Quelle: eigene Darstellung

4.2.1   Branchenmix

Über den Branchen-mix kann Attraktivität und Kundenfrequenz gesteuert werden

Der Branchenmix ist zentraler Erfolgsfaktor für ein Einkaufszentrum. Die Auswahl der Branchen und Konzepte ist auf die Zielgruppen zugeschnitten und erfolgt unter Berücksichtigung der bestehenden Einzelhandelslandschaft im Einzugsgebiet. Bestenfalls steht das Niveau der Einzelhändler auch im Einklang mit dem architektonisch gesetzten Anspruch. Die Festlegung des Branchenmixkonzeptes fällt zeitlich in die Phase der Projektentwicklung, muss aber oftmals im Bestand optimiert werden. Verwerfungen können auftreten, wenn in der Projektentwicklung zu stark miethöhenorientiert vermietet wurde. Die erzielbare Miete ist von Branche zu Branche unterschiedlich. Weiterhin unterscheidet man zwischen Mietern, die die Kundenfrequenz am Standort stärken, und Mietern, die weitgehend von der bestehenden Frequenz abhängig sind.

Die Festlegung des Branchenmixes erfordert tiefgreifende Handelskenntnisse über Standortbedingungen, Marktpotenziale, Konkurrenzsituationen, insbesondere aber auch über die Zukunftsfähigkeit aktuell am Markt erfolgreicher Konzepte (vgl. Abschnitt 4.1.2).

Tiefgreifende Handelskenntnisse erforderlich

Sowohl in der Projektentwicklung, als auch im Bestand sind regelmäßige Kundenbefragungen notwendiges Instrument, um die Vorstellungen und Wünsche der Kunden in die Planungen und die Bestandpflege aufzunehmen.

4.2.2 Ambiente, Aufenthaltsqualität, Verweildauer

Das Ambiente ist stark von der Innenarchitektur geprägt. Darüber hinaus bestehen Möglichkeiten, die Aufenthaltsqualität zu verbessern und die Verweildauer im Center zu erhöhen. Ein Aspekt ist die Mallmöblierung, wie Sitzbänke, stylische Lounges oder Verweiloasen. Weitere Akzente können durch Pflanzen und Wasserelemente gesetzt werden. Zukünftig wird das Thema „neue Medien" (z.B. W-LAN, Apps, Social Media, Digitales Instore Marketing) immer mehr an Bedeutung gewinnen.

Steigerung der Aufenthaltsqualität durch Mallgestaltung

Geeignete Bereiche der Mall werden für gastronomische Nutzung vorgehalten, bestenfalls wurden diese bereits architektonisch akzentuiert. Insbesondere attraktiv gestaltete Cafés und Bars wirken positiv auf das Ambiente und die Verweilqualität. Es reicht in der Regel nicht aus, in einem bestimmten Bereich des Centers einen „Food-Court" einzurichten und dort den gesamten vorgesehenen gastronomischen Anteil des Branchenmixes zu platzieren.

Gastronomische Bereiche gezielt in der Mall platzieren

Auch die Werbeanlagen des Centers und der Mieter sowie das gesamte Leitsystem prägen die Mallatmosphäre. Hinterleuchtete Werbeplakate, auch großflächig, können positive Akzente setzen, auch werden zunehmend Bildschirme als belebende Elemente eingesetzt. Bei Bildschirmen ist in besonderem Maße auf die Platzierung und die dargestellten Inhalte zu achten.

Die Mall soll ein belebter Ort sein, den Kunden werden deshalb regelmäßig Aktionen, Events und Ausstellungen präsentiert. Auch die Vermietung von Mallflächen kann in diesem Zusammenhang nicht nur unter dem Aspekt von Mieteinnahmen, sondern als ergänzendes Angebot für die Kunden gesehen werden.

Regelmäßig Aktionen, Events und Ausstellungen

Niveauvolle jahreszeitliche Dekorationen bringen Abwechslung, insbesondere auf die Weihnachtsdekoration wird großer Wert gelegt.

Jahreszeitliche Dekoration

In der Mall platzierte Werbeträger oder Warenträger der Mieter führen zu einem uneinheitlichen Erscheinungsbild. Es wird darauf geachtet, dass der Eingangsbereich der Mietflächen ohne Nutzung von Mallfläche gestaltet wird.

Sicherheit und Sauberkeit

Abschließend sind die Aspekte Sicherheit und Sauberkeit zu nennen, die Grundvoraussetzungen für ein angenehmes Ambiente sind, ebenso wie angenehm temperierte frische Luft. Diese scheinbar trivialen Aspekte können erhebliche Anstrengungen erfordern.

4.2.3   Marketing, Corporate Identity

Ausbildung einer Corporate Identity

Ziel des Marketings ist die Ausbildung einer Corporate Identity (CI) des Einkaufszentrums. Idealerweise kann auf gegebene Faktoren wie Besonderheiten in der Architektur oder Einzigartigkeit des Branchenmixes aufgesetzt werden. Das Corporate Design (CD) wie auch die Auswahl der Aktionen, Ausstellungen und Events ist auf die Corporate Identity ausgerichtet.

Zur Bewerbung der Aktionen, Ausstellungen und Events werden folgende Medien eingesetzt:

- Center-Zeitung

- Anzeigen

- Flyer

- Give-aways

- Außenwerbung

- Internetseite, Social Media

- Pressearbeit

- Funk und Fernsehen

- Werbeanlagen des Einkaufszentrums

Center-Zeitung zur Profilbildung

Eine Center-Zeitung ist ein ideales Medium zur Bildung der Corporate Identity. In einer Kombination von redaktionellen Beiträgen und Anzeigen der Geschäfte wird die „Welt des Centers" präsentiert:

- Vorstellung der Aktionen der Werbegemeinschaft

- imageorientierte Präsentation von Geschäften des Centers

- Neueröffnungen

- besondere Aktionen oder Angebote der Geschäfte

- allgemeine Informationen (Öffnungszeiten, Telefonnummern, Parkgebühren etc.)

- Persönliche Note: Editorial des Centermanagers, Kundenbefragung, Interviews, Vorstellung von Mitarbeitern

- Hintergrundinformationen über Veränderungen oder Entwicklungen

Der regelmäßige Einsatz von Image-Kampagnen trägt ebenfalls zu Profilierung des Centers und des Angebots bei.

Entscheidend für den Erfolg von Marketing-Maßnahmen ist der effiziente Einsatz des zur Verfügung stehenden Budgets. Dies setzt voraus, dass ein regelmäßiger Austausch mit anderen Centern bzw. Center-Managern über werbliche Maßnahmen im Sinne eines „Best Practice" stattfindet. So können alle Standorte vom Wissen über bereits erfolgreich durchgeführte Ausstellungen, Kampagnen oder Events in anderen Centern profitieren.

Erfahrungsaustausch, „Best Practice"

Sofern keine Werbegemeinschaft existiert, sollte alles daran gesetzt werden, im Nachhinein eine solche zu gründen. Dies kann äußerst schwierig sein, da die Bereitschaft bei den Einzelhändlern sehr unterschiedlich ist und darüber hinaus eine „Trittbrettfahrer-Problematik" entstehen kann. Wer sich nicht beteiligt, profitiert dennoch von den Maßnahmen der anderen. Gelingt es nicht, eine Werbegemeinschaft zu gründen, ist es erforderlich, dass der Eigentümer ein angemessenes Werbebudget zur Verfügung stellt.

Trittbrettfahrer-Problematik

4.2.4   Mieterzufriedenheit, Kundenzufriedenheit

Die Stimmung in den Geschäften bzw. bei deren Mitarbeitern wird von den Kunden wahrgenommen. Sie ist ganz wesentlich geprägt vom wirtschaftlichen Erfolg der Händler. Darüber hinaus kann das Center-Management durch partnerschaftlichen Umgang und den Einsatz für die Belange und Interessen der Mieter wesentlich zu einer positiven Grundstimmung beitragen.

Stimmung wird wahrgenommen und ist beeinflussbar

Zur regelmäßigen Überprüfung der Kunden- und Besucherzufriedenheit ist das Mystery-Shopping ein probates Mittel. Auf dieser Basis lassen sich fundierte Mietergespräche zur Steigerung der Kunden- und Besucherzufriedenheit führen, was letztendlich dem Mieter wieder zugute kommt.

4.2.5   Vermeidung von Leerstand

Der Leerstand von Mietflächen ist aus unterschiedlichen Gründen zu vermeiden. Die Sicht des Vermieters – der Verlust von Mieteinnahmen – liegt auf der Hand. Aus Sicht der Kunden bedeutet Leerstand Verlust an Angebotsvielfalt, aus Sicht der Nachbarmieter Verlust an Frequenz, Verweildauer und Ambiente. Im Rahmen der Vermietung ist ein Leerstand schwieriger zu vermarkten als eine belegte Fläche und führt häufig zu Mietpreisabschlägen.

Vermeidung von Leerstand hat hohe Priorität

Ist die Realisierung eines Mietvertrags mit dem Wunschmieter aktuell nicht möglich, kann eine unmittelbare Anschlussvermietung auf interimistischer Basis, d.h. mit beidseitig kurzfristigem Kündigungsrecht, umgesetzt werden. Dabei wird in Kauf genommen, dass der administrative Aufwand bei einem interimistischen Mietverhältnis im Vergleich zu den Mieterträgen unter Umständen sehr hoch ist. Eine Interimsvermietung kann auch notwendig sein, wenn bestimmte Flächen im Sinne einer langfristigen Strategie vorgehalten werden.

Interimistische Vermietung oder ansprechende Kaschierung

Anstelle einer Interimsvermietung, die in der Darstellung mitunter wenig befriedigend ist, sind auch Alternativen wie z.B. eine optisch hochwertige Abklebung oder sonstige, den Leerstand kaschierende Maßnahmen (z.B. Dekoration von Mietern) denkbar.

4.2.6   Einheitliche Kernöffnungszeiten

Einheitliche
Kernöffnungszeiten
sind unverzichtbar

Aus Sicht der Kunden sind einheitliche Kernöffnungszeiten ein Vorteil gegenüber nicht organisierten Handelslagen. Sie sind in Einkaufszentren unverrückbarer Mietvertragsbestandteil, die Einhaltung wird durch das Center-Management überprüft und ggf. eingefordert.

4.2.7   Bequemer Einkauf auf kurzen Wegen unter einem Dach

Positive Unter-
scheidungsmerkmale
zu anderen
Handelslagen müssen
eingehalten werden

„Bequem einkaufen auf kurzen Wegen" und „Alles unter einem Dach" sind Gründe für den Erfolg von Einkaufszentren und Unterscheidungsmerkmal zu anderen Handelslagen. Die Kunden erwarten, dass diese Grundprinzipien eingehalten werden. Der Kunde will angenehm empfangen werden und seine Ziele bequem erreichen. Hierzu gehören z.B. ein geräumiges, hell beleuchtetes, gut ausgeschildertes Parkhaus, unmittelbar am Eingang platzierte, großzügig gestaltete Fahrradstellplätze, die Anbindung an den öffentlichen Personennahverkehr sowie gut ausgeschilderte und saubere sanitäre Anlagen.

Die technischen Einrichtungen, wie z.B. Automatiktüren, Aufzüge, Rollsteigen/-treppen, Beleuchtung, Schranken und Parkscheinautomaten, müssen während der Öffnungszeiten des Centers funktionsfähig und in Betrieb sein. Reparaturen und Wartungen werden nach Möglichkeit außerhalb der Öffnungszeiten der Geschäfte durchgeführt.

4.2.8   Positives Image

Positives Image ist
zentraler Erfolgsfaktor

Alle dargestellten Erfolgsfaktoren, sowohl die durch die Projektentwicklung determinierten wie auch die steuerbaren, prägen das Image eines Einkaufszentrums. Über eine Immobilie mit einem guten Image wird positiv geredet und gedacht, sie wird gerne besucht, man verweilt.

Center-Management
ist auf Imagebildung
ausgerichtet

Ein positives Image ist der wesentliche Erfolgsfaktor für ein Einkaufszentrum. Alle Handlungen des Center-Managements sind darauf ausgerichtet, das Image eines Einkaufszentrums zu fördern und Imageschaden abzuwenden.

4.3 Anforderungen an Center-Manager und Center-Management-Gesellschaften

Die beiden ersten Abschnitte dieses Kapitels („Aufgaben" und „Erfolgsfaktoren") geben einen Einblick in die umfangreichen Leistungen eines Center-Managements. Die konkreten Aufgaben sind vielschichtig und erfordern Wissen und Erfahrung. Bei den handelnden Personen ist Kommunikationsfähigkeit und hohe soziale Kompetenz gefordert.

Hohe soziale Kompetenz

Die komplexen Aufgabenfelder können meist nicht durch einzelne Personen bearbeitet werden, oft werden projektorientierte Teams zusammengestellt. Die Fähigkeit, Teams und Personen zu motivieren, führt zu besseren Ergebnissen und Umsetzung der beschlossenen Maßnahmen.

Motivationsfähigkeit

Grundsätzlich ist in allen Bereichen Kreativität gefragt, sei es beim Marketing oder bei der Vermietung, aber auch in allen anderen Feldern bis hin zu technischen Fragen können kreative Ideen zu Lösungsansätzen führen, die alle Seiten zufriedenstellen und finanzielle Ressourcen schonen.

Kreativität

Klassisches Handlungsfeld

Das klassische Handlungsfeld des Center-Managements ist die Vermittlung zwischen den Eigentümern einer Handelsimmobilie und den Mietern. Solange es beiden Seiten wirtschaftlich gut geht, d.h. solange die Umsätze ausreichen, um die Miete zu erwirtschaften und darüber hinaus beim Geschäftsinhaber einen angemessenen Deckungsbeitrag zu erzielen, steht einer partnerschaftlichen Zusammenarbeit nichts im Wege.

Vermittlung zwischen Eigentümer und Mietern

Sobald eine Seite wirtschaftlich unter Druck gerät, ändert sich diese Situation und es können vermittelnde Tätigkeiten notwendig werden. Sinkt z.B. der Umsatz eines Geschäfts, zieht dies oft die Anfrage des Geschäftsinhabers nach einer Mietreduzierung nach sich. Das Center-Management prüft die Gründe für den Umsatzrückgang und spricht eine Empfehlung gegenüber den Eigentümern aus: die Miete beizubehalten, zu reduzieren, oder das Mietverhältnis mittelfristig zu beenden und einen Nachmieter zu suchen. Das Center-Management moderiert und steuert diesen Entscheidungsprozess, der für beide Seiten wirtschaftliche Einschnitte bedeuten kann.

Wirtschaftliche Schieflage eines Mieters

Auf Seiten des Eigentümers kann beispielsweise der Verkauf einer Immobilie zu einer Veränderung führen. Wird eine Immobilie zu einem verhältnismäßig hohen Kaufpreis erworben, hat der neue Eigentümer unter Umständen nur geringe finanzielle Spielräume bezüglich möglicher Mietanpassungen oder für unvorhergesehene Investitions-/Re-

Renditeanforderungen des Eigentümers

vitalisierungsmaßnahmen. Auch ein sich verschlechterndes Marktumfeld kann die finanziellen Möglichkeiten auf Eigentümerseite einschränken, sofern die Renditeanforderungen nicht angepasst werden können.

Je attraktiver und erfolgreicher eine Handelsimmobilie am Markt positioniert ist, desto besser können wirtschaftliche Schieflagen auf Seiten der Vertragspartner verhindert oder zumindest reduziert werden.

Orientierung auf Kundenbedürfnisse

Generell besteht bei finanzieller Flexibilität des Eigentümers ein größerer Handlungsspielraum, Entscheidungen können stärker auf Kundenbedürfnisse ausgerichtet werden, z.B. die Optimierung des Branchenmixes. Die Entscheidung kann auf einen Anbieter fallen, mit dem isoliert betrachtet weniger Miete erzielt wird, der aber die Attraktivität des Standortes erhöht und somit langfristig die Gesamtrendite der Immobilie verbessert.

Erfolg und Attraktivität herzustellen ist Kernaufgabe einer Center-Management-Gesellschaft. Hierfür sind Kenntnisse der komplexen Zusammenhänge notwendig, die über den wirtschaftlichen Erfolg eines Einkaufszentrums entscheiden: beginnend beim Konsumenten und dessen Erwartungshaltung, im Weiteren über die Geschäfte, deren Sortiment und finanzielle Leistungsfähigkeit bis hin zum Eigentümer und dessen Renditeerwartung.

Dies erfordert langjährige Erfahrung im Management von Handelsimmobilien, Einzelhandelskompetenz, permanente Fortbildung und regelmäßigen Erfahrungsaustausch mit Kollegen.

Strategische Orientierung

Aufstellen eines Masterplans

Das Handeln des Center-Managements wird an einer langfristigen Strategie ausgerichtet. Ein mit dem Eigentümer abgestimmter Masterplan definiert Maßnahmen betreffend Positionierung, Branchenmix, Marketing, Investitionen, Außendarstellung etc. Das Ergebnis der strategischen Beurteilung einer Immobilie kann auch sein, dass eine umfassende Revitalisierung notwendig ist, damit die Immobilie auch in der Zukunft am Markt bestehen kann. Eine Revitalisierung erfordert über das Center-Management hinaus Expertise aus dem Bereich der Projektentwicklung.

Revitalisierung erfordert Expertise durch Projektentwicklung

Exitstrategie des Eigentümers beeinflusst Entscheidungen

Die zeitliche Umsetzung strategischer Maßnahmen ist abhängig von den zur Verfügung stehenden Budgets, diese wiederum hängen von den mittel- und langfristigen Zielen des Eigentümers ab. Häufig wird die Umsetzung strategischer Maßnahmen davon beeinflusst, ob und wann eine Immobilie veräußert werden soll. Ein geplanter Veräußerungszeitpunkt verändert die Prioritäten. Investitionen in Maßnahmen mit langfristiger Wirkung stehen vor dem Hintergrund von Veräußerungsszenarien deutlich hinter kurzfristig wirksamen Maßnahmen zurück.

Führung

Professionelles Center-Management beinhaltet nicht nur die Festlegung gemeinschaftlicher Regeln in den Mietverträgen, sondern auch deren Kontrolle und Sanktionierung. Führt man sich vor Augen, dass ein Einkaufszentrum ein relativ empfindliches System ist, das nur funktioniert, wenn die einzelnen Teile funktionieren, gibt es keine Alternative zur Anwendung von Sanktionsmechanismen (z.B. bei Nicht-Einhaltung verbindlicher Öffnungszeiten oder der Verletzung vertraglicher Konkurrenzschutzvereinbarungen).

Einkaufszentrum ist empfindliches System

Andererseits können viele Konflikte auch durch Kommunikation und fairen Umgang der Vertragspartner miteinander geregelt werden. Ein professionelles Center-Management spielt hier seine Stärken aus, indem es mit Hilfe gut gepflegter Kontakte und seiner Moderationsfähigkeit negative Entwicklungen verhindert.

Kernkompetenz Kommunikation und Moderation

Persönliche Eigenschaften

Center-Manager sollten neben fachlichem Wissen aus den Bereichen Handel und Immobilienwirtschaft über ausgeprägte kommunikative Fähigkeiten verfügen. Neben der Moderation und Lösung struktureller Konflikte ist hohe Belastbarkeit als Krisenmanager kleiner und großer Katastrophen gefragt. In der Öffentlichkeitsarbeit und Interessenwahrnehmung sind repräsentative Fähigkeiten gefordert.

Fachliches Wissen, Kommunikation und hohe Belastbarkeit

Neben den Eigentümern erkennen zunehmend auch Geschäftsinhaber und Handelsunternehmen die Notwendigkeit eines professionellen Center-Managements und die damit verbundene Wertschöpfung für eine Immobilie und die ansässigen Mieter.

Wertschöpfung durch professionelles Management

Die Berücksichtigung der vielschichtigen Anforderungen an das Management von Handelsimmobilien lässt den Schluss zu, dass der Unterschied zwischen einer erfolgreichen und einer nicht erfolgreichen Handelsimmobilie maßgeblich in der Qualität des Managements begründet ist. Nur Handelsimmobilien mit herausragenden Standortvorteilen verkraften längere Phasen unstrukturierten Managements. Aber auch an diesen Standorten gilt, dass ohne professionelles Management das Potenzial einer Handelsimmobilie nicht ausgeschöpft wird.

Ausschöpfung des Potenzials einer Handelsimmobilie

Dies erklärt, warum neben großen Einkaufszentren zunehmend auch andere Handelslagen wie Einkaufs-Passagen, Fachmarktzentren, Nahversorgungszentren, Bahnhöfe oder Flughäfen auf Leistungen von Center-Management-Gesellschaften zurückgreifen, um neue Standorte am Markt zu etablieren oder bestehende Standorte zu revitalisieren.

Literaturverzeichnis

Agne, Melanie, Investoren setzen auf Revitalisierung, in: Immobilien Zeitung Nr. 21 (2012), S. 15.

Bernreuther, Angelus, Strategische Projektentwicklung bei der Revitalisierung von Handelsimmobilien, in: Handelsimmobilien Report Nr. 88 (2011), S. 10–12.

Binder, Thomas, Moderne Stadtentwicklung. Die Rolle der Entwickler ändert sich mit dem wachsenden Selbstbewusstsein vieler Kommunen, in: Handelsimmobilien Report 115 (2012), S. 13–15.

Eberhard, André, Megatrends: Nachhaltigkeit bei Shopping Centern, in: Der Immobilienbrief Nr. 271 (2012), S. 8–12.

Eberhard, André, Shopping-Center: Der Sanierungszyklus kommt, in: Der Immobilienbrief Nr. 271 (2012), S. 18–19.

Glöckner, Peter, Immer nur für die Großen? Von der Notwendigkeit des Center-Managements in kleineren Shopping Centern, in: German Council Magazine (GCM) (Herbst/Winter 2010), S. 76–77.

Kurtz, Andrea, Stadtgespräch. Interview mit Meinhard von Gerkan, in: Handelsjournal Nr. 2 (2012), S. 22–25.

Reinhardt, Wilfried/Krägenau, Leif, Der Ankermieter ist tot, lang lebe der Ankermieter. Diversifikation als Erfolgsmittel bei der Center-Entwicklung, in: German Council Magazine (GCM) (Herbst/Winter 2010), S. 94–95.

Schwanenflug, Christoph von, Shoppingcenter-Umfrage. Deutschlands beste und schlechteste Einkaufszentren, in: Immobilien Zeitung Nr. 45 (2011), S. 1.

Schwanenflug, Christoph von, Studie sieht Städte als Gewinner, in: Immobilien Zeitung Nr. 29 (2011), S. 9.

Schwanenflug, Christoph von, (April 2011), Einkaufszentren: 20.000 qm sind das Minimum. Zugriff am 29.7.2012 auf http://www.immobilien-zeitung.de/1000003381/einkaufszentren-20-000-qm-sind-minimum.

Schwanenflug, Christoph von, (Mai 2011), Dead-Mall-Studie: Einkaufszentren oft zu klein. Zugriff am 29.07.2012 auf http://www.immobilien-zeitung.de/1000003655/dead-mall-studie-einkaufszentren-oft-zu-klein.

Vierbuchen, Ruth, BBE Handelsberatung/IPH Handelsimmobilien, in: Handelsimmobilien Report Nr. 115 (2012), S. 8–12.

Vierbuchen, Ruth, Historie der Shopping-Center. Von der Trabantenstadt zum Bestandteil einer City, in: Handelsimmobilien Report Nr. 119 (2012), S. 17–18.

Vierbuchen, Ruth, Hybride Malls funktionieren noch lange nicht überall, in: Handelsimmobilien Report Nr. 96 (2011), S. 13–14.

Vierbuchen, Ruth, Interview mit GCSC-Chef Jung: Integration und Rentabilität stehen sich nicht grundsätzlich im Weg, in: Handelsimmobilien Report Nr. 119 (2012), S. 6–9.

Vierbuchen, Ruth, Nachhaltigkeit bei Bestandsimmobilien. Großes Potenzial für die Shopping-Center-Industrie, in: Handelsimmobilien Report Nr. 114 (2012), S. 5–8.

Vierbuchen, Ruth, Revitalisierung: Shopping-Center stehen im ständigen Wirkungsgeflecht mit der Öffentlichkeit, in: Handelsimmobilien Report Nr. 96 (2011), S. 10–13.

Vierbuchen, Ruth, Studie: Shopping-Center beeinflussen die Mieten positiv, in: Handelsimmobilien Report Nr. 100 (2011), S. 5–8.

Vierbuchen, Ruth, Studie: Viele Center gehen an den Kundenwünschen vorbei, in: Handelsimmobilien Report 106 (2011), S. 16–17.

Wellstein, Andreas, Shopping-Center-Markt in Deutschland, in: Der Immobilienbrief Nr. 271 (2012), S. 12–16.

Wotruba, Markus, Showroom dank Online-Handel? Auswirkungen von eCommerce auf Einzelhandel und Immobilienwirtschaft, in: Handelsimmobilien Report Nr. 115 (2012), S. 17–18.

Wotruba, Markus, Was sind Standortanalysen für Shopping-Center wert?, in: Handelsimmobilien Report Nr. 119 (2012), S. 15–17.

Zirlewagen, Jörg, Revitalisierung: Aussitzen ist die falsche Strategie, in: Handelsimmobilien Report Nr. 106 (2011), S. 14–16.

5 Gutachten und Projektentwicklung

5.1 Markt- und Standortgutachten/ Verträglichkeitsgutachten

Markus Wotruba

Angesichts der Erkenntnis, dass man am richtigen Standort unter Umständen selbst mit einem schwachen Konzept erfolgreich sein kann, am falschen Standort mit einem guten Konzept aber kaum Erfolg haben wird, zeigt sich die grundsätzliche Bedeutung der Standort- und Marktanalyse (Stoma) für die Projektentwicklung.

Bedeutung

5.1.1 Varianten von Standort- und Marktanalysen in der Projektentwicklung

Im Bereich des Einzelhandels wird der Projektentwickler hauptsächlich mit vier Arten von Standort- und Marktgutachten konfrontiert, die teilweise über eine konzeptionell-wirtschaftliche Betrachtung hinausgehen:

Varianten

- mit **konzeptorientierten Standort- und Marktanalysen**, die sein Projekt betreffen und Teil der Projektentwicklung sind (als Basis für ein Nutzungskonzept, Branchenmixkonzept etc.),

- mit **Standort- und Marktanalysen**, die er **für die Finanzierung** bei seiner Bank oder zur Mittelfreigabe bei Gremien benötigt,

- mit **kommunalen oder regionalen Einzelhandelskonzepten**, welche den Rahmen für die Genehmigung von Einzelhandelsprojekten hinsichtlich städtebaulicher und teilweise auch landesplanerischer Kriterien vorgeben (vgl. dazu den folgenden Beitrag von Schmidt-Illguth) und

- mit Standort- und Marktanalysen, die die Genehmigungsfähigkeit seines konkreten Projektes am gewählten Standort vor dem Hintergrund bestehender Einzelhandelskonzepte und landesplanerischer sowie städtebaulicher Regelungen analysieren (sogenannte **Auswirkungsanalysen oder Verträglichkeitsgutachten**).

5.1.2 Notwendigkeit von konzeptorientierten Standort- und Marktanalysen

Wirtschaftliche Nachhaltigkeit

Die konzeptorientierte Standort- und Marktanalyse hat primär das Ziel, die Grundlage für ein wirtschaftlich nachhaltiges Konzept an einem gegebenen Standort zu erarbeiten oder einen Standort hinsichtlich seiner Eignung für ein gegebenes Konzept zu überprüfen. Im ersten Fall kann die Stoma sowohl für eine Neuansiedlung als auch für die Umnutzung einer bestehenden Immobilie (Revitalisierung) notwendig werden.

Dabei sind die Standortrahmenbedingungen nicht statisch, sondern unterliegen einer ständigen Veränderung. So können sich insbesondere folgende Parameter im Lebenszyklus einer Einzelhandelsimmobilie verändern:

- Wettbewerbssituation (etwa durch Neuansiedlungen),
- Bevölkerungspotenzial, -struktur und Nachfragevolumina,
- Verkehrsanbindung und Erreichbarkeit (z.B. durch den Bau von Umgehungsstraßen, Verkehrsberuhigung etc.),
- Verbraucherverhalten (z.B. in der Präferenz bestimmter Betriebsformen und Anbieter wie Monolabel-Stores vs. Warenhäuser und Lebensmitteldiscounter vs. SB-Warenhäuser oder in der Verkehrsmittelwahl).

Es ist daher erforderlich, im Verlauf des Lebenszyklus einer Immobilie in regelmäßigen Abständen eine aktuelle Standort- und Marktanalyse zu erstellen.

5.1.3 Notwendigkeit von Standort- und Marktanalysen für die Finanzierung

Fokus auf Risiken in der Finanzierung

Wie konzeptorientierte Standort- und Marktanalysen dienen auch Stoma für die Finanzierung dem Erkennen von Risiken. Bei der zu analysierenden Immobilie kann es sich dabei um eine Projektentwicklung, eine Revitalisierung (Projektentwicklung im Bestand) oder um eine zum Ankauf anstehende Immobilie handeln. Im Vergleich zur konzeptorientierten Analyse sind für das finanzierende Institut erstellte Analysen stärker auf mögliche Risiken fokussiert.

5.1.4 Notwendigkeit von Auswirkungsanalysen

Baurechtsschaffung

Auswirkungsanalysen haben den Zweck, die Genehmigungsfähigkeit eines Einzelhandelsvorhabens zu prüfen. Die Genehmigungsfähigkeit ist in einer marktwirtschaftlichen Grundordnung regelmäßig dann gegeben, wenn von einem Vorhaben keine unzumutbare Beeinträchtigung von schützenswerten Interessen Dritter (sogenannte Schutzgüter) ausgehen. Schützenswert sind in der Marktwirtschaft nicht die Interessen Einzelner, sondern ausschließlich das übergeordnete gesellschaftliche Gesamtinteresse. Es herrscht ein weitgehender gesellschaftlicher Konsens, dass gewisse Spielregeln[1] auch für die Ansiedlung von Einzelhandelsprojekten erforderlich sind. Konkret soll durch Vorschriften auf Bundes- (Baugesetzbuch, Baunutzungsverordnung), Landes- (Landesentwicklungsprogramme und -pläne) und kommunaler Ebene (Einzelhandels- und Zentrenkonzepte) vor allem das Schutzgut der verbrauchernahen Versorgung gesichert werden. Dahinter steckt der Gedanke, dass sich auch in der Mobilität eingeschränke Personengruppen in kurzer Distanz zu ihrer Wohnung versorgen können sollen. Dies soll durch ein Netz von Handelseinrichtungen in so genannten zentralen Versorgungsbereichen sichergestellt werden, welche Einzelhandelsangebote und öffentliche wie private Dienstleistungsangebote räumlich bündeln und dabei gut mit öffentlichen Verkehrsmitteln erreichbar sind. Auf Ebene der Planungsregionen oder anderer Einrichtungen kommen auf zusätzliche Steuerungsinstrumente hinzu (z.B. Regionalpläne).

5.1.5 Rolle des Gutachters im Genehmigungsprozess

Der Gutachter übernimmt im Rahmen des Genehmigungsprozesses die Rolle eines neutralen Experten, der das zu prüfende Projekt aus einer fachlichen Perspektive beurteilt. Um die Neutralität des Gutachters zu dokumentieren, kommt es bei größeren und umstrittenen Projekten regelmäßig vor, dass der Gutachter auf Basis mehrerer Angebote durch die Kommune ausgewählt und honoriert wird.

Neutralität und Beauftragung

Die Kompetenz und Neutralität eines Gutachterbüros spiegelt sich auch in der Projekterfahrung und Auftraggeberstruktur wider. Idealerweise verfügt ein solches Institut nicht nur über Expertise auf einem relevanten Teilfeld, sondern ist gleichermaßen für eine Vielzahl von Kommunen, Handelsunternehmen und Investoren tätig. So besteht eine wirtschaftliche Unabhängigkeit von einer Kundengruppe und der Gutachter kann durch die gleichmäßige Betrachtung der Perspektiven Stadt, Handel und Immobilie eine stadtverträgliche, marktfähige und immobilienwirtschaftlich nachhaltige Lösung empfehlen. Die Betrachtung nur einer Perspektive führt regelmäßig zu nicht sachgemäßen Ergebnissen, etwa wenn aus rein wirtschaftlichen Erwägungen zu große Verkaufsflächen gefordert werden oder aus städtebaulichen Überlegungen die Verkaufsfläche so reglementiert wird, dass der Handelsbetrieb nicht wirtschaftlich arbeiten kann.

Kompetenz

---

1 Über die Ausgestaltung dieser Regelungen im Detail wird jedoch regelmäßig gestritten und der Projektentwickler kann unter Umständen eine Genehmigung seines Vorhabens gerichtlich einklagen.

Begleitung und Versachlichung der Diskussion

Neben der Erstellung eines schriftlichen Gutachtens ist es regelmäßig Aufgabe des Gutachters, die Untersuchungsergebnisse in Abstimmungsgesprächen mit den Behörden bzw. in Stadtratssitzungen vorzustellen. Gerade in einer emotional geführten Diskussion kann der Gutachter zur Versachlichung beitragen. Ein erfahrener Gutachter wird nicht nur statische Untersuchungsergebnisse, sondern auch Vorschläge zur Anpassung eines Vorhabens an die örtliche Situation erarbeiten, um eine Übereinstimmung des Projektes mit den entsprechenden städtebaulichen und landesplanerischen Zielen herzustellen (z.B. Anpassung der Verkaufsfläche und Sortimente).

Projektbegleitung

Kein Widerspruch zur Neutralität des Gutachters besteht darin, dass dieser seinen öffentlichen oder privaten Auftraggeber bereits im Vorfeld hinsichtlich einer ausgewogenen Planung berät. In Kenntnis der durch eine Standort- und Marktanalyse gewonnenen Ergebnisse können so nicht genehmigungsfähige Projekte im Vorfeld angepasst werden, was für alle Beteiligten eine Zeit- und Kostenersparnis mit sich bringt.

5.1.6 Typische Problemfelder

Tatsächlicher oder subjektiver Mangel an Ressourcen

Bei der Stoma ergeben sich regelmäßig einige Problemfelder, die dazu führen, dass die Analyse keine optimalen Ergebnisse liefern kann. Diese lassen sich im Wesentlichen auf einen tatsächlichen oder vom Auftraggeber subjektiv empfundenen Mangel an zeitlichen und finanziellen Ressourcen zurückführen. Typische Problemfelder sind:

Unzureichende Untersuchungstiefe

Untersuchungstiefe

Aus Zeit- und Kostengründen erfolgt oft keine ausreichend tiefe Beschäftigung mit einem Standort. In der Folge kann es zu einer pauschalen Bewertung von Standortfaktoren kommen. Typisches Beispiel dafür ist die Betrachtung der Anbindung an den öffentlichen Personennahverkehr (ÖPNV). Hier genügt es nicht, das Vorhandensein einer Haltestelle festzustellen. Wichtig ist es darüber hinaus, Faktoren wie die Orientierung der Passantenströme von und zur Haltestelle bezüglich der Handelsimmobilie, die Anbindung der Immobilie an die Haltestelle (niveaugleich?), die Taktfrequenz, die Lage von Tarifgrenzen oder die Fahrzeit und Umsteigebeziehungen zu konkurrierenden Standorten in die Betrachtung einzubeziehen.

Verzicht auf die beste verfügbare Erhebungsmethode

Methodische Mängel

Oftmals kommen zur Analyse bestimmter Standortfaktoren alternativ mehrere Methoden infrage. Für die Abgrenzung bestehender Einzugsgebiete ist beispielsweise eine Modellierung auf Basis von Wegedistanzen und Fahrzeitzonen (Isochronen) ebenso möglich wie die Befragung einer ausreichenden Zahl von Kunden vor Ort. Während die Modellierung von Isochronen ein schnelles und kostengünstiges Verfahren darstellt, berücksichtigt sie außer standardisierten Fahrgeschwindigkeiten und -distanzen jedoch keine zusätzlichen Faktoren. Isochronen erlauben damit nur einen ersten Eindruck vorhandener Bevölkerungspotenziale in einer bestimmten Entfernung. Die so generierten Einzugsgebiete benötigen immer die Nachbearbeitung durch einen Experten, um Faktoren, die sich nur aus der Vor-Ort-Besichtigung ergeben, einzuarbeiten. Hierzu sind allerdings viel Erfahrung und eine genaue Ortskenntnis erforderlich. Demgegenüber bietet die wesentlich zeit- und kostenaufwendigere Methode der Kundenbefragung am Einkaufsort (Point-of-Sale-Befragung, POS) bei methodisch sauberer Durchführung (Auswahl der richtigen Befragungstage und -zeiten, Probandenauswahl, Anzahl der Befragten) erheblich genauere Ergebnisse und ist damit das Mittel der Wahl. Bei der Befragung gehen Faktoren wie topographische, städtebauliche und psychologische Barrieren oder landsmannschaftlich und historisch bedingte Einkaufsbeziehungen[2] automatisch in die Ergebnisse mit ein, die ansonsten auch durch ortsfremde Experten nur sehr schwer beurteilt werden können.

Kompetenz des beauftragten Instituts und Gutachters

Eine, meist ebenfalls auf Zeit- oder Kostendruck zurückzuführende, unzureichende Orientierung des Auftraggebers über die Kompetenzen der verschiedenen Institute kann ebenfalls zu nicht optimalen Ergebnissen führen. Zwar wird ein seriöses Unternehmen Aufträge, die nicht in seinem Kompetenzbereich liegen, ablehnen und den Auftraggeber an ein anderes Institut verweisen, innerhalb grundsätzlich geeigneter Büros gibt es jedoch unterschiedliche Arbeitsschwerpunkte. Manche Büros haben sich auf städtebauliche Fragestellungen spezialisiert, andere etwa auf Marktgutachten für private Unternehmen. In beiden Fällen wird die Kernkompetenz im entsprechenden Bereich liegen, was es je nach Fragestellung zu berücksichtigen gilt. Größere Büros verfügen oftmals über einen Erfahrungshintergrund in beiden Themenfeldern und können je nach Fragestellung einen entsprechenden Experten mit der Fragestellung befassen. Hierbei sollte seitens des Auftraggebers sichergestellt werden, dass die jeweilige Expertise auch zum Einsatz kommt und der entsprechende Mitarbeiter nicht nur in der Angebotsphase mit dem Projekt betraut ist.

Je nach Komplexität des Projektes sind über die Standort- und Marktanalyse hinaus weitere Gutachten erforderlich. Dies können zum Beispiel Verkehrsgutachten oder Gutachten zu Auswirkungen auf die Umwelt sein.

Mangel an Kompetenz für die konkrete Aufgabenstellung

---

2 Häufig bilden in der Praxis bereits Straßenunterführungen oder Flussbrücken trotz ihrer Erschließungsfunktion eine subjektive Barriere. Historisch langfristig wichtige Einkaufsstädte verfügen über Attraktivitätsvorteile gegenüber benachbarten Städten ohne eine solche Geschichte.

5.2 Verkehrsgutachten und -prognosen

Andreas Bergmann

Verkehrsaufkommen im Einzelhandel sehr unterschiedlich

Im Rahmen von Genehmigungsverfahren sind oftmals Verkehrsuntersuchungen zur verkehrlichen Verträglichkeit des geplanten Bauvorhabens notwendig. Besonders bei Einzelhandelsvorhaben kann das Verkehrsaufkommen sehr unterschiedlich sein. So erzeugt zum Beispiel ein Discountermarkt mit 800 m² Verkaufsfläche ein ähnliches Verkehrsaufkommen wie ein Möbelmarkt mit etwa 20.000 m² Verkaufsfläche.

Allerdings wird ein Discounter z.B. von den Anwohnern meist viel eher akzeptiert als ein auf den langfristigen Bedarf ausgerichteter Möbelmarkt, da die Bewohner den Discounter selbst nutzen, der Möbelmarkt jedoch in erster Linie Kunden von außerhalb anzieht.

Betreuung des Bauherrn in allen Belangen der Verkehrsplanung

Der Verkehrsgutachter erarbeitet Stellungnahmen, betreut Bauherren und Investoren während der Planungs- und Realisierungsphase in allen Belangen der Verkehrsplanung und arbeitet mit behördlichen Fachstellen sowie anderen Planungsbeteiligten (wie z.B. Architekten und Schallschutzgutachtern) zusammen. Die wichtigsten Fragestellungen sind im Allgemeinen:

- Wie viel Neuverkehr entsteht durch das Bauvorhaben?

- In welchem Verhältnis steht dieser Neuverkehr zum heutigen Verkehrsaufkommen?

- Sollen die bestehenden Verkehrsregelungen beibehalten werden?

- Sind zusätzliche bauliche Maßnahmen erforderlich? Wenn ja, welche?

5.2.1 Vorteile eines Verkehrsgutachtens

Ein Verkehrsgutachten kann, insbesondere bei größeren Projekten, genehmigungsrechtlich notwendig oder zumindest sinnvoll sein, denn oftmals wird ein Projekt nicht an sich, als störend empfunden, sondern lediglich der dadurch erzeugte Verkehr. Der Verkehr als mittelbare Auswirkung stellt dabei häufig das größere Problem dar als die unmittelbaren Auswirkungen des Projektes selbst.

Problem Verkehr

Bei der frühzeitigen Einbindung eines Verkehrsgutachters ergeben sich folgende Vorteile:

Frühzeitige Einbindung

• Verkehrsgutachten und Erschließungskonzepte können bereits in die Vorplanung einfließen.

• Die Akzeptanz eines Projekts wird verbessert (oft entstehen Widerstände nicht gegen das Projekt selbst, sondern wegen des „Mehr"-Verkehrs, der durch das Projekt erzeugt bzw. befürchtet wird; oft spielen die Anbindungen an das bestehende Straßennetz und die Lage der Zufahrten eine wesentliche Rolle).

Verbesserung der Akzeptanz

• Ein Verkehrsgutachten dient als Diskussionsgrundlage auf neutraler und fachlicher Basis.

Diskussionsgrundlage

• Der Projektentwickler erhält fachliche Unterstützung zur Optimierung der Verkehrsanbindung (nach außen) und der Erschließung (nach innen). Eine zügige und konfliktfreie Erreichbarkeit ist ein wichtiger Standortfaktor. Der beste Standort und das beste Konzept leiden, wenn die Anfahrt im Stau endet und das Parken unbequem ist.

Erreichbarkeit als Standortfaktor

• Verkehrsgutachten sind keine „Projekt-Killer", sondern „Projekt-Ermöglicher". Selbst wenn die Verkehrsmengen des neuen Projekts die bestehende Infrastruktur stark belasten oder gar überlasten, kann der Planer Lösungen aufzeigen, die eine Verträglichkeit des Vorhabens ermöglichen. Hierbei darf der Projektentwickler auch unkonventionelle Lösungsansätze erwarten. Im Rahmen einer Projektbegleitung kann der Verkehrsplaner diese auch kompetent vertreten (z.B. gegenüber den Genehmigungsbehörden).

Verkehrsgutachten kein „Projekt-Killer"

Aufzeigen von Lösungsansätzen

• Ein Verkehrsgutachten kann auch mögliche Einwände vorwegnehmen, diskutieren und bewerten, um Einwände potenzieller Kritiker aus formalen Gründen (fehlende Darstellung von Alternativen, Abwägungsgebot) zu vermeiden.

Argumentationshilfe

5.2.2 Vorgehen

Der Projektentwickler beauftragt den Gutachter und liefert projektbezogene Daten. Der Gutachter analysiert den Bestand, prognostiziert die Auswirkungen und überprüft die verkehrliche Machbarkeit des Projekts. Sollten bereits im Vorfeld des Genehmigungsprozesses Zweifel an einer uneingeschränkten verkehrlichen Verträglichkeit des Vorha-

Projektentwickler liefert projektbezogene Eingangsdaten

bens aufkommen, weist der Gutachter seinen Auftraggeber auf mögliche Problemfelder hin. Er bietet Lösungsansätze oder Alternativen an, die mit den anderen beteiligten Planern (z.B. Architekten) und den Genehmigungsbehörden abgestimmt werden.

5.2.3   Inhalt

Typische Bestandteile eines Verkehrsgutachtens

Ein typisches Verkehrsgutachten für eine Immobilien-Projektentwicklung im Bereich Einzelhandel besteht aus folgenden Bestandteilen:

Bestandsanalyse

Bestandsanalyse

- Sichtung von relevanten Planungsunterlagen (Anbindung des Planungsgebiets, Lage im Verkehrswegenetz, ÖPNV-Erschließung, strukturelle Merkmale, Planungen im Umfeld des Vorhabens);

- Ortsbesichtigung (ggf. Erfassung von Konfliktpunkten im Planungsumgriff);

- Auswertung vorhandener verkehrlicher Daten im Planungsumfeld;

- zusätzliche Verkehrserhebungen (soweit keine aktuellen bzw. verwertbaren Daten vorliegen).

Prognose des vorhabenbezogenen Verkehrsaufkommens

Prognose des vorhabenbezogenen Verkehrsaufkommens

- Der Projektentwickler liefert projektbezogene Daten zur standortspezifischen Marktsituation (Zielgruppen, geplante Auslastung etc.) und Bebauungsplanung (geplante Verkehrsanbindung, Bauvolumen, Verkaufsflächen, Andienung etc.) sowie zur Art der Nutzung (Anzahl der künftigen Nutzer, Branchenmix, Beschäftigte, Besucher etc.).

- Prognose des vorhabenbezogenen Verkehrsaufkommens z.B. für Kunden, Besucher und Beschäftigte unter Anwendung wissenschaftlich-technischer Verfahren und auf Grundlage eigener Erfahrungen bei vergleichbaren Projekten für den Tages- und Nachtverkehr und die Spitzenstundenbelastungen.

- Insbesondere bei Einzelhandelsvorhaben können branchenspezifische Besonderheiten das Verkehrsgeschehen bestimmen. So kann das Zusammenfallen verschiedener Belastungsspitzen die Verkehrsinfrastruktur an die Grenzen der Leistungsfähigkeit bringen oder sie sogar überlasten. So wird beispielsweise ein Einkaufszentrum an Attraktivität verlieren, wenn der Kunde bereits auf dem Weg dorthin im Stau steht.

Verkehrsverteilung im Straßennetz

Verkehrsverteilung im Straßennetz

- Ermittlung des Neuverkehrsaufkommens unter Berücksichtigung von Mehrfachnutzungen, Kopplungsmöglichkeiten und Mitnahmeeffekten (Fahrtunterbrecher);

- Verkehrsverteilung des Neuverkehrs (richtungsbezogen);

- Erstellen einer Verkehrsprognose für das umliegende Straßennetz unter Berücksichtigung des Planungsvorhabens (einschließlich Neuverkehr), der allgemeinen Verkehrsentwicklung und anderer Planungen im Umfeld des Vorhabens bzw. im relevanten Straßennetz.

- Infolge einer bestimmten Verkehrsverteilung (z.B. Herkünfte der Kunden, Einzugsbereiche) können sich Belastungsveränderungen und damit Auswirkungen auf die Leistungsfähigkeit z.B. einzelner Straßen, Straßenabschnitte oder Knotenpunkte ergeben.

Prüfung der Leistungsfähigkeit der Verkehrsanbindung

Leistungsfähigkeit

- Betrachtung der maßgeblichen Spitzenstunden, auch in Abhängigkeit vom Bestandsumfeld und der Art des Vorhabens;

- Nachweis, dass die zukünftig zu erwartende Verkehrsmenge im umliegenden Straßennetz abwickelbar ist oder welche Maßnahmen zur Ertüchtigung erforderlich sind (z.B. Notwendigkeit von Abbiegespuren, Knotenpunktsumbauten);

- Visualisierung kritischer Zeitabschnitte bei Bedarf.

Prüfung der Umfeldverträglichkeit und der Verkehrssicherheit

Umfeldverträglichkeit und Verkehrssicherheit

- Auswirkungen auf das Umfeld (Verkehrszunahme, Schwerverkehrsanteil, Lärm etc.);

- Beeinträchtigung der Verkehrssicherheit (Verkehrsablauf an den Knotenpunkten, Sichtverhältnisse, Querbarkeit der Zufahrtsstraßen etc.).

Prüfung der internen Erschließung eines Bauvorhabens

Interne Erschließung

- Erreichbarkeit des Standorts und Lage der Zufahrten

- Sichtung der Architektenpläne (ggf. Optimierungsvorschläge auf der Grundlage der Architektenpläne);

- Prüfung der Lage, Dimensionierung und Befahrbarkeit der Parkierungsanlagen (Zufahrten, Stellplätze, Rampen etc.) u.a. mittels Fahrkurvenprüfung;

- Prüfung der Lage, Dimensionierung und Befahrbarkeit der Anlieferung (nach Ermittlung der maßgebenden Anlieferungsparameter wie z.B. Lieferhäufigkeit und Entsorgung auf Basis der vom Auftraggeber zur Verfügung gestellten Daten) mittels Schleppkurven relevanter Bemessungsfahrzeuge;

- Überprüfung der Einhaltung der Regelwerke.

Untersuchung von Alternativen bzw. Szenarien für die Erschließung

Alternativen

Auf Wunsch des Auftraggebers können Alternativen bzw. Szenarien (infolge mehrerer Bauabschnitte oder unterschiedlicher Nutzungskonzepte) untersucht und bewertet werden.

Verbesserung der Verträglichkeit des Vorhabens

Entwicklung von Lösungsmöglichkeiten zur Verbesserung der Verträglichkeit des Vorhabens

Sollte sich während der Verkehrsuntersuchung herausstellen, dass die Verträglichkeit des Vorhabens kritisch zu bewerten ist, wird der Verkehrsgutachter nach Alternativen zur verkehrlichen Optimierung der Planung suchen. Ansatzpunkte für eine Optimierung sind u.a.:

• Erschließung und Organisation der Parkierungsanlagen;

• Verkehrslenkung für Besucher/Kunden und Führung des Lieferverkehrs;

• Detailuntersuchungen zur Gestaltung der Zufahrten bzw. der Anbindung an das Straßennetz;

• Vorschläge für Umbaumaßnahmen, z.B. zur Verbesserung der Leistungsfähigkeit an betroffenen Knotenpunkten;

• ggf. Darstellung von Varianten bei abschnittsweiser Realisierung;

• Abstimmung der Varianten oder Lösungsvorschläge mit den Fachplanern (z.B. Architekten, Schallschutzingenieure) und mit den Fachbehörden;

• im Rahmen der Begleitung des Genehmigungsprozesses können auch Formulierungshilfen und verkehrsfachliche Unterstützung bei juristischen Schwierigkeiten angeboten werden.

Zusammenfassende Empfehlungen

Zusammenfassung der Ergebnisse mit Empfehlungen zur verkehrlichen Verträglichkeit

• Zusammenfassung und Dokumentation der Ergebnisse der Analyse, der Prognose und möglicher Folgerungen in einem Kurzbericht;

• Aufzeigen von Lösungsvorschlägen und Alternativen;

• Bewertung des Vorhabens nach verkehrlichen Kriterien gemäß den einschlägigen Richtlinien;

Abstimmung mit den Beteiligten

Während des gesamten Planungsprozesses stimmt der Verkehrsgutachter sein Vorgehen mit dem Auftraggeber/Projektentwickler und den Fachbehörden ab.

5.2.4 Beispiele

Abb. 1: Verkehrsverteilungsmodell

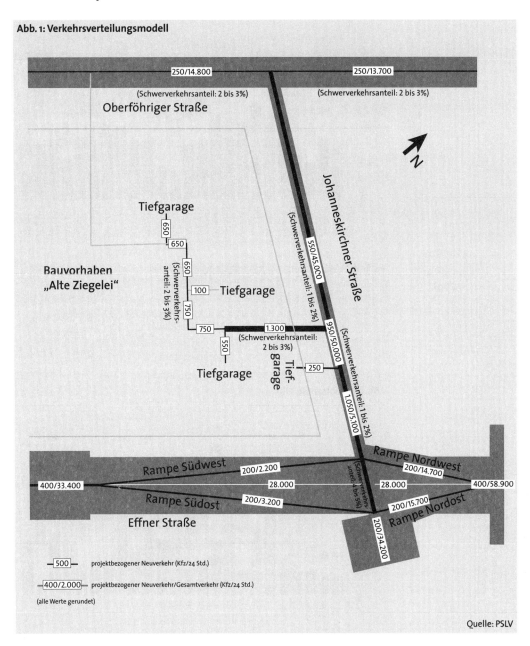

Quelle: PSLV

Parkraumbelegung im
Tagesverlauf

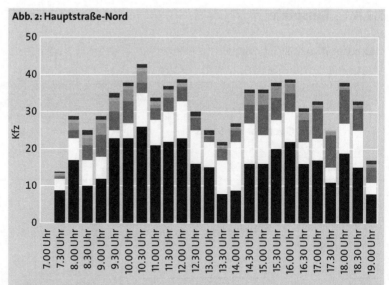

Abb. 2: Hauptstraße-Nord

Stellplatzbelegung 7.30-19.00 Uhr, Lindenberg im Allgäu, Hauptstraße-Nord: überwiegend Einzelhandel, zusätzlich Dauerparker (meist Beschäftigte oder Anwohner)   Quelle: PSLV

■ über 8 Std.   ■ 1 bis 2 Std.
■ 4 bis 8 Std.   □ 1/2 bis 1 Std.
■ 2 bis 4 Std.   ■ bis zu 1/2 Std.

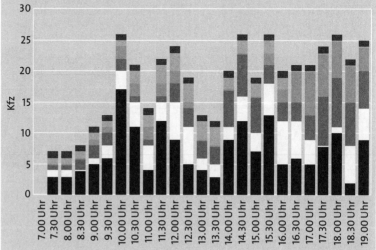

Abb. 3: Hauptstraße-Süd

Stellplatzbelegung 7.30-19.00 Uhr, Lindenberg im Allgäu, Hauptstraße-Süd: Einzelhandel mit Gastronomie gemischt, zusätzlich Dauerparker (meist Beschäftigte oder Anwohner)
Quelle: PSLV

Abb. 4: Kaufmarkt Parkplatz

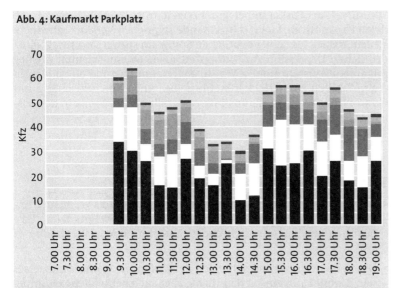

Stellplatzbelegung 9.30-19.00 Uhr, Lindenberg im Allgäu: Einzelhandel Vollsortimenter, zusätzlich Dauerparker (meist Beschäftigte)   Quelle: PSLV

- ■ über 8 Std.   ■ 1 bis 2 Std.
- ▨ 4 bis 8 Std.   □ 1/2 bis 1 Std.
- ▨ 2 bis 4 Std.   ■ bis zu 1/2 Std.

Abb. 5: Penny-Parkplatz gesamt*

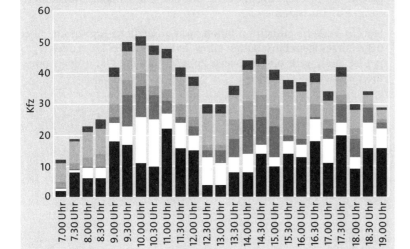

Stellplatzbelegung 7.00-19.00 Uhr, Laufen an der Salzach, Innenstadtrandlage: Einzelhandel Discounter mit zusätzlichen Läden des täglichen Bedarfs, z.B. Backshop etc., zusätzlich Dauerparker (meist Beschäftigte, auch der Innenstadt)
* Stellplatzangebot am 27. Juli 2010 = 46   Quelle: PSLV

Die Kurven der Parkraumbelegung zeigen, trotz Überlagerung mit anderen Parkmotiven, einen „einzelhandelstypischen Verlauf" mit einem steilen Anstieg und einer deutlichen Spitze am späten Vormittag, einer deutlichen Depression zur Mittagszeit sowie einem erneuten Anstieg mit einem konstant hohen Niveau am Nachmittag und einem deutlichen Abfallen zum Geschäftsschluss. Bei einer Durchmischung mit Gastronomie (Beispiel Hauptstraße-Süd) fällt die Kurve erst in den späten Abendstunden.

5.2.5 Hinweise für Projektentwickler

Frühzeitige Beteiligung

- Das frühzeitige Einschalten eines Verkehrsgutachters vermeidet Termindruck. Wenn das Genehmigungsverfahren bereits läuft, Probleme auftauchen oder sich Widerstände formieren, ist es häufig zu spät.

Verkehrsgutachten als Teil des Planungsprozesses

- Das Verkehrsgutachten sollte Teil des laufenden Planungsprozesses sein. Damit kann eine verkehrliche, aber auch betriebliche Optimierung erreicht werden.

Gutachter als konstruktiver Begleiter

- Der Verkehrsgutachter versteht sich weder als „Projektabnicker" noch als „Projektverhinderer", sondern als „Projektbegleiter" und „Projektunterstützer", der konstruktive Beiträge liefert.

Korrekte Eingangsdaten als Basis realistischer Prognosen

- Nur vollständige und richtige Eingangsdaten lassen sinnvolle Prognosen zu und verringern die Gefahr einer juristischen Anfechtung des Projekts. Je nach Branche fließen unterschiedliche Eingangsgrößen in die Berechnungsmodelle mit ein (z.B. Umsatz, Flächenleistung, Abschlussgrad etc.).

Mehrwert für das Gesamtprojekt

- Für ein Verkehrsgutachten fallen zwar zusätzliche Kosten an. Aber bei rechtzeitigem Einschalten eines Verkehrsplaners kann dessen Expertise auch wertvolle Hinweise zum Nutzen der Planung entnommen werden.

5.3 Exkurs: Kommunale Einzelhandelskonzepte in ihrer Bedeutung für die Projektentwicklung von Handelsimmobilien

Rainer Schmidt-Illguth

5.3.1 Kommunale Einzelhandelskonzepte

Was ist ein kommunales Einzelhandelskonzept? Welche Bindungswirkung geht von ihm aus? Welche Inhalte sind für die Projektentwicklung relevant?

Im Folgenden werden die wichtigsten Fragen beantwortet.

5.3.1.1 Kommunale Einzelhandelskonzepte als Teil der städtebaulichen Planung

Das Baugesetzbuch (BauGB) gibt den Kommunen ein umfangreiches Instrumentarium an die Hand, um die bauliche Entwicklung zu steuern. Die Bauleitplanung ist zweistufig aufgebaut: Im Rahmen der vorbereitenden Bebauungsplanung wird ein Flächennutzungsplan aufgestellt, in dem

> „für das ganze Gemeindegebiet die sich aus der beabsichtigten städtebaulichen Entwicklung ergebende Art der Bodennutzung nach den voraussehbaren Bedürfnissen der Gemeinde in den Grundzügen darzustellen (ist)" (§ 5 Abs. 1 Satz 1 BauGB).

Zu den Einrichtungen, die nach den „Bedürfnissen der Gemeinde" geplant werden sollen, gehören aus städtebaulicher Sicht alle Infrastruktureinrichtungen, die zur Versorgung der Bevölkerung erforderlich werden. Private Versorgungsangebote und insbesondere auch der Einzelhandel sind dabei wichtige Bestandteile der Planungen.

Die Steuerung von Ansiedlungsvorhaben des Einzelhandels mit Instrumenten der städtebaulichen Planung bewegt sich im Spannungsfeld zwischen Städtebau- und Wettbewerbsrecht. Grundsätzlich besteht in

Bedeutung innerhalb der Bauleitplanung

Deutschland Niederlassungsfreiheit. Einschränkungen privater Rechte und damit auch der Nutzungsmöglichkeiten eines Grundstücks sind nur erlaubt, wenn übergeordnete öffentliche Belange dem entgegenstehen. Auch sind die Rechte der Nachbarn zu beachten und insbesondere in Gemengelagen von Wohnen und Gewerbe Nutzungskonflikte zu vermeiden. Es ist ein Ausgleich zwischen den verschiedenen Interessen herbeizuführen.

In diesen Kontext sind kommunale Einzelhandelskonzepte einzuordnen. Sie sollen dazu dienen, die räumlichen Grundzüge der zukünftigen Einzelhandelsentwicklung in einer Gemeinde festzulegen. Aus Sicht der übergeordneten Raumordnung des Bundes und der Länder sollen die Konzepte darüber hinaus dazu dienen, die Ziele der Landesplanung zur Entwicklung des regional bedeutsamen Einzelhandels mit der kommunalen Planung zu vernetzen.

Der Einzelhandelserlass des Landes Nordrhein-Westfalen[1] gibt unter Punkt 4.1 „Gemeindliche Einzelhandelskonzepte" eine für alle Bundesländer exemplarische Zusammenfassung der an kommunale Einzelhandelskonzepte gerichteten Anforderungen:

„Mit der Aufstellung von gemeindlichen Einzelhandelskonzepten und der planungsrechtlichen Absicherung dieser Konzepte durch Bauleitpläne können die Gemeinden die Entwicklung ihrer Zentren und Nebenzentren unterstützen und für eine ausgewogene Versorgungsstruktur sorgen. Einzelhandelskonzepte schaffen einerseits eine Orientierungs- und Beurteilungsgrundlage für die Bauleitplanung und die Beurteilung von Vorhaben wie auch andererseits Planungs- und Investitionssicherheit für den Einzelhandel, Investoren und Grundstückseigentümer.

In den Einzelhandelskonzepten legen die Gemeinden ihre Entwicklungsziele für den Einzelhandel (angestrebte Einzelhandelsausstattung für die angemessene Versorgung der Bevölkerung) und die Standorte für die weitere Entwicklung des Einzelhandels (Festlegung der zentralen Versorgungsbereiche hinsichtlich ihrer konkreten Lage und räumlichen Ausdehnung und ihrer konkret gegebenen Versorgungsfunktion) fest. Dabei werden auf der Grundlage einer konkreten Bestandserhebung und -analyse der Einzelhandelssituation sowie einer Darstellung der städtebaulichen Konzeption für die Einzelhandelsentwicklung die bestehenden tatsächlichen zentralen Versorgungsbereiche sowie die erstmalige oder weitere Entwicklung zentraler Versorgungsbereiche festgelegt."

---

1 Ansiedlung von Einzelhandelsbetrieben; Bauleitplanung und Genehmigung von Vorhaben (Einzelhandelserlass NRW). Gemeinsamer Runderlass des Ministeriums für Bauen und Verkehr – V.4 / VI A 1 – 16.21 – und des Ministeriums für Wirtschaft, Mittelstand und Energie – 322/323-30.28.17 vom 22.9.2008.

Planungssystematisch sind Einzelhandelskonzepte als informelle Planungen einzuordnen, die erst durch die Umsetzung durch die Bauleitplanung rechtlich bindend werden. Bei der Aufstellung von Bebauungsplänen sind dabei laut Baugesetzbuch eine Vielzahl von Belangen zu beachten. Dazu gehören auch

> „die Ergebnisse eines von der Gemeinde beschlossenen städtebaulichen Entwicklungskonzeptes oder einer von ihr beschlossenen sonstigen städtebaulichen Planung" (§ 1 Abs. 6 Nr. 11 BauGB).

Ordnet man kommunale Einzelhandelskonzepte in das Instrumentarium der städtebaulichen Planung aus Sicht der Projektentwicklung ein, kommt man zu folgendem **Zwischenfazit**:

- Einzelhandelskonzepte stellen zwar Planungen dar, die rechtlich nicht bindend sind; Allerdings bilden sie eine wichtige Grundlage für die Bauleitplanung und wirken deshalb mittelbar weitgehend auf die Nutzungsmöglichkeiten eines privaten Grundstücks ein.

  Rechtlich nicht bindend, aber wichtige Planungsgrundlage

- Insbesondere auf die Planung großflächiger Einzelhandelsbetriebe (vgl. Kapitel 6: Rechtliche Rahmenbedingunen) wirken die Zielaussagen eines kommunalen Einzelhandelskonzepts weitgehend ein: Entspricht ein Vorhaben einem vom Rat der Gemeinde beschlossenen Konzept, kann der Investor in der Regel auch die Übereinstimmung des Vorhabens mit den Zielen der Raumordnung und Landesplanung unterstellen. Widerspricht das Vorhaben hinsichtlich Standort und geplanten Sortimenten dem Konzept, sind im Genehmigungsverfahren hohe Widerstände zu erwarten.

Wie liest man denn nun ein kommunales Einzelhandelskonzept? Die nachfolgenden Ausführungen schlüsseln die aus Sicht der Projektentwicklung wichtigen Bausteine eines kommunalen Einzelhandelskonzepts genauer auf.

5.3.1.2 Inhalte kommunaler Einzelhandelskonzepte

Das obige Zitat aus dem Einzelhandelserlass des Landes Nordrhein-Westfalen liefert die Stichworte zu den wichtigsten Regelungsinhalten kommunaler Einzelhandelskonzepte:

- Genaue Analyse der Angebots- und Nachfragestrukturen in der Gemeinde. Nicht nur für städtebauliche Planungen, sondern auch zur Absicherung von Investitionsentscheidungen liefern die im Zuge der Konzepterarbeitung ermittelten Daten zur Einzelhandelssituation wichtige Grundlagen. Das Grundgerüst der Analysen bilden Erhebungen zu Betrieben, Verkaufsflächen und Umsätzen der Einzelhandelsbetriebe. Häufig wird diese Datenbasis ergänzt durch Befragungen zum Einkaufsverhalten der Bevölkerung und Erhebungen zur Kundenherkunft der wichtigsten Angebotsstandorte.

  Genaue Bestandsaufnahme

Zentrale Versorgungsbereiche

- Zentrale Versorgungsbereiche werden in ihren unterschiedlichen Versorgungsreichweiten als Haupt-, Stadtteil- oder Nahversorgungszentren klassifiziert und zumindest gebietsscharf (auf der Ebene der Baublöcke), wenn nicht sogar parzellenscharf abgegrenzt.

- Dies stellt die wichtigste Zielfestlegung eines Einzelhandelskonzeptes dar. Denn die landesplanerischen Vorgaben verweisen – von seltenen Ausnahmen abgesehen – Ansiedlungen großflächiger Einzelhandelbetriebe und Einkaufszentren mit zentrenrelevanten Sortimenten wie Bekleidung, Schuhe und Sportartikel auf die zentralen Versorgungsbereiche einer Kommune. Konsequenz: Befindet sich ein Grundstück außerhalb eines festgelegten Zentrums, stehen der Planung zentrenrelevanter Großbetriebe fast immer grundlegende Planungsvorbehalte entgegen.

Zentrenrelevante Sortimente

- Identifizierung und Begründung zentren- und nahversorgungsrelevanter Sortimente. Um genau definieren zu können, welche Einzelhandelssortimente auf die Zentren zu konzentrieren sind, werden genaue kommunale Sortimentslisten festgelegt.

Ergänzungsstandorte

- Aussagen zu den angestrebten Entwicklungen im Bereich des großflächigen Einzelhandels mit nicht-zentrenrelevanten Kernsortimenten und Festlegung potenzieller Ansiedlungsstandorte. Unter Beachtung relevanter landesplanerischer Vorgaben werden dabei auch oftmals Aussagen zur Dimensionierung der Randsortimente von Großbetrieben wie Möbelhäusern oder Bau- und Gartenmärkten getroffen (häufig eine Größenordnung von maximal 10% der Gesamtverkaufsfläche).

Nahversorgung

- Standortkonzept für die wohnungsnahe Versorgung. Insbesondere in kleineren, ländlich strukturierten Gemeinden werden häufig Sonderregelungen für den Lebensmitteleinzelhandel erforderlich. Im Mittelpunkt steht bei diesen Überlegungen die Vertriebsform des Supermarktes, die bei Neuplanungen heute in der Regel auf mindestens 1.400 m² Verkaufsfläche konzipiert werden. Angebotsformate dieser Größenordnung lassen sich in die historisch gewachsenen Ortsmitten kleinerer Gemeinden nur selten integrieren, so dass zur Absicherung einer zukunftsfähigen Grundversorgung auch Ergänzungsstandorte außerhalb der Zentren erforderlich werden können.

5.3.1.3 Fazit

Mit der Erstellung kommunaler Einzelhandelskonzepte werden wichtige Grundsatzentscheidungen zur künftigen Einzelhandelsentwicklung einer Kommune getroffen. Im besonderen Fokus stehen dabei großflächige Einzelhandelsbetriebe.

Zu beachten sind vor allem die Aussagen zur Zentrenrelevanz der Einzelhandelssortimente, da diese in der Regel auf zentrale Versorgungsbereiche konzentriert werden sollen.

Ansiedlungen von Großbetrieben mit nicht-zentrenrelevanten Kernsortimenten sind grundsätzlich auch außerhalb städtebaulich integrierter Bereiche zulässig, sofern diese die Vorgaben zur Dimensionierung ihrer Randsortimente einhalten und ihre Zentrenverträglichkeit nachweisen.

Kommunale Einzelhandelskonzepte entfalten eine starke Steuerungswirkung und bestimmen die Entwicklungspotenziale privater Grundstücke bereits im Vorfeld konkreter Genehmigungsverfahren weitgehend mit.

6   Rechtliche Rahmenbedingungen

6.1   Handelsimmobilien im öffentlichen Bau- und Planungsrecht

Thomas Lüttgau

In den Kapiteln 6 bis 9 werden die wesentlichen öffentlich-rechtlichen Rahmenbedingungen der Entwicklung von Handelsimmobilien dargestellt. Kapitel 6 beschäftigt sich mit den planungsrechtlichen Rahmenbedingungen (Raumordnung und Stadtplanung), während sich das Kapitel 7 mit der Phase nach der Baurechtsschaffung durch Planung bis zur Erteilung der Baugenehmigung einschließlich der Rahmenbedingungen ihrer Umsetzung und der Sicherung des Baurechts widmet. Kapitel 8 wirft einen Blick auf die immer wichtiger werdenden kooperativen Handlungsformen und Kapitel 9 auf die möglichen Belastungen durch öffentliche Beiträge und ihre Ablösung.

6.1.1   Grundlagen

Der Entwicklung von Handelsimmobilien setzt das Recht einen Rahmen. Dieser Rahmen kann die Entwicklung fördern, in vielen Fällen behindert bzw. reglementiert er sie bis hin zu ihrer Verhinderung. Die Vorstellungen der Raum- und Stadtplaner unterscheiden sich nicht selten von denen der Händler und Entwickler von Handelsimmobilien. Nicht selten kommt man zu dem Schluss, dass Baurecht und Handel nicht zusammenpassen. Während der Handel durch den Wandel geprägt ist, ist das (Bau)Recht statisch und reagiert mit großer Verzögerung auf tatsächliche Änderungen (vgl. dazu unten 6.1.2. 2.).

Baurecht und Handel passen nicht zusammen

6.1.1.1   Rechtsvorschriften

Der Rechtsrahmen für die Handelsentwicklung und das rechtliche Handwerkszeug ist in Gesetzen, Rechtsverordnungen, Erlassen und Verwaltungsvorschriften zu finden.

BauGB

Die Rahmenbedingungen für die bauplanungsrechtliche Entwicklung, also die Entwicklung einer Handelsimmobilie durch Bebauungsplan, die planungsrechtlichen Voraussetzungen für die Genehmigung von Vorhaben sowie deren Erschließung werden durch das Baugesetzbuch (BauGB), derzeit in der Fassung der Bekanntmachung vom 23.9.2004 (zuletzt geändert am 22.7.2011, BGBl. I S. 1509) gesetzt.

BauNVO
PlanZV

Das BauGB wird ergänzt durch die Verordnung über die bauliche Nutzung der Grundstücke (Baunutzungsverordnung – BauNVO) und die Verordnung über die Ausarbeitung der Bauleitpläne und die Darstellung des Planinhalts (Planzeichenverordnung – PlanZV), die durch das Bundesministerium für Verkehr, Bau und Stadtentwicklung auf Grundlage der Verordnungsermächtigung des § 9 a BauGB erlassen worden sind.

Die PlanZV (vom 18.12.1990, zuletzt geändert am 22.7.2011, BGBl. I S. 1509) enthält Vorgaben für die Erstellung von Planunterlagen und Planzeichen in Bauleitplänen. Von den Vorgaben kann abgewichen werden, wenn die Eindeutigkeit und Lesbarkeit der Bauleitpläne gesichert ist (§ 2 Abs. 5 PlanZV).

Die BauNVO enthält Konkretisierungen zu Art und Maß der baulichen Nutzung in den Baugebieten sowie zur Bauweise und überbaubaren Grundstücksfläche. Sie ist sowohl bei der Aufstellung der Bauleitpläne als auch bei der Prüfung eines Bauantrages oder Antrages auf Bauvorbescheid anwendbar. Für die Aufstellung von Bebauungsplänen gilt derzeit die BauNVO in der Fassung der Bekanntmachung vom 23.1.1990 (BauNVO 1990) (zuletzt geändert am 22.4.1993, BGBl. I S. 466). Zu beachten sind allerdings auch die Verordnungen vom 1.8.1962 (BauNVO 1962), vom 1.1.1969 (BauNVO 1968), vom 1.10.1977 (BauNVO 1977) mit der Änderung des § 11 Abs. 3 BauNVO vom 1.1.1987 (vgl. hierzu 6.1.3).

Bauordnung

Die bauordnungsrechtlichen Anforderungen an die Genehmigung von Einzelvorhaben werden in den Bauordnungen der Bundesländer geregelt. Jedes der 16 Bundesländer hat eine eigene Bauordnung. Diese orientieren sich zwar grundsätzlich an einer Musterbauordnung, enthalten teilweise aber unterschiedliche Vorgaben, insbesondere für die Genehmigungsverfahren.

Im Rahmen der Bauleitplanung und der Genehmigung von Vorhaben sind zahlreiche andere Gesetze, Verordnungen und Verwaltungsvorschriften zu beachten, auf die nachfolgend eingegangen wird. Von besonderer Bedeutung sind bei der Entwicklung von Handelsimmobilien insbesondere Vorgaben des Naturschutzes (insbes. bei der Aufstellung von Bauleitplänen), Belange des Umweltschutzes (Altlasten, Lärm- und Luftschadstoffe) sowie Fragen der gesicherten verkehrlichen Erschließung (vgl. hierzu 7.6.)

6.1.1.2   Einzelhandelserlass

In der praktischen Anwendung spielen die sog. Einzelhandelserlasse in den Ländern eine große Rolle. Diese werden von einem Ministerium erlassen und richten sich an die eine Rechtsnorm (Gesetz, Rechtsverordnung) ausführenden Amtsträger. Sie sollen den Amtsträgern bei der Ausführung der Gesetze, etwa bei der Anwendung unbestimmter Rechtsbegriffe oder bei der Ausübung des ihnen zustehenden Ermessens eine Hilfestellung bieten. Diese Erlasse entfalten keine unmittelbare Rechtswirkung für Dritte, also für die von der Rechtsanwendung Betroffenen, sondern sind „Anleitungen" nur für die Behörden (vgl. OVG Münster, Beschluss vom 28.7.2003 – 10 A 2610/03; VG Münster, Urteil vom 8.3.2001 – 2 K 3122/99). Allerdings spielen die Erlasse bei der Interpretation von Normen eine bedeutende Rolle und können somit als norminterpretierend herangezogen werden, indem sie Erfahrungs- und Orientierungswerte wiedergeben (OVG Münster, Urteil vom 3.6.2002 – 7 a D 92/99.NE; VGH München, UPR 2001, 80). Soweit angenommen wird, derartigen Erlassen komme normkonkretisierende Bedeutung zu (vgl. VGH Mannheim, Urteil vom 17.12.2009 – 3 S 2110/08), ist dies mit Skepsis zu betrachten. Die Anforderungen, die die Rechtsprechung an die Wertung einer Verwaltungsvorschrift als „normkonkretisierend" stellt, sind hoch. Dies liegt daran, dass als normkonkretisierend anerkannte Verwaltungsvorschriften bei der Gesetzesanwendung grundsätzlich bindend für die Auslegung unbestimmter Rechtsbegriffe sind. Eine derartige Bindung hat das BVerwG bisher nur den Technischen Anleitungen Luft und Lärm (TA Luft, TA Lärm) zugebilligt, da diese auf der Grundlage des § 48 BImSchG und nach Anhörung der zu beteiligenden weiten, sachkundigen Kreise (§ 51 BImSchG) erlassen worden sind und den aktuellen naturwissenschaftlichen Sachverstand wiedergeben (BVerwG, NVwZ 2008, 76 und 2001, 1165). Die Einzelhandelserlasse sind nicht auf einer derartigen breiten Basis unumstrittenen Sachverstandes ergangen und daher einer Normkonkretisierung nicht zugänglich. Der VGH Mannheim zieht den Einzelhandelserlass Baden-Württemberg zur Konkretisierung des als Ziel der Landesplanung gewerteten Kongruenzgebotes heran, hält dies allerdings deshalb für gerechtfertigt, weil die raumordnungsrechtliche Norm (LEP Baden-Württemberg) selbst auf den Erlass verweist.

Einzelhandelserlass

6.1.2   Grundbegriffe

Um den rechtlichen Rahmen verstehen und mit ihm umgehen zu können, müssen an erster Stelle der Überlegungen „Übersetzungen" stehen. Das Recht arbeitet mit allgemein gültigen Begriffen, um unterschiedlichste Sachverhalte allgemeingültig regeln zu können. Die individuellen Besonderheiten müssen daher in Rechtsbegriffe übersetzt werden. Die städtebaulichen Regelungen in Bauleitplänen, aber auch in Genehmigungen beziehen sich auf „Vorhaben" und „bauliche Anlagen" (§ 29 BauGB) und auf „Arten von Nutzungen" (§ 1 Abs. 4 und

5 BauNVO) und „Arten von Betrieben und Anlagen" (§ 1 Abs. 4 und 9 BauNVO). Die unterschiedliche Begrifflichkeit ist für die Rechtsanwendung von großer Bedeutung (vgl. hierzu unter 6.3). Sie ist der rechtliche Ausdruck für die Typisierung von Handelsformen, die Gegenstand der Regelungen ist.

An erster Stelle stehen daher Begriffsklärungen, die die gesamte Rechtsanwendung bei der Entwicklung von Handelsimmobilien durchziehen.

6.1.2.1 Zulässige Einzelhandelstypen in den Baugebieten

Baugebiete

In jedem der Baugebiete (§§ 2 bis 9 BauNVO) sind bestimmte Einzelhandelstypen zulässig:

Wohngebiete

Gebietsversorgung

Im Kleinsiedlungsgebiet (§ 2 BauNVO) und Allgemeinen Wohngebiet (§ 4 BauNVO) sind „die der Versorgung des Gebietes dienenden Läden" zulässig. Im Reinen Wohngebiet (§ 3 BauNVO) sind „Läden, die zur Deckung des täglichen Bedarfs für die Bewohner dienen", zulässig.

Diese Beschränkung führt dazu, dass in diesen Gebieten faktisch nur kleinere Einzelhandelsbetriebe, insbesondere der Nahversorgung, angesiedelt werden können (vgl. Kuschnerus, Einzelhandel Rn. 186 ff.). Grundsätzlich gilt zwar, dass die Grenze der Größe der Verkaufsfläche, ab der anzunehmen ist, dass ein Vorhaben Versorgungsfunktion über den Nahbereich hinaus wahrnimmt, bei 801 m² liegt (BVerwG, BauR 2006, 639). Diese Aussage ist aber in zweierlei Hinsicht zu beschränken: Zum einen beziehen sich die entsprechenden Entscheidungen auf Lebensmittelnahversorger und zum anderen muss der Betrieb nach seiner gesamten Ausgestaltung auf die Gebietsversorgung ausgerichtet sein. Der Betrieb muss also nach seinem Geschäftszweck und seinem Umfang auf einen bestimmten Versorgungsbereich, nämlich die Nahversorgung eines Wohngebietes, ausgerichtet sein. Ob dies der Fall ist, hängt nicht nur von der Größe der Verkaufsfläche, sondern auch seinem Warensortiment, der Größe der Anlage für Kundenstellplätze, der Lage des Betriebes und seinem Betriebskonzept ab (vgl. OVG Berlin-Brandenburg, Beschluss vom 21.12.2011 – OVG 10 S 29.10; OVG Bautzen, BauR 2005, 354; OVG Münster, Beschluss vom 28.11.2000 – 10 B 1428/00). Besondere Bedeutung erhalten diese Kriterien durch den Anspruch der Nachbarn auf Wahrung der Gebietsart, die nachbarschützend ist. Eigentümer benachbarter Grundstücke können also die Ansiedlung eines derartigen Betriebes unabhängig davon, ob sie tatsächlich betroffen, also gestört sind, alleine unter Berufung auf den Gebietsbewahrungsanspruch verhindern (vgl. hierzu 7.5).

Gebietsbewahrungs-anspruch

Ohne Beschränkung auf die Gebietsversorgung sind im Besonderen Wohngebiet (§ 4 a BauNVO) Läden zulässig, also der übliche nicht-großflächige Einzelhandelsbetrieb.

Gewerblich genutzte Gebiete

Im Dorf- (§ 5 BauNVO) und Mischgebiet (§ 6 BauNVO) sind generell alle nicht-großflächigen Einzelhandelsbetriebe zulässig und solche, die, obwohl großflächig, nicht unter § 11 Abs. 3 BauNVO fallen. Dies gilt auch für das Gewerbe- (§ 8 BauNVO) und Industriegebiet (§ 9 BauNVO), in dem die Einzelhandelsbetriebe unter die allgemein zulässigen „Gewerbebetriebe aller Art" zu subsumieren sind.

Kern- und Sondergebiet

Im Kerngebiet (§ 7 BauNVO) sind außer den nicht-großflächigen Einzelhandelsbetrieben grundsätzlich auch die Einzelhandelsgroßbetriebe i.S.v. § 11 Abs. 3 BauNVO zulässig. Ansonsten sind diese in § 11 Abs. 3 Satz 1 BauNVO genannten Anlagen im Sonstigen Sondergebiet gem. § 11 Abs. 2 BauNVO zulässig.

6.1.2.2 Großflächig – Was gehört zur Verkaufsfläche?

Die Größe der Verkaufsfläche ist das entscheidende Kriterium für die planungsrechtliche Zulässigkeit eines Einzelhandelsvorhabens im jeweiligen Baugebiet. Ist ein Vorhaben bereits nicht großflächig, ist es – vorbehaltlich der Festsetzungen des Bebauungsplanes oder der Begrenzung aus § 34 Abs. 3 BauGB (vgl. hierzu 7.3) – grundsätzlich in allen Baugebieten zulässig. Die Größe der Verkaufsfläche ist auch für die Attraktivität eines Einzelhandelsvorhabens die maßgebliche Kenngröße. Daher hat sie entscheidende Bedeutung auch bei der raumordnungsrechtlichen Einstufung eines Vorhabens und bei der Beurteilung der Frage, welche Auswirkungen ein Vorhaben auf die zentralen Versorgungsbereiche und die verbrauchernahe Versorgung innerhalb und außerhalb der Standortgemeinde, also welche städtebaulichen Wirkungen es hat. Sie ist somit bei der Beurteilung von Vorhaben im unbeplanten Innenbereich gem. § 34 Abs. 3 BauGB und in der interkommunalen Abstimmung bei der Planaufstellung der wichtigste Indikator.

Verkaufsfläche

Verkaufsflächenermittlung

Die Grenze der Großflächigkeit hat das BVerwG (BauR 2006, 639) bei 800 m² Verkaufsfläche gezogen. Großflächigkeit beginnt mit 801 m² Verkaufsfläche. In dieser Entscheidung hat das oberste deutsche Verwaltungsgericht auch Anhaltspunkte dafür geliefert, was zur Verkaufsfläche zählt. Verkaufsfläche ist danach die Fläche innerhalb eines Verkaufsraumes, die der Abwicklung der Verkaufsgeschäfte dient. Zur Verkaufsfläche gehören damit alle Flächen eines Betriebes, die den Kunden zugänglich sind, in denen Waren angeboten werden und die mit dem Verkaufsvorgang in einem räumlich-funktionalen Zusammenhang stehen. Somit gehören zur Verkaufsfläche eines Einzelhandelsbetriebes:

Großflächigkeit ab 801 m²

- Gänge, Treppen, Aufzüge innerhalb der Verkaufsräume
- Flächen des Ein- und Ausgangs (Windfang)
- Kassenzone einschließlich des Bereichs zum Einpacken der Waren und Entsorgung des Verpackungsmaterials
- Flächen der von Kunden etwa aus Sicherheits- oder hygienischen Gründen nicht betretbaren Verkaufsstände (Bedientheken, Kassen)
- Aufstellfläche der Warenträger.

Keine Verkaufsflächen sind:

- Reine Lagerflächen
- Personalräume
- Café, Restaurant in einem Einzelhandelsbetrieb
- Treppenhäuser, die ausschließlich dem Brandschutz dienen
- Kunden-WC
- Abstellflächen der Einkaufswagen außerhalb des Verkaufsraums (str.).

Maßgeblich für die Zuordnung zur Verkaufsfläche eines Betriebes ist, ob die Fläche für den Betrieb attraktivitätssteigernd ist und in einem funktionalen Zusammenhang mit dem Verkaufsvorgang steht. Dies setzt in aller Regel voraus, dass auf ihr auch Waren angeboten werden (vgl. OVG Münster, Beschluss vom 28.10.2011 – 2 B 1049/11).

Einkaufswagen

In der Rechtsprechung unterschiedlich beurteilt wird die Frage, ob die Abstellflächen für Einkaufswagen außerhalb des Verkaufsraums zur Verkaufsfläche gehören. Verneint haben diese Frage bisher der VGH Kassel (BRS 67 Nr. 81) und das OVG Münster (Urteil vom 7.7.2011 – 2 D39/09.NE; Beschluss vom 6.2.2009 – 7 B 1767/06), während der VGH München (Urteil vom 5.2.2007 – 2 BV 05.1571) diese Frage bejaht hat. Wenn man darauf abstellt, dass es sich um Flächen handeln muss, auf denen Verkaufsvorgänge abgewickelt werden und somit Waren zum Verkauf angeboten werden, ist die Haltung des VGH Kassel und des OVG Münster konsequent.

Pfandrückgabe

Ähnlich ist die Frage zu beurteilen, ob die von Kunden betretbare Fläche des sogenannten Pfandrückgaberaumes auf die Verkaufsfläche anzurechnen ist. Das OVG Münster hat diese Frage in seinem Urteil vom 1.7.2009 (10 A 2350/07) zwar bejaht (gleicher Auffassung offenbar VGH München, Urteil vom 7.10.2010 – 14 B 10.194). Bei konsequenter Anwendung der in der Rechtsprechung entwickelten Kriterien hätte die Antwort allerdings negativ ausfallen müssen, da diese Fläche, insbesondere wenn der Pfandrückgaberaum außerhalb des Verkaufsraums angebracht ist, in keinem inneren, funktionalen Zusammenhang mit dem Verkaufsvorgang steht und erst recht dort auch keine

Waren zum Verkauf angeboten werden. Die Pfandrückgabe steht primär alleine in Zusammenhang mit der Erfüllung öffentlich-rechtlicher Verpflichtungen aus der Verpackungsverordnung. Es bleibt abzuwarten, wie sich andere Obergerichte und das BVerwG hierzu äußern werden.

Verkehrswege

Für die Planung von Einzelhandelsgroßbetrieben und Einkaufszentren ist die Frage von Bedeutung, ob die mehrere selbstständige Einheiten verbindende Mall zur Verkaufsfläche zählt. Wenn man darauf abstellt, dass nur die Flächen zu den Verkaufsflächen zählen, die in unmittelbarem funktionalem Zusammenhang mit dem eigentlichen Verkaufsvorgang stehen, dann gehören solche Verkehrswege nicht zu der Verkaufsfläche, auf denen außerhalb des Verkaufsraumes keine Waren angeboten werden und die der Verbindung verschiedener, meist selbstständiger Verkaufsräume und Verkaufsstätten dienen (VG München, Urteil vom 14.12.2006 – M 11 K 05.3523; so wohl auch VGH München, Beschluss vom 18.5.2007 – 1 ZB 07.341; Kuschnerus, Einzelhandel, Rn. 41).

Mall

Bestimmungen im Bebauungsplan

Allerdings ist darauf hinzuweisen, dass der Begriff der Verkaufsfläche bundesrechtlich nicht definiert ist. Es handelt sich vielmehr um einen ortsrechtlichen, also städtebaulichen Begriff. Das BVerwG war zur Begriffsdefinition nur berufen, weil es sich bei dem Tatbestandsmerkmal der „Großflächigkeit" in § 11 Abs. 3 BauNVO, das von der Größe der Verkaufsfläche abhängt, um eine bundesrechtliche Regelung handelt. Jenseits dieser Abgrenzung ist es einer Gemeinde im Rahmen der Bauleitplanung grundsätzlich unbenommen, ihrer Planung einen eigenständigen Verkaufsflächenbegriff zugrunde zu legen, soweit dieser in der besonderen städtebaulichen Situation, in der die Planung steht, gerechtfertigt ist (vgl. BVerwG, ZfBR 2005, 185; VGH München, Beschluss vom 18.5.2007 – 1 ZB 07.341; BVerwG, BauR 1990, 569). So kann in einem Bebauungsplan etwa bestimmt werden, dass bestimmte Flächen nicht vollständig auf die zulässige Verkaufsflächengröße angerechnet werden. Dies wird bei Baumärkten praktiziert, um der sehr unterschiedlichen Flächenproduktivität von Innen- und Außenflächen gerecht zu werden.

Verkaufsflächen-Definition im Bebauungsplan

Beispiel: Die Flächen innerhalb des Gebäudes werden zu 100%, die Flächen im überdachten Freilager zu 50% und die nichtüberdachten Flächen zu 25% auf die zulässige Gesamtverkaufsfläche angerechnet.

Beispiel

Auch ist denkbar, besonderen Betriebsformen gerecht zu werden. So kann bei Betrieben, die über überdurchschnittlich große Verkehrsflächen verfügen, etwa weil die Brandschutzauflagen überobligatorisch erfüllt werden oder aber die Flächen auch einer Nicht-Handelsnutzung dienen (Testflächen), bestimmt werden, dass diese Flächen nur zu einem Teil, etwa im brandschutzrechtlich notwendigen Umfang auf die zulässige Gesamtverkaufsfläche angerechnet werden. Allerdings dürfen diese Besonderheiten nicht eingesetzt werden, um die realistische Erfassung der Wirkungen zu umgehen, sondern nur wenn städtebauliche Gründe diese rechtfertigen.

Werden keine besonderen Bestimmungen im Bebauungsplan getroffen, ist davon auszugehen, dass der Plangeber den vom BVerwG verwandten Begriff zugrunde legen wollte. Auch wird nicht selten angenommen, dass dann die Begriffsdefinition gelten soll, die etwa in einem Einzelhandelserlass des jeweiligen Bundeslandes wiedergegeben ist. Aus Klarstellungsgründen sollte jedenfalls die Begründung des Bebauungsplanes Aufschluss über die anzuwendende Verkaufsflächendefinition geben. Nicht selten unterscheiden diese sich nämlich.

6.1.2.3 Funktionseinheit

Die Beurteilung der Wirkungen von Einzelhandelsvorhaben bezieht sich auf den jeweiligen Einzelhandelsbetrieb, also die Verkaufsstätte, in der Waren an den Letztverbraucher gegen Entgelt verkauft werden. Diese Merkmale fehlen z.B. beim Versandhandel (vgl. hierzu 6.1.2.5). Da die Größe der Verkaufsfläche das entscheidende Kriterium ist, kommt daher der Frage, ob es sich bei mehreren in unmittelbarer Nähe geplanten bzw. vorhandenen Verkaufsstätten um einen oder mehrere selbstständige Einzelhandelsbetriebe handelt, die entscheidende Bedeutung zu. Hierzu hat sich die Rechtsprechung zur sog. Funktionseinheit herausgebildet.

Grundsätzlich ist in der Rechtsprechung anerkannt, dass eine „summierende" Betrachtungsweise, also eine Zusammenrechnung mehrerer selbstständiger Betriebe vom geltenden Recht nicht gedeckt ist (so etwa BVerwG, DVBl 1988, 848; VGH Mannheim, Urteil vom 22.9.2005 – S 1061/04; OVG Münster, Urteil vom 22.12.1986 – 7 A 2483/84).

Daraus folgt, dass bei der planungsrechtlichen Beurteilung grundsätzlich auf den jeweiligen „einzelnen Betrieb" abzustellen ist. In diesem Sinne kann eine Verkaufsstätte ein selbstständiger Einzelhandelsbetrieb und in diesem Sinne ein „einzelner Betrieb" nur sein, wenn sie selbstständig, d.h. unabhängig von anderen Einzelhandelsbetrieben genutzt werden kann und deshalb baurechtlich auch als eigenständiges Vorhaben genehmigungsfähig wäre. Das BVerwG nennt in seinem Urteil vom 24.11.2005 (4 C 14.04 – BRS 69 Nr. 72) die Merkmale, die eine selbstständige Verkaufsstätte aufweisen muss: eigener Eingang, eigene Anlieferung, eigene Personalräume, Öffnung und Schließung unabhängig von anderen Betrieben.

Von dieser grundsätzlichen Aussage werden unter zwei Voraussetzungen Ausnahmen gemacht:

Einkaufszentrum

Mehrere, jeweils für sich selbstständige Einzelhandelsbetriebe können einer einheitlichen Wertung nach § 11 Abs. 3 Satz 1 Nr. 1 BauNVO unterliegen, wenn es sich um ein Einkaufszentrum handelt. Ein Einkaufszentrum ist anzunehmen, wenn eine räumliche Konzentration von Einzelhandelsbetrieben verschiedener Art und Größe – zumeist in Kombination mit verschiedenartigen Dienstleistungsbetrieben – vorliegt, die entweder einheitlich geplant ist oder sich doch in anderer Weise als „gewachsen" darstellt (vgl. hierzu 6.1.2.4).

Funktionseinheit

Die Zusammenrechnung der Verkaufsflächen mehrerer, jeweils für sich nicht-großflächiger Einzelhandelsbetriebe zu einem großflächigen Einzelhandelsbetrieb im Sinne von § 11 Abs. 3 Satz 1 Nr. 2 BauNVO kommt noch ausnahmsweise unter dem Gesichtspunkt der „Funktionseinheit" in Betracht.

Funktionseinheit

Das BVerwG hat in Bestätigung der Entscheidung des OVG Frankfurt/Oder vom 3.11.2004 (A 471/01) in seinem Urteil vom 24.11.2005 (4 C 14.04 – BRS 69 Nr. 72) entschieden, dass ein einheitlicher Einzelhandelsbetrieb im Sinne von § 11 Abs. 3 BauNVO voeliegt, wenn innerhalb eines Gebäudes die Betriebsflächen baulich in mehrere selbstständige nutzbare betriebliche Einheiten unterteilt sind. Hinzukommen muss, dass die Gesamtfläche durch einen Einzelhandelsbetrieb als „Hauptbetrieb" geprägt wird und auf den baulich abgetrennten Flächen zu dessen Warenangebot als „Nebenleistung" ein Warenangebot hinzutritt, das in einem inneren Zusammenhang mit der „Hauptleistung" steht, die es jedoch nur abrundet und von untergeordneter Bedeutung bleibt. Das BVerwG stellt maßgeblich auf bauliche und betrieblich-funktionelle Gesichtspunkte ab (so ausdrücklich im Urteil vom 24.11.2005 – 4 C 8.05 – BRS 69 Nr. 73).

Zu den baulichen Gesichtspunkten, die ausnahmsweise eine Funktionseinheit rechtfertigen, können im Einzelfall folgende Gesichtspunkte sprechen:

- Einheitliches Grundstück
- Einheitliche Baufläche mit gemeinsamer Zufahrt und Stellplatzanlage
- Einheitlichkeit des äußeren Erscheinungsbildes („unter einem Dach in jeder Hinsicht profilgleich").

Diese im Beschluss des VGH München vom 7.7.2003 (20 CS 03.1568) formulierten baulichen Gesichtspunkte, die für eine Funktionseinheit sprechen, begründen die rechtliche Funktionseinheit auch nach Auffassung des VGH München allerdings nur, wenn auch betrieblich-funktionelle Gesichtspunkte den Eindruck entstehen lassen, es handele sich bei den jeweils selbstständigen Betrieben um eine nach außen in Erscheinung tretende Kooperation. Hierfür werden in der Rechtsprechung folgende Gesichtspunkte angeführt:

- Die für den „Nebenbetrieb" in Anspruch genommene Fläche bleibt deutlich hinter derjenigen des „Hauptbetriebes" zurück.

- Das Warensortiment des „Nebenbetriebes" stellt eine Ergänzung oder ein „Randsortiment" des „Hauptbetriebes" dar.

- Die Betriebe stehen nicht im Verhältnis der Konkurrenz, sondern der Kooperation zueinander.

Unter betrieblich-funktionellen Gesichtspunkten wird also insbesondere auf eine nach außen erkennbare gemeinschaftlich verbundene Teilnahme am Wettbewerb abgestellt. Dabei kommt dem gewählten Sortimentszuschnitt (Konkurrenz/Ergänzung) besondere Bedeutung zu. Für eine Funktionseinheit spreche, wenn die Sortimente auf eine konkrete identische Zielgruppe hin orientiert seien und sich derart ergänzten, dass der Synergieeffekt eines gemeinsamen Standortes genutzt werden könne (OVG Frankfurt/Oder, Urteil vom 3.11.2004 – 3 A 471/01). Dabei soll es nicht alleine darauf ankommen, ob sich die Verkaufsstätten innerhalb desselben Gebäudes befinden. Allerdings schwäche sich der für die Verkehrsanschauung ergebende Anschein, die einzelnen Betriebe eröffneten dem Publikum – einem Einkaufszentrum ähnlich – ein aufeinander abgestimmtes, ergänzendes, ihre Kundenattraktivität deutlich erhöhendes Warenangebot ab, je mehr die Betriebe baulich getrennt seien (so OVG Münster, Urteil vom 3.2.2011 – 2 A 1416/09). Daher werden z.B. die Flächen von Backshops, die unter dem gemeinsamen Vordach eines Lebensmitteleinzelhandelsbetriebes untergebracht werden, auf dessen Verkaufsfläche angerechnet (so VG Düsseldorf, Urteil vom 1.4.2011 – 25 K 5809/10; VG München, Urteil vom 25.6.2007 – M 8 K 06.4512; a.A. OVG Koblenz, BauR 2001, 1062). Auch hierzu steht noch eine höchstrichterliche Klärung aus.

6.1.2.4 Einkaufszentrum

Einkaufszentrum

Der Begriff Einkaufszentrum ist in der BauNVO nicht definiert. Ein Einkaufszentrum im Rechtssinne ist dann anzunehmen, wenn eine räumliche Konzentration von Einzelhandelsbetrieben verschiedener Art und Größe vorliegt, die entweder einheitlich geplant ist oder sich doch in anderer Weise als „gewachsen" darstellt. Im Regelfall wird es sich um einen einheitlich geplanten, finanzierten, gebauten und verwalteten Gebäudekomplex handeln (so BVerwG, DÖV 1990, 748).

Gemeinsamer Marktauftritt

Ein „gewachsenes" Einkaufszentrum setzt außer der erforderlichen räumlichen Konzentration weiter voraus, dass die einzelnen Betriebe aus der Sicht der Kunden als aufeinander bezogen, also durch ein gemeinsames Konzept und durch Kooperation miteinander verbunden in Erscheinung treten (vgl. BVerwG, Beschluss vom 15.2.1995 – 4 B 84.94). Diese Zusammenfassung kann sich in organisatorischen oder betrieblichen Gemeinsamkeiten – wie etwa in gemeinsamer Werbung oder in einer verbindenden Sammelbezeichnung – dokumentieren.

Das Vorhandensein eines Lebensmittelmarktes und eines oder mehrerer kleiner Shops führt noch nicht zur Annahme eines Einkaufszentrums. Das grundsätzlich für die Annahme eines Einkaufszentrums geforderte kooperative Miteinander der jeweiligen Betriebe, das häufig bereits in dem äußeren Erscheinungsbild dadurch greifbar wird, dass die einzelnen Läden von einer gemeinsamen Verkehrsfläche (Mall) erschlossen werden, ist bei der hier anzutreffenden Konstellation nicht gegeben (so auch OVG Frankfurt/Oder, BRS 67 Nr. 78; VG Sigmaringen, Beschluss vom 9.11.2006 – 9 K 876/06).

In der Rechtsprechung wird zunehmend des Weiteren vorausgesetzt, dass ein Einkaufszentrum i.S.v. § 11 Abs. 3 Satz 1 Nr. 1 BauNVO über eine bestimmte Mindestgröße der Verkaufsfläche verfügt. Dies wird aus der Zweckbestimmung eines Einkaufszentrums abgeleitet. Da die in § 11 Abs. 3 Satz 1 BauNVO gezogene Schlussfolgerung, dass Einkaufszentren im Sinne der Nr. 1 generell sonder- oder kerngebietstypisch sind, nicht von städtebaulichen Fernwirkungen i.S.v. § 11 Abs. 3 Satz 2 BauNVO – wie bei den Einzelhandelsgroßbetrieben – abhängig gemacht wird, müssen Einkaufszentren eine deutlich über die von großflächigen Einzelhandelsbetrieben hinausgehende Ausstrahlungswirkung haben. In der Literatur geht man von einer Spanne zwischen 1.000 m² und 10.000 m² Verkaufsfläche aus (vgl. hierzu Fickert/Fieseler, BauNVO, § 11 Abs. 3 Rdn. 18.3). In der Rechtsprechung ist man bisher von Größenordnungen ausgegangen, die über 2.500 m² liegen (vgl. hierzu OVG Saarlouis, Beschluss vom 10.2.2009 – 2 A 267/08 – 3.643 m²; VG Saarlouis, Urteil vom 24.2.2010 – 5 K 850/09 – 2.640 m²). Die Größenordnung, ab wann bei einer Ansammlung mehrerer aufeinander bezogener Einzelhandelsbetriebe von einem Einkaufszentrum im Rechtssinne auszugehen ist, hängt auch von der Größe der Ansiedlungsgemeinde ab (so OVG Koblenz, ZfBR 2012, 45: 3.360 m²).

Mindestgröße der Verkaufsfläche

Klargestellt ist, dass es sich bei den sog. Factory- oder Designer-Outlets (FOC/DOC) ebenfalls um Einkaufszentren i.S.v. § 11 Abs. 3 Satz 1 Nr. 1 BauNVO handelt (vgl. BVerwG, BVerwGE 117, 25).

6.1.2.5 Typisierung von Einzelhandelsbetrieben

Sowohl für die Bauleitplanung als auch die Genehmigung von Vorhaben ist von Bedeutung, wie das geplante Vorhaben baurechtlich einzuordnen ist. In der Handelssprache hat sich eine Vielfalt an Vorhabentypen z.B. durch innovative Vertriebskonzepte herausgebildet, mit denen die Rechtssprache häufig nicht Schritt halten kann. Bestimmte Betriebs- oder Sortimentskonzepte, verbunden mit bestimmten Flächengrößen, tragen nicht per se die rechtliche Umschreibung eines Anlagentypus in sich, was aber etwa notwendig ist, um ein bestimmtes Vorhaben in einem Bebauungsplan zulässig oder unzulässig festsetzen zu können und es in einer Baugenehmigung hinreichend bestimmt zu bezeichnen. Dies ist etwa für die differenzierte Festsetzung in Bebauungsplänen erforderlich (vgl. hierzu näher Kap. 6.3.2).

Tatsächlich vorhanden

Die Festsetzungsmöglichkeiten orientieren sich an Arten von Anlagen und Arten von Nutzungen, in denen bestimmte Anlagentypen zum Ausdruck kommen. Die Festlegung einer höchstzulässigen Verkaufsfläche trägt die Umschreibung eines Anlagentyps nicht in sich selbst, vielmehr kommt es darauf an, ob es die Nutzungsarten in der sozialen und ökonomischen Realität tatsächlich gibt und diese Anlagen auch unter Berücksichtigung der besonderen örtlichen Verhältnisse eine bestimmte Art von baulichen Anlagen darstellen (so BVerwG, BRS 47 Nr. 58; BVerwG, BRS 64 Nr. 28).

Unter Berücksichtigung dieser Prämissen kann man von der Rechtsfähigkeit folgender Anlagentypen ausgehen:

Sortiment

Als Bestimmung eines Anlagentypus eignet sich die Bezeichnung eines bestimmten Kernsortiments. Wenn bestimmte Betriebe als Fachmärkte mit einem bestimmten Kernsortiment kombiniert werden, ist damit der Anlagentypus hinreichend konkretisiert (vgl. näher zum Warensortiment nachfolgend 6.1.2.6).

Eine Differenzierung nach der Größe lässt sich allerdings nur anhand der Großflächigkeitsgrenze vornehmen; hier ist also generell nur eine Differenzierung danach zulässig, ob es sich um einen nicht-großflächigen Fachmarkt (< 800 m² Verkaufsfläche) oder um einen großflächigen Fachmarkt (> 800 m² Verkaufsfläche) handelt. Die Bestimmung einer hiervon abweichenden Verkaufsflächengröße ist nur unter bestimmten Voraussetzungen (vgl. nachfolgend 6.3.2) oder im Sondergebiet möglich.

Nachbarschaftsladen

Convenience-Store

In der Rechtsprechung anerkannt ist mittlerweile der Anlagentypus des Nachbarschaftsladens oder Convenience-Store (vgl. BVerwG, ZfBR 2009, 1102, BVerwG, ZfBR 2005, 185; VGH Kassel, Urteil vom 8.6.2004 – 3 N 1239/03).

Entscheidend ist dabei immer, dass es sich dabei um einen in der sozialen und ökonomischen Realität tatsächlich vorkommenden Anlagentyp handelt. Um einen solchen handelt es sich nicht, wenn die Gemeinde eine maximal zulässige Verkaufsflächengröße festsetzt, die sie etwa durch die Division der im Stadtgebiet insgesamt vorhandenen Verkaufsflächen durch die Anzahl der Betriebe gewinnt.

Discounter

Discounter ist Anlagentyp

Die Rechtsprechung akzeptiert unter bestimmten Voraussetzungen auch eine Differenzierung nach Vertriebsformen. So erkennt das OVG Münster (Beschluss vom 23.9.2008 – 10 B 1583/08) den Lebensmitteldiscounter als Anlagentypus an. Durch die Bezeichnung eines Vorhabens als Lebensmitteldiscounter werde festgelegt, welche Nutzung beabsichtigt und damit von einer entsprechenden Genehmigung gedeckt sei. Der Großteil der Verkaufsfläche bleibe dem Kernsortiment Lebensmittel vorbehalten; daneben könnten Randsortimente angeboten werden, zu denen ständig wechselnde Aktionswaren unterschiedlichster, nicht dem Lebensmittelbereich zuzuordnender Art gehörten. Diese Randsortimente machten bei den Lebensmitteldiscountern typischerweise einen Anteil von unter 20% des Warenangebots aus (vgl. hierzu auch OVG Münster, BauR 2007, 2012). Damit unterscheidet sich der Lebensmitteldiscounter unter bestimmten Voraussetzungen auch vom Lebensmittel-Vollsortimenter (vgl. hierzu VG Minden, Urteil vom 8.9.2008 – 9 K 893/08).

Auch Sonderpostenmärkte dürften aufgrund ihres Sortiments- und Vertriebskonzepts eigenständige Anlagentypen sein (vgl. hierzu Reidt, NVwZ 1999, 45).

Versandhandel

Der Verkauf über den nicht stationären Einzelhandel, also über den Versandhandel oder E-Commerce, nimmt zu. Das Bauplanungsrecht hat hierauf keinen Einfluss, da das Städtebaurecht an bauliche Anlagen und Nutzungen anknüpft und somit ausschließlich den stationären Handel mit einer Verkaufsstätte beeinflussen kann (vgl. hierzu Kuschnerus, Einzelhandel, Rdn. 10 ff.).

Nur stationärer Handel wird vom Städtebaurecht erfasst

Entsprechendes gilt auch für Versandhandelsformen, die im Gegensatz zum klassischen Versandhandel im herkömmlichen Sinne auf dem Prinzip der Abholung der Waren durch den Kunden basieren. Hier werden die Produkte an Abholpunkten ausgegeben (vgl. hierzu OVG Münster, Urteil vom 7.11.2006 – 13 A 1314/04). Darüber hinaus gibt es Vertriebsformen in Form des sog. Drive-in. Soweit dieses Drive-in nicht wie bei Baumärkten üblich bedeutet, dass Kunden mit Kfz in die Verkaufsstätten einfahren und dort die zu erwerbenden Waren auf ihre Fahrzeuge aufladen, handelt es sich bei den neuerdings auftretenden Drive-in-Formen etwa im Lebensmittelhandel nicht um stationäre Verkaufsstätten und damit um Einzelhandelsbetriebe im Städtebaurecht. Hier werden die abzuholenden Waren per Internet oder Telefon geordert. Die Abholstellen verfügen aber in aller Regel nicht über die Merkmale einer Verkaufsstätte, so dass diese Formen des Drive-in nicht als Einzelhandelsbetriebe anzusehen sind.

6.1.2.6 Das Warensortiment

Das Warensortiment ist ein wesentliches, den Anlagentypus konkretisierendes Merkmal. Die in einem Einzelhandelsbetrieb zulässigen Waren(sortimente) prägen den Anlagentypus und bestimmen das zulässige Angebot. In aller Regel wird durch die Bezeichnung eines bestimmten Fachmarkts das Kernsortiment bestimmt und damit solche Waren, die nach allgemeiner fachlicher Übereinkunft diesem Sortimentsbereich zuzuordnen sind. Hilfreich ist hierbei die vom Statistischen Bundesamt herausgegebene, regelmäßig aktualisierte Klassifikation der Wirtschaftszweige (WZ – im Internet abrufbar unter: www.destatis.de). Wird also etwa ein Lebensmittelmarkt genehmigt und das Sortiment in der Betriebsbeschreibung nicht anders bestimmt, so gehören zu seinem Kernsortiment Nahrungs- und Genussmittel sowie Getränke. Der Antragsteller hat es in der Hand, die zulässigen Sortimente durch Angaben in der Betriebsbeschreibung zu beeinflussen. So könnte er etwa in der Rubrik „Angebotene Waren" zusätzlich angeben „Haushalts- und Körperpflegeartikel" sowie „Waren aller Art". Entsprechendes gilt für Elektro-Fachmärkte, Bau-Fachmärkte, Möbel- und Einrichtungshäuser etc.

Mit der Genehmigung eines Kernsortiments, mit dem der Anlagentypus bezeichnet wird, ist automatisch auch ein bestimmtes Randsortiment mit genehmigt (vgl. OVG Münster, NVwZ 1999, 79; OVG Koblenz, NVwZ-RR 2001, 221). Das Randsortiment tritt zu einem spezifischen Kernsortiment lediglich hinzu und reichert dies durch solche Waren an, die jedenfalls eine gewisse Beziehung und Verwandtschaft mit den Waren des Kernsortiments haben. Randsortimente sind nur solche Warengruppen, die einem bestimmten Kernsortiment als Hauptsortiment sachlich zugeordnete und hinsichtlich des Angebotsumfangs deutlich untergeordnete Nebensortimente sind.

Es gibt keinen allgemein gültigen Maßstab dafür, welcher Anteil der Verkaufsfläche von Randsortimenten eingenommen werden darf, um die zuvor dargestellte Unterordnung einzuhalten. Allgemein wird in der Praxis davon ausgegangen, dass bei einem über 10% liegenden Anteil an der Gesamtverkaufsfläche eher kein Randsortiment mehr vorliegt. Diese Bestimmungen finden mittlerweile auch in einigen landesplanerischen Regelungen (vgl. LROP Niedersachsen) Niederschlag. Eine wissenschaftlich hinreichend fundierte Ableitung gibt es nicht. Untersuchungen belegen vielmehr, dass die marktüblichen Spannweiten sehr stark schwanken und teilweise auch deutlich über einem Anteil von 10% liegen. So mag es als Abgrenzungskriterium sinnvoll sein, jedenfalls auch auf die Bedeutung des Randsortiments für den Gesamtumsatz abzustellen (vgl. insoweit OVG Münster, BRS 63 Nr. 86).

6.1.3 Die Baunutzungsverordnung und § 11 Abs. 3 BauNVO

6.1.3.1 Grundsätzliches zur Anwendung der BauNVO

**Baunutzungs-
verordnung ist
statisch**

Die Anwendung der BauNVO ist statisch. D.h., dass immer die BauNVO in der Fassung anwendbar ist, die während der abschließenden Öffentlichkeitsbeteiligung bei Aufstellung eines Bauleitplanes in Kraft war (vgl. die Übergangsregelungen in §§ 25 a-c BauNVO 1990). Dies hat insbesondere bei der Entwicklung von Handelsimmobilien erhebliche Bedeutung: Während es in der BauNVO 1962 keinerlei Beschränkungen für Einzelhandelsbetriebe gab, diese also in allen Baugebieten – mit Ausnahme der Wohngebiete – nahezu unbeschränkt zulässig waren, enthielten die nachfolgenden Fassungen zunehmend Einschränkungen. Die BauNVO 1968 erlaubte Einkaufszentren und Verbrauchermärkte außerhalb von Kern- oder Sondergebieten nur noch, wenn sie nicht vorwiegend der übergemeindlichen Versorgung dienen sollten. Vorwiegend übergemeindliche Versorgung wird angenommen, wenn mehr als 50% der Kunden ihren Wohnsitz außerhalb des Gemeindegebiets haben, in dem das Vorhaben geplant ist. Die Ermittlung der Kundenherkunft setzt eine sachkundige Analyse der Marktverhältnisse voraus, eine reine Marktanteilsbetrachtung reicht nicht (BVerwG, BRS 49 Nr. 67). In den Verordnungen ab der BauNVO 1977 schließlich wurde die Kern- oder Sondergebietspflichtigkeit von Einzelhandelsbetrieben von deren Größe abhängig gemacht (vgl. nachfolgend 6.1.3.2). Für die Prüfung des bestehenden Baurechts bedeutet dies also, dass der Bebauungsplan und insbesondere seine Verfahrensleiste, auf der die Aufstellungsdaten ablesbar sind, genau studiert werden muss.

> Am Beginn der Überlegungen, ob ein Projekt realisiert werden kann, steht die Prüfung des bestehenden Planungsrechts – eine Ortsbesichtigung und die Prüfung des Bebauungsplanes im Original sind dabei unerlässlich!

Tipp

Die BauNVO hat ein differenziertes Zulässigkeitssystem für die in den Baugebieten zulässigen Nutzungsarten errichtet. Bei der Aufstellung von Bebauungsplänen kann hiervon in gewissen Grenzen und unter bestimmten Voraussetzungen, die in der BauNVO bezeichnet werden, abgewichen werden.

Die Vorschriften des Ersten Abschnitts zur Art der baulichen Nutzung zeigen dabei grundsätzlich die immer gleiche Struktur. In § 1 werden allgemeine Vorgaben zu Bauflächen und Baugebieten gemacht. Von besonderer praktischer Bedeutung sind dabei die Gliederungsregelungen in § 1 Abs. 4, 5 und 9 BauNVO und die Bestandsschutzregelung in § 1 Abs. 10 BauNVO (vgl. hierzu unten 6.3.2).

Die §§ 2 bis 9 BauNVO enthalten die Bestimmungen zu den einzelnen Baugebieten. Im jeweiligen Absatz 1 wird die allgemeine Zweckbestimmung des Baugebietes beschrieben („…gebiete dienen vorwiegend der Unterbringung von …/dem …"). Die Benennung der Zweckbestimmung ist deshalb von Bedeutung, weil sie auch die Grenze markiert, die dem Plangeber gesetzt ist, wenn er vom Grundschema der BauNVO in seinem Bebauungsplan abweichende Festsetzungen trifft. Der Ausschluss bestimmter Nutzungen darf nicht dazu führen, dass die allgemeine Zweckbestimmung des Baugebietes nicht mehr gewahrt ist.

Allgemeine Zweckbestimmung

Beispiele

Beispiele:

- In einem Mischgebiet werden alle Wohnnutzungen ausgeschlossen (Zweckbestimmung § 6: Das Mischgebiet dient dem Wohnen und der Unterbringung von Gewerbebetrieben).

- In einem Kerngebiet werden alle Einzelhandelsnutzungen ausgeschlossen (Zweckbestimmung § 7: Das Kerngebiet dient vorwiegend der Unterbringung von Handelsbetrieben).

Man spricht in diesem Fall auch von unzulässigem „Etikettenschwindel", wenn der Plangeber die vorgegebene Gebietsstruktur ernsthaft gar nicht anstrebt (BVerwG, NVwZ 2002, 1114).

Allgemein zulässige Ausnahmen

In den jeweiligen 2. Absätzen werden die allgemein zulässigen Nutzungen angegeben und im Absatz 3 die in den Baugebieten ausnahmsweise zulässigen Nutzungen. Die Bestimmungen der BauNVO sind bei Anwendung eines Bebauungsplanes zu beachten, sie sind, ohne dass der Bebauungsplan dies ausdrücklich bestimmt, Bestandteil des Bebauungsplanes. Regelt der Bebauungsplan nicht, welche Nutzungen im Baugebiet zulässig sind, oder setzt er nichts Abweichendes fest, gelten die Regelungen der BauNVO unmittelbar als Festsetzungen. Daher handelt es sich z.B. bei den Bestimmungen im jeweiligen Absatz 3 der Baugebietsvorschriften um eine Ausnahmefestsetzung i.S.v. § 31 Abs. 1 BauGB.

Sondergebiete

Anders ist die Struktur in den Sondergebieten. § 10 BauNVO enthält Regelungen zu den Sondergebieten, die der Erholung dienen, und § 11 BauNVO zu „sonstigen Sondergebieten". In diesem Zusammenhang sind die Bestimmungen über die Einkaufszentren, großflächigen Einzelhandelsbetriebe und die sonstigen großflächigen Handelsbetriebe i.S.v. § 11 Abs. 3 BauNVO von Bedeutung. Hier gibt nicht die BauNVO die Zweckbestimmung des Gebietes vor, sondern diese ist von der Gemeinde als Trägerin der Planungshoheit zu bestimmen. Die Gemeinde definiert damit auch im Rahmen der von ihr gesetzten Zweckbestimmung das zulässige Nutzungsspektrum (BVerwG, BauR 2008, 1273).

Maß der Nutzung

Verbindliche Vorgaben, von denen unter bestimmten Voraussetzungen ebenfalls abgewichen werden kann, enthält die BauNVO auch zum Maß der baulichen Nutzung, also darüber, wie intensiv ein Grundstück bebaut werden darf (§§ 16 bis 21), sowie zur Bauweise und den überbaubaren Grundstücksflächen (§§ 22, 23).

6.1.3.2 § 11 Abs. 3 BauNVO – Regelvermutung und ihre Widerlegung

Regelvermutung

Die planungsrechtliche Zulässigkeit eines Einzelhandelsvorhabens hängt generell von einer typisierenden Betrachtung ab. Nicht-großflächige Einzelhandelsbetriebe sind als Läden (§§ 3, 4 BauNVO), Einzelhandelsbetriebe (§§ 5, 6 BauNVO) oder Gewerbebetriebe aller Art (§§ 8, 9 BauNVO) grundsätzlich in allen Baugebieten zulässig. Für großflächige Einzelhandelsbetriebe mit besonderen, in § 11 Abs. 3 Satz 2 BauNVO genannten städtebaulichen Auswirkungen („Fernwirkungen") sind grundsätzlich Kerngebiete gem. § 7 BauNVO oder sonstige Sondergebiete gem. § 11 Abs. 2 BauNVO festzusetzen.

Fernwirkungen werden ab einer bestimmten Größe vermutet

Die Rechtsprechung nimmt an, dass die Großflächigkeit eines Einzelhandelsbetriebes bei 801 m² Verkaufsfläche beginnt (BVerwG, BauR 2006, 639). Die in § 11 Abs. 3 Satz 2 BauNVO genannten Fernwirkungen werden entsprechend § 11 Abs. 3 Satz 3 BauNVO vermutet, wenn die Geschossfläche des Einzelhandelsbetriebes 1.200 m² überschreitet. Die Größe der Geschossfläche ist nach Maßgabe des § 20 Abs. 3 Satz 1 BauNVO nach den Außenmaßen des Gebäudes in allen Vollgeschossen zu ermitteln. Zu den Außenmaßen eines Gebäudes gehören alle seine Bestandteile, soweit es sich nicht um die in § 20 Abs. 4 BauNVO bezeichneten Anlagen und Anlagenteile handelt. Grundsätzlich gehören daher auch Vordächer zu den Außenmaßen des Gebäudes, wenn und soweit sie nicht nach den landesbauordnungsrechtlichen Vorschriften bei der Abstandflächenberechnung außer Betracht bleiben (vgl. hierzu VG Arnsberg, Urteil vom 8.3.2005 – 4K 1633/04; VG Frankfurt/Main, NVwZ-RR 2000, 584).

Die Kriterien Großflächigkeit (> 800 m² Verkaufsfläche) und Überschreitung der Geschossfläche von 1.200 m², ab der Fernwirkungen vermutet werden, müssen kumulativ vorliegen (vgl. BVerwG, Beschluss vom 22.7.2004 – 4 B 29.04; OVG Münster, Urteil vom 19.8. 2005 – 7 A 2424/04). Erst wenn beide Tatbestandsmerkmale erfüllt sind, ist ein Vorhaben als „Einzelhandelsgroßbetrieb" nur im Kern- oder Sondergebiet zulässig und unterliegt den landesplanerischen Vorgaben, soweit sich diese auf die Einzelhandelsbetriebe i.S.v. § 11 Abs. 3 BauNVO beziehen.

Widerlegung der Regelvermutung

Die Annahme, dass von Einzelhandelsgroßbetrieben nicht nur unwesentliche Auswirkungen ausgehen, ist in § 11 Abs. 3 Satz 3 BauNVO als Vermutung angelegt. Diese Vermutung ist entsprechend § 11 Abs. 3 Satz 4 BauNVO widerlegbar, wenn Anhaltspunkte dafür bestehen, dass die Auswirkungen auch bei mehr als 1.200 m² Geschossfläche nicht bestehen oder bei weniger als 1.200 m² bestehen. Dabei stellt § 11 Abs. 3 Satz 4 BauNVO auf beispielhaft genannte Kriterien wie Gliederung und Größe der Gemeinde und ihrer Ortsteile, die Sicherung der verbrauchernahen Versorgung der Bevölkerung und das Warenangebot des Betriebes ab.

Die Frage, ob die Rechtsfolge des § 11 Abs. 3 Satz 1 BauNVO Anwendung findet, beurteilt sich also nach dem Ergebnis der Prüfung der konkret möglichen Auswirkungen des Betriebes (Söfker in: E/Z/B/S Loseblatt Kommentar, § 11, Rn. 80 ff BauNVO).

Hierbei sind folgende Grundsätze zu beachten:

Atypische Fallgestaltung

Atypiknachweis

Die Widerlegung der Vermutungsregelung des § 11 Abs. 3 Satz 3 BauNVO ist nicht allein mit der Darlegung möglich, die konkreten Auswirkungen des Vorhabens entfalteten nicht die in § 11 Abs. 3 Satz 2 BauNVO dargestellten Fernwirkungen. Auf der ersten Stufe ist zu prüfen, ob bestimmte atypische Abweichungen von der der Regelvermutung zugrunde liegenden typischen betrieblichen oder städtebaulichen Situation vorliegen. Auf dieser ersten Stufe geht es daher noch nicht um den Nachweis fehlender Fernwirkungen i.S.v. § 11 Abs. 3 Satz 2 BauNVO. Die Prüfung auf der ersten Stufe trägt vielmehr der Konzeption der BauNVO Rechnung, dass die Vermutungsregelung zur abweichenden Beurteilung in einem Regel-Ausnahme-Verhältnis steht. Der dahinterstehende Gedanke des Regel-Ausnahme-Verhältnisses wird im Urteil des BVerwG vom 9.7.2002 – 4 B 14.02 – BRS 65 Nr. 70 wie folgt zum Ausdruck gebracht:

„Die großflächigen Einzelhandelsbetriebe, die vom Typ her, d.h. im Regelfall die Auswirkungen haben, die § 11 Abs. 3 Satz 2 BauNVO beispielhaft benennt, sind bei Überschreitung einer bestimmten Geschossfläche (1.200 m²) infolge der Regelvermutung außerhalb von Kern- oder Sondergebieten unzulässig. Im Grundsatz auf der gleichen Ebene liegt die typisierende Umschreibung der Nutzungsarten in den Baugebieten der §§ 2 – 9 BauNVO. Die Vermutungsregel in § 11 Abs. 3 Satz 3 BauNVO hat zwar auch den Zweck, Genehmigungsbehörden und Verwaltungsgerichte nach Art einer Beweiserleichterung im Einzelfall von schwierigen Ermittlungen bei der Überprüfung der Auswirkungen eines großflächigen Einzelhandelsbetriebes zu entlasten. Darin erschöpft sich ihre rechtliche Bedeutung jedoch nicht. In ihrem Anwendungsbereich stellt die Vermutungsregel eine Zulässigkeitsschranke auf, die für Genehmigungsbehörden und Gerichte gleichermaßen verbindlich ist."

Auf der ersten Stufe der Prüfung steht daher die Ermittlung konkreter Anhaltspunkte, die die Annahme rechtfertigen, in dem zu beurteilenden Fall handele es sich um ein Vorhaben, das aufgrund seines Betriebstyps oder der besonderen städtebaulichen Situation nicht zu den Betriebstypen gerechnet werden kann, den der Verordnungsgeber dem § 11 Abs. 3 BauNVO zugrunde gelegt hat.

Bei der Beurteilung dieser Frage sind folgende Anhaltspunkte maßgeblich:

Schutzzweck

Der Verordnungsgeber hat in der am 1.1.1987 in Kraft getretenen 3. Änderungsverordnung zur BauNVO (1986) die Möglichkeit und Notwendigkeit einer von der Regelvermutung abweichenden Beurteilung durch die Anfügung des Satzes 4 in § 11 Abs. 3 BauNVO ausdrücklich unterstrichen und in der Begründung darauf hingewiesen, dass es sowohl Betriebe gebe, die bei einer Größenordnung von weniger als 1.200 m² nachteilige städtebauliche Auswirkungen haben, als auch solche, die trotz der Überschreitung der Geschossfläche von 1.200 m² keine nachteiligen Auswirkungen auf die städtebauliche Entwicklung und Ordnung hätten. Das BVerwG wendet auch hier die der BauNVO zugrunde liegende „Typenlehre" auf solche Fälle an, in denen der beabsichtigte Betrieb nicht zu derartigen Betrieben gehört, die von der Regelung des § 11 Abs. 3 BauNVO erfasst werden sollen, oder wenn die konkrete städtebauliche Situation von derjenigen abweicht, in der § 11 Abs. 3 BauNVO das Entstehen großflächiger Einzelhandelsbetriebe wegen deren Auswirkungen verhindert wissen will (Söfker in: E/Z/B/S Loseblatt Kommentar, § 11 Rn 81 BauNVO).

Die in § 11 Abs. 3 Satz 4 BauNVO genannten Anhaltspunkte für eine abweichende Beurteilung von der Regelvermutung sind nicht abschließend. Es kommen grundsätzlich alle Gesichtspunkte in Betracht, die für die städtebauliche Beurteilung von großflächigen Einzelhandelsbetrieben von Bedeutung sind, wie etwa auch die Erhaltung und Entwicklung zentraler Versorgungsbereiche. Allerdings müssen spezifische Anforderungen an das Vorliegen entsprechender Fallgestaltungen gestellt werden, um von der Regelvermutung abweichen zu können. Das BVerwG hat die Kriterien in seinem Urteil vom 24.11.2005 – 4 C 10.05, bezogen auf einen Lebensmittel-Einzelhandelsbetrieb wie folgt konkretisiert:

> „Ob die Vermutung widerlegt werden kann, hängt maßgeblich davon ab, welche Waren angeboten werden, auf welchen Einzugsbereich der Betrieb abgelegt ist und in welchem Umfang zusätzlicher Verkehr hervorgerufen wird. Entscheidend ist, ob der Betrieb über den Nahbereich hinaus wirkt und dadurch, dass er unter Gefährdung funktionsgerecht gewachsener städtebaulicher Strukturen weiträumig Kaufkraft abzieht, auch in weiter entfernten Wohngebieten die Gefahr heraufbeschwört, dass Geschäfte schließen, auf die insbesondere nicht-motorisierte Bevölkerungsgruppen angewiesen sind."

Von besonderer Bedeutung ist dabei der Planungsgrundsatz der Erhaltung und Entwicklung zentraler Versorgungsbereiche, die für die verbrauchernahe Versorgung der Bevölkerung und die Entwicklung der Städte auch im Rahmen des § 11 Abs. 3 BauNVO von erheblicher Bedeutung sind. Dabei wird im Allgemeinen zwischen betrieblichen und städtebaulichen Besonderheiten unterschieden.

Betriebliche Besonderheiten

Für die Beurteilung betrieblicher Besonderheiten sind insbesondere folgende Aspekte von Bedeutung:

Betriebliche Atypik

§ 11 Abs. 3 Satz 4, 2. Halbsatz BauNVO nennt beispielhaft das „Warenangebot des Betriebes". Mit diesem Aspekt ist die Frage angesprochen, ob durch einen großflächigen Einzelhandelsbetrieb Kaufkraft aus zentralen Versorgungsbereichen abgezogen und dadurch die städtebauliche Funktion der zentralen Versorgungsbereiche beeinträchtigt werden kann. Die Beantwortung dieser Frage hängt neben der Größe der Verkaufsfläche auch vom Warenangebot des Betriebes ab.

Um beurteilen zu können, inwieweit das Warenangebot für die Widerlegung der Vermutungsregelung von Bedeutung ist, ist vom Zweck der Vermutungsregel und den ihr zugrunde liegenden Betriebstypen auszugehen. Der Verordnungsgeber hatte den großflächigen Einzelhandelsbetrieb mit breitem, allerdings nicht notwendigerweise alle Waren des täglichen oder längerfristigen Bedarfs umfassendem Angebot im Blick. Für die Widerlegung der Vermutungsregelung kommen daher vorrangig solche Betriebe in Betracht, die aufgrund ihrer Angebotsstruktur typischerweise auf die zentralen Versorgungsbereiche oder sonst auf die Versorgung der Bevölkerung und andere der in § 11 Abs. 3 Satz 2 BauNVO genannten städtebaulichen Belange keine nachteiligen Auswirkungen haben oder die typischerweise auf Gewerbegebiete angewiesen sind (vgl. OVG Münster, NWVBl 1998, 151).

Dabei handelt es sich typischerweise um Betriebe mit einem Warenangebot, das einen großen Flächenbedarf hat, wie etwa ein Baustoffhandel oder ein Möbelmarkt, die gleichzeitig nicht über ein ins Gewicht fallendes Randsortiment verfügen. Fachmärkte mit einem auf eine bestimmte Branche zugeschnittenen Warensortiment erfüllen die Voraussetzungen für einen atypischen Betrieb nur wegen ihrer Fachmarkteigenschaft nicht. Atypisch sind sie auch nur, wenn sie etwa über ein flächenintensives Warenangebot verfügen oder die angebotenen Waren typischerweise mit Fahrzeugen zu transportieren sind. Besonderheiten ergeben sich in diesem Zusammenhang nur aus einer Verbindung mit gewerblichen oder handwerklichen Tätigkeiten.

Eine betriebliche Besonderheit kann sich aus dem Abweichen des typischen Verhältnisses von Geschossfläche zur Verkaufsfläche ergeben. Die jüngere Rechtsprechung des BVerwG (BauR 2006, 639) geht von einem Verständnis des Verhältnisses von Verkaufsfläche zur Geschossfläche von 3 zu 4 aus. Ansatzpunkte für betriebliche Besonderheiten können also auch in einer von dem Normalfall abweichenden Flächenstruktur liegen. Dieser Gesichtspunkt bezieht sich zunächst insbesondere auf die Abgrenzung zwischen Geschossfläche und Verkaufsfläche. Die Rechtsprechung hat diese Gesichtspunkte noch nicht auf die Fälle übertragen, in denen innerhalb von Verkaufsräumen unterschiedliche Funktionsbereiche ausgebildet werden.

Städtebauliche Besonderheiten

In städtebaulicher Hinsicht nennt § 11 Abs. 3 Satz 4, 2. Halbsatz BauNVO die Gliederung und Größe der Gemeinde und ihrer Ortsteile und die Sicherung der verbrauchernahen Versorgung der Bevölkerung. Mit der Frage der Gliederung und der Größe einer Gemeinde ist das Verhältnis zwischen der sich aus der Größe eines Vorhabens ergebenden Versorgungsbedeutung und dem Versorgungsauftrag einer bestimmten Gemeinde zu verstehen. Je kleiner die Gemeinde ist, umso eher ist die Widerlegung der Vermutungsregelung nach unten möglich, und je größer eine Gemeinde bzw. ihre Ortsteile sind, umso eher kommt eine Widerlegung der Vermutungsregelung nach oben in Betracht.

Städtebauliche Atypik

Der Gesichtspunkt der Sicherung der verbrauchernahen Versorgung bezieht sich vorrangig auf die Güter des täglichen Bedarfs, kann aber auch für Güter des mittelfristigen und langfristigen Bedarfs von Bedeutung sein. Aus der Unterscheidung der Fristigkeit der Bedarfsgüter ergeben sich unterschiedliche Anforderungen an die „Verbrauchernähe". Als Anhaltspunkte für die Sicherung der verbrauchernahen Versorgung der Bevölkerung werden daher in der Rechtsprechung noch genannt, dass der Einzugsbereich des Betriebes im Warenangebot bisher unterversorgt ist, zentrale Versorgungsbereiche an anderen Standorten im Einzugsbereich nicht geplant sind oder sich der Betrieb in zentraler und für die Wohnbevölkerung allgemein gut erreichbarer Lage befindet. Insofern muss dieser in § 11 Abs. 3 Satz 4 BauNVO genannte Gesichtspunkt auch im Zusammenhang mit dem Bedeutungszuwachs der zentralen Versorgungsbereiche unterschiedlicher Stufen gesehen werden, in denen die Bevölkerung an „einem Ort" in den verschiedensten Bereichen und damit verbrauchernah versorgt werden kann (vgl. aus der früheren Rechtsprechung BVerwG, Urteil vom 3.2.1984 – 4 C 54.80).

Der Gesichtspunkt der Unterversorgung von Gemeindegebieten dürfte im Allgemeinen eine heute untergeordnete Rolle spielen mit Ausnahme von Spezialanbietern bzw. besonderen Ausprägungen von Fachmärkten.

Auswirkungen

Auf der zweiten Stufe folgt dann in dem Fall, dass eine atypische Fallgestaltung objektiv festgestellt werden kann, die Prüfung, ob der Einzelhandelsbetrieb nach den Maßstäben des § 11 Abs. 3 Satz 1 und 2 BauNVO nur in Kern- oder Sondergebieten oder auch in einem anderen Baugebiet zulässig ist. Hierbei kommt es auf die Frage an, ob von dem Vorhaben schädliche Umweltauswirkungen, Auswirkungen auf die infrastrukturelle Ausstattung, auf den Verkehr, auf die Versorgung der Bevölkerung im Einzugsbereich, auf die Entwicklung zentraler Versorgungsbereiche in der Gemeinde oder in anderen Gemeinden, auf das Orts- und Landschaftsbild und auf den Naturhaushalt ausgehen werden.

Diese Fragen können im Wege der gutachterlichen Beweisermittlung beurteilt werden. In aller Regel bedarf es hierfür einer Betrachtung der konkreten Auswirkungen des Einzelhandelsvorhabens auf die in § 11 Abs. 3 Satz 2 BauNVO beispielhaft genannten Schutzgüter.

6.1.3.3 Widerlegung der Regelvermutung bei Nahversorgern

Das BVerwG (BauR 2006, 639) trägt in seiner jüngeren Rechtsprechung dem Umstand Rechnung, dass die Größe der Verkaufsfläche nicht mehr das alleinige Abgrenzungsmerkmal des der Nahversorgung dienenden Betriebes von den Betrieben mit weiterreichenden Wirkungen („Fernwirkungen") ist. Der Typus des der wohnungsnahen Versorgung dienenden Einzelhandelsbetriebes soll demnach nicht mehr alleine anhand der Großflächigkeit bestimmt werden, sondern dem Gesichtspunkt der Auswirkungen in § 11 Abs. 3 Satz 3 BauNVO größeres Gewicht zukommen. Diese Rechtsprechung soll der Erkenntnis Rechnung tragen, dass gerade die eine Nahversorgung mit umfassendem Sortiment sicherstellenden Lebensmittelvollsortimenter mit einer Verkaufsfläche von bis zu 800 m² nicht mehr auskommen.

Ausnahme für große Nahversorger

Bei der vorzunehmenden Einzelfallprüfung verbietet sich eine schematische Handhabung. Entscheidend ist, ob der Betrieb über den Nahbereich hinaus wirkt und dadurch, dass er unter Gefährdung funktionsgerecht gewachsener städtebaulicher Strukturen weiträumig Kaufkraft abzieht, auch in weiter entfernten Wohngebieten die Gefahr heraufbeschwört, dass Geschäfte schließen, auf die insbesondere nicht motorisierte Bevölkerungsgruppen angewiesen sind. Bei dieser vergleichenden Betrachtungsweise kommt es auf die eigentlichen Nahversorgungsbetriebe, also solche an, die primär Lebensmittel, aber auch in beschränktem Umfange sonstige Artikel des täglichen Bedarfs anbieten. Für diesen Bereich kann es im Einzelfall insbesondere dann an negativen Auswirkungen auf die Versorgung der Bevölkerung und den Verkehr fehlen, wenn der Non-Food-Anteil höchstens 10% der Verkaufsfläche beträgt und der Standort verbrauchernah und hinsichtlich des induzierten Verkehrsaufkommens verträglich sowie städtebaulich integriert ist (BVerwG, BauR 2006, 639; OVG Münster, Urteil vom 25.1.2010 – 7 D 97/09.NE; OVG Koblenz, Beschluss vom 18.12.2009 – B 11205/09.OVG). Dabei stützt sich das BVerwG insbesondere auf die Erkenntnisse aus dem Bericht der Arbeitsgruppe „Strukturwandel im Lebensmitteleinzelhandel und § 11 Abs. 3 BauNVO" vom 30.4.2002 (ZfBR 2002, 598), die eingesetzt wurde, um der aus den Spitzenverbänden des Einzelhandels geäußerten Ansicht nachzugehen, § 11 Abs. 3 BauNVO benachteilige die Lebensmittelvollsortimenter gegenüber anderen Vertriebsformen des Lebensmittelhandels, insbesondere den Discountern. Eine wesentliche Änderung des § 11 Abs. 3 BauNVO ist absehbar nicht zu erwarten, so dass die „Vorlage" des BVerwG genutzt werden sollte (so VGH Mannheim, Beschluss vom 23.11.2004 – 3 S

2504/04; VG München, Urteil vom 3.8.2009 – M 8 K 08.5335). Im Bereich der Nahversorgung also geht die Rechtsprechung damit zunehmend von der Widerlegung der Regelvermutung aus, wenn die Tatbestandsmerkmale des § 11 Abs. 3 Satz 2 BauNVO nicht nachteilig betroffen werden.

6.1.4   Bauordnung

Wenn die planungsrechtlichen Voraussetzungen für die Ansiedlung von Einzelhandelsbetrieben geschaffen oder ermittelt sind, richtet sich die Genehmigung der Vorhaben nach dem Bauordnungsrecht der Länder. In den jeweiligen Landesbauordnungen der Bundesländer sind die Voraussetzungen für die Genehmigung von Vorhaben definiert. In aller Regel ist eine Baugenehmigung oder ein Bauvorbescheid zu erteilen, wenn dem Vorhaben öffentlich-rechtliche Vorschriften nicht entgegenstehen. Zu diesen öffentlich-rechtlichen Vorschriften zählen neben dem Bauplanungsrecht die Vorschriften über die konkreten Anforderungen an die baulichen Anlagen wie der Brandschutz, der Schallschutz, die statischen Anforderungen. Die jeweiligen Anforderungen sind nicht unmittelbar in den Bauordnungen der Länder, sondern in Sonderbauverordnungen (Verkaufsstättenverordnung, Sonderbauverordnung, Versammlungsstättenverordnung, Hygieneverordnung etc.) geregelt und werden in technischen Regelwerken über die Anforderungen an die bautechnische Ausführung konkretisiert. Hierzu sind in den Ländern eine Fülle von bautechnischen Bestimmungen als Regeln der Baukunst und Regeln der Technik bzw. Stand der Technik eingeführt und zu beachten. Die Erteilung der Baugenehmigung kommt in aller Regel nur in Betracht, wenn der Nachweis sämtlicher bautechnischer Anforderungen geführt und sichergestellt ist. Daher ist im Einzelfall zu entscheiden, ob insbesondere bei sehr komplexen und großen Bauvorhaben mit Teilbaugenehmigungen gearbeitet wird, die entsprechend dem Baufortschritt beantragt und genehmigt werden. Auf diese Art und Weise kann man bei der Ausführungsplanung und den hierfür zu führenden bautechnischen Nachweisen noch auf Veränderungen der Bauausführung reagieren, ohne dass es einer jeweiligen kompletten Neubeantragung bedarf.

In aller Regel wird die Bauaufsichtsbehörde einen kompletten Bauantrag fordern. Es ist dann Sache des Bauherrn, in enger Abstimmung mit der Baugenehmigungsbehörde etwaige Änderungen im Bauablauf in den Baugenehmigungen nachzuvollziehen. Anderenfalls droht die Gefahr einer Abweichung von der erteilten Baugenehmigung. Dies könnte zu einer Untersagung der weiteren Bauausführung oder der Innutzungnahme des fertig gestellten Objektes führen. Außerdem drohen Bußgelder, da sich die von der Genehmigung abweichende Bauausführung als Ordnungswidrigkeit darstellt.

Auf Besonderheiten in Freistellungsverfahren (etwa in Sachsen) soll an dieser Stelle nicht detailliert eingegangen werden. Sie betreffen im Übrigen auch nur Vorhaben mit weniger als 800 m² Geschossfläche (vgl. VG Dresden, Urteil vom 24.1.2012 – 7 K 562/09).

Steht nicht die unmittelbare Bauausführung bevor, sonsern soll stattdessen zunächst die Frage geklärt werden, ob ein Vorhaben planungsrechtlich zulässig ist, so empfiehlt es sich, nicht einen Bauantrag, sondern einen Antrag auf Vorbescheid zu stellen. Die Bauordnungen der Länder ermöglichen den Bauherren auf diese Weise, zu einzelnen Fragen eines Bauvorhabens vor Stellung eines Bauantrages Fragen zu stellen und um deren verbindliche Antwort zu bitten. Im Umfang der positiv beschiedenen Bauvoranfrage ist die Baugenehmigungsbehörde gebunden, einen darauf basierenden Bauantrag positiv zu bescheiden. Die Bindungswirkung des Bauvorbescheides setzt sich auch gegen etwaige Rechtsänderungen, also einen etwa später in Kraft getretenen Bebauungsplan oder eine zur Sicherung einer Planänderung beschlossene Veränderungssperre durch. Allerdings gilt dies nur, soweit der Bauantrag mit der positiv beschiedenen Bauvoranfrage weitgehend deckungsgleich ist. Es ist daher bei der Antragstellung bereits größte Sorgfalt auf die zu stellenden Fragen und die in diesem Zusammenhang vorzulegenden Antragsunterlagen zu legen (vgl. hierzu Kap. 7.1).

6.2 Die Handelsimmobilie in Raumordnung und Landesplanung

Thomas Lüttgau
Christian Giesecke

Vorgaben der Raumordnung und Landesplanung sind für die Entwicklung von Handelsimmobilien von besonderer Bedeutung. Handelt es sich um Ziele der Raumordnung, sind diese der weiteren Entwicklung von Handelsimmobilien vorgelagert, also zwingend zu beachten. Handelt es sich um Grundsätze oder sonstige Erfordernisse der Raumordnung, sind diese bei der Entwicklung von Handelsimmobilien zu berücksichtigen (§ 4 Abs. 1 Raumordnungsgesetz vom 22.12.2008, BGBl. I S. 2986 – ROG).

6.2.1 Grundlagen

6.2.1.1 Rechtsvorschriften

Das Recht der Raumordnung ist Gegenstand der konkurrierenden Gesetzesgebung i.S.v. Art. 72, 74 Abs. 1 Nr. 31 Grundgesetz (GG). Raumordnung meint die zusammenfassende, übergeordnete Planung und Ordnung des Raumes, die vielfältige Fachplanungen zusammenfasst und aufeinander abstimmt (BVerfG, BVerfGE, 3, 407). Der Kompetenztitel des Art. 74 Abs. 1 Nr. 31 GG ermöglicht es dem Bundesgesetzgeber nicht, konkrete Raumplanungen für einzelne Länder aufzustellen oder unmittelbar Festsetzungen für Bodennutzungen zu treffen. Der Bundesgesetzgeber kann nur allgemeine Ziele und Erfordernisse vorgeben. So bestimmt Art. 72 Abs. 3 GG auch, dass die Länder abweichende Regelungen treffen können, wenn der Bund von seiner Gesetzgebungszuständigkeit im Bereich der Raumordnung Gebrauch gemacht hat. Im Sinne eines „Windhundrennens" geht im Verhältnis von Bundes- und Landesrecht das jeweils spätere Gesetz vor. Mit dem ROG vom 22.12.2008 hat der Bundesgesetzgeber von seiner konkurrierenden Gesetzgebungskompetenz Gebrauch gemacht. Die Länder haben bisher darauf verzichtet, widersprechende eigene Bestimmungen zu treffen.

Konkurrierende Gesetzgebung – Länder haben Vorfahrt

Für die konkreten Vorgaben der Raumordnung sowie die Verfahren gelten die jeweiligen landesrechtlichen Bestimmungen (vgl. hierzu nachfolgend 6.2.2).

6.2.1.2 Die Bedeutung der Raumordnung

Die grundlegende Bedeutung von Zielen und Grundsätzen der Raumordnung kommt in § 4 Abs. 1 ROG zum Ausdruck. Im Städtebaurecht, für das ebenfalls die konkurrierende Gesetzgebungskompetenz des Art. 74 Abs. 1 Nr. 18 GG gilt und das grundlegend im vom Bund erlassenen BauGB geregelt ist, wird dies in § 1 Abs. 4 BauGB durch die Maßgabe bestätigt, dass die Bauleitpläne den Zielen der Raumordnung anzupassen sind. Ziele der Raumordnung sind der Planung vorgelagert und unüberwindbar.

§ 2 Abs. 2 BauGB bestimmt, dass die Bauleitpläne benachbarter Gemeinden aufeinander abzustimmen sind. Dabei können sich Gemeinden auch auf die ihnen durch Ziele der Raumordnung zugewiesenen Funktionen berufen. Die Bestimmung über das interkommunale Abstimmungsgebot vermittelt Nachbargemeinden subjektiven Rechtsschutz, wenn die planende Gemeinde der Nachbargemeinde zugewiesene Ziele nicht berücksichtigt. Schließlich begründet § 35 Abs. 3 Satz 2 BauGB für Außenbereichsvorhaben ebenfalls die Pflicht zur Beachtung von raumordnerischen Zielen.

Ziele der Raumordnung

Ziele der Raumordnung können durch Bauleitplanung nicht überwunden werden

Ziele der Raumordnung sind verbindliche Vorgaben in Form von räumlich und sachlich bestimmten oder bestimmbaren, vom Träger der Raumordnung abschließend abgewogenen textlichen oder zeichnerischen Festlegungen in Raumordnungsplänen zur Entwicklung, Ordnung und Sicherung des Raums (§ 3 Abs. 1 Nr. 2 ROG). Raumordnungspläne können für das gesamte Landesgebiet (Landesentwicklungspläne, Landesentwicklungsprogramme), für Teilräume der Länder (Regionalpläne) oder als regionale Flächennutzungspläne aufgestellt werden (§ 8 ROG).

In einem Ziel spiegelt sich bereits die landesplanerische Abwägung zwischen den durch die Grundsätze der Raumordung verkörperten unterschiedlichen raumordnerischen Belangen wider, sie sind einer weiteren Abwägung auf einer nachgeordneten Planungsstufe nicht zugänglich. Zwar kann der Plangeber, je nach den planerischen Bedürfnissen bei der Formulierung des Planziels Zurückhaltung üben, um den planerischen Spielraum der nachfolgenden Planungsebene zu schonen. Von einer Zielfestlegung kann allerdings dann keine Rede mehr sein, wenn die Planaussage – selbst wenn sie als „Ziel" bezeichnet sein sollte – eine so geringe Dichte aufweist, dass sie die abschließende Abwägung noch nicht vorweg nimmt (so OVG Münster, Urteil vom 20.1.2012 – 2 D 141/09.NE). So ist z. B. entschieden worden, dass die

Festlegung von Vorbehaltsgebieten, anders als bei Vorranggebieten, keine abschließende Zielbestimmung ist.

Die Rechtsprechung lässt es allerdings zu, dass landesplanerische Vorgaben ihre Bindung selbst wieder lockern. Dies ist in den Fällen möglich, in denen eine landesplanerische Aussage in Gestalt einer „Soll-Vorschrift" gefasst ist, in der zum Ausdruck kommt, dass die Vorgabe unter bestimmten Voraussetzungen nicht umgesetzt werden „muss". Soll-Vorschriften erfüllen dann die Merkmale eines Ziels der Raumordnung, wenn die Voraussetzungen, bei deren Vorliegen die Soll-Vorschrift auch ohne förmliches Zielabweichungsverfahren eine Ausnahme von der Zielbindung zulässt, jedenfalls im Wege der Auslegung auf der Grundlage des Plans hinreichend bestimmt oder doch wenigstens bestimmbar ist (BVerwG, Urteil vom 16.12.2010 – 4 C 8.10). Die sich einer absoluten Bestimmtheit enthaltende landesplanerische Zielbestimmung muss in diesen Fällen also auch die Maßstäbe für eine Ausnahme vorgeben.

„Soll-Bestimmungen"

Grundsätze der Raumordnung

Grundsätze der Raumordnung enthalten allgemeine Aussagen zur Entwicklung, Ordnung und Sicherung des Raumes und sind in ihrer rechtlichen Bedeutung Abwägungsdirektiven für nachfolgende Planungen, aber in der Abwägung überwindbar (§ 3 Abs. 1 Nr. 3 ROG). Die zu beachtenden Grundsätze sind in § 2 ROG beispielhaft benannt. Die Auflistung ist allerdings nicht abschließend.

Grundsätze sind Abwägungsbelange

Ziele in Aufstellung

Auch noch nicht verbindlich verabschiedete Ziele der Raumordnung können auf der nachfolgenden Planungsebene von Bedeutung sein. Ein in Aufstellung befindliches Ziel der Raumordnung ist ein sonstiges Erfordernis der Raumordnung i.S.v. § 3 Abs. 1 Nr. 4 ROG und ebenfalls in Abwägungs- oder Ermessensentscheidungen zu berücksichtigen.

6.2.1.3   Die wichtigsten Ziele der Raumordnung

Bei der Planung von Einzelhandelsgroßprojekten und Einkaufszentren sind insbesondere die nachfolgend aufgeführten fünf, in den jeweiligen Bundesländern mit unterschiedlicher Verbindlichkeit als Zielbestimmung aufgeführten Vorgaben zu beachten:

Konzentrationsgrundsatz

Das Zentrale-Orte-Konzept (Konzentrationsgrundsatz) soll die Siedlungstätigkeit räumlich konzentrieren und vorrangig auf vorhandene Siedlungen mit ausreichender Infrastruktur und auf zentrale Orte ausrichten (§ 2 Abs. 2 Nr. 2 ROG). Die soziale Infrastruktur ist vorrangig in zentralen Orten zu bündeln; die Erreichbarkeits- und Tragfähigkeitskriterien des Zentrale-Orte-Konzepts sind flexibel an regionalen Erfor-

Konzentrierung auf zentrale Orte

dernissen auszurichten. Es sind die räumlichen Voraussetzungen für die Erhaltung der Innenstädte und örtlichen Zentren als zentrale Versorgungsbereiche zu schaffen (§ 2 Abs. 2 Nr. 3 ROG).

In den Raumordnungsplänen wird der Konzentrationsgrundsatz dadurch umgesetzt, dass Einzelhandelsgroßprojekte, teilweise ab einer bestimmten Größenordnung, nur in Orten mit einer bestimmten Zentralitätsfunktion (Ober-, Mittel-, Unterzentrum) geplant werden dürfen (zu den Grenzen vgl. hierzu nachfolgend unter 6.2.6).

Kongruenzgebot

Mit dem Kongruenzgebot wird an das Zentrale-Orte-Konzept angeknüpft. Das Kongruenzgebot beinhaltet die Zuordnung einzelner Vorhaben zu Orten bestimmter Zentralitätsstufen. In den Raumordnungsplänen der Länder, die sich neben dem Konzentrationsgrundsatz auch des Kongruenzgebotes bedienen (vgl. etwa Niedersachsen, Schleswig-Holstein und Baden-Württemberg), enthält dies eine dahingehende Ausprägung, dass Verkaufsflächen und Warensortiment von Einzelhandelsgroßprojekten der zentralörtlichen Versorgungsfunktion des Verflechtungsbereichs des jeweiligen zentralen Ortes entsprechen sollen. Dabei ist die Verkaufsfläche des Einzelhandelgroßprojektes so zu bemessen, dass deren Einzugsbereich den zentralörtlichen Verflechtungsbereich oder die Kaufkraft der Ansiedlungsgemeinde nicht wesentlich überschreitet. Dabei wird etwa in Schleswig-Holstein auf Schwellenwerte abgestellt, bei deren Unterschreitung Kongruenz vermutet wird und bei Überschreitung eine Einzelfallprüfung zu erfolgen hat. Das Kongruenzgebot hat in dieser Ausprägung nur in wenigen Ländern Zielqualität (vgl. hierzu und zu den Grenzen unten). Im LEP Baden-Württemberg, wo das Kongruenzgebot Ausdruck in einer „Soll-Vorschrift" gefunden hat, wird es als Bestimmungskriterium sowohl des Zentrale-Orte-Konzepts als auch des „städtebaulichen Integrationsgebots" gesehen (VGH Mannheim, Urteil vom 17.12.2009 – 3 S 2110/08).

Umsatz-Kaufkraft-Relation *(Marginalie)*

Integrationsgebot

Räumliche Steuerung *(Marginalie)*

Mit dem Integrationsgebot wird die räumliche Steuerung der Einzelhandelsansiedlung innerhalb des Gemeindegebiets beabsichtigt. Die räumliche Entwicklung eines Gebietes soll auf Siedlungsschwerpunkte gelenkt werden. Damit soll ein Ausufern der Siedlungstätigkeit in den freien Raum hinein verhindert und die Siedlungsschwerpunkte und Zentren einer Gemeinde gestärkt werden. Dabei ist zwischen der siedlungsräumlichen und der städtebaulichen Integration zu unterscheiden. Das siedlungsräumliche Integrationsgebot richtet die Siedlungsentwicklung auf integrierte Lagen einer Gemeinde, also auf solche, die sich innerhalb eines Siedlungszusammenhangs befinden (so im LEP Bayern). Das städtebauliche Integrationsgebot macht darüber hinaus konkrete Standortvorgaben innerhalb der siedlungsräumlich integrierten Lage (z.B. Konzentration auf zentrale Versorgungsbereiche) (LEP IV Rheinland-Pfalz, LEP 2010 Schleswig-Holstein, LEP NRW).

Beeinträchtigungsverbot

Mit dem Beeinträchtigungsverbot soll auf landesplanerischer Ebene verhindert werden, dass insbesondere die städtebaulich integrierten Bereiche der Standortgemeinde oder zentrale Versorgungsbereiche innerhalb der Stadtortgemeinde sowie in benachbarten Gemeinden beeinträchtigt werden. Auch soll verhindert werden, dass die Ansiedlung von Vorhaben zu einer wesentlichen Beeinträchtigung der einer Nachbargemeinde zugewiesenen raumordnungsrechtlichen Funktion führt. Das Beeinträchtigungsverbot steht mithin einem engen sachlichen Zusammenhang mit dem interkommunalen Abstimmungsgebot i.S.v. § 2 Abs. 2 BauGB.

Schädigungsverbot

Agglomerationsverbot

In jüngerer Zeit enthalten Raumordnungspläne zunehmend ein sog. Agglomerationsverbot. Danach soll der Bildung von Agglomerationen nicht-großflächiger Einzelhandelsbetriebe mit insbesondere innenstadtrelevanten Sortimenten außerhalb der städtebaulich integrierten Bereiche durch Verkaufsflächenbegrenzungen in Bebauungsplänen entgegengewirkt werden. Angesprochen sind hiervon insbesondere Gewerbegebiete außerhalb der Siedlungsschwerpunkte und zentraler Versorgungsbereiche, in denen derartige Agglomerationen durch Ansiedlung mehrerer nicht-großflächiger Einzelhandelsbetriebe, die sich nicht als Funktionseinheit oder Einkaufszentrum darstellen, entstehen können (vgl. hierzu OVG Koblenz, Urteil vom 23.3.2012 – 2 A 11176/11; VGH Mannheim, Urteil vom 21.9.2010 – 3 S 324/08, bestätigt durch BVerwG, Urteil vom 10.11.2011 – 4 CN 9.10).

Vermeidung der Häufung kleinerer Läden

6.2.2 Die landesplanerischen Regelungen

In der folgenden Tabelle werden die wesentlichen raumordnungsrechtlichen Ziel-Bestimmungen auf der Landesebene der jeweiligen Bundesländer wiedergegeben. Die Ziffern in den Klammern beziehen sich auf die in der rechten Spalte angegebenen Quellen. In Bayern, Nordrhein-Westfalen, Sachsen und Thüringen werden die Landesregelungen geändert bzw. neu aufgestellt. Die Tabelle gibt den bei Drucklegung dieses Buches aktuellen Stand der vorgenannten Änderungsverfahren im jeweils unteren Abschnitt der Tabelle für das jeweilige Land wieder; im Falle von Nordrhein-Westfalen ist nur der Stand des Aufstellungsverfahrens wiedergegeben, da es dort derzeit keine wirksame landesplanerische Regelung gibt.

Die Aussagen der Tabelle beziehen sich grundsätzlich auf die Zulässigkeit von Einzelhandelsgroßbetrieben und ihre Rahmenbedingungen.

Die landesplanerischen Regelungen

Land	Konzentrations- und Kongruenzgebot	Beeinträchtigungsverbote	Integrationsgebot
Baden-Württemberg	Zulässig i.d.R. in Ober-, Mittel-, Unterzentren; Ausnahmen u.U. für Kleinzentren und nicht-zentrale Orte. Das Vorhaben muss sich in das zentralörtliche Versorgungssystem einordnen (3.3.7.). Der Einzugsbereich soll nicht wesentlich größer als der Verflechtungsbereich des zentralen Ortes sein (3.3.7.1). Nicht mehr als 30% des Umsatzes darf mit Kunden außerhalb des Verflechtungsbereichs erzielt werden.	Die verbrauchernahe Versorgung der Bevölkerung im Einzugsbereich und die Funktionsfähigkeit anderer zentraler Orte dürfen nicht wesentlich beeinträchtigt werden (3.3.7.1.).	Vorrangig städtebaulich integrierte Lagen; städtebauliche Randlagen nur bei nicht-zentrenrelevanten Sortimenten (3.3.7.3).
Bayern	Zulässig i.d.R. in Unterzentren und zentralen Orten höherer Stufen sowie in sog. Siedlungsschwerpunkten (B II 1.2.1.2).	Keine wesentliche Beeinträchtigung der Funktionsfähigkeit der Zentralen Orte sowie der verbrauchernahen Versorgung der Bevölkerung im Einzugsbereich (B II 1.2.1.2, (E) 5.2.3). Maximale Kaufkraft-Abschöpfungsquoten im Nah-, Verflechtungs- oder Einzugsbereich (B II 1.2.1.2)	Städtebaulich integrierte Lage gefordert (auch Ortsrandlage); ausnahmsweise auch städtebauliche Randlage, wenn Waren des sonstigen Bedarfs verkauft werden; bei Nachweis fehlender geeigneter städtebaulich integrierter Standorte (B II 1.2.1.2).
	Nahversorgungsbetriebe bis 1.200 m² Verkaufsfläche in allen Gemeinden ((E) 5.2.1).	Bei Überschreiten der landesplanerischen Relevanzschwelle durch sortimentsspezifische Verkaufsflächen dürfen Einzelhandelsgroßprojekte 30% der sortimentsspezifischen Kaufkraft im einschlägigen Bezugsraum abschöpfen. ((E) 5.2.3).	Ausnahme für Vorhaben mit Waren des sonstigen Bedarfs oder wenn integrierte Lagen aufgrund topographischer Verhältnisse nicht vorhanden ((E) 5.2.2.).
Berlin und Brandenburg	Zulässig nur in zentralen Orten (4.7.(1)). Erfordernis, dem zentralörtlichen Versorgungsbereich und der zentralörtlichen Funktion zu entsprechen (4.7.(3)).	Keine Beeinträchtigung der Entwicklung und Funktion benachbarter zentraler Orte sowie der verbrauchernahen Versorgung (4.7.(2)).	Zentrenrelevante Sortimente nur auf Standorten in städtischen Kernbereichen zulässig (4.8.(1)). Ausnahmsweise in den zentralen Orten auch außerhalb der Städtischen Kernbereiche zulässig, wenn das Vorhaben ganz überwiegend der Nahversorgung dient und der Standort in einem wohngebietsbezogenen Versorgungsbereich liegt. Max. Verkaufsfläche in Metropole und in den Oberzentren 5.000 m² sowie in den Mittelzentren 2.500 m²; auf mind. 75% der Verkaufsfläche nahversorgungsrelevante Sortimente (4.8.(5)).

Agglomerationsverbot	Behandlung der Randsortimente	Quelle
Teilweise in Regionalplänen	Begrenzung der zentren- und nahversorgungsrelevanten Randsortimente, so dass es nicht zur Beeinträchtigung der verbrauchernahen Versorgung und der Funktionsfähigkeit des zentralörtlichen Versorgungskerns (Stadt- und Ortskern) oder anderer zentraler Orte kommt; Auswirkungen der Randsortimente auf die Zentrenstruktur sind regelmäßig zu untersuchen.	Landesentwicklungsplan Baden-Württemberg 2002; Einzelhandelserlass vom 21. Februar 2001
		Landesentwicklungsprogramm Bayern 2006

Handlungsanleitung zur landesplanerischen Überprüfung von Einzelhandelsgroßprojekten in Bayern vom 1. August 2002 |
| Die Regelungen gelten ebenso für sog. Einzelhandelsagglomerationen (Erläuterungen zu 5.2. B). | | Entwurf des Landesentwicklungsplanes vom 22.5.2012 (E) |
| | Nicht zentrenrelevante Kernsortimente sind in zentralen Orten auch außerhalb der städtischen Kernbereiche zulässig, sofern die vorhabenbezogene Verkaufsfläche für zentrenrelevante Randsortimente 10% nicht überschreitet (4.9.). | Landesentwicklungsplan Berlin-Brandenburg vom 15.5.2009 (LEP B-B 2009) |

Die landesplanerischen Regelungen

Land	Konzentrations- und Kongruenzgebot	Beeinträchtigungsverbote	Integrationsgebot
Hessen	Zulässig nur in Ober- und Mittelzentren, in begründeten Ausnahmefällen (z.B. zur Sicherung der Grundversorgung) auch in Grundzentren (4.1.2).	Die Funktionsfähigkeit von (auch benachbarten) zentralen Orten und ihrer bereits integrierten Geschäftszentren/Versorgungskerne darf nicht wesentlich beeinträchtigt werden. Gebot der Einfügung in das zentralörtliche Versorgungssystem (4.1.2).	Prinzip der Integration in bestehende Siedlungsbereiche (siedlungsstrukturelles Integrationsgebot). Vorhaben, die für eine Unterbringung im innerstädtischen Bereich ungeeignet sind, können davon ausgenommen werden (städtebauliches Integrationsgebot) (4.1.2)
Mecklenburg-Vorpommern	Ansiedlung nur in Zentralen Orten zulässig, bei mehr als 5.000 m² Geschossfläche nur in Ober- und Mittelzentren. Der Einzugsbereich soll den Verflechtungsbereich des Zentralen Ortes nicht wesentlich überschreiten (4.3.2. (1), (2)).	Keine Gefährdung der verbrauchernahen Versorgung und der Funktionsfähigkeit der zentralen Lagen (z.B. Innenstadt). Keine Störung der räumlich ausgewogenen Versorgung (4.3.2. (3)).	Zulässigkeit von zentrenrelevanten Vorhaben nur an integrierten Standorten (außerhalb der Innenstadt nur bei Nachweis der Unschädlichkeit) (4.3.2.(4)). Nicht-zentrenrelevante Sortimente sind an teilintegrierten, verkehrlich gut erreichbaren Standorten möglich (4.3.2. (5)).
Niedersachsen	Zulässig nur in zentralen Orten; Einzugsgebiet soll der zentralörtlichen Versorgungsfunktion entsprechen (2.3.03.1. und 5.).	Keine wesentliche Beeinträchtigung der ausgeglichenen Versorgungsstrukturen, der Funktionsfähigkeit der zentralen Orte und integrierter Versorgungsstandorte sowie der verbrauchernahen Versorgung der Bevölkerung (2.3.03.19.).	Nur städtebaulich integrierte Standorte, falls Kernsortiment innenstadtrelevant ist (2.3.03.6.). Einzelhandelsgroßprojekte mit nicht innenstadtrelevanten Kernsortimenten sind auch außerhalb der städtebaulich integrierten Lagen an verkehrlich gut erreichbaren Standorten zulässig (baulicher Zusammenhang mit Siedlungsbereich vorhanden) (2.3.03.8.).
Nordrhein-Westfalen		Keine wesentliche Beeinträchtigung der zentralen Versorgungsbereiche von Standortkommune und benachbarten Gemeinden (Ziel 3).	Zulässig nur in im Regionalplan ausgewiesenen Allgemeinen Siedlungsbereichen (Ziel 1). Zentrenrelevante Kernsortimente nur in Zentralen Versorgungsbereichen (Ziel 2) Ausnahme für Nahversorger: auch außerhalb zentraler Versorgungsbereiche, wenn integrierte Lage nicht möglich, für die wohnortnahe Versorgung erforderlich und zentrale Versorgungsbereiche nicht wesentlich beeinträchtigt werden (Ziel 2).

Agglomerationsverbot	Behandlung der Randsortimente	Quelle
Die Regelungen gelten ebenso für sog. Einzelhandelsagglomerationen (4.1.2).	Ausnahmsweise können an peripheren Standorten bis zu 10% der Verkaufsfläche, höchstens aber 800 m² Randsortimente zugelassen werden.	Landesentwicklungsplan Hessen 2000; Großflächige Einzelhandelsvorhaben im Bau- und Landesplanungsrecht – Hinweise und Erläuterungen (Neufassung 2005)
	Randsortimente zulässig, wenn keine negativen Auswirkungen auf die Innenstadtentwicklung und Nahversorgungsstruktur (Einzelfallprüfung erforderlich) (4.3.2. (5)).	Landesentwicklungsprogramm Mecklenburg-Vorpommern 2005
	Das innenstadtrelevante Randsortiment darf 10% und maximal 800 m² der Gesamtverkaufsfläche nicht überschreiten (Abweichungen hiervon nur im Ausnahmefall) (2.3.03.8. lit.a).	Landesraumordnungsprogramm Niedersachsen 2008
Zentrenschädlichen Agglomerationen außerhalb Allgemeiner Siedlungsbereiche und bei zentrenrelevanten Kernsortimenten außerhalb zentraler Versorgungsbereiche ist entgegenzuwirken (Ziel 8).	Zentren- und nahversorgungsrelevante Randsortimente dürfen nicht mehr als 10% der Verkaufsfläche (Ziel 5), jedoch nicht mehr als 2.500 m² betragen (Grundsatz 6).	Landesentwicklungsprogramm Nordrhein-Westfalen – Sachlicher Teilplan Großflächiger Einzelhandel; Entwurf vom 17.4.2012

Die landesplanerischen Regelungen

Land	Konzentrations- und Kongruenzgebot	Beeinträchtigungsverbote	Integrationsgebot
Rheinland-Pfalz	Nur zulässig in zentralen Orten, bei Vorhaben mit mehr als 2.000 m² Verkaufsfläche nur in Mittel- und Oberzentren. In Gemeinden mit mehr als 3.000 Einwohnern ausnahmsweise zur Sicherung der Grundversorgung Betriebe bis zu 1.600 m² Verkaufsfläche möglich (Z 57).	Keine wesentliche Beeinträchtigung der Versorgungsfunktion der städtebaulich integrierten Bereiche der Standortgemeinde und der Versorgungsbereiche (Nah- und Mittelbereiche) der benachbarten Gemeinden (Z 60).	Großflächige Einzelhandelsbetriebe mit innenstadtrelevantem Sortiment sind nur in städtebaulich integrierten Bereichen (Innenstadt, Stadt-/Stadtteilzentren) zulässig. Vorhaben mit nicht-innenstadtrelevantem Sortiment auch an sog. Ergänzungsstandorten der zentralen Orte (Z 58).
Saarland	Zulässig in zentralen Orten (Ober-, Mittel-, Grundzentren), ausnahmsweise auch in nichtzentralen Orten zur Sicherung der Grundversorgung (2.5.2. (42)). Einzugsbereich darf den Verflechtungsbereich des betreffenden zentralen Ortes nicht wesentlich überschreiten (Darlegungslast beim Planungsträger) (2.5.2. (44)).	Keine Beeinträchtigung der zentralen, innerstädtischen Versorgungsbereiche der Standortgemeinde und der Nachbargemeinden und des Zentrale-Orte-Systems des Landes (2.5.2. (45)).	Grundsätzlich Ansiedlung im räumlich-funktionalen Zusammenhang mit den zentralen, innerörtlichen Versorgungsbereiche und innerhalb des Siedlungszusammenhangs (zentrenrelevante Sortimente) (2.3.2. (46).
Sachsen	Zulässigkeit nur in Mittel- und Oberzentren (Z 6.2.1), zur Sicherung des überwiegend kurzfristigen Bedarfs bei entsprechendem Nachweis auch in Grundzentren (Z 6.2.2).

Einzugsgebiet sollte den Verflechtungsbereich des zentralen Ortes nicht wesentlich überschreiten (Z 6.2.3(E)). | Keine substanzielle Beeinträchtigung der Funktionsfähigkeit des zentralörtlichen Versorgungssystems oder der verbrauchernahen Versorgungen des zentralen Ortes sowie der benachbarten zentralen Orte (Z 6.2.4.). | Zulässig nur in städtebaulich integrierter Lage bei Vorliegen überwiegend innenstadtrelevanter Sortimente (Z 6.2.1). |
| Sachsen-Anhalt | Zulässig in zentralen Orten oberer und mittlerer Stufe (2.3. Z 46). Orientierung des Einzugsgebiets am Verflechtungsbereich des zentralen Ortes und der zentralörtlichen Versorgungsfunktion (2.3. Z 47). Ausnahmsweise zulässig in Grundzentren, wenn ausschließlich der Grundversorgung der Einwohner dienend und keine schädlichen Wirkungen verursachend (2.3. Z 52). | Keine Gefährdung der verbrauchernahen Versorgung der Bevölkerung (2.3. Z 48 Ziff. 3). Nutzungsänderungen an nicht städtebaulich integrierten Standorten dürfen nicht zu Lasten der Innenstädte erfolgen (2.3. Z 50). | Notwendigkeit des städtebaulich integrierten Standortes (2.3. Z 48 Ziff. 3). |

Agglomerationsverbot	Behandlung der Randsortimente	Quelle
Der Bildung von Agglomerationen großflächiger Einzelhandelsbetriebe mit innenstadtrelevanten Sortimenten außerhalb der städtebaulich integrierten Bereiche ist durch Verkaufsflächenbegrenzung in den Bauleitplänen entgegenzuwirken. Haben sich bereits Agglomerationsbereiche außerhalb der städtebaulich integrierten Bereiche gebildet, sind diese in ihrem Bestand festzuschreiben (Z 61).	Innenstadtrelevante Sortimente sind als Randsortimente auf eine innenstadtverträgliche Größenordnung zu reduzieren (Z 59).	Landesentwicklungsprogramm Rheinland-Pfalz (LEP IV 2008)
Geschoss- und Verkaufsflächen mehrerer Einzelhandelseinheiten, die im räumlich-funktionalen Verbund zueinander stehen (Einzelhandelsagglomerationen), sind zusammenzuzählen (2.3.2 (43)).		Landesentwicklungsplan Saarland Teilabschnitt „Siedlung" 2006
		Landesentwicklungsplan 2003
Geltung des Konzentrationsgebots (Ziel 2.3.2.1.(E)) und des Beeinträchtigungsverbots (Ziel 2.3.2.5.(E)) auch für sog. Einzelhandelsagglomerationen (Z 2.3.2.7.(E))		Entwurf Landesentwicklungsplan Sachsen 2012 (E)
Bei der Genehmigung eines nichtgroßflächigen Einzelhandelsbetriebes ist stets die Summationswirkung am Standort zu betrachten (2.3. Z 51).		Landesentwicklungsplan für das Land Sachsen-Anhalt 2010

Die landesplanerischen Regelungen

Land	Konzentrations- und Kongruenzgebot	Beeinträchtigungsverbote	Integrationsgebot
Schlewig Holstein	Zulässig nur in zentralen Orten (2.8. 3 Z). Struktur der Bevölkerungszahl und der Kaufkraft im Nah- bzw. Verflechtungsbereich angemessen. Je nach zentralörtlicher Einstufung und Bevölkerungszahl gelten unterschiedlich hohe Verkaufsobergrenzen (z.B. von über 10.000 m² Verkaufsfläche in Oberzentren) (2.8. 5 Z).	Eine wesentliche Beeinträchtigung bestehender oder geplanter Versorgungsstandorte innerhalb der Standortgemeinde ist zu vermeiden, ebenso Auswirkungen auf diejenigen benachbarter Orte (2.8. 4 Z).	Nahversorgungsrelevante Sortimente nur im baulich zusammenhängenden Siedlungsgebiet (siedlungsstrukturelles Integrationsgebiet), innenstadtrelevante Sortimente nur an städtebaulich integrierten Standorten (städtebauliches Integrationsgebot). Ausnahmsweise außerhalb, wenn z.B. eine städtebaulich integrierte Lage nachweislich nicht möglich ist (2.8. 6 Z). Bei nicht-innenstadtrelevanten Sortimenten auch nicht integrierte Standorte (2.8. 7 Z).
Thüringen	Zulässig nur in zentralen Orten höherer Stufe, ausnahmsweise auch in Grundzentren zur Sicherung der Grundversorgung (3.2.1 und 2.). Orientierung an der zentralörtlichen Versorgungsstruktur (3.2.4.).	Keine oder keine wesentliche Beeinträchtigung der verbrauchernahen Versorgung der Bevölkerung im Einzugsbereich und der Funktionsfähigkeit anderer Orte (3.2.4.).	Nur in städtebaulich integrierten Lagen (3.2.3.).

Agglomerationsverbot	Behandlung der Randsortimente	Quelle
Ausschluss von Einzelhandelsagglomerationen bei Aufstellung von Bebauungsplänen (2.8. 11 Z). Bei bestehenden Agglomerationen Überplanung (2.8. 12 Z).	Zentrenrelevante Randsortimente dürfen regelmäßig nicht mehr als 10% der Verkaufsfläche einnehmen (2.8. 7 Z).	Landesentwicklungsplan Schleswig-Holstein 2010
		Landesentwicklungsplan 2004
Die Regelungen gelten ebenso für sog. Einzelhandelsagglomerationen (Begründung zu 2.6.1.-2.6.4.).		1. Entwurf des Landesentwicklungsprogramms Thüringen (LEP Thüringen 2025)

Quelle: eigene Darstellung; Fachmarktatlas 2009 BBE, IPH

6.2.3　Raumordnungsverfahren

Bei raumbedeutsamen Planungen und Maßnahmen ist gem. § 15 ROG ein Raumordnungsverfahren durchzuführen. In diesem Verfahren werden die raumbedeutsamen Auswirkungen der Planung unter überörtlichen Gesichtspunkten und insbesondere die Übereinstimmung mit den Erfordernissen (Zielen und Grundsätzen) der Raumordnung geprüft. Gegenstand von Raumordnungsverfahren sind die in der Raumordnungsverordnung (ROV) vom 13.12.1990 (BGBl I S. 2766 in der Fassung vom 31.7.2009 BGBl I S. 2585) aufgeführten Planungen und Maßnahmen, soweit diese raumbedeutsam und von überörtlicher Bedeutung sind. Zu diesen Planungen und Maßnahmen gehören entsprechend § 1 Ziff. 19 ROV auch die Errichtung von Einkaufszentren, großflächigen Einzelhandelsbetrieben und sonstigen großflächigen Handelsbetrieben.

6.2.3.1　Verfahren

Einleitung des Verfahrens

§ 15 ROG enthält lediglich die wesentlichen Vorschriften über den Verfahrensablauf. Die Details werden in den Landesplanungsgesetzen geregelt.

Antrag

Das Raumordnungsverfahren wird durchweg durch einen Antrag des Vorhabenträgers oder einer öffentlichen Stelle (Gemeinde) eingeleitet. Dem Antrag sind die für die Bewertung der raumbedeutsamen Auswirkungen des Vorhabens notwendigen Unterlagen beizufügen. Hierzu gehören in aller Regel eine genaue Beschreibung des Vorhabens mit Plänen sowie die Beschreibung der wesentlichen raumbedeutsamen Auswirkungen. Die Verfahrensunterlagen sollen sich dabei auf eine Darstellungstiefe beschränken, die notwendig ist, um die Bewertung der unter überörtlichen Gesichtspunkten raumbedeutsamen Auswirkungen des Vorhabens zu ermöglichen. Bei Einzelhandelsgroßvorhaben gehört daher zu den Antragsunterlagen in aller Regel eine Untersuchung der Auswirkungen auf die Schutzgüter des § 11 Abs. 3 Satz 2 BauNVO (Verträglichkeitsgutachten) sowie eine Untersuchung der zu erwartenden Auswirkungen etwa auf die Infrastruktur und die Umwelt. Dementsprechend ist im Einzelfall auch auf der Ebene des Raumordnungsverfahrens ggf. eine Umweltverträglichkeitsprüfung (UVP) durchzuführen, soweit dies nach dem UVPG angeordnet wird. Auch hier orientiert sich der Detaillierungsgrad der Prüfung an der überörtlichen Planungsebene.

Angaben über die erforderlichen Unterlagen finden sich in den Landesplanungsgesetzen und den hierzu ergangenen Durchführungsverordnungen. Der Inhalt der Antragsunterlagen und deren Detaillierungstiefe sollte vor Einleitung des Raumordnungsverfahrens mit der Raumordnungsbehörde abgestimmt werden.

Beteiligung

§ 15 Abs. 3 ROG bestimmt, dass die in ihren Belangen berührten öffentlichen Stellen zu beteiligen sind und die Öffentlichkeit in die Durchführung eines Raumordnungsverfahrens einbezogen werden kann. Bei raumbedeutsamen Planungen mit erheblichen Auswirkungen auf Nachbarstaaten sollen diese nach den Grundsätzen der Gegenseitigkeit beteiligt werden.

Zu Beginn des Raumordnungsverfahrens wird von der verfahrensführenden Behörde der Kreis der Verfahrensbeteiligten festgelegt und diese unter Fristsetzung zu einer schriftlichen Stellungnahme aufgefordert.

Die Beteiligung der Öffentlichkeit erfolgt nach Maßgabe des Landesrechts, u.a. wenn Vorhaben erhebliche Auswirkungen auf die Umwelt erwarten lassen (vgl. Art. 22 Abs. 5 BayLplG). Bei UVP-pflichtigen Vorhaben ist die Einbeziehung der Öffentlichkeit in aller Regel obligatorisch.

Nach Auswertung der eingegangenen Stellungnahmen und ggf. nach Durchführung von Erörterungs-, Anhörungs- und Ortsterminen hat die zuständige Landesbehörde entsprechend § 15 Abs. 4 Satz 2 ROG innerhalb einer Frist von sechs Monaten nach Vorliegen der vollständigen Unterlagen das Raumordnungsverfahren abzuschließen.

Öffentlichkeitsbeteiligung

Entscheidung

Das Verfahren wird mit dem raumordnerischen Entscheid abgeschlossen. Mit diesem wird festgestellt, ob die Planung raumverträglich oder nicht raumverträglich ist. Die Raumverträglichkeit kann auch unter der Voraussetzung der Erfüllung bestimmter Maßgaben festgestellt werden.

Der raumordnerische Entscheid hat keine unmittelbare Rechtswirkung. Er ersetzt nicht das notwendige Bauleitplanverfahren oder sonstige Genehmigungen oder Erlaubnisse. Er besitzt auch keine Verwaltungsaktqualität, sondern hat lediglich gutachterlichen Charakter. Er ist bei der nachgeordneten Planung als sonstiges Erfordernis der Raumordnung in der Abwägungsentscheidung zu berücksichtigen (vgl. §§ 3 Abs. 1 Nr. 4, 4 Abs. 1 ROG).

Entscheidung hat keine Bindungswirkung

Daraus folgt auch, dass ein raumordnerischer Entscheid nicht selbstständig gerichtlich angefochten werden kann. Anders als in einem Zielabweichungsverfahren (vgl. hierzu nachfolgend unter 6.2.4) hat das Ergebnis des Raumordnungsverfahrens weder gegenüber dem Träger der Planung noch gegenüber Einzelnen unmittelbare Rechtswirkung (vgl. BVerwG, NVwZ-RR 1996, 67; BVerwG, NVwZ 2010, 133). Die Pflicht, die Ziele der Raumordnung im Planungsverfahren gem. § 1 Abs. 4 BauGB zu beachten, bleibt unberührt.

6.2.3.2 Vereinfachtes Verfahren

Gemäß § 16 ROG ist die Durchführung eines vereinfachten Raumordnungsverfahrens möglich, wenn die raumbedeutsamen Auswirkungen der Planung gering sind oder wenn für die Prüfung der Raumverträglichkeit erforderliche Stellungnahmen schon in anderen Verfahren abgegeben wurden. Im vereinfachten Verfahren kann von der Beteiligung einzelner öffentlicher Stellen oder der Öffentlichkeit abgesehen werden. Die Voraussetzungen für die Durchführung des vereinfachten Verfahrens sind in den jeweiligen Landesgesetzen geregelt. So kann entsprechend Art. 23 BayLplG das vereinfachte Raumordnungsverfahren durchgeführt werden, wenn bereits ein Bauleitplanungsverfahren für das Vorhaben eingeleitet worden ist, in dem die betroffenen Stellen und die Öffentlichkeit beteiligt werden. Entsprechend § 17 des Niedersächsischen Raumordnungsgesetzes (NROG) kann ein vereinfachtes Raumordnungsverfahren etwa durchgeführt werden, wenn für das Vorhaben keine Umweltverträglichkeitsprüfung vorgeschrieben ist.

Das vereinfachte Verfahren ist grundsätzlich innerhalb einer Frist von drei Monaten abzuschließen.

6.2.3.3 Besonderheiten in den Bundesländern

Nahezu alle Bundesländer sehen Raumordnungsverfahren in den im ROG i.V.m. der ROV angeordneten Fällen vor. Somit werden in nahezu allen Bundesländern Raumordnungsverfahren für die Errichtung von Einkaufszentren, Einzelhandelsgroßbetrieben und sonstigen großflächigen Handelsbetrieben i.S.v. § 11 Abs. 3 BauNVO durchgeführt. Auf folgende Besonderheiten in einzelnen Ländern soll hingewiesen werden:

Nordrhein-Westfalen

In NRW kein Raumordnungsverfahren

Nordrhein-Westfalen ordnet das Raumordnungsverfahren in § 32 LPlG nur für die in der Durchführungsverordnung zum Landesplanungsgesetz genannten Verfahren an, nämlich im Wesentlichen für bergrechtliche Verfahren und Stromfreileitungsanlagen, Gasversorgungsleitungen sowie Rohrleitungsanlagen zum Befördern wassergefährdender Stoffe. Ohne förmliches Verfahren erfolgt in Nordrhein-Westfalen die sog. landesplanerische Anfrage i.S.v. § 34 LPlG. Hiermit wird die Anpassung der Bauleitplanung an die Ziele der Raumordnung geprüft. Das Verfahren wird durch Übersendung eines Planentwurfs an die Regionalplanungsbehörde eingeleitet. In strittigen Fällen findet eine Erörterung mit der Gemeinde statt, nach der die Regionalplanungsbehörde im Einvernehmen mit dem Regionalrat über die nicht ausgeräumten Bedenken entscheidet. Kommt keine einvernehmliche Beurteilung zustande, entscheidet die Landesplanungsbehörde im Einvernehmen mit den fachlich zuständigen Landesministerien.

Der landesplanerischen Entscheidung kommt, wie dem raumordnerischen Entscheid, keine außenverbindliche Rechtswirkung zu. Das bedeutet, dass die planende Gemeinde auch gegen die landesplanerische Entscheidung ihre Planungsabsichten weiterverfolgen kann, allerdings an die verbindlichen Ziele der Raumordnung gebunden ist.

Hessen

§ 18 des LPlG Hessen ordnet das Raumordnungsverfahren für raumbedeutsame Planungen an, für die kein räumlich und sachlich hinreichend konkretes Ziel der Raumordnung in einem Raumordnungsplan enthalten ist. Wenn in einem Raumordnungsplan verbindliche Vorgaben für die Standorte von Einzelhandelsgroßbetrieben bei ihrer Größenordnung vorgegeben sind, ist ein Raumordnungsverfahren nach hessischem Recht entbehrlich.

Hessen

Berlin und Brandenburg

In Berlin und Brandenburg ordnet die Verordnung über die einheitliche Durchführung von Raumordnungsverfahren im gemeinsamen Planungsraum Berlin-Brandenburg vom 28.6.2010 die Durchführung des Raumordnungsverfahrens nach Maßgabe von Art. 16 des Landesplanungsvertrages an, der wiederum weitgehend auf das ROG und ROV verweist, also ein Raumordnungsverfahren durchweg für Einzelhandelsgroßbetriebe vorsieht.

Berlin/Brandenburg

Saarland

Das Saarland hat eine interessante Rückkoppelung zwischen dem Landesentwicklungsplan, Teilabschnitt „Siedlung" vom 4.7.2006 (LEP Siedlung) und den Regelungen in den §§ 9 ff des Landesplanungsgesetzes geschaffen. Gemäß § 9 LPlG wird für die Durchführung von Raumordnungsverfahren grundsätzlich auf die ROV des Bundes verwiesen, wie immer mit der Einschränkung, soweit die Vorhaben von überörtlicher Bedeutung sind. Das LEP Siedlung formuliert in Ziff. 51 das Ziel, dass für die Ansiedlung großflächiger Einzelhandelseinrichtungen über 5.000 m² Verkaufsfläche in der Regel die Durchführung eines Raumordnungsverfahrens erforderlich sei. Die Entscheidung hierüber obliege der Landesplanungsbehörde. Offenbar misst die Rechtsprechung im Saarland dieser Festlegung Zielqualität i.S.d. § 3 Abs. 1 Nr. 2 ROG bei (vgl. hierzu OVG Saarlouis, Urteil vom 11.11.2010 – 2 A 29/10). In diesem Falle hätte die Nichtdurchführung eines Raumordnungsverfahrens Rechtswirkungen, da es sich um die Verletzung eines landesplanerischen Zieles handelte. Es darf daran gezweifelt werden, dass diese Sichtweise stringent durchzuhalten ist.

Saarland

6.2.4   Zielabweichungsverfahren

Das Raumordnungsgesetz des Bundes und die Landungsplanungsgesetze lassen Abweichungen von Zielen der Raumordnung zu, wenn die Abweichung unter raumordnerischen Gesichtspunkten vertretbar ist und die Grundzüge der Planung nicht berührt werden (§ 6 Abs. 2 S. 1 ROG).

6.2.4.1 Grundzüge der Planung

Welches ist
die Grundidee der
Planung?

§ 6 ROG unterscheidet zwischen Ausnahmen (§ 6 Abs. 1 ROG) und Abweichungen (§ 6 Abs. 2 S. 1 ROG) von Zielen der Raumordnung. Ausnahmen sind solche, die im Raumordnungsplan ausdrücklich festgelegt werden, während über Abweichungen in einem raumordnerischen Zielabweichungsverfahren zu entscheiden ist. § 6 ROG ist damit dem Muster des § 31 BauGB über Ausnahmen und Befreiungen von Festsetzungen des Bebauungsplanes angelehnt (vg. hierzu Ziffer 7.2.4). Wann eine Planänderung die Grundzüge der Planung berührt, lässt sich nicht abstrakt bestimmen, sondern hängt von der jeweiligen Planungssituation ab. Der planerische Wille muss ermittelt werden, der Abweichung vom Planinhalt darf dabei keine derartige Bedeutung zukommen, dass die dem Plan zugrunde gelegte Planungskonzeption in beachtlicher Weise beeinträchtigt wird. Im Ergebnis muss angenommen werden können, die Abweichung liege noch im Bereich dessen, was der Plangeber gewollt hat oder gewollt hätte, wenn er den Grund für die Abweichung gekannt hätte (so BVerwG, BVerwGE 134, 264 und BVerwGE, 133, 98).

Auch wenn von einem der für die Einzelhandelssteuerung maßgeblichen Ziele (Konzentrationsgrundsatz, Kongruenzgebot, Beeinträchtigungsverbot, Integrationsgebot) abgewichen wird, bedeutet dies nicht zwangsläufig, dass damit in die planerische Grundentscheidung eingegriffen wird. Für die Zulassung einer Abweichung kommt es auch nicht darauf an, dass es sich bei dem zu beurteilenden Sachverhalt um einen atypischen Fall handelt. Das Zielabweichungsverfahren ist vielmehr auf den Ausgleich eines Härtefalls ausgerichtet, bei dem die Planaussage in Gestalt der Regelvorgabe dem Vorhaben zunächst entgegensteht, gleichwohl eine Zulassung aber vertretbar erscheint (vgl. grundlegend hierzu BVerwG, Urteil vom 16.12.2010 – 4 C 8.10). Bei der Frage einer Abweichung ist nach der Rechtsprechung des Bundesverwaltungsgerichts insbesondere zu berücksichtigten, ob die regelhafte Anwendung eines Ziels dazu führt, dass sich deren Einhaltung nicht mehr als verhältnisgemäß erweist. Die strikte Zielbindung durch landesplanerische Vorgaben ist gegenüber der dadurch bewirkten Eingrenzung der gemeindlichen Selbstverwaltungshoheit nur gerechtfertigt, wenn für diese Ziele gewichtige überörtliche Interessen vorliegen (vgl. hierzu Kapitel 6.2.6). Tritt dieses überörtliche Interesse hinter die konkreten Planungsvorstellungen der Gemeinde zurück, hat dies auch Einfluss auf die landesplanerische Grundentscheidung und rechtfertigt eine Abweichung von Zielen.

Härtefallausgleich

6.2.4.2 Rechtswirkungen der Zielabweichung

Verbindliche
Rechtswirkung

Ein bestands- oder rechtskräftiger Zielabweichungsbescheid hat für das nachfolgende Bauleitverfahren Tatbestandswirkung. Mit dem Zielabweichungsbescheid wird also verbindlich für das nachfolgende Planungsverfahren und auch für die das Planverfahren überprüfenden

Gerichte festgestellt, dass die Abweichung von Zielen der Raumordnung zulässig ist (vgl. OVG Koblenz, Urteil vom 26.6.2003 – 1 C 11713/02.OVG). Anderes gilt nur, wenn der Bescheid aus verwaltungsverfahrensrechtlichen Gründen nichtig ist.

Der Zielabweichungsbescheid ist ein Verwaltungsakt, gegen den sowohl die planende Gemeinde als auch benachbarte Gemeinden Rechtsmittel (Widerspruch, Anfechtungsklage) einlegen können. Klagebefugt sind Nachbargemeinden allerdings nur, insoweit ihnen das jeweilige landesplanerische Ziel, von dem zu Gunsten der planenden Gemeinde abgewichen wird, subjektive Rechte vermittelt (vgl. BVerwG, Urteil vom 5.11.2009 – 4 C 3.09; OVG Koblenz, BauR 2009, 286). So hat das Bundesverwaltungsgericht etwa dem Integrationsgebot drittschützende Wirkung abgesprochen. Drittschützend dürften aber in jedem Falle die Verletzung des Beeinträchtigungsverbotes und gegebenenfalls auch des Konzentrationsgrundsatzes sein.

Raumordnungsziele können gesichert werden

Wird ein Zielabweichungsbescheid angefochten, kann er zunächst nicht angewendet werden, weil das Rechtsmittel aufschiebende Wirkung hat.

6.2.5   Untersagung raumbedeutsamer Planungen

§ 14 ROG und die Landungsplanungsgesetze der Länder geben den zuständigen Raumordnungsbehörden das Recht, raumbedeutsame Planungen, insbesondere also die Aufstellung von Bebauungsplänen, zu untersagen, wenn Ziele der Raumordnung entgegenstehen. Diese Untersagungsmöglichkeiten kommen insbesondere für solche Planungen in Betracht, die der Umsetzung einer positiven raumordnungsrechtlichen Zielbestimmung entgegenstehen (z.B. der Ausweisung eines Standortes für eine Abfallentsorgungsanlage). Wenn etwa in einem gemeindlichen Bebauungsplan eine Anlage als unzulässig festgesetzt wird, für die der Raumordnungsplan eine positive Standortfestlegung trifft, widerspricht diese Bauleitplanung den Zielen der Raumordnung und kann untersagt werden.

Raumordnung vs. gemeindliche Planungshoheit

Für verbindliche und rechtsgültige Ziele der Raumordnung kann diese Untersagung gemäß § 14 Abs. 1 ROG unbefristet erfolgen. Wenn sich ein raumordnerisches Ziel in Aufstellung, etwa durch Aufstellung oder Änderung eines Landesentwicklungsplanes oder eines Regionalplanes, befindet, kommt entsprechend § 14 Abs. 2 ROG auch eine befristete Untersagung der Planung in Betracht, wenn zu befürchten ist, dass die Planung die Verwirklichung der vorgesehenen Ziele der Raumordnung unmöglich machen oder wesentlich erschweren würde. Die Dauer der Untersagung beträgt in aller Regel bis zu zwei Jahren und kann um ein weiteres Jahr verlängert werden.

Unterschiedliche Gesetzgebungsmaterien

Gegen Untersagungsverfügungen der zuständigen Raumordnungsbehörde sind Rechtsmittel der Planungsträger möglich. Ordnet die Raumordnungsbehörde die sofortige Vollziehung ihrer Untersagungsverfügung an, kann der Planungsträger in einem gerichtlichen Eilverfahren die Wiederherstellung der aufschiebenden Wirkung seines Rechtsmittels beantragen.

6.2.6 Grenzen der Steuerungsmöglichkeiten in Raumordnungsplänen

Raumordnung

In Kapitel 6.2.1.2 sind die Kriterien genannt worden, die ein Ziel der Raumordnung erfüllen muss, um eine verbindliche Vorgabe für die Bauleitplanung darzustellen. Hierzu gehört an erster Stelle die räumliche und sachliche Bestimmtheit bzw. Bestimmbarkeit des Inhalts der Zielvorgabe sowie ihre Abgewogenheit auf übergeordneter Ebene. Im Einzelfall ist umstritten, welche in den Raumordnungsplänen der Länder formulierten Ziele diesem hinreichenden Verbindlichkeitsanspruch genügen. Im Nachfolgenden soll auf einige Beispiele eingegangen werden.

6.2.6.1 Gesetzgebungszuständigkeit

Bodenrecht

Gesetze dürfen von Gesetzgebern nur erlassen werden, wenn sie hierfür die Gesetzgebungszuständigkeit besitzen. Artikel 74 GG führt die Materien der konkurrierenden Gesetzgebungszuständigkeit auf, die der Bund in Anspruch nehmen kann, soweit die Länder hiervon nicht Gebrauch gemacht haben (Artikel 72 GG). Die Materie der Raumordnung ist Gegenstand der konkurrierenden Gesetzgebung gemäß Artikel 74 Nr. 31 GG, die Materie des Bodenrechts gemäß Artikel 74 Nr. 18 GG. Zur Materie des Bodenrechts gehören solche Vorschriften, die den Grund und Boden unmittelbar zum Gegenstand rechtlicher Ordnung haben, also die rechtlichen Beziehungen des Menschen zu Grund und Boden regeln. Gegenstand des Bodenrechts ist insbesondere auch das Planungsrecht. Dem gegenüber ist Raumordnung eine zusammenfassende, übergeordnete Planung und Ordnung des Raumes (Rechtsgutachten des Bundesverfassungsgerichts vom 16.6.1954, BVerfGE 3, 407). Die Regelungsmaterie der Raumordnung muss also zwingend überörtlich sein und betrifft danach nicht das rechtliche Schicksal von Grund und Boden.

Trifft ein Gesetzgeber eine Regelung unter dem Kompetenztitel für die Materie der Raumordnung (Artikel 74 Nr. 31 GG), die das Schicksal von Grund und Boden zum Gegenstand hat, handelt er verfassungswidrig. Der Bundesgesetzgeber hat mit dem BauGB von dem Kompetenztitel des Artikels 74 Nr. 18 GG für das Bodenrecht Gebrauch gemacht. Daher können nicht andere Regelungen, soweit sie nicht in Änderung dieser bundesrechtlichen Regelungen im Wege der konkurrierenden Gesetzgebung von den Ländern in Anspruch genommen werden, für die gleiche Rechtsmaterie erlassen werden.

In seinem sogenannten „Ochtrup-Urteil" vom 30. September 2009 (10 A 1676/08) hat das OVG Münster dem seinerzeit geltenden § 24 a LEPro abgesprochen, der Gesetzgebungszuständigkeit des Landes NRW zu unterliegen, da er Bestimmungen zum Schicksal von Grund und Boden enthalte und somit der bundesrechtlichen Kompetenz des Artikels 74 Nr. 18 GG unterliege. Das OVG Münster hat diesen Bezug zu Grund und Boden insbesondere darin gesehen, dass § 24 a LEPro bestimmte, dass Kern- oder Sondergebiete für Vorhaben im Sinne des § 11 Abs. 3 BauNVO (Einzelhandelsgroßvorhaben) nur in zentralen Versorgungsbereichen ausgewiesen werden dürfen und die in ihnen zulässigen Nutzungen die Funktionsfähigkeit zentraler Versorgungsbereiche in der Gemeinde oder in benachbarten Gemeinden nicht beeinträchtigten durften. In dieser Anknüpfung sah das OVG Münster eine Regelung, die Grund und Boden und nicht die überörtliche Planung des Raumes betrafen. Bei diesem Verständnis besteht jedenfalls Zweifel auch an der Zuständigkeit des Landesplanungsgebers für die Zielvorgabe eines Beeinträchtigungsverbotes, da auch dieses Verbot einen unmittelbaren bodenrechtlichen Bezug hat (so OVG Schleswig, Urteil vom 22.4.2010 – 1 KN 19/09). Entsprechende Bedenken hat das OVG Schleswig auch zu dem im Zeitpunkt der Entscheidung geltenden LEP Schleswig-Holstein hinsichtlich des Integrationsgebotes geäußert.

Der ungebrochene raumordnerische Steuerungsanspruch der Landesplanung in Bezug auf den Einzelhandel führt zu erheblichen Einschränkungen der kommunalen Planungshoheit. Deren Entwicklungsvorstellung, die den Zielvorgaben des Landes entgegenstehen, lassen sich teilweise nur gerichtlich durchsetzen. Gleichermaßen steigt die Neigung benachbarter, um eine vergleichbare Entwicklung konkurrierender Kommunen, gegen die Entwicklung im benachbarten Gemeindegebiet vorzugehen. Auch hier wird die Frage des Verbindlichkeitsanspruches der landesplanerischen Zielvorgaben durch die Gerichte zu klären sein. Bedenklich in diesem Zusammenhang ist es, wenn auf landesplanerischer Ebene Standortvorgaben innerhalb einer Gemeinde für die Ansiedlung von Einzelhandelsgroßbetrieben gemacht werden. Derartige Vorgaben (städtebauliches Integrationsgebot) mögen zwar hinreichend bestimmt sein, beeinträchtigen aber die kommunale Planungshoheit ganz erheblich und dürften bodenrechtliche Regelungen sein, also vom Kompetenztitel für die Regelung der Raumordnungsmaterie nicht gedeckt sein. Schließlich muss beachtet werden, dass die Einschränkungen der verfassungsrechtlich gesicherten kommunalen Planungsfreiheit nur aus überörtlichem Interesse von höherem Gewicht gerechtfertigt sind und daher auch unter diesem Gesichtspunkt der verfassungsrechtlichen Prüfung standhalten müssen. Auch überörtliche Planung muss verhältnismäßig sein und darf nicht gegen das Willkürverbot verstoßen (vgl. VerfGH Münster, Urteil vom 26.8.2009 – VerfGH 18/08).

Was will der Plangeber?

6.2.6.2 Bestimmtheit

Landesplanerische Ziele müssen räumlich und sachlich bestimmt bzw. bestimmbar sein. Auf der nachfolgenden Planungsebene muss für die kommunalen Planungsträger feststehen, welchen landesplanerischen Rahmen sie zu beachten haben. Dies setzt zunächst voraus, dass in den landesplanerischen Zielvorgaben eine sachgerechte Auswahl der Rechtsbegriffe erfolgt, die dem üblichen Verständnis in der Rechtssprache, insbesondere der Gerichtssprache entspricht. Es sollten also keine abweichenden Begrifflichkeiten für gleiche Tatbestände gewählt werden, anderenfalls müssen sie jedenfalls hinreichend erläutert werden.

Das Erfordernis der hinreichenden Bestimmtheit oder Bestimmbarkeit bedeutet aber nicht, dass Ziele der Raumordnung bis ins Detail festgelegte Vorgaben enthalten müssen. Sie dürfen Rahmenvorgaben sein, die auf der kommunalen Ebene noch ausgefüllt werden können. Der Landesplanungsgeber darf je nach den planerischen Bedürfnissen bei der Formulierung der Planziele durchaus Zurückhaltung üben. So kann er etwa in seinen landesplanerischen Vorgaben vorsehen, dass von dem Regelfall des formulierten landesplanerischen Zieles Ausnahmen möglich sind. In diesem Falle handelt es sich um verbindliche Vorgaben, wenn der Plangeber neben den Regel- auch die Ausnahmevoraussetzungen mit hinreichender tatbestandlicher Bestimmtheit oder doch wenigstens Bestimmbarkeit selbst festlegt (BVerwG, NVWZ 2004, 226). So könnte eine landesplanerische Vorgabe bestimmen, dass von dem Regelfall der Zulässigkeit von Einzelhandelsgroßvorhaben mit zentrenrelevanten Sortimenten ausschließlich in zentralen Versorgungsbereichen abgewichen werden kann, wenn es sich um Betriebe mit nahversorgungsrelevanten Sortimenten handelt und ein Versorgungsdefizit ausgeglichen werden soll. Kritisch dabei ist allerdings immer die Frage, ob damit eine wirtschaftliche Erforderlichkeitsprüfung verbunden ist (vgl. hierzu unten 6.2.7).

Geklärt ist mittlerweile in der Rechtsprechung, dass auch die Formulierung von „Soll-Zielen" in landesplanerischen Regelungen Ziele der Raumordnung sind, wenn die Voraussetzungen, bei deren Vorliegen die Soll-Vorschrift auch ohne förmliches Zielabweichungsverfahren eine Ausnahme von der Zielbindung zulässt, im Wege der Auslegung auf der Grundlage des Planes hinreichend bestimmt oder doch wenigstens bestimmbar ist (so BVerwG, Urteil vom 16.12.2010 – 4 C 8.10).

Als hinreichend bestimmte Zielvorgabe hat der VGH Mannheim (Urteil vom 17.12.2009 – 3 S 2110/08) das Zentrale-Orte-Prinzip (Konzentrationsgrundsatz) und das Kongruenzgebot im LEP-Baden-Württemberg angesehen. Anders als in Baden-Württemberg sind die Verflechtungsbereiche in den Regionalplänen in Niedersachsen nicht abgegrenzt, so dass die Bezugsebene für die Prüfung des Kongruenzgebotes nach Auffassung des OVG Lüneburg (Urteil vom 15.3.2012 – 1 KN 152/10) nicht hinreichend bestimmt oder bestimmbar ist.

6.2.6.3 Abgewogenheit

Dem hinreichenden Verbindlichkeitsanspruch mangelt es allerdings solchen Vorschriften, die ohne einen gemeindlichen Mitwirkungsakt inhaltsleer sind, also keinen eigenständigen räumlichen oder sachlichen Regelungsgehalt haben. Die mittlerweile außer Kraft getretene Bestimmung des § 24 a LEPro NRW machte die Zuordnung von Einzelhandelsgroßbetrieben zu zentralen Versorgungsbereichen davon abhängig, dass diese von den Gemeinden nach bestimmten Kriterien in einem Konzept definiert worden sind. Die Vorgabe des landesplanerischen Ziels war damit auf der übergeordneten Ebene nicht abschließend abgewogen (vgl. OVG Münster, Urteil vom 30.9.2009 – 10 A 1676/08).

*Handlungsspiel-
räume der Gemeinde*

6.2.6.4 Nicht-großflächige Einzelhandelsbetriebe

Mit dem zunehmend in landes- und regionalplanerische Zielvorgaben Eingang findenden Agglomerationsverbot nimmt die Raumordnung auch auf die Steuerung der Ansiedlung von nicht großflächigen Einzelhandelsbetrieben Einfluss, während die landesplanerischen Regelungen bisher durchweg die Einzelhandelsgroßbetriebe im Sinne von § 11 Abs. 3 BauGB zum Gegenstand hatten. Die Rechtsprechung des Bundesverwaltungsgerichtes insbesondere zum Vorliegen von Funktionseinheiten (vgl. hierzu Kapitel 6.1.2.3), die die Häufung mehrerer nicht-großflächiger selbstständiger Einzelhandelsbetriebe nicht zu einem Einzelhandelsbetrieb zusammengefasst ansah und die damit verbundene fehlende Begrenzungsmöglichkeit der Ansiedlung von Fachmarktzentren und sonstigen Agglomerationen feststellte, hat die Länder in ihrem Steuerungsanspruch bestärkt, auch auf diese nicht großflächigen Einzelhandelsbetriebe Einfluss nehmen zu wollen. Bestätigt wurde die Zulässigkeit eines derartigen Agglomerationsverbotes bisher durch den VGH Mannheim (Urteil vom 21.9.2010 – 3 S 324/08, bestätigt durch das BVerwG vom 10.11.2011 – 4 CN 9.10 und durch das OVG Koblenz, Urteil vom 23.3.2012 – 2 A 11 176/11). Da auch diese Regelungen augenscheinlich einen vorrangig bodenrechtlichen Bezug haben und mit dem Ziel der Verhinderung von Beeinträchtigungen eine städtebauliche Regelung treffen, dürften Bedenken an der Gesetzgebungszuständigkeit des Landesplanungsgebers bestehen.

*Fachmarktzentren
sind im Blick*

6.2.6.5 Ausblick

Im Planungsprozess wird den Vorgaben auf der Landesplanungsebene oder der Regionalplanungsebene grundsätzlich Folge zu leisten sein. Abgesehen von den Fällen der Zielabweichung oder der Änderung der regionalplanerischen Vorgaben wird eine zur Entscheidung berufene Behörde kaum die vorstehend dargestellten Bedenken gegenüber den landes- und regionalplanerischen Reglungen hegen, sondern plankonform handeln. Es ist daher primär nach Wegen zu suchen, wie die Vorhabenansiedlung unter Berücksichtigung der landes- und regionalplanerischen Vorgaben realisiert werden kann und ob und in welchem Umfang gegebenenfalls Zielabweichungen möglich sind. Erst wenn landes- oder regionalplanerische Zielvorgaben unausräumbar einem Vorhaben entgegengehalten werden, ist daran zu denken, die Rechtmäßigkeit dieser entgegenstehenden Regelungen auf dem Rechtswege überprüfen zu lassen. Daher wird es nicht selten dann zur Entscheidung über die Verbindlichkeit der Vorgaben kommen, wenn es um die versagte Genehmigung eines von der Gemeinde beschlossenen Flächennutzungsplanes geht. Die Gemeinde kann dann gegen die versagte Genehmigung klagen und vor Gericht erstreiten, wenn sich das entgegen gehaltene landes- oder regionalplanerische Ziel als nicht verbindlich erweist.

Schwieriger ist es, gegen versagte Zielabweichungen zu klagen, da der zuständigen Raumordnungsbehörde bei der Entscheidung über die Zulassung einer Zielabweichung in aller Regel ein Ermessensspielraum zusteht und die Gerichte nur die ordnungsgemäße Ermessensausübung überprüfen, in aller Regel aber nicht das Ergebnis eines ordnungsgemäß ausgeübten Ermessens.

6.2.7   Einzelhandelssteuerung und Europarecht

6.2.7.1   Einleitung

Die Frage der Vereinbarkeit von nationalem Planungsrecht, insbesondere landes- und regionalplanerischer Regelungen, mit Europarecht ist im Wesentlichen rechtliches Neuland. Derartige Fragen haben sich lange Zeit nicht gestellt, weil grundlegende Anknüpfungspunkte und gedankliche Transferleistungen nicht stattgefunden haben. Zudem wurden und konnten die Probleme in der Regel auf der Ebene des nationalen Rechts gelöst werden.

Steuerungsanspruch der Länder

Wettbewerbsfreiheit contra planerische Steuerung

Mit der Entwicklung und Expansion des Einzelhandels haben sich dessen rechtliche Steuerungsmöglichkeiten sehr stark entwickelt und ausdifferenziert. Insbesondere getrieben durch die Ausprägungen in der Rechtsprechung wurden konkrete Maßnahmen und Möglichkeiten herausgearbeitet, wie Einzelhandel rechtssicher und wirksam gesteuert werden kann und soll. Ziel dieser Steuerung ist die Konzentration von Einzelhandel in Stadtzentren und sogenannten zentralen Versorgungsbereichen, um deren Funktionsfähigkeit zu sichern. Gleichzeitig sollen Gewerbeflächen dem produzierenden und verarbeitenden Gewerbe vorbehalten bleiben.

Die Steuerung des Einzelhandels erfolgt maßgeblich auf kommunaler Ebene durch eine entsprechende Ausprägung der Bauleitplanung. Die konkrete Aufstellung von Flächennutzungs- und Bebauungsplänen erfolgt im Hinblick auf den Einzelhandel häufig auf Grundlage städtebaulicher Konzepte, die festlegen, an welchen Standorten Einzelhandel zulässig sein soll. Hierbei handelt es sich jedoch um Planungen, welche die Kommunen allein im eigenen Interesse verfolgen. In Bezug auf benachbarte Kommunen besteht insoweit lediglich die Einschränkung, dass deren Zentren und zentrale Versorgungsbereiche durch die Ansiedlung eines Einzelhandelsbetriebes nicht geschädigt werden dürfen (§ 2 Abs. 2 BauGB).

Da der Umgang mit diesen Vorgaben in der Praxis anhand eines jeden Einzelfalls unterschiedlich zu beurteilen ist, stieg der Druck zur Schaffung konkreter übergeordneter Vorgaben. Diese wurden auf der Ebene der Regional- und Landesplanung eingeführt. Die seit jeher bestehenden regionalplanerischen Grundsätze – das Zentrale-Orte-Prinzip, das Integrationsgebot, das Beeinträchtigungsverbot und das Kongruenzgebot – wurden durch detaillierte Regelungen konkretisiert.

Dies führte unter anderem dazu, dass in einzelnen Bundesländern auf der Ebene der Landesplanung Verflechtungsbereiche auf der Ebene des Kongruenzgebotes abgegrenzt (z.B. Landesentwicklungsplan Baden-Württemberg) und die Zulässigkeit der Aufstellung von Bebauungsplänen für großflächige Einzelhandelsbetriebe anhand von Flächengrößen und Sortimentsfestlegungen abgegrenzt werden (z.B. § 24a LEPro NRW). Diese Beschränkungen der kommunalen Planungshoheit führen zu einer starken Einschränkung der bauplanungsrechtlichen Flexibilität und haben zur Folge, dass eine Vielzahl von Vorhaben aufgrund der landesplanerischen Vorgaben nicht mehr zulässig sind. Gerichtliche Auseinandersetzungen waren die Folge. In diesen wurde insbesondere darüber gestritten, ob die Vorgaben der Landesplanung – sogenannte Ziele der Raumordnung – im Sinne des § 3 Abs. 1 Nr. 2 ROG und damit für die kommunale Bauleitplanung verbindlich sind (vgl. nur OVG Münster, BauR 2010, 426; OVG Münster, BauR 2005, 1577).

Diese landesplanerischen Regelungen werden in der Regel damit begründet, dass sie zum Schutz zentraler Versorgungsbereiche und von Stadtzentren erforderlich seien. Denn würden die in ihnen angegebenen Grenz- und Schwellenwerte durch bestimmte Einzelvorhaben überschritten, entstünden derart gewichtige wirtschaftliche Auswirkungen auf diese Bereiche, dass städtebaulich unerwünschte Effekte wie Leerstand und Trading-down eintreten.

Mahnschreiben

Am 28.12.2006 trat die sogenannte „Dienstleistungsrichtlinie (Richtlinie 2006/123/EG des Europäischen Parlaments und des Rates vom 12. Dezember 2006 über Dienstleistungen im Binnenmarkt, Abl. EG L 376/36, 27.12.2006)" in Kraft. Diese zur Konkretisierung der Europäischen Dienstleistungs- und Niederlassungsfreiheit erlassene Richtlinie, enthielt unter anderem das Verbot, die Erteilung von Genehmigungen, die zur Ausübung dieser Freiheiten erforderlich sind, von wirtschaftlichen Überprüfungen im Einzelfall abhängig zu machen. Da die landesplanerischen Regelungen im Wesentlichen auf dieser Grundlage bzw. Annahme getroffen werden, lag die Frage nach der Vereinbarkeit mit den europarechtlichen Vorgaben nahe.

Beschwerden gegen Beschränkung der Niederlassungsfreiheit

Aufgrund mehrerer Beschwerden bei der Europäischen Kommission kam es zur Einleitung eines Vertragsverletzungsverfahrens gegen die Bundesrepublik Deutschland. Mit einem sogenannten „Mahnschreiben" machte die Kommission geltend, dass landesplanerische Regelungen im Regionalplan der Region Stuttgart, die die Größe zentrenrelevanter Randsortimente von großflächigen Einzelhandelsbetrieben auf 350 m² beschränken, sowie landesplanerische Regelungen aus Nordrhein-Westfalen, die eine Beschränkung auf 10% und max. 2.500 m² Verkaufsfläche für zentrenrelevante Randsortimente vorsehen, gegen die Niederlassungsfreiheit und die Dienstleistungsrichtlinie verstoßen. Mittlerweile wurden Vertragsverletzungsverfahren gegen niedersächsische Landesregelungen eingeleitet, die in einem bestimmten Bereich lediglich ein Factory-Outlet-Center erlauben, sowie gegen Regelungen des Landes Sachsen, welche die Zulässigkeit eines großflächigen Einzelhandelsbetriebes vom Nachweis eines entsprechenden Bedarfs abhängig machen.

Inzwischen hat der Europäische Gerichtshof den Zusammenhang zwischen Einzelhandelsregulierung und Europarecht bestätigt. Mit seiner Entscheidung vom 24.3.2011 hat der EuGH (EuGH, Rs. C-400/08, 24.3.2011, ABl. C 152 vom 21.5.2011, S. 2) einige spanische Regelungen für unwirksam erklärt, weil sie entweder wirtschaftliche Ziele verfolgten oder ihre Verhältnismäßigkeit nicht nachgewiesen werden konnte.

6.2.7.2 Rechtliche Grundlagen

Niederlassungsfreiheit, Art. 49 AEUV

Die Niederlassungsfreiheit nach Art. 49 AEUV steht nach ständiger Rechtsprechung des EuGH jeder nationalen Regelung entgegen, die entweder aus Gründen der Staatsangehörigkeit diskriminiert oder ohne Diskriminierung geeignet ist, die Ausübung der Niederlassungsfreiheit durch die Unionsangehörigen zu behindern oder weniger attraktiv zu machen (EuGH, 14.10.2004, Rs. C-299/02, Slg. 2004, I-9761; 21.4.2005, Rs. C-140/03, Slg. 2005 I-3177). Dabei umfasst der Begriff der Beschränkung die von einem Mitgliedsstaat getroffenen Maßnahmen, die, obwohl sie unterschiedslos anwendbar sind, den Marktzugang von Unternehmen aus anderen Mitgliedsstaaten beeinträchtigen und somit den innergemeinschaftlichen Handel behindern (EuGH, 28.4.2009, Rs. C-518/06, Slg. 2009, I-3491).

Hierunter fällt nach Auffassung des EuGH insbesondere eine nationale Regelung, die die Niederlassung eines Unternehmens aus einem anderen Mitgliedsstaat von der Erteilung einer vorherigen Erlaubnis abhängig macht. Denn eine solche Regelung wäre geeignet, die Ausübung der Niederlassungsfreiheit durch dieses Unternehmen zu beeinträchtigen, indem sie es daran hindert, seine Tätigkeit mit Hilfe einer

Betriebsstätte frei auszuüben (EuGH, 1.6.2010 Rs. C-570/07, Slg. 2010, I-0000, Rn. 54).

Der EuGH hat damit festgestellt, dass das Erfordernis einer Genehmigung, die zur Ausübung der Niederlassungsfreiheit in einer Betriebsstätte, d.h. einem Gebäude erforderlich ist, eine Beschränkung der Niederlassungsfreiheit darstellt. Damit handelt es sich bei der deutschen Verpflichtung zur Einholung einer Baugenehmigung um eine Beschränkung der Niederlassungsfreiheit, sofern die Baugenehmigung und die Betriebsstätte erforderlich sind, damit ein Unternehmen sich niederlassen und seine Tätigkeit ausüben kann. Da die Baugenehmigung für ihre Erteilung voraussetzt, dass alle anderen öffentlich-rechtlichen Vorschriften eingehalten werden, fallen auch regional- und landesplanerische Regelungen in den Anwendungsbereich der Niederlassungsfreiheit. Denn die landesplanerischen Regelungen stellen die Voraussetzungen auf, unter denen ein Bebauungsplan aufgestellt werden kann, der wiederum die Erteilung der Baugenehmigung ermöglicht.

Genehmigungs-erfordernis kann Niederlassungs-freiheit beeinträchtigen

Der Eingriff in die Dienstleistungsfreiheit bedeutet allerdings nicht automatisch, dass jegliche Regelung damit unzulässig wäre. Vielmehr ergibt sich daraus der folgende Prüfkatalog, an dem sich jede nationalstaatliche Regelung messen lassen muss:

- Die Regelung darf nicht aus Gründen der Staatsangehörigkeit diskriminieren,

- die Regelung muss in nicht diskriminierender Weise angewendet werden,

- die Regelung muss durch zwingende Gründe des Allgemeinwohls (Umweltschutz, Verbraucherschutz, Stadt- und Raumplanung etc.) gerechtfertigt sein,

- die Regelung muss geeignet sein, die Verwirklichung des mit ihr verfolgten Ziels zu gewährleisten und

- die Regelung muss erforderlich sein, d.h. nicht über das hinausgehen, was zur Erreichung des Ziels erforderlich ist.

Art. 14 Dienstleistungsrichtlinie

Nach Art. 14 Abs. 5 der Richtlinie dürfen die Mitgliedstaaten die Aufnahme oder Ausübung einer Dienstleistungstätigkeit in ihrem Hoheitsgebiet nicht von einer der folgenden Anforderungen abhängig machen:

- einer wirtschaftlichen Überprüfung im Einzelfall, bei der die Erteilung der Genehmigung vom Nachweis eines wirtschaftlichen Bedarfs oder einer Marktnachfrage abhängig gemacht wird, oder

Prüfung der Erforderlichkeit unzulässig

- der Beurteilung der tatsächlichen oder möglichen wirtschaftlichen Auswirkungen der Tätigkeit oder

- der Bewertung ihrer Eignung für die Verwirklichung wirtschaftlicher, von der zuständigen Behörde festgelegter Programmziele.

Dieses Verbot betrifft nicht Planungserfordernisse, die keine wirtschaftlichen Ziele verfolgen, sondern zwingenden Gründen des Allgemeininteresses dienen. Aus Art. 14 ergeben sich daher konkrete europarechtliche Vorgaben für die rechtlichen Voraussetzungen einer Baugenehmigung.

„Spanien-Urteil" des EuGH

In der bereits benannten Entscheidung des Europäischen Gerichtshofes (EuGH, Rs. C-400/08, 24.3.2011, ABl. C 152 vom 21.5.2011, S. 2, Kommission ./. Spanien) hat der EuGH mehrere Regelungen für unwirksam erklärt, die für die Erteilung einer Gewerbeerlaubnis zur Eröffnung eines Einzelhandelsbetriebes erforderlich sind:

Vom EuGH als unwirksam erklärte Regelungen

Eine Regelung sah vor, dass große Einzelhandelseinrichtungen nur in konsolidierten städtischen Gebieten in Gemeinden eröffnet werden dürfen, die entweder das Zentrum eines Bezirks sind oder die mehr als 25.000 Einwohner oder unter Berücksichtigung des Fremdenverkehrs besondere Bedeutung haben. Ergänzend sollten für bestimmte Einzelhandelseinrichtungen konkret festgelegte Verkaufsflächenbeschränkungen gelten. Darüber hinaus wurde die Zulässigkeit von Verbrauchermärkten in Gebieten beschränkt, in denen für das Jahr 2009 ein Überangebot prognostiziert wurde.

Der EuGH hat festgestellt, dass Beschränkungen in Bezug auf Standort und Größe von Einzelhandelseinrichtungen grundsätzlich geeignete Mittel sein können, um Ziele der Raumordnung und des Umweltschutzes zu erreichen. Jedoch forderte der EuGH den Nachweis, dass die Beschränkungen der Niederlassungsfreiheit tatsächlich zweckmäßig und verhältnismäßig sind, um die Ziele der Raumordnung und des Umweltschutzes zu erreichen. Da dieser Nachweis nicht geführt wurde, wurden die Regelungen für europarechtswidrig erklärt.

Eine weitere Regelung zur Erteilung einer Gewerbeerlaubnis machte eine solche Erlaubnis davon abhängig, die Ausstattung des betreffenden Gebietes mit Einzelhandelseinrichtungen und die Auswirkungen einer neuen Ansiedlung auf die Einzelhandelsstruktur dieses Gebietes zu berücksichtigen und im Rahmen eines Gutachtens nachzuweisen. Fällt das Gutachten negativ aus, so die Regelung, darf eine solche Gewerbeerlaubnis nicht erteilt werden. Derartige Auswirkungen führen nach Auffassung des EuGH zu Obergrenzen für die Ansiedlungsdichte und die Auswirkungen auf den bestehenden Einzelhandel, so dass es sich hier um rein wirtschaftliche Erwägungen handelt, die im Lichte der Niederlassungsfreiheit nicht rechtfertigungsfähig seien.

Die europarechtlichen Anforderungen sind bei der Steuerung zu beachten

Bedeutung für die Praxis

Im Hinblick auf diese rechtlichen Vorgaben sind Regelungen zur Steuerungen von Einzelhandel anhand einer Reihe von Kriterien zu überprüfen. Grundsätzlich sind derartige Regelungen durchaus möglich und zulässig. Sie müssen sich jedoch an bestimmten Rahmenvorgaben orientieren, um nicht gegen Europarecht zu verstoßen.

Die wichtigste Maßgabe ist insoweit, dass Regelungen zur Steuerungen von Einzelhandel keine wirtschaftlichen Ziele verfolgen dürfen bzw. die Zulässigkeit solcher Vorhaben nicht von ihren wirtschaftlichen Auswirkungen oder einem wirtschaftlichen Bedarf abhängig machen.

Von der Regulierungsseite wird immer wieder betont, dass Einzelhandelssteuerung rein städtebaulich zu verstehen sei, d.h. auch nur städtebauliche Auswirkungen verhindert werden sollen. Die Ermittlung derartiger städtebaulicher Auswirkungen erfolgt jedoch auf der Grundlage wirtschaftlicher Auswirkungen, insbesondere von Umsatz-Kaufkraft-Analysen und der Messung von Kaufkraftabzügen. Bisher besteht in der Praxis die Schwierigkeit, festzustellen, warum die wirtschaftlichen Auswirkungen tatsächlich erhebliche städtebauliche Folgen haben. Wann derartige städtebauliche Folgen vorliegen, ist auch bisher rechtlich nicht eindeutig festgelegt. In Anlehnung an § 34 Abs. 3 BauGB kann davon ausgegangen werden, dass dies mit Sicherheit der Fall ist, wenn Funktionsstörungen des zentralen Versorgungsbereiches oder des Stadtzentrums auftreten. Jedoch ist bisher völlig unklar, welche Umsatzumverteilung im jeweiligen Fall erforderlich ist, um eine derartige Funktionsstörung hervorzurufen. Insoweit besteht die Gefahr, dass bei Anknüpfung an wirtschaftliche Auswirkungen die Schwelle zu den städtebaulichen Auswirkungen verkannt wird. Dies hätte zur Folge, dass die Zulässigkeit eines Vorhabens allein anhand seiner wirtschaftlichen Auswirkungen und nicht seiner städtebaulichen Auswirkungen beurteilt würde.

Ebenso wenig ist es zulässig, Einzelhandelsbetriebe von dem jeweiligen Bedarf einer konkreten Situation abhängig zu machen. Landesplanerische Regelungen wie z.B. in Sachsen, die den Nachweis des Versorgungsbedarfes eines jeweiligen Bereiches erfordern, stellen daher auf eine Bedarfsprüfung ab.

Des Weiteren müssen Regelungen auf konkrete zwingende Gründe des Allgemeinwohls gestützt werden. Hierbei ist darauf zu achten, dass klar vor Augen geführt wird, welches konkrete Ziel mit der jeweiligen Regelung verfolgt wird. Ist dieses Ziel festgelegt, kann daran gemessen werden, ob die Regelung geeignet ist, das konkrete Ziel zu erreichen, und ob sie erforderlich ist, d.h. nicht über das unbedingt notwendige Maß hinausgeht. Gerade bei letzteren zwei Voraussetzungen bestehen erhebliche Schwierigkeiten, da in der Praxis Nachweisprobleme bestehen. So ist durch Untersuchungen nachzuweisen, dass z.B. eine Beschränkung zentrenrelevanter Randsortimente auf 350 m² verhältnismäßig ist, um den Schutz zentraler Versorgungsbereiche zu erreichen. Damit ist z.B. nicht erkennbar, warum lediglich die Beschränkung großflächigen Einzelhandels mit zentrenrelevanten Sortimenten geeignet sein soll, Gründe des Umweltschutzes zu fördern. Insofern ist auch darauf zu achten, dass die Steuerungsregelungen in sich konsistent und widerspruchsfrei sind.

6.3 Die Entwicklung von Handelsimmobilien durch Bebauungsplan

Thomas Lüttgau
Gerrit Krupp
Inga Schwertner
Kai Petra Dreesen

6.3.1 Grundsätzliches

Die Bauleitplanung ist das zentrale städtebauliche Gestaltungsinstrument der Gemeinden. Das Bundesverwaltungsgericht hat betont, dass die städtebauliche Entwicklung nicht vollständig dem „Spiel freier Kräfte" oder isolierten Einzelentscheidungen nach §§ 34, 35 BauGB überlassen bleiben darf, sondern der Lenkung und Ordnung durch Planung bedarf (BVerwG, NVwZ 2004, 220 ff.). Dabei ist die Entscheidung, ob ein Bebauungsplan aufgestellt wird, in das Ermessen der Gemeinde gestellt; sie ist Teil der kommunalen Selbstverwaltungsgarantie. Ein Anspruch auf Planaufstellung, -ergänzung oder -änderung besteht nicht, wie § 1 Abs. 3 BauGB ausdrücklich anordnet. Dabei ist die Aufstellung eines Bebauungsplans nicht erst dann erforderlich, um einer städtebaulichen Fehlentwicklung entgegenzuwirken. Die Gemeinden können vielmehr mit dem Mittel der Bauleitplanung Ziele definieren, um eine gewünschte städtebauliche Entwicklung für die Zukunft zu fördern. Insbesondere bietet die Bauleitplanung die notwendigen Mittel, um Einzelhandel zu steuern, insbesondere durch Festsetzung bestimmter Baugebiete und die Möglichkeit der Feindifferenzierung der zulässigen Nutzung gemäß § 1 Abs. 4 bis 9 BauNVO. In diesem Zusammenhang kommt den Zentrenkonzepten der Gemeinde i.S.v. § 1 Abs. 6 Nr. 11 BauGB besondere Bedeutung zu. In den folgenden Abschnitten werden die Besonderheiten bei der Planaufstellung dargestellt, bevor auf die Entwicklung von Handelsimmobilien durch vorhabenbezogenen Bebauungsplan und Bebauungspläne zur Steuerung von Handelsansiedlungen gemäß § 9 Abs. 2 a BauGB näher eingegangen wird.

6.3.1.1 Ziele der Raumordnung

Die Bauleitpläne sind den Zielen der Raumordnung anzupassen (§ 1 Abs. 4 BauGB).

Anpassungspflicht

Diese Anpassungspflicht gilt für die Aufstellung und Änderung sowohl der Flächennutzungspläne als auch der Bebauungspläne und bewirkt eine strikte Bindung dieser Pläne an verbindliche Ziele der Bauleitplanung (vgl. hierzu 6.1.2.1). Eine Abweichung von diesen Zielen ist anders als bei einer Abweichung von Grundsätzen, die nur abwägend berücksichtigt werden müssen, nur möglich, wenn zuvor ein Zielabweichungsverfahren bestandskräftig durchgeführt worden ist (vgl. hierzu 6.2.4). Die Anpassung an verbindliche Ziele der Bauleitplanung ist somit dem gesamten Planungsverfahren vorgelagert. Ein Verstoß gegen die Anpassungspflicht führt zwingend zur Unwirksamkeit des Bebauungsplanes. In der praktischen Konsequenz dieser Rechtslage ist es daher gängige Praxis, vor Durchführung des Bauleitplanverfahrens die Vereinbarkeit der Planung mit den Zielen der Raumordnung durch die Landesplanungs- oder Regionalplanungsbehörde verbindlich feststellen zu lassen. Dies kann mittels Raumordnungsverfahrens oder, wie etwa in Nordrhein-Westfalen, mit der landesplanerischen Anfrage geschehen (vgl. hierzu 6.2.3). Die Vorschaltung eines Raumordnungsverfahrens, Zielabweichungsverfahrens oder Änderung des Regionalplanes bedeutet in der Praxis eine erhebliche zeitliche Verzögerung der Bauleitplanung für das konkrete Vorhaben. Aus diesem Grunde ist es ratsam, die landesplanerische Abstimmung und das Bauleitplanverfahren parallel laufen zu lassen. Allerdings kann ein Satzungsbeschluss über den Bebauungsplan oder eine frühzeitige Baugenehmigung auf der Grundlage des § 33 BauGB erst erteilt werden, wenn die Übereinstimmung der Planung mit den Zielen der Raumordnung sichergestellt ist.

Strikte Bindung an Ziele der Raumordnung

Handlungsspielraum der Gemeinde

Die Reichweite von Zielen der Raumordnung als „abschließend abgewogene Letztentscheidung" bedeutet nicht, dass auf der Ebene der nachfolgenden kommunalen Bauleitplanung keine Abwägungsspielräume mehr bestünden. Die landes- oder regionalplanerisch bedeutsamen Aspekte müssen auf der höheren Ebene des Landes bzw. der Regionalplanung abschließend abgewogen sein. Örtliche Besonderheiten können auf der landesplanerischen Ebene nicht im Detail ermittelt und abgewogen werden und somit einer planerischen Bewältigung durch die nachfolgende kommunale Bauleitplanung überlassen bleiben (vgl. Kuschnerus, Einzelhandel, Rn. 407). Derartige Spielräume ergeben sich insbesondere bei der Festlegung von Vorrang-, Vorbehalts- und Eignungsgebieten, die auf der kommunalen bauleitplanerischen Ebene durchaus einer genaueren und geringfügig abweichenden Grenzziehung zugänglich sind. Dies gilt namentlich für die Festlegung

Aber: Spielräume können genutzt werden

von Eignungsbereichen für die Windenergie (vgl. hierzu OVG Münster, Beschlüsse vom 22.9.2005 – 7 D 21/04 NE und vom 18.7.2006 – 7 D 106/05 NE).

Gleichwohl muss die Gemeinde darauf achten, dass sie die Grenzen des ihr zustehenden Spielraums zur konkretisierenden Feinsteuerung nicht überschreitet und dies zur Aushöhlung der Zielvorgabe führen würde. Auch bei der Planung von Einzelhandelsgroßvorhaben können vorhandene Spielräume genutzt werden. So bietet das in der Landes- und Regionalplanung verankerte Integrationsgebot, wenn man es für eine verbindliche Zielvorgabe hält (vgl. hierzu 6.2.1.2), hinreichende Möglichkeiten zur Feinsteuerung, soweit Ansiedlungsräume in Regionalplänen nicht durch konkret abgegrenzte Vorrangs- bzw. Vorbehaltsgebiete festgelegt worden sind.

Fehlerbehebung

Fehler bergen erhebliches finanzielles Risiko

Die mangelnde Übereinstimmung eines Bauleitplanes mit verbindlichen Zielen der Raumordnung birgt ein erhebliches planerisches und damit auch finanzielles Risiko, weil auf der Grundlage eines derartigen Bebauungsplanes erteilte Genehmigungen insbesondere von Nachbarkommunen angreifbar sind oder beantragte Genehmigungen erst gar nicht erteilt werden können, weil die Genehmigungsbehörde den Bebauungsplan aufgrund des erkannten Mangels nicht anwendet. Zwar hat weder die planende Gemeinde noch die den Bebauungsplan anwendende Genehmigungsbehörde eine „Normverwerfungskompetenz", muss also grundsätzlich von der Wirksamkeit des Bebauungsplanes so lange ausgehen, bis dieser in einem Normenkontrollverfahren aufgehoben oder dessen Unwirksamkeit in einem gerichtlichen Verfahren inzident festgestellt wird. Sie ist allerdings verpflichtet, offensichtlichen Fehlern nachzugehen, und läuft anderenfalls Gefahr, von einem Antragsteller, der auf die Rechtmäßigkeit der erteilten Genehmigung vertraut hat, in Regress genommen zu werden.

Hat eine Gemeinde einen die Ziele der Raumordnung nicht beachtenden Bebauungsplan aufgestellt, kann sie die Feststellung der Unwirksamkeit dieses Bebauungsplanes nur abwenden, wenn sie das Zielabweichungsverfahren nachholt oder den Bebauungsplan so ändert, dass er nicht mehr von Zielen der Raumordnung abweicht. Führt die Gemeinde nachträglich ein Zielabweichungsverfahren durch, hat sie nach erfolgter Zielabweichung erneut den Satzungsbeschluss über den Bebauungsplan oder den Feststellungsbeschluss zum Flächennutzungsplan zu fassen und den Bebauungsplan sodann – erneut – bekannt zu machen. Legt eine Nachbarkommune gegen einen Zielabweichungsbescheid Rechtsmittel ein, so hat dieses Rechtsmittel aufschiebende Wirkung, da § 212 a BauGB auf Zielabweichungsentscheidungen nicht anwendbar ist. Die planende Gemeinde kann daher den von einem Ziel der Raumordnung abweichenden Bebauungsplan vorerst nicht in Kraft setzen.

Planungspflicht der Gemeinde

Die Gemeinde ist nicht nur verpflichtet, die Ziele der Raumordnung bei der Aufstellung der Bebauungspläne zu beachten, sondern auch, bestehende Bebauungspläne, die mit neuen oder geänderten Zielen der Raumordnung nicht mehr vereinbar sind, zu ändern, um sie den verbindlichen Zielen anzupassen. Auch kann eine Gemeinde zur Erst-aufstellung eines Bebauungsplanes für ein bisher nach § 34 BauGB zu beurteilendes Gebiet verpflichtet sein. Diese Verpflichtung fließt aus dem Gebot der Gewährleistung umfassender materieller Konkordanz zwischen der übergeordneten Landesplanung und der gemeindlichen Bauleitplanung. Die Anpassungspflicht aus § 1 Abs. 4 BauGB zielt nicht nur auf punktuelle Kooperation, sondern auf dauerhafte Übereinstim-mung der beiden Planungsebenen ab (so BVerwG, NVwZ 2004, 220).

Pflicht der Gemeinde zu planen

Die Pflicht zur Anpassung besteht, solange der betreffende Bauleitplan noch nicht in Kraft getreten ist. Ändert sich ein landesplanerisches Ziel im Laufe der Aufstellung des Bauleitplanes, gegebenenfalls noch nach dessen Feststellungs- oder Satzungsbeschluss, darf der geänderte Flächennutzungsplan nicht genehmigt oder der als Satzung beschlos-sene Bebauungsplan nicht durch ortsübliche Bekanntmachung in Kraft gesetzt werden (BVerwG, BauR 2007, 1837).

Die Änderung landesplanerischer Ziele berührt die Wirksamkeit wirk-sam in Kraft getretener Bebauungspläne nicht. Sie sind weiterhin an-wendbar und es besteht auch für einen Antragsteller ein Anspruch auf Anwendung dieses Bebauungsplanes. Die Pflicht zur Anpassung der Bauleitpläne kann gegenüber einer handlungsunwilligen Gemeinde im Wege der Kommunalaufsicht zwangsweise durchgesetzt werden (BVerwG, NVwZ 2004, 220).

6.3.1.2 Das interkommunale Abstimmungsgebot

Bei der Aufstellung von Bauleitplänen für Einzelhandelsvorhaben, ins-besondere Einzelhandelsgroßvorhaben i.S.v. § 11 Abs. 3, kommt der interkommunalen Abstimmung herausragende Bedeutung zu. Die Kernregelung ist in § 2 Abs. 2 BauGB enthalten:

„Die Bauleitpläne benachbarter Gemeinden sind aufeinander ab-zustimmen. Dabei können sich Gemeinden auch auf die ihnen durch Ziele der Raumordnung zugewiesenen Funktionen sowie auf Auswirkungen auf ihre zentralen Versorgungsbereiche berufen."

Diese Vorschrift hat nicht nur eine verfahrensrechtliche Komponente, durch die benachbarte Gemeinden ihre Belange im Planaufstellungs-verfahren einer anderen Gemeinde geltend machen können. Die pla-nende Gemeinde hat darüber hinaus auch inhaltlich den Belangen der Nachbargemeinde Rechnung zu tragen.

Berücksichtigung der kommunalen Planungshoheit

Keine rücksichtlose Konkurrenz

§ 2 Abs. 2 Satz 1 BauGB ist eine gesetzliche Ausformung der gemeindlichen Planungshoheit und als Ausfluss des in Art. 28 Abs. 2 Satz 1 GG gewährleisteten gemeindlichen Selbstverwaltungsrechts zu verstehen. Sie ist gleichzeitig eine besondere Ausprägung des Abwägungsgebotes. Sie verleiht dem Interesse der Nachbargemeinde, vor Nachteilen bewahrt zu werden, besonderes Gewicht. Sie enthält das Recht einer Nachbargemeinde, sich gegen Planungen anderer Gemeinden zur Wehr zu setzen, welche die eigene Planungshoheit rechtswidrig verletzen. § 2 Abs. 2 BauGB liegt die Vorstellung zugrunde, dass benachbarte Gemeinden sich mit ihrer Planungsbefugnis im Verhältnis der Gleichordnung gegenüberstehen; Gemeindem können sich gegen unmittelbare Auswirkungen gewichtiger Art auf dem benachbarten Gemeindegebiet zur Wehr setzen (vgl. BVerwG, BRS 65 Nr. 10; OVG Münster, Beschluss vom 28.10.2011 – 2 B 1049/11; OVG Lüneburg, BRS 69 Nr. 177; VGH München, BRS 62 Nr. 65). In der genannten Entscheidung des OVG Münster vom 28.10.2011 werden die maßgeblichen Grundzüge wie folgt formuliert:

Berücksichtigung der Planungen der Nachbargemeinde

„Die Nachbargemeinde wird in ihren Rechten verletzt, wenn die planende Gemeinde ihre materielle Abstimmungspflicht nach § 2 Abs. 2 BauGB zum Nachteil der Nachbargemeinde durch einen relevanten Verstoß gegen das Abwägungsgebot missachtet hat. Befinden sich benachbarte Gemeinden objektiv in einer Konkurrenzsituation, so darf keine von ihrer Planungshoheit rücksichtslos zum Nachteil der anderen Gemeinden Gebrauch machen. Die Bedeutung des § 2 Abs. 2 BauGB im Rahmen des allgemeinen Abwägungsgebotes liegt darin, dass eine Gemeinde, die ihre eigenen Vorstellungen selbst und um den Preis von gewichtigen Auswirkungen für die Nachbargemeinde durchsetzen möchte, bei ihrer Planung einem erhöhten Rechtfertigungszwang unterliegt. Die Bestimmung verleiht dem Interesse der Nachbargemeinde, vor Nachteilen bewahrt zu werden, besonderes Gewicht. Sie verlangt einen Interessenausgleich zwischen den beteiligten Gemeinden und fordert dazu eine Koordination der gemeindlichen Interessen. Die Nachbargemeinde kann sich unabhängig davon, welche planerischen Absichten sie für ihr Gebiet verfolgt oder bereits umgesetzt hat, gegen unmittelbare Auswirkungen gewichtiger Art auf dem benachbarten Gemeindegebiet zur Wehr setzen. Umgekehrt lässt sich § 2 Abs. 2 BauGB aber nicht entnehmen, dass eine Planung, die durch Auswirkungen gewichtiger Art gekennzeichnet ist, bereits aus diesem Grund zugleich gegen das Abwägungsverbot verstieße, wenn sie nicht in Koordination mit der benachbarten Gemeinde erfolgt. Auch hier gilt, dass selbst gewichtige Belange im Wege der Abwägung überwunden werden dürfen, wenn noch gewichtigere ihnen im Rang vorgehen. Maßgebend bleibt die Reichweite der Auswirkungen. Rein wettbewerbliche bzw. wirtschaftliche Auswirkungen reichen hierfür nicht. Das interkommunale Abstimmungsgebot schützt nicht den in der Nachbargemeinde vorhandenen Einzelhandel vor Konkurrenz, sondern nur die Nachbargemeinde als Selbstverwaltungskörperschaft und Trägerin eigener Planungshoheit. Die befürchteten Auswirkungen müssen sich gerade auf die städtebauliche Ordnung und Entwicklung in der Nachbargemeinde beziehen (vgl. BVerwG, DVBl 2010, 839; OVG Münster, BRS 75 Nr. 5).

Schutzbereich

Der sich aus § 2 Abs. 2 BauGB ergebende Schutzbereich im Hinblick auf den Einzelhandel wird in dessen Satz 2 explizit genannt, ist aber nicht abschließend. Schutzbereich sind die durch Ziele der Raumordnung zugewiesenen Funktionen sowie Auswirkungen auf die zentralen Versorgungsbereiche.

Raumordnerische Ziele

Die raumordnerisch zugewiesene Funktion einer Nachbargemeinde ergibt sich aus bindenden Zielen der Raumordnung aus Landesentwicklungs- und regionalen Raumordnungsplänen (vgl. 6.2.1.3). Die Nachbargemeinde kann sich dagegen zur Wehr setzen, dass das Vorhaben in der planenden Gemeinde zu einer Beeinträchtigung ihrer zentral-örtlichen Funktion führt. Weist die Landesplanung einer Gemeinde eine bestimmte raumordnungsrechtliche Stellung (etwa Mittel- oder Grundzentrum) zu, so ist die aus den landesplanerischen Regelungen für diese Stellung zugewiesene Funktion schutzwürdig.

Wird die Funktion der Nachbargemeinde gefährdet?

Beispiel: Führt ein Ansiedlungsvorhaben in einem Mittelzentrum mit Waren des kurzfristigen, täglichen Bedarfs zu einer Beeinträchtigung der Wahrnehmung von Grundversorgungsaufgaben eines Grundzentrums, so kann sich das Grundzentrum gegen die Planung in dem Mittelzentrum zur Wehr setzen.
In die andere Richtung gilt das Gleiche, dass sich ein höherstufiges Zentrum gegen die übermäßige Ansiedlung von Einzelhandelsbetrieben in einem unterstufigen Zentrum zur Wehr setzt, die den Versorgungsauftrag des Oberzentrums gefährden könnte.

Beispiel

Der Schutzbereich der raumordnungsrechtlich zugewiesenen Funktion ist allerdings nur in solchen Ländern eröffnet, die eine hinreichend bestimmte Funktionszuweisung in ihren landesplanerischen Regelungen hat. Dies sind vor allem Länder, die das Kongruenzgebot als Ziel der Raumordnung ausgestaltet haben (vgl. hierzu 6.2.1.3). Bei übermäßigen Ansiedlungen, etwa von Einzelhandelsgroßvorhaben mit zentrenrelevanten Sortimenten, in einem Unter- oder Grundzentrum in Nachbarschaft zu einem Mittel- oder Oberzentrum greift zu deren Gunsten in aller Regel bereits das allgemeine interkommunale Abstimmungsgebot und das Beeinträchtigungsverbot.

Beeinträchtigungsverbot

Wird die Versorgung beeinträchtigt?

Weit größere Bedeutung kommt der Frage zu, ob die Planung die verbrauchernahe Versorgung der Bevölkerung in der Nachbargemeinde oder deren Zentrenstruktur nachteilig verändert.

Beispiel

Die verbrauchernahe Versorgung in der Nachbargemeinde kann z.B. durch ein übermäßiges Angebot in bestimmten Warengruppen in der planenden Gemeinde nachteilig verändert werden, wenn also etwa ein Nahversorgungsladen aufgrund der zu erwartenden Umsatzumlenkungen in der Nachbargemeinde schließen muss.

Darüber hinaus sind insbesondere die zentralen Versorgungsbereiche der Nachbargemeinde vom Schutzbereich des § 2 Abs. 2 BauGB erfasst. Betroffen sein können davon alle tatsächlich vorhandenen zentralen Versorgungsbereiche, also nicht nur etwa das Innenstadtzentrum, sondern auch die Grund- und Nahversorgungszentren. Das interkommunale Abstimmungsgebot schützt allerdings nicht nur die im Zeitpunkt der Planung vorgefundene Situation in der Nachbargemeinde, sondern auch ihre Entwicklungs- und Planungsmöglichkeiten. Die planende Gemeinde hat die Vorstellungen der Nachbargemeinde auch über die Entwicklung zentraler Versorgungsbereiche, die noch nicht tatsächlich vorhanden sind, die aber Niederschlag in einem gemeindlichen Einzelhandelskonzept gefunden haben, bei der Planung zu berücksichtigen. Da sich benachbarte Gemeinden mit ihrer Planungsbefugnis im Verhältnis der Gleichordnung gegenüberstehen, gehört es also auch zur Pflicht der planenden Gemeinde, Planungsvorstellungen der Nachbargemeinde und ggf. parallele Planungen vergleichbarer Vorhaben mit ihren ggf. kumulierenden Auswirkungen zu berücksichtigen. Zu unmittelbaren Auswirkungen gewichtiger Art dürften derartige Planungen allerdings nur führen, wenn die Entwicklung in der Nachbargemeinde bereits ihren Niederschlag in konkreten Planungsvorstellungen, etwa in einem verbindlich beschlossenen Einzelhandelskonzept oder der Einleitung von Planaufstellungsverfahren für konkurrierende Vorhaben gefunden hat (vgl. zu alledem: OVG Münster, Beschluss vom 30.9.2009 – 10 A 1676/08 – Ochtrup).

Sind der planenden Gemeinde also konkrete Entwicklungsvorstellungen in der Nachbargemeinde bekannt, ggf. auch die Planung eines vergleichbaren Vorhabens, sind diese konkreten Vorstellungen sowohl im Verhältnis der Nachbargemeinden als auch mit ihren ggf. kumulierenden Auswirkungen auf andere Gemeinden zu berücksichtigen (vgl. hierzu BVerwG, ZfBR 2011, 777; OVG Koblenz, Urteil vom 15.11.2010 – 1 C 10320/09; vgl. auch Uechtritz, Interkommunales Abstimmungsgebot und gemeindliche Nachbarklage, NVwZ 2003, 176).

Umsatzumverteilung

Ist die Verteilung des Umsatzes schädlich?

Der Maßstab für unzumutbare Auswirkungen ergibt sich insbesondere aus den prognostizierten Umsatzumverteilungen. Der Kaufkraftabfluss ist typischerweise die Kenngröße, anhand derer die Intensität der Belastung der Nachbarkommunen ermittelt werden kann. Auch hier gilt aber, dass die zunächst rein wirtschaftliche Bezugsgröße eine städtebauliche Relevanzschwelle erst erreicht, wenn ein Umschlag von rein wirtschaftlichen zu städtebaulichen Auswirkungen stattzufinden droht (vgl. BVerwG, DVBl 2010, 839; BVerwG, BRS 69 Nr. 27). Ein bestimmter „Schwellenwert" für einen städtebaulich beachtlichen Kaufkraftabfluss ist gesetzlich nicht vorgegeben. Prozentual ermittelte Umsatzumverteilungssätze, die auch prognostisch nur bedingt verlässlich greifbar sind, lassen nicht lediglich einen einzigen „logischen" Schluss zu. Es kann allerdings in der Tendenz davon ausgegangen werden, dass erst Umsatzverluste ab einer Größenordnung von mehr als 10% als gewichtig anzusehen sind (vgl. OVG Münster, Beschluss vom 28.10.2011 – 2 B 1049/11 – m.w.N.; OVG Lüneburg, Beschluss vom 18.2.2011 – 1 ME 252/10; OVG Koblenz, Urteil vom 15.10.2010 – 1 C 104/03).

Das OVG Münster hat dies wiederum in der bereits oben zitierten Entscheidung vom 28.10.2011 wie folgt zusammengefasst:

> „Bei der Handhabung des 10%-Kriteriums bleibt somit zu beachten, dass von unmittelbaren städtebaulichen Auswirkungen gewichtiger Art eines Einzelhandelsvorhabens, die zu einer Verletzung des interkommunalen Abstimmungsgebots des § 2 Abs. 2 BauGB führen, erst nach einer wertenden Gesamtbetrachtung des Einzelfalls dann gesprochen werden kann, wenn in der benachbarten Gemeinde ansässige Einzelhandelsunternehmen infolge der ihnen auf dem Gebiet der Vorhabengemeinde erwachsenen Konkurrenz zur Aufgabe gezwungen wären und darüber entweder die branchenmäßige Versorgung der eigenen Gemeindeangehörigen in Gefahr geriete oder städtebauliche Probleme wie die Verödung von (Neben-)Zentren, Entstehung eines Trading-down-Effekts oder Ähnliches sich abzeichneten. Mit anderen Worten muss es zu einer Funktionsstörung kommen, einem Zustand der Unausgewogenheit, der zur Folge hat, dass ein Versorgungsbereich seinen Versorgungsauftrag generell oder hinsichtlich einzelner Branchen nicht mehr in substantieller Weise wahrnehmen kann."

Die Kritik von Kuschnerus (Einzelhandel, Rdn. 680 ff.) an dem Schädlichkeitsmaßstab prognostischer Umsatzumverteilungen ist verständlich, soweit dieser Maßstab als alleiniger Maßstab für unzumutbare Auswirkungen zugrunde gelegt wird. Kuschnerus hält die Orientierung eines Vorhabens am gemeindlichen Kaufkraftpotenzial als „Schwellenwert" für sachgerechter. Bei Überschreitung des Kaufkraftpotenzials der Ansiedlungsgemeinde sind Auswirkungen auf die Nachbargemeinden besonders zu prüfen. Dabei sollen nachteilige Auswirkungen und eine Unzumutbarkeit der Planung umso eher zu bejahen sein, je größer der Anteil am Kaufkraftpotenzial der jeweils betroffenen Nachbargemeinde ist.

Die Rechtsprechung tendiert zu einer umfassenden Bewertung, um zu einer Einschätzung unzumutbarer Auswirkungen für die Nachbargemeinde zu kommen. Dabei kann das Missverhältnis zwischen örtlicher Kaufkraft in der planenden Gemeinde und Umsatzerwartung des Planvorhabens ein Indikator sein. Dieses Missverhältnis ist ohnehin von besonderer Bedeutung in den Ländern, die ein Kongruenzgebot zum landesplanerischen Ziel erhoben haben (vgl. 6.2.1.3). Generell gilt aber insbesondere in den Ländern ohne Kongruenzgebot, dass es für die Frage einer möglichen Gefährdung des Gefüges der zentralen Orte nicht auf die Einhaltung bestimmter Zentralitätsziffern oder Kaufkraftbindungsquoten ankommt. Eine Kaufkraftbindung etwa im Bereich von Gütern des mittel- oder langfristigen Bedarfs ist, wenn es sich hierbei um eine Gemeinde mit raumordnerischer Zentralitätsfunktion handelt, grundsätzlich aufgaben- und wirkungskreiskonform. Allerdings kann die raumordnerische Aufgabenzuweisung, wie aus § 2 Abs. 2 Satz 2 BauGB deutlich wird, nach den tatsächlichen Umständen bei der Abwägung von besonderer Bedeutung sein (vgl. OVG Münster, BRS 74 Nr. 5; OVG Münster, BRS 69 Nr. 2).

Insgesamt kommt es also auf eine Gesamtschau an, bei der Aspekte des Städtebaus, des „Abzielens" des Planvorhabens auf „Magnetbetriebe" in den Nachbarkommunen und der Umsatzumlenkung besondere Bedeutung zukommen.

Bewusste Umgehung der Abstimmung

Auch Nichtplanung
kann Rechte
der Gemeinde
verletzen

Im Einzelfall kann das interkommunale Abstimmungsgebot zu einer Planungspflicht führen. Wenn eine Gemeinde es unterlässt, ihre Bauleitplanung den aktuellen Zielen der Raumordnung anzupassen, und sie dadurch geschützte Positionen der Nachbargemeinden gefährdet, kann sie zu einer Planung gezwungen werden.

Beispiel: In einer kleinen Gemeinde hat sich ein Gebiet ohne Bebauungsplan nach § 34 BauGB zu einem großen Sondergebiet für Einzelhandelsgroßbetriebe entwickelt. Weitere Einzelhandelsbetriebe sind zulässig, die geeignet sind, das Zentrengefüge in den Nachbargemeinden zu stören.

In dem vorgeschilderten Beispielsfall könnte die Nachbargemeinde gegen die Neuansiedlungen nur mit dem Argument vorgehen, § 34 Abs. 3 BauGB sei verletzt, weil ihre zentralen Versorgungsbereiche geschädigt würden. Dies setzt den konkreten Nachweis schädlicher Wirkungen voraus. Solange die Ansiedlungsgemeinde keinen Bebauungsplan aufstellt, besteht für die Eigentümer von Grundstücken Anspruch auf Erteilung der Genehmigungen nach § 34 BauGB. In diesem Falle kann die Standortgemeinde von der Kommunalaufsichtsbehörde gezwungen werden, einen Bebauungsplan zur Steuerung des Einzelhandels aufzustellen. Dann verdichtet sich das aus § 1 Abs. 3 BauGB resultierende Planungsermessen der Gemeinde in eine Planungspflicht (BVerwG, BauR 2004, 443 – Mülheim-Kärlich). Gleichzeitig kann eine Gemeinde auch dadurch gegen das Abstimmungsgebot verstoßen, dass sie in der Absicht, der gesetzlich angeordneten Abstimmung aus dem Weg zu gehen, von einer an sich gebotenen Bauleitplanung Abstand nimmt.

Konsequenz dieser Rechtsprechung ist, dass das interkommunale Abstimmungsgebot nicht nur zu berücksichtigen ist, wenn die Standortgemeinde einen Bebauungsplan aufstellt, sondern ggf. auch dann, wenn sie unter bewusster Abweichung von Festsetzungen eines geltenden Bebauungsplans oder bei rechtswidriger Zulassung eines Vorhabens nach § 34 BauGB Vorhaben genehmigt. Der Abwehranspruch der Nachbargemeinde richtet sich in einem solchen Fall unmittelbar gegen die Vorhabengenehmigung (vgl. zu einer solchen Konstellation OVG Lüneburg, ZfBR 2006, 168).

Bei bewusster und rechtswidriger Umgehung der Zulassungsvoraussetzungen für ein Vorhaben im unbeplanten Innenbereich oder im Geltungsbereich eines Bebauungsplanes kann also die Verletzung des interkommunalen Abstimmungsgebotes durch Unterlassen einer an sich gebotenen Planung unmittelbar in einen Abwehranspruch gegen das Vorhaben umschlagen.

6.3.2 Anforderung an Festsetzungen in Bebauungsplänen

Der Bebauungsplan ist gemäß der in § 1 Abs. 2 BauGB enthaltenen Definition der verbindliche Bauleitplan. Er ist nach § 8 Abs. 2 BauGB aus dem Flächennutzungsplan, bei dem es sich um den sogenannten vorbereitenden Bauleitplan handelt, zu entwickeln. Entsprechend der Funktion des Bebauungsplans als verbindlicher Bauleitplan enthält er gemäß § 8 Abs. 1 BauGB die rechtsverbindlichen Festsetzungen für die städtebauliche Ordnung und ist für die Betroffenen unmittelbar verbindlich. Der Bebauungsplan wird gemäß § 10 Abs. 1 BauGB durch die Gemeinde als Satzung beschlossen. Eine Ausnahme besteht für die Länder Hamburg und Berlin. Diese haben (anders als Bremen) von der Ausnahmeregelung für Stadtstaaten in § 246 Abs. 2 BauGB Gebrauch gemacht. Dort werden Bebauungspläne als Rechtsverordnungen (in Hamburg auch als „satzungsvertretendes Gesetz") erlassen. Mit Blick auf die verbindliche Wirkung des Bebauungsplans stellen Gesetz und Rechtsprechung nicht zu unterschätzende Anforderungen an eine wirksame Planung. Im Folgenden werden zunächst die grundsätzlichen Voraussetzungen für die Wirksamkeit des Bebauungsplans und seiner einzelnen Festsetzungen beschrieben. Im Anschluss liegt der Fokus auf den speziellen Anforderungen an Festsetzungen, die der Steuerung des Einzelhandels dienen.

6.3.2.1 Der Bebauungsplan als Rechtsnorm

Da der Bebauungsplan regelmäßig als Satzung (in Berlin und Hamburg als Rechtsverordnung) beschlossen wird, handelt es sich bei ihm um eine Rechtsnorm. Entsprechend gelten für ihn die allgemein rechtsstaatlichen Anforderungen an Rechtsnormen. Insbesondere die hinreichende Bestimmtheit des Bebauungsplans und seiner Festsetzungen

Allgemeine Anforderungen an den Bebauungsplan und seine Festsetzungen sind daher zwingende Voraussetzung für seine Wirksamkeit. Darüber hinaus gelten aber für die Wirksamkeit des Bebauungsplans noch spezielle Voraussetzungen, die über die allgemeinen Anforderungen an Rechtsnormen hinausgehen.

Die Anforderungen des Bestimmtheitsgebots

Die Bestimmtheit des Bebauungsplans und seiner Festsetzungen

Das rechtsstaatliche Bestimmtheitsgebot wird in Bezug auf Rechtsnormen auch als Gebot der Normenklarheit oder Normenbestimmtheit bezeichnet. Im Ergebnis müssen Rechtsnormen so gefasst sein, dass die Betroffenen befähigt werden, die Rechtslage anhand der jeweiligen Regelung zu erkennen, damit sie ihr Verhalten danach ausrichten können. (BVerfG, BVerfGE 31, 255). Noch einmal verstärkt wird das Bedürfnis nach der Bestimmtheit der planerischen Festsetzungen durch den Umstand, dass mit diesen der Inhalt des Grundeigentums sowohl für die unmittelbar von den Festsetzungen erfassten Flächen als auch mittelbar für die benachbarten Grundflächen bestimmt wird (siehe BVerwG, BVerwGE 42,5). Bebauungspläne bestehen regelmäßig aus zeichnerischen Darstellungen und textlichen Festsetzungen (seltener finden sich auch reine Textbebauungspläne). Entsprechend gilt das Gebot der Normenklarheit sowohl für die Zeichnungen als auch für die textlichen Festsetzungen. Die Festsetzung und ihre zeichnerische Darstellung müssen bestimmt, eindeutig und verständlich sein (Söfker, in: Krautzberger u.a., § 9 BauGB, Rn. 14). Die Bürger und die Behörden müssen ihnen unmissverständlich entnehmen können, wo und wie gebaut werden darf (vgl. OVG Münster, BauR 1990, 449 ff.).

Allerdings ist der Inhalt des Bebauungsplans (wie andere Rechtsnormen auch) der Auslegung zugänglich (siehe Finkelnburg/Ortloff/Kment, Bauplanungsrecht, § 8, Rn. 13). Insofern ist geklärt, dass es an der rechtsstaatlich gebotenen Bestimmtheit oder Klarheit nicht schon deshalb fehlt, weil die Festsetzung der Auslegung bedarf. Ausreichend ist vielmehr, wenn der Norminhalt durch die hergebrachten juristischen Auslegungsmethoden zweifelsfrei ermittelt werden kann (BVerwG, BauR 1996, 358 ff.). Das Gebot der Normenklarheit erfordert also nicht, dass die einzelne Festsetzung sich in ihren Auswirkungen dem juristisch und planerisch nicht Vorgebildeten beim ersten Anblick sofort erschließt. Von den rechtsverbindlichen Festsetzungen sind bloße Kennzeichnungen und nachrichtliche Hinweise gemäß § 9 Abs. 5 und Abs. 6 BauGB zu unterscheiden. Fehlen sie, so berührt dies die Wirksamkeit des Bebauungsplans nicht (siehe Finkelnburg/Ortloff/Kment, Bauplanungsrecht, § 8, Rn. 17 ff.).

Der zulässige Inhalt der Festsetzungen

Festsetzungsfähige Inhalte

Vor dem Hintergrund der unmittelbaren Wirkungen der Festsetzungen des Bebauungsplans und der hiermit verbundenen Einschränkung der Eigentumsrechte an den betroffenen Grundstücken sind der Gemeinde deutliche Grenzen hinsichtlich des Inhalts wirksamer Festsetzungen gesetzt. Dies erfolgt direkt aus verfassungsrechtlichen Überlegungen. Denn durch den Bebauungsplan bestimmt die Gemeinde Inhalt und Schranken des Eigentums der im Planbereich gelegenen Grundstücke. Hierfür bedarf sie aber gemäß Art. 14 Abs. 1 Satz 2 GG einer gesetzlichen Grundlage (siehe BVerwG, BauR 1995, 351 ff.). Diese gesetzliche Grundlage findet sich in der Aufzählung der möglichen Festsetzungen in § 9 BauGB. Sie wird durch die auf Grundlage von § 9a BauGB erlassene Baunutzungsverordnung (BauNVO) ergänzt. Die Gemeinde ist eng an die dort vorgegebenen Festsetzungsmöglichkeiten gebunden. Insofern besteht für bauplanungsrechtliche Festsetzungen ein Typenzwang (siehe BVerwG, BauR 1995, 351 ff.). Die enge Bindung der Festsetzungsmöglichkeiten an die Vorgaben in § 9 BauGB und der BauNVO wird plakativ auch mit der Bemerkung zusammengefasst, der Gemeinde stehe „kein Festsetzungserfindungsrecht" zu (siehe BVerwG, BVerwGE 92, 56 ff.). Im Ergebnis gilt der Typenzwang im gesamten Bereich der Angebotsplanung. Hier findet sich ein erweiterter Spielraum der Gemeinde lediglich bei der Festsetzung von Sondergebieten (siehe hierzu unten). Bei der Aufstellung vorhabenbezogener Bebauungspläne greift der Typenzwang allerdings nicht. So bestimmt § 12 Abs. 3 Satz 1 BauGB ausdrücklich, dass der von dem Vorhabenträger zu erstellende Vorhaben- und Erschließungsplan nicht an die Vorgaben des § 9 BauGB und der BauNVO gebunden ist (siehe hierzu unten 6.3.6).

Die Arten des Bebauungsplans

Drei Arten des Bebauungsplans sind grundsätzlich zu unterscheiden: Der einfache, der qualifizierte und der vorhabenbezogene Bebauungsplan (vgl. auch Finkelnburg/Ortloff/Kment, Bauplanungsrecht, § 8, Rn. 26 ff.). Während es sich bei dem einfachen und bei dem qualifizierten Bebauungsplan um Instrumente der Angebotsplanung handelt, die grundsätzlich unabhängig von konkreten Vorhaben aufgestellt werden (auch wenn in der Praxis nicht selten ein konkretes Vorhaben den Anlass für die Planung bietet), wird der vorhabenbezogene Bebauungsplan in enger Zusammenarbeit von Gemeinde und Investor entwickelt (siehe hierzu unten 6.3.6).

> Die verschiedenen Arten des Bebauungsplans: einfacher, qualifizierter und vorhabenbezogener Plan

Die Unterscheidung von einfachem und qualifiziertem Bebauungsplan ist in § 30 BauGB gesetzlich angelegt. Um einen qualifizierten Bebauungsplan handelt es sich, wenn der Plan allein oder gemeinsam mit anderen baurechtlichen Vorschriften mindestens Festsetzungen über Art und Maß der baulichen Nutzungen nach § 9 Abs. 1 Nr. 1 BauGB, der überbaubaren Grundstücksflächen nach § 9 Abs. 1 Nr. 2 BauGB sowie der Verkehrsflächen gemäß § 9 Abs. 1 Nr. 11 BauGB enthält. Enthält der Bebauungsplan – der zudem stets die Grenzen seines räumlichen Geltungsbereichs nach § 9 Abs. 7 BauGB festsetzen muss – Regelung über die genannten Bereiche, so ist er als qualifizierter Bebauungsplan gemäß § 30 Abs. 1 BauGB einzuordnen. In der Folge richtet sich die bauplanungsrechtliche Zulässigkeit eines Vorhabens ausschließlich nach den Festsetzungen des Bebauungsplans. Erfüllt der Plan die genannten Voraussetzungen nicht, so handelt es sich um einen einfachen Bebauungsplan. Dann richtet sich die Zulässigkeit des Vorhabens nur insofern nach dem Plan, als dort Festsetzungen getroffen sind, im Übrigen aber weiter nach § 34 oder 35 BauGB. Ein für den Bereich des Einzelhandels wichtiger Fall des einfachen Bebauungsplans sind Pläne auf Grundlage des § 9 Abs. 2a BauGB (siehe unten 6.3.7).

Art der baulichen Nutzung

Festsetzungen zur Art der baulichen Nutzung

Hinsichtlich der nach § 9 Abs. 1 Nr. 1 BauGB festzusetzenden Art der baulichen Nutzung ist die Gemeinde gemäß § 1 Abs. 3 Satz 1 BauNVO an die in § 1 Abs. 2 BauNVO vorgesehenen Baugebietstypen gebunden.

Die Baugebietstypen der BauNVO

Das Regelungssystem der BauNVO

Systematisch ist die BauNVO hinsichtlich der festzusetzenden Art der baulichen Nutzung wie folgt aufgebaut: Zunächst setzt die Gemeinde in dem Bebauungsplan einen der in § 1 Abs. 2 BauNVO abschließend aufgezählten Baugebietstypen fest. Folgende Typen von Baugebieten sieht die BauNVO vor:

- Kleinsiedlungsgebiete (WS)
- Reine Wohngebiete (WR)
- Allgemeine Wohngebiete (WA)
- Besondere Wohngebiete (WB)
- Dorfgebiete (MD)
- Mischgebiete (MI)
- Kerngebiete (MK)
- Gewerbegebiete (GE)
- Industriegebiete (GI)
- Sondergebiete (SO).

In den §§ 2 bis 11 BauNVO finden sich sodann nähere Regelungen über die einzelnen Baugebiete, die durch die Festsetzung des entsprechenden Baugebietstyps in den Regelungsinhalt des jeweiligen Bebauungsplans einbezogen werden. Dabei enthalten die §§ 2 bis 11 BauNVO jeweils im ersten Absatz eine Beschreibung des Gebietstyps. In Abs. 2 folgt eine Aufzählung von Nutzungen, die in dem jeweiligen Baugebiet regelmäßig zulässig sind. Sodann folgt in einem dritten Absatz die Aufzählung der Nutzungen, die jeweils ausnahmsweise nach dem Ermessen der Baugenehmigungsbehörde zugelassen werden können (vgl. zu dieser Systematik Finkelnburg/Ortloff/Kment, Bauplanungsrecht, § 9, Rn. 6). Soweit die Begriffe in den Vorschriften der BauNVO der Auslegung bedürfen, ist von einer typisierenden Betrachtung auszugehen. So ist beispielsweise bei der Frage, ob eine Schreinerei ein „nicht störender Handwerksbetrieb" i.S.d. § 4 Abs. 2 Nr. 2 BauNVO ist, nicht auf die Beeinträchtigung durch den konkret zur Genehmigung anstehenden Handwerksbetrieb zu fragen. Vielmehr ist zu entscheiden, ob eine Schreinerei für ein allgemeines Wohngebiet generell als typischerweise störender – und damit nicht zulässiger – Handwerksbetrieb einzuordnen ist (siehe Finkelnburg/Ortloff/Kment, Bauplanungsrecht, § 9, Rn. 10 f.).

Die Frage, in welchen Baugebietstypen der BauNVO Einzelhandel grundsätzlich und in welchem Umfang zulässig ist, wurde bereits oben behandelt (siehe 6.1.2.1). Die dortige Auflistung zeigt, dass jedenfalls nicht-großflächige Einzelhandelsnutzungen in jedem der in § 2-9 BauNVO geregelten Baugebietstyp zulässig sind (in einem Reinen Wohngebiet nach § 3 BauNVO allerdings nur als Ausnahme).

Die Gliederung der Baugebiete

Wie bereits aufgezeigt, ist eine Festsetzung hinsichtlich der Art der baulichen Nutzung nur mittels der Festsetzung eines Baugebietstyps nach § 1 Abs. 2 BauNVO möglich. Jedoch hat der Verordnungsgeber den Gemeinden mit den Bestimmungen des § 1 Abs. 4 bis 9 BauNVO Instrumente an die Hand gegeben, mit denen die Vorgaben des einzelnen Baugebietstyps noch einmal modifiziert werden können. Grundsätzliche Voraussetzung ist aber, dass die allgemeine Zweckbestimmung des Baugebiets gewahrt bleibt (siehe Finkelnburg/Ortloff/ Kment, Bauplanungsrecht, § 9, Rn. 100 ff.). Andernfalls handelt es sich um einen unzulässigen „Etikettenschwindel", der zur Unwirksamkeit der Gebietsfestsetzung führt. So sieht § 1 Abs. 4 BauNVO die Möglichkeit einer sog. horizontalen Gliederung vor. Nach dieser Bestimmung können im Bebauungsplan für die in §§ 4 bis 9 BauNVO bezeichneten Baugebiete Festsetzungen getroffen werden, mit denen das Baugebiet nach der Art der zulässigen Nutzung, der Art der Betriebe und Anlagen und deren besonderen Bedürfnissen und Eigenschaften gegliedert wird. Im Ergebnis kann so festgesetzt werden, dass bestimmte Nutzungen, die nach den Vorschriften des § 2 bis § 9 BauNVO grundsätzlich in einem Baugebiet zulässig sind, in der Folge nur noch in einem Teil des festgesetzten Gebietstyps ausgeübt werden dürfen. Eine weitere Möglichkeit stellt die sog. vertikale Gliederung nach § 1 Abs. 7 BauNVO dar. Diese sieht vor, dass die in §§ 4 bis 9 BauNVO aufgezählten Baugebietstypen dahingehend gegliedert werden können, dass nur in bestimmten Geschossen, Ebenen oder sonstigen Teilen baulicher Anlagen bestimmte in dem Baugebiet allgemein zulässigen Nutzungen zulässig oder unzulässig bzw. ausnahmsweise zulässig sind.

Gemäß § 1 Abs. 6 BauNVO besteht für die Gemeinde die Möglichkeit, in den Baugebieten die in §§ 2 bis 9 BauNVO vorgesehenen Ausnahmemöglichkeiten entweder komplett auszuschließen oder als allgemein zulässig festzusetzen. Schließlich sieht § 1 Abs. 8 BauNVO vor, dass sich die Gliederungen und Steuerung der Festsetzungen nach § 1 Abs. 4 bis Abs. 7 BauNVO auch auf Teile des Baugebiets beschränken können.

Möglichkeiten der Gliederung und Feinsteuerung

Für die Steuerung des Einzelhandels häufig praxisrelevante Regelungen enthalten § 1 Abs. 5 und Abs. 9 BauNVO. Nach § 1 Abs. 5 BauNVO kann die Gemeinde in einem Bebauungsplan festsetzen, dass bestimmte Arten von Nutzungen, die nach §§ 2, 4 bis 9 und 13 BauNVO allgemein zulässig sind, nicht zulässig sind oder nur ausnahmsweise zugelassen werden können. Hierbei ist in der Rechtsprechung anerkannt, dass die Formulierung „bestimmte Arten von Nutzung" in § 1 Abs. 5 BauNVO nicht etwa dahingehend zu verstehen ist, dass jeweils die zusammenfassend in einer Nummer genannten Nutzungen ausgeschlossen werden müssen. Vielmehr hat das Bundesverwaltungsgericht ausdrücklich klargestellt, dass auch einzelne der in der jeweiligen Nummer zur Gruppe zusammengefassten Nutzungen auf der Grundlage von § 1 Abs. 5 BauNVO ausgeschlossen werden können (siehe BVerwG, BVerwGE 77, 308 ff.). So können beispielsweise die nach § 6 Abs. 2 Nr. 3 in Mischgebieten regelmäßig zulässigen Einzelhandelsbetriebe ausgeschlossen werden, ohne dass die in Nr. 3 zugleich genannten Schank- und Speisewirtschaften sowie Betriebe des Beherbergungsgewerbes auch ausgeschlossen werden müssten. Schließt die Gemeinde in einem bestimmten Gebiet den Einzelhandel komplett aus, so ist dieser Ausschluss regelmäßig an den Vorgaben des § 1 Abs. 5 BauNVO zu messen (BVerwG, Beschluss vom 3.5.1993 – 4 NB 13/93, www.juris.de).

Eine für die Steuerung von Einzelhandelsnutzungen sehr praxisrelevante Gliederungsmöglichkeit bietet § 1 Abs. 9 BauNVO. Nach dieser Bestimmung kann im Bebauungsplan bei Anwendung der Steuerungsmöglichkeiten des § 1 Abs. 5 bis Abs. 8 BauNVO auch festgesetzt werden, dass „nur bestimmte Arten der in Baugebieten allgemein oder ausnahmsweise zulässigen baulichen oder sonstigen Anlagen zulässig oder nicht zulässig sind oder nur ausnahmsweise zugelassen werden können".

§ 1 Abs. 9 BauNVO ermöglicht es somit, die allgemeinen Differenzierungsmöglichkeiten der Baugebietstypen nochmals einer Feingliederung zu unterwerfen, um die Vielfalt der Nutzungsmöglichkeiten in Plangebieten zu mindern (BVerwG, BRS 60 Nr. 29). Für die Steuerung von Einzelhandelsnutzungen wird die Möglichkeit der Feingliederung nach § 1 Abs. 9 BauNVO regelmäßig beispielsweise dann relevant, wenn die Gemeinde die Möglichkeit des Angebots einzelner Sortimente beschränken möchte. Eine Feinsteuerung nach § 1 Abs. 9 BauNVO stellt allerdings erhebliche Anforderungen hinsichtlich des Inhalts der Festsetzung und ihrer Rechtfertigung. Nach dem Normtext sind hierfür „besondere städtebauliche Gründe" erforderlich. Dies wird unten – speziell am Beispiel der Einzelhandelssteuerung – im Einzelnen erläutert (6.3.3).

Das Maß der baulichen Nutzung

Hinsichtlich der Festsetzungen zum Maß der baulichen Nutzung ist die Gemeinde auf die in § 16 Abs. 2 BauNVO aufgezählten Möglichkeiten beschränkt. Danach kann das Maß der baulichen Nutzung durch die Festsetzung der Grundflächenzahl, der Geschossflächenzahl, der Baumassenzahl, der Zahl der Vollgeschosse sowie der Höhe der baulichen Anlagen bestimmt werden. Setzt die Gemeinde das Maß der baulichen Nutzung fest, so muss sie gemäß § 16 Abs. 3 BauNVO zwingend die Grundflächenzahl oder die Größe der Grundfläche der baulichen Anlage angeben.

Die Grundflächenzahl gibt gemäß § 19 Abs. 1 BauNVO an, wie viel Quadratmeter Grundfläche je Quadratmeter Grundstücksfläche überbaut werden darf. Mit der Geschossflächenzahl wird die zulässige Geschossfläche je Quadratmeter Grundstücksfläche angegeben. Weiterhin besteht gemäß § 21 Abs. 1 BauNVO die Möglichkeit, mit Hilfe der Baumassenzahl anzugeben, wie viel Kubikmeter Baumasse je Quadratmeter Grundstücksfläche errichtet werden dürfen. Ist die Zahl der Vollgeschosse zur Regulierung des Maßes der baulichen Nutzung angegeben, so ist nach § 20 Abs. 1 BauNVO auf die Geschosse abzustellen, die nach landesrechtlichen Vorschriften Vollgeschosse sind oder auf die Zahl der Vollgeschosse angerechnet werden. Schließlich ist nach § 18 Abs. 1 BauNVO bei einer Festsetzung der Höhe der baulichen Anlagen zwingend der erforderliche Bezugspunkt zu bestimmen. Abschließend sei darauf hingewiesen, dass für bestimmte Baugebiete in § 17 BauNVO Obergrenzen für das festzusetzende Maß der baulichen Nutzung festgesetzt sind.

6.3.2.2 Spezielle Anforderungen an Festsetzungen zur Steuerung des Einzelhandels

Über die zuvor beschriebenen allgemeinen Anforderungen hinaus ist die Gemeinde bei der Festsetzung von Regelungen über die Zulässigkeit des Einzelhandels im Plangebiet weiteren Restriktionen unterworfen, deren Nichtbeachtung zur Unwirksamkeit der Festsetzung führen kann. Häufig treffen die Gemeinden in den einschlägigen Festsetzungen Regelungen über Einzelhandelsausschlüsse. Um eine Feinsteuerung der zulässigen Einzelhandelsnutzungen zu gewährleisten, knüpfen diese Regelungen an die zulässige Verkaufsfläche und/oder das zulässige Sortiment an. Beide Anknüpfungspunkte bergen ein nicht zu unterschätzendes Fehlerpotenzial. Hintergrund ist der Umstand, dass mit der Verkaufsfläche nicht das Maß, sondern die Art der baulichen Nutzung beschrieben wird (BVerwG, BauR 1990, 569 ff.). Hieraus folgt die Notwendigkeit, mit der Festsetzung der Verkaufsfläche an bestimmte „Einzelhandelstypen" anzuknüpfen. Denn schließt die Gemeinde bestimmte, in einem Baugebiet regelmäßig zulässige Nutzungen auf Grundlage von § 1 Abs. 5 BauNVO aus, so muss sie für diesen Ausschluss die von der BauNVO verwendeten Nutzungsbegriffe (z.B. Läden, Einzelhandel, Gewerbebetriebe) in Bezug nehmen. Will sie darüber hinaus mit einer Festsetzung auf Grundlage von § 1 Abs. 9 BauNVO den Ausschluss noch feiner steuern, so muss sie nach dem Wortlaut der Vorschrift hierzu auf „bestimmte Arten der in den Baugebieten allgemein oder ausnahmsweise zulässigen baulichen oder

Der zulässige Einzelhandelsausschluss

Typisierungszwang

sonstigen Anlagen" Bezug nehmen (siehe zu alledem: Ziegler in: Brügelmann, § 1 BauNVO, Rn. 217 p). In der Folge muss mit der Bezugnahme auf eine bestimmte Verkaufsfläche und/oder bestimmte Sortimente zugleich ein bestimmter Anlagentyp beschrieben werden. Diese Notwendigkeit kann man schlagwortartig als „Typisierungsgebot" oder auch als „Typisierungszwang" bezeichnen. Dieser setzt der möglichen Bezugnahme von den Einzelhandel steuernden Festsetzungen auf eine bestimmte Verkaufsfläche enge Grenzen. Denn insofern ist anerkannt, dass § 1 Abs. 9 BauNVO es zwar gestattet, über die Möglichkeiten des § 1 Abs. 5 BauNVO hinausgehend einzelne Unterarten von Nutzungen mit Festsetzungen zu erfassen. Stellt die Festsetzung dabei jedoch auf die Größe der Verkaufsfläche ab, so ist sie nur zulässig, wenn dadurch bestimmte Einzelhandelstypen zutreffend gekennzeichnet werden (siehe BVerwG, BVerwGE 77, 317 ff.)

Die Verkaufsfläche als Anknüpfungspunkt der Festsetzung

Verkaufsflächen-obergrenzen

Insbesondere an die Festsetzung von Verkaufsflächenobergrenzen werden in der Rechtsprechung besondere Anforderungen gestellt. (zum Begriff der Verkaufsfläche siehe oben 6.1.2.2).

Die Anforderungen an die Festsetzung einer Verkaufsflächenobergrenze

Festsetzungen über die zulässige Verkaufsfläche: Möglichkeiten und Grenzen

Werden in Festsetzungen Verkaufsflächenobergrenzen genannt, so sind besondere Voraussetzungen zu erfüllen. Zum einen muss die Verkaufsflächenangabe betriebsbezogen sein. Zum anderen muss mit ihr zugleich ein Betriebstyp beschrieben werden. Beide Notwendigkeiten ergeben sich aus dem der BauNVO innewohnenden Regelungssystem.

Betriebsbezogenheit

Zunächst gilt, dass „der BauNVO eine vorhabenunabhängige Kontingentierung von Nutzungsoptionen fremd" ist (siehe BVerwG, BVerwGE 131, 86 ff.). Aus diesem allgemeinen Grundsatz folgt für die Festsetzung einer Verkaufsflächenobergrenze, dass diese nicht etwa die Verkaufsfläche für ein gesamtes Gebiet pauschal beschränken darf, sondern bezogen auf den jeweiligen Betrieb sein muss (vgl. z.B. OVG Münster, BauR 2008, 320 ff.). Lediglich bei der Festsetzung eines Sondergebiets für den Einzelhandel nach § 11 BauNVO gelten weniger strenge Anforderungen (siehe dazu unten). Setzt die Gemeinde gleichwohl eine gebietsbezogene Verkaufsflächenobergrenze fest, so fehlt hierfür die Rechtsgrundlage. Die Festsetzung ist unwirksam. Hintergrund der fehlenden Rechtsgrundlage für eine solche gebietsbezogene Festsetzung ist der Umstand, dass der Verordnungsgeber mit der Ausrichtung der BauNVO auf die Notwendigkeit einer anlagen- und betriebsbezogenen Typisierung die Problematik des sog. „Windhundrennens" vermeiden wollte (siehe Bischopink, ZfBR 2010, 223 ff.). Ein solches „Windhundrennen" würde dazu führen, dass die schnelleren Investoren und Bauantragsteller die Kontingente ausschöpfen und für die verbleibenden Grundstückseigentümer die entsprechenden Optionen nicht mehr zur Verfügung stehen. Die Typologie der BauNVO verfolgt aber den Regelungsansatz, dass im Geltungsbereich eines Bebauungsplans im Grunde jedes Baugrundstück für jede nach dem Nutzungskatalog zulässige Nutzung in Betracht kommen können soll (BVerwG, BVerwGE 131, 86 ff.).

Darüber hinaus muss mit der betriebsbezogenen Verkaufsflächenobergrenze zugleich ein bestimmter Betriebstyp beschrieben werden. Denn mit der Angabe der Verkaufsfläche wird – wie oben bereits erläutert – nicht das Maß, sondern die Art der baulichen Nutzung beschrieben. In der Folge ist die Verkaufsfläche nur dann geeigneter Anknüpfungspunkt für eine Festsetzung, wenn mit ihr zugleich ein bestimmter Anlagentyp beschrieben wird. Ohne weitere Voraussetzungen kann dies nur für die Unterscheidung von nicht-großflächigen und großflächigen Einzelhandelsnutzungen gelten. Denn nach höchstrichterlicher Rechtsprechung sind Einzelhandelsbetriebe dann großflächig, wenn sie eine Verkaufsfläche von 800 m² überschreiten (siehe BVerwG, BVerwGE 124, 364). Eine Festsetzung, die eine maximale Verkaufsfläche von 800 m² vorsieht, beschreibt in der Folge den Anlagentyp „nicht-großflächiger Einzelhandel". Sie ist daher mit dem Typisierungszwang vereinbar. Darüber hinaus können im Einzelfall auch andere Verkaufsflächenobergrenzen festsetzbar sein. Entscheidend ist, dass die Gemeinde darlegt, dass Betriebe unter- bzw. überhalb der festgesetzten Grenze einem bestimmen Anlagentyp entsprechen. Dies muss entweder generell oder aber jedenfalls mit Blick auf die besonderen Verhältnisse in der Gemeinde der Fall sein (BVerwG, BVerwGE 77, 317ff). Kann die Gemeinde also darlegen, dass vor Ort eine Verkaufsfläche von 500 m² einen gängigen Betriebstyp charakterisiert (z.B. „Leipziger Laden"), so ist eine wirksame Festsetzung dieser Grenze denkbar. Dies wird allerdings selten der Fall sein. Denn entscheidend ist insofern nicht, dass es auch einzelne Einzelhandelsbetriebe mit einer Verkaufsfläche von 500 m² vor Ort gibt. Vielmehr muss dies ein Ausmaß erreichen, das die Qualifizierung als gängigen Anlagentyp vor Ort rechtfertigt.

Nicht abschließend geklärt ist die Frage, ob „Nachbarschaftsläden" oder „Convenience-Stores" mit einer maximalen Verkaufsfläche von 400 m² einen gängigen und damit festsetzbaren Betriebstyp darstellen. Zum Teil wird dies bejaht (siehe VGH Kassel, ZfBR 2004, 808). Das BVerwG hat sich hierzu noch nicht abschließend geäußert. In einem Beschluss aus dem Jahre 2009 erwähnte das Gericht bei der Festsetzung einer Verkaufsflächenobergrenze von 400 m² noch einmal das „Erfordernis einer Einzelfallbetrachtung" (siehe BVerwG; BauR 2009, 1102). Weiterhin ist also davon auszugehen, dass ein „Nachbarschaftsladen" oder „Convenience-Store" mit einer Verkaufsfläche von maximal 400 m² nur dann festsetzungsfähig ist, wenn die Gemeinde nachweisen kann, dass dieser Betriebstyp einem in der Realität vor Ort vorhandenen Anlagentyp entspricht. Abschließend ist festzuhalten, dass die Festsetzung einer Verkaufsfläche jenseits der von der Rechtsprechung bei 800 m² definierten Grenze von nicht-großflächigem und großflä-

Typisierungszwang

Großflächigkeit als Anknüpfungspunkt

Nachbarschaftsläden/ Convenience-Stores

chigem Einzelhandel nur mit besonderer Sorgfalt und Begründung rechtssicher umgesetzt werden kann.

Spezialfall: Die Verkaufsflächenfestsetzung in Sondergebieten

Verkaufsflächen-obergrenzen in Sondergebieten

Die beschriebenen strengen Voraussetzungen für die Festsetzung einer Verkaufsflächenobergrenze sind gelockert, wenn die Obergrenze für ein Sondergebiet nach § 11 BauNVO festgesetzt wird. Denn für Sondergebiete gilt der oben beschriebene Typisierungszwang nicht. Für sonstige Sondergebiete i.S.d. § 11 BauNVO bestimmt die Gemeinde selbst die Zweckbestimmung des Gebietes und die Art der in dem Gebiet zulässigen Nutzung. Sie ist dabei nicht an den Kanon der gängigen Anlagentypen gebunden. Daher muss die im Bebauungsplan für ein Sondergebiet festgesetzte Verkaufsflächenobergrenze nicht zugleich einen bestimmten Anlagentyp beschreiben. Grenzen sind der Gemeinde insofern aber durch das Erfordernis der städtebaulichen Begründung der Festsetzung nach § 1 Abs. 3 BauGB und durch das Abwägungsgebot gem. § 1 Abs. 7 BauGB gezogen (BVerwG, BauR 1990, 569). Die Möglichkeiten der Festsetzung einer Verkaufsflächenobergrenze sind für Sondergebiete i.S.d. § 11 BauNVO also wesentlich weniger restriktiv als für die Baugebietstypen nach §§ 2 – 9 BauNVO.

Grundsätzlich: Betriebsbezogenheit der Verkaufsfläche

Allerdings gilt auch für Sondergebiete, dass die Verkaufsflächenobergrenze grundsätzlich betriebsbezogen sein muss. Dies hat das BVerwG im Jahre 2008 noch einmal ausdrücklich dargestellt (siehe BVerwG, BVerwGE 131, 86 ff). Das BVerwG führt aus, dass aus seiner bisherigen Rechtsprechung nicht herzuleiten sei, dass die Festsetzung gebietsbezogener Verkaufsflächenbeschränkung im Sondergebiet zulässig sei. Dies wurde teilweise mit Blick auf das oben zitierte Urteil des Gerichts aus dem Jahre 1990 angenommen. Das Gericht wies nunmehr aber darauf hin, dass seinerzeit die Besonderheit darin bestanden habe, dass in der zugrunde liegenden Konstellation in den Sondergebieten nur ein einziger Handelsbetrieb zulässig sein sollte. In einem solchen Fall sei die gebietsbezogene mit der vorhabenbezogenen Verkaufsflächenbeschränkung identisch. Dies gelte aber nicht für Fälle, in denen in einem Sondergebiet mehrere Einzelhandelsbetriebe zulässig sein sollen. Die Gemeinde dürfe nicht durch eine betriebsunabhängige Festsetzung von Verkaufsflächenobergrenzen für alle im Sondergebiet ansässigen oder zulässigen Einzelhandelsbetriebe das der BauNVO zugrunde liegende System der vorhabenbezogenen Typisierung verlassen.

Problem: Erfordernis der Betriebsbezogenheit bei nur einem Betrieb im Sondergebiet

Ob die Festsetzung einer gebietsbezogenen Verkaufsflächenobergrenze für ein Sondergebiet immer dann rechtmäßig sein soll, wenn dort nur ein einziger Einzelhandelbetrieb zugelassen werden soll, ist aber weiterhin umstritten. So hat das Oberverwaltungsgericht Koblenz eine gebietsbezogene Verkaufsflächenobergrenze für ein Sondergebiet auch dann für unwirksam erachtet, wenn ein einziger Investor im Plangebiet mehrere Vorhaben mit verschiedenen Einzelhandelsunternehmen realisieren möchte. Insofern komme es nicht konkret darauf an, ob die Umstände des Einzelfalls ein „Windhundrennen" erwarten lassen.

Vielmehr sei entscheidend, dass abstrakt keine Rechtsgrundlage für die Festsetzung einer gebietsbezogenen Verkaufsflächenobergrenze vorhanden sei (siehe OVG Koblenz, BauR 2009, 1693).

Das Oberverwaltungsgericht Münster hat entschieden, dass die Ausweisung eines Sondergebiets für mehrere Fachmärkte, deren maximale Verkaufsfläche jeweils konkret festgesetzt ist, keinen Bedenken begegnet, wenn die für das gesamte Sondergebiet festgesetzte Verkaufsflächenobergrenze lediglich die Summe der für die einzelnen Betriebe festgesetzten Obergrenzen wiedergibt (siehe OVG Münster, Urteil vom 29.5.2009 – 7 D 51/08.NE, www.juris.de). Die Gefahr eines „Windhundrennens" bestehe nicht, da im konkret entschiedenen Fall das Sondergebiet ein einheitliches Grundstück umfasse, das nur von einem Investor ausgenutzt werden solle. Das Oberverwaltungsgericht hatte hier einen Bebauungsplan für wirksam erachtet, in dem in einem festgesetzten Sondergebiet ein Lebensmittel-Discounter mit 800 m² Verkaufsfläche zulässig sein sollte und in einem weiteren festgesetzten Sondergebiet ein Textil-Discounter mit 450 m², ein Drogeriemarkt mit ebenfalls 450 m² und ein Getränkemarkt mit 500 m² Verkaufsfläche zulässig sein sollten. In diesem Fall war zusätzlich eine Verkaufsflächenobergrenze für das gesamte Sondergebiet festgesetzt, die jedoch lediglich die Summe der für die einzelnen Betriebe festgesetzten Obergrenzen wiedergab.

Der Vergleich mit der zuvor erläuterten Rechtsprechung des Oberverwaltungsgerichts Koblenz zeigt, dass auch in der obergerichtlichen Rechtsprechung keine einheitliche Auffassung über die Zulässigkeit von Verkaufsflächenobergrenzen in Sondergebieten besteht. So stieß das Urteil des Oberverwaltungsgerichts Münster auch auf deutliche Kritik in der Literatur. Dort wurde moniert, mit der beschriebenen Festsetzung werde die Verkaufsfläche zwar betriebsbezogen festgesetzt. Zugleich stelle aber die Beschränkung der zulässigen Anzahl der Betriebe im Plangebiet im Ergebnis ebenfalls eine unzulässige vorhabenunabhängige Kontingentierung von Nutzungsoptionen dar (siehe Bischopink, ZfBR 2010, 223).

Ein gangbarer Lösungsweg ist, Sondergebiete für Einzelhandel in Teilgebiete zu untergliedern, in denen jeweils Einzelhandelsbetriebe mit unterschiedlichen Warensortimenten für zulässig erklärt werden und zugleich Obergrenzen zu Verkaufsflächen festgesetzt werden können. Insofern sollen die Sondergebiete jeweils so kleinräumig festgesetzt werden, dass dann tatsächlich nur jeweils ein Betrieb mit den vorhabenbezogenen festgesetzten Verkaufsflächen im Plangebiet zulässig ist (siehe hierzu: Bischopink, ZfBR 2010, 223; Mampel BauR 2009, 435). In Abwandlung hierzu soll auch die Festsetzung verschiedener Nutzungsarten in einzelnen Teilgebieten eines größeren Sondergebietes möglich sein. So könne etwa ein Sondergebiet in zwei Teilgebiete (SO 1 und SO 2) unterteilt werden. Dann könnten in den Teilgebieten verschiedene Betriebstypen mit einer jeweiligen maximalen Verkaufsflä-

Lösungsansätze

che festgesetzt werden. So könne beispielsweise im SO 1 festgesetzt werden, dass dort Möbelmärkte mit eine Verkaufsfläche bis 10.000 m² und Baumärkte mit einer Verkaufsfläche bis 12.000 m² zulässig sind. Im SO 2 könnten hingegen Einzelhandelsbetriebe mit den Sortimenten Bekleidung, Schuhe und Lederwaren mit einer maximalen Verkaufsfläche von 3.000 m² und für die Warengruppe Sportartikel von maximal 5.000 m² festgesetzt werden.

Lösungsvorschlag der Literatur: Untergliederung des Sondergebiets

Werden in einem solchen Fall die Betriebe nicht bestimmten Teilflächen innerhalb der Gebiete SO 1 und SO 2 zugeordnet, so müsse die Plangeberin mit der Möglichkeit rechnen, dass sich in den jeweiligen Teilgebieten nicht alle für zulässig erklärten Fachmärkte ansiedeln. Dieser Umstand sei dann bei der Abwägung zu berücksichtigen. So sei dann beispielsweise im SO 1 die Realisierung von zwei Möbelfachmärkten mit jeweils 10.000 m² Verkaufsfläche denkbar, während die Ansiedlung des ebenfalls vorgesehenen Baumarkts unterbleibt. Insofern bleibe zu prüfen, ob die Möglichkeit für weitere grundstücksbezogene Festsetzungen bestehe, mit denen die Ansiedlung mehrerer Betriebe eines Typs auf mehreren Grundstücken ausgeschlossen werden kann. Denkbar sei hier beispielsweise die Festsetzung einer maximalen Verkaufsfläche im Verhältnis zur Grundstücksgröße (dieses Beispiel stammt von Uechtritz, BauR 2008, 1821 ff). Möglich ist es auch, in einem Sondergebiet Verkaufsflächenobergrenzen mit der Festsetzung von Mindestgrößen und Baugrenzen zu kombinieren, um auf diese Weise zu erreichen, dass faktisch nur ein Vorhaben in dem Gebiet realisiert werden kann. In diesem Fall ist dann die gebietsbezogene Verkaufsflächenbegrenzung mit der vorhabenbezogenen identisch.

Verhältniszahlen im Sondergebiet

Eine weitere Möglichkeit zur Begrenzung der Verkaufsfläche in Sondergebieten ist die Festsetzung einer Verhältniszahl zwischen der maximales Verkaufsfläche und dem jeweiligen Grundstück. Solche Verhältniszahlen ermöglichen die Festsetzung einer betriebsbezogenen Verkaufsflächengrenze für alle Betriebe im Plangebiet ohne die Gefahr eines „Windhundrennens" (siehe Rojahn, in: Jarass, Einzelhandel und Planungsrecht, S. 50). Die Festsetzungstechnik würde hier der Regelungstechnik für Geschossflächenzahlen und Grundflächenzahlen ähneln. So wäre beispielsweise bei Festsetzung einer Verkaufsflächenzahl von 0,5 auf einem 1.000 m² großen Grundstück die Errichtung eines Einzelhandelsbetriebs mit maximal 500 m² Verkaufsfläche zulässig. Diese Möglichkeit wurde auch schon in der Rechtsprechung des Bundesverwaltungsgerichts gebilligt (siehe BVerwG, BVerwGE 131, 86 ff). Allerdings findet die Festsetzung einer Verhältniszahl nur dann eine Rechtsgrundlage, wenn mit ihr wiederum zugleich ein typischer Einzelhandelsbetrieb beschrieben wird. Insofern ist auch bei einer solchen Festsetzung eine sorgfältige und fachkundige Vorbereitung geboten.

Die Verkaufsflächenfestsetzung für den Annexhandel

Besonderheiten hinsichtlich der Möglichkeiten zur Festsetzung einer Verkaufsflächenobergrenze gelten auch mit Blick auf den sogenannten

Annexhandel. Hierbei handelt es sich um Einzelhandel, der unmittelbar an Handwerksbetriebe oder Betriebe des produzierenden Gewerbes angeschlossen ist und in dem dort produzierte Waren angeboten werden. Solche Festsetzungen finden sich nicht selten in Gewerbe- und Industriegebieten, in denen ansonsten der Einzelhandel ausgeschlossen wird. Um der Gefahr zu begegnen, dass sich der Annexhandel zu einem an sich unerwünschten Einzelhandelsstandort entwickelt, muss die Gemeinde eine relative oder absolute Beschränkung des Handels festsetzen. Während die relative Beschränkung regelmäßig durch die Aufnahme des Merkmals der „Unterordnung" des Handels unter den produzierenden Betriebsteil in der Festsetzung sichergestellt wird, finden sich häufig auch Verkaufsflächenobergrenzen für den Annexhandel. Diese sind dann zulässig, wenn die Zulassung des Annexhandels in den Festsetzungen als Ausnahmemöglichkeit vorgesehen ist. Setzt die Gemeinde fest, dass der Annexhandel des produzierenden Gewerbes ausnahmsweise zugelassen werden kann, so eröffnet dies den Anwendungsbereich des § 31 BauGB. In diesem Fall ist die Angabe einer zulässigen Verkaufsflächenobergrenze für den Annexhandel nicht an den Typisierungszwang gebunden sein, da mit der Flächenangabe lediglich die nach Art und Umfang gem. § 31 Abs. 1 BauGB ausdrücklich zu bestimmende Ausnahme eingegrenzt wird (BVerwG, BVerwGE 133, 98 ff). Die Bestimmung über die Verkaufsflächenobergrenze für den Annexhandel beschreibe keinen Betriebstyp, sondern solle lediglich verhindern, dass die Ausnahmefestsetzung missbraucht wird.

Verkaufsflächenobergrenzen für den Annexhandel – Lockerung des Typisierungszwangs

Das Sortiment als Anknüpfungspunkt der Festsetzung

Neben der Verkaufsfläche ist häufiger Anknüpfungspunkt für den Einzelhandel steuernde Festsetzungen das zulässige Sortiment. Sortimente in diesem Sinne sind die von dem Betrieb angebotenen Warengruppen (siehe Ziegler in: Brügelmann, § 1 BauNVO, Rn. 217d). Auch hier ist wieder Voraussetzung, dass mit der Sortimentsfestsetzung zugleich eine bestimmte (Unter-)Art von Anlagentypen beschrieben wird. Auch insofern gilt der oben beschriebene Typisierungszwang. Daher kommen zur Konkretisierung der zulässigen Betriebe auch Sortimentsbeschränkungen in Betracht, sofern die Differenzierung marktüblichen Gegebenheiten entspricht und dadurch bestimmte Arten von Anlagen zutreffend gekennzeichnet werden (siehe BVerwG, BRS 64 Nr. 28). Um auch hier den oben beschriebenen Anforderungen des Bestimmtheitsgebots und Gebots der Normenklarheit zu genügen, kann es sich anbieten, hinsichtlich der Begrifflichkeiten an die vom Statistischen Bundesamt herausgegebene und regelmäßig fortgeschriebene Klassifikation der Wirtschaftszweige anzuknüpfen. Angesichts der Grobkörnigkeit ist allerdings angeraten, im Detail zu differenzieren. Der Charakter des Betriebs wird durch das Kernsortiment gekennzeichnet, also das den Betriebstyp konkretisierende (Haupt-)Sortiment. Weitere angebotene Sortimente, die nach dem Charakter des Betriebs nicht zu seinem Kernsortiment gehören, ihm aber funktional zugeordnet und quanti-

Sortimentsbezogene Festsetzungen

Kern- und Randsortiment

tativ untergeordnet sind, werden als Randsortimente bezeichnet (siehe zu alledem: Ziegler in: Brügelmann, § 1 BauNVO, Rn. 217d f.). Eine genaue und einheitliche Festlegung der Obergrenze für die als „Randsortiment" neben dem Kernsortiment angebotenen Waren findet sich in der Rechtsprechung nicht. Häufig wird angenommen, dass das Randsortiment nicht mehr als 10% der Verkaufsfläche in Anspruch nehmen darf. Dies kann (und sollte) auch in der Festsetzung niedergeschrieben werden. Allerdings hat das Bundesverwaltungsgericht es auch genügen lassen, dass in einer Festsetzung das zulässige Randsortiment nur mit dem relativen Merkmal der „deutlichen Unterordnung" begrenzt wird (siehe BVerwG, BVerwGE 133, 98 ff.).

Zentren- und nahversorgungs-relevante Sortimente

Ein weiterer und in der Praxis äußerst relevanter Anknüpfungspunkt ist die Differenzierung zwischen zentrenrelevanten und nicht zentrenrelevanten Sortimenten. Zentrenrelevante Sortimente sind – vereinfacht formuliert – solche Sortimente, die häufig typisch für Innenstadtlagen sind, einen geringen Flächenanspruch haben und überwiegend zu Fuß transportiert werden können. Ein Unterfall der zentrenrelevanten sind die nahversorgungsrelevanten Sortimente, unter die regelmäßig Waren des täglichen Bedarfs fallen (zu alledem: Ziegler in: Brügelmann, § 1 BauNVO, Rn. 217f.). Die Bestimmung der zentren- bzw. nahversorgungsrelevanten Sortimente ist nicht generell möglich, sondern muss ortstypische Besonderheiten berücksichtigen. Regelmäßig wird es zumindest eine gemeindeweite Untersuchung im Rahmen der Erstellung eines Einzelhandelskonzepts bedürfen. Zum Teil genügt auch diese gemeindeweite Untersuchung nicht und es bedarf einer Bestimmung unter Beachtung der Besonderheiten des spezifischen Zentrums, zu dessen Schutz der Bebauungsplan aufgestellt wird (genaue Ausführungen hierzu finden sich unten, 6.3.3).

Ausnahmen vom Typsierungszwang

Regelmäßig fußt eine an der Differenzierung von Sortimenten anknüpfende Festsetzung auf § 1 Abs. 9 BauNVO. Sie muss dann dem Typsierungszwang genügen. Ist aber beispielsweise die Zulässigkeit eines zentrenrelevanten Randsortiments bei grundsätzlichem Ausschluss des zentrenrelevanten Hauptsortiments als Ausnahmemöglichkeit ausgestaltet, so gilt dies nicht. Denn in diesem Fall ist – wie oben für den Annexhandel beschrieben – der Anwendungsbereich des § 31 Abs. 1 BauGB eröffnet (siehe OVG Münster, Urteil vom 18.9.2009 – 7 D 85/08.NE, www.juris.de).

Bei der Festsetzung der zulässigen Sortimente in einem Bebauungsplan hat der Plangeber zudem in der Abwägung gem. § 1 Abs. 7 BauGB zu berücksichtigen, dass es Betriebe gibt, die zwingend auf ein Randsortiment angewiesen sind, daher ist es abwägungsrecht, wenn ein Bebauungsplan, der Einzelhandelsbetriebe mit nicht zentrenrelevantem Kernsortiment zulässt, berücksichtigt, dass derartige Betriebe auch ein zentrenrelevantes Randsortiment anbieten müssen, um konkurrenzfähig sein zu können.

6.3.3 Die Rechtfertigung der Festsetzungen

Die grundgesetzlich verankerte Selbstverwaltungsgarantie der Gemeinden umfasst auch die Hoheit über die städtebauliche Planung. Diese
auch als Planungshoheit oder Planungsermessen bezeichnete Befugnis
findet jedoch ihre Grenzen (siehe Finkelnburg/Ortloff/Kment, Bauplanungsrecht, § 5, Rn. 4 ff.). Eine wichtige Grenze des Planungsermes-
sens bildet das Erfordernis der Planrechtfertigung. Dieses hat in § 1
Abs. 3 S. 1 BauGB seinen gesetzlichen Niederschlag gefunden. Hiernach sind Bauleitpläne von der Gemeinde aufzustellen, „sobald und
soweit es für die städtebauliche Entwicklung und Ordnung erforderlich
ist" (siehe zu alledem: Kuschnerus, Der sachgerechte Bebauungsplan,
Rn. 218 ff.). Bauleitpläne sind gemäß § 1 Abs. 2 BauGB der Flächennutzungsplan und der Bebauungsplan. Die Gemeinde trifft einerseits
die Pflicht zum Erlass erforderlicher Bauleitpläne. Hiermit korrespondierend ist andererseits der Erlass nicht erforderlicher Bauleitpläne verboten. Festzuhalten ist, dass der Grundsatz der Erforderlichkeit der
Planung nicht nur den Bebauungsplan insgesamt trifft. Vielmehr muss
jede einzelne Festsetzung – gemessen am Grundsatz der Erforderlichkeit – gerechtfertigt sein (siehe Krautzberger in: Battis/Krautzberger/
Löhr, BauGB, § 1, Rn. 26). Im Folgenden werden zunächst die Elemente des Grundsatzes der Planrechtfertigung im Allgemeinen aufgezeigt. Anschließend liegt das Augenmerk auf den Besonderheiten der
Einzelhandelssteuerung durch Bebauungspläne.

Grenzen der gemeindlichen Planungshoheit

6.3.3.1 Die städtebauliche Erforderlichkeit des Bebauungsplans

Der allgemeine Grundsatz der Planrechtfertigung hat für die Bauleitplanung gesetzlich seinen Niederschlag in § 1 Abs. 3 S. 1 BauGB gefunden. Danach haben die Gemeinden Bauleitpläne aufzustellen, sobald
und soweit es für die städtebauliche Entwicklung und Ordnung erforderlich ist. Diesem Grundsatz liegt die Überlegung zugrunde, dass eine
hoheitliche Planung ihre Rechtfertigung nicht etwa schon in sich selbst
trägt, sondern im Hinblick auf die von ihr ausgehende Einwirkung auf
Rechte Dritter für die jeweils konkrete Planungsmaßnahme rechtferti-
gungsbedürftig ist (siehe BVerwG, BVerwGE 48, 56 ff.). Wie oben aufgezeigt, sind dem Prinzip der Erforderlichkeit sowohl eine Gebots- als
auch eine Verbotswirkung immanent. Denn zum einen ist die Gemeinde verpflichtet, erforderliche Bauleitpläne aufzustellen. Zum anderen ist es ihr verboten, nicht erforderliche Bauleitpläne zu erlassen.

Der allgemeine Grundsatz der Planrechtfertigung

Ausnahmefall: Planungspflicht

Das Gebot der Erforderlichkeit der Planung nach § 1 Abs. 3 S. 1 BauGB
verdichtet sich nur in besonderen Ausnahmefällen zu einer strikten Planungspflicht (siehe Finkelnburg/Ortloff/Kment, Bauplanungsrecht, § 5,
Rn. 9). Dies ist dann der Fall, wenn qualifizierte städtebauliche Gründe

Selten: Strikte Planungspflicht

von besonderem Gewicht für die Notwendigkeit der Planung sprechen. Solche qualifizierten Gründe liegen vor, wenn die Genehmigungspraxis auf der Grundlage des § 34 BauGB in einem Maße städtebauliche oder landesplanerische Konflikte auslöst oder auszulösen droht, die das dringende Erfordernis einer Gesamtkoordination der widerstreitenden öffentlichen und privaten Belange in Form eines Bebauungsplans erfordern (siehe BVerwG, BVerwGE 119, 25 ff.).

Eine Erzwingung der Erfüllung der gesetzlichen Planungspflicht ist nur auf dem Wege der Kommunalaufsicht möglich. Denn die Pflicht besteht ausschließlich im öffentlichen Interesse. Entsprechend haben Dritte – insbesondere die Bürger – keinen Planungsanspruch. Dieser Grundsatz ist in § 1 Abs. 3 S. 2 BauGB ausdrücklich niedergelegt (siehe zu alledem: Finkelnburg/Ortloff, Kment, Bauplanungsrecht, § 5, Rn. 10).

Auch der zitierten Entscheidung des Bundesverwaltungsgerichts vom September 2003 lag eine Konstellation zugrunde, in der die Gemeinde gegen die kommunalaufsichtliche Anordnung zur Aufstellung eines Bebauungsplans vorgegangen ist. Im unbeplanten Innenbereich der klagenden Gemeinde hatte sich ein „Gewerbepark" angesiedelt, in dem sich Einzelhandelsnutzungen mit einer Verkaufsfläche von insgesamt 120.000 m² befanden. Da die Gemeinde ihrer ursprüngliche Absicht, einen Bebauungsplan zur Steuerung des Einzelhandels in diesem Bereich aufzustellen, nicht nachkam, ordnete die Kommunalaufsicht an, dass die Gemeinde einen solchen Bebauungsplan aufzustellen habe. Dies geschah auch vor dem Hintergrund, dass in der Nachbargemeinde durch die erhebliche Ansiedlung von Einzelhandelsnutzungen bereits Kaufkraftabflüsse zu verzeichnen waren. In diesem Fall hat das Bundesverwaltungsgericht das Vorliegen qualifizierter städtebaulicher Gründe für eine Planungspflicht bejaht und die Anordnung der Kommunalaufsicht zur Aufstellung eines Bebauungsplans durch die Gemeinde für rechtmäßig erachtet (siehe BVerwG, BVerwGE 119, 25 ff.; zu dieser Entscheidung auch Kuschnerus, Der sachgerechte Bebauungsplan, Rn. 220).

Das Verbot nicht erforderlicher Bebauungspläne

Korrespondierend mit dem Gebot, erforderliche Bauleitpläne aufzustellen, ist in § 1 Abs. 3 S. 1 BauGB auch das Verbot nicht erforderlicher Bauleitpläne niedergelegt. Das in § 1 Abs. 3 S. 1 BauGB angelegte Verbot der Aufstellung von Bebauungsplänen, die für die städtebauliche Entwicklung und Ordnung nicht erforderlich sind, bedingt, dass die mit der Planung und den einzelnen Festsetzungen verfolgten Zielsetzungen stets städtebaulich gerechtfertigt sein müssen (siehe Kuschnerus, Der sachgerechte Bebauungsplan, Rn. 223). Nach der Rechtsprechung ist die Beantwortung der Frage, was gemäß § 1 Abs. 3 BauGB im Einzelfall erforderlich ist, anhand der planerischen Konzeption der Gemeinde zu beurteilen. So wird der Begriff der Erforderlichkeit insbesondere durch vorausgehende planerische Entscheidungen der Gemeinde und die örtlich anzustrebenden städtebaulichen Ziele ausgefüllt.

Maßstab:
Planerische
Konzeption der
Gemeinde

Die Gemeinde wird durch den Gesetzgeber mit § 1 Abs. 3 BauGB ermächtigt, die mit der Planung zu verfolgenden städtebaulichen Ziele grundsätzlich in ihrem eigenen planerischen Ermessen zu setzen und diejenige „Städtebaupolitik" zu betreiben, die ihren städtebaulichen Ordnungsvorstellungen entspricht (so BVerwG, BVerwGE 133, 310 ff.). Hierbei ist der Gemeinde nicht zwingend vorgegeben, welche möglichen städtebaulichen Zielsetzungen überhaupt zur Rechtfertigung der Planung herangezogen werden können (siehe Kuschnerus, Der sachgerechte Bebauungsplan, Rn. 226). Allerdings sind in § 1 Abs. 5 BauGB die Ziele und Grundsätze der Bauleitplanung in Form von Planungsleitlinien zusammengefasst, die in § 1 Abs. 6 BauGB beispielhaft konkretisiert werden.

Als einschlägige Leitlinien für die Steuerung des Einzelhandels werden in § 1 Abs. 6 Nr. 4 BauGB die Erhaltung und Entwicklung zentraler Versorgungsbereiche und in § 1 Abs. 6 Nr. 11 BauGB die Berücksichtigung der Ergebnisse eines von der Gemeinde beschlossenen Entwicklungskonzeptes (häufiger Fall: Einzelhandelskonzepte) genannt. Die in § 1 Abs. 6 BauGB genannten Leitlinien spielen sowohl für die städtebauliche Erforderlichkeit i.S.d. § 1 Abs. 3 BauGB als auch für die Abwägung i.S.d. § 1 Abs. 7 BauGB eine Rolle (siehe Krautzberger, in: Battis/Krautzberger/Löhr, § 1, Rn. 28).

Die Abgrenzung des Gebots der städtebaulichen Erforderlichkeit nach § 1 Abs. 3 S. 1 BauGB und des Gebots der gerechten Abwägung nach § 1 Abs. 7 BauGB lässt sich wie folgt skizzieren: Die städtebauliche Rechtfertigung i.S.d. § 1 Abs. 3 S. 1 BauGB stellt auf die Frage ab, ob überhaupt hinreichend gewichtige Allgemeinbelange für eine bestimmte Planung und die mit ihr einhergehenden Festsetzungen sprechen. Hingegen betrifft der Umstand, dass die städtebaulich beachtlichen Belange umso gewichtiger sein müssen, je stärker private Belange durch die Festsetzungen eines Bebauungsplans beeinträchtigt werden, die Abwägung nach § 1 Abs. 7 BauGB (siehe Kuschnerus, Der sachgerechte Bebauungsplan, Rn. 230). Bei § 1 Abs. 3 BauGB handelt es sich daher um eine „nur bei groben und einigermaßen offensichtlichen Missgriffen wirksame Schranke der gemeindlichen Planungshoheit" (so BVerwG, BVerwGE 92, 8 ff.).

Obwohl an die Unwirksamkeit der Planung oder einzelner Festsetzungen wegen fehlender städtebaulicher Rechtfertigung hohe Maßstäbe anzulegen sind, kommt es nicht selten vor, dass jedenfalls einzelne Festsetzungen wegen einer fehlenden städtebaulichen Rechtfertigung unwirksam sind (vgl. auch Kuschnerus, Der sachgerechte Bebauungsplan, Rn. 230). Klassische Fälle für eine fehlende städtebauliche Rechtfertigung sind:

Klassische Fälle der fehlenden städtebaulichen Rechtfertigung

- Die Festsetzungen des Plans sind nicht umsetzbar.
- Es handelt sich um eine reine Verhinderungsplanung.
- Die Planung erweist sich als inkonsistent.
- Mit der Planung werden ausschließlich private Interessen verfolgt.

Umsetzung der Festsetzung muss möglich sein

An der Erforderlichkeit für den Bebauungsplan i.S.d. § 1 Abs. 3 S. 1 BauGB fehlt es beispielsweise dann, wenn seine Festsetzungen nicht realisiert werden können, weil dem Planvollzug dauerhaft rechtliche oder tatsächliche Gründe entgegenstehen (siehe Kuschnerus, Der sachgerechte Bebauungsplan, Rn. 37).

Keine Verhinderungsplanung

Der Unterfall der fehlenden städtebaulichen Rechtfertigung wegen einer reinen Verhinderungsplanung betrifft Fälle, in denen die Gemeinde städtebauliche Gründe für die Planung nur vorschiebt, im Grunde aber als Hauptzweck die Verhinderung bestimmter Nutzungen verfolgt (siehe BVerwG, BauR 1991, 165 ff.). Denn die Gemeinde muss mit ihrer Bauleitplanung grundsätzlich ein positives städtebauliches Ziel verfolgen. Dieses darf nicht lediglich in der Verhinderung einzelner Vorhaben liegen. Allerdings ist zu beachten, dass auch positive städtebauliche Planungsziele durch negative Beschreibungen festgesetzt werden können (siehe Finkelnburg/Ortloff/Kment, Bauplanungsrecht, § 5, Rn. 13).

Planung muss konsistent sein

Eine fehlende städtebauliche Rechtfertigung wegen der Inkonsistenz des planerischen Vorhabens betrifft Konstellationen, in denen mit den getroffenen Festsetzungen das von der Gemeinde verfolgte Planungskonzept nicht verwirklicht werden kann. Hier zu nennen sind beispielsweise Fälle, in denen die Gemeinde den Einzelhandel ausschließlich mit dem Ziel der Freihaltung von Gewerbeflächen für das produzierende Gewerbe ausschließt, zugleich aber den Annex-Handel des produzierenden Gewerbes ohne Begrenzung zulässt. Es liegt auf der Hand, dass die Gemeinde ihr eigenes vorgebliches planerisches Ziel mit der getroffenen Festsetzung im Ergebnis konterkariert. Die Konsistenz der Festsetzungen setzt mithin ein konsequentes und widerspruchsfreies Vorgehen der Gemeinde voraus, mit dem ihre planerische Zielsetzung erreicht werden kann.

Planung darf nicht ausschließlich privaten Interessen dienen

Schließlich fehlt es an der Erforderlichkeit i.S.d. § 1 Abs. 3 BauGB auch, wenn mit der hoheitlichen Bauleitplanung im Ergebnis keine städtebaulichen Interessen verfolgt werden. Das kann beispielsweise der Fall sein, wenn städtebauliche Gründe nur vorgeschoben werden, während in Wirklichkeit ausschließlich private Interessen Hintergrund der Planung sind. Gleichwohl hat die Rechtsprechung klargestellt, dass die Gemeinde auch ohne Verstoß gegen § 1 Abs. 3 BauGB Ansiedlungswünsche privater Investoren zum Anlass nehmen kann, durch ihre Bauleitplanung entsprechende Voraussetzungen zu schaffen. Voraussetzung ist aber, dass sie mit diesem Vorgehen zugleich städtebaulich motivierte Zielvorstellungen verfolgt (siehe OVG Münster, BauR 1998, 1198 ff.)

Die Rechtfertigung der Baugebietsgliederung

Bei der Steuerung des Einzelhandels häufig zur Anwendung gelangende Differenzierungsmöglichkeiten bieten die Regelungen des § 1 Abs. 5 und Abs. 9 BauNVO (siehe hierzu schon oben 6.3.2). Hierbei bedürfen die Differenzierungen stets einer städtebaulichen Rechtfertigung i.S.d. § 1 Abs. 3 S. 1 BauGB (vgl. Ziegler, in: Brügelmann, § 1 BauNVO, Rn. 200). Darüber hinaus setzt eine Feingliederung nach § 1 Abs. 9 BauNVO (ebenso wie die Gliederung nach § 1 Abs. 7 BauNVO) voraus, dass für diese „besondere städtebaulichen Gründe" vorliegen. Hierbei ist durch die Rechtsprechung geklärt, dass das „Besondere" an den städtebaulichen Gründen nach § 1 Abs. 9 BauNVO nicht notwendig voraussetzt, dass die Gründe von größerem oder im Verhältnis zu § 1 Abs. 5 BauNVO zusätzlichem Gewicht sein müssen. Vielmehr ist mit „besonderen städtebaulichen Gründen" gemeint, dass es spezielle Gründe gerade für die gegenüber § 1 Abs. 5 BauNVO noch feinere Ausdifferenzierung der zulässigen Nutzung geben muss (vgl. BVerwG, BVerwGE 77, 317 ff.).

Besondere städtebauliche Gründe für die Feingliederung von Baugebieten

6.3.3.2 Hohe Anforderungen an die Rechtfertigung von Einzelhandelsausschlüssen

Nicht zu unterschätzende Anforderungen sind auch an die städtebauliche Rechtfertigung der Festsetzungen zur Steuerung des Einzelhandels zu stellen. In der Regel handelt es sich um Einzelhandelsausschlüsse. Diese betreffen entweder den kompletten Einzelhandel oder knüpfen an eine Differenzierung nach der Größe der Verkaufsfläche und/oder den angebotenen Sortimenten an. Entsprechend der Planungsleitlinie des § 1 Abs. 6 Nr. 4 BauGB verfolgt die Plangeberin in der Regel das Ziel der Sicherung oder Entwicklung zentraler Versorgungsbereiche. Häufig wird der Ausschluss von Einzelhandelsnutzungen in Gewerbegebieten aber auch (zusätzlich) mit dem Ziel der Sicherung von Flächen für das produzierende Gewerbe begründet.

Die Rechtfertigung von Festsetzungen zur Einzelhandelssteuerung

Die Bedeutung von Einzelhandelskonzepten für die Planrechtfertigung

Bevor im Weiteren auf die einzelnen Arten von Einzelhandelsausschlüssen eingegangen wird, sei vorab noch einmal die Bedeutung von Einzelhandelskonzepten für die Planrechtfertigung angesprochen. Bei einem Einzelhandels- und Zentrenkonzept handelt es sich um ein städtebauliches Entwicklungskonzept i.S.v. § 1 Abs. 6 Nr. 11 BauGB. Als solches ist es grundsätzlich zunächst unverbindlich. Wird ein solches Konzept aber über die Vorschrift des § 1 Abs. 6 Nr. 11 BauGB in den letztlich die Ausschlusswirkung herbeiführenden Bebauungsplan inkorporiert, so muss dieses Konzept die an den Bebauungsplan selbst zu stellenden Anforderungen erfüllen.

Einzelhandelskonzepte als Grundlage der Planrechtfertigung

Dies gilt neben dem Gebot der gerechten Abwägung nach § 1 Abs. 7 BauGB insbesondere auch für die städtebauliche Erforderlichkeit nach § 1 Abs. 3 S. 1 BauGB. Denn ein solches Konzept entlastet die Gemeinde hinsichtlich bestimmter Begründungsanforderungen. Diese Funktion bringt es mit sich, dass die im Rahmen der Bebauungsplanaufstellung zu beachtenden Voraussetzungen in Teilen auf die Konzeptebene vorverlagert werden. Entsprechend muss das Konzept auch durch den Rat beschlossen werden, damit es seine Wirkung nach § 1 Abs. 6 Nr. 11 BauGB entfalten kann. In der Folge muss dann aber auch die Konzeptebene bereits die Anforderungen der städtebaulichen Erforderlichkeit – und des Abwägungsgebots – genügen. Dies ist auch gerichtlich überprüfbar (siehe zu alledem Füßer/Lau, BauR 2009, 1828 ff.).

Zu beachten ist, dass die oben beschriebene planerische Freiheit (das planerische Ermessen) auch für die Erstellung von Einzelhandelskonzepten gilt. Das Konzept unterliegt daher insofern der gerichtlichen Prüfung auf seine Nachvollziehbarkeit und Widerspruchsfreiheit. Hierzu gehört, dass die Gemeinde sich im Hinblick auf die von ihr selbst formulierten städtebaulichen Ziele in ihrem Konzept konsistent verhält (siehe OVG Münster, BauR 2012, 750 ff.). Ist das erstellte Konzept geeignet, die zukünftige Einzelhandelsentwicklung gemeindeweit und widerspruchsfrei zu steuern, so kann die Gemeinde auf Grundlage dieses Konzepts auch bestimmte „zentrumsbildende" Nutzungsarten in Teilen der Gemeinde mit dem Ziel ausschließen, eventuelle Neuansiedlungen zur Stärkung der Zentren in die zentralen Versorgungsbereiche zu steuern (siehe BVerwG, BVerwGE 133, 310 ff.). Entscheidende Wirkungen entfalten Einzelhandelskonzepte daher vor allem im Bereich der Bauleitplanung. Hingegen ist ihre Wirkung im Rahmen der Beurteilung einer Vorhabenzulässigkeit nach § 34 BauGB deutlich geringer. So sind beispielsweise für die Abgrenzung zentraler Versorgungsbereiche i.S.v. § 34 Abs. 3 BauGB allein die tatsächlichen örtlichen Gegebenheiten maßgeblich. Einem Einzelhandelskonzept kommt hier „allenfalls eine Indizfunktion" zu (so wörtlich: OVG Münster, BauR 2009, 1701).

Der Einzelhandelsausschluss mit dem Ziel des Zentrenschutzes

Die Rechtfertigung von Einzelhandelsausschlüssen zum Schutz zentraler Versorgungsbereiche

Verfolgt die Gemeinde mit dem Ausschluss von Einzelhandelsnutzungen im Plangebiet in erster Linie das Ziel, bestimmte zentrale Versorgungsbereiche zu schützen und zu sichern, so setzt dies zunächst voraus, dass die entsprechenden zentralen Versorgungsbereiche hinreichend deutlich festgelegt sind. Regelmäßig wird diese Abgrenzung der zentralen Versorgungsbereiche im Rahmen der Erstellung eines gemeindlichen Einzelhandelskonzepts erarbeitet (siehe Kuschnerus, Der standortgerechte Einzelhandel, Rn. 463).

Sofern der Einzelhandelsausschluss in erster Linie dem Schutz eines bestimmten Zentrums dient, ist der Ausschluss nur insoweit gerechtfertigt, als alle ausgeschlossenen Nutzungen zentrenrelevant sind (siehe Ziegler, in: Brügelmann, § 1 BauNVO, Rn. 217 l). In Teilen der obergerichtlichen Rechtsprechung wird zudem gefordert, dass die Gemeinde bei der Festsetzung eines Einzelhandelsausschlusses zum Schutz der umliegenden zentralen Versorgungsbereiche im Einzelnen darlegen muss, dass bei vorausschauender Betrachtung Einzelhandel der ausgeschlossenen Art in jeder Form und in jedem Umfang, würde er im Plangebiet angesiedelt, den vorhandenen Einzelhandel in den konkret benannten zentralen Versorgungsbereichen nicht unerheblich schädigen würde (siehe OVG Münster, Urteil vom 9.10.2003 – 10a D 71/01.NE, www.juris.de).

In der Regel wird zum Zentrenschutz nur der Ausschluss von zentrenrelevanten Sortimenten auch gerechtfertigt sein. Ob hierfür die Ermittlung der für das einzelne zu schützende Zentrum konkret relevanten Sortimente im Einzelfall erforderlich ist oder ob eine Auflistung der im Regelfall als gemeindeweit zentrenrelevant ermittelten Sortimente im Einzelhandelskonzept genügt, ist höchstrichterlich noch nicht abschließend entschieden. Die jüngere Rechtsprechung des Bundesverwaltungsgerichts deutet allerdings darauf hin, dass es bei der Festsetzung eines nach Sortimenten gegliederten Ausschlusses zum Schutz von Zentren (anders als im Fall der Stärkung, siehe unten) weiterhin der Ermittlung der für das konkret zu schützende Zentrum relevanten Sortimente bedarf. Hierfür spricht der Umstand, dass bei einem zum Schutz eines oder mehrerer konkreter Zentren festgesetzten Einzelhandelsausschlusses die Verhältnisse in dem jeweiligen Zentrum im Fokus stehen. Dann aber kann die regelmäßig gemeindeweit durchgeführte Ermittlung der zentrenrelevanten Sortimente im Rahmen der Erstellung eines Einzelhandelskonzepts nicht genügen (vgl. zu diesen Überlegungen: BVerwG, BVerwGE 133, 310 ff.; das BVerwG begründet hier mit dieser Überlegung seine Rechtsprechung, nach der es bei einem zur Stärkung der gemeindeweiten Zentrenstruktur festgesetzten Einzelhandelsausschluss keiner Ermittlung der zentrenrelevanten Sortimente über das Einzelhandelskonzept hinaus bedarf. Siehe hierzu ausführlich unten).

Der Einzelhandelsausschluss mit dem Ziel der Zentrenstärkung

Für die städtebauliche Rechtfertigung von Einzelhandelsausschlüssen, die zur Stärkung zentraler Versorgungsbereiche festgesetzt werden, hat die jüngere Rechtsprechung erhebliche Erleichterung geschaffen (vgl. v.a.: BVerwG, BVerwGE 133, 310 ff.). Das Bundesverwaltungsgericht hat hier ausgeführt, dass die Gemeinde bei Festsetzung eines Einzelhandelsausschlusses mit dem Ziel der Zentrenstärkung nicht darauf beschränkt ist, nur solche Einzelhandelsnutzungen außerhalb ihrer Zentren zu unterbinden, die in den Zentren bereits in nennenswertem Umfang ausgeübt werden. Vielmehr ist es ihr auch gestattet, zentrumsbildende Nutzungsarten, die in den Zentren bisher nicht oder nur in geringem Umfang vertreten sind, in anderen Gemeindegebieten mit dem Ziel auszuschließen, eventuelle Neuansiedlungen den Zentren zuzuführen, um deren Attraktivität zu steigern oder zu erhalten. Anders als bei einem nur zum Schutz eines Zentrums erfolgten Einzelhandelsausschlusses (siehe oben) bedarf es in diesem Fall keiner Ermittlung der konkret zentrenschädlichen Sortimente. Hierbei muss aber der Fokus auf der Stärkung der gemeindeweiten Zentrenstruktur und nicht nur auf einem einzelnen Zentrum liegen. Denn das Bundesverwaltungsgericht hat dieser Rechtsprechung die Überlegung zugrunde ge

Die Rechtfertigung von Einzelhandelsausschlüssen mit dem Ziel der Stärkung zentraler Versorgungsbereiche legt, dass in dem Maße, in dem das Ziel der Stärkung von einem konkreten Zentrum losgelöst und auf ein generelles Ziel der Zentrenstärkung im gesamten Stadtgebiet bezogen wird, auch die Verhältnisse in dem konkreten Zentrum in den Hintergrund treten. Verfügt die Gemeinde dann über ein Einzelhandelskonzept, das geeignet ist, die Einzelhandelsentwicklung im gesamten Stadtgebiet nachvollziehbar und widerspruchsfrei zu ordnen, bedarf es jedenfalls auf der Ebene des Bebauungsplans, der dieses Einzelhandelskonzept für einen bestimmten Bereich umsetzen soll, keine weiteren Differenzierungen unter dem Gesichtspunkt der Zentrenrelevanz der einzelnen Sortimente (siehe zu alledem: BVerwG, BVerwGE 133, 310 ff.).

Es müssen also folgende Voraussetzungen kumulativ vorliegen: Zum einen muss der Ausschluss der Sortimente neben dem Schutz der bestehenden Strukturen auch ausdrücklich mit der zukünftigen Stärkung und Weiterentwicklung der Zentren begründet werden. Zum anderen muss das in Bezug genommene Einzelhandelskonzept geeignet sein, die zukünftige Einzelhandelsentwicklung stadtweit und widerspruchsfrei zu ordnen. Will die Gemeinde sich also zur Begründung eines Einzelhandelsausschlusses pauschal auf ein Einzelhandelskonzept berufen und keine spezifischen zusätzlichen Untersuchungen einzelner Zentren durchführen, so ist ihr zu empfehlen, sich hierzu auf das Ziel der gemeindeweiten Zentrenstärkung zu stützen. Dabei sollte nur der Einzelhandel mit zentrenrelevanten Hauptsortimenten ausgeschlossen werden. Eine Liste mit den in der Gemeinde als zentrenrelevant einzustufenden Sortimenten ist einem Einzelhandelskonzept, das die genannten Voraussetzungen erfüllt, regelmäßig zu entnehmen. Ein mit dem Ziel der Stärkung der Zentren durch Konzentration von Einzelhandelsansiedlungen in den Zentren begründeter Einzelhandelsausschluss kann nicht weiter gehen, als eine Ansiedlung von Einzelhandelsbetrieben in den Zentren überhaupt in Betracht kommt. Sachliche Grenzen können sich daher insofern ergeben, als nicht jeder Einzelhandelsbetrieb mit Blick auf Art und Umfang des Betriebs oder die Besonderheiten des betreffenden Zentrums für eine Ansiedlung in den Zentren in Betracht kommt (siehe BVerwG, BVerwGE 133, 310 ff.). Zu denken ist beispielsweise an den regelmäßig mit erheblichem Flächenverbrauch einhergehenden Kfz-Einzelhandel.

Der Einzelhandelsausschluss zur Flächensicherung für das klassische Gewerbe

Einzelhandelsausschlüsse mit dem Ziel der Sicherung von Flächen für das produzierende Gewerbe

Der Ausschluss des Einzelhandels kann auch mit dem Ziel der Sicherung von Flächen für die Betriebe des produzierenden Gewerbes gerechtfertigt werden. In Betracht kommt dieses Ziel regelmäßig bei Gewerbe- und Industriegebieten (siehe Ziegler in: Brügelmann, § 1 BauNVO, Rn 220). Denn in beiden Gebietstypen ist der (nicht-großflächige) Einzelhandel als Unterfall der „Gewerbebetriebe aller Art" zwar grundsätzlich zulässig. Nach der Rechtsprechung dienen Gewerbegebiete nach § 8 BauNVO vorwiegend der Unterbringung von nicht erheblich belästigendem Gewerbe. Nach dem Leitbild der BauNVO sind sie damit den produzierenden und artverwandten Nutzungen vorbehalten; sie zeichnen sich dadurch aus, dass in ihnen gearbeitet wird. Dies soll erst recht für Industriegebiete nach § 9 BauNVO gelten.

Schließt die Gemeinde hier den Einzelhandel mit dem Ziel der Sicherung von Flächen für das produzierende Gewerbe auf Grundlage von § 1 Abs. 5 BauNVO aus, so ist dies ein städtebauliches Ziel, dass den Ausschluss nach § 1 Abs. 3 BauGB rechtfertigen kann. (siehe OVG Münster, NVwZ-RR 2008, 13 ff.). Hierfür ist auch nicht zwingend der Nachweis erforderlich, dass für das produzierende Gewerbe aktuell zuwenig Flächen zur Verfügung stehen. Gerechtfertigt ist der Ausschluss nicht nur dann, wenn die Gemeinde einen akuten Bedarf an Flächen nachweist, der nicht befriedigt werden kann, sondern auch dann, wenn die Gemeinde die planerischen Voraussetzungen schafft, die es ermöglichen, einer Bedarfslage gerecht zu werden, die sich erst für die Zukunft abzeichnet (BVerwG, BauR 1999, 1136 ff.).

Die Gemeinde muss sich aber auch hier konsistent verhalten. Neben dem Einzelhandel müssen dann auch weitere Nutzungen ausgeschlossen werden, die das Ziel der Sicherung von Flächen für das produzierende Gewerbe gefährden (siehe Janning, ZfBR 2009, 437 ff.). Dabei muss die Gemeinde nicht pauschal alle Nutzungen ausschließen, die nicht zum produzierenden Gewerbe gehören. Sie kann sich auf den Ausschluss solcher Nutzungen beschränken, die zum einen typischerweise zur Verdrängung des klassischen Gewerbes führen und zum anderen für die Ansiedlung in anderen Teilen des Gemeindegebiets besser geeignet sind (siehe OVG Münster, Urteil vom 27.4.2006 – 7 D 35/05.NE, www.juris.de). Häufig wird dies etwa Anlagen für sportliche Zwecke oder Vergnügungsstätten betreffen.

Regelmäßig erfordert eine konsistente Planung für einen Einzelhandelsausschluss mit dem Ziel der Sicherung von Flächen für das produzierende Gewerbe auch einen Ausschluss sämtlicher Einzelhandelsnutzungen. Ein nach Sortimenten bezogener Ausschluss würde das Ziel der Sicherung von Flächen für das produzierende Gewerbe konterarieren (siehe Kuschnerus, Der standortgerechte Einzelhandel, Rn. 456). Anders zu beurteilen kann diese Frage dann sein, wenn der Ausschluss zumindest auch mit dem Ziel des Zentrenschutzes und/oder der Zentrenstärkung begründet wird. Eine solche Kombination der Rechtfertigungsgründe hat die Rechtsprechung für zulässig erachtet (siehe BVerwG, ZfBR 1990, 27 ff.). Konsistent muss sich die Gemeinde nicht nur mit Blick auf die isolierten Einzelhandelsnutzungen verhalten. Auch der sogenannte Annexhandel des produzierenden Gewerbes ("Fabrikverkauf") bedarf der Steuerung. So kann der Ausschluss auch den Annexhandel vollständig erfassen. Wird er aber zugelassen, so bedarf es regelmäßig einer Festsetzung seiner Beschränkung durch relative ("untergeordnet") oder absolute (ausnahmsweise zulässige Verkaufsflächenfestsetzung, s.o.) Merkmale, damit das Ziel der Sicherung von Flächen für das produzierende Gewerbe auch erreicht werden kann (siehe OVG Münster, Beschluss vom 2.6.2010 – 7 A 295/09, www.juris.de).

6.3.4 Umweltbelange in der Bauleitplanung

Bei der Aufstellung von Bebauungsplänen sind insbesondere die in § 1 Abs. 6 Nr. 7 BauGB genannten Umweltbelange zu berücksichtigen. Es handelt sich hierbei um:

- die Auswirkungen auf Tiere, Pflanzen, Boden, Wasser, Luft, Klima und das Wirkungsgefüge zwischen ihnen sowie die Landschaft und die biologische Vielfalt,

- die Erhaltungsziele und den Schutzzweck der Gebiete von gemeinschaftlicher Bedeutung und der Europäischen Vogelschutzgebiete,

- die umweltbezogenen Auswirkungen auf den Menschen und seine Gesundheit sowie die Bevölkerung insgesamt,

- die umweltbezogenen Auswirkungen auf Kulturgüter und sonstige Sachgüter,

- die Vermeidung von Emissionen sowie den sachgerechten Umgang mit Abfällen und Abwässern,

- die Nutzung erneuerbarer Energien sowie die sparsame und effiziente Nutzung von Energie,

- die Darstellungen von Landschaftsplänen sowie von sonstigen Plänen, insbesondere des Wasser-, Abfall- und Immissionsschutzrechts

- die Erhaltung der bestmöglichen Luftqualität in Gebieten, in denen Immissionsgrenzwerte nach europarechtlichen Vorgaben durch Rechtsverordnung verbindlich festgelegt wurden, und

- die Wechselwirkungen zwischen verschiedenen Belangen.

Ergänzende Vorschriften zum Umweltschutz enthält § 1a BauGB mit der Bodenschutzklausel (schonender und sparsamer Umgang mit Grund und Boden), der naturschutzrechtlichen Eingriffsregelung sowie den Natura-2000-Gebieten.

Die konkreten inhaltlichen Vorgaben finden sich regelmäßig in den jeweils einschlägigen Fachgesetzen (z.B. Bundesimmissionsschutzgesetz, Wasserhaushaltsgesetz, Bundesnaturschutzgesetz, Kreislaufwirtschafts- und Abfallgesetz, Bundesbodenschutzgesetz), untergesetzlichen Regelwerken (z.B. TA Lärm, TA Luft) und sonstigen fachspezifischen Vorgaben (z.B. Geruchsimmissionsrichtlinie, Parkplatzlärmstudie, VDI-Richtlinien, Hinweise des Länderausschusses für Immissionsschutz zur Messung und Beurteilung von Lichtimmissionen).

Viele der Umweltbelange sind einer Abwägung zugänglich. Andere Umweltbelange unterliegen strikt bindenden Vorschriften. Hierzu gehören beispielsweise die bindenden Grenzwerte nach der 16. BImSchV bei der Errichtung oder wesentlichen Änderung von Straßen und Schienenwegen und die artenschutzrechtlichen Verbote des Bundesnaturschutzgesetzes.

6.3.4.1 Lärmimmissionen

Die zu erwartenden Lärmimmissionen werden regelmäßig durch eine fachgutachterliche Prognose ermittelt. Wichtig ist hierbei, dass alle nach dem Bebauungsplan zulässigen Nutzungen in den Blick genommen werden. Dies wird zuweilen übersehen, wenn ein Angebotsbebauungsplan (und kein vorhabenbezogener Bebauungsplan) für ein konkretes Vorhaben aufgestellt wird.

Für die verschiedenen Lärmquellen (Verkehrs-, Gewerbe-, Sport-, Freizeitlärm) gibt es zahlreiche Regelwerke. Im Rahmen der Bauleitplanung werden vor allem die folgenden lärmtechnischen Regelwerke relevant:

- DIN 18005: Orientierungswerte für städtebauliche Planungen. Eine Überschreitung der Orientierungswerte ist im Rahmen der Abwägung möglich. Die Rechtsprechung hat schon Überschreitungen der Orientierungswerte um 5 dB(A) für zulässig erachtet, wenn alle möglichen aktiven und passiven Lärmschutzmaßnahmen in den Blick genommen worden sind (OVG Münster, Beschluss vom 18.6.2001; OVG Lüneburg, NVwZ-RR 2002, 172).

- 16. BImSchV: Bindende Grenzwerte bei der Errichtung und wesentlichen Änderung von Straßen und Schienenwegen. Werden die Grenzwerte überschritten, sind Lärmschutzmaßnahmen vorzusehen.

- TA Lärm: Die Technische Anleitung zum Schutz gegen Lärm (TA Lärm) enthält Richtwerte für genehmigungs- und nicht genehmigungsbedürftige Anlagen nach dem Bundesimmissionsschutzgesetz. Anhand der TA Lärm wird daher regelmäßig das Lärmgutachten im Baugenehmigungsverfahren für ein Einzelhandelsvorhaben erstellt (vgl. hierzu 7.7). Im Rahmen der Bauleitplanung erlangt die TA Lärm insbesondere Bedeutung, wenn Immissionsgrenzwerte festgesetzt werden sollen. Dies ist denkbar im Rahmen eines vorhabenbezogenen Bebauungsplans, einer Sondergebietsfestsetzung oder einer Festsetzung zum passiven Bestandsschutz. Darüber hinaus ist die TA Lärm Grundlage für die Ermittlung sog. immissionswirksamer flächenbezogener Schallleistungspegel (IFSP) und von Emissionskontingenten nach der DIN 45691. Bei der Emissionskontingentierung werden die Gesamtemissionen so auf die einzelnen Anlagen verteilt, dass der Immissionsrichtwert bei gleichzeitiger Emittierung aller Anlagen nicht überschritten wird.

6.3.4.2 § 50 BImSchG

**Störfallbetriebe in der
Nachbarschaft**

Nach § 50 BImSchG, der die sog. Seveso-II-Richtlinie (Richtlinie 96/82/EG des Rates i.d.F. RL 2003/105/EG) umsetzt, sind die sog. Störfallbetriebe und schutzbedürftige Gebiete und öffentlich genutzte Gebäude wie Einzelhandelsbetriebe räumlich getrennt anzusiedeln. In Nordrhein-Westfalen fallen rund 450 Betriebsbereiche unter den Anwendungsbereich der Störfallverordnung (12. BImSchV). Es handelt sich hierbei insbesondere um Betriebsbereiche der chemischen Industrie sowie Lageranlagen, in denen gefährliche Stoffe oberhalb einer in der Seveso-II-Richtlinie festgelegten Mengenschwelle vorhanden sind.

Achtungsabstände

Liegt der Geltungsbereich des sich in Aufstellung befindlichen Bebauungsplans im sog. Achtungsabstand eines Störfallbetriebs, ist eine Einzelfallprüfung erforderlich, in der Achtungsgrenzen mit Detailberechnung ermittelt werden. Diese Radien fallen regelmäßig kleiner aus. Liegt das Plangebiet auch innerhalb der konkret ermittelten Achtungsabstände, sind technische Vorkehrungen beim Störfallbetrieb oder (Schutz-)Maßnahmen beim geplanten Vorhaben (bauliche Gestaltung; im Störfall abschaltbare Lüftung) denkbar. § 50 S. 1 BImSchG verleiht der Verpflichtung ein besonderes Gewicht, jedoch keinen generellen

Abwägung

Vorrang, so dass eine Abwägung zulässig und erforderlich ist.

6.3.4.3 Eingriffsregelung

Die Eingriffsregelung dient der Vermeidung und dem Ausgleich erheblicher Beeinträchtigungen der Leistungs- und Funktionsfähigkeit des Naturhaushalts sowie des Landschaftsbilds. Der Bebauungsplan selbst stellt keinen Eingriff in Natur und Landschaft dar, kann aber Eingriffe vorbereiten, weil er die planungsrechtliche Grundlage für die Vorhaben und damit für die Eingriffe schafft. Dies ist im Rahmen des Bebauungsplanverfahrens zu berücksichtigen. Maßgeblich sind hierbei gemäß § 18 Abs. 1 BNatSchG nicht die naturschutzrechtlichen Regelungen, sondern die Vorschriften des BauGB.

Prüfungsaufbau

Im Rahmen des Bebauungsplanverfahrens ist zunächst eine Bestandsaufnahme von Natur und Landschaft sowie eine Bewertung vorzunehmen. Sodann ist dem Vermeidungsgebot Rechnung zu tragen. Dabei meint das Vermeidungsgebot nicht die Möglichkeit, gänzlich von der Planung Abstand zu nehmen. Vielmehr ist zu fragen, in welchem Umfang die Festsetzungen (die den Eingriff zur Folge haben) zur Verwirklichung der Planungsabsichten erforderlich sind und ob das Planungsziel mit einem geringeren Eingriff in Natur und Landschaft erreicht werden kann. Im Anschluss hieran ist der Frage nachzugehen, ob Ausgleichsmaßnahmen vorzusehen sind und wenn ja, welche.

Abwägung

Nach § 1 a Abs. 3 BauGB stellt das Vermeidungs- und Ausgleichsgebot der Eingriffsregelung kein strikt bindendes Recht dar, sondern ist der Abwägung zugänglich. In die Abwägung über die Vermeidung und den Ausgleich des Eingriffs sind insbesondere einzustellen: die Vorteile für

Natur und Landschaft, die Nachteile für die mit der Planung verfolgten (städtebaulichen) Ziele, die Belastungen privater Grundstückseigentümer (z.B. infolge von Vermeidungs- und Ausgleichsfestsetzungen). Sind im landschaftspflegerischen Fachbeitrag zum Bebauungsplan Maßnahmen vorgeschlagen, wie beispielsweise Festsetzungen über Fassaden- und Dachbegrünung, so dürfen diese nicht automatisch übernommen werden. Vielmehr muss auch diesbezüglich eine Abwägung erfolgen.

Die Anforderungen an den Ausgleich sind in § 1 a Abs. 3 S. 2-5 BauGB geregelt. Hiernach erfolgt der Ausgleich durch Festsetzungen im Bebauungsplan, durch vertragliche Vereinbarung mit der Gemeinde nach § 11 BauGB oder durch „sonstige geeignete Maßnahmen" auf von der Gemeinde bereitgestellten Grundstücken. Der Ausgleich muss nicht auf dem Eingriffsgrundstück erfolgen und auch nicht im Geltungsbereich des Eingriffsbebauungsplans. Die Ausgleichsfläche kann sogar außerhalb des Gemeindegebietes liegen.

Anforderungen an den Ausgleich

Die jeweilige Ausgleichsfläche muss aufwertungsbedürftig und -fähig sein. Dies ist dann der Fall, wenn die Fläche in einen Zustand versetzt werden kann, der sich im Vergleich mit dem früheren als ökologisch höherwertig einstufen lässt. Dies ist auch bei einer Fläche im Landschaftsschutzgebiet möglich; jedoch darf die Fläche in ihrem Zustand nicht einfach nur erhalten bleiben (vgl. OVG Lüneburg, BRS 64 Nr. 13). Denn dies stellt keine ökologische Aufwertung dar.

Aufwertungsdürftig und -fähig

Wie der Ausgleich erfolgen soll bzw. was als Ausgleichsmaßnahme gewählt wird, unterliegt dem Abwägungsgebot. Eine vorhandene Biotop- oder Bodenart ist nicht zwingend erneut zu schaffen. Ein Eingriff in einen Trockenrasen muss demgemäß nicht in jedem Fall durch die Anlegung eines neuen Trockenrasens ausgeglichen werden. Ob auch ein andersartiger Ausgleich möglich ist, richtet sich nach der konkreten Situation. Die Gemeinde muss die Entscheidung im Rahmen der Abwägung treffen.

Ein Ausgleich ist nicht erforderlich, soweit die Eingriffe bereits zuvor erfolgt sind oder zulässig waren (§ 1a Abs. 3 S. 5 BauGB). Bei der Aufstellung eines Bebauungsplans der Innenentwicklung nach § 13a BauGB ist ein Ausgleich wegen der Fiktion in § 13a Abs. 2 Nr. 4 BauGB nicht erforderlich.

Kein Ausgleich

6.3.4.4 Artenschutz

Von den zuvor erörterten Maßnahmen zum Ausgleich eines Eingriffs zu unterscheiden sind (vorgezogene) Ausgleichsmaßnahmen aufgrund der Verwirklichung eines artenschutzrechtlichen Verbotstatbestandes.

Ebenso wie bei der Eingriffsregelung gilt, dass ein artenschutzrechtlicher Verbotstatbestand nicht schon durch den Bebauungsplan selbst, sondern erst durch das nachfolgende Bauvorhaben verwirklicht wird.

Bedeutung erlangen die artenschutzrechtlichen Verbote in der Bauleitplanung im Rahmen der Abwägung und im Rahmen der Erforderlichkeit (§ 1 Abs. 3 BauGB). Entscheidend ist insoweit, ob es sich um ein dauerhaftes Hindernis für den Vollzug des Bebauungsplans handelt.

Es gibt folgende artenschutzrechtliche Verbote:

Artenschutzrechtliche Verbotstatbestände

- Tötungsverbot (§ 44 Abs. 1 Nr. 1 BNatSchG): Das Tötungsverbot kann beispielsweise durch die bestimmungsgemäße Nutzung des Vorhabens oder durch die Bauarbeiten verwirklicht werden. Im zuletzt genannten Fall wird eine Tötung regelmäßig durch die Durchführung der Bauarbeiten während der Abwesenheit der Tiere vermieden.

- Störungsverbot (§ 44 Abs. 1 Nr. 2 BNatSchG): Verboten ist die erhebliche Störung während der Fortpflanzungs-, Aufzucht-, Mauser-, Überwinterungs- und Wanderungszeiten. Eine erhebliche Störung liegt vor, wenn sie sich auf die lokale Population auswirkt.

- Schutz von Lebensstätten (§ 44 Abs. Abs. 1 Nr. 3 BNatSchG): Geschützt sind Fortpflanzungs- und Ruhestätten, nicht jedoch Nahrungs- und Jagdreviere. Ist eine Fortpflanzungsstätte betroffen, so greift das Verbot dann nicht, wenn die Maßnahme außerhalb der Brutzeit erfolgt und kein Folgenutzer (d.h. keine Art, die das Nest wiederholt nutzt) betroffen ist. Das Verbot greift weiterhin nicht, wenn die ökologische Funktion gewahrt bleibt, weil z.B. in benachbarten Gärten ebenso gute Bedingungen vorzufinden sind (§ 44 Abs. 5 S. 1 BNatSchG).

CEF-Maßnahmen

Bei den nur national geschützten Arten ist der Verbotstatbestand schon dann nicht erfüllt, wenn die Handlung nur geboten ist (§ 44 Abs. 5 S. 5 BNatSchG). In diesem Fall sind die Belange im Rahmen der Abwägung zu berücksichtigen.

Wird ein Verbotstabestand verwirklicht, kommen nach § 44 Abs. 5 S. S. 3 BNatSchG vorgezogene Ausgleichsmaßnahmen in Betracht. Eine andere, in der Praxis häufig verwendete Bezeichnung hierfür ist die funktionserhaltende Maßnahme oder die CEF-Maßnahme (measure to ensure the continued ecological functionality). Die Maßnahmen müssen grundsätzlich im Zeitpunkt der Realisierung des Eingriffs zur Verfügung stehen. Es ist eine zeitliche Kontinuität erforderlich, wobei ein abgestuftes Vorgehen zulässig ist. Möglich ist beispielsweise das Errichten von Fledermauskästen, bis ausreichend Baumhöhlen vorhanden sind.

Ausnahme und Befreiung

Liegt eine Verletzung der artenschutzrechtlichen Verbote vor, so kommt eine Ausnahme oder Befreiung in Betracht (§§ 45 Abs. 7, 67 BNatSchG). Ausnahme- bzw. befreiungsbedürftig ist allerdings nicht der Bebauungsplan, sondern das Bauvorhaben. Die artenschutzrechtliche Ausnahme/Befreiung muss auch noch nicht bei der Beschlussfassung über den Bebauungsplan vorliegen. Entscheidend ist das Vorliegen einer Ausnahme-/Befreiungslage.

6.3.4.5 Umweltprüfung und Umweltbericht

Nach § 2 Abs. 4 S. 1 BauGB ist für die Belange des Umweltschutzes eine Umweltprüfung durchzuführen, in der die voraussichtlichen erheblichen Auswirkungen ermittelt werden und in einem Umweltbericht beschrieben und bewertet werden. Die Umweltprüfung ist Bestandteil des Bebauungsplanaufstellungsverfahrens. Sie stellt eine verfahrensrechtliche Vorabprüfung der in der Abwägungsentscheidung zu berücksichtigenden Umweltbelange dar. An dem materiellen Gehalt der zu berücksichtigenden Belange ändert das Erfordernis der Umweltprüfung nichts. Das Ergebnis der Umweltprüfung wird als Umweltbericht verfasst, der Teil der Bebauungsplanbegründung ist.

Der Umweltbericht besteht aus:

- einer Einleitung mit folgenden Angaben:

  - Kurzdarstellung des Inhalts und der wichtigsten Ziele des Bauleitplans einschließlich der Beschreibung der Festsetzungen des Plans mit Angaben über Standorte, Art und Umfang sowie Bedarf an Grund und Boden der geplanten Vorhaben,

  - Darstellung der in einschlägigen Fachgesetzen und Fachplänen festgelegten Ziele des Umweltschutzes, die für den Bauleitplan von Bedeutung sind, und der Art, wie diese Ziele und die Umweltbelange bei der Aufstellung berücksichtigt wurden,

- einer Beschreibung und Bewertung der Umweltauswirkungen, die in der Umweltprüfung nach § 2 Abs. 4 Satz 1 ermittelt wurden, mit Angaben der

  - Bestandsaufnahme der einschlägigen Aspekte des derzeitigen Umweltzustands, einschließlich der Umweltmerkmale der Gebiete, die voraussichtlich erheblich beeinflusst werden,

  - Prognose über die Entwicklung des Umweltzustands bei Durchführung der Planung und bei Nichtdurchführung der Planung,

  - geplanten Maßnahmen zur Vermeidung, Verringerung und zum Ausgleich der nachteiligen Auswirkung,

  - in Betracht kommenden anderweitigen Planungsmöglichkeiten, wobei die Ziele und der räumliche Geltungsbereich des Bauleitplans zu berücksichtigen sind,

und

- folgenden zusätzlichen Angaben:

  - Beschreibung der wichtigsten Merkmale der verwendeten technischen Verfahren bei der Umweltprüfung sowie Hinweise auf Schwierigkeiten, die bei der Zusammenstellung der Angaben aufgetreten sind, z.B. technische Lücken oder fehlende Kenntnisse,

  - Beschreibung der geplanten Maßnahmen zur Überwachung der erheblichen Auswirkungen der Durchführung des Bauleitplans auf die Umwelt und

Gliederung und Inhalt des Umweltberichts

- allgemein verständliche Zusammenfassung der erforderlichen Angaben dieser Anlage.

Erfordernis einer Umweltprüfung

Eine Pflicht zur Durchführung einer Umweltprüfung besteht bei der Aufstellung, Änderung, Ergänzung und Aufhebung eines Bebauungsplans. Ausnahmen bestehen für das vereinfachte Verfahren nach § 13 Abs. 3 BauGB sowie den Bebauungsplan der Innenentwicklung nach § 13a Abs. 2 Nr. 1 i.V.m. § 13 Abs. 3 BauGB.

6.3.4.6 Normenkontrollantrag nach Umweltrechtsbehelfsgesetz

Besondere Erwähnung verdient die Möglichkeit anerkannter Umweltvereinigungen, zur Überprüfung des Bebauungsplans Normenkontrolle beim Oberverwaltungsgericht bzw. Verwaltungsgerichtshof einzureichen. Voraussetzung hierfür ist nach dem Umwelt-Rechtsbehelfsgesetz, dass es sich um einen Bebauungsplan handelt, der die Zulässigkeit eines UVP-pflichtigen Vorhabens begründet. UVP-pflichtig ist nach der Anlage 1 zum Umweltverträglichkeitsprüfungsgesetz der Bau eines Einkaufszentrums, eines großflächigen Einzelhandelsbetriebes oder eines sonstigen großflächigen Handelbetriebes im Sinne des § 11 Absatz 3 Satz 1 der Baunutzungsverordnung, für den im bisherigen Außenbereich im Sinne des § 35 des Baugesetzbuchs ein Bebauungsplan aufgestellt wird, mit einer zulässigen Geschossfläche von mindestens 1.200 m² (vgl. Nr. 18.6 der Anlage 1 zum UVPG). Daneben finden sich in den Umweltverträglichkeitsprüfungsgesetzen der Länder teilweise weitere UVP-pflichtige Vorhaben. So nennt Nr. 15 der Anlage 1 zum UVPG des Landes Nordrhein-Westfalen ganz allgemein den Bau eines Parkplatzes oder eines Einkaufszentrums, eines großflächigen Einzelhandelsbetriebes oder eines sonstigen großflächigen Handelsbetriebes im Sinne des § 11 Abs. 3 Satz 1 der Baunutzungsverordnung.

UVP-pflichtige Vorhaben

Während der gerichtliche Rechtsschutz regelmäßig die (mögliche) Verletzung subjektiver Rechte voraussetzt, kann der Normenkontrollantrag nach dem Umweltrechtsbehelfsgesetz schon dann zum Erfolg führen, wenn umweltschützende Vorschriften verletzt sind.

6.3.5 Die Abwägung der Belange gemäß § 1 Abs. 7 BauGB

Grundsätzliches

Gemäß § 1 Abs. 7 BauGB sind bei der Aufstellung der Bauleitpläne die öffentlichen und privaten Belange gegeneinander und untereinander gerecht abzuwägen. Die Abwägung ist das Kernstück der städtebaulichen Planung. Sie ist Gegenstand der materiellen Entscheidungsfindung und begründet einen gerechten Ausgleich der von der Planung betroffenen Belange für den konkreten Einzelfall. Dabei steuert das Abwägungsgebot die Bauleitplanung nicht nur inhaltlich, sondern gibt auch wichtige Verfahrensschritte vor.

6.3.5.1 Zusammenstellung und Bewertung des Abwägungsmaterials

Gemäß § 2 Abs. 3 BauGB hat die Gemeinde in einem ersten Schritt die Belange, die für die Abwägung von Bedeutung sind, das sog. Abwägungsmaterial, zu ermitteln und zu bewerten.

Belange

Der Begriff des Belangs ist weit zu verstehen. Das BauGB unterscheidet öffentliche und private Belange, ohne diese abschließend aufzuzählen. In Hinblick auf öffentliche Belange bieten die Planungsleitlinien aus § 1 Abs. 5 und 6 BauGB einen wesentlichen Anhaltspunkt. In diesen Vorschriften sind öffentliche Belange, wie z.B. die Sicherung einer verbrauchernahen Versorgung der Bevölkerung oder die Erhaltung, Erneuerung oder Fortentwicklung der Ortsteile und zentraler Versorgungsbereiche, genannt. Darüber hinaus sind Grundsätze der Raumordnung (vgl. § 2 ROG) und sonstige Erfordernisse der Raumordnung, wie insbesondere die Ergebnisse eines Raumordnungsverfahrens nach § 15 ROG, als öffentliche Belange für die Abwägung relevant. Zu den privaten Belangen zählen subjektiv-öffentliche Rechte der von der Planung Betroffenen, wie z.B. das Eigentum (Art. 14 GG) oder die Berufsfreiheit (Art. 12 GG). Der Schutz des Grundeigentums ist nach der Rechtsprechung sogar ein „in hervorgehobener Weise" abwägungsbeachtlicher Belang, der nur durch gewichtige öffentliche Belange überwunden werden kann (vgl. BVerfG, BauR 2003, 1338 ff.; BVerwG, BauR 1993, 56 ff.; OVG Münster, BauR 2011, 789 ff.).

Als private Belange sind außerdem die Interessen zu beachten, wie die Belange der in der Nachbarschaft ansässigen oder künftig ansässigen Mieter/Pächter, das Interesse der Nachbarn, vor planbedingt erhöhten Immissionen verschont zu bleiben, oder das Interesse von Unternehmern, einen Gewerbebetrieb zu erweitern. Dabei ist zu berücksichtigen, dass nur solche privaten Belange abwägungsbeachtlich sein können, die von der Planung mehr als nur geringfügig betroffen sind. Nicht abwägungsbeachtlich sind daher nur geringfügig durch die Planung tangierte Rechte oder Interessen sowie solche, auf deren Fortbestand kein schutzwürdiges Vertrauen besteht oder die für die Gemeinde bei der Abwägungsentscheidung nicht erkennbar waren (vgl. BVerwG, BauR 1999, 134 ff.).

Ermittlung der Belange

Entscheidend ist, dass diejenigen Belange ermittelt und letztlich in die Abwägung einzustellen sind, die „nach Lage der Dinge" in sie eingestellt werden müssen (vgl. BVerwG, Urteil vom 24.11.2010 – 4 BN

Abwägungsbelange

Die Belange sind nach ihrer Bedeutung zu erfassen

40.10), d.h. die Belange, die im konkreten Planungsfall in Hinblick auf das konkret verfolgte städtebauliche Ziel und die beabsichtigten Festsetzungen unter Berücksichtigung der gegebenen städtebaulichen Situation beachtlich sind. Stehen die der Sache nach maßgeblichen Belange fest, kommt es weiter darauf an, die Wertigkeit jedes einzelnen Belangs festzustellen. Jeder Belang erhält sein spezifisches Gewicht ausschließlich nach den Umständen des konkreten Planungsfalls; eine abstrakt-generelle Gewichtung eines öffentlichen Belangs, etwa nach dem Rang eines öffentlichen Belangs in der Aufzählung des § 1 Abs. 6 BauGB, besteht nicht. Ebenso wenig sind öffentliche Belange gegenüber privaten Belangen generell höherwertig (vgl. BVerwG, DVBl. 1975, 492 ff.; BVerwG, NVwZ 1994, 288 ff.). Abzustellen ist stets darauf, in welchem Maße ein Belang von der Planung tangiert wird.

Zentrenkonzepte

Ein abwägungsbeachtlicher Belang sind auch die Ergebnisse eines Zentren- bzw. Einzelhandelskonzepts der planenden Gemeinde. Zentren- bzw. Einzelhandelskonzepte sind städtebauliche Entwicklungskonzepte i.S.v. § 1 Abs. 6 Nr. 11 BauGB. Bei der Gewichtung dieses Belangs ist Folgendes zu berücksichtigen: Je häufiger eine Gemeinde im Rahmen der Bauleitplanung von einem zuvor beschlossenen Zentrenkonzept abweicht, desto geringer ist sein Gewicht als Belang der Standortpolitik im Rahmen der Abwägung (vgl. BVerwG, BauR 2009, 1249 ff.). Wenn also eine Gemeinde ihr eigenes Zentrenkonzept wiederholt und nicht nur punktuell, sondern in gewichtigem Ausmaß durchbrochen hat, muss dies in der Abwägung berücksichtigt werden.

Gewichtung der Belange

Die nach § 2 Abs. 3 BauGB ermittelten und bewerteten öffentlichen und privaten Belange sind gemäß § 1 Abs. 7 BauGB gegeneinander und untereinander gerecht abzuwägen. Mit anderen Worten sind die Belange mit ihrem faktischen Gewicht zueinander ins Verhältnis zu setzen. Bei der Gewichtung der Belange – die die Gemeinde unter Berücksichtigung der ihr zustehenden planerischen Gestaltungsfreiheit vorzunehmen hat – kommt es maßgeblich auf die Bedeutung des einzelnen abwägungsbeachtlichen Belangs und deren tatsächlicher Betroffenheit an, d.h. dem konkreten Ausmaß, in welchem der jeweilige Belang von der Planung berührt wird.

Ausgleich

Ausgleich

Beim Vorgang des Ausgleichens kommt der planenden Gemeinde weitgehendes Planungsermessen zu, das gerichtlich nur eingeschränkt überprüfbar ist. Das Bundesverwaltungsgericht hat dies in einer frühen Entscheidung aus dem Jahr 1969 so formuliert, dass die Bauleitplanung „in aller Regel einen Ausgleich bzw. Kompromiss zwischen verschiedenen öffentlichen Belangen erfordert, dass häufig im Zuge der Planung dem einen Bedürfnis nichts zugestanden werden kann, was nicht zugleich einem anderen Bedürfnis genommen wird, und dass sich in der damit geforderten Entscheidung über Vorzugswürdigkeit und Priorität die Planung gerade als Planung äußert und bewährt" (vgl. BVerwG, BauR 1970, 31 ff.). Danach kann sich die planende Gemeinde in der Kollision zwischen verschiedenen Belangen für die Bevorzugung des einen und damit notwendig für die Zurückstellung eines anderen entscheiden. Das Vorziehen und Zurücksetzen bestimmter Belange ist eine elementare planerische Entschließung, die zum Ausdruck bringt, wie und in welcher Richtung sich eine Gemeinde städtebaulich geordnet fortentwickeln will. Die Gewichtung der Belange unter- und gegeneinander ist mithin gerichtlich nur eingeschränkt überprüfbar.

Gebot gerechter Abwägung

Das Gebot gerechter Abwägung ist erst dann verletzt, wenn

- eine sachgerechte Abwägung überhaupt nicht stattfindet (Abwägungsausfall),

- in die Abwägung an Belangen nicht eingestellt wird, was nach Lage der Dinge in sie eingestellt werden muss (Abwägungsdefizit),

- die Bedeutung der betroffenen Belange verkannt oder der Ausgleich zwischen den von der Planung berührten öffentlichen und privaten Belange in einer Weise vorgenommen wird, der zur objektiven Gewichtigkeit einzelner Belange außer Verhältnis steht (Abwägungsdisproportionalität)

(vgl. BVerwG, Urteil vom 5.7.1974 – 4 C 50.72; OVG Münster, Urteil vom 25.11.2009 – 10 D 93/07.NE; OVG Münster, Urteil vom 19.3.2009 – 10 D 55/07.NE).

Einzelhandelsausschlüsse bedürfen sorgfältiger Abwägung durch die plangebende Gemeinde. Soll ein Bebauungsplan geändert werden, um Einzelhandel mit zentren- und nahversorgungsrelevanten Sortimenten auszuschließen, muss zwingend eine umfassende Bestandsaufnahme erfolgen. Ist diese Anforderung nicht erfüllt, ist die Festsetzung abwägungsfehlerhaft (vgl. OVG Münster, Urteil vom 18.5.2010 – 10 D 92/08.NE).

Ein nahezu vollständiger Einzelhandelsausschluss ist auch dann nicht abwägungsgerecht zustande gekommen, wenn er ausschließlich mit einem Zentrenkonzept gerechtfertigt wird, das den Ausschluss jeglicher Form des Einzelhandels, zentrenrelevant und nicht zentrenrelevant, nicht trägt.

Beispiele

Ein Einzelhandelsausschluss zu dem Zweck, das Plangebiet dem traditionellen Gewerbe vorzubehalten, ist abwägungsfehlerhaft, wenn gerade ein besonders flächenintensiver Einzelhandelsbetriebstyp, wie ein Kfz-Einzelhandel, nicht ausgeschlossen werden soll (vgl. hierzu 6.3.3).

Planerische Konfliktbewältigung

Eine spezielle Ausprägung des Gebots gerechter Abwägung ist die Vorgabe, dass jeder Bebauungsplan grundsätzlich die von ihm geschaffenen oder ihm sonst zurechenbaren Konflikte zu lösen hat (BVerwG, Urteil vom 5.7.1974 – 4 C 50.72 – sog. Flachglas-Urteil; BVerwG, ZfBR 1994,

**Planerische
Konfliktbewältigung**

286 ff.). Das sog. Gebot planerischer Konfliktbewältigung besagt, dass die Planung nicht dazu führen darf, dass Konflikte, die durch sie hervorgerufen werden, zu Lasten Betroffener letztlich ungelöst bleiben.

Dies schließt eine Verlagerung von Problemlösungen aus dem Bauleitplanverfahren auf nachfolgendes Verwaltungshandeln allerdings nicht aus. Denn von einer abschließenden Konfliktbewältigung darf die plangebende Gemeinde Abstand nehmen, wenn die Lösung des erkannten Konflikts auf der Stufe der Verwirklichung der Planung sichergestellt ist. In diesem Fall darf die Konfliktlösung z.B. auf ein nachfolgendes Baugenehmigungsverfahren verlagert werden (vgl. OVG Münster, BauR 2005, 1420 ff.). Die Frage der Konfliktverlagerung stellt sich

**Beispiel:
Immissionskonflikte**

oftmals im Zusammenhang mit planbedingten Lärmimmissionen. Ist ein Immissionskonflikt im Planaufstellungsverfahren durch Gutachten ermittelt und bewertet worden und geht daraus methodisch fehlerfrei hervor, dass der Konflikt durch Schallschutzmaßnahmen gelöst werden kann, die z.B. mit einer Baugenehmigung angeordnet werden können, steht einer Konfliktverlagerung grundsätzlich nichts entgegen.

Eine Konfliktverlagerung ist grundsätzlich auch in Verfahren zur Aufstellung eines vorhabenbezogenen Bebauungsplans möglich, wenngleich tendenziell eher eingeschränkt. Denn ein vorhabenbezogener Bebauungsplan hat im Vergleich zu einem Angebotsbebauungsplan regelmäßig eine höhere Festsetzungsdichte. Wenn diese im Einzelfall so weit geht, dass der vorhabenbezogene Bebauungsplan sich letztlich einer Entscheidung über die Zulässigkeit des geplanten Vorhabens annähert, kann eine Verschiebung der Konfliktlösung in das Genehmigungsverfahren nicht stattfinden. In diesem Fall ist das Vorhaben durch die Festsetzungen des vorhabenbezogenen Bebauungsplans und die sie ergänzenden Regelungen im Durchführungsvertrag bereits weitgehend konkretisiert. Eine „Nachsteuerung" im Baugenehmigungsverfahren scheidet dann aus (BVerwG, BauR 2004, 975 ff.; OVG Münster, Urteil vom 17.2.2011 – 2 D 36/09.NE).

Belange der Nachbargemeinden

Die plangebende Gemeinde hat in der Abwägung außerdem die Interessen der Nachbargemeinden zu berücksichtigen; sie hat auf die kommunale Planungshoheit anderer Gemeinden Rücksicht zu nehmen. Das besagt das sog. interkommunale Abstimmungsgebot aus § 2 Abs. 2 BauGB. Die Standortgemeinde muss die Folgen ihrer Planung für die Belange der Nachbargemeinden ermitteln, bewerten und mit dem richtigen Gewicht in die Abwägung einstellen. Dabei kommt es insbesondere auf den Schutz zentraler Versorgungsbereiche in den Nachbargemeinden an, d.h. negative Auswirkungen auf die Funktionsfähigkeit derselben. Umsatzumverteilungseffekte und die Gefährdung des Bestands einzelner Konkurrenzbetriebe allein vermögen eine Unzumutbarkeit der Planung für Nachbargemeinden grundsätzlich nicht zu begründen. Dies ist regelmäßig erst dann der Fall, wenn das Kaufkraftpotenzial der Standortgemeinde erheblich überschritten wird (vgl. im Einzelnen 6.3.1.2).

6.3.5.2 Abwägungsfehler

Abwägungsfehler können sowohl den Abwägungsvorgang (Ermittlung und Bewertung der Belange, Gewichtung) als auch das Abwägungsergebnis betreffen.

Verfahrensfehler

Abwägungsrelevante Ermittlungs- und/oder Bewertungsfehler sind nur in eingeschränktem Umfang beachtlich: Die Belange müssen in wesentlichen Punkten nicht zutreffend ermittelt oder bewertet worden sein. Außerdem muss der Mangel offensichtlich und auf das Abwägungsergebnis von Einfluss gewesen sein (§ 214 Abs. 1 Satz 1 Nr. 1, Abs. 3 Satz 2 BauGB). Eine Ergebnisrelevanz liegt vor, wenn nach den Umständen des jeweiligen Falles die konkrete Möglichkeit besteht, dass ohne den Abwägungsmangel die Planung anders ausgefallen wäre. Dabei kommt es nicht auf den positiven Nachweis eines Einflusses auf das Abwägungsergebnis an. Auf der anderen Seite genügt nicht die abstrakte Möglichkeit, dass ohne den Mangel anders geplant worden wäre (vgl. BVerwG, BauR 2004, 1130 ff.). Erforderlich ist vielmehr die konkrete Möglichkeit, dass die Abwägung anders ausgefallen wäre. Dies ist immer dann der Fall, wenn sich anhand der Planunterlagen oder sonst erkennbarer oder naheliegender Umstände die Möglichkeit abzeichnet, dass der Mangel im Abwägungsvorgang von Einfluss auf das Abwägungsergebnis gewesen ist (OVG Münster, Urteil vom 6.3.2006 – 7 D 124/05.NE).

Ergebnisrelevanz von Abwägungsfehlern

Ermittlungs- und/oder Bewertungsfehler sind Verfahrensfehler, die unbeachtlich werden, wenn sie nicht innerhalb eines Jahres seit Bekanntmachung des Bebauungsplans schriftlich und im Einzelfall begründet gegenüber der Gemeinde geltend gemacht werden. Dies gilt allerdings nur dann, wenn die Gemeinde ihrer Hinsweispflicht nachgekommen ist und bei Inkraftsetzen des Bebauungsplans darüber „belehrt hat", dass eine Rügeobliegenheit besteht.

Rügefrist: 1 Jahr!

Materielle Mängel

Keine Rügefristen bestehen für sog. „Ewigkeitsmängel", die von den Verwaltungsgerichten uneingeschränkt zu überprüfen sind. Dies ist der Fall bei einer fehlenden städtebaulichen Rechtfertigung (§ 1 Abs. 3 BauGB), einem fehlerhaften Abwägungsergebnis (vgl. § 214 Abs. 1 Satz 1 Nr. 4 BauGB), mangelnder Bestimmtheit einzelner Festsetzungen oder dem Fehlen einer Rechtsgrundlage für einzelne Festsetzungen.

Ewigkeitsmängel

Unwirksamkeit des Bebauungsplanes

Liegen beachtliche Mängel vor, die zur Unwirksamkeit einer oder mehrerer Festsetzungen führen, folgt daraus die Unwirksamkeit des gesamten Bebauungsplans nicht, wenn die übrigen Festsetzungen für sich betrachtet noch eine sinnvolle städtebauliche Ordnung bewirken können und wenn die Gemeinde nach ihrem im Planungsverfahren zum

Gesamtunwirksamkeit?

Ausdruck gekommenen Willen im Zweifel auch eine Satzung dieses Inhalts beschlossen hätte (vgl. BVerwG, Beschluss vom 22.1.2008 – 4 B 5.08; BVerwG, Urteil vom 19.9.2002 – 4 CN 1.02).

6.3.5.3 Heilung des fehlerhaften Planes im ergänzenden Verfahren

Heilung möglich

Um die Durchführung eines neuerlichen, umfassenden Planaufstellungsverfahrens zu vermeiden, können Mängel, insbesondere auch Abwägungsfehler, in einem ergänzenden Verfahren gemäß § 214 Abs. 4 BauGB korrigiert werden (BVerwG, ZfBR 1999, 106 ff.). Der Vorschrift liegt der Gedanke der Planerhaltung zugrunde. Im ergänzenden Verfahren gelten Verfahrenserleichterungen. Inwieweit das Bebauungsplanverfahren vervollständigt werden muss, hängt von der Art des zu heilenden Fehlers ab. Bei Abwägungsfehlern ist daher in der Regel die förmliche Beteiligung der Träger öffentlicher Belange und der Öffentlichkeit gemäß §§ 3 Abs. 2, 4 Abs. 2 BauGB zu wiederholen. Nur was zur Fehlerbehebung erforderlich ist, muss im ergänzenden Verfahren ermittelt, bewertet und abgewogen werden. Inhaltlich ermöglicht § 214 Abs. 4 BauGB der plangebenden Gemeinde eine lediglich „sektorale" Wiederholung der Abwägung, wenn der Abwägungsfehler, der zur Unwirksamkeit des Planes geführt hat, das Ergebnis nicht in Frage stellt (vgl. Dolde, NVwZ 2001, 976 ff.; Stüer/Rude, ZfBR 2000, 85). Daraus folgt insbesondere, dass bei Wiederholung des Satzungsbeschlusses im ergänzenden Verfahren nicht das unveränderte Fortbestehen sämtlicher Abwägungsgrundlagen – durch erneute Beteiligung der Bürger und Träger öffentlicher Belange – geprüft werden muss. Auch muss sich der Rat mit Belangen, die von dem zu heilenden Abwägungsfehler nicht betroffen sind, nicht erneut auseinandersetzen. Andererseits hat die Gemeinde Änderungen abwägungserheblicher Umstände zu berücksichtigen, die ihr bei Durchführung der ergänzenden Abwägung bekannt werden oder im Zeitpunkt des erneuten Satzungsbeschlusses ansonsten ohne weiteres erkennbar sind (OVG Koblenz, NVwZ-RR 2003, 629 ff.).

Grundkonzeption des Bebauungsplans muss unberührt bleiben

Voraussetzung für die Anwendung des ergänzenden Verfahrens ist allerdings, dass die Fehlerbeseitigung nicht zu einem grundlegend neuen Plankonzept führt. Das ergänzende Verfahren kommt nicht in Frage, wenn die Fehlerbehebung den Kern der Abwägungsentscheidung und damit die Grundzüge der Planung berührt (BVerwG, BauR 2004, 280 ff.). Die Grundzüge der Planung meint in diesem Zusammenhang die Grundkonzeption des Bebauungsplans. Dazu zählen insbesondere Festsetzungen zur Art der baulichen Nutzung (vgl. OVG Lüneburg, Urteil vom 28.11.2000 – 1 K 3185/99, Stüer/Rude, ZfBR 2000, 85, 87).

6.3.6 Entwicklung durch vorhabenbezogenen Bebauungsplan (VEP)

Unter den in § 12 BauGB genannten Voraussetzungen kann auf Initiative des Vorhabenträgers ein vorhabenbezogener Bebauungsplan aufgestellt werden. Mit diesem Instrument kann auf einfacherem und schnellerem Weg Baurecht geschaffen werden. Der vorhabenbezogene Bebauungsplan unterscheidet sich in mehrfacher Hinsicht vom „normalen" Bebauungsplan. Die Besonderheiten sollen im folgenden Abschnitt dargestellt werden.

6.3.6.1 Materiell-rechtliche Unterschiede zum Angebotsbebauungsplan

Der vorhabenbezogene Bebauungsplan hat den Zweck, zugunsten eines bestimmten Investors die Zulässigkeit eines konkreten Vorhabens zu begründen. Die dafür erforderlichen drei Elemente, der vorhabenbezogene Bebauungsplan selbst, der Vorhaben- und Erschließungsplan und der Durchführungsvertrag, sowie der strenge Vorhabenbezug machen die materiell-rechtlichen Besonderheiten dieses Planungsinstruments aus.

Vorhaben

Der strenge Vorhabenbezug ist ein wesentliches Charaktermerkmal des vorhabenbezogenen Bebauungsplans. Gegenstand des vorhabenbezogenen Bebauungsplans sind ein oder mehrere konkrete Vorhaben, die im Vorhaben- und Erschließungsplan festgelegt werden und zu deren Umsetzung sich der Vorhabenträger im Durchführungsvertrag verpflichtet. Das Vorhaben muss im Vorhaben- und Erschließungsplan so konkret beschrieben werden, dass ohne weiteres festgestellt werden kann, ob die Verpflichtung zur Realisierung desselben, die der Vorhabenträger im Durchführungsvertrag eingeht, eingehalten ist. Die Festsetzung eines Baugebiets genügt dafür nicht (BVerwG, BauR 2004, 286 ff.). Andererseits ist die Konkretisierung im Sinne einer Ausführungsplanung nicht erforderlich. Denn der Vorhaben- und Erschließungsplan wird nicht Grundlage einer nach Erlass des Plans beantragten Baugenehmigung (vgl. OVG Münster, ZfBR 2004, 473 ff.).

Das Vorhaben ist Gegenstand sowohl des Vorhaben- und Erschließungsplans als auch des Durchführungsvertrages. Die drei o.g. Elemente des vorhabenbezogenen Bebauungsplans müssen insoweit aufeinander abgestimmt sein und dürfen sich nicht widersprechen (BVerwG, a.a.O.; OVG Münster, ZfBR 2004, 473 ff.). Lässt der vorhabenbezogene Bebauungsplan daher ein anderes Vorhaben als im Durchführungsvertrag beschrieben zu, ist er unwirksam (BVerwG, a.a.O.). Gleiches gilt im Ergebnis, wenn der vorhabenbezogene Bebauungsplan hinsichtlich der Art der baulichen Nutzung eine unbestimmte Vielzahl an Vorhaben zulässt (vgl. OVG Münster, ZfBR 2004, 575 ff.).

Vorhabenbezug

Größere Flexibilität wird mit der im Jahr 2007 eingefügten Regelung in § 12 Abs. 3 a BauGB erreicht. Nach dieser Regelung kann für den Bereich des Vorhaben- und Erschließungsplans durch Festsetzung eines Baugebiets i.S.d. BauNVO oder auf sonstige Weise eine bauliche oder sonstige Nutzung nur allgemein festgesetzt werden. In diesem Fall ist festzusetzen, dass in diesem Rahmen nur solche Vorhaben zulässig sind, zu deren Durchführung sich der Vorhabenträger im Durchführungsvertrag verpflichtet. Die Voraussetzungen im Einzelnen sind weitgehend umstritten; Rechtsprechung zu dieser Vorschrift existiert erst in Ansätzen. Sicherheit besteht jedenfalls bei einem Verständnis der Vorschrift dahin, dass nach wie vor in einem Vorhaben- und Erschließungsplan ein konkretes Vorhaben festgelegt werden muss, im Bebauungsplan dabei hinsichtlich der Art der baulichen Nutzung z.B. die Festsetzung eines Baugebiets ausreicht.

Unterschiede zum Angebotsbebauungsplan

Vorteil: Flexible Festsetzungs- möglichkeiten

Der vorhabenbezogene Bebauungsplan ist der Rechtsplan, der die Zulässigkeit von Vorhaben im Geltungsbereich des Bebauungsplans begründet und von der Gemeinde als Satzung beschlossen wird. Art und Maß der Nutzung und die Erschließung sind in dem vorhabenbezogenen Bebauungsplan ebenso zu regeln wie in einem Angebotsplan. Dabei ist die Gemeinde allerdings gemäß § 12 Abs. 3 Satz 2 BauGB bei der Bestimmung der Zulässigkeit der Vorhaben nicht an den Festsetzungskatalog nach § 9 BauGB und der BauNVO gebunden. Sie kann vielmehr konkret-individuelle vorhabenbezogene Regelungen treffen. Der Vorteil des vorhabenbezogenen Bebauungsplans besteht daher darin, dass – im Gegensatz zum Angebotsbebauungsplan – auf den Einzelfall bezogene „maßgeschneiderte planerische Lösungen" auch in Abweichung von der BauNVO möglich sind (OVG Münster, Urteil vom 6.4.2001 – 7a D 143/00.NE). Die BauNVO behält aber für den vorhabenbezogenen Bebauungsplan jedenfalls eine Leitlinien- und Orientierungsfunktion, um zu gewährleisten, dass bei aller Flexibilität im Ergebnis eine geordnete städtebauliche Entwicklung gewährleistet ist (vgl. BVerwG, BauR 2002, 1655 ff.).

Vorteil: Geringerer Umfang des Abwägungsmaterials

Ein aus dem Vorhabenbezug folgender Vorteil ist der gegenüber einem Angebotsbebauungsplan regelmäßig reduzierte Umfang des erforderlichen Abwägungsmaterials. Da das zu realisierende Vorhaben weitgehend feststeht, sind auch die zu ermittelnden und zu bewertenden Belange dem Umfang nach eingegrenzt. Der Abwägungsaufwand kann daher gegenüber einem Angebotsbebauungsplan, in dem alle möglichen Nutzungen, die nach Maßgabe der Festsetzungen verwirklicht werden könnten, in die Abwägung mit einzubeziehen sind, erheblich geringer ausfallen.

Vorhaben- und Erschließungsplan

Vorhaben- und Erschließungsplan

Die Einzelheiten des Vorhabens und der dafür erforderlichen Erschließungsmaßnahmen sind im Vorhaben- und Erschließungsplan in allen

Einzelheiten festzulegen. Der Vorhaben- und Erschließungsplan ist die planerische Grundlage des konkret vom Vorhabenträger geplanten Vorhabens und zugleich Bestandteil der normativen Regelungen des Rechtsplans, der als Satzung beschlossen wird. Er ist vom Vorhabenträger zu erstellen und mit der Gemeinde abzustimmen. Seine Existenz ist Wirksamkeitsvoraussetzung für den Bebauungsplan. Ein Fehlen des Vorhaben- und Erschließungsplans führt ausnahmsweise nur dann nicht zur Unwirksamkeit, wenn der Bebauungsplan mit dem Vorhaben- und Erschließungsplan identisch ist (vgl. OVG Münster, ZfBR 2004, 575 ff.).

Durchführungsvertrag

In dem Durchführungsvertrag verpflichtet sich der Vorhabenträger, das Vorhaben und die Erschließungsmaßnahmen innerhalb einer bestimmten Durchführungsfrist zu realisieren und die Kosten dafür zu tragen. Der Vorhabenträger muss zur Durchführung des Vorhabens „bereit und in der Lage" sein, d.h. die Verwirklichung des konkreten Vorhabens muss ihm rechtlich und finanziell möglich sein. In rechtlicher Hinsicht setzt die Leistungsfähigkeit insbesondere voraus, dass der Vorhabenträger über die Grundstücke, auf denen das Vorhaben verwirklicht werden soll, verfügungsberechtigt ist. Dies gilt hingegen nicht für im Eigentum von Hoheitsträgern stehende Grundstücke, an denen der Vorhabenträger mit Zustimmung des jeweiligen Hoheitsträgers Maßnahmen zur Herstellung oder Ertüchtigung von Erschließungsanlagen durchführt, wenn die neu hergestellten Flächen anschließend in die Baulast des Hoheitsträgers übernommen werden. Die betreffenden Flächen können und müssen ebenfalls in den räumlichen Geltungsbereich des vorhabenbezogenen Bebauungsplans und des Vorhaben- und Erschließungsplans aufgenommen werden.

Durchführungsvertrag

Ein förmlicher Vertragsabschluss im Zeitpunkt des Satzungsbeschlusses ist nicht Wirksamkeitsvoraussetzung für den vorhabenbezogenen Bebauungsplan. Ausreichend ist, dass der Gemeinde im Zeitpunkt der Beschlussfassung ein bindendes Angebot des Vorhabenträgers in einem ausgearbeiteten und von ihm unterzeichneten Durchführungsvertrag vorliegt, dessen Zustandekommen allein noch davon abhängt, dass der Rat den Bürgermeister zur Annahme dieses Angebots ermächtigt und der Bürgermeister diese Annahme sodann durch seine Unterschrift erklärt (OVG Münster, Urteil vom 17.2.2011 – 2 D 36/09.NE).

6.3.6.2 Verfahrensrechtliche Besonderheiten

Das Verfahren zur Aufstellung eines vorhabenbezogenen Bebauungsplans folgt grundsätzlich den für die Aufstellung von Bebauungsplänen allgemein geltenden Vorschriften. Dabei sind folgende Unterschiede zum „normalen" Planaufstellungsverfahren zu beachten:

Antrag

Einleitung auf
Antrag des
Vorhabenträgers

Der vorhabenbezogene Bebauungsplan wird auf Antrag des Vorhabenträgers aufgestellt. Förmliche Voraussetzungen oder Fristen gibt es nicht; die Schriftform sollte aus Zweckmäßigkeitsgründen eingehalten werden. Auch inhaltliche Vorgaben sind dem Gesetz nicht zu entnehmen. Damit die Gemeinde ggf. einen Einleitungsbeschluss fassen kann, sollte der Vorhabenträger das geplante Vorhaben darstellen. Unter diesen Voraussetzungen hat der Investor einen Anspruch, dass die Gemeinde über seinen Antrag ordnungsgemäß, d.h. nach pflichtgemäßem Ermessen, entscheidet.

Aufhebung

Aufhebung des
Bebauungsplans bei
nicht fristgerechter
Durchführung

Wird das Vorhaben nicht innerhalb der im Durchführungsvertrag bestimmten Frist realisiert, „soll" die Gemeinde den Bebauungsplan aufheben; dies ordnet § 12 Abs. 6 BauGB ausdrücklich an. Die Durchführungspflicht ist erfüllt, wenn das Vorhaben im Wesentlichen fertiggestellt ist. Unschädlich ist daher, wenn noch kleinere Restarbeiten ausgeführt werden müssen (OVG Münster, Beschluss vom 3.5.2001 – 10 B 311/01). Insbesondere kann die Frist einvernehmlich verlängert werden.

6.3.7 Bebauungspläne zur Steuerung von Handelsansiedlungen (§ 9 Abs. 2a BauGB)

§ 9 Abs. 2a BauGB wurde im Zuge der BauGB-Novelle im Jahre 2007 durch das Gesetz zur Erleichterung von Planungsvorhaben für die Innenentwicklung der Städte vom 21.12.2006 in das BauGB eingefügt. Die Norm ermächtigt Gemeinden dazu, durch einfache Bebauungspläne – dabei handelt es sich um solche, die nicht mindestens Festsetzungen zu Art und Maß der baulichen Nutzung und der örtlichen Verkehrsflächen enthalten – bestimmte Nutzungen wie bspw. den Einzelhandel auszuschließen oder einzuschränken. Dadurch wurden den Gemeinden neue Festsetzungsmöglichkeiten im unbeplanten Innenbereich eröffnet. Dazu zählt insbesondere die dadurch – wenn auch unter engen Voraussetzungen – erstmals als zulässig erachtete Möglichkeit der „Negativplanung". Der Gesetzgeber hat für die Gemeinden ein Instrument geschaffen, mit dem das Ziel der Erhaltung und Entwicklung zentraler Versorgungsbereiche erleichtert möglich ist. Die Gemeinde muss nämlich nicht, wie bei einem qualifizierten Bebauungsplan, bereits positive Vorstellungen über das zu entwickelnde Planrecht haben, also insbesondere das zu planende Baugebiet. Sie kann in Bereichen, in denen eine Einordnung in ein Gebiet aufgrund von Gemengelagen schwierig wäre, dennoch steuernd tätig werden.

6.3.7.1 Zielsetzung

Vorrangiges Ziel der Vorschrift ist die Erhaltung und Entwicklung zentraler Versorgungsbereiche, wodurch in erster Linie die Entstehung zentrenunabhängiger Versorgungsbereiche vermieden werden soll. Ziel ist dabei auch die Sicherstellung der verbrauchernahen Versorgung. Ferner sollen durch die Konzentration des Einzelhandels in zentralen Versorgungsbereichen zusätzlicher Verkehr vermieden und dadurch der Klimaschutz gefördert werden.

6.3.7.2 Anwendungsbereich

Nach dem Wortlaut ist der Bebauungsplan mit Festsetzungen nach § 9 Abs. 2a BauGB lediglich auf Gebiete, die nach § 34 BauGB zu beurteilen sind, anwendbar. Damit scheiden sowohl Bereiche eines qualifizierten Bebauungsplans nach § 30 Abs. 1 f. BauGB als auch solche eines einfachen Bebauungsplans nach § 30 Abs. 3 BauGB mit Festsetzung eines Baugebiets aus. Nicht mit Festsetzungen nach § 9 Abs. 2 a BauGB überplant werden können ferner Bereiche eines vorhabenbezogenen Bebauungsplans nach § 12 BauGB sowie des Außenbereichs i.S.v. § 35 BauGB.

Denkbar ist, dass infolge mangelhafter Bestimmung eines Gebiets nach § 34 Abs. 1 BauGB irrtümlicherweise auch Außenbereichsflächen einbezogen sind. Sodann wäre die Festsetzung als insoweit unwirksam und der Bebauungsplan infolgedessen jedenfalls als teilunwirksam anzusehen.

§ 9 Abs. 2a BauGB kann sich auch lediglich auf im Zusammenhang bebaute Ortsteile beziehen. Da die Vorschrift von „auf im Zusammenhang bebaute Ortsteile" spricht, ist es nicht erforderlich, dass der gesamte im Zusammenhang bebaute Ortsteil erfasst ist. Bei der Bestimmung der letztlich einzubeziehenden Gesamtfläche sind insbesondere städtebauliche sowie räumliche Zusammenhänge der Gebiete mit den zu schützenden zentralen Versorgungsbereichen maßgeblich. Denn nach § 1 Abs. 3 BauGB hat der Plangeber bei der Aufstellung von Bebauungsplänen nach dem Erforderlichkeitsprinzip vorzugehen. Daraus folgt, dass während der Planung zu entscheiden ist, ob es zur Erreichung des maßgeblichen Zwecks – namentlich der Sicherung zentraler Versorgungsbereiche – erforderlich ist, das gesamte Gebiet nach § 34 Abs. 1 BauGB einzubeziehen oder lediglich Teile hiervon relevant sind (VG Dresden, Urteil vom 10.7.2012 – 7K 812/09).

6.3.7.3 Voraussetzungen

1. Bebauungszusammenhang, § 34 BauGB

§ 9 Abs. 2a BauGB ist anwendbar nur innerhalb eines Bebauungszusammenhangs i.S.v. § 34 BauGB. Die Beurteilung der „im Zusammenhang bebauten Ortsteile" erfolgt nach den allgemeinen Kriterien, die im Rahmen des § 34 Abs.1 BauGB geprüft werden und in Kapitel 7.3 näher dargestellt werden.

2. Zur Erhaltung oder Entwicklung zentraler Versorgungsbereiche

Die Aufstellung eines Bebauungsplans nach § 9 Abs. 2a BauGB hat zwingend zur Erhaltung oder Entwicklung zentraler Versorgungsbereiche, auch im Interesse einer verbrauchernahen Versorgung der Bevölkerung und der Innenentwicklung der Gemeinden, zu erfolgen. Gemäß § 1 Abs. 3 BauGB ist die Erforderlichkeit eines Bauleitplanes für die städtebauliche Entwicklung zwingende Voraussetzung. Da das Ziel des § 9 Abs. 2a BauGB in der Sicherung zentraler Versorgungsbereiche zu sehen ist, muss hier dieses Ziel der wesentliche städtebauliche Grund zur Aufstellung des Bebauungsplans sein (VG Düsseldorf, Urteil vom 29.5.2008 – 4 K 3874/07). Zur Abgrenzung zentraler Versorgungsberreiche vgl. Kap. 7.3.

3. Formelle und materiell-rechtliche Verfahrensvoraussetzungen

Ein Bebauungsplan nach § 9 Abs. 2a BauGB wird im vereinfachten Verfahren nach § 13 BauGB aufgestellt.

In materiell-rechtlicher Hinsicht gelten die allgemeinen Vorschriften. Dazu zählen die Plangrundsätze des § 1 BauGB. Besondere Bedeutung erlangt § 1 Abs. 6 BauGB und daneben das in § 1 Abs. 7 BauGB verankerte Abwägungsgebot. Hinsichtlich der Rechtfertigung der Festsetzungen gilt das unter 6.3.2 und 6.3.3 Ausgeführte entsprechend.

4. Städtebauliches Entwicklungskonzept (Satz 2)

Bei der Aufstellung von Bebauungsplänen gemäß § 9 Abs. 2a Satz 2 BauGB ist insbesondere ein darauf bezogenes städtebauliches Entwicklungskonzept (Einzelhandels- und Zentrenkonzept) im Sinne des § 1 Abs. 6 Nr. 11 BauGB zu berücksichtigen, das Aussagen über die zu erhaltenden oder zu entwickelnden zentralen Versorgungsbereiche der Gemeinde oder eines Gemeindeteils enthält. Es beinhaltet Informationen über die zentralen Versorgungsbereiche sowie städtebauliche Zusammenhänge, die für die Planung relevant sind, und ermöglicht den Gemeinden ein planerisches Vorgehen. Zu betonen ist jedoch, dass es sich bei § 9 Abs. 2a Satz 2 BauGB lediglich um eine „Soll-Vorschrift" handelt und das Vorliegen eines Entwicklungskonzepts daher kein zwingendes Erfordernis darstellt, ein verbindlich beschlossenes Konzept aber die Rechtfertigung der Festsetzungen erleichtert.

5. Bauplanungsrechtliche Grundlagen für zentrale Versorgungsbereiche (Satz 3)

Gemäß § 9 Abs. 2a Satz 3 BauGB sollen in den zu sichernden zentralen Versorgungsbereichen die planungsrechtlichen Voraussetzungen für Vorhaben, die diesen Versorgungsbereichen dienen, nach § 30 BauGB oder § 34 BauGB vorhanden oder durch einen Bebauungsplan, dessen Aufstellung förmlich eingeleitet ist, vorgesehen sein.

Danach ist es erforderlich, dass die bauplanungsrechtlichen Voraussetzungen für die zu sichernden Vorhaben vorhanden sind. Grundsätzlich bedarf es folglich des Vorliegens eines Bebauungsplans nach § 30 BauGB oder der planungsrechtlichen Voraussetzungen nach § 34 BauGB. Nach dem Wortlaut der Norm ist es jedoch auch ausreichend, dass die Aufstellung eines Bebauungsplans bereits förmlich eingeleitet wurde. Die Vorschrift eröffnet den Gemeinden demnach die Möglichkeit, einen Bebauungsplan nach § 9 Abs. 2a BauGB aufzustellen, ohne dass in dem zu entwickelnden zentralen Versorgungsbereich die bauplanungsrechtlichen Voraussetzungen hierfür schon vollumfänglich vorliegen müssen. Nach der Rechtsprechung ist dies jedoch nur zulässig, soweit die Planung eines zentralen Versorgungsbereichs konkret beabsichtigt ist (OVG Koblenz, Urteil vom 4.7.2006 – 8 C 10156/06.OVG).

6.3.7.4 Festsetzungen

Die Festsetzungen, die nach § 9 Abs. 2a Satz 1 BauGB getroffen werden können, sind auf die Art der baulichen Nutzung beschränkt. Hierbei gibt es keine Besonderheit, so dass diesbezüglich auf die allgemeinen Ausführungen in Kapitel 6.3.2 und 6.3.3 verwiesen werden kann.

Literaturverzeichnis

Battis, Ulrich/Krautzberger, Michael, BauGB. Baugesetzbuch, 11. Aufl. München 2009.

Bischopink, Olaf, Verkaufsflächenbegrenzungen über Sondergebietsfestsetzungen, in: Zeitschrift für deutsches und internationales Bau- und Vergaberecht (ZfBR) Nr. 3 (2010), S. 223–228.

Brügelmann, Hermann (Hrsg.), Baugesetzbuch. Loseblatt-Kommentar, Stuttgart 2012.

Ernst, Werner/Zinkahn, Willy/Bielenberg, Walter, Baugesetzbuch. Loseblatt-Kommentar, 103. Aufl. München 2012.

Fickert, Hans Carl/Herbert, Fieseler, Baunutzungsverordnung. Kommentar unter besonderer Berücksichtigung des deutschen und gemeinschaftlichen Umweltschutzes mit ergänzenden Rechts- und Verwaltungsvorschriften, 11. Aufl. Stuttgart 2008.

Finkelnburg, Klaus/Ortloff, Karsten-Michael, Kment, Martin, Öffentliches Baurecht. Band I: Bauplanungsrecht (JuS-Schriftenreihe/Studium Bd. 107), 6. Aufl. München 2011.

Füßer, Klaus/Lau, Marcus, Planwirtschaftliche Vollkonzentration zentrenrelevanten Einzelhandels auf gemeindlich festgesetzte zentrale Versorgungsbereiche? Perspektiven und Grenzen nach BVerwG, Urteil vom 26.3.2009 – 4 C 21.07, in: Baurecht (BauR) Nr. 12 (2009), S. 1828–1840.

Janning, Heinz, Ausschluss des zentrenrelevanten Einzelhandels außerhalb der Zentren und Empfehlungen für die kommunale Planungspraxis, in: Zeitschrift für deutsches und internationales Bau- und Vergaberecht (ZfBR) Nr. 5 (2009), S. 437–439.

Kuschnerus, Ulrich, Der standortgerechte Einzelhandel, Bonn 2007.

Mampel, Dietmar, Verkaufsflächenbegrenzungen in Bebauungsplänen – Oder: Stiftet das Bundesverwaltungsgericht Unruhe und Verwirrung?, in: Baurecht (BauR) Nr. 3 (2009), S. 435–442.

Reidt, Olaf, Factory-Outlet- und Sonderpostenmärkte als besondere Formen des großflächigen Einzelhandels, in: Neue Zeitschrift für Verwaltungsrecht (NVwZ) Nr. 1 (1999), S. 45–46.

Rojahn, Ondolf, Verkaufsflächenobergrenzen in Bebauungsplänen, in: Einzelhandel und Planungsrecht. Symposien des Zentralinstituts für Raumplanung an der Universität Münster am 22. Juni 2010 und am 31. August 2010, hrsg. von H. D. Jarass, Berlin 2011, S. 43–68.

Uechtritz, Michael, Unzulässigkeit baugebietsbezogener, vorhabenunabhängiger Verkaufsflächenbegrenzungen, in: Baurecht (BauR) Nr. 11 (2008), S. 1821–1829.

Uechtritz, Michael, Die planerische Steuerung des großflächigen Einzelhandels, in: Planungsrecht in der gerichtlichen Kontrolle. Kolloquium zum Gedenken an Werner Hoppe, hrsg. von W. Erbguth, Berlin 2012, S. 57–72.

7 Vom Bauantrag zur Genehmigung

7.1 Baugenehmigungsverfahren

Markus Johlen

Auf einen entsprechenden Vorschlag des Oberlandesgerichts H. haben im Jahr 2009 ein Bauherr (Projektentwickler) und die Stadt D. einen Vergleich geschlossen, wonach die Stadt D. an den Bauherrn 2,55 Mio. Euro zu zahlen und 90% der Prozesskosten des anhängigen Zivilprozesses zu tragen hatte. Dem Vergleich lag folgender Sachverhalt zugrunde:

Der Bauherr hatte – nach Durchführung eines aus seiner Sicht positiven Gespräches mit den Vertretern der Stadt D. – ohne entsprechende Rücktrittsrechte ein Baugrundstück zur Errichtung eines Lebensmitteldiscountmarktes erworben und hierzu einen Antrag auf Bauvorbescheid gestellt. Diesen nahm die Stadt D. zum Anlass einen Bebauungsplanaufstellungsbeschluss mit dem Ziel zu fassen, ein Gewerbegebiet festzusetzen, in dem die Errichtung von Einzelhandelsbetrieben nicht zulässig ist. Nach Bekanntmachung des Aufstellungsbeschlusses wurde gegenüber dem Bauherrn ein Zurückstellungsbescheid erlassen. Gegen diesen wurde mit anwaltlichem Schriftsatz zunächst Widerspruch und einige Zeit später Untätigkeitsklage vor dem Verwaltungsgericht G. erhoben. Die Stadt reagierte auf die Klage mit dem Erlass einer Veränderungssperre.

Fehlerhafte Ablehnung führt zu Schadensersatz in Millionenhöhe

In zweiter Instanz kam das Oberverwaltungsgericht Münster zu dem Ergebnis, dass aufgrund des zwischenzeitlich in Kraft getretenen Bebauungsplanes ein Anspruch auf Erteilung des Bauvorbescheides nicht bestand, stellte jedoch fest, dass der Bauherr bis zum Inkrafttreten der Veränderungssperre einen Anspruch auf Erteilung des Bauvorbescheides hatte. Mit diesem Ausspruch war – auch verbindlich für den anschließenden Zivilprozess – geklärt, dass sich die Stadt D. gegenüber dem Bauherrn schadensersatzpflichtig gemacht hatte.

Nur Genehmigung gibt Planungssicherheit

Dieser Fall verdeutlicht Folgendes: Da die Baugenehmigung nach allen Landesbauordnungen der Schriftform bedarf, schaffen mündliche Zusagen der zuständigen Vertreter der Bauaufsichtsämter kein Baurecht bzw. keine Rechtssicherheit für den Bauherrn. Erst die Erteilung eines Bauvorbescheides oder einer Baugenehmigung kann ausreichende Vertrauensgrundlage für weitere Investitionen sein.

7.1.1 Der perfekte Bauantrag

Sorgfältige Prüfung des Bauantrages

Ebenso verdeutlicht der Fall, wie wichtig es für den Bauherrn ist, formal von Anfang an den richtigen Weg zu beschreiten bzw. bei einer das geplante Vorhaben verhindernden Planung der Standortgemeinde richtig zu reagieren. So wäre der oben genannte Schadensersatzanspruch nicht entstanden, wenn nur eine Bauvorlage des Bauvorbescheidsantrages gefehlt hätte bzw. nicht unmittelbar das Rechtsmittel gegen den Zurückstellungsbescheid eingelegt worden wäre.

7.1.1.1 Wahl des Antrags

Unabhängig vom Standort ist die Errichtung einer Handelsimmobilie meist konfliktträchtig, weshalb es schwer abzuschätzen ist, ob die Realisierung von der zuständigen Standortgemeinde mitgetragen wird. Soll der Handelsbetrieb in den durch Zentrenkonzepten definierten zentralen Versorgungsbereichen realisiert werden, stehen oftmals zu geringe Flächen (z.B. für die Errichtung der bauordnungsrechtlich notwendigen Stellplätze) zur Verfügung, ebenso ist meist ein Nutzungskonflikt mit der bestehenden Wohnbebauung oder sind etwaige Verkehrsprobleme zu bewältigen. Sollen Handelsimmobilien dagegen außerhalb der zentralen Versorgungsbereiche errichtet werden, ist meist mit einer Verhinderungsplanung der Standortgemeinde zu rechnen.

Bei kritischen Objekten Bauvoranfrage (Bauvorbescheid) statt Baugenehmigung beantragen

Vor diesem Hintergrund ist es wenig sinnvoll, direkt einen Baugenehmigungsantrag zu stellen, da dies nach den meisten Landesbauordnungen umfassende Bauvorlagen (Statik, Brandschutz, Detailplanung) und Gutachten (Schallschutzprognose, Verkehrsgutachten) erfordert. Die hierbei entstehenden Kosten sind jedoch allein vom Bauherrn zu tragen, soweit innerhalb der (in der Regel) dreimonatigen Bearbeitungsfrist eine wirksame Verhinderungsplanung erfolgt. Um das diesbezügliche Kostenrisiko zu reduzieren, ist es daher in der vorgenannten Konstellation zweckmäßig, statt einer Baugenehmigung die Erteilung eines bauplanungsrechtlichen Vorbescheides (oftmals auch als bauplanungsrechtliche Bauvoranfrage bezeichnet) zu beantragen. Wird dieser erteilt, ist in dessen Umfang – soweit das Vorhaben im Rahmen des Baugenehmigungsverfahrens nicht wesentlich verändert wird – für das Baugenehmigungsverfahren bindend die bauplanungsrechtliche Zulässigkeit festgestellt. Erst nach Erteilung des Bauvorbescheides eintretende Rechtsänderungen (Veränderungssperre, entgegenstehender Bebauungsplan) sind im Rahmen des Baugenehmigungsverfahrens nicht beachtlich.

7.1.1.2 Antragsteller

Bauherr – und damit Antragsteller – kann grundsätzlich der Grundstückseigentümer, der Projektentwickler oder auch der künftige Betreiber einer Handelsimmobilie sein. Nur dieser ist jedoch „Herr des Verfahrens" und kann später einen Schadensersatzanspruch geltend machen (vgl. hierzu Kap. 7.11). Auch vor diesem Hintergrund bedarf es vorausschauender Überlegungen, wer den Antrag stellt.

Antrag selbst stellen

7.1.1.3 „Erforderliche" Bauvorlagen

Für den Antragsteller ist es wichtig, dass unmittelbar mit Einreichung des Antrages die Bearbeitungsfrist zu laufen beginnt. Ist diese abgelaufen, kann zwar weiterhin das Vorhaben mit Mitteln der Bauleitplanung verhindert werden; in diesem Fall macht sich jedoch das Bauaufsichtsamt schadensersatzpflichtig, wenn zuvor das Vorhaben hätte genehmigt werden müssen. Die Bearbeitungsfrist selbst wird nur durch einen vollständigen Antrag ausgelöst. Fehlt auch nur eine Bauvorlage, ist dies nicht der Fall. Ob der Bauantrag vollständig ist, ist der eigenständigen Überprüfung des in einem späteren Klageverfahren zuständigen Gerichts zugänglich. Einer in den meisten Landesbauordnungen vorgesehenen „Vollständigkeitsbestätigung" durch das zuständige Bauaufsichtsamt kommt insoweit keine Bindungswirkung zu.

Keine Wirkung der Vollständigkeitsbestätigung des Bauaufsichtsamtes

Welche Bauvorlagen im Rahmen des Baugenehmigungsverfahrens einzureichen sind, ergibt sich aus den entsprechenden Verordnungen (z.B. Bauvorlagenverordnung Nds., Bauprüfverordnung NRW) der jeweiligen Bundesländer. Dort findet sich meist die Vorgabe, dass „dem Antrag auf Erteilung eines Bauvorbescheides die Vorlagen beizufügen sind, die zur Beurteilung der durch den Vorbescheid zu entscheidenden Fragen des Bauvorhabens erforderlich sind" (vgl. § 16 BauPrüfVO NRW). Ist Gegenstand der Bauvoranfrage ein umfassender bauplanungsrechtlicher Vorbescheid, sind somit Bauvorlagen einzureichen, die eine Bewertung der Nutzungsart (Betriebsbeschreibung, Verkaufsflächen- und ggf. Geschossflächenberechnung), des Maßes (Gebäudehöhe, Anzahl der Vollgeschosse, ggf. GRZ- und GFZ-Berechnung), der Bauweise (ggf. Angaben zur Länge des Baukörpers), der überbaubaren Grundstücksfläche (Lage/Anordnung des Baukörpers und der Stellplätze) sowie der gesicherten Erschließung (erwartete Pkw-Frequentierung, Lage der Ein- und Ausfahrten) zulässt. Neben dem Lageplan ist meist ein Auszug aus der Liegenschafts-/Flurkarte bzw. ein Auszug aus der deutschen Grundkarte vorzulegen. Wichtig ist es ebenso, diejenigen Angaben zu tätigen (Berechnung des umbauten Raumes, Rohbaukosten, Herstellungskosten), die für die Berechnung der Baugenehmigungsgebühren erforderlich sind.

Genaue Prüfung der erforderlichen Bauvorlagen

7.1.1.3.1 Verkehrsgutachten

Erforderlichkeit von Verkehrsgutachten berücksichtigen

Ob die Erschließung eines Einzelhandelsvorhabens „gesichert" im Sinne der §§ 29 ff. BauGB ist, muss gegebenenfalls durch ein entsprechendes Verkehrsgutachten ermittelt werden. Dies ist der Fall, wenn ein Grundstück eine Verbindung zu einer öffentlichen Verkehrsfläche hat, die geeignet ist, den von dem Vorhaben ausgelösten und ihm zuzurechnenden Verkehr aufzunehmen, ohne dass die Sicherheit und Leichtigkeit des Verkehrs gefährdet wird (BVerwG, BVerwGE 68, 352). Eine nur kurzfristig auftretende Überlastung einer Straße kann dabei dann außer Betracht bleiben, wenn sie die Ausnahme bleibt und der Verkehr nur gelegentlich diese Folge hat (BVerwG, NVWZ 1997, 389).

Selbst wenn die Schwelle, ab der die Erschließung nicht mehr gesichert ist, folglich recht hoch anzusetzen ist, ist die Einreichung eines Verkehrsgutachtens bereits dann „erforderlich" im vorgenannten Sinne, wenn das zuständige Bauaufsichtsamt bzw. der zuständige Richter zu dem Ergebnis gelangt, ohne ein Verkehrsgutachten „die gesicherte Erschließung" nicht abschließend bewerten zu können. So ist das Oberverwaltungsgericht Münster im Urteil vom 1.2.2010 (Az. 7 A 1635/07) zu dem Ergebnis gelangt, dass ein Verkehrsgutachten zu den erforderlichen Bauvorlagen eines Bauvorbescheidsantrages zur Errichtung eines Lebensmittelvollsortimentermarktes mit 1.600 m² Verkaufsfläche gehörte, obgleich dieser über vier unmittelbar angrenzende Straßen erschlossen war und auch der Verkehrsgutachter in seinem (nachträglich eingereichten) Gutachten zu dem Ergebnis gekommen ist, dass die Erschließung völlig problemlos gesichert ist.

Ggf. Erschließung in Fragestellung ausklammern

Um insoweit kein (Kosten-)Risiko einzugehen, ist es sinnvoll die Frage der Zulässigkeit der bauplanungsrechtlichen Erschließung hilfsweise auszuklammern.

7.1.1.3.2 Schallschutzgutachten (Immissionsprognose)

Unklarer ist die Rechtlage bei der Frage, ob auch ein etwaiger Lärmkonflikt im Bauvorbescheidverfahren ausgeklammert und ins Baugenehmigungsverfahren verlagert werden kann.

Ggf. Immissionsprognose einreichen

Dieser kann insbesondere dadurch entstehen, dass Lärm durch Lkw (Anlieferung) oder Pkw (Kunden) auf in der Nähe des Baugrundstücks befindliche Wohnbebauung einwirkt. Das insoweit relevante Gebot der nachbarlichen Rücksichtnahme gehört grundsätzlich zum Prüfungsumfang der zulässigen Nutzungsart und kann gegebenenfalls ohne (kostenintensive) Immissionsprognose (Schallschutzgutachten) nicht beurteilt werden (OVG Münster, BRS 67 Nr. 175). Soweit etwaige Lärmquellen eines Vorhabens nicht ausgeklammert werden können (OVG Münster, BauR 2010, 208 zur Stellplatzanlage eines SB-Marktes), ist es sinnvoll bei einem denkbaren Lärmkonflikt die Kosten für eine Immissionsprognose zu tätigen. Wichtig ist es dabei auch in der Betriebsbeschreibung die entsprechenden Betriebszeiten anzugeben. Ist z.B. für die Anlieferung keine Zeit angegeben, ist es für das Bauaufsichtsamt zulässig im Rahmen einer Worst-Case-Betrachtung davon auszugehen, dass diese auch zur Nachtzeit stattfindet und dies der Genehmigungsfähigkeit entgegensteht. Zu achten ist auch darauf, dass die Betriebsbeschreibung und die Immissionsprognose inhaltlich nicht voneinander abweichen.

7.1.1.4 Aufteilung in mehrere Bauvoranfragen

Ist Gegenstand der Baumaßnahme die Errichtung von mehreren Einzelhandelsbetrieben und würde das Projekt auch durchgeführt, wenn diese nicht alle errichtet werden können, ist es sinnvoll, die Einzelhandelsbetriebe nicht zum Gegenstand einer einzigen Bauvoranfrage zu machen, sondern für die Einzelhandelsbetriebe jeweils eine gesonderte Bauvoranfrage zu stellen. Grund für diese Aufteilung ist, dass das Bauaufsichtsamt (und ggf. ein Gericht) nur zwei Entscheidungsmöglichkeiten hat: Die Zulässigkeit des Vorhabens zu bejahen oder die Zulässigkeit des Vorhabens zu verneinen. Eine Aufteilung des Vorhabens in zulässige und nicht zulässige Abschnitte ist weder dem Verwaltungsgericht noch dem Bauaufsichtsamt gestattet. Scheitert die Ansiedlung mehrerer Einzelhandelsbetriebe daran, dass z.B. einer der Betriebe schädliche Auswirkungen auf zentrale Versorgungsbereiche im Sinne von § 34 Abs. 3 BauGB erwarten lässt oder dass ab dem 7. Einzelhandelsbetrieb die Ansiedlung als Einkaufszentrum im Sinne von § 11 Abs. 3 Nr. 1 BauNVO zu qualifizieren ist, ist die Zulässigkeit der übrigen Betriebe irrelevant. Es erfolgt eine Ablehnung des Antrages. Werden daher mehrere Anträge gestellt, ist es zweckmäßig – z.B. durch eine zeitlich versetzte Einreichung – die Priorität der Genehmigungserteilung klarzustellen.

Aufteilung mehrer Vorhaben auf verschiedene Bauvoranfragen

Zulässig ist es auch, ein Einzelhandelsprojekt in unterschiedlichen Varianten zum Gegenstand verschiedener Bauvorbescheidanträge zu machen. Dies kann dann sinnvoll sein, wenn aufgrund einer unklaren Beurteilungsgrundlage (Wirksamkeit oder Unwirksamkeit bestehender Bebauungspläne, Bestehen oder Nichtbestehen von großflächigen Vorbildern) nicht abschließend geklärt ist, ob Baurecht für einen großflächigen oder nur Baurecht für einen kleinflächigen Einzelhandelsbetrieb besteht. Werden beide Bauvoranfragen positiv beschieden, ist es Sache des Bauherrn zu entscheiden, welche der Varianten realisiert werden soll.

Beantragung von Varianten zulässig

7.1.1.5 Formulierung Bauvoranfrage

Wie sich aus den oben genannten Ausführungen ergibt, ist es sinnvoll eine umfassende bauplanungsrechtliche Bauvoranfrage zu stellen, weil damit das Bauplanungsrecht für das Baugenehmigungsverfahren abschließend geklärt ist. Andererseits ist es sinnvoll, gegebenenfalls kritische Gesichtspunkte auszuklammern, um zumindest die Bindungswirkung für die Realisierung des Objektes als solches zu erreichen. Ist

Fragestellung exakt formulieren

z.B. die Bindungswirkung für die Errichtung eines Lebensmittelvoll-
sortimentenmarktes mit 1.800 m² Verkaufsfläche und 3.000 m² Geschossfläche hinsichtlich der Nutzungsart erreicht, können die Gesichtspunkte, die bei der eingereichten Voranfrage nicht genehmigungsfähig waren (z.B. Bauweise oder Erschließung), dann dergestalt
umgeplant werden, dass die Baugenehmigung erteilt werden kann. Die
Bauvoranfrage könnte demnach z.B. wie folgt formuliert werden:

„Ist die Errichtung eines Schuhfachmarktes mit 1.250 m2 Verkaufsfläche und 1.900 m2 Geschossfläche bauplanungsrechtlich
(hilfsweise unter Ausklammerung der Erschließung, äußerst hilfsweise beschränkt auf die zulässige Nutzungsart) zulässig?"

7.1.2   Ablauf der Bearbeitungsfrist – und jetzt?

Nach Ablauf der
Bearbeitungsfrist
ist Klageerhebung
möglich

Der Ablauf der Bearbeitungsfrist für einen genehmigungsfähigen Antrag ist für den Bauherrn wichtig, da ab diesem Zeitpunkt das geplante
Vorhaben nicht mehr mit den Mitteln der Bauleitplanung verhindert
werden kann, ohne dass dem Bauherrn ein Schadensersatzanspruch
(der auch den entgangenen Gewinn erfasst) entsteht. Ist (z.B. wegen
einer negativen Anhörung oder der Fassung eines entgegenstehenden
Aufstellungsbeschlusses) mit der Ablehnung des Bauantrages zu rechnen, sollte Untätigkeitsklage vor dem zuständigen Verwaltungsgericht
erhoben werden.

Vorteil dieser Vorgehensweise ist, dass in diesem Fall das Bestehen
eines Schadensersatzanspruches durch das Verwaltungsgericht (und
zwar verbindlich für das Zivilgericht) festgestellt werden kann, wenn
die Baugenehmigung oder der Bauvorbescheid wegen einer Veränderungssperre oder einem Zurückstellungsbescheid nicht mehr erteilt
werden kann. Diese durch das Verwaltungsgericht getätigte Feststellung führt in aller Regel dazu (der o.g. Fall aus D. ist insoweit die Ausnahme), dass zur Vermeidung des Schadensersatzes die begehrte Genehmigung erteilt wird. Tritt das erledigende Ereignis (entgegenstehender Bebauungsplan, Veränderungssperre, Zurückstellungsbescheid)
jedoch vor Klageerhebung ein, kann diese Feststellung durch das Verwaltungsgericht nicht mehr begehrt werden (vgl. BVerwG, BVerwGE
81, 226). In dieser Konstellation muss vielmehr direkt eine (prozess-
kostenintensive) Klage vor dem zuständigen Zivilgericht erhoben werden.

7.1.3   Reaktion auf Verhinderungsplanung

Kein Entschädigungs-
anspruch bei
Verhinderungs-
planung während
Bearbeitungsfrist

Der Gesetzgeber gibt der Standortgemeinde die Möglichkeit, mit Mitteln der Bauleitplanung auf einen Baugenehmigungs- oder Bauvorbe-
scheidsantrag zu reagieren, um das Bauvorhaben zu verhindern. Innerhalb der (in der Regel) dreimonatigen Bearbeitungsfrist kann dies
erfolgen, ohne dass sich die Standortgemeinde oder das Bauaufsichtsamt schadensersatzpflichtig macht.

Erfolgt eine Zurückstellung oder eine Veränderungssperre während des Klageverfahrens, sollte neben dem Hauptantrag (gerichtet auf Erteilung der Baugenehmigung oder des Bauvorbescheides) ein sogenannter Fortsetzungsfeststellungsantrag gestellt werden. Hiermit wird festgestellt, dass bis zum Wirksamwerden der Veränderungssperre oder des Zurückstellungsbescheides ein Genehmigungsanspruch bestand.

Erfolgt eine rechtmäßige Zurückstellung oder Veränderungssperre nach Ablauf der Bearbeitungsfrist, aber vor Klageerhebung, verbleibt nur die Möglichkeit, den entstandenen Schadensersatzanspruch gegenüber dem Bauaufsichtsamt geltend zu machen. Oftmals führt auch dies zur Erteilung der Genehmigung (vgl. hierzu näher unten 7.11).

In jedem Fall lohnt es sich, den Zurückstellungsbescheid oder die Veränderungssperre einer vertieften Prüfung zu unterziehen, da die Praxis zeigt, dass diese oftmals an Fehlern leiden, so dass weiterhin ein Genehmigungsanspruch besteht.

Fortsetzungsfeststellungsantrag

7.1.3.1 Grundvoraussetzung für Veränderungssperre bzw. Zurückstellung

Zum Zeitpunkt des Erlasses einer Veränderungssperre oder eines Zurückstellungsbescheides muss durch das zuständige Gemeindeorgan ein Aufstellungsbeschluss, der bestimmten Mindestanforderungen genügen muss, gefasst und dieser ortüblich bekannt gemacht worden sein.

Rechtmäßigkeit der Verhinderungsplanung?

Auch hier ist genau die Rechtmäßigkeit zu überprüfen. So hat das Oberverwaltungsgericht Münster im Beschluss vom 22.4.2010 (Az. 2 B 293/10) die aufschiebende Wirkung einer Klage gegen einen Zurückstellungsbescheid wiederhergestellt, weil diesem ein vom Rat der Stadt M. gefasster Aufstellungsbeschluss zugrunde lag, nach der Zuständigkeitsordnung der Stadt M. hierfür jedoch (ohne Rückholrecht des Rates) der Planungs- und Bauausschuss zuständig war. Ebenso ist darauf zu achten, ob auch die Bekanntmachung sämtlichen gesetzlichen Vorgaben genügt und zum Zeitpunkt des Erlasses des Zurückstellungsbescheides auch wirksam vollzogen wurde (z.B. bei Aushang).

Folgen des Fassen eines Aufstellungsbeschlusses durch das unzuständige Gemeindeorgan

Wenngleich oftmals ein Aufstellungsbeschluss im Hinblick auf ein konkretes Bauvorhaben gefasst wird, muss dieser ein Mindestmaß dessen erkennen lassen, was Inhalt des zu erwartenden Bebauungsplanes sein soll. Eine Negativplanung, die nur einzelne Vorhaben ausschließt, reicht nicht aus (vgl. OVG Münster, Beschluss vom 11.7.2007, 7 A 3851/06, zitiert bei juris unter Hinweis auf BVerwG, BRS 67 Nr. 118). Etwas anderes gilt nur dann, wenn ein Bebauungsplan nach § 9 Abs. 2 a BauGB aufgestellt wird, da sich dessen Inhalt darauf beschränken kann, den Einzelhandel zu steuern. Auch dieser muss aber städtebaulich gerechtfertigt sein und darf sich nicht in einer reinen Negativplanung erschöpfen.

Unzulässigkeit einer reinen Negativplanung

7.1.3.2 Fehlende Anordnung der sofortigen Vollziehung

Aufschiebende
Wirkung eines Rechts-
mittels gegen Zurück-
stellung

Ein Zurückstellungsbescheid ist im Übrigen ein Verwaltungsakt, so dass die Erhebung eines Rechtsmittels von Gesetzes wegen aufschiebende Wirkung hat. Unterlässt es folglich das zuständige Bauaufsichtsamt, zum Zurückbestellungsbescheid auch die sofortige Vollziehung anzuordnen, ist es sinnvoll, das zulässige Rechtsmittel gegen den Zurückstellungsbescheid zu erheben, da hiermit die Bearbeitungspflicht wieder ausgelöst wird. Im Hinblick auf die ablehnende Haltung des Bauaufsichtsamtes ist es dann zweckmäßig, nach Ablauf der dreimonatigen Bearbeitungsfrist Untätigkeitsklage zu erheben.

7.1.3.3 Geltungsdauer

Gemäß § 15 Abs. 1 S. 1 BauGB kann die Zurückstellung eines Baugesuches bis zu 12 Monate erfolgen. Eine Verlängerung der Geltungsdauer eines Zurückstellungsbescheides ist nicht möglich, weshalb sich in der Praxis meist der Erlass einer Veränderungssperre anschließt.

Grenzen der Verlänge-
rungsmöglichkeit
einer
Veränderungssperre

Die Veränderungssperre gilt zunächst für zwei Jahre und kann ohne größeren Begründungsaufwand für ein drittes Jahr verlängert werden. § 17 Abs. 2 BauGB ermöglicht es grundsätzlich auch eine Veränderungssperre in ein viertes Jahr zu verlängern. Dies erfordert jedoch „besondere Umstände" (ungewöhnlicher Umfang, ungewöhnlicher Schwierigkeitsgrad (u.a. Altlasten, Immissionskonflikte)). Die Rechtsprechung ist insoweit jedoch restriktiv; es darf sich nicht um Gründe handeln, die von der planenden Standortgemeinde selbst zu vertreten sind (u.a. fehlendes Personal).

Anrechenbarkeit
einer faktischen
Zurückstellung

Auf die Geltungsdauer anzurechnen sind Zeiträume, die auf einer verzögerten Bearbeitung oder rechtswidrigen Ablehnung beruhen (sogenannte faktische Zurückstellung). Ebenso ist entsprechend § 17 Abs. 1 Satz 2 BauGB die Zeit der auf der Grundlage des § 15 BauGB erfolgten Zurückstellung anzurechnen. Dies kann dazu führen, dass eine Veränderungssperre zwar noch gültig ist, jedoch einem einzelnen Bauherrn nicht mehr entgegengehalten werden kann.

7.1.4 Antragsumstellung im Klageverfahren

Umstellung von
Bau- auf Bauvor-
bescheidsantrag
im Klageverfahren
möglich

Auch während eines anhängigen Klageverfahrens besteht die Möglichkeit, den gestellten Antrag umzustellen oder zu modifizieren. So ist die (ggf. hilfsweise) Umstellung eines Baugenehmigungsantrages auf einen Antrag auf Erteilung eines bauplanungsrechtlichen Vorbescheides als in der Regel sachdienliche Klageänderung zu qualifizieren, soweit sich im Laufe des Klageverfahrens herausstellt, dass bauordnungsrechtliche Vorschriften der Erteilung der Baugenehmigung entgegenstehen und die Ablehnung primär auf bauplanungsrechtliche Gesichtspunkte gestützt war. Gleiches gilt hinsichtlich der Reduzierung des Prüfungsumfanges (z.B. Ausklammerung der Erschließung) einer Bauvoranfrage.

7.2 Die Genehmigung im Plangebiet (§ 30 BauGB)

Thomas Lüttgau, Filiz Yildirim

Bei der Errichtung und der Genehmigung eines Einzelhandelsvorhabens ist zunächst maßgeblich, in welchem Gebiet es realisiert werden soll. Handelt es sich um ein Vorhaben, das im Plangebiet errichtet werden soll, findet § 30 BauGB Anwendung. Unterschieden wird zwischen einem qualifizierten, einem vorhabenbezogenen und einem einfachen Bebauungsplan.

7.2.1 Qualifizierter Bebauungsplan (§ 30 Abs. 1 BauGB)

Ein qualifizierter Bebauungsplan liegt vor, wenn er die gesetzlichen Mindestvoraussetzungen enthält. Dazu zählen Festsetzungen über die Art und das Maß der baulichen Nutzung, die überbaubaren Grundstücksflächen und die örtlichen Verkehrsflächen. Ein Vorhaben ist zulässig, wenn es diesen Festsetzungen nicht widerspricht, das Gebot der Rücksichtnahme nicht entgegensteht (§ 15 BauNVO) und die Erschließung gesichert ist.

Qualifizierter Bebauungsplan

Die gesetzlichen Mindestvoraussetzungen müssen nicht in einem einzigen Plan enthalten sein. Sie können sich auch aus übergeleiteten Bauvorschriften, die auf ältern, vor Inkrafttreten des BauGB (BBauG) geltenden planungsrechtlichen Vorschriften (Fluchtlinienplänen, Baupolizeiverordnungen u.ä.) oder sonstigen städtebaulichen Plänen beruhen oder aus einem ergänzenden zweiten Bebauungsplan ergeben. (BVerwG NVwZ 1992, 879). Nicht zwingend erforderlich ist es zudem, die Festsetzungsmöglichkeiten voll auszuschöpfen. Nach dem Gesetzeswortlaut reicht es vielmehr aus, wenn nur Angaben „über" die Art vorliegen. Die konkrete Bezeichnung „der" Art ist demgegenüber nicht erforderlich.

a) Art der baulichen Nutzung

Art der baulichen Nutzung

Die Festsetzungen hinsichtlich der Art der baulichen Nutzung werden in der Regel durch Bezugnahme auf die Baugebiete nach §§ 2 – 11 BauNVO getroffen. So werden die Vorschriften der §§ 2 – 14 BauNVO nach § 1 Abs. 3 BauNVO Bestandteil des Bebauungsplanes. Wie bereits in den Grundlagen unter Kapitel 6.1 dargestellt gibt es verschiedene Fassungen der BauNVO. Zu beachten ist in diesem Zusammenhang daher, dass die Verweisung des § 1 Abs. 3 BauNVO auf die jeweiligen Zulässigkeitsregelungen der BauNVO statisch und nicht dynamisch ist. Daraus folgt, dass nur diejenige Fassung der BauNVO, die im jeweils durchgeführten Aufstellungsverfahren des Bebauungsplanes wirksam war, auf den Bebauungsplan anwendbar ist. Die Fassungen der BauNVO aus den Jahren 1962, 1968, 1977, 1986 und 1990 treffen insbesondere hinsichtlich der Zulässigkeit von Einzelhandelsbetrieben abweichende Regelungen. Wichtig ist daher zu prüfen, welche Fassung der BauNVO auf den – den Zulässigkeitsmaßstab bildenden – Bebauungsplan anwendbar ist.

Verweisung auf die BauNVO ist statisch

Rückgriff auf sog. Gliederungsregelungen i.S.d. § 1 Abs. 4-9 BauNVO möglich

§ 1 Abs. 3 Satz 2 BauNVO ermächtigt die planende Gemeinde zudem, von den allgemeinen Zulässigkeitsmaßstäben der BauNVO abweichende Regelungen zu treffen. Dies erfolgt über sog. Gliederungsregelungen im Sinne von § 1 Abs. 4 – 9 BauNVO. Es ist jedoch darauf zu achten, dass die allgemeine Zweckbestimmung des jeweiligen Baugebiets (§§ 2 – 11 BauNVO) gewahrt sein muss (BVerwG, BauR 1990, 186; vgl. hierzu Kap. 6.3).

b) Maß der baulichen Nutzung

Maß der baulichen Nutzung

Das zulässige Maß der baulichen Nutzung bestimmt, welche Fläche das geplante Vorhaben im Verhältnis zum Baugrundstück in Anspruch nehmen darf. Das Maß bestimmt also erheblich die wirtschaftliche Ausnutzungsmöglichkeit des Grundstücks.

Regelungen zum Maß der baulichen Nutzung finden sich in § 16 ff. BauNVO. Die Festsetzungsmöglichkeiten und das Mindestmaß der Festsetzungen sind in § 16 Abs. 2 und 3 BauNVO enthalten. Nach § 16 Abs. 3 BauNVO muss zumindest die Grundflächenzahl (GRZ) – die das Verhältnis von überbaubarer Grundfläche je Quadratmeter Grundstücksfläche angibt (§ 19 BauNVO) – oder aber die Größe der Grundflächen (GR) – die das Verhältnis der zulässigen Geschossfläche zur Grundstücksfläche angibt (§ 20 BauNVO) – bestimmt sein. In aller Regel enthalten die Bebauungspläne Festsetzungen darüber sowie über die Zahl der Vollgeschosse und die Höhe der baulichen Anlagen. Des Weiteren dürfen die Obergrenzen des § 17 BauNVO nicht überschritten werden. Die Festsetzungen über die Bauweise nach § 22 BauNVO hingegen zählen nicht zum Maß der baulichen Nutzung.

Grundflächenzahl (GRZ)

Größe der Grundfläche (GR)

Baugrundstück als Bezugsgrundlage

Die Bezugsgrundlage von GRZ und GFZ ist das Baugrundstück. Dabei handelt es sich um die Fläche, die im Bauland hinter der – laut Bebauungsplan festgesetzten – Straßenbegrenzungslinie liegt. Erfasst sind alle grundsätzlich bebaubaren Flächen, die als Baugebiet ausgewiesen sind, wie etwa Ausgleichs- und Maßnahmenflächen im Sinne von § 9 Abs. 1 Nr. 25 BauGB. Ausgenommen sind jedoch Flächen mit anderer Baulandqualität, wie etwa festgesetzte öffentliche oder private Grünflächen gemäß § 9 Abs. 1 Nr. 15 BauGB (BVerwG, ZfBR 1991, 177). Für den Investor ist daher von Bedeutung, dass das „Bauland" möglichst groß ist, damit das Vorhaben nicht gegen die festgesetzten Maßvorschriften verstößt. Stellplätze und ihre Zufahrten, die in aller Regel den größten Platzbedarf haben, sind bei der Berechnung der zulässigen Grundfläche mitzurechnen (§ 19 Abs. 4 BauNVO). Die Anrechnung dieser Flächen darf allerdings das im Bebauungsplan festgesetzte Maß der GRZ um 50%, max. bis zu einer GRZ von 0,8 überschreiten.

Öffentliche oder private Grünflächen sind ausgenommen

Anrechnung von Stellplätzen und Zufahrten

c) Überbaubare Grundstücksflächen

Nach § 23 BauNVO erfolgt die Bestimmung der überbaubaren Grundstücksflächen durch Baulinien, Baugrenzen oder Bebauungstiefen, wobei die Angabe der Baulinien grundsätzlich ausreichend ist (BVerwG, BVerwGE, 29, 49/51). Während auf der Baulinie gebaut werden muss, darf die Baugrenze nicht überschritten werden. Ein geringfügiges Vor- bzw. Zurücktreten von Gebäudeteilen ist allerdings zulässig (§ 23 Abs. 2 und 3 BauNVO). Bei den Gebäudeteilen darf es sich im Verhältnis zum Gesamtgebäude nur um unwesentliche Teile handeln.

Überbaubare Fläche

Außerhalb der Baulinien und Baugrenzen können – soweit der Bebauungsplan nichts anderes festsetzt – entsprechend § 23 Abs. 5 BauNVO auch Nebenanlagen im Sinne des § 14 BauNVO zugelassen werden. Ferner ist die Errichtung der in den landesrechtlichen Abstandsflächen zulässigen Anlagen (z.B. Stellplätze) erlaubt.

Nebenanlagen sind grds. zulässig

d) Örtliche Verkehrsflächen

Mit der Festsetzung örtlicher Verkehrsflächen werden nicht einzelne Anlagen, sondern nur ihr Flächenanspruch definiert. Angaben hinsichtlich der Mindestanforderung der örtlichen Verkehrsflächen finden sich in § 9 Abs. 1 Nr. 11 BauGB. Um von einem qualifizierten Bebauungsplan ausgehen zu können, bedarf es einer zeichnerischen Darstellung zu den örtlichen Verkehrsflächen. Lediglich textliche Festsetzungen sind demgegenüber nicht ausreichend.

Verkehrsflächen

e) Kein Widerspruch zu Festsetzungen

Nach § 30 Abs. 1 BauGB darf das Vorhaben den Festsetzungen des Bebauungsplanes nicht widersprechen. Das heißt nicht, dass der Bebauungsplan ein konkretes Vorhaben positiv vorsehen muss. Das Vorhaben muss allerdings mit den Festsetzungen vereinbar sein.

Vereinbarkeit von Vorhaben

Problematisch ist die Vereinbarkeit von Vorhaben mit den Festsetzungen zur Art der baulichen Nutzung insbesondere bei den gemischt nutzbaren Baugebieten, wie etwa Dorfgebieten (§ 5 BauNVO), Mischgebieten (§ 6 BauNVO) und Kerngebieten (§ 7 BauNVO). Dabei stellt sich im Einzelfall die Frage des unzulässigen Überwiegens einer im Gebiet grundsätzlich zulässigen Nutzung.

Ausschlaggebend ist die Bewertung aller für eine quantitative Beurteilung infrage kommenden tatsächlichen Umstände. Dazu zählen namentlich der übermäßig große Anteil einer Nutzungsart an der Grundfläche des Baugebietes, das Missverhältnis der Geschossflächen oder die Zahl der eigenständigen gewerblichen Betriebe im Verhältnis zu den vorhandenen Wohngebäuden (BVerwG, BauR 1988, 440). Daraus kann im Einzelfall über § 15 Abs. 1 BauNVO die Unzulässigkeit eines an sich zulässigen Vorhabens resultieren. Die Häufung von an sich zulässigen Einzelhandelsbetrieben in einem Mischgebiet kann dazu führen, dass die Errichtung eines weiteren Einzelhandelsbetriebes im Einzelfall nach § 15 Abs. 1 Satz 1 BauNVO unzulässig sein kann (BVerwG, ZfBR 1988, 234).

Häufung von Vorhaben

f) Rücksichtnahmegebot

Rücksichtnahmegebot

Das planungsrechtliche Gebot der Rücksichtnahme im Geltungsbereich von Bebauungsplänen findet in § 15 BauNVO seine normative Ausprägung (BVerwG, BauR 1983, 543).

Das Gebot der Rücksichtnahme ist ein Instrument zur Feinsteuerung von Vorhaben hinsichtlich ihrer Art der Nutzung, um im Einzelfall zu einem sachgerechten Interessenausgleich zu gelangen. Es dient dem Schutz der Nachbarschaft vor Störungen durch Bauvorhaben, die zwar grundsätzlich nach den §§ 2–14 BauNVO zulässig wären, aber wegen der besonderen konkreten Verhältnisse der Eigenart des Baugebiets widersprechen oder die Umgebung unzumutbar stören (BVerwG, BauR 1989, 710). Das Gebot der Rücksichtnahme gilt ebenso, wenn das an sich zulässige Vorhaben Belästigungen oder Störungen ausgesetzt würde, die diesem nicht zumutbar wären. Folglich ist eine wechselseitige Abwägung vorzunehmen. Ein Verzicht des Nachbarn auf Abwehrrechte gegen unzumutbare Immissionen ist hingegen nicht möglich, wenn dadurch grundrechtlich geschützte Güter (Leben, Gesundheit) zur Disposition gestellt werden.

Wechselseitige Abwägung vorzunehmen

Um dem Gebot der Rücksichtnahme Rechnung zu tragen, kann die sogenannte „architektonische Selbsthilfe" angeraten sein. Wäre ein Vorhaben aufgrund seines Störungsgrades oder seiner Störanfälligkeit aus Gründen des Rücksichtnahmegebotes unzulässig, könnte über bauliche Maßnahmen (Schallschutz, Anordnung schutzbedürftiger Räume) die Genehmigungsfähigkeit hergestellt werden.

g) Erschließung

Erschließung

Nach § 30 Abs. 1 BauGB kann ein Vorhaben nur zugelassen werden, wenn die Erschließung gesichert ist. Da nur die Erfordernisse durch den Bebauungsplan maßgeblich sind, kann lediglich die plangemäße Erschließung berücksichtigt werden (BVerwG, BauR 1986, 305). Diese muss tatsächlich gesichert sein, was ihre Benutzbarkeit jedenfalls bis zur Fertigstellung des Vorhabens voraussetzt (vgl. hierzu auch Kap. 7.6). Die Sicherung ist anzunehmen, wenn die Gemeinde selbst zur Erschließung bereit ist oder einen entsprechenden Erschließungsvertrag abgeschlossen hat.

Die Entschließungslast der Gemeinde kann sich auch zu einer Erschließungspflicht verdichten, etwa wenn der Bebauungsplan Wirkungen wie eine Veränderungssperre entfaltet (BVerwG, BauR 2000, 247). Hiervon ist insbesondere auszugehen, wenn durch eine anderweitige Festsetzung von Erschließungsanlagen in nach §§ 34 oder 35 BauGB bestehende Baurechte eingegriffen wird oder wenn die Gemeinde das zumutbare Erschließungsangebot eines Dritten ausschlägt (vgl. hierzu Kap. 8.3).

Ggf. Erschließungspflicht der Gemeinde

7.2.2 Vorhabenbezogener Bebauungsplan (§ 30 Abs. 2 BauGB)

§ 30 Abs. 2 BauGB regelt die Zulässigkeit eines Vorhabens im Geltungsbereich eines vorhabenbezogenen Bebauungsplanes nach § 12 BauGB. Es ist nicht zwingend erforderlich, dass ein vorhabenbezogener Bebauungsplan die Voraussetzungen eines qualifizierten Bebauungsplanes erfüllt. Denn selbst bei Fehlen einer geforderten Mindestfestsetzung nach § 30 Abs. 1 BauGB ist ein vorhabenbezogener Bebauungsplan einem qualifizierten gleichzusetzen. Ein Rückgriff auf die Planersatzvorschriften nach §§ 34 f. BauGB ist nicht möglich.

Vorhabenbezogener Bebauungsplan

Im Geltungsbereich eines vorhabenbezogenen Bebauungsplanes wird das zulässige Vorhaben weitgehend konkret beschrieben. Grundsätzlich ist die bloße Festsetzung von Baugebieten daher nicht ausreichend (BVerwG, BauR 2004, 286; BVerwG, ZfBR 2005, 72; OVG Münster, ZfBR 2004, 575). Allerdings ist mit der Änderung des § 12 Abs. 3 a BauGB zum 2.1.2007 nun auch die Festsetzung eines Baugebietes zulässig. Danach richtet sich die Zulässigkeit von Vorhaben zusätzlich nach den Bestimmungen des Durchführungsvertrages (vgl. hierzu 6.3.6).

Der vorhabenbezogene Bebauungsplan nach § 12 BauGB ist nicht an den Festsetzungskatalog des § 9 BauGB gebunden. Zulässigkeitskriterien sind – wie bei § 30 Abs. 1 BauGB – lediglich, dass das Vorhaben den Planfestsetzungen nicht widerspricht und die Erschließung gesichert ist. Dies erfolgt in aller Regel mit dem Abschluss des Durchführungsvertrages. Nach der Ersterrichtung sind alle mit den Festsetzungen des Bebauungsplanes vereinbaren Änderungen zulässig. Auch hier muss die Erschließung – ebenso wie bei den regulären Bebauungsplänen – gesichert sein. Soweit das Vorhaben dem Bebauungsplan nicht widerspricht, ist es zuzulassen.

Abschluss eines Durchführungsvertrags

7.2.3 Einfacher Bebauungsplan (§ 30 Abs. 3 BauGB)

Einfacher
Bebauungsplan

Bei Fehlen von Festsetzungen über das Art und Maß der baulichen Nutzung oder über die örtlichen Verkehrsflächen liegt ein einfacher Bebauungsplan nach § 30 Abs. 3 BauGB vor. Im Geltungsbereich eines einfachen Bebauungsplanes werden die Zulässigkeitskriterien durch §§ 34 und 35 BauGB ergänzt. Nur soweit der Bebauungsplan Festsetzungen enthält, dürfen Vorhaben diesen nicht widersprechen. Aus der Anwendung der §§ 34 und 35 BauGB ergibt sich zudem, dass auch im Rahmen eines einfachen Bebauungsplanes die Erschließung sichergestellt sein muss. Hinsichtlich der rechtlichen Sicherung der Erschließung gelten die Maßstäbe nach § 30 Abs. 1 BauGB, für die tatsächlichen Anforderungen an die Erschließung wiederum gelten die Maßstäbe der §§ 34 oder 35 BauGB.

7.2.4 Ausnahmen und Befreiungen nach § 31 BauGB

a) Ausnahmen (§ 31 Abs. 1 BauGB)

Ausnahmen

Gemäß § 31 Abs. 1 BauGB können von den Festsetzungen eines Bebauungsplanes solche Ausnahmen zulässig sein, die in dem Bebauungsplan nach Art und Umfang ausdrücklich vorgesehen sind. Bei schlichter Festsetzung von Baugebieten gilt der Ausnahmekatalog des jeweiligen Absatzes 3 der betreffenden Baugebietsvorschrift in den §§ 2 – 9 BauNVO. Darüber hinaus können im Plan ausdrücklich weitere Ausnahmen zugelassen werden, soweit die allgemeine Zweckbestimmung des Baugebiets gewahrt bleibt.

Ermessen der
Bauaufsichtsbehörde

Dabei steht der Bauaufsichtsbehörde ein Ermessen zu, das seine Grenzen in der Wahrung des Regel-Ausnahme-Verhältnisses findet. Die Behörde hat bei der Ausübung ihres Ermessens sowohl die Belange des Bauherrn als auch die Belange des Nachbarn sowie öffentliche Interessen zu berücksichtigen. Zudem sind der Zweck des Bebauungsplanes und die Wesensart des betroffenen Gebietes in die Ermessensentscheidung einzubeziehen. Durch die Ausnahmen sollen keine Umplanungen oder Anpassungen an geänderte Planvorstellungen erfolgen, sondern nur Randkorrekturen des Bebauungsplanes ermöglicht werden (VGH Mannheim, BRS 57 Nr. 215). Allerdings besteht grundsätzlich ein Anspruch auf Erteilung der Ausnahme, wenn es keine überwiegenden Gründe für ihre Versagung gibt; das Ermessen der Behörde ist insoweit eingeschränkt.

b) Befreiungen (§ 31 Abs. 2 BauGB)

Befreiungen

Nach § 31 Abs. 2 BauGB kann eine Befreiung von den Festsetzungen eines Bebauungsplanes erfolgen, wenn die Grundzüge der Planung unberührt bleiben. Es handelt sich um Befreiungen von den Festsetzungen, die als solche im Bebauungsplan nicht ausdrücklich vorgesehen sind. Die Befreiung soll insbesondere dazu dienen, bei der Anwendung des Bebauungsplanes in atypischen Einzelfällen ein Mindestmaß an Flexibilität zu gewährleisten. Die Unberührbarkeit der Grundzüge der Planung soll sicherstellen, dass Befreiungen jedenfalls dann nicht in Betracht kommen, wenn sich die Befreiungsgründe für eine Vielzahl betroffener Grundstücke anführen lassen (vgl. BVerwG, BauR 1999, 1280).

Welches die Grundzüge der Planung sind, hängt stets von der jeweiligen Planungssituation ab. Neben dem unmittelbar aus dem Plan ablesbaren Planungskonzept sind auch die Ausführungen in der Begründung von Bedeutung. Soweit sich aus dem Planungskonzept und der Begründung bestimmte planerische Leitvorstellungen ergeben, dürfte eine Befreiung von diesen in der Regel die Grundzüge der Planung berühren. In Bezug auf den Einzelhandel sei als Beispiel der Ausschluss von Einzelhandelsbetrieben im Gewerbegebiet, um den Einzelhandel der Innenstadt zu schützen, angeführt.

Grundzüge der Planung

Neben der Unberührbarkeit der Planungsgrundzüge ist weitere allgemeine Zulässigkeitsvoraussetzung für eine Befreiung, dass die Abweichung unter Würdigung nachbarlicher Interessen mit öffentlichen Belangen vereinbar ist. Die gebotene Würdigung nachbarlicher Interessen führt dazu, dass eine Befreiung von nachbarschützenden Festsetzungen regelmäßig ausscheidet (BVerwG, BauR 1978, 387; BVerwG, BauR 1998, 1206). § 31 Abs. 2 BauGB entfaltet damit drittschützende Wirkung.

Würdigung nachbarlicher Interessen

Zusätzlich zu diesen stets erforderlichen Befreiungsvoraussetzungen muss mindestens eine der folgenden Voraussetzungen i.S.v. § 31 Abs. 2 Nr. 1-3 BauGB vorliegen:

Voraussetzungen i.S.v. § 31 Abs. 2 Nr. 1-3 BauGB

i) Die Gründe des Wohls der Allgemeinheit erfordern die Befreiung,

ii) die Abweichung ist städtebaulich vertretbar oder

iii) die Einhaltung der Planfestsetzung stellt eine offenbar nicht beabsichtigte Härte dar.

i) Zu den Gründen des Wohls der Allgemeinheit (§ 31 Abs. 2 Nr. 1 BauGB) gehören alle öffentlichen Belange und nicht nur solche bodenrechtlicher Art. So kann das Gemeinwohl etwa durch soziale, kulturelle oder sportliche Einrichtungen gefördert werden. Gründe des Wohls der Allgemeinheit erfordern eine Befreiung nicht erst dann, wenn den Belangen der Allgemeinheit nicht auf andere Weise als durch die Befreiung entsprochen werden könnte. Davon ist auch auszugehen, wenn die Befreiung zur Wahrnehmung des jeweiligen öffentlichen Interesses vernünftigerweise geboten ist (BVerwG, BauR 1978, 387).

Gründe des Wohls der Allgemeinheit

ii) Städtebaulich vertretbar i.S.v. § 31 Abs. 2 Nr. 2 BauGB ist eine Befreiung, die der Plangeber – unter Berücksichtigung des Abwägungsgebotes und ohne Preisgabe seiner konkreten planerischen Zielsetzungen – ebenso hätte zum Gegenstand des Bebauungsplanes machen können (BVerwG, BauR 1999, 603). Wie bei dem Tat-

Städtebaulich vertretbar

bestandsmerkmal „Grundzüge der Planung" kommt es also darauf an, ob die Befreiung mit dem städtebaulichen Konzept vereinbar ist.

Offenbar nicht beabsichtigte Härte

iii) In der Praxis außerordentlich restriktiv und daher kaum relevant ist die Variante der „offenbar nicht beabsichtigten Härte" gemäß § 31 Abs. 2 Nr. 3 BauGB. So lassen sich Planungsfehler nicht mit diesem Befreiungstatbestand korrigieren (BVerwG, BauR 1993, 688). Auch Umstände, die im Verantwortungsbereich des jeweiligen Grundstückseigentümers liegen, lassen sich nicht über diesen Befreiungstatbestand ausräumen (vgl. OVG Berlin, BRS 60 Nr. 87). Der Befreiungstatbestand der nicht beabsichtigten Härte dient somit ausschließlich in besonders gelagerten Fällen der Einzelfallgerechtigkeit. Sie gewinnt daher insbesondere Bedeutung, wenn aufgrund der besonderen Umstände des Einzelfalles Anwendungsbereich und materielle Zielsetzung einer Vorschrift nicht miteinander im Einklang stehen (vgl. VGH Mannheim, BRS 62 Nr. 122).

7.2.5   Zulässigkeit von Vorhaben während der Planaufstellung (§ 33 BauGB)

Vorzeitige Baugenehmigung

Die sogenannte „vorzeitige Baugenehmigung" nach § 33 BauGB bezeichnet die Vorhabengenehmigung. Dafür ist die Aufstellung eines Bebauungsplanes i.S.d. § 30 BauGB Rechtsgrundlage. Da sich der Abschluss eines Verfahrens zur Aufstellung oder Änderung eines Bebauungsplanes bisweilen aus rein formalen Gründen verzögern kann, verschafft die „vorzeitige Baugenehmigung" die Möglichkeit, dem Investor die Genehmigung bereits vor Rechtskraft des Bebauungsplanes zu erteilen.

Beispiel: Der Satzungsbeschluss kann vom Rat der Stadt wegen der Sommerpause oder bevorstehender Kommunalwahlen erst in 3 Monaten gefasst werden; der Satzungsbeschluss kann erst Wochen nach der Ratssitzung öffentlich bekannt gemacht werden.

Die Genehmigung ergeht in Gebieten, für die ein Planaufstellungsbeschluss gefasst worden ist, nach § 33 i.V.m. § 30 BauGB unter folgenden Voraussetzungen:

a)   Formelle Planreife (§ 33 Abs. 1 Nr. 1 BauGB)

Formelle Planreife

Formelle Planreife bedeutet, dass das Planverfahren bereits einen bestimmten Verfahrensstand erreicht haben muss. Davon ist auszugehen, wenn die zwingend erforderliche Öffentlichkeitsbeteiligung nach § 3 Abs. 2, § 4 Abs. 2 und § 4a Abs. 2 bis 5 BauGB erfolgt ist (§ 33 Abs.1 Nr.1 BauGB).

Vor der Durchführung der Öffentlichkeits- und Behördenbeteiligung kommt die Erteilung der Genehmigung grundsätzlich nicht mehr in Betracht. Wird der Plan nach der Beteiligung geändert, so kann vor

der – an sich nach § 4 a Abs. 3 BauGB notwendigen – erneuten Öffent-
lichkeits- und Behördenbeteiligung die Genehmigung ausnahmsweise
dennoch erteilt werden. Dazu darf sich die Änderung des Planentwurfs
jedoch nicht auf das Vorhaben auswirken.

Ausnahmsweise kann in Verfahren der vereinfachten Aufstellung, Änderung oder Ergänzung von Bebauungsplänen gemäß § 13 BauGB oder
im beschleunigten Verfahren nach § 13 a BauGB auch vor der Durchführung der Öffentlichkeits- und Behördenbeteiligung die Genehmigung erteilt werden.

Vorherige Öffentlichkeitsbeteiligung ausnahmsweise entbehrlich

b) Materielle Planreife (§ 33 Abs. 1 Nr. 2 BauGB)

Neben der formellen Planreife setzt § 33 BauGB die sog. materielle
Planreife voraus. Diese liegt vor, wenn anzunehmen ist, dass das Vorhaben den künftigen Festsetzungen des Bebauungsplanes nicht entgegensteht (§ 33 Abs. 1 Nr. 2 BauGB).

Materielle Planreife

Dazu muss das Planungsverfahren inhaltlich und zeitlich so weit fortgeschritten sein, dass hinreichend sicher vorhersehbar ist, der Bebauungsplan werde auch in der der Genehmigung zugrunde gelegten Ent-
wurfsfassung rechtsverbindlich sein. Des Weiteren muss vorhersehbar
sein, dass der Bebauungsplan mit diesem Inhalt den Anforderungen des
§ 1 BauGB genügt. Bei komplexen Planverfahren, in denen zahlreiche
Stellungnahmen von Bürgern oder Behörden eingehen, ist von materieller Planreife in aller Regel erst auszugehen, wenn der Satzungs-,
jedenfalls aber der Abwägungsbeschluss durch den Rat der Gemeinde
gefasst wurde.

c) Anerkenntnis der Festsetzungen (§ 33 Abs. 1 Nr. 3 BauGB)

Darüber hinaus muss der Antragssteller der Baugenehmigung die künftigen Festsetzungen des Bebauungsplanes nach § 33 Abs. 1 Nr. 3 BauGB
für sich und seine Rechtsnachfolger schriftlich anerkennen. Da das
Anerkenntnis dingliche Wirkung entfaltet, haftet es dem Baugrundstück als „öffentliche Last" an. Der Eigentümer kann sich dennoch
gegen nicht vorhersehbare Festsetzungen zur Wehr setzen. Der Plan
bleibt demnach weiterhin mit der Normenkontrollklage anfechtbar.
Etwaige Ersatzansprüche nach den §§ 39 ff BauGB verliert er trotz des
Anerkenntnisses nicht.

Dingliche Wirkung des Anerkenntnisses

d) Sicherung der Erschließung

Nach § 33 Abs. 1 Nr. 4 BauGB ist auch bei der Erteilung der Baugenehmigung im Planaufstellungsverfahren die gesicherte Erschließung notwendig.

Gesicherte Erschließung notwendig

e) Schranken der Zulässigkeit der „vorzeitigen Baugenehmigung"

Ein Vorteil der sog. vorzeitigen Baugenehmigung ist in dem gerichtlichen Prüfungsumfang zu sehen. Ficht ein Nachbar oder eine Nachbargemeinde die erteilte Genehmigung an, prüft das Gericht, ob die an-

Gerichtlicher Prüfungsumfang

gefochtene Genehmigung rechtswidrig ist und zusätzlich die (Nachbar-)Rechte verletzt.

Anders ist dies bei der Überprüfung der Wirksamkeit eines Bebauungsplanes. Ist die Normenkontrollklage zulässig, überprüft das Normenkontrollgericht den gesamten Bebauungsplan, ohne Rücksicht darauf, ob dadurch Rechte des Klägers verletzt werden. Die Erteilung der Genehmigung vor Inkrafttreten eines Bebauungsplanes kann daher unter Umständen von Vorteil sein, um Anfechtungsmöglichkeiten zu beschränken.

Beachtung der Funktionalität von § 33 BauGB

Das Bundesverwaltungsgericht (BVerwG) hat in seiner Entscheidung vom 1.8.2002 (4 C 5.01 – BauR 2003, 55; DOC Zweibrücken) deutlich gemacht, dass § 33 BauGB nur in engen Grenzen geeignet sein kann, um „vorzeitige Baugenehmigungen" zu erteilen. Die Norm müsse in ihrer Funktionalität betrachtet werden:

> „Die Vorschrift erfordert von der planenden Gemeinde, dass die Voraussetzungen für das In-Kraft-Treten eines Bebauungsplanes unverzüglich geschaffen werden, um die Verwirklichung von Vorhaben zu ermöglichen, die nach den §§ 30, 34 oder 35 BauGB unzulässig sind. Nur in dem dadurch gezogenen zeitlichen Rahmen findet sie Anwendung. Sie darf hingegen nicht dazu benutzt werden, die gesetzgeberische Zielsetzung durch Missachtung zu umgehen. § 33 BauGB darf mithin nicht so gehandhabt werden, dass der für diese Regelung typische Vorgriff auf einen Bebauungsplan ins Leere geht oder als taktisches Mittel herhält."

§ 33 BauGB bei organisatorischen Verzögerungen im Planaufstellungsverfahren

§ 33 BauGB rechtfertigt demnach vor allem bei organisatorischen Verzögerungen im Planaufstellungsverfahren die Erteilung der vorzeitigen Baugenehmigung; das Planverfahren „schlicht ruhen" zu lassen, nimmt ihr hingegen die Rechtfertigung und birgt die Gefahr, dass die Rechtsgrundlage für die „vorzeitige Baugenehmigung" verloren geht und die Baugenehmigung aufgrund dessen aufgehoben wird.

7.3 Die Genehmigung von Handelsimmobilien im unbeplanten Innenbereich

Rainer Voß, Nick Kockler

7.3.1 Einführung

Die Zulässigkeit von Einzelhandelsvorhaben auf Grundstücken, die sich nicht innerhalb des Geltungsbereiches von Bebauungsplänen (vgl. Kap. 7.2) und auch nicht im planungsrechtlichen Außenbereich (vgl. Kap. 7.4) befinden, richtet sich nach § 34 BauGB. Dabei ist zu beachten, dass die Vorschrift nicht nur Neuansiedlungen erfasst. Auch die Planung von Verkaufsflächenerweiterungen muss sich an den hier normierten Anforderungen messen lassen. Voraussetzung ist stets, dass das Bauvorhabengrundstück innerhalb eines im Zusammenhang bebauten Ortsteiles belegen, d.h. dem sog. unbeplanten Innenbereich zugehörig ist.

7.3.1.1 Abgrenzung von Innen- und Außenbereich

Ob sich ein Grundstück innerhalb des Geltungsbereiches eines Bebauungsplanes befindet, lässt sich regelmäßig ohne größere Schwierigkeiten durch einen kurzen Anruf bei den städtischen Planungsämtern feststellen. Die Abgrenzung zwischen Innen- und Außenbereich stellt sich – wenn die Gemeinde nicht von ihrer Satzungsbefugnis nach § 34 Abs. 4 BauGB Gebrauch gemacht hat – mitunter allerdings als äußerst schwierig dar und setzt grundsätzlich eine Augenscheinnahme vor Ort voraus. Die Frage, ob sich ein Grundstück – wie § 34 Abs. 1 BauGB formuliert – „innerhalb eines im Zusammenhang bebauten Ortsteiles" befindet, lässt sich nämlich nur dann sachgerecht beantworten, wenn man sich zuvor einen Überblick über die Örtlichkeit und die maßgebliche Umgebungssituation verschafft hat. Topographische Besonderheiten etc. lassen sich selten anhand vorliegender Karten ablesen.

7.3.1.2   Ortsteil

Ortsteil im Sinne des § 34 Abs. 1 BauGB ist jeder Bebauungskomplex im Gebiet einer Gemeinde, der nach der Zahl der vorhandenen Bauten ein gewisses Gewicht besitzt und Ausdruck einer organischen Siedlungsstruktur ist (BVerwG, BRS 20 Nr. 36). In der Rechtsprechung wird entscheidend auf die siedlungsstrukturellen Gegebenheiten im Gebiet der jeweiligen Gemeinde abgestellt (vgl. BVerwG, BauR 2001, 79). Die vorhandene Bebauung muss von solchem Gewicht sein, dass sich aus ihr die Kriterien ablesen lassen, an denen sich die weitere Fortentwicklung der Bebauung in diesem Ortsteil gem. § 34 BauGB auszurichten hat. Denn im unbeplanten Innenbereich plant die Realität. Je mehr eine Gemeinde durch kleinere Ansiedlungen geprägt ist, umso eher können auch Ansiedlungen mit nur wenigen Gebäuden als Ortsteil angesehen werden.

Im unbeplanten Innenbereich plant die Realität

7.3.1.3   Bebauungszusammenhang

Ausschlaggebend für das Bestehen eines Bebauungszusammenhangs ist, inwieweit die aufeinander folgende Bebauung trotz etwa vorhandener Baulücken nach der Verkehrsauffassung den Eindruck der Geschlossenheit und der Zusammengehörigkeit vermittelt und die zur Bebauung vorgesehene Fläche selbst diesem Zusammenhang noch angehört (BVerwG, BauR 1991, 308). Die Feststellung des Bebauungszusammenhangs setzt eine umfassende Bewertung des zu beurteilenden Sachverhalts voraus. Hierbei sind die folgenden Kriterien zu Grunde zu legen:

Maßgeblich ist das tatsächlich Vorhandene

Bei der Abgrenzung zwischen Innen- und Außenbereich ist maßgeblich auf das tatsächlich Vorhandene, also auf die äußerlich erkennbaren, mit dem Auge wahrnehmbaren Gegebenheiten abzustellen (BVerwG, BauR 1999, 233). Ist vor der Wiederbebauung eines Grundstücks ein vorhandenes Gebäude zunächst zu beseitigen, führt dies nicht ohne Weiteres dazu, dass das Grundstück seine Innenbereichsqualität verliert. Solange mit einer Wiederbebauung des Grundstücks zu rechnen ist, nimmt das Grundstück vielmehr weiterhin am Bebauungszusammenhang teil und ist als bebaubar zu bewerten (BVerwG, BauR 1987, 53).

Bebauung muss prägenden Charakter besitzen

Die zu berücksichtigende Bebauung muss maßstabbildende Kraft besitzen. Bebauung in diesem Sinne ist nicht jede unbedeutende bauliche Anlage. Maßgeblich sind nur diejenigen Baulichkeiten, die geeignet sind, ein Gebiet als einen Ortsteil mit einem bestimmten Charakter zu prägen.

Auch Baulücken können dem Bebauungszusammenhang angehören

Der Bebauungszusammenhang endet grundsätzlich am letzten Gebäude. Andererseits unterbricht nicht jede Baulücke diesen. Ob ein solches Grundstück bzw. die sich hieran anschließenden Grundstücke noch dem Bebauungszusammenhang zuzurechnen sind oder nicht, setzt eine umfassende Würdigung des Einzelfalls voraus. Insoweit ist nicht etwa auf mathematisch-geographische Maßstäbe (z.B. Breite der

Baulücke), sondern vielmehr darauf abzustellen, ob das unbebaute Grundstück durch die umgebende Bebauung als bebaubar geprägt wird oder in funktionellem Zusammenhang mit dem Außenbereich steht.

Gleichermaßen führt allein der Umstand, dass ein unbebautes Grundstück rundherum von Bebauung umgeben ist, nicht zwangsläufig dazu, dass es dem Bebauungszusammenhang zuzurechnen ist. Je nach Größe des unbebauten Grundstückes kann es sich vielmehr als sog. Außenbereich im Innenbereich darstellen (BVerwG, BauR 1973, 99). Ab welcher Größe dies anzunehmen ist, lässt sich allerdings ebenso wenig abstrakt feststellen, sondern bedarf ebenfalls einer umfassenden Sachverhaltswürdigung.

Außenbereich im Innenbereich

Ortsteil und Bebauungszusammenhang enden stets an der Gemeindegrenze (BVerwG, BauR 1999). Über § 34 BauGB wird die Fortentwicklung unbeplanter Gebiete im Innenbereich gesteuert. Dabei dient § 34 BauGB gleichsam als „Planersatz". Als solcher kann sich die Vorschrift allerdings nur auf Grundstücke beziehen, die im Gemeindegebiet liegen. Denn nur insoweit hätte die Gemeinde die Gebietsentwicklung durch Bauleitplanung selbst steuern können.

Nicht über das Gemeindegebiet hinaus

7.3.2 Die Zulässigkeit von Einzelhandelsvorhaben nach § 34 Abs. 1 BauGB

Ist das Baugrundstück nach den vorstehenden Grundsätzen dem Innenbereich zuzuordnen, so beurteilt sich die bauplanungsrechtliche Zulässigkeit des Einzelhandelsvorhabens grundsätzlich nach § 34 Abs. 1 BauGB. Hiernach ist ein Vorhaben zulässig, wenn es sich nach Art und Maß der baulichen Nutzung, der Bauweise und der Grundstücksfläche, die überbaut werden soll, in die Eigenart der näheren Umgebung einfügt und die Erschließung gesichert ist. Die Anforderungen an gesunde Wohn- und Arbeitsverhältnisse müssen gewahrt bleiben; das Ortsbild darf nicht beeinträchtigt werden.

7.3.2.1 Das Tatbestandsmerkmal des „Sich-Einfügens"

§ 34 Abs. 1 BauGB bestimmt, dass sich die zu beurteilenden Vorhaben hinsichtlich der dort genannten Kriterien in die Eigenart der näheren Umgebung einfügen müssen. Eine sachgerechte Prüfung dessen setzt voraus, dass man zunächst den maßgeblichen Umgebungsrahmen bestimmt. In einem weiteren Schritt ist sodann die Eigenart des ermittelten Rahmens zu untersuchen, bevor letztlich geprüft werden kann, ob sich das geplante Vorhaben in diesen Rahmen einfügt.

Die Ermittlung des maßgeblichen Umgebungsrahmens

Auf der ersten Stufe der Zulässigkeitsprüfung steht die Abgrenzung des maßgeblichen Umgebungsrahmens. Diesen hat das Bundesverwaltungsgericht (BVerwG, BauR 1978, 276) wie folgt beschrieben:

Wechselseitige Prägung maßgeblich

Berücksichtigt werden muss die Umgebung einmal insoweit, als sich die Ausführung des Vorhabens auf sie auswirken kann, und zweitens insoweit, als die Umgebung ihrerseits den bodenrechtlichen Charakter des Baugrundstücks prägt oder doch beeinflusst. Dabei muss die Betrachtung auf das Wesentliche zurückgeführt werden und es muss alles außer Acht gelassen werden, was die Umgebung nicht prägt oder in ihr gar als Fremdkörper erscheint; aber es darf doch nicht nur diejenige Bebauung als erheblich angesehen werden, die gerade in der unmittelbaren Nachbarschaft des Baugrundstücks überwiegt, sondern es muss auch die Bebauung in der weiteren Umgebung des Grundstücks insoweit berücksichtigt werden, als auch sie noch „prägend" auf dasselbe einwirkt.

Im Zusammenhang bebauter Ortsteil und Umgebungsrahmen sind nicht kongruent

Diese Ausführungen erinnern an die zuvor dargestellte Abgrenzung zwischen Innen- und Außenbereich. Allerdings darf allein aus dieser Tatsache nicht der (falsche) Schluss gezogen werden, dass der maßgebliche Umgebungsrahmen mit dem im Zusammenhang bebauten Ortsteil identisch sei. Regelmäßig wird Letzterer deutlich mehr Grundstücke umfassen. Der Umgebungsrahmen fällt dahinter zurück.

Der Rahmen kann je nach untersuchtem Tatbestandsmerkmal unterschiedlich weit reichen

Das Bundesverwaltungsgericht hat in der Folge klargestellt, dass die maßgebliche Umgebung je nach untersuchtem Tatbestandsmerkmal unterschiedlich weit reichen kann. Beim Tatbestandsmerkmal „Art der baulichen Nutzung" ist sie tendenziell weiter zu fassen als bei den Tatbestandsmerkmalen „Maß der baulichen Nutzung" oder „überbaubare Grundstücksfläche". So ist im innerstädtischen Bereich etwa hinsichtlich des Maßes der baulichen Nutzung (GRZ, GFZ, Zahl der Vollgeschosse, Höhe baulicher Anlagen) regelmäßig nur auf den Blockinnenbereich eines Straßengevierts, allenfalls auf die gegenüberliegende Straßenseite abzustellen. Soweit demgegenüber die Art der baulichen Nutzung zu bestimmen ist, kann in der Regel ein darüber hinausgehender Ausschnitt gewählt werden.

Die Eigenart der näheren Umgebung

Auf Grundlage des so ermittelten Rahmens ist auf der zweiten Stufe der Zulässigkeitsprüfung sodann die Eigenart der näheren Umgebung festzustellen. Insoweit gelten grundsätzlich dieselben Kriterien, die auch schon im Rahmen der Abgrenzung zwischen Innen- und Außenbereich fruchtbar gemacht werden konnten. So ist zunächst alles das in den Blick zu nehmen, was tatsächlich vorhanden ist. Dabei kommt es nicht darauf an, ob das Vorhandene formell oder materiell legal ist, entscheidend ist nur der auf Dauer gesicherte Bestand (BVerwG, BauR 1999, 233). Auch hier kommen darüber hinaus nur solche Baulichkeiten als Vorbild in Betracht, die den Charakter der Umgebung beeinflussen.

Isolierte Betrachtung der untersuchten Tatbestandsmerkmale erforderlich

Besonderes Augenmerk ist darauf zu legen, dass die Eigenart der näheren Umgebung nach der Rechtsprechung des Bundesverwaltungsgerichts je nach untersuchtem Tatbestandsmerkmal isoliert betrachtet werden muss (BVerwG, ZfBR 1998, 164). Hier liegt eine große Fehlerquelle bei der Anwendung des § 34 Abs. 1 BauGB auch durch die Genehmigungsbehörden. Steht beispielsweise die Zulässigkeit eines Discountmarktes mit einer Gesamtverkaufsfläche von 1.500 m² zur Diskussion, so ist die nähere Umgebung nicht dahingehend zu untersuchen, ob ein Vorbild für einen Discountmarkt dieser Größe existiert. Der Markt ist hinsichtlich der Art der baulichen Nutzung – vorbehaltlich der Sonderregelung des § 34 Abs. 3 BauGB – bereits dann zulässig, wenn es irgendein Vorbild für eine (großflächige) Einzelhandelsnutzung gibt, auch wenn dieses, betrachtet man die Verkaufsfläche der geplanten Nutzung, deutlich hinter jener zurückbleibt. Darüber hinaus hat das Bundesverwaltungsgericht zu nach § 34 Abs. 1 BauGB zuzulassenden Einzelhandelsbetrieben mehrfach entschieden, dass es auf die in § 11 Abs. 3 BauNVO aufgeführten Fernwirkungen nicht ankommt (BVerwG, BRS 55 Nr. 74).

Dies darf aber nicht zu der Annahme verleiten, dass jede Einzelhandelsnutzung Vorbild für weitere Einzelhandelsnutzungen jeglicher Art ist. Die BauNVO unterscheidet nämlich verschiedene Arten von Einzelhandelsnutzungen. Dies sind namentlich:

> **Die BauNVO unterscheidet verschiedene Arten der Einzelhandelsnutzung**

- Läden zur Deckung des täglichen Bedarfs für die Bewohner des Gebiets (§ 3 Abs. 3 Nr. 1 BauNVO),
- Läden zur Versorgung des Gebiets (§ 4 Abs. 2 Nr. 2 bzw. § 2 Abs. 2 Nr. 2 BauNVO),
- großflächige Einzelhandelsbetriebe mit einer Verkaufsfläche von über 800 m² (§ 11 Abs. 3 S. 1 Nr. 2 BauNVO) oder
- Einkaufszentren (§ 11 Abs. 3 S. 1 Nr. 1 BauNVO).

Die große praktische Bedeutung der von der BauNVO getroffenen Unterscheidung zeigt sich auch an folgendem Beispiel:

Besteht die nähere Umgebung etwa aus Wohngebäuden und gewerblichen Betrieben (Schreinerei), so reicht der Rahmen über die in einem Allgemeinen Wohngebiet, Mischgebiet und Gewerbegebiet zulässigen Nutzungen hinaus. Es sind nun aber nicht alle in §§ 4, 6 und 8 BauNVO aufgeführten Nutzungsarten zulässig, sondern nur die tatsächlich vorhandenen Arten von Nutzungen. Die Wohngebäude sind selbstverständlich Vorbilder für weitere Wohngebäude. Die Schreinerei ist Vorbild nicht nur für Schreinereien, sondern für weitere Gewerbebetriebe aller Art im Sinne des § 8 Abs. 2 Nr. 1 BauNVO. Problematisch wird sich diese Situation allerdings darstellen in Bezug auf die Frage, ob sich in die so geprägte Eigenart der näheren Umgebung auch ein Einzelhandelsbetrieb einfügt. Auch diese unterfallen dem Grunde nach der Nutzungsart „Gewerbebetriebe aller Art" im Sinne des § 8 Abs. 2 Nr. 1 BauNVO. Bei konsequenter Anwendung der Rechtsprechung müsste die Schreinerei dann auch prägendes Vorbild für einen Einzelhandelsbetrieb sein. Soweit geht die Rechtsprechung allerdings nicht. An der Gliederungsmöglichkeit des Ausschlusses von jeglichem Einzelhandel in Gewerbegebieten über § 1 Abs. 4, 5 BauNVO bestätigt sich nämlich, dass Einzelhandelsbetriebe als Gewerbebetriebe aller Art eine eigene Art der Nutzung darstellen.

Einfügen

Hält sich ein Vorhaben hinsichtlich der einzelnen Tatbestandsmerkmale des § 34 Abs. 1 BauGB innerhalb dieses Rahmens, fügt es sich grundsätzlich auch in die Eigenart der näheren Umgebung ein.

Gebot der Rücksichtnahme

Ein Korrektiv erfährt dieser Regelfall allerdings durch das Gebot der Rücksichtnahme. Hierbei geht es um die jeweils im konkreten Einzelfall zu beurteilende Frage, ob einem betroffenen Nachbarn Einwirkungen auf sein Grundstück billigerweise zuzumuten sind. Besondere praktische Bedeutung hat das Gebot der Rücksichtnahme im Hinblick auf die bei größeren Einzelhandelsvorhaben in der Regel erforderlichen Stellplatzanlagen sowie die Anlieferzone. Insoweit muss sich das geplante Vorhaben – unabhängig von den bauordnungsrechtlichen Anforderungen – insbesondere an den in der Technischen Anleitung zum Schutz gegen Lärm (6. VV BImSchG/TA Lärm) normierten Maßstäben messen lassen. Können die dort geregelten Richtwerte allerdings eingehalten werden, ist ein angemessener Interessenausgleich gewährleistet (vgl. hierzu eingehend Kap. 7.7).

Nicht jede Überschreitung des Rahmens führt zur Unzulässigkeit

Überschreitet ein Vorhaben den Rahmen, so führt dies regelmäßig zur Unzulässigkeit des Vorhabens. Dies gilt nur dann nicht, wenn das geplante Vorhaben nicht geeignet ist, bodenrechtlich beachtliche Spannungen zu begründen oder etwa vorhandene Spannungen zu erhöhen (BVerwG, BauR 1978, 276; sog. „Harmonieurteil"). Die Beantwortung dieser Frage ist stark einzelfallabhängig. In der Regel wird von bodenrechtlich, d.h. städtebaulich beachtlichen Spannungen auszugehen sein, wenn ein Vorhaben geeignet ist, den städtebaulichen Zustand negativ in Bewegung zu bringen, und somit Planungsbedarf auslöst.

7.3.2.2 Die weiteren Tatbestandsmerkmale des § 34 Abs. 1 BauGB

Fügt sich das Vorhaben hinsichtlich sämtlicher Tatbestandsmerkmale in die Eigenart der näheren Umgebung ein, müssen noch die weiteren Voraussetzungen des § 34 Abs. 1 BauGB erfüllt sein, nämlich

- gesicherte Erschließung,
- Wahrung gesunder Wohn- und Arbeitsverhältnisse,
- keine Beeinträchtigung des Ortsbildes.

Gesicherte Erschließung

Insbesondere eine fehlende Erschließung kann der Genehmigungsfähigkeit von Einzelhandelsvorhaben entgegenstehen. Namentlich größere Vorhaben erfordern regelmäßig Änderungen an der bestehenden (äußeren) Erschließung des projektierten Grundstücks (vgl. hierzu eingehend Kap. 7.6). So kann das Vorhaben aufgrund des hohen Kundenverkehrsaufkommens etwa zu Fahrbahnaufweitungen, neuen Abbiegespuren oder der Installation von Lichtsignalanlagen etc. zwingen. Einzelheiten hierzu lassen sich ebenso wie die Frage der Kostentragung zwar in städtebaulichen Verträgen zwischen Vorhabenträger und Gemeinde bzw. dem Träger der Straßenbaulast regeln. Ist Letzterer allerdings nicht bereit, die vertraglichen Regelungen zu akzeptieren, und lassen sich die erforderlichen Maßnahmen infolgedessen nicht realisieren, muss das Vorhaben an der fehlenden Erschließung scheitern. Ein Anspruch auf Abschluss eines sog. Erschließungsvertrages besteht nicht.

Ausnahmsweise können auch die Anforderungen an gesunde Wohn- und Arbeitsverhältnisse zu einer Unzulässigkeit des Einzelhandelsvorhabens führen. Dabei geht es in erster Linie um die Frage, ob eine Nutzung unzumutbaren Lärm- oder Geruchsbeeinträchtigungen ausgesetzt werden darf. Insbesondere unzumutbare Lärmeinwirkungen können allerdings regelmäßig durch eine entsprechende Grundrissgestaltung oder andere Maßnahmen des Schallschutzes bewältigt werden (vgl. Kap. 7.7). Eine Beeinträchtigung des Ortsbildes steht der Genehmigungsfähigkeit von Einzelhandelsvorhaben nur selten entgegen.

7.3.3 Zulässigkeit von Einzelhandelsvorhaben nach § 34 Abs. 2 BauGB

Entspricht die Eigenart der näheren Umgebung einem Baugebiet der BauNVO, ist § 34 Abs. 2 BauGB anwendbar. Man spricht in diesen Fällen von sog. faktischen Baugebieten. Die Zulässigkeit eines Vorhabens seiner Art nach bestimmt sich in diesen Fällen allein danach, ob es nach der BauNVO in dem Baugebiet allgemein zulässig wäre, wobei durch § 34 Abs. 2, letzter Halbsatz klargestellt wird, dass die Regelungen des § 31 Abs. 1 BauGB (Zulassung von Ausnahmen) sowie § 31 Abs. 2 BauGB (Erteilung von Befreiungen) Anwendung finden. Die Prüfung der bauplanungsrechtlichen Zulässigkeit des Vorhabens vollzieht sich damit analog der Prüfung der Zulässigkeit von Vorhaben im Geltungsbereich von Bebauungsplänen (vgl. Kap. 7.2).

Faktische Baugebiete

Als faktische Baugebiete kommen – mit Ausnahme besonderer Wohngebiete im Sinne des § 4a BauNVO – sämtliche in der BauNVO genannten Baugebiete in Betracht. Die Eigenart der näheren Umgebung kann sich namentlich auch als faktisches Sondergebiet im Sinne des § 11 BauNVO (z.B. SO „großflächiger Einzelhandel") darstellen. Voraussetzung hierfür ist allerdings, dass das Gebiet eine hinreichende räumliche Ausdehnung besitzt, um als eigenständiges Baugebiet angesehen werden zu können, und die besondere Zweckbestimmung im Sinne des § 11 Abs. 2 S. 1 BauNVO erkennbar ist. In der Praxis dürften diese strengen Anforderungen regelmäßig nicht erfüllt sein.

7.3.4 Besonderheiten bei der Ansiedlung von Einzelhandelsvorhaben nach § 34 Abs. 3 BauGB

Schutz zentraler
Versorgungsbereiche
durch
§ 34 Abs. 3 BauGB

Sowohl im Falle des § 34 Abs. 1 BauGB als auch bei Vorliegen eines faktischen Baugebietes im Sinne des § 34 Abs. 2 BauGB sind im Rahmen der Zulässigkeitsprüfung der Ansiedlung von Einzelhandelsvorhaben zusätzlich stets die Anforderungen des § 34 Abs. 3 BauGB zum Schutz zentraler Versorgungsbereiche zu beachten.

Mit dieser Regelung hat der Bundesgesetzgeber auf die Rechtsprechung des Bundesverwaltungsgerichts reagiert, wonach es im Rahmen der Zulässigkeitsprüfung nach § 34 Abs. 1 BauGB auf die in § 11 Abs. 3 BauNVO aufgeführten Fernwirkungen nicht ankommt. Praktische Konsequenz dieser Rechtsprechung war, dass jedes großflächige Vorhaben Vorbild für jedes weitere großflächige Einzelhandelsvorhaben war, unabhängig davon, ob die Vorhaben unterschiedliche städtebauliche Auswirkungen hatten. So hatte etwa ein Autohaus mit einer Verkaufsfläche von 2.000 m² Vorbildwirkung auch für ein SB-Warenhaus mit einer Verkaufsfläche von 6.000 m². Vorausgesetzt die sonstigen Genehmigungsvoraussetzungen des § 34 BauGB lagen vor, war das SB-Warenhaus unabhängig von seinen Auswirkungen auf zentrale Versorgungsbereiche genehmigungsfähig.

Dieser Genehmigungspraxis hat der Bundesgesetzgeber mit der Neuregelung des § 34 Abs. 3 BauGB nunmehr Einhalt geboten. Die durch das Europarechtsanpassungsgesetz Bau (EAG Bau) im Jahr 2004 eingefügte Vorschrift bestimmt, dass von (Einzelhandels-)Vorhaben keine schädlichen Auswirkungen auf zentrale Versorgungsbereiche der Gemeinde oder in anderen Gemeinden zu erwarten sein dürfen. Mit dieser auf den ersten Blick einfach erscheinenden Regelung sind in der Praxis zahlreiche Fragen verbunden.

7.3.4.1 Zentrale Versorgungsbereiche

Wesentliche Bedeutung kommt der zutreffenden Bestimmung der zentralen Versorgungsbereiche einer Gemeinde bzw. benachbarter Gemeinden zu.

Definition des
zentralen
Versorgungsbereichs

Das Bundesverwaltungsgericht definiert zentrale Versorgungsbereiche als räumlich abgrenzbare Bereiche einer Gemeinde, denen aufgrund vorhandener Einzelhandelsnutzungen – häufig ergänzt durch diverse Dienstleistungen und gastronomische Angebote – eine Versorgungsfunktion über den unmittelbaren Nahbereich hinaus zukommt (BVerwG, BauR 2008, 315; BVerwG, BRS 74 Nr. 97; vgl. auch OVG Münster, Urteil vom 6.11.2008 – 10 A 2601/07 – www.juris.de).

Im Anschluss an die Rechtsprechung des Bundesverwaltungsgerichts (BVerwG, BauR 2008, 315; vgl. auch OVG Münster, BauR 2007, 845) werden im Allgemeinen drei verschiedene Typen zentraler Versorgungsbereiche unterschieden:

- Innenstadtzentren, die einen größeren Einzugsbereich (Stadtgebiet und darüber hinaus) versorgen und in denen regelmäßig ein breites Spektrum von Waren für den lang-, mittel- und kurzfristigen Bedarf angeboten wird,

- Nebenzentren mit mittlerem Einzugsbereich (Bezirke, größere Städte), in denen regelmäßig ein zumindest breiteres Spektrum von Waren des mittel- und kurzfristigen, ggfs. auch des langfristigen Bedarfs angeboten wird, sowie

- Grund- und Nahversorgungszentren mit kleinerem Einzugsbereich (Quartiere größerer Städte, ganze kleine Orte), in denen regelmäßig vorwiegend Waren des kurzfristigen Bedarfs und ggfs. auch Teilbereiche des mittelfristigen Bedarfs angeboten werden.

Arten zentraler Versorgungsbereiche

Der Begriff des zentralen Versorgungsbereichs ist dabei nicht geographisch im Sinne einer Innenstadtlage oder Ortsmitte, sondern funktional zu verstehen. Entscheidend ist, dass der Versorgungsbereich nach Lage, Art und Zweckbestimmung eine für die Versorgung der Bevölkerung in einem bestimmten Einzugsbereich zentrale Funktion hat (BVerwG, BRS 74 Nr. 97; BVerwG, BRS 74 Nr. 99). Nicht jeder Einzelhandelsbesatz verkörpert damit zugleich einen zentralen Versorgungsbereich. Ihm muss vielmehr eine gewisse Ausstrahlungsfunktion zukommen. Andererseits kann auch eine räumlich konzentrierte Ansiedlung von Einzelhandelsbetrieben, die darauf angelegt ist, einen fußläufigen Einzugsbereich zu versorgen, einen zentralen Versorgungsbereich i.S.d. § 34 Abs. 3 BauGB bilden. Der Zweck des Versorgungsbereichs besteht in diesem Fall in der Sicherstellung einer wohnortnahen Grundversorgung der im Einzugsbereich lebenden Bevölkerung (BVerwG, BRS 74 Nr. 97; BVerwG, BRS 74 Nr. 99). Voraussetzung ist allerdings stets, dass der Versorgungsbereich in integrierter Lage liegt. Isolierte Standorte mit einzelnen Einzelhandelsbetrieben bilden keinen zentralen Versorgungsbereich, auch wenn sie über einen weiten Einzugsbereich verfügen und eine beachtliche Versorgungsfunktion erfüllen (BVerwG, BRS 74 Nr. 97).

Funktionale Betrachtung

Die Frage, ob es sich bei einem Einzelhandelsbesatz innerhalb einer Gemeinde um einen von § 34 Abs. 3 BauGB geschützten zentralen Versorgungsbereich handelt, ist sowohl hinsichtlich seiner räumlichen Ausdehnung als auch in Bezug auf seine Zentralität allein anhand der tatsächlich vorhandenen örtlichen Gegebenheiten zu beurteilen und unterliegt der vollen gerichtlichen Kontrolle.

Volle gerichtliche Kontrolle möglich

Festlegungen in vom Rat einer Gemeinde beschlossenen Einzelhandelskonzepten oder in sonstigen bloß informellen Planungen (z.B. Zentrenkonzepten etc.) kommen vor diesem Hintergrund keine rechtsverbindlichen Wirkungen zu. Ihre Funktion beschränkt sich auf eine rein beschreibende Wiedergabe von Lage und Struktur der zentralen Versorgungsbereiche innerhalb der Gemeinde. Eine konstitutive, d.h. begründende Wirkung wohnt Einzelhandelskonzepten demgegenüber nicht inne. Anderes gilt nur, wenn die Gemeinde von der ihr durch

Einzelhandelskonzepte haben als bloß informelle Planung keine rechtsverbindliche Wirkung

§ 9 Abs. 2 a BauGB eingeräumten Möglichkeit Gebrauch macht und einem städtebaulichen Entwicklungskonzept zur Erhaltung und Entwicklung zentraler Versorgungsbereiche durch konkrete Festsetzungen in einem Bebauungsplan gleichsam Verbindlichkeit verleiht.

7.3.4.2 Schädliche Auswirkungen

Die wohl spannendste Fragestellung im Anwendungsbereich des § 34 Abs. 3 BauGB ist die, ob und ab wann sich Einzelhandelsvorhaben schädlich auf zentrale Versorgungsbereiche auswirken.

Einigkeit dürfte jedenfalls insoweit bestehen, als dass die Störung der städtebaulichen Entwicklung und Ordnung von gewissem Gewicht und Nachhaltigkeit sein muss. Schließlich spricht das Gesetz nicht nur von negativen, sondern von „schädlichen" Auswirkungen. Das Bundesverwaltungsgericht hat dies dahingehend umschrieben, dass ein Vorhaben jedenfalls dann schädliche Auswirkungen auf zentrale Versorgungsbereiche erwarten lasse, wenn es deren Funktionsfähigkeit so nachhaltig störe, dass diese ihren Versorgungsauftrag generell oder hinsichtlich einzelner Branchen nicht mehr substanziell wahrnehmen können (BVerwG, BRS 71 Nr. 89). Derart schädliche Auswirkungen im Sinne einer Funktionsstörung können grundsätzlich auch bereits von kleinflächigen Einzelhandelsbetrieben (≤ 800 m² Verkaufsfläche) ausgehen (BVerwG, BRS 74 Nr. 97).

Funktionsstörung

Auch kleinflächige Einzelhandelsbetriebe können schädliche Auswirkungen erwarten lassen

Prognoseentscheidung

§ 34 Abs. 3 BauGB setzt eine prognostische Einschätzung der vorhabenbedingten Auswirkungen voraus. Dies bedeutet allerdings nicht, dass die Prognose der Genehmigungsbehörde einen gerichtlich nur eingeschränkt überprüfbaren Entscheidungsspielraum eröffnet. Vielmehr handelt es sich auch insoweit um eine gebundene Entscheidung, die notfalls richterlicher Kontrolle unterliegt (BVerwG, BRS 74 Nr. 99).

Ob ein Vorhaben schädliche Auswirkungen in diesem Sinne erwarten lässt, ist anhand einer Gesamtbetrachtung der Umstände im jeweiligen Einzelfall zu beurteilen (BVerwG, BRS 74 Nr. 99; BVerwG, BRS 74 Nr. 97). Die Beurteilung wird im Wesentlichen auf den Angaben in den Bauvorlagen und einer aussagekräftigen Sortimentsbeschreibung aufbauen, die – da sie von den Genehmigungsbehörden im Regelfall (nach-)gefordert wird – dem Bauantrag beizufügen sich stets empfiehlt. Nicht ausreichend ist insoweit, dass die schädlichen Auswirkungen lediglich möglich erscheinen. Voraussetzung ist vielmehr, dass eine hinreichend gesicherte Tatsachenbasis besteht, mit der sich die Erwartung schädlicher Auswirkungen begründen lässt (BVerwG, BRS 74 Nr. 99).

Gesamtbetrachtung erforderlich

Beurteilungskriterien

Eine nur unter bestimmten Voraussetzungen widerlegbare Vermutung, dass bei Überschreiten einer bestimmten Verkaufs- und Geschossfläche schädliche Auswirkungen stets zu erwarten sind, stellt § 34 Abs. 3 BauGB – anders als § 11 Abs. 3 BauNVO – nicht auf. Deswegen wirft die Frage, ab wann schädliche Auswirkungen im Sinne des § 34 Abs. 3 BauGB zu erwarten sind, in der Praxis häufig Schwierigkeiten auf. Aus der zu dieser Frage ergangenen verwaltungsgerichtlichen Rechtsprechung ist mittlerweile eine Vielzahl verschiedener Beurteilungskriterien herauszulesen.

In erster Linie wird in der Praxis auf den prognostizierten Kaufkraftabfluss bzw. die zu erwartende Umsatzumverteilung abgestellt, die mithilfe sachverständiger Stellungnahmen nachgewiesen werden kann. Derartige Marktgutachten sind auch in der Rechtsprechung als taugliche Methode anerkannt, um den durch das Vorhaben bedingten voraussichtlichen Kaufkraftabfluss anhand von branchenspezifischen Erfahrungswerten zur üblichen Flächenproduktivität zu prognostizieren, und als solche geeignet, die städtebaulich relevanten schädlichen Auswirkungen zu konkretisieren (BVerwG, BRS 74 Nr. 97). Dennoch konnte sich das Bundesverwaltungsgericht bislang nicht zu einer numerisch-präzisen Schwellen- oder Rahmenwertangabe durchringen. Das OVG Koblenz hat unmittelbare Auswirkungen gewichtiger Art dann angenommen, wenn ein Planvorhaben der Standortgemeinde eine Umsatzumverteilung von mindestens 10% erwarten lässt (OVG Koblenz, BauR 2002, 577). Diese Bewertung wird von den meisten anderen Obergerichten zitiert, so dass sich in der Praxis eine Orientierung an diesem Schwellenwert empfiehlt (vgl. auch VGH München, Urteil vom 13.12.2011 – 2 B 07.377).

> **Maßgebend ist u.a. der prognostizierte Kaufkraftabfluss**

Neben einem zu erwartenden Kaufkraftabfluss wird in der jüngeren Rechtsprechung zunehmend auf andere Beurteilungskriterien abgestellt. So kann unter anderem zu berücksichtigen sein, ob es sich um einen im Hinblick auf seine städtebauliche Funktionsfähigkeit stabilen oder gleichsam vorgeschädigten zentralen Versorgungsbereich handelt. Auch kann die Gefährdung eines im zentralen Versorgungsbereich vorhandenen „Magnetbetriebes", der maßgebliche Bedeutung für die Funktionsfähigkeit des betroffenen zentralen Versorgungsbereichs hat, in die Würdigung einzustellen sein. Zu berücksichtigen ist ferner, ob Auswirkungen von möglicherweise unterschiedlicher Intensität auf mehrere zentrale Versorgungsbereiche zu erwarten sind und welche Entfernung zwischen dem projektierten Vorhabenstandort und dem zentralen Versorgungsbereich besteht. Maßgebend kann schließlich auch sein, in welchem Maße die Realisierung des geplanten Einzelhandelsbetriebes, sei es aufgrund von standortbedingten Synergieeffekten oder auch nur aufgrund von Veränderungen der Sortimentsstruktur, zu einer Attraktivitätssteigerung des Standortes führt (vgl. hierzu: BVerwG, BRS 76 Nr. 86, BVerwG, BRS 74 Nr. 99, BVerwG, BRS 74 Nr. 97, BVerwG, Beschluss vom 17.2.2009 – 4 B 4.09, www.juris.de).

> **Vorschädigung**
>
> **Gefährdung eines Frequenzbringers**
>
> **Intensität**
>
> **Entfernung**
>
> **Gesteigerte Attraktivität des Standortes**

Für die Frage, in welchem Umfang das Vorhaben Kundschaft aus benachbarten zentralen Versorgungsbereichen abziehen wird, hat nach

Vergleich der Verkaufsflächen

neuerer Rechtsprechung des Bundesverwaltungsgerichts zudem ein Vergleich der Verkaufsfläche des Vorhabens mit der gesamten branchenspezifischen Verkaufsfläche im Nahversorgungsbereich eine gewisse Indizwirkung, wenngleich der bloße Verkaufsflächenvergleich nicht überbewertet werden darf (BVerwG, BRS 74 Nr. 99).

Sind im Einzugsbereich eines zentralen Versorgungsbereichs in räumlicher Nähe zu dem projektierten Standort an anderer Stelle bereits Einzelhandelsbetriebe vorhanden, dürfen diese bei der Gesamtbetrachtung ebenfalls nicht unberücksichtigt bleiben. Schädliche Auswirkungen können sich nämlich auch daraus ergeben, dass das geplante Vorhaben zusammen mit bereits vorhandenen Betrieben eine Beeinträchtigung des geschützten zentralen Versorgungsbereichs bewirkt. Denn ein gerade noch unbedenkliches Nebeneinander eines Einzelhandelsbetriebes an einem nicht integrierten Standort in räumlicher Nähe zu einem Versorgungsbereich kann durch das Hinzutreten eines weiteren Vorhabens in eine städtebaulich beachtliche Schädigung der Funktionsfähigkeit des Versorgungsbereichs umschlagen (BVerwG, BRS 74 Nr. 99; BVerwG, BRS 74 Nr. 97). Anlass zu kritischer Prüfung besteht insoweit insbesondere dann, wenn an dem nicht integrierten Vorhabenstandort die Grenze zur Großflächigkeit gleichartiger Angebote durch das hinzukommende Vorhaben überschritten wird (BVerwG, BRS 74 Nr. 97).

Berücksichtigung bereits vorhandener Betriebe

Keine Relevanz ist demgegenüber etwa der Preisgestaltung, Werbemethoden, der Schaufensterdekoration oder der Sachkunde und Freundlichkeit des Personals beizumessen. Auch landesplanerische Zielvorgaben, die als Orientierungshilfen herangezogen werden, stellen einen aus Rechtsgründen ungeeigneten Maßstab dar (BVerwG, BRS 74 Nr. 99).

Beweislast

Strikt zu trennen von der Rechtsfrage, ab wann die zu erwartenden Auswirkungen „schädlich" im Sinne des § 34 Abs. 3 BauGB sind, ist die Frage, wer die Beweislast für den Umstand trägt, dass von dem projektierten Vorhaben eine bzw. keine Funktionsstörung zu erwarten ist.

Es empfiehlt sich, die zu erwartenden Auswirkungen des Vorhabens durch Gutachten nachzuweisen

Zwar ist die Genehmigungsbehörde nach § 24 Abs. 1 VwVfG gezwungen, die dem Prognoseschluss zugrunde liegenden Tatsachen von Amts wegen und in eigener Verantwortung zu ermitteln. Der Bauherr ist nach den einschlägigen landesrechtlichen Regelungen (vgl. § 69 Abs. 1 S. 1 BauO NRW) allerdings verpflichtet, die für die Beurteilung des Bauvorhabens erforderlichen Unterlagen (Bauvorlagen) bei der Genehmigungsbehörde einzureichen. Seine Mitwirkungspflicht ist erfüllt, wenn den Bauvorlagen einschließlich der Betriebsbeschreibung zu entnehmen ist, welche Auswirkungen von seinem Vorhaben zu erwarten sein werden (OVG Münster, BRS 71 Nr. 92). Vor diesem Hintergrund kann die Einholung von Sachverständigengutachten erforderlich werden, wenngleich es sich ohnehin empfiehlt, den Bauvorlagen eine gutachterliche Stellungnahme zu den prognostizierten Auswirkungen des

Bauvorhabens beizufügen, um einer Verfahrensverzögerung bis zur Erteilung der Baugenehmigung schon bei der Antragstellung entgegenzuwirken. Kann die Frage, ob ein Vorhaben schädliche Auswirkungen im Sinne des § 34 Abs. 3 BauGB erwarten lässt, dennoch nicht abschließend beurteilt werden, trägt die Genehmigungsbehörde die Beweislast und ist das beantragte Vorhaben zu genehmigen.

7.3.4.3 Erweiterung bestehender Einzelhandelsbetriebe

Die vorstehend beschriebenen Grundsätze gelten uneingeschränkt auch für die Erweiterung bereits bestehender Einzelhandelsbetriebe. Ist die Vergrößerung der vorhandenen Verkaufsfläche beabsichtigt, ist das Vorhaben insgesamt in seiner durch die Erweiterung geänderten Gestalt an den Anforderungen des § 34 Abs. 3 BauGB zu messen. Dies gilt jedenfalls dann, wenn der Betrieb durch die Erweiterung in die Großflächigkeit (> 800 m² Verkaufsfläche) hineinwächst. Veränderungen der für Verkaufszwecke zur Verfügung stehenden Fläche eines Einzelhandelsbetriebes sind nämlich geeignet, städtebauliche Belange neu zu berühren: denn die Größe der Verkaufsfläche trägt zur Kapazität, Wettbewerbskraft und Attraktivität eines Handelsbetriebes bei (BVerwG, BRS 69 Nr. 77).

> § 34 Abs. 3 BauGB gilt auch bei Verkaufsflächenerweiterungen

Bei der im Rahmen der nach § 34 Abs. 3 BauGB erforderlichen Prognoseentscheidung ist der am Erweiterungsstandort vorhandene Bestand allerdings zu berücksichtigen (OVG Münster, Urteil vom 6.11. 2008 – 10 A 2601/07 – www.juris.de; bestätigt durch BVerwG, BRS 74 Nr. 101). Es ist insoweit nämlich von der gegebenen städtebaulichen Situation auszugehen, die maßgeblich auch durch den bereits existierenden Betrieb geprägt wird. Besonders hinzuweisen ist an dieser Stelle darauf, dass der bisherige Bestand in zweierlei Hinsicht relevant werden kann. So kann der vorhandene Bestand zum einen bereits gegenwärtig die Funktionsfähigkeit eines zentralen Versorgungsbereiches gefährden. In einem solchen Fall können auch Erweiterungen, die lediglich das vorhandene Sortiment auf größerer Fläche präsentieren sollen, zu schädlichen Auswirkungen führen. Andererseits kann sich der Markt aber auch auf die vorhandene Situation in der Weise eingestellt haben, dass sich eine (geringfügige) Verkaufsflächenerweiterung eines im Übrigen unveränderten Betriebs nicht auf die bestehende Umsatzverteilung auswirkt (BVerwG, BRS 74 Nr. 101; BVerwG, Beschluss vom 17.2.2009 – 4 B 4.09 – www.juris.de). Auch die aufgrund einer Betriebserweiterung zu erwartenden Auswirkungen sind somit stets für den jeweiligen Einzelfall festzustellen.

> Der am Erweiterungsstandort vorhandene Bestand ist in der Prognose zu berücksichtigen

7.4 Die Genehmigung von Handelsimmobilien im Außenbereich

Thomas Lüttgau, Filiz Yildirim

Grundsatz größtmöglicher Schonung des Außenbereichs

Während der Innenbereich tendenziell bebaubar ist, unterliegt der Außenbereich nach § 35 Abs. 5 Satz 1 BauGB dem Grundsatz größtmöglicher Schonung. Diesem soll durch den Schutz vor wesensfremder Bebauung Rechnung getragen werden (BVerwG, Urteil vom 19.6.1991, 4 C 11/89). Damit ist der Außenbereich grundsätzlich nur bebaubar, wenn ein Bauvorhaben spezifisch auf diesen Standort angewiesen und daher grundsätzlich nicht in einem Baugebiet nach § 30 BauGB errichtet werden kann bzw. unter § 34 BauGB subsumierbar ist.

Differenzierung nach privilegierten, sonstigen und begünstigten Vorhaben

§ 35 BauGB differenziert nach den grundsätzlich im Außenbereich zulässigen privilegierten Vorhaben (Abs. 1), den sonstigen Vorhaben (Abs. 2) und den begünstigten Vorhaben (Abs. 4). Das Korrektiv bilden die öffentlichen Belange (Abs. 3). Privilegierte Vorhaben sind zulässig, wenn öffentliche Belange nicht entgegenstehen und zudem die Erschließung ausreichend gesichert ist. Die sonstigen Vorhaben sind zulässig, wenn öffentliche Belange nicht beeinträchtigt werden. Begünstigte Vorhaben hingegen genießen nur hinsichtlich einzelner öffentlicher Belange eine Bevorzugung.

Einzelhandelsbetrieb kann von privilegiertem Betrieb „mitgezogen" werden

Handelsimmobilien zählen nicht zu den privilegierten Vorhaben. Im Einzelfall können sie dennoch zulässig sein. Davon ist auszugehen, wenn ein Einzelhandelsbetrieb von einem im Außenbereich zulässigen privilegierten Betrieb „mitgezogen" und dadurch Teil der Privilegierung wird. Dazu muss jedoch zunächst ein privilegiertes Vorhaben i.S.v. § 35 Abs. 1 BauGB vorliegen. Die privilegierten Vorhaben sind dort abschließend aufgezählt. Vorliegend sind insbesondere landwirtschaftliche Betriebe (§ 35 Abs. 1 Nr. 1 BauGB) und Betriebe der gartenbaulichen Erzeugung (§ 35 Abs.1 Nr. 2 BauGB) relevant. So kann ein Einzelhandelsbetrieb im Außenbereich trotz des Schutzes vor wesensfremder Bebauung zulässig sein, wenn es einem dieser privilegierten Vorhaben zu dienen bestimmt ist.

7.4.1 Landwirtschaftliche Betriebe (§ 35 Abs. 1 Nr. 1 BauGB)

Der Begriff der Landwirtschaft ist in § 201 BauGB definiert. Er ist dadurch gekennzeichnet, dass es sich um unmittelbare Bodenertragsnutzung handeln muss (BVerwG, Urteil vom 11.4.1986 – 4 C 67.82 – NVwZ 1986, 916). Unproblematisch ist die unmittelbare Bodenertragsnutzung in Form der Nutzung auf dem Boden angebauter Pflanzen. Handelt es sich hingegen um Tierhaltung, ist für eine Privilegierung erforderlich, dass die Haltung der Tiere auf überwiegend eigener Futtergrundlage erfolgt.

Landwirtschaftliche Betriebe

Nach der Rechtsprechung kann es sich sowohl um landwirtschaftliche Haupt- als auch Nebenerwerbsbetriebe handeln. Ein Betrieb zeichnet sich durch eine spezifische betriebliche Organisation aus, wobei die Betriebseigenschaft eine gewisse Nachhaltigkeit der Bewirtschaftung aufweisen muss. Davon ist auszugehen, wenn es sich um ein auf Dauer angelegtes und lebensfähiges Unternehmen handelt, das auch ein Mindestmaß an landwirtschaftlicher Betätigung voraussetzt (BVerwG, NVWZ 1986, 916). Ein landwirtschaftlicher Betrieb erfordert somit einen dauernden, auf Wirtschaftlichkeit ausgerichteten sowie organisierten Einsatz von Kapital und Arbeitskraft in einem wirtschaftlich bedeutsamen Umfang (vgl. noch VGH Mannheim, BRS 57 Nr. 97). Die betriebliche Organisation setzt ferner eine Grundausstattung an sachlichen Betriebsmitteln und persönlicher Eignung des Betriebsinhabers voraus. Die Betriebsabläufe erfordern eine gewisse planmäßige Struktur. Die auf Wirtschaftlichkeit ausgerichtete Betätigung setzt als wichtiges Indiz auch eine auf Dauer angelegte Gewinnerzielung voraus.

Spezifische betriebliche Organisation erforderlich

Insbesondere für die Tätigkeit als Nebenerwerbslandwirt kommt es darauf an, dass die Nachhaltigkeit der landwirtschaftlichen Tätigkeit hinreichend gewährleistet ist. Das bedeutet, dass landwirtschaftliche Nebenerwerbsbetriebe dem Betriebsinhaber neben seinem Hauptberuf als weitere Einnahmequelle dienen und diesen zusätzlich wirtschaftlich absichern müssen. Das Indiz der Gewinnerzielung hat umso geringere Bedeutung, je größer z.B. die landwirtschaftliche Nutzungsfläche oder je höher der Kapitaleinsatz und damit auch die Anzahl der Tiere sowie der landwirtschaftlichen Maschinen sind.

Landwirtschaftliche Nebenerwerbsbetriebe

7.4.2 Das Tatbestandsmerkmal des „Dienens" (§ 35 Abs. 1 Nr. 1 BauGB)

Daneben muss für das Vorliegen eines privilegierten Vorhabens nach § 35 Abs. 1 Nr. 1 BauGB die Tatbestandsvoraussetzung des „Dienens" erfüllt sein. Dies setzt voraus, dass ein „vernünftiger Landwirt" – unter Berücksichtigung des Gebotes größtmöglicher Schonung des Außenbereichs – das geplante Vorhaben mit etwa gleichem Verwendungszweck sowie mit etwa gleicher Gestaltung und Ausstattung für den

„Dienen" i.S.v. § 35 Abs. 1 Nr. 1 BauGB

entsprechenden Zweck errichten würde. Ferner muss das Vorhaben durch die Zuordnung zu dem konkreten Betrieb auch äußerlich erkennbar geprägt sein (BVerwG, BauR 1973, 101). Das Vorhaben muss demnach zu dem privilegierten Betrieb tatsächlich in einer funktionalen Beziehung stehen (BVerwG, BauR 1991, 576).

7.4.3 Privilegierung landwirtschaftsfremder Betriebsteile

Privilegierung landwirtschaftsfremder Betriebsteile

Nicht zwingend erforderlich ist, dass der Betrieb in vollem Umfang landwirtschaftlich geprägt ist. Auch ein an sich landwirtschaftsfremder Betriebsteil kann einem landwirtschaftlichen Betrieb dienen, wenn die Nutzungen des landwirtschaftsfremden Teils im Rahmen der Privilegierung „mitgezogen" werden (BVerwG, NVwZ 1986, 203). Davon ist auszugehen, wenn einzelne Betätigungen, die bodenrechtlich untergeordnet sind, allein durch ihre betriebliche Zuordnung zur landwirtschaftlichen Tätigkeit Teil der Privilegierung werden. Maßgeblich ist insoweit, dass es sich bei den Nutzungen des an sich landwirtschaftsfremden Betriebsteils um eine bodenrechtliche Nebensache handelt. Das bedeutet, dass diese Nutzungen dem landwirtschaftlichen Betrieb nicht übergeordnet sein dürfen.

Qualifikation als „bodenrechtliche Nebensache" erforderlich

Wichtig ist insbesondere, dass das äußere Erscheinungsbild des Außenbereichs trotz der erweiterten Betätigung gewahrt bleibt. Um dem gerecht zu werden, ist es für die Teilnahme eines Einzelhandelsbetriebs an der Privilegierung i.S.v. § 35 Abs. 1 Nr. 1 BauGB erforderlich, dass auch das Warenspektrum mit dem privilegierten Betrieb in Einklang steht. Wird namentlich als zweckmäßigerweise angegliederter Betriebsteil eine Verkaufsstätte errichtet, sollten dort hauptsächlich eigene Erzeugnisse vermarktet werden. Daraus folgt jedoch nicht, dass das Angebot fremder Waren unzulässig ist. Es kommt vielmehr auf die Umstände des Einzelfalles an. Maßgeblich ist, dass es sich bei der Gesamtbetrachtung noch um einen landwirtschaftlich geprägten Betrieb handelt.

Umstände des Einzelfalls maßgeblich

Unterschieden werden kann zwischen lediglich das Hauptbetätigungsfeld abrundender ggf. saisonaler Angebote einerseits und durchgehend bestehender divergierender Angeboten andererseits: So ist der Verkauf von Fremdprodukten, die das jeweilige Haupternteprodukt abrunden sollen, zulässig. Wenn beispielsweise ein Landwirt saisonal Kirschen seines Hauptbetriebes anbietet, kann er zugleich aus den Kirschen erzeugte Marmelade verkaufen sowie dieses Angebot durch ein untergeordnetes Spektrum weiterer Produkte erweitern. Erforderlich ist nach dem oben Dargestellten lediglich, dass der Verkauf anderweitiger Waren dem Hauptangebot aus dem landwirtschaftlich geprägten Betriebsteil nicht übergeordnet sein darf.

Saisonale Angebote

Handelt es sich hingegen um sog. durchgängig bestehende „Hofläden", die eine Vielzahl unterschiedlicher Waren anbieten, ist nach der Rechtsprechung der Anteil selbsterzeugter Produkte entscheidend.

Sollte der Anteil derart gering sein, dass im Einzelfall nicht mehr von einem landwirtschaftlich geprägten Betrieb auszugehen wäre, lägen die Voraussetzungen für eine Privilegierung nicht mehr vor. In der Praxis könnte dann allenfalls ein Antrag auf Nutzungsänderung i.S.v. § 35 Abs. 4 Satz 1 Nr. 1 BauGB erfolgen.

Bei „Hofläden" Anteil der Selbsterzeugung maßgeblich

7.4.4 Betriebe der gartenbaulichen Erzeugung (§ 35 Abs.1 Nr. 2 BauGB)

Ebenso wie bei landwirtschaftlichen Betrieben muss auch hier die Bodenertragsnutzung im Vordergrund stehen. Handelt es sich um einen privilegierten Betrieb gemäß § 35 Abs. 1 Nr. 2 BauGB, kann auch ein dazu in funktionalem Zusammenhang stehender Einzelhandelsbetrieb, der zweckmäßigerweise angegliedert wurde, um die selbsterzeugten Produkte zu vermarkten, unter den oben genannten Voraussetzungen an der Privilegierung teilhaben. Auch hier ist bei der Ergänzung um weitere fremde Angebote besonderes Augenmerk darauf zu richten, dass der Charakter des für gartenbauliche Erzeugungen privilegierten Betriebs bei einer Gesamtbetrachtung erhalten bleibt.

Betriebe gartenbaulicher Erzeugung

7.4.5 Sonstige Nutzungen

Darüber hinaus können unter Umständen auch sonstige Nutzungen, die unter eine Privilegierung gemäß § 35 Abs. 1 Nr. 1 ff. BauGB fallen, im Außenbereich zulässig sein, wenn sie von diesen mitgezogen werden. Davon ist auszugehen, wenn die zusätzliche Verkaufsstätte vergleichsweise wenig Raum einnimmt und dort lediglich spezielle Waren, die auf das ursprünglich privilegierte Vorhaben abgestimmt sind, angeboten werden. Als Beispiel kommt ein kleiner Kiosk in Betracht, in dem Besucher einer Ausflugsstätte neben Erfrischungsgetränken auch Souvenirs kaufen können.

Sonstige Nutzungen

7.4.6 Unwirksamer Bebauungsplan und das interkommunale Abstimmungsgebot

Im Zusammenhang mit der Zulässigkeit von Handelsimmobilien ist zuletzt auf die Rechtsprechung des BVerwG in Bezug auf folgende Fallkonstellation einzugehen, in der die Errichtung eines Designer-Outlets im Außenbereich an dem öffentlichen Belang des Planungserfordernisses scheiterte:

Interkommunales Abstimmungsgebot

Problematisch ist es, wenn zunächst ein Einzelhandelsvorhaben nach Maßgabe eines Bebauungsplanes zugelassen wird, der Bebauungsplan sich jedoch als unwirksam herausstellt und die Fläche in diesem Fall wieder als Außenbereich i.S.v. § 35 BauGB zu beurteilen ist. Bei einer Klage muss die Zulässigkeit des betroffenen Vorhabens sodann erneut geprüft werden.

Beachtung des Planungserfordernisses

Die Unzulässigkeit des Vorhabens kann sich in diesem Fall bereits daraus ergeben, dass das Planungserfordernis missachtet wurde und damit ein Verstoß gegen die öffentlichen Belange vorliegt. Denn nach der Rechtsprechung zählt auch das Erfordernis einer förmlichen Planung zu den in § 35 Abs. 3 Satz 1 BauGB nicht abschließend aufgezählten öffentlichen Belangen. In dem Urteil heißt es:

> „Das im Außenbereich zu verwirklichende Vorhaben kann eine Konfliktlage mit so hoher Intensität für die berührten öffentlichen und privaten Belange auslösen, dass dies die in § 35 BauGB vorausgesetzte Entscheidungsfähigkeit des Zulassungsverfahrens übersteigt. Ein Planungsbedürfnis wird vielfach dann zu bejahen sein, wenn die durch das Vorhaben berührten öffentlichen und privaten Belange einen in erster Linie planerischen Ausgleich erfordern, der seinerseits Gegenstand einer abwägenden Entscheidung zu sein hat. Eine solche abwägende Entscheidung ist nach der Gesetzeslage weder der Genehmigungsbehörde noch der Gemeinde im Rahmen des § 36 Abs. 1 BauGB zugestanden. Sie ist nach Maßgabe der §§ 1 ff. BauGB allein in einem Bauleitplanverfahren zu treffen." (BVerwG, Urteil vom 1.8.2002 – 4 C 5.01)

Von einem qualifizierten Abstimmungsbedarf sei insbesondere dann auszugehen, wenn das Vorhaben die in § 11 Abs. 3 Satz 1 BauNVO genannten Kriterien innehat.

Abwehrrechte der Nachbargemeinden

Auf Grundlage dessen ist festzuhalten, dass das interkommunale Abstimmungsgebot nach § 2 Abs. 2 BauGB zu beachten und daher eine förmliche Planung zwingend erforderlich ist. Daraus folgen in der Praxis zugleich Abwehrrechte für Nachbargemeinden. Daher kommt dem Bebauungsplan bei der Errichtung eines Einzelhandelsvorhabens im Außenbereich auf Grundlage eines Bebauungsplanes große Bedeutung zu. Bei der Planung von Einzelhandelsvorhaben im bisherigen Außenbereich durch Aufstellung eines Bebauungsplanes ist daher auf die Rechtmäßigkeit des Bebauungsplanes besonderes Augenmerk zu legen, um nicht die mit der Realisierung des Vorhabens verbundenen Investitionen zu gefährden. Es ist im Vorfeld unbedingt darauf zu achten, dass der Bebauungsplan einer ggf. eintretenden gerichtlichen Überprüfung standhält.

Eine über die dargestellten Möglichkeiten hinausgehende Zulässigkeit von Einzelhandelsvorhaben im Außenbereich dürfte kaum in Betracht kommen. Insbesondere dürfte die Zulässigkeit einer Handelsimmobilie als ein sonstiges Vorhaben nach § 35 Abs. 2 BauGB grundsätzlich wegen der Beeinträchtigung öffentlicher Belange ausscheiden, was auch die zuletzt dargestellte Fallkonstellation verdeutlicht.

7.5 Nachbarliche Abwehrrechte gegen die Genehmigung von Handelsimmobilien

Felix Pauli

Mit Erteilung der Baugenehmigung für die Errichtung, die bauliche Änderung oder die Nutzungsänderung einer Handelsimmobilie, d. h. mit Bekanntgabe der Baugenehmigung an den Bauherrn eröffnet sich Dritten die Möglichkeit, Rechtsbehelfe gegen diese einzulegen. Aufgrund der mit jedem größeren Bauvorhaben verbundenen, oft als nachteilig empfundenen Auswirkungen auf die Nachbarschaft kommen als potenzielle Kläger in erster Linie die Eigentümer angrenzender Grundstücke, aber auch Eigentümer von in der näheren Umgebung gelegenen Grundstücken in Betracht, die sich etwa wegen des mit einem Einkaufszentrum verbundenen Verkehrs gegen dieses zur Wehr setzen. Ferner kommt es immer wieder zu Drittrechtsbehelfen von Konkurrenten, die den baurechtlichen Nachbarschutz aus wettbewerblichen Gründen bemühen, sowie zu Rechtsbehelfen von Nachbarkommunen, die vermeintlich schädliche Auswirkungen des Vorhabens auf ihre zentralen Versorgungsbereiche abwehren möchten. Der Schwerpunkt soll in diesem Abschnitt auf die in der Praxis am häufigsten vorkommenden Nachbarrechtsbehelfe gelegt werden. Aus Sicht des Vorhabenträgers geht es mithin um die Sicherung des nach monate-, häufig jahrelanger Projektentwicklung erlangten Baurechts, konkret um die Reaktion auf einen Nachbarrechtsbehelf gegen die erteilte Baugenehmigung und die Abwehr desselben.

7.5.1 Mögliche Rechtsbehelfe

Gegen die erteilte Genehmigung eines Einzelhandelsvorhabens stehen einem Dritten der Widerspruch bei der Genehmigungsbehörde und – nach Durchführung des Widerspruchsverfahrens – die Klage beim Verwaltungsgericht zur Verfügung. Ziel des Widerspruchs wie der Klage des Nachbarn ist die behördliche/gerichtliche Aufhebung der Baugenehmigung (§ 113 Abs. 1 Satz 1 VwGO). In einigen Bundesländern –

Mögliche
Rechtsbehelfe

so in Nordrhein-Westfalen (§ 110 Justizgesetz NRW) – wurde das Widerspruchsverfahren im Zuge des sog. Bürokratieabbaus der letzten Jahre abgeschafft. Dort ist ohne vorherige Durchführung eines behördlichen Widerspruchsverfahrens unmittelbar Klage zum Verwaltungsgericht zu erheben.

Beteiligte

Hauptbeteiligte sowohl des Widerspruchs- als auch des Klageverfahrens sind der Widerspruchsführer/Kläger auf der einen und die Baugenehmigungsbehörde bzw. deren Rechtsträger (Kommune oder Landkreis) auf der anderen Seite. Der Vorhabenträger, dem die Baugenehmigung erteilt wurde, hat naturgemäß ein Interesse daran, in dem Rechtsstreit zwischen dem Nachbarn und der Genehmigungsbehörde beteiligt zu werden, um in seinem Sinne auf dessen Ausgang Einfluss zu nehmen. Hierzu ist im Widerspruchsverfahren ein förmlicher Antrag auf Hinzuziehung bei der Widerspruchsbehörde zu stellen. Im Klageverfahren wird der Bauherr durch das Verwaltungsgericht von Amts wegen beigeladen (sog. notwendige Beiladung, § 65 Abs. 2 VwGO). In jedem Falle empfiehlt es sich, im Widerspruchs- und Klageverfahren eine rechtliche Stellungnahme für den hinzugezogenen bzw. beigeladenen Bauherrn abzugeben.

Notwendige Beiladung

Risikobewertung

Parallel zur rechtlichen Verteidigung der angefochtenen Baugenehmigung sollte spätestens mit Eingang eines Widerspruchs bzw. einer Klage eine anwaltliche Prüfung der Erfolgsaussichten des Nachbarrechtsbehelfs erfolgen. In Abhängigkeit von der anwaltlichen Risikoeinschätzung bestehen in diesem früheren Verfahrensstadium häufig noch Möglichkeiten, eventuelle Mängel der Baugenehmigung – und sei es vorsorglich – zu „reparieren". Dies gilt erst recht, wenn mit dem Bau noch nicht begonnen wurde.

7.5.2   Widerspruchs- und Klagefristen

Widerspruchs- und Klagefristen nur bei förmlicher Zustellung

Nach Erteilung der Baugenehmigung stellt sich – zumal wenn mit Drittrechtsbehelfen zu rechnen ist – für den Bauherrn die Frage, innerhalb welcher Fristen diese von Dritten angefochten werden kann bzw. ab wann die Baugenehmigung Bestandskraft erlangt. In der baurechtlichen Praxis ist es regelmäßig so, dass Dritten gegenüber keine Widerspruchs- oder Klagefristen laufen. Denn die Monatsfrist zur Einlegung des Widerspruchs bzw. der Klage wird nur in Gang gesetzt, wenn die Baugenehmigung nicht nur dem Bauherrn, sondern auch dem oder den Dritten gegenüber förmlich und nebst Rechtsbehelfsbelehrung bekannt gegeben wird (§§ 70, 74 VwGO). Die Baugenehmigungsbehörden sehen jedoch in aller Regel davon ab, die Baugenehmigung auch den Angrenzern zuzustellen. In diesem Falle läuft Dritten gegenüber auch keine Frist zur Einlegung eines Nachbarrechtsbehelfs.

Ein-Jahres-Frist

Das bedeutet jedoch nicht, dass Nachbarn zeitlich unbeschränkt die Möglichkeit haben, eine Baugenehmigung anzufechten. Die Verwaltungsgerichte verlangen von einem Dritten, dem die Baugenehmigung nicht zugestellt wurde, spätestens innerhalb eines Jahres Widerspruch bzw. Klage einzulegen, nachdem er von der Baugenehmigungserteilung Kenntnis erlangt hat bzw. hätte erlangen müssen. Da ein Dritter häufig erst mit Baubeginn Kenntnis von dem Umstand der Baugenehmigungserteilung erlangt, ergibt sich für den Bauherrn, der unverzüglich mit dem Bau beginnt, ein ganz erhebliches Risiko. Denn die Einlegung eines Nachbarrechtsbehelfs, nachdem das Bauvorhaben schon weit fortgeschritten oder gar fertiggestellt ist, lässt jede Reaktionsmöglichkeit ausscheiden und führt im negativen Szenario, der behördlichen oder gerichtlichen Aufhebung der Baugenehmigung, zu massiven wirtschaftlichen Schäden (Stichwort: Eon-Kraftwerk in Datteln).

Von daher wird ein Bauherr in vielen Fällen daran interessiert sein, zumindest einzelnen Angrenzern gegenüber, die bereits im Vorfeld Widerstand gegen das Vorhaben angekündigt haben, die einmonatige Klagefrist in Gang zu setzen, damit die Genehmigung nach deren Ablauf bestandskräftig wird. Hierzu reicht es aber nicht aus, dass der Bauherr diesen Angrenzern die ihm erteilte Baugenehmigung zur Kenntnis gibt. Die Klagefrist wird allein dadurch ausgelöst, dass die Baugenehmigungsbehörde die Genehmigung den betroffenen Angrenzern jeweils individuell und mit korrekter Rechtsbehelfsbelehrung zustellt. Von Amts wegen übernehmen die Bauaufsichtsbehörden dies nur, wenn mit der Baugenehmigung eine Abweichung von nachbarschützenden Vorschriften erteilt wurde. In allen anderen Fällen sind die Behörden regelmäßig äußerst zurückhaltend, die Genehmigung „ohne Grund" Dritten bekannt zu geben. Der Bauherr, der sich jedoch strategisch für eine Nachbarzustellung entschieden hat und ein erhebliches wirtschaftliches Interesse an dem Eintritt der Bestandskraft der Baugenehmigung hat, muss in diesen Fällen volle Überzeugungsarbeit im Bauamt leisten. Denn ein Anspruch des Bauherrn, dass die Behörde die ihm erteilte Genehmigung Angrenzern zustellt, besteht nicht.

Bekanntgabe der Baugenehmigung an Dritte

7.5.3 Eilverfahren

Dem Widerspruch bzw. der Klage eines Dritten gegen die bauaufsichtliche Zulassung eines Vorhabens kommt keine „aufschiebende Wirkung" zu (§ 212a Abs. 1 BauGB). Mit anderen Worten ist die erteilte Baugenehmigung für den Bauherrn trotz des erhobenen Drittrechtsbehelfs weiterhin vollziehbar. Der Bauherr, der in Kenntnis eines eingegangenen Nachbarrechtsbehelfs den Bau fortsetzt, handelt jedoch auf eigenes Risiko. Insbesondere scheiden spätere Amtshaftungsansprüche gegen die Genehmigungsbehörde aus, wenn der durch die spätere (gerichtliche) Aufhebung der Baugenehmigung entstandene Schaden darauf zurückzuführen ist, dass der Bauherr den Bau auch nach Eingang eines Drittrechtsbehelfs fortgesetzt hat.

Eilrechtsschutz

In vielen Fällen wird der Nachbar aber zusätzlich zum Widerspruch bzw. zur Klage ein Eilrechtsmittel einlegen. Aus seiner Sicht dient dies schon der Verhinderung des Eintritts vollendeter Tatsachen. Auch der Bauherr kann, sofern bereits ein Widerspruch bzw. eine Klage gegen die Baugenehmigung eingelegt wurde, angesichts der erheblichen Verfahrensdauer des Hauptsacheverfahrens ein Interesse an der Durchführung eines Eilverfahrens haben. Denn im Eilverfahren erhält er in wesentlich kürzerer Zeit zumindest eine vorläufige Einschätzung des Verwaltungsgerichts zu den Erfolgsaussichten des Nachbarrechtsbehelfs. Der Bauherr selbst kann aber das Eilverfahren nicht einleiten und ist darauf angewiesen, dass der Widerspruchsführer bzw. Kläger von einem Eilrechtsmittel Gebrauch macht.

Sog. Baustopp

Aus der Sicht des Nachbarn ist das Ziel des Eilverfahrens die Anordnung der aufschiebenden Wirkung des von ihm in der Hauptsache eingelegten Rechtsbehelfs, häufig verbunden mit der gerichtlichen Anordnung einstweiliger Maßnahmen zur Sicherung seiner Rechte, dem sog. Baustopp. Erfolg hat der Eilantrag des Nachbarn regelmäßig jedoch nur dann, wenn das Verwaltungsgericht nach summarischer Prüfung zu dem Ergebnis kommt, dass der Widerspruch bzw. die Klage des Nachbarn offensichtlich erfolgreich sein wird. Das Verwaltungsgericht gibt dem Eilantrag also regelmäßig nur statt, wenn es eine Aufhebung der angefochtenen Baugenehmigung im Hauptsacheverfahren für überwiegend wahrscheinlich hält.

Wird im Eilverfahren die aufschiebende Wirkung des Widerspruchs bzw. der Klage des Nachbarn angeordnet, ist die Baugenehmigung vorerst nicht vollziehbar. Der Bauherr muss die Bauarbeiten einstellen. Trotz des damit stets verbundenen wirtschaftlichen Schadens bietet die Baustilllegung im Eilverfahren häufig noch die Chance, das noch nicht verwirklichte oder sich erst im Bau befindliche Vorhaben so umzugestalten, dass die gerichtlich festgestellte Verletzung von Nachbarrechten ausgeräumt wird. Hier kommt es dann, um den Baustopp so kurz wie möglich zu halten, darauf an, gemeinsam mit der Genehmigungsbehörde eine schnelle und rechtssichere Lösung zur „Reparatur" der Baugenehmigung zu finden. Es ist dann auch möglich, eine Abänderung des gerichtlichen Eilbeschlusses herbeizuführen.

7.5.4   Prüfungsmaßstab

Prüfungsmaßstab

Prüfungsmaßstab des Verwaltungsgerichts im Klageverfahren eines Dritten gegen die dem Bauherrn erteilte Baugenehmigung ist ausschließlich die Frage, ob die angefochtene Baugenehmigung rechtswidrig ist und der Kläger hierdurch in eigenen Rechten verletzt wird. Zum Erfolg der Klage kann somit nur eine Verletzung subjektiver Rechte des Klägers führen. Dies sind ausschließlich solche öffentlich-rechtlichen Normen, die zumindest auch dem Schutz des jeweiligen Klägers zu dienen bestimmt sind. Es muss sich also um nachbarschützende Normen handeln, die durch die Baugenehmigung verletzt werden. Alle sonstigen, rein objektiv rechtlichen Vorschriften des öffentlichen Rechts spielen im Nachbarprozess keine Rolle. Ob die Baugenehmigung etwa gegen naturschutzrechtliche Vorschriften des besonderen Artenschutzrechts verstößt, ist im Nachbarprozess grundsätzlich irrelevant.

Verletzung von drittschützenden Normen

Von daher empfiehlt es sich schon im Planungsstadium und spätestens im Baugenehmigungsverfahren besonders darauf zu achten, dass insbesondere alle öffentlich-rechtlichen Vorschriften eingehalten werden, die einen nachbarschützenden Charakter haben. Im nachfolgenden Abschnitt soll auf die drittschützenden Vorschriften, die dem betroffenen Nachbarn im Einzelfall ein Abwehrrecht einräumen, eingegangen werden.

7.5.5 Materielle Abwehrrechte

Materielle Abwehrrechte eines Dritten gegen ein Bauvorhaben ergeben sich aus einer Verletzung nachbarschützender Vorschriften des öffentlichen Rechts. Verstößt die für das Bauvorhaben erteilte Genehmigung gegen solche im Genehmigungsverfahren zu prüfenden Vorschriften, steht dem Dritten ein Anspruch auf Aufhebung der Genehmigung zu (§ 113 Abs. 1 Satz 1 VwGO). Die mit Abstand wichtigsten Abwehrrechte von Nachbarn gegen die Genehmigung von Einzelhandelsvorhaben werden nachfolgend kurz dargestellt.

Nachbarliche Abwehrrechte

7.5.5.1 Gebietserhaltungsanspruch

Der in der Rechtsprechung des Bundesverwaltungsgerichts entwickelte Gebietserhaltungsanspruch vermittelt den Eigentümern von Grundstücken, die in einem durch Bebauungsplan festgesetzten Baugebiet liegen, grundsätzlich das Recht, sich gegen ein hinsichtlich der Art der baulichen Nutzung nicht zulässiges Vorhaben zur Wehr zu setzen. Der Gebietserhaltungsanspruch leitet sich aus dem Gedanken des wechselseitigen nachbarrechtlichen Austauschverhältnisses ab; weil und soweit der Eigentümer eines Grundstücks in dessen Ausnutzung öffentlich-rechtlichen Beschränkungen unterworfen ist, kann er deren Beachtung grundsätzlich auch im Verhältnis zum Nachbarn durchsetzen. Hauptanwendungsfall sind die Festsetzungen eines Bebauungsplans über die Art der baulichen Nutzung, durch die Planbetroffene im Hinblick auf die Nutzung ihrer Grundstücke zu einer rechtlichen Schicksalsgemeinschaft verbunden werden. Die Beschränkung der Nutzungsmöglichkeiten des einen Grundstücks wird dadurch ausgeglichen, dass auch die anderen Grundstückseigentümer diesen Beschränkungen unterworfen sind. Im Rahmen dieses nachbarlichen Gemeinschaftsverhältnisses soll daher jeder Planbetroffene im Baugebiet das Eindringen einer gebietsfremden Nutzung und damit die schleichende Umwandlung des Baugebiets unabhängig von einer konkreten Beeinträchtigung verhindern können (OVG Münster, Beschluss vom 15.4.2011 – 7 B 1263/10, www.juris.de).

Gebietserhaltungsanspruch

Rechtliche Schicksalsgemeinschaft

Dies bedeutet etwa, dass der Eigentümer eines Grundstücks im Reinen Wohngebiet (WR) die Ansiedlung von Einzelhandelsbetrieben abwehren kann, die die Qualität eines Ladens zur Deckung des täglichen Bedarfs für die Bewohner des Gebiets (§ 3 Abs. 3 Nr. 1 BauNVO) überschreiten. Dem Eigentümer eines Grundstücks im Allgemeinen Wohngebiet (WA) steht ein Abwehranspruch gegen die Zulassung von Einzelhandelsbetrieben zu, die die Qualität eines der Versorgung des Gebiets dienenden Ladens (§ 4 Abs. 2 Nr. 2 BauNVO) überschreiten. Großflächigen Einzelhandelsbetrieben mit Auswirkungen i.S.v. § 11 Abs. 3 BauNVO kann außer in Kerngebieten (§ 7 BauNVO) und für sie festgesetzten Sondergebieten (§ 11 BauNVO) in allen anderen Baugebieten der genannte Gebietserhaltungsanspruch entgegengehalten werden. Dies gilt z.B. auch für Einzelhandelsgroßvorhaben in Gewerbegebieten gemäß § 8 BauNVO auf der Grundlage der BauNVO 1968 (vgl. hierzu Kap. 6.1). In einem derartigen Gebiet sind Einzelhandelsgroßbetriebe mit nicht vorwiegend übergemeindlicher Versorgungsfunktion zulässig. Die Frage der übergemeindlichen Versorgungsfunktion, die nur aufgrund einer die Marktverhältnisse berücksichtigenden Begutachtung, also prognostisch beurteilt werden kann, ist daher für die Entscheidung von Bedeutung, ob das Vorhaben gegen den nachbarschützenden Gebietserhaltungsanspruch verstößt.

Kein gebietsübergreifender Schutz

Der Gebietserhaltungsanspruch, der unabhängig von einer konkreten Beeinträchtigung des Nachbarn geltend gemacht werden kann, steht grundsätzlich nur den Eigentümern von im selben Baugebiet gelegenen Grundstücken zu. Es besteht kein gebietsübergreifender, von konkreten Beeinträchtigungen unabhängiger Schutz vor gebietsfremden Nutzungen im angrenzenden Plangebiet (OVG Berlin, Beschluss vom 11.8.2008 – OVG 10 S 32/07, www.juris.de).

Dieser jedem Eigentümer im Baugebiet zustehende Anspruch auf Plangewährleistung erweist sich in der Praxis als für den Nachbarn besonders effektiv und stellt oft das größte Risiko für den Bestand der Genehmigung eines Einzelhandelsvorhabens dar. Nicht selten kommt der Gebietserhaltungsanspruch im Nachbarklageverfahren erst deshalb zum Tragen, weil der speziell für ein Einzelhandelsvorhaben aufgestellte oder geänderte Bebauungsplan (SO „Großflächiger Einzelhandel") sich aufgrund beachtlicher Rechtsmängel als unwirksam erweist, wodurch das ursprüngliche Planungsrecht wieder auflebt, welches dem klagenden Nachbarn ggf. erst den Gebietserhaltungsanspruch vermittelt.

Faktisches Baugebiet

Der Gebietserhaltungsanspruch kommt nicht nur bei der Festsetzung von Baugebieten nach § 2 ff. BauNVO durch Bebauungsplan in Betracht, sondern auch in den Fällen, in denen im unbeplanten Innenbereich die Eigenart der näheren Umgebung des Bauvorhabens einem der Baugebiete der BauNVO entspricht (§ 34 Abs. 2 BauGB). Stellt sich die Eigenart der näheren Umgebung eines Einzelhandelsvorhabens hingegen als diffuse Innenbereichslage (sog. Gemengelage) dar, scheidet ein nachbarlicher Anspruch auf Gebietswahrung aus. Die Nachbarverträglichkeit des Vorhabens richtet sich dann nach dem in § 34 Abs. 1 BauGB verankerten Gebot der Rücksichtnahme (dazu unten).

Neueren Tendenzen in der obergerichtlichen Rechtsprechung zufolge ergibt sich ein (besonderer) Gebietserhaltungsanspruch auch aus § 15

Abs. 1 Satz 1 BauNVO, wonach die in den §§ 2 bis 14 BauNVO aufgeführten baulichen Anlagen im Einzelfall unzulässig sind, wenn sie nach Anzahl, Lage, Umfang oder Zweckbestimmung der Eigenart des Baugebiets widersprechen (vgl. OVG Schleswig, Beschluss vom 28.9. 2010 – 1 MB 22/10, www.juris.de).

Gebietserhaltungsanspruch i.S.d. § 15 Abs 1 BauNVO

7.5.5.2   Gebot der Rücksichtnahme

Große Bedeutung bei der Genehmigung von Einzelhandelsvorhaben kommt ferner dem von der Rechtsprechung entwickelten Gebot der Rücksichtnahme zu, welches die Verwaltungsgerichte im beplanten Bereich in § 15 Abs. 1 Satz 2 BauNVO bzw. bei der Erteilung von Befreiungen in § 31 Abs. 2 BauGB, im unbeplanten Innenbereich in § 34 Abs. 1 Satz 1 BauGB und im Außenbereich in § 35 Abs. 3 Satz 1 BauGB verankern. Nach dem nachbarschützenden Gebot der Rücksichtnahme ist ein Bauvorhaben im Einzelfall unzulässig, wenn es sich gegenüber der unmittelbaren Nachbarschaft als unzumutbar erweist.

Gebot der Rücksichtnahme

Ein Unterfall des bauplanungsrechtlichen Gebots der Rücksichtnahme, der bei der Planung und Genehmigung von Einzelhandelsvorhaben regelmäßig zu beachten ist, ist der Schutz vor schädlichen Umwelteinwirkungen durch Geräusche (§ 3 Abs. 1 BImSchG). Schädliche Umwelteinwirkungen können insbesondere durch den Lärm des Kundenverkehrs mittels Kfz sowie des Anlieferverkehrs mittels Lkw erfolgen. Von daher kommt der Anordnung der Stellplätze bei der Planung eines Einzelhandelvorhabens große Bedeutung zu. Gleiches gilt für den Bereich der Anlieferung und die damit verbundenen Fahrstrecken auf dem Betriebsgelände. Auch die Anordnung größerer Kühlaggregate am Betriebsgebäude sollte sorgfältig geplant werden. Im Genehmigungsverfahren bedarf es regelmäßig der gutachterlichen Untersuchung der Lärmauswirkungen des Vorhabens. Die Zumutbarkeitsschwelle für Lärmimmissionen bemisst sich, da es sich bei Einzelhandelsvorhaben um gewerbliche Anlagen handelt, nach der TA Lärm. Diese sieht für die einzelnen Baugebiete nach BauNVO unterschiedliche Schutzansprüche vor. Die Einhaltung der jeweiligen Immissionsrichtwerte für den Tages- und Nachtzeitraum ist gutachterlich nachzuweisen. Hierzu wird regelmäßig, da eine Messung im Planungsstadium ausscheidet, eine Schallprognose erstellt (vgl. hierzu Kap. 7.7).

Schutz vor schädlichen Umwelteinwirkungen durch Geräusche

Ein weiterer Unterfall des bauplanungsrechtlichen Gebots der Rücksichtnahme kann eine dem genehmigten Baukörper im Einzelfall zukommende „erdrückende Wirkung" zu Lasten der Nachbarbebauung sein. Die Schwelle, ab der die Verwaltungsgerichte von einer Unzumutbarkeit der geplanten Bebauung aufgrund einer dieser zukommenden erdrückenden Wirkung ausgehen, ist allerdings hoch. Die Verwaltungsgerichte sind also bei der Annahme eines Verstoßes gegen das Gebot der Rücksichtnahme unter diesem Gesichtspunkt sehr zurückhaltend.

„Erdrückende Wirkung"

7.5.5.3 Bauordnungsrechtliche Abwehrrechte

Abstandflächen,
Stellplätze

Schließlich können sich Abwehrrechte des Nachbarn gegenüber einem Einzelhandelsvorhaben auch aus dem Bauordnungsrecht der Länder ergeben. Wie bei jedem Bauvorhaben ist bei der Errichtung, Änderung oder Nutzungsänderung von Einzelhandelsimmobilien auf die Einhaltung des Abstandflächenrechts zu achten. Hierauf ist deshalb besonderer Wert zu legen, da die Nichteinhaltung von Abstandflächen stets zu einem nachbarlichen Abwehranspruch führt, selbst wenn die Überschreitung im Zentimeterbereich liegt. Ferner kann die Anordnung der Stellplatzanlage eines Einzelhandelsvorhabens, selbst wenn die Immissionsrichtwerte der TA Lärm eingehalten werden, unter bauordnungsrechtlichen Gesichtspunkten gegen Nachbarrechte verstoßen. So sehen die Bauordnungen der Länder im Zusammenhang mit der Regelung des Stellplatznachweises eine nachbarverträgliche Anordnung von Stellplätzen und Garagen vor (vgl. § 51 Abs. 7 BauO NRW).

Nach allem kann festgehalten werden, dass bei der Planung und Genehmigung von Einzelhandelsvorhaben zahlreiche nachbarschützende Vorschriften zu beachten sind. Da die Bereitschaft, sich gegen ein größeres Einzelhandelsvorhaben in der näheren Umgebung zur Wehr zu setzen, recht ausgeprägt ist, empfiehlt es sich, von vornherein eine rechtssichere Planung und Genehmigung anzustreben.

7.6 Gesicherte Erschließung von Handelsimmobilien

Tanja Lehmann

Bei der Planung und Realisierung jeder Immobilie ist eine gesicherte Erschließung unabdingbare Voraussetzung. Sie ist ein unmittelbares Erfordernis für die Bebauung und Nutzung des Grundstücks. Eine ordnungsgemäße Erschließung umfasst nicht nur den Anschluss an das öffentliche Straßennetz, also die verkehrliche Erschließung, sondern ebenso die Versorgung mit Elektrizität und Wasser sowie die Abwasserbeseitigung. Der Schwerpunkt der Ausführungen soll nachfolgend gleichwohl auf der verkehrlichen Erschließung liegen.

Vorhaben im Geltungsbereich eines Bebauungsplanes

7.6.1 Bauplanungsrechtliche Erschließung

Unabhängig davon, nach welchen bauplanungsrechtlichen Vorgaben die Immobilie genehmigt werden soll, ist immer eine auf das jeweilige Grundstück bezogene gesicherte Erschließung erforderlich. Das Planungsrecht regelt allerdings nicht, welche Anforderungen im Einzelnen zu stellen sind. Trotzdem ist danach zu unterscheiden, welche planungsrechtliche Grundlage für das projektierte Grundstück gilt.

Vorhaben im unbeplanten Innenbereich

a) Liegt das Vorhaben im Geltungsbereich eines Bebauungsplanes gemäß § 30 BauGB ist es nach dieser gesetzlichen Regelung zulässig, wenn „die Erschließung gesichert ist".

Was bedeutet es also, dass „die Erschließung gesichert ist"? Welche Anforderungen sind von dem Bauherrn zu erfüllen? Liegt das Grundstück im Geltungsbereich eines Bebauungsplans, kommt es allein auf die im Bebauungsplan festgesetzte Erschließung an. Nur die Realisierung dieser Festsetzung, etwa einer Planstraße, kann dann eine im Sinne des Bauplanungsrechts gesicherte Erschließung sein. So sind von den Festsetzungen des Bebauungsplans abweichende, von einem einzelnen Grundstückseigentümer gewünschte andere Erschließungsvarianten nicht plangemäß und können daher nie eine gesicherte Erschließung darstellen.

b) Liegt das Baugrundstück im unbeplanten Innenbereich gemäß § 34 BauGB, muss sich das Vorhaben nicht nur hinsichtlich der Art und des Maßes in die maßgebliche Umgebungsbebauung einfügen, vielmehr besteht auch hier das Erfordernis einer gesicherten Erschließung gemäß § 34 Abs. 1 S. 1 BauGB.

Im unbeplanten Innenbereich ist die Erschließung grundsätzlich dann gesichert, wenn sich das projektierte Vorhaben mit der bestehenden Erschließung abfinden kann (BVerwG, BauR 1987, 52ff.). Doch wann ist ein solches „Abfinden" zu bejahen? Grob gesagt, darf ein durch das Vorhaben veranlasstes höheres Verkehrsaufkommen nicht den Verkehrsfluss gefährden.

In dem zitierten Urteil führt das Bundesverwaltungsgericht im Hinblick auf etwaig zu erwartende Verkehrsstörungen durch das Vorhaben (hier ein Hotel) aus, dass nicht jede Erhöhung der Verkehrsbelastung an Kreuzungspunkten zu weiterführenden Straßen mit der Folge von Wartezeiten die Sicherung der Erschließung des dafür ursächlichen Vorhabens gefährdet. Die Erschließung wäre allerdings dann nicht mehr als gesichert anzusehen, wenn das Vorhaben zu einer solchen Belastung der das Grundstück erschließenden Straße führen würde, dass die Sicherheit und Leichtigkeit des Verkehrs ohne zusätzliche Erschließungsmaßnahmen wie eine Verbreiterung der Straße oder die Schaffung von Einfädelungsspuren nicht mehr gewährleistet wäre (Ernst/Zinkahn/Bielenberg/Krautzberger-Söfker, BauGB Kommentar, § 34 Rn. 65). Hierbei ist allerdings von der Verkehrsbelastung in Normalzeiten auszugehen. Kommt es hingegen in „Spitzenzeiten" zu Problemen, ist dies zu tolerieren. Bei der Frage danach, was denn mit „Spitzenzeiten" im Verhältnis zu „normalen Zeiten" gemeint sei, wird man darauf verwiesen, dass Spitzenzeiten des Verkehrs dann vernachlässigt werden können, wenn sie eine Ausnahme darstellen und der zur Überlastung führende Verkehr nur gelegentlich oder zwar täglich, aber nur kurzfristig stattfindet (vgl. BVerwG, NVwZ 1997, 389).

Gerade bei großen (Einzelhandels-)Projekten wird sich regelmäßig die Frage stellen, ob aufgrund eines höheren Verkehrsaufkommens Fahrbahnaufweitungen, eine neue Ampelanlage oder eine Abbiegespur erforderlich werden können. Maßgeblich sind insofern auch die technischen Voraussetzungen – Breite und Ausbauzustand – der Straße.

Möglicherweise können auch Überlastungen des sich anschließenden Verkehrsnetzes dazu führen, dass keine gesicherte Erschließung mehr gegeben ist. Nicht mehr dem geplanten Projekt kann es allerdings zugerechnet werden, wenn durch das Vorhaben ohnehin regelmäßig überlastete Hauptausfallstraßen einer Stadt (noch) weitergehend belastet werden. Dies ist dann nämlich kein Problem einer unzureichenden Dimensionierung der Zu- und Abfahrten, sondern vielmehr ein innenstadttypisches Problem der Überlastung dortiger Verkehrswege.

c) Hieran schließt die Erkenntnis an, dass gerade größere Handelsbetriebe durchaus an einer fehlenden Sicherung der Erschließung scheitern können. Dem kann in der Praxis durchaus entgegengewirkt werden. Insoweit wird der Vorhabenträger, soweit erforderlich, einen städtebaulichen Vertrag gemäß §§ 11, 124 BauGB mit der Gemeinde als Träger der Straßenbaulast abschließen, in dem er sich verpflichtet, entsprechende Erschließungsmaßnahmen bis zur Inbetriebnahme des Vorhabens auf eigene Kosten zu realisieren. Im Regelfall wird die Gemeinde auch gegen eine Verbesserung/Neuerrichtung der verkehrlichen Infrastruktur keine Einwände haben, da die derzeitigen Gegebenheiten kostenfrei erneuert oder verbessert werden. Eine Verpflichtung der Gemeinde zum Abschluss jenes Vertrages besteht allerdings nicht.

Was ist zu tun, wenn keine ausreichende Erschließung besteht?

d) Daneben stellt sich die Frage, zu welchem Zeitpunkt die Erschließung gesichert sein muss. Jene Frage ist dann nicht relevant, wenn die Erschließungsanlage im Zeitpunkt der Genehmigungserteilung für ein bestimmtes Vorhaben in dem erforderlichen Umfang bereits besteht. Ist dies nicht der Fall, kommt es allerdings nicht etwa darauf an, dass zum Zeitpunkt der Genehmigungserteilung die Erschließung bereits hergestellt ist. Vielmehr ist es ausreichend, wenn verlässlich angenommen werden kann, dass die Benutzbarkeit bis zur Fertigstellung der anzuschließenden baulichen Anlage gegeben ist. (BVerwG, Beschluss vom 21.2.1986 – 4 C 10/83). Dies setzt wiederum in aller Regel voraus, dass die Gemeinde selbst zur Erschließung bereit ist oder dass sie einen entsprechenden Erschließungsvertrag abgeschlossen hat (BVerwG, Urteil vom 10.9.1976 – IV C 5/76).

Zeitpunkt der gesicherten Erschließung

e) Wenn die bauplanungsrechtliche Erschließung nicht ausschließlich über öffentliche Verkehrflächen erfolgt, sondern die Immobilie allein oder zum Teil über private Flächen (Dritter) an die öffentliche Erschließungsanlage angeschlossen werden soll, ist in bauplanungsrechtlicher Hinsicht eine rechtliche Sicherung erforderlich. Um die Dauerhaftigkeit jener Sicherung zu gewährleisten, reicht ein allein zwischen den Grundstückseigentümern geschlossener Vertrag nicht aus, da dieser jederzeit wieder auflösbar wäre. Erforderlich ist vielmehr die Eintragung einer Grunddienstbarkeit im Grundbuch oder eine öffentlichrechtliche Sicherung durch Eintragung einer (Zufahrts-/Zuwegungs-) Baulast.

Rechtliche Absicherung der Erschließung

7.6.2 Erstellung eines Verkehrsgutachtens

Maßgeblich ist das Erfordernis der Sicherheit und Leichtigkeit des Verkehrs. Hieran schließt sich die Frage an, wie zu beurteilen ist, ob die gegebenen Straßenverhältnisse ausreichend sind, um die zusätzlich entstehenden Verkehre aufzunehmen und die Sicherheit und Leichtigkeit des Verkehrs (weiterhin) zu gewährleisten.

Erstellung eines Verkehrsgutachten

Die Erstellung eines Verkehrsgutachtens dürfte insoweit die einzig sichere Möglichkeit des Nachweises sein. Die Beauftragung eines Verkehrsgutachtens wird der Vorhabenträger regelmäßig nicht vermeiden können, sobald die Behörde einen entsprechenden Nachweis fordert. Sofern die bauplanungsrechtliche Zulässigkeit allerdings noch infrage steht und diese zunächst geklärt werden soll, gibt es die Möglichkeit, die Frage der Erschließung in einem Vorbescheidsantrag auszuklammern. So kann ohne größeren Kostenaufwand für die Erstellung eines Gutachtens zunächst die planungsrechtliche Zulässigkeit des Vorhabens abgefragt werden kann.

7.6.3   Bauordnungsrechtliche Erschließung

Das jeweilige Landesrecht setzt die Maßstäbe für die bauordnungsrechtliche Erschließung

Neben der bauplanungsrechtlichen Erschließung ist auch in bauordnungsrechtlicher Hinsicht das Erfordernis der Erschließung gegeben. Entscheidend ist insoweit die jeweilige landesrechtliche Regelung. Die landesrechtlichen Vorschriften über die bauordnungsrechtliche Erschließung gehen auf die Musterbauverordnung zurück, weshalb an dieser Stelle auch auf § 4 Abs. 1 MBO Bezug genommen werden soll.

Hiernach dürfen Gebäude nur errichtet werden, wenn das Grundstück in angemessener Breite an einer befahrbaren öffentlichen Verkehrsfläche liegt oder wenn das Grundstück eine befahrbare, öffentlich-rechtlich gesicherte Zufahrt zu einer befahrbaren öffentlichen Verkehrsfläche hat.

Trotz des eindeutigen Wortlautes, wonach allein an die „Errichtung" jene Anforderungen gestellt werden, gilt die Regelung auch für reine Nutzungsänderungen (OVG Lüneburg, BRS 35 Nr. 103). Bis zum Beginn der Benutzung muss – je nach landesrechtlicher Ausgestaltung – mindestens die verkehrsmäßige Sicherung des Grundstücks gegeben sein. In zeitlicher Hinsicht ergibt sich somit kein Unterschied zu der bauplanungsrechtlichen Erschließung.

Liegt das Grundstück nicht direkt an einer öffentlichen Verkehrsfläche, muss eine öffentlich-rechtlich gesicherte Zufahrt zu einer befahrbaren öffentlichen Verkehrsfläche bestehen. Insofern ist hier eine zivilrechtliche Sicherung, beispielsweise eine Grunddienstbarkeit, nicht ausreichend. Anderes gilt nur in den Ländern (z.B. Brandenburg, Bayern), in denen die öffentlich-rechtliche Baulast abgeschafft und durch die Dienstbarkeit zugunsten der Gemeinde ersetzt wurde.

Im Grundsatz gilt im Übrigen, dass das Bauordnungsrecht als Gefahrenabwehrrecht die im jeweiligen Landesrecht getroffenen Regelungen zu beachten hat. Insbesondere sei hier auf die Anordnung und Beschaffenheit von Rettungswegen im Brandfall hingewiesen.

7.6.4   Gebietsbezogene Erschließung

Der Begriff der Erschließung wird im Baurecht nicht einheitlich verwendet. Ging es bis hierher immer um eine grundstücksbezogene Erschließung, so soll der Vollständigkeit halber auch der Erschließungsbegriff als gebietsbezogener Begriff angesprochen werden.

Der Erschließungsbegriff in einem weiten Sinne verstanden bezeichnet die baulichen Maßnahmen, die erforderlich sind, innerhalb eines bestimmten Gebiets liegende Grundstücke für eine bauliche oder gewerbliche Nutzung baureif zu machen, und setzt daher zeitlich vor der Erschließung eines Grundstücks an.

Zur Erschließung in diesem weiten Sinne sind die Anlagen zu zählen, die überhaupt zu einer zulässigen Nutzung des Baugebietes führen. Es geht hierbei um den Anschluss eines Gebietes an das allgemeine Straßennetz, um Parkflächen und Grünanlagen, um eine Versorgung mit Wasser, Telefon, Strom, Gas und Wärme und die Abwasserableitung.

a) Die erstmalige (gebietsbezogene) Erschließung ist grundsätzlich Sache der Gemeinde, das heißt, die Gemeinde trägt die Erschließungslast gemäß § 123 BauGB. Jene Erschließungslast kann nicht übertragen werden; recht üblich ist es aber, dass die Durchführung der Erschließung ein Dritter übernimmt. Die in diesem Zusammenhang zu treffenden Regelungen sind Gegenstand eines öffentlich-rechtlichen Vertrags, des Erschließungsvertrags. In räumlicher Hinsicht muss sich der Vertrag auf ein bestimmtes Baugebiet oder auf bestimmte Grundstücke und sachlich auf eine bestimmte Art von Anlagen erstrecken. Wichtigster Regelungsgegenstand eines Erschließungsvertrags ist neben der Durchführung der Maßnahmen die Übernahme der Kosten durch den Unternehmer (vgl. hierzu Kap. 8).

> **Erschließungslast liegt grundsätzlich bei der Gemeinde**

b) Da es für einen Dritten grundsätzlich keinen Rechtsanspruch auf Erschließung durch die Gemeinde gibt, ist in der Möglichkeit des Abschlusses von Erschließungsverträgen der Gemeinde ein gewisses Druckmittel an die Hand gegeben. Denn ohne eine hergestellte Erschließung – deren Kosten dann durch den Unternehmer zu tragen sind – wird ein Bauvorhaben nicht realisiert werden können. Nur in eng umrissenen Ausnahmefällen verdichtet sich die allgemeine Erschließungslast der Gemeinde zu einer tatsächlichen Erschließungspflicht.

> **Eine Erschließungspflicht besteht nur in eng umgrenzten Ausnahmefällen**

Dies gilt beispielsweise für den Fall, dass die Gemeinde einen qualifizierten Bebauungsplan beschlossen hat und daher ein Bauvorhaben nur dann zulässig ist, wenn es den planerischen Vorgaben des Bebauungsplanes nicht widerspricht. Wird die Gemeinde aber zur Erschließung des Gebietes nicht tätig, hat das für den Bauherrn die Folge einer faktischen Bausperre. Damit ist er schlechter gestellt als vor Erlass des Bebauungsplanes, wenn ein Grundstück nach § 34 BauGB bereits bebaubar war. Die vom Bebauungsplan eigentlich vorgesehene für den Bauherrn positive Rechtsposition darf ihm dann nicht vorenthalten werden.

Die Gemeinde hat auch dann die Pflicht, die Erschließung durchzuführen, wenn sie bei Vorliegen eines qualifizierten Bebauungsplanes ein konkretes Angebot eines Dritten, die Erschließung auf Grundlage eines Erschließungsvertrags herzustellen, ablehnt. Das Angebot muss jedoch entsprechend konkret und auf die plangemäße Erschließung bezogen sein.

Ebenfalls ist die Gemeinde zur Erschließung verpflichtet, wenn sie ein Bauvorhaben bereits genehmigt hat und das Vorhaben verwirklicht worden ist. So würde die Gemeinde ohne Vornahme der Erschließung einen rechtswidrigen Zustand herbeiführen bzw. aufrecht erhalten, da Voraussetzung für die Genehmigung die gesicherte Erschließung ist.

7.7 Immissionen

Christian Giesecke

Die Zulässigkeit von Einzelhandelsvorhaben hängt auch von der zu erwartenden Immissionsbelastung ab. Insoweit sind bestimmte Vorgaben zu Lärm, Licht und Schadstoffen zu berücksichtigen.

7.7.1 Lärm

Lärmimmissionen können im Rahmen des Baugenehmigungsverfahrens eines Einzelhandelsvorhabens sowohl bauplanungs- als auch bauordnungsrechtlich relevant sein.

7.7.1.1 Bauplanungsrechtlich relevante Lärmimmissionen

Die bauplanungsrechtlichen Vorschriften des BauGB enthalten selbst keine Grenzwerte zulässiger Immissionen. Die bauplanungsrechtliche Zulässigkeit von Lärmimmissionen wird vielmehr anhand lärmtechnischer Regelwerke bestimmt, deren Vorgaben sowohl bei der Bauleitplanung als auch bei der Zulassung konkreter Vorhaben zu berücksichtigen sind.

Keine Lärmgrenzwerte im BauGB

Lärmvorgaben für die Bauleitplanung

Neben der Einhaltung des in § 50 BImSchG enthaltenen Trennungsgebots als Abwägungsdirektive hat die Bauleitplanung im Rahmen von § 1 Abs. 6 bzw. 7 BauGB den Belangen des Immissionsschutzrechts insbesondere durch die Berücksichtigung von Immissionswerten lärmtechnischer Regelwerke je nach deren Anwendungsbereich und Verbindlichkeitsgrad Rechnung zu tragen.

Bindende Lärmgrenzwerte auch für die Bauleitplanung geben die 16. Bundesimmissionsschutzverordnung (BImSchV) sowie die 18. BImSchV

16. bzw. 18. BImschV

vor. Für die Planung von Handelsimmobilien werden diese Regelwerke jedoch selten anwendbar sein: Die Grenzwerte der 18. BImSchV gelten nur für Sportanlagen, die Grenzwerte der 16. BImSchV nur dann, wenn Verkehrswege neu gebaut oder wesentlich geändert werden (vgl. BVerwG, Urteil vom 13.12.2007, 4 BN 41/07 – www.juris.de, Rn. 5).

Keine bindenden Grenz-, sondern lediglich Richtwerte für Lärmimmissionen sehen die DIN 18005 zum Schallschutz im Städtebau und die Technische Anleitung zum Schutz gegen Lärm (TA Lärm) vor. Diese Regelwerke enthalten jedoch die für Handelsimmobilien maßgeblichen Lärmwerte.

DIN 18005

Die DIN 18005 (vgl. hierzu auch den RdErl. des Ministers für Stadtentwicklung, Wohnen und Verkehr vom 21.7.1988 – I A 3 – 16.21-2 zur Berücksichtigung des Schallschutzes im Städtebau) enthält Vorgaben für städtebauliche Planungen, insbesondere bei der Ausweisung von Baugebieten. Sie stellt das wichtigste lärmtechnische Regelwerk für die Bauleitplanung dar.

Schalltechnische Orientierungswerte der DIN 18005

Die schalltechnischen Orientierungswerte für die städtebauliche Planung sind im Beiblatt 1 zur DIN 18005 wie folgt festgelegt:

a) Bei reinen Wohngebieten (WR), Wochenendhausgebieten, Ferienhausgebieten: tags 50 dB, nachts 40 dB bzw. 35 dB.

b) Bei allgemeinen Wohngebieten (WA), Kleinsiedlungsgebieten (WS) und Campingplatzgebieten: tags 55 dB, nachts 45 dB bzw. 40 dB.

c) Bei Friedhöfen, Kleingartenanlagen und Parkanlagen: tags und nachts 55 dB.

d) Bei besonderen Wohngebieten (WB): tags 60 dB, nachts 45 dB bzw. 40 dB.

e) Bei Dorfgebieten (MD) und Mischgebieten (MI): tags 60 dB, nachts 50 dB bzw. 45 dB.

f) Bei Kerngebieten (MK) und Gewerbegebieten (GE): tags 65 dB, nachts 55 dB bzw. 50 dB.

g) Bei sonstigen Sondergebieten, soweit sie schutzbedürftig sind, je nach Nutzungsart: tags 45 dB bis 65 dB, nachts 35 dB bzw. 65 dB.

Überschreiten abwägend zu rechtfertigen

Bei den Orientierungswerten der DIN 18005 handelt es sich jedoch nicht um verbindliche Vorgaben. Ein Überschreiten der nach der DIN 18005 anzustrebenden Werte von Verkehrs- und Gewerbelärm bei der Ausweisung von Baugebieten ist lediglich abwägend zu rechtfertigen. Je weiter die Orientierungswerte der DIN 18005 überschritten werden, desto gewichtiger müssen allerdings die für die Planung sprechenden städtebaulichen Gründe sein und umso mehr hat die Gemeinde die baulichen und technischen Möglichkeiten auszuschöpfen, die ihr zu Gebote stehen, um diese Auswirkungen zu verhindern.

Nach der Rechtsprechung des BVerwG kann es im Ergebnis z.B. mit dem Gebot gerechter Abwägung vereinbar sein, Wohngebäude an der lärmzugewandten Seite des Gebiets auch deutlich über den Orientierungswerten der DIN 18005 (hier: um 10 dB und mehr) liegenden Außenpegeln auszusetzen. Dies gilt jedenfalls, wenn im Innern der Gebäude durch die Anordnung der Räume und die Verwendung schallschützender Außenbauteile angemessener Lärmschutz gewährleistet ist (zum Ganzen BVerwG, Urteil vom 22.3.2007, 4 CN 2/06 – www.juris.de, Rn. 15; vgl. auch BVerwG, Beschluss vom 17.2.2010, 4 BN 59/09 – www.juris.de, Rn. 4 bzw. OVG Münster, Urteil vom 23.10.2009, 7 D 106/08.NR – www.juris.de, Rn. 58).

Als „kritischen Toleranzwert" und damit Schwelle zur Gesundheitsgefahr wird von der Rechtsprechung ein Dauerschallpegel von 70 dB(A) am Tag bzw. 60 dB(A) in der Nacht angesehen (vgl. BVerwG, Urteil vom 23.2.2005, 4 A 5/04 – www.juris.de, Rn. 42 bzw. OVG Münster, Urteil vom 13.3.2008, 7 D 34/07.NE – www.juris.de, Rn. 142). Hier ist die Hinnehmbarkeit einer weiteren Erhöhung auch bei der Überplanung bereits vorbelasteter Bereiche jedenfalls besonders zu prüfen. Dabei ist auf den Summenpegel aller Schallquellen abzustellen. Werden diese kritischen Werte erreicht bzw. überschritten, ist jede, auch nur geringfügige – weitere – Erhöhung des Pegels als Folge des hinzukommendes Vorhabens zu berücksichtigen. Es kann dann geboten sein, an den lärmbetroffenen Nutzungen (Wohn-, Büronutzungen) eine vorhabenbezogene Lärmsanierung vorzusehen. In der Regel wird sich der Vorhabenträger in einem städtebaulichen Vertrag mit der Standortgemeinde verpflichten, die Kosten der notwendigen Sanierungsmaßnahmen zu übernehmen.

„Kritischer Toleranzwert"

TA Lärm

Die TA Lärm ist in erster Linie dazu bestimmt, die Anforderungen der Anlagen zu konkretisieren, die einer immissionsschutzrechtlichen Genehmigung bedürfen. Sie wurde als sechste allgemeine Verwaltungsvorschrift zum Bundesimmissionsschutzgesetz (BImSchG) auf der Grundlage des § 48 BImSchG erlassen und konkretisiert im Allgemeinen schädliche Umwelteinwirkungen im Sinne des BImschG. Dennoch bietet die TA Lärm brauchbare Anhaltspunkte auch für bauliche Anlagen (vgl. BVerwG, Urteil vom 27.8.1998, 4 C 5/98 – www.juris.de, Rn. 37).

Die TA Lärm in der Bauleitplanung

Die TA Lärm gelangt in gewissen Fällen auch schon in der Bauleitplanung unmittelbar zur Anwendung. Die Richtwerte der TA Lärm sind insoweit immer dann heranzuziehen, wenn zulässigerweise Grenzwerte für ein bestimmtes – insbesondere gewerbliches – Lärmgeschehen nach § 1 Abs. 4 S. 1 Nr. 2 BauNVO bzw. § 9 Abs. 1 Nr. 23 bzw. 24 BauGB festgesetzt werden sollen (namentlich bei vorhabenbezogenen Bebauungsplänen).

Lärmfestsetzungen im Bebauungsplan

Konkret sind die Regelungen der TA Lärm Grundlage für die Festsetzung von Emissionskontingenten nach der DIN 45691. Mit der Festsetzung von Emissionskontingenten wird jeder Anlage bzw. jedem Betrieb im betroffenen Bereich ein bestimmter Anteil an den bezogen auf den Akzeptor verträglichen Gesamtimmissionen zugewiesen, bei dessen Ausschöpfung der Immissionsrichtwert auch dann nicht überschritten wird, wenn alle Anlagen in dem betroffenen Bereich ihre Anteile gleichfalls in vollem Umfang ausnutzen. Die DIN 45691 „Geräuschkontingentierung" vom Dezember 2006 legt ein Verfahren und eine einheitliche Terminologie als fachliche Grundlage zur Geräuschkontingentierung in Bebauungsplänen beispielhaft für Industrie- oder Gewerbelärm sowie für Sondergebiete fest und gibt Hinweise zur Umsetzung. Werden die Emissionskontingente dabei so ermittelt, dass die Richtwerte der TA Lärm durch alle Anlagen am maßgeblichen Immissionsort nicht überschritten werden, hat der Bebauungsplan die Maßstäbe für die Zulässigkeit von Vorhaben unter dem Aspekt des Lärmschutzes weitgehend abschließend gesetzt.

Bestimmtheit von Emissionskontingenten

Die Festsetzung von Emissionskontingenten ist jedoch nur dann zulässig, wenn klar erkennbar ist, auf welche Fläche die Schallleistung des jeweiligen Betriebes „zu verteilen" ist (vgl. OVG Berlin-Brandenburg, OVG 2 A 9.08). Zudem muss der Plangeber beim Verweis auf DIN-Vorschriften in Anbetracht des für sämtliche Festsetzungen geltenden Bestimmtheitsgrundsatzes eine Kenntnisnahmemöglichkeit für den Betroffenen schaffen, da DIN-Normen nicht allgemein zugänglich publiziert werden (vgl. BVerwG, Beschluss vom 29.7.2010, 4 BN 21.10 – www.juris.de, Rn. 12). Auf eine Erwähnung der DIN 45691 kann aber auch verzichtet werden, da schon der Begriff „Emissionskontingent LEK" fachlich hinreichend – nämlich als Kontingent nach der DIN 45691 – verifizierbar ist (vgl. auch VGH Kassel, Urteil vom 5.7.2007, 4 N 867/06 – www.juris.de, Rn. 57).

Lärmpegelbereiche

Auch bei der Festsetzung von Lärmpegelbereichen nach der DIN 4109 auf der Grundlage von § 9 Abs. 1 Nr. 24 BauGB ist der Plangeber grundsätzlich dazu verpflichtet, eine Einsichtnahmemöglichkeit in die DIN 4109 bereitzustellen. Zur ausreichend bestimmten Festsetzung von Lärmpegelbereichen ist ferner erforderlich, dass sowohl die Voraussetzungen, unter denen Lärmminderungsmaßnahmen ergriffen werden müssen, als auch die von den Anforderungen betroffenen Bauteile erkennbar sind (vgl. nur OVG Münster, Urteil vom 19.7.2011, 10 D 131/08.NE – www.juris.de, Rn. 40).

Verkehrsgeräusche

Darüber hinaus kann die TA Lärm in der Bauleitplanung bei der Abschätzung insbesondere der von gewerblichen Stellplatzanlagen größerer Einzelhandelsvorhaben ausgehenden Lärmimmissionen Bedeutung erlangen. Nummer 7.4 TA Lärm enthält Regelungen zur Handhabung der zu erwartenden Verkehrsgeräusche eines Vorhabens. Danach sollen Geräusche des An- und Abfahrtverkehrs auf öffentlichen Verkehrsflächen in einem Abstand von bis zu 500 Metern von dem

Betriebsgrundstück in bestimmten Baugebieten durch Maßnahmen organisatorischer Art so weit wie möglich vermindert werden, soweit

- sie den Beurteilungspegel der Verkehrsgeräusche für den Tag oder die Nacht rechnerisch um mindestens 3 dB(A) erhöhen,
- keine Vermischung mit dem übrigen Verkehr erfolgt ist und
- die Immissionsgrenzwerte der Verkehrslärmschutzverordnung (16. BImSchV) erstmals oder weitergehend überschritten werden.

Zwar ist die 16. BImschV wie dargestellt für die Planung von Handelsimmobilien nicht direkt anwendbar. Bei der Abwägung der aufgrund der von Stellplatzanlagen ausgehenden Lärmimmissionen gilt aufgrund des Verweises in Nummer 7.4 TA Lärm jedoch: Je weiter die in der 16. BImschV festgelegten Werte infolge der Errichtung eines großflächigen Einzelhandelsbetriebes überschritten würden, desto gewichtiger müssen die für die Planung sprechenden städtebaulichen Gründe sein und umso mehr hat die Gemeinde die baulichen und technischen Möglichkeiten auszuschöpfen, die ihr zu Gebote stehen, um diese Auswirkungen zu verhindern oder auf ein nach den örtlichen Gegebenheiten erträgliches Maß zu senken. Beispielsweise wurde vom Bundesverwaltungsgericht eine Überschreitung der 16. BImSchV um etwa 1,5 dB(A) noch als hinnehmbar beurteilt (BVerwG, Urteil vom 13.12.2007, 4 BN 41/07 – www.juris.de, Rn. 2, 8).

> Grenzwerte der 16. BImschV nur bedingt zu beachten

Konkrete Anhaltspunkte zur Beurteilung der von Parkplatzanlagen ausgehenden Lärmimmissionen sind dabei der vom Bayerischen Landesamt für Umwelt herausgegebenen Parkplatzlärmstudie (6. Auflage 2007) zu entnehmen. Diese Studie ist auch in der Rechtsprechung als sachgerechte Orientierungshilfe anerkannt (vgl. nur OVG Münster, Beschluss vom 4.1.2007, 7 B 2466/06 – www.juris.de, Rn. 11).

> Parkplatzlärmstudie als Orientierungshilfe zur Berechnung des Parkplatzlärms

Immissionsrichtwerte der TA Lärm

Die nach der TA Lärm maßgeblichen Immissionsrichtwerte werden in Nummer 6.1 S. 1 TA Lärm festgelegt. Danach betragen die Immissionsrichtwerte für Immissionsorte außerhalb von Gebäuden u.a.

> Immissionsrichtwerte der TA Lärm nach Baugebieten

a) in Industriegebieten 70 dB(A),

b) in Gewerbegebieten tags 65 dB(A), nachts 50 dB(A),

c) in Kerngebieten, Dorfgebieten und Mischgebieten tags 60 dB(A), nachts 45 dB(A),

d) in Allgemeinen Wohngebieten und Kleinsiedlungsgebieten tags 55 dB(A), nachts 40 dB(A),

e) in Reinen Wohngebieten tags 55 dB(A), nachts 35 dB(A),

f) in Kurgebieten, für Krankenhäuser und Pflegeanstalten tags 45 dB(A), nachts 35 dB(A).

Maßgeblicher Immissionsort	Maßgeblicher Immissionsort nach Nummer 2.3 i.V.m. Nummer A.1.3 TA Lärm ist dabei bei bebauten Flächen 0,5 m außerhalb vor der Mitte des geöffneten Fensters des vom Geräusch am stärksten betroffenen schutzbedürftigen Raumes.
Geräuschspitzen	Gemäß Nummer 6.1 S. 2 TA Lärm dürfen darüber hinaus einzelne Geräuschspitzen die Immissionsrichtwerte am Tage um nicht mehr als 30 dB(A) und in der Nacht um nicht mehr als 20 dB(A) überschreiten. Dies kann insbesondere im Bereich der Lkw-Andienung problematisch werden: Der Spitzenpegel für das Entspannungsgeräusch einer Lkw-Bremse im Bereich der Ausfahrt wird – jedenfalls bei älteren Fahrzeugen – bis zu 110 dB(A) angesetzt (vgl. OVG Münster, Urteil vom 6.3.2006, 7 D 92/04.NE – www.juris.de, Rn. 130). Entscheidend ist aber auch hier der Geräuschpegel am maßgeblichen Immissionsort (vgl. OVG Münster, Beschluss vom 4.1.2007, 7 B 2466/06 – www.juris.de, Rn. 20).

Des Weiteren können nach der TA Lärm folgende Zuschläge anfallen: Zum einen unterliegen die in Nummer 6.1 d) bis f) (Wohngebiete) aufgezählten Baugebiete gemäß Nummer 6.5 TA Lärm zu Tageszeiten mit erhöhter Empfindlichkeit (an Werktagen von 6.00 bis 7.00 Uhr und von 20.00 bis 22.00 Uhr, an Sonn- und Feiertagen von 6.00 bis 9.00 Uhr, von 13.00 bis 15.00 Uhr und von 20.00 bis 22.00 Uhr) in der Regel einem Zuschlag von 6 dB(A).

Zuschläge bei sog. Gemengenlagen	Zum anderen können gemäß Nummer 6.7 Abs. 1 S. 1 TA Lärm – soweit dies nach der gegenseitigen Pflicht zur Rücksichtnahme erforderlich ist – die Immissionsrichtwerte für die zum Wohnen dienenden Gebiete auf einen geeigneten Zwischenwert der Werte für die angrenzenden Gebietskategorien erhöht werden, wenn gewerblich, industriell oder hinsichtlich ihrer Geräuschauswirkungen vergleichbar genutzte Gebiete und zum Wohnen dienende Gebiete aneinandergrenzen (Gemengelage). Diese Erhöhung bemisst sich nach der Prägung des Einwirkungsgebiets, der Ortsüblichkeit des Geräusches und der Frage, welche der unverträglichen Nutzungen zuerst verwirklicht wurde. Beispielsweise wurde eine Ansetzung von tags 58 dB(A) für einen Lebensmittelmarkt in einem zum Wohnen dienenden Gebiet als zumutbar beurteilt, insbesondere da mit dieser Gemengelage aufgrund schon bestehender vielfältiger gewerblicher Nutzungen in der Umgebung nach den Umständen zu rechnen war (vgl. VGH München, Beschluss vom 30.12.2008, 1 CS 08.1724 – www.juris.de, Rn. 28 ff.).

Lärmimmissionen bei der Zulassung von Vorhaben

Heranziehung der TA Lärm	Die Immissionsrichtwerte der TA Lärm sind in der Regel auch bei der Prüfung im Rahmen der §§ 30, 34 bzw. 35 BauGB maßgeblich für die Frage, ob die von (Einzelhandels-) Vorhaben ausgehenden Lärmimmissionen zumutbar sind. Dabei wird die Zuhilfenahme der TA Lärm juristisch über eine Auslegung der in diesen bauplanungsrechtlichen Vorschriften enthaltenen unbestimmten Rechtsbegriffe (z.B. Rücksichtnahmegebot als Merkmal des Einfügens) gerechtfertigt.

Vorhaben im beplanten Innenbereich (§ 30 BauGB)

Im Geltungsbereich von Bebauungsplänen gelangt die TA Lärm bei der Auslegung der Unzumutbarkeit gemäß § 15 Abs. 1 S. 2 BauNVO zur Anwendung. Danach sind nach Art der baulichen Nutzung an sich zulässige Vorhaben, insbesondere Anlagen, im Einzelfall unzulässig, wenn von ihnen Belästigungen oder Störungen ausgehen, die nach der Eigenart des Baugebietes im Baugebiet selbst oder in dessen Umgebung unzumutbar sind. Das Einzelhandelsvorhaben muss insoweit auch unter Lärmschutzgesichtspunkten – je nach Baugebiet im Sinne der §§ 2-11 BauNVO – nachbarverträglich sein, was sich maßgeblich nach den dargestellten Vorgaben der TA Lärm richtet.

Einzelfallbezogene Beurteilung der Zumutbarkeit

Stets ist jedoch zu beachten, dass die Richtwerte der TA Lärm nicht schematisch im Sinne eines strikten rechtlichen Regelungswerks anzuwenden sind. Diese Richtwerte sind gebietsbezogen und insoweit Ausdruck einer typisierenden Betrachtungsweise. Das in § 15 Abs. 1 S. 2 BauNVO konkretisierte Rücksichtnahmegebot verlangt jedoch eine einzelfallbezogene Sichtweise. Auch bei Überschreiten der Richtwerte kann ein Vorhaben deshalb aufgrund der Besonderheiten des Gebietes zumutbar im Sinne des § 15 Abs. 1 S. 2 BauNVO sein. Dies kann auch im Fall heranrückender Wohnbebauung gelten. Hier kann es umgekehrt Obliegenheit des Bauherrn sein, dem Lärmschutz durch „architektonische Selbsthilfe" ausreichend Rechnung zu tragen (OVG Münster, Urteil vom 1.6.2011, 2 A 1058/09 – www.juris.de, Rn. 68 ff.).

Vorhaben im unbeplanten Innenbereich (§ 34 BauGB)

Liegt das Vorhaben im unbeplanten Innenbereich, ist zu unterscheiden: Im Rahmen des § 34 Abs. 2 BauGB, wenn die Eigenart der näheren Umgebung also einem der in §§ 2-11 BauNVO bezeichneten Baugebiete entspricht, dienen die entsprechenden Grenzwerte in Nummer 6.1 S. 1 TA Lärm wie im Rahmen des § 30 Abs. 1 BauGB als Orientierung zur Beurteilung zulässiger Lärmimmissionen.

Bei § 34 Abs. 2 BauGB Grenzwerte der TA Lärm wie bei § 30 Abs. 1 BauGB

Aufgrund des in dem Begriff des Einfügens in die nähere Umgebung verankerten Gebots der Rücksichtnahme sind auch im Fall des § 34 Abs. 1 BauGB nur der Nachbarschaft zumutbare Immissionen zulässig. Im Rahmen des § 34 Abs. 1 BauGB kann das Vorhaben jedoch nicht in ein Baugebiet nach der BauNVO eingeordnet werden. Dennoch bietet die TA Lärm auch für die Bemessung der Zumutbarkeit eines Vorhabens nach § 34 Abs. 1 BauGB brauchbare Anhaltspunkte (vgl. BVerwG, Urteil vom 27.8.1998, 4 C 5/98 – juris, Rn. 37). Insoweit können nach der Rechtsprechung bspw. auch bei diffusem Charakter der näheren Umgebung die nach TA Lärm für ein Mischgebiet geltenden Richtwerte herangezogen werden (vgl. OVG Münster, Urteil vom 13.6.2007, 10 A 2439/06 – www.juris.de, Rn. 33).

Auch bei § 34 Abs. 1 BauGB Orientierung an TA Lärm, z.B. an Werte Mischgebiet

Vorhaben im Außenbereich (§ 35 BauGB)

Lärmimmissionen als öffentliche Belange

Vorhaben im Außenbereich sind gemäß § 35 Abs. 1 BauGB nur zulässig, wenn öffentliche Belange nicht entgegenstehen. Lärmimmissionen sind schädliche Umweltbelange und damit gemäß § 35 Abs. 3 Nr. 3 BauGB öffentliche Belange, die im Falle der Unzumutbarkeit dem Vorhaben gemäß § 35 Abs. 1 BauBG entgegenstehen.

Orientierung an Werten Misch- bzw. Dorfgebiete

Auch für die Beurteilung der Zumutbarkeit des von dem geplanten Vorhaben ausgehenden Lärms im Rahmen des § 35 BauGB ist die TA Lärm heranzuziehen. Dabei hat der im Außenbereich Wohnende jedenfalls Immissionen hinzunehmen, die sich im Rahmen der Richtwerte der TA Lärm für Misch- bzw. Dorfgebiete bewegen (vgl. hierzu OVG Koblenz, Urteil vom 12.6.2003, 1 A 11127/02 – www.juris.de, Rn. 28).

7.7.1.2 Bauordnungsrechtlich relevante Lärmimmissionen

Lärmimmissionen sind auch bauordnungsrechtlich relevant. Selbst wenn für das konkrete Einzelhandelsvorhaben das vereinfachte Genehmigungsverfahren anwendbar ist, muss das Vorhaben gemäß § 68 Abs. 1 S. 4 Nr. 2 BauO NRW mit der Vorgabe des § 51 Abs. 7 BauO NRW vereinbar sein. Danach müssen Stellplätze und Garagen so angeordnet werden, dass ihre Benutzung die Gesundheit nicht schädigt und Lärm oder Gerüche vermieden werden, die der Umgebung, insbesondere der Nachbarschaft billigerweise nicht zugemutet werden können. Vergleichbare Regelungen gibt es in allen Bundesländern.

Prüfung der Auswirkungen im konkreten Einzelfall, nicht nach TA Lärm

Diese Zumutbarkeit ist nach der Rechtsprechung nicht abstrakt und generell nach festen Merkmalen zu bestimmen. Im Rahmen des § 51 Abs. 7 BauO NRW sind auch die Richtwerte der TA Lärm nicht heranziehbar. Vielmehr kommt es entscheidend auf die konkrete Situation an, in der sich die Belästigungen auswirken. Dementsprechend ist von Bedeutung, an welchem Standort die Garagen oder Stellplätze angeordnet werden sollen und in welcher Lage sich dieser Standort zu dem Grundstück, dem Wohnhaus und ggf. gegenüber den Wohnräumen des betroffenen Nachbarn befindet (so OVG Münster, Urteil vom 20.6.2007, 10 A 80/04 – www.juris.de, Rn. 42). Daher kann etwa die Stellplatzanlage eines Einzelhandelsbetriebes gegen § 51 Abs. 7 BauO NRW verstoßen, wenn sie in einem bisher nicht durch Stellplätze vorgeprägten Ruhebereich errichtet werden soll, obwohl die Richtwerte der TA Lärm rechnerisch eingehalten werden. In diesen Fällen stellen die Abwehrrechte der Nachbarn ein erhebliches Investitionsrisiko dar.

Im „normalen" Genehmigungsverfahren ist insoweit auch § 11 BauO NRW zu beachten. Gemäß § 11 Abs. 1 BauO NRW ist eine gemäß § 9 Abs. 1 Nr. 22 BauGB festgesetzte Stellplatzanlage von den Eigentümern derjenigen Grundstücke herzustellen, für welche die Anlagen bestimmt sind.

7.7.2   Licht

Auch Lichtimmissionen können sowohl bei der bauleitplanerischen Abwägung als auch bei der Zulassung eines Vorhabens relevant sein. Zur Beurteilung der Zumutbarkeit von Lichtimmissionen beinhalten die „Hinweise zur Messung und Beurteilung von Lichtimmissionen" des Länderausschusses für Immissionsschutz (Beschluss vom 10.5. 2000) eine bundesweit heranziehbare Orientierungshilfe. In Nordrhein-Westfalen (z.B.) kommt zudem der damit weitestgehend übereinstimmende Gemeinsame Runderlass „Lichtimmissionen, Messung, Beurteilung und Verminderung" vom 13. September 2000 (MBl. NRW 2000, S. 1283 bzw. 2001, S. 457) in Betracht. Die Lichtimmissionsrichtlinien enthalten Richtwerte zur Beurteilung der Zumutbarkeit von Raumaufhellung und Blendung, die wiederum nicht schematisch anzuwenden sind (vgl. hierzu OVG Münster, Urteil vom 15.3.2007, 10 A 998/06 – www.juris.de, Rn. 81).

Keine Lichtgrenzwerte im BauGB

Lichtimmissionsrichtlinien als sachverständige Beurteilungshilfen

Mess- und Beurteilungsgröße für die Raumaufhellung ist in der Regel eine in Lux (lx) bemessene mittlere Beleuchtungsstärke. Insoweit gelten in Baugebieten im Sinne der §§ 2-11 BauNVO für Beleuchtungsanlagen folgende mittleren Beleuchtungsstärken als Immissionsrichtwerte in der Fensterebene von Wohnungen bzw. den Begrenzungsflächen für die Wohnnutzung bei Balkonen oder Terrassen:

Bemessungsgrundsätze Raumaufhellung

(1) Kurgebiete, Krankenhäuser, Pflegeanstalten: 1 lx

Immissionsrichtwerte Raumaufhellung

(2) Reine, Allgemeine und Besondere Wohngebiete, Kleinsiedlungsgebiete, Erholungsgebiete: 3 lx von 6.00 bis 22.00 Uhr, 1 lx von 22.00 bis 6.00 Uhr

(3) Dorfgebiete, Mischgebiete: 5 lx von 6.00 bis 22.00 Uhr, 1 lx von 22.00 bis 6.00 Uhr

(4) Kerngebiete, Gewerbegebiete, Industriegebiete: 15 lx von 6.00 bis 22.00 Uhr, 5 lx von 22.00 bis 6.00 Uhr; in Kerngebieten können in Einzelfällen bei geringer Umgebungsbeleuchtung die in (3) genannten Werte gelten.

Mess- und Beurteilungsgröße für die Blendung ist die maximal tolerable Leuchtdichte der Blendlichtquelle in cd(candela)/m². Diese wird in der Regel anhand eines vorgegebenen Proportionalitätsfaktors berechnet, der mit der Wurzel aus der maßgebenden Leuchtdichte in der Umgebung der Blendlichtquelle in cd/m², dividiert durch den Raumwinkel der vom Immissionsort aus gesehenen Blendlichtquelle in Synchronstrahlung, multipliziert wird. Der Proportionalitätsfaktor ist dabei wie folgt anzusetzen:

Bemessungsgrundsätze Blendung

(1) Kurgebiete, Krankenhäuser, Pflegeanstalten: 32

Immissionsrichtwerte Blendung

(2) Reine, Allgemeine und Besondere Wohngebiete, Kleinsiedlungsgebiete, Erholungsgebiete: 96 von 6.00 bis 20.00 Uhr, 64 von 20.00 bis 22.00 Uhr, 32 von 22.00 bis 6.00 Uhr

(3) Dorfgebiete, Mischgebiete: 160 von 6.00 bis 22.00 Uhr, 32 von 22.00 bis 6.00 Uhr

(4) Kerngebiete, Gewerbegebiete, Industriegebiete: 160; in Kerngebieten können in Einzelfällen bei geringer Umgebungsbeleuchtung die in (3) genannten Werte gelten.

Neben der Bedeutung dieser Richtwerte für die konkrete Zulässigkeit eines Vorhabens kann auch ein Bebauungsplan dann unwirksam sein, wenn dieser trotz erkennbarer Nichtumsetzbarkeit der dargestellten Werte (bspw. bzgl. der von den Stellplatzanlagen eines Einzelhandelsvorhabens zu erwartenden Lichtimmissionen) aufgestellt wurde.

7.7.3   Luftschadstoffe

Im Rahmen des Genehmigungsverfahrens sind weiterhin (gegebenenfalls gutachterlich) die Luftschadstoffe in den Blick zu nehmen. Immissionswerte für Luftschadstoffe enthalten sowohl die TA Luft als auch die 39. BImSchV (früher 22. BImSchV). Im Rahmen des Baugenehmigungsverfahrens kommt die TA Luft zur Anwendung (vgl. VG München, Beschluss vom 15.12.2008, M 8 SH 08.5023).

Eine Überschreitung der in der TA Luft genannten Werte kann eine Verletzung des im Rahmen des Baugenehmigungsverfahrens zu berücksichtigenden Rücksichtnahmegebotes indizieren (BVerwG, DVBl 2001, 1460). Jedoch können weitere Kriterien zur Bestimmung der Zumutbarkeitsgrenze herangezogen werden. Hier ist eine umfassende Würdigung aller Umstände des Einzelfalles, insbesondere der speziellen Schutzwürdigkeit des jeweiligen Baugebietes, aber auch die tatsächliche oder planerische Vorbelastung zu berücksichtigen (BVerwG, BRS 55 Nr. 175; BVerwG, BRS 66 Nr. 167). Dabei können Vorbelastungen einerseits die Zumutbarkeitsschwelle anheben, sich andererseits aber auch schutzerhöhend auswirken.

7.8 Altlasten

Inga Schwertner

7.8.1 Baurechtliche Vorschriften

Für die Berücksichtigung von Bodenbelastungen finden sich verschiedene baurechtliche Regelungen. Zu Bodenbelastungen im Bebauungsplan verhalten sich folgende Vorschriften:

- § 1 Abs. 6 Satz 2 Nr. 1 und 7 BauGB: Bei der Aufstellung der Bauleitpläne sind insbesondere zu berücksichtigen: die allgemeinen Anforderungen an gesunde Wohn- und Arbeitsverhältnisse und die Sicherheit der Wohn- und Arbeitsbevölkerung, die Belange des Bodens.

- § 1 a Abs. 2 BauGB: Mit Grund und Boden soll sparsam und schonend umgegangen werden (Bodenschutzklausel).

- § 1 Abs. 7 BauGB: Bei der Aufstellung der Bauleitpläne sind die öffentlichen und privaten Belange gegeneinander und untereinander gerecht abzuwägen.

- § 9 Abs. 1 Nr. 24 BauGB: Im Bebauungsplan können festgesetzt werden: die von der Bebauung freizuhaltenden Flächen und ihre Nutzung, die Flächen für besondere Anlagen und Vorkehrungen zum Schutz vor schädlichen Umwelteinwirkungen im Sinne des Bundes-Immissionsschutzgesetzes sowie die zum Schutz vor Seucheneinwirkungen oder zur Vermeidung oder Minderung solcher Einwirkungen zu treffenden baulichen und sonstigen technischen Vorkehrungen.

- § 9 Abs. 5 Nr. 3 BauGB: Im Bebauungsplan sollten gekennzeichnet werden: Flächen, deren Böden erheblich mit umweltgefährdenden Stoffen belastet sind.

Im Bauordnungsrecht finden sich folgende Vorschriften:

- § 3 Abs. 1 Musterbauordnung (MBO): Anlagen sind so anzuordnen, zu errichten, zu ändern und instand zu halten, dass die öffentliche

Sicherheit und Ordnung, insbesondere Leben, Gesundheit und die natürlichen Lebensgrundlagen nicht gefährdet werden.

- § 13 MBO: Bauliche Anlagen müssen so angeordnet, geschaffen und gebrauchstauglich sein, dass durch Wasser, Feuchtigkeit, pflanzliche und tierische Schädlinge sowie andere chemische, physikalische oder virologische Einflüsse, Gefahren oder unzumutbare Belästigungen nicht entstehen. Baugrundstücke müssen für bauliche Anlagen geeignet sein.

Der Bauherr muss ggf. durch Gutachten die Eignung des Baugrundstücks nach § 13 MBO darlegen. Ein solches Gutachten ist jedoch nur dann beizubringen, und kann auch nur dann von der Bauaufsichtsbehörde als weitere Unterlage im Sinne der Bauprüfverordnung gefordert werden, wenn Anhaltspunkte für das Vorhandensein von schädlichen Bodenveränderungen oder Altlasten bestehen. Aufschluss hierüber geben die regelmäßig bei den Unteren Bodenschutzbehörden geführten Altlastenkataster. Eine Fläche, deren Boden erheblich mit umweltgefährdenden Stoffen belastet ist, ist mit dem Planzeichen Nr. 15.12 der Anlage zur Planzeichenverordnung zu kennzeichnen (vgl. § 3 Abs. 5 BauPrüfVO NRW). Darüber hinaus kann bereits in den Bauantragsunterlagen dargestellt werden, welche etwaig erforderlichen Maßnahmen vorgenommen werden (z B. Auskofferung, Versiegelung). Zulässig ist jedoch auch die Aufnahme einer Nebenbestimmung in die Baugenehmigung (OVG Münster, Urteil vom 14.11.1996).

Soweit Vorschriften des Bauplanungs- und Bauordnungsrechts Einwirkungen auf den Boden nicht regeln, findet das Bundesbodenschutzgesetz Anwendung (§ 3 Abs. 1 Nr. 9 BBodSchG). Keine eigenen Beurteilungsmaßstäbe enthalten die baurechtlichen Regelungen zu der Frage, ob der Verdacht einer schädlichen Bodenveränderung oder Altlast vorliegt. Das Gleiche gilt für etwaig durchzuführende Untersuchungen. Insoweit gelten die Maßstäbe des Bodenschutzrechts.

7.9 Besonderheiten bei Baudenkmälern

Alexander Beutling

Der Umbau von denkmalgeschützten Immobilien zu Handelszwecken kann sich aufgrund der steuerlichen Abschreibungsmöglichkeiten finanziell lohnen. Zunächst geht es in der Praxis jedoch häufig darum, einen Konsens mit der Denkmalbehörde über eine Baumaßnahme zu erzielen, der sowohl dem Denkmalschutz als auch den Bedürfnissen einer wirtschaftlichen Handelsnutzung Rechnung trägt. Erfahrungsgemäß stellen sich in diesem Zusammenhang vor allem folgende Fragen:

- In welchem Umfang unterliegt die Immobilie dem Denkmalschutz? Ist auch das Gebäudeinnere geschützt oder lediglich die Fassade?

- Welche Veränderungen sind erlaubnisfähig? Wo finden die Erhaltungspflichten des Eigentums ihre Grenze und was ist dem Eigentümer wirtschaftlich zumutbar?

- Was passiert, wenn die Baumaßnahme auch Bodendenkmäler berührt, z.B. durch den Bau von Tiefgaragen? Wer trägt die Kosten für die erforderliche Dokumentation und Bergung?

- Welche steuerlichen Abschreibungsmöglichkeiten gibt es? Auf welche Punkte ist insbesondere zu achten?

7.9.1 Umfang des Denkmalschutzes

Bei der Umbauplanung für eine denkmalgeschützte Bestandsimmobilie stellt sich nicht selten die Frage, ob die gesamte Immobilie oder nur Gebäudeteile dem Denkmalschutz (Umfang des Denkmalschutzes) unterfallen. Gerade beim Umbau des Gebäudeinneren kann es erforderlich sein, weitgreifende Veränderungen vorzunehmen, um den heutigen Anforderungen des Marktes gerecht zu werden. Die Denkmalschutzgesetze gehen hier davon aus, dass grundsätzlich das gesamte Gebäude unter Schutz steht. Aus rechtsstaatlichen Überlegungen kann es jedoch geboten sein, nur Teile von baulichen Anlagen als Denkmä-

Grundsatz: gesamtes Gebäude

Bei Entkernung: ggf. nur Fassade

ler zu beurteilen. Bei einem Gebäude, dessen Fassade Denkmalcharakter hat und dessen sonstige Teile für sich gesehen keinen Denkmalcharakter haben, z.B. aufgrund einer vollständigen Entkernung in der Vergangenheit, kommt regelmäßig nur die Unterschutzstellung der Fassade in Betracht (OVG Münster, BRS 73 Nr. 208).

Wegfall des Denkmalschutzes bei baufälliger Gebäudesubstanz

Der Denkmalwert kann darüber hinaus auch insgesamt als Folge von Sanierungsarbeiten wegfallen, und zwar dann, wenn der bauliche Zustand des Hauses derart schlecht ist, dass eine Erhaltung als Denkmal nicht mehr möglich ist. Zwar mag es technisch möglich sein, die Funktion des Gebäudes durch eine Wiederherstellung der Gebäudekubatur und der Raumaufteilung auch nach Beseitigung aller vorhandenen Schäden zu erreichen. Die Sanierungsarbeiten würden dann jedoch dazu führen, dass diese Aussage durch ein Gebäude übernommen würde, das in ganz wesentlichen Teilen als Kopie des ursprünglichen Denkmals anzusehen wäre (OVG Münster, BRS 74 Nr. 216).

7.9.2 Erlaubnisverfahren bei Veränderungen

Interessenabwägung der betroffenen Belange

Will der Eigentümer bauliche Maßnahmen an seinem Denkmal vornehmen, so bedarf er hierzu einer denkmalrechtlichen Erlaubnis. Im Rahmen dieses Erlaubnisverfahrens geht es darum, das öffentliche Interesse am Erhalt des Denkmals abzuwägen gegen das private Interesse des Eigentümers, das die Veränderung des Denkmals – bis hin zur Beseitigung – fordert. Bei der Interessenabwägung kommt es auf die jeweiligen Umstände des Einzelfalles an. Die Erlaubnis darf jedoch nur dann verweigert werden, wenn Gründe des Denkmalschutzes stärkeres Gewicht haben als die für die Veränderung streitenden Umstände (OVG Münster, Urteil vom 20.9.2011 – 10 A 1995/09). Ziel der Abwägung soll es sein, den Eigentümern eine flexible, profitable und zeitgerechte Nutzung ihrer Immobilie im Rahmen des denkmalrechtlich Vertretbaren zu ermöglichen. In der Praxis ist hier auf beiden Seiten

Kreativität und Flexibilität bei der Planung

eine besondere Kreativität und Flexibilität gefordert: Es geht häufig um Fragen der Gestaltung und Werkstoffe, der Form und des Maßstabs sowie möglicher Bau- und Nutzungsalternativen. Da es sich juristisch um unbestimmte Rechtsbegriffe handelt, ist der Erfolg von gerichtlichen Verfahren oft nur schwer vorherzusagen, und auch mit Blick auf die gerichtliche Verfahrensdauer von rund einem Jahr wird häufig eine einvernehmliche Lösung anzustreben sein.

Keine Erhaltungspflicht bei wirtschaftlicher Unzumutbarkeit

Die Erhaltungspflicht des Eigentümers findet ihre Grenze in der Zumutbarkeit. Die Sozialbindung des Eigentümers verpflichtet den Eigentümer nicht, auf Dauer bei der Erhaltung des Gebäudes „zuzuschießen". Die aus Erhaltung und Unterhaltung entstehenden Folgekosten können dem Eigentümer dann nicht mehr entschädigungslos zugemutet werden, wenn der Erhaltungsaufwand unter Berücksichtigung staatlicher und kommunaler Zuschüsse sowie der zu erwartenden steuerlichen Vergünstigung in einem anhaltenden Missverständnis zum realisierbaren Nutzwert für den Eigentümer steht.

Ein Risiko für den Neubau einer Handelsimmobilie kann daraus erwachsen, dass sich in der näheren Umgebung schützenswerte Baudenkmäler befinden. Insbesondere aufgrund von Werbeanlagen oder modernen Gestaltungen, aber auch aufgrund einer erdrückenden Wirkung etwa eines großen Gebäudekomplexes gegenüber einem kleinen Fachwerkhaus können klagefähige Nachbarrechte des Denkmaleigentümers verletzt sein mit der Folge, dass ein Gericht die denkmalrechtliche Erlaubnis oder Baugenehmigung insgesamt aufhebt. Ein solches Abwehrrecht wird dann bejaht, wenn das Vorhaben die Denkmalwürdigkeit des Baudenkmals erheblich beeinträchtigt (BVerwG, BRS 74 Nr. 220; OVG Münster, Beschluss vom 30.12.2010 – 10 B 1118/10).

Rücksichtnahme auf benachbarte Denkmäler

7.9.3 Bodendenkmäler

Der Denkmalschutz kann darüber hinaus auch insoweit betroffen sein, als sich bewegliche oder unbewegliche Bodendenkmäler im Boden befinden oder befanden. Hier geht es regelmäßig darum, diese Bodendenkmäler vor ihrer endgültigen Zerstörung so gut wie möglich wissenschaftlich zu untersuchen, zu dokumentieren und gegebenenfalls zu bergen. Im Interesse der Grundstückseigentümer haben die Denkmalschutzgesetze enge zeitliche Fristen gesetzt. Die Konfliktsituation wird oft dadurch verstärkt, dass wichtige archäologische Funde und Befunde erst während laufender Baumaßnahmen aufgedeckt und bekannt werden. Die dann notwendigen Dokumentations- und Bergungsarbeiten der Bodendenkmalpflegeämter können Baubehinderungen und -verzögerungen verursachen, bodendenkmalpflegerische Erfordernisse gelegentlich sogar zu Planänderungen führen. Besonderes Konfliktpotenzial bergen Sanierungsmaßnahmen in historischen Stadt- und Dorfkernen, z.B. der Bau von Tiefgaragen. Wegen des komplizierten Schichtenaufbaus und der oft schwer zu deutenden Befunde lässt sich der organisatorische, finanzielle und zeitliche Aufwand selten voraussagen. Hier ist eine frühzeitige Beteiligung der Bodendenkmalpflege auch im Interesse des Investors, um Verzögerungen während der Baumaßnahme möglichst zu vermeiden. Hinsichtlich der Kosten dieser Maßnahmen kommt es auf das jeweilige Landesrecht an: In Nordrhein-Westfalen gilt, dass entgegen der bisherigen Praxis der Denkmalbehörden allein der Landschaftsverband nach den Wertungen des Gesetzes diese Kosten zu tragen hat (OVG Münster, Urteil vom 20.9.2011 – 10 A 1995/09). Etwaige gegenteilige Auflagen in Erlaubnisbescheiden sind rechtswidrig und werden im Klagefalle vom Gericht aufgehoben.

Untersuchung, Dokumentation, Bergung

Kostentragung

7.9.4 Einkommensteuerrecht

Das Einkommensteuerrecht bietet mehrere Möglichkeiten, die Steuerschuld aufgrund von Aufwendungen für Baudenkmäler zu mindern, beispielsweise durch Absetzungen von den Anschaffungs- und Herstel-

Steuerliche Bescheinigung der Denkmalbehörde und Abstimmung der Maßnahme

lungskosten, Sonderbehandlung von Erhaltungsaufwand, Sonderausgabenabzug sowie Spenden. Bei Gebäuden und Gebäudeteilen, die als Baudenkmal unter Schutz gestellt sind, können für nachträgliche Anschaffungs- oder Herstellungskosten anstelle der üblichen linearen Abschreibung erhöhte Absetzungen in Anspruch genommen werden. Die erhöhten Absetzungen können grundsätzlich nur dann in Anspruch genommen werden, wenn durch eine Bescheinigung der Denkmalbehörde die Denkmaleigenschaft des Gebäudes und die Höhe der begünstigten Aufwendungen von den Steuerpflichtigen gegenüber dem Finanzamt nachgewiesen werden. Die Bescheinigung kann nur erteilt werden, wenn die Baumaßnahmen in Abstimmung mit der Denkmalbehörde vorgenommen worden sind. Der Bauherr muss also vor Beginn der Baumaßnahmen diese im Einzelnen mit der Denkmalbehörde abstimmen. Im Rahmen der Abstimmung ist Klarheit darüber herbeizuführen, welche Baumaßnahmen oder Gewerke für eine Erhöhte Abschreibung bescheinigt werden können. Vom Bauherrn sind die Baumaßnahmen so auszuführen, wie dies in der Abstimmung vereinbart worden ist. Erfolgt dies nicht, ist eine Bescheinigung nicht möglich. Eine nachträgliche Abstimmung heilt diesen Verfahrensfehler nicht, auch wenn die Baumaßnahmen denkmalverträglich ausgeführt worden sind.

Erforderlichkeit der Aufwendungen

Die Aufwendungen müssen darüber hinaus nach Art und Umfang dazu erforderlich sein, das Gebäude als Baudenkmal zu erhalten oder sinnvoll zu nutzen. Stehen nur Teile eines Gebäudes unter Denkmalschutz und sind diese Gebäudeteile selbstständig nicht nutzungsfähig, wie z.B. die Fassade, können auch unter dem Gesichtspunkt der sinnvollen Nutzung Aufwendungen, die nicht unmittelbar diese Gebäudeteile betreffen, nicht in die Bescheinigung einbezogen werden. Wird ein Baudenkmal entkernt und dabei schützenswerte Substanz im Inneren des Gebäudes entfernt und durch neue Einbauten ersetzt, und ist der verbleibende Gebäuderest weiterhin ein Baudenkmal, so können nur die Aufwendungen bescheinigt werden, die zur Erhaltung dieses Restes, z.B. der Außenmauern, erforderlich waren. Die Aufwendungen für eine Entkernung und die neuen Inneneinbauten können regelmäßig nicht bescheinigt werden. Eine Ausnahme gilt bei Aufwendungen für die Inneneinbauten, die zur Erhaltung der Außenmauern wesentlich waren, z.B. auf statische Erfordernisse zurückgehende Decken und Wände.

7.10 Baugenehmigungsgebühren

Inga Schwertner

7.10.1 Landesrecht

Die Festsetzung von Baugenehmigungsgebühren ist landesrechtlich geregelt. Überwiegend finden sich Baugebühren(ver-)ordnungen. In einigen wenigen Bundesländern (z.B. Baden-Württemberg, Hessen) müssen Satzungen der Kommune bzw. des Kreises herangezogen werden.

Im Folgenden wird den sich im Wesentlichen länderübergreifend stellenden Fragen nachgegangen. Exemplarisch wird hierbei das nordrhein-westfälische Recht zitiert.

7.10.2 Fiktive Rohbausumme

Die Baugenehmigungsgebühren werden in den meisten Bundesländern anhand pauschalierter Rohbausummen errechnet. Diese liegen regelmäßig weit über den tatsächlichen Rohbaukosten. Die Rechtsprechung erachtet die Gebührenbescheide gleichwohl für rechtmäßig, dies insbesondere unter dem Gesichtspunkt der Gebührengerechtigkeit und dem Äquivalenzprinzip (BVerwG, DÖV 2000, 821; vorgehend OVG Weimar, ThürVBl 2000, 184; differenzierter: OVG Greifswald, NVwZ-RR 2004, 165; OVG Münster, Beschluss vom 3.11.2004).

Der tatsächliche Rohbauwert kann jedoch der Gebührenberechnung zugrunde zu legen sein, wenn für die in Rede stehende Gebäudeart ein Rohbauwert in der Anlage zur Gebührenordnung nicht angegeben ist (Tarifstelle 2.1.2 des Allgemeinen Gebührentarifs (AGT) zur Allgemeinen Verwaltungsgebührenordnung NRW (AVerwGebO NRW); § 3 Abs. 2 Niedersächsische Baugebührenordnung).

Tatsächlicher Rohbauwert

In der Anlage 2 zur Niedersächsischen Baugebührenordnung fehlt beispielsweise ein Rohbauwert für Verkaufsstätten mit mehr als 5.000 m³. Nach § 3 Abs. 2 Niedersächsische Baugebührenordnung ist daher für ein solches Vorhaben der tatsächliche Rohbauwert zugrunde zu legen.

Berechnung der tatsächlichen Rohbaukosten

Die tatsächlichen Rohbaukosten sind die Kosten, die im Zeitpunkt der Genehmigung für alle bis zu einer Rohbauabnahme fertigzustellenden Arbeiten und Lieferungen entstehen werden. Hierzu gehören insbesondere auch die Kosten für Erdarbeiten, Abdichtungen, Dachdeckungsarbeiten, Klempnerarbeiten, Gerüste, Baugrubensicherungen, die Baustelleneinrichtung sowie die Kosten für Bauteile, die nicht bis zu einer Bauzustandsbesichtigung des Rohbaus fertigzustellen sind, für die jedoch ein Standsicherheitsnachweis erforderlich ist.

7.10.3 Verkaufsstätte als Hallenbau

Lässt sich eine Verkaufsstätte als Hallenbau qualifizieren, ergibt sich eine wesentlich geringere Baugenehmigungsgebühr.

Die Anlage 1 zum Gebührentarif zu Tarifstelle 2 der Allgemeinen Verwaltungsgebührenordnung NRW (AVerwGebO NRW) führt unter der Gebäudeart Nr. 15 „ein- und mehrgeschossige Läden (Verkaufsstätten) bis 2.000 m² Verkaufsfläche (soweit nicht unter Nr. 22)" auf und unter der Gebäudeart Nr. 16 „eingeschossige Verkaufsstätten über 2.000 m² Verkaufsfläche, Einkaufszentren (soweit nicht unter Nr. 22)".

Die Gebäudeart Nr. 22 umfasst:

„Hallenbauten wie Fabrik-, Werkstatt- und Lagerhallen, einfache Sport- und Tennishallen ohne oder mit geringen Einbauten

a) bis 3.000 m³ umbauten Raum
   Bauart leicht 1
   Bauart mittel 2
   Bauart schwer 3

b) der 3.000 m³ übersteigende umbaute Raum
   Bauart leicht 1
   Bauart.mittel 2
   Bauart schwer 3".

In den Fußnoten 1 bis 3 finden sich sodann Erläuterungen zu den aufgeführten Bauarten leicht, mittel und schwer.

Zur „Bauart leicht" findet sich die Erläuterung:
„Zum Beispiel Stahlhallen mit Blecheindeckung und Wandverkleidung in Blech oder 11,5 cm starke Ausmauerung der Wände oder Gasbetonwände (leichte Wandverkleidung)."

Zur „Bauart mittel" findet sich folgende Erläuterung:
„Zum Beispiel Stahlhallen mit schwerer Dacheindeckung (Gasbetonplatten) und leichter Wandverkleidung, Stahlbeton- oder Spannbetonhallen mit leichter Dacheindeckung und unterschiedlichen Wandausführungen."

Zur „Bauart schwer" findet sich folgende Erläuterung:
„Zum Beispiel Stahlbeton- oder Spannbetonhallen mit schwerer Dacheindeckung und schwerer Wandausführung."

Die Anwendbarkeit der Nr. 22 bejaht, d.h. einen Hallenbau angenommen haben: VG Düsseldorf, Urteil vom 9.7.2002 für drei Fachmärkte (Tiernahrung, Getränkemarkt, Küchenstudio); bestätigt durch OVG Münster, Beschluss vom 16.9.2004; VG Gelsenkirchen, Urteil vom 24.1.2007 für einen Aldi-Markt.

Eine andere Auffassung vertreten hat das VG Düsseldorf, Urteil vom 31.8.2006 für einen Bau- und Gartenmarkt, bestätigt durch OVG Münster, Urteil vom 24.3.2009.

Das OVG Münster stellt hierbei maßgeblich darauf ab, dass die niedrigen Rohbauwerte der Nr. 22 nur für Hallenbauten vorgesehen seien, die im Wesentlichen nur aus Außenwänden, ggf. Stützen und einer üblicherweise flachen Decke bestehen. Etwaige Einbauten, d.h. eingebaute Teile wie Wände, Stützpfosten oder Querstreben seien nur dann noch gering, wenn sie im Verhältnis praktisch zu vernachlässigen seien und den Herstellungsaufwand nur unwesentlich erhöhten.

Inwieweit unter Berücksichtigung der Rechtsprechung ein Hallenbau angenommen werden kann, muss daher anhand der genannten Kriterien in jedem Einzelfall geprüft werden.

7.10.4 Einheitliches Vorhaben

Werden gemischt genutzte Vorhaben verwirklicht (beispielsweise ein Wohn- und Geschäftshaus, ein Vollsortimenter mit Discounter, ein Garten- und Baumarkt), so stellt sich die Frage, ob für die unterschiedlichen Nutzungseinheiten unterschiedliche Rohbauwerte zugrunde zu legen sind.

Bei Gebäuden mit gemischter Nutzung sind für die Gebäudeteile mit verschiedenen Nutzungsarten die Rohbauwerte anteilig zu ermitteln (vgl. Tarifstelle 2.1.2 des Allgemeinen Gebührentarifs (AGT) zur Allgemeinen Verwaltungsgebührenordnung NRW (AVerwGebO NRW)). Verschiedene Nutzungsarten in diesem Sinne werden bereits dann angenommen, wenn trotz einheitlicher identischer Gesamtnutzung des Gebäudes unter dem Aspekt der baulichen Ausgestaltung für einzelne Gebäudeteile verschiedene Nummern der Tabelle mit unterschiedlichen Rohbauwerten einschlägig sind (OVG Münster, Urteil vom 28.11.2007).

Umfasst ein Vorhaben mehrere Gebäude, die einem gemeinsamen, übergeordneten Nutzungszweck dienen, und wird dem auch in der baulichen Gestaltung Rechnung getragen, kommt nach der Rechtsprechung des OVG Münster, Urteil vom 24.3.2009 nur eine einheitliche Zuordnung zu einer der in der Rohbauwertetabelle bezeichneten Gebäudearten in Betracht. Einen solchen gemeinsamen Nutzungszweck hat das OVG Münster in seinem zuvor angeführten Urteil angenommen für eine Bau- und Gartenmarkthalle mit Funktionsgebäude. Der gemeinsame Nutzungszweck bestehe darin, dass die genannten Gebäude dem Nutzungszweck „Verkaufsstätte" dienten. Das gelte auch für das Funktionsgebäude. In diesem befänden sich zwar keine Verkaufsflächen, sondern Räumlichkeiten wie etwa die Warenannahme, Heizungsraum, Sprinklerraum und Aufenthaltsräume für das Personal. Die genannten Räumlichkeiten dienten aber keinem selbstständigen Nutzungszweck, sondern seien wesentlicher Bestandteil der Verkaufsstätte, die ohne sie nicht betrieben werden könnte.

Eine getrennte Zuordnung von Gebäudeteilen zu verschiedenen Gebäudearten der Rohbauwertetabelle ist dagegen beispielsweise dann angezeigt, wenn trotz einheitlicher identischer Gesamtnutzung des Gebäudes unter dem Aspekt der Geschossigkeit verschiedene Nummern der Tabelle mit unterschiedlichen Rohbauwerten der Tabelle einschlägig sind. Dies ist beispielsweise dann der Fall, wenn das Gebäude in wesentlichen Teilen unterschiedliche Geschossigkeiten aufweist und deshalb mit den jeweiligen Teilen unterschiedlichen Gebäudearten nach der Rohbaukostentabelle mit entsprechend unterschiedlichen Rohbauwerten unterfällt. Dabei dürfen die ein- wie auch die zweigeschossigen Gebäudeteile jedoch nicht nur gänzlich untergeordneter Art sein (vgl. OVG Münster, Urteil vom 24.3.2009 – 9 A 4019/06).

7.10.5 Rahmengebühren

Sieht das Gesetz für eine bestimmte Gebühr einen Gebührenrahmen vor, so ist der Bescheid nur dann rechtmäßig, wenn die Behörde bei der Gebührenbemessung das ihr zustehende Ermessen ausgeübt hat (OVG Münster, Beschluss vom 18.8.2004 – 9 B 1591/04). Nicht selten fehlt es hieran. Zu berücksichtigen ist jedoch, dass es der Behörde unbenommen bleibt, den Bescheid zurückzunehmen und durch einen neuen Bescheid (in gleicher Höhe) nunmehr unter Beifügung einer Begründung zur Höhe der Gebühr zu ersetzen.

7.10.6 Ermäßigungen für vergleichbare Anlagen und nach einem Vorbescheid

Werden für mehrere gleiche oder weitgehend vergleichbare bauliche Anlagen (gleiche oder weitgehend vergleichbare Bauvorlagen) gleichzeitig eine oder mehrere Baugenehmigungen oder Vorbescheide beantragt, so ermäßigen sich die Gebühren für jede Anlage auf die Hälfte, bei nur zwei baulichen Anlagen für jede Anlage auf drei Viertel (vgl. Tarifstelle 2.3.1 des Allgemeinen Gebührentarifs (AGT) zur Allgemeinen Verwaltungsgebührenordnung NRW (AVerwGebO NRW)).

Ist ein Vorbescheid erteilt worden, wird die Gebühr für den Vorbescheid zur Hälfte auf die Baugenehmigungsgebühr angerechnet, wenn die mit dem Bauantrag eingereichten Bauvorlagen im Wesentlichen dem Inhalt eines Vorbescheides entsprechen (vgl. Tarifstelle 2.3.4 des Allgemeinen Gebührentarifs (AGT) zur Allgemeinen Verwaltungsgebührenordnung NRW (AVerwGebO NRW)).

7.10.7 Stellplätze

In der Praxis recht uneinheitlich gehandhabt wird die gebührenrechtliche Behandlung von genehmigungspflichtigen Stellplatzanlagen für Kraftfahrzeuge. Teilweise ergeht eine gesonderte Gebühr, teilweise bleibt es allein bei der Gebühr für das Gebäude.

Ansatzpunkt für die Erhebung einer gesonderten Gebühr für die Stellplatzanlage ist die Tarifstelle 2.4.1.2 des Allgemeinen Gebührentarifs (AGT) zur Allgemeinen Verwaltungsgebührenordnung NRW (AVerwGebO NRW). Hiernach beträgt die Grundgebühr für die Erteilung der Baugenehmigung zur Errichtung von baulichen Anlagen, die nicht Gebäude sind, nicht § 66 BauO NRW unterliegen und nicht im zeitlichen und konstruktiven Zusammenhang mit der Errichtung oder Erweiterung von unter Tarifstellen 2.4.1.1 bis 2.4.1.3 genannten Gebäuden stehen, abhängig von der nach den Buchstaben a bis c vorzunehmenden baurechtlichen Einordnung 6, 10 oder 13 v.T. der Herstellungssumme.

Wenn auch der zeitliche Zusammenhang regelmäßig bejaht wird, gehen die Auffassungen zum konstruktiven Zusammenhang auseinander. Das OVG Münster hat in seinem Urteil vom 24.3.2009 einen konstruktiven Zusammenhang verneint. Es hat hierzu ausgeführt, dass die Teile der Stellplatzanlage und das Gebäude in ihrer statisch-technischen Konstruktion nicht in einem wesentlichen Verbund stünden, also nicht voneinander abhängig oder aufeinander angewiesen seien. Entgegengehalten wird dem, dass das Einzelhandelsvorhaben nicht ohne die bauordnungsrechtlich notwendigen Stellplätze genehmigt werden kann und daher der erforderliche Zusammenhang bestehe.

Wegen der grundsätzlichen Bedeutung der Angelegenheit hat das Ministerium für Wirtschaft, Energie, Bauen, Wohnen und Verkehr des Landes Nordrhein-Westfalen mit Erlass vom 12.10.2000 (Az. II A 2 – 66.2) ausgeführt, dass die Herstellungskosten für genehmigungspflichtige Stellplätze bereits in den Rohbauwerten für das Gebäude (Anlage 1 zum Gebührentarif) enthalten sind. Zur Begründung verweist der Erlass darauf, dass in der für die Fortschreibung der Rohbauwerte maßgeblichen Leistungsart „Rohbauarbeiten" die Wägungsanteile für Außenanlagen, zu denen auch Stellplätze zu zählen seien, enthalten seien.

Erlass des Bauministeriums NRW

Das OVG, das an den ministeriellen Erlass nicht gebunden ist, hat in seinem oben angeführten Urteil gleichwohl die Erhebung einer gesonderten Gebühr für rechtmäßig erachtet. Seiner Auffassung nach sei mit der Begründung des Erlasses lediglich gesagt, dass bei der Fortschreibung der Rohbauwerte entsprechende Wägungsanteile berücksichtigt werden, nicht aber, dass die Herstellungskosten für genehmigungsbedürftige Stellplätze in die ortsüblichen Rohbaukostensätze einbezogen worden seien. Für die Praxis bedeutet dies weiterhin eine nicht einheitliche Handhabung durch die Baugenehmigungsbehörden.

Entscheidung des OVG Münster

7.11 Haftung bei Vorenthaltung oder Verzögerung von Baurechten

Franz-Josef Pauli

Wird ein Bauantrag oder ein Vorbescheidsantrag von der Baugenehmigungsbehörde rechtswidrig abgelehnt, dauert es oft mehrere Jahre, bis das Baurecht im verwaltungsgerichtlichen Klageverfahren durchgesetzt werden kann. Dem Investor und Betreiber entstehen dann erhebliche Verzögerungsschäden (entgangener Gewinn, Baukostensteigerungen etc.). Der Schaden kann sich sogar zu einem völligen Ausfallschaden ausweiten, wenn das Vorhaben während des laufenden verwaltungsgerichtlichen Klageverfahrens durch den Erlass einer Veränderungssperre bzw. eines entgegenstehenden Bebauungsplans noch zum Scheitern gebracht wird.

Nicht nur durch rechtswidrige Ablehnung, sondern auch durch schleppende Bearbeitung und verzögerte Bescheidung eines Bauantrags oder einer Bauvoranfrage kann die Realisierung eines Vorhabens verzögert und unter Umständen ganz verhindert werden. Meist geht es in diesen Fällen um beträchtliche Schadenssummen. Es stellt sich die Frage, unter welchen Voraussetzungen und in welchem Umfang der Geschädigte die Baugenehmigungsbehörde auf Schadensersatz in Anspruch nehmen kann.

7.11.1 Haftung der Baugenehmigungsbehörde bei rechtswidriger Versagung der Baugenehmigung

7.11.1.1 Schadensersatz wegen schuldhafter Amtspflichtverletzung nach § 839 BGB i. V. m. Art. 34 GG

Amtspflicht-
verletzung

Jeder Beamte und sonstige Amtsträger hat die Amtspflicht zum rechtmäßigen Handeln. Die Baugenehmigungsbehörde muss die beantragte Baugenehmigung erteilen, wenn das Vorhaben den öffentlich-rechtlichen Vorschriften, insbesondere des Bauplanungs- und Bauordnungsrechts, entspricht. Wird der Bauantrag abgelehnt, obwohl dem Vorha-

ben rechtliche Hindernisse nicht entgegenstehen, liegt eine Amtspflichtverletzung vor. Gleiches gilt bei der Ablehnung eines positiv be-
scheidungsfähigen Antrags auf Erteilung einer Bauvoranfrage.

Die verletzte Amtspflicht muss aber zumindest auch dem Schutz des
Geschädigten dienen (sog. Drittbezogenheit). Bei der rechtswidrigen
Versagung einer Baugenehmigung oder eines Bauvorbescheids ist geschützter Dritter im Regelfall nur derjenige, der den Bauantrag bzw.
die Bauvoranfrage gestellt hat (BGH, NJW 1994, 2091 ff.). Andere,
auch wenn sie durch die rechtswidrige Versagung einen Schaden erleiden, gehen leer aus. Wenn z.B. der Bauantrag für einen Einzelhandelsmarkt nur von dem – mit dem vorgesehenen Betreiber nicht iden-
tischen – Grundstückseigentümer gestellt wird, kann bei rechtswidriger Versagung der Baugenehmigung auch nur der Grundstückseigentümer seinen Schaden ersetzt verlangen.

Nach § 839 Abs. 1 Satz 1 BGB besteht ein Schadensersatzanspruch | **Haftung nur bei**
wegen Amtspflichtverletzung nur dann, wenn der Amtsträger schuld- | **Verschulden**
haft gehandelt hat; er muss die Amtspflicht vorsätzlich oder fahrlässig
verletzt haben. In jedem Einzelfall ist anhand der konkreten Umstände
festzustellen, ob der Amtsträger zumindest fahrlässig gehandelt, d.h.
die im Verkehr erforderliche Sorgfalt außer Acht gelassen hat. Dabei
sind an die Sorgfaltspflicht strenge Anforderungen zu stellen. Jeder
Amtswalter muss grundsätzlich die für sein Amt erforderlichen Rechts-
und Verwaltungskenntnisse haben bzw. sich verschaffen (objektivier-
ter Sorgfaltsmaßstab, BGH, BauR 2006, 353, 355).

Eine weitere Voraussetzung für den Amtshaftungsanspruch besteht | **Kausalität zwischen**
darin, dass zwischen der Amtspflichtverletzung und dem Schaden ein | **Amtspflichtverlet-**
adäquater Kausalzusammenhang besteht. Es geht darum, ob der Scha- | **zung und Schaden**
den durch die Amtspflichtverletzung – hier also durch die Versagung
der Baugenehmigung bzw. des Bauvorbescheids – verursacht worden
ist. Zur Beantwortung dieser Frage ist darauf abzustellen, welchen Verlauf die Dinge genommen hätten, wenn die Baugenehmigungsbehörde die Baugenehmigung bzw. den Bauvorbescheid pflichtgemäß
erteilt hätte. Soweit dann die Vermögenslage des Geschädigten besser
wäre, als sie sich jetzt darstellt, liegt ein Schaden vor.

Wenn beispielsweise der von einem Möbelhändler gestellte Bauantrag | **Entgangener Gewinn,**
nicht erst nach zweijähriger Prozessdauer, sondern statt des rechtswid- | **Baukostensteigerung,**
rigen Ablehnungsbescheids von vornherein positiv beschieden wor- | **höhere Finanzierungs-**
den wäre, wäre der zur Genehmigung gestellte Möbelmarkt schon zwei | **kosten**
Jahre früher errichtet und betrieben worden. Der in diesen zwei Jahren
entgangene Gewinn ist dem Möbelhändler als Schaden zu ersetzen.
Soweit außerdem in diesen zwei Jahren die Baukosten gestiegen und
höhere Finanzierungskosten angefallen sind, haftet die Baugenehmigungsbehörde auch für diese Mehrkosten.

Wenn das Grundstück während des zweijährigen Verzögerungszeit- | **Vorteilsausgleichung**
raums nicht ungenutzt dalag, sondern z.B. als Lagerfläche vermietet
werden konnte, muss sich der Geschädigte die daraus erzielten Miet-

einnahmen im Wege der Vorteilsausgleichung auf seinen Schaden anrechnen lassen.

Keine anderweitige Ersatzmöglichkeit

Hat der Amtsträger nur fahrlässig (also ohne Vorsatz) gehandelt, so besteht ein Amtshaftungsanspruch nur dann, wenn der Verletzte nicht auf andere Weise Ersatz zu erlangen vermag (§ 839 Abs. 1 Satz 2 BGB, sog. Subsidiaritätsklausel). Diese Haftungsprivilegierung des Staates spielt bei der rechtswidrigen Vorenthaltung oder Verzögerung von Baurechten keine nennenswerte Rolle, da es in diesen Fällen neben der Baugenehmigungsbehörde regelmäßig keine anderen Schädiger gibt, die auf Schadensersatz in Anspruch genommen werden könnten.

Anders stellt sich die Situation dar, wenn es um die rechtswidrige Erteilung einer Baugenehmigung geht; dann kommt vielfach eine anderweitige Ersatzmöglichkeit in Gestalt der Architektenhaftung in Betracht; denn der Architekt schuldet seinem Auftraggeber eine dauerhaft genehmigungsfähige Planung.

Vorrang des Primärrechtsschutzes

Nach § 839 Abs. 3 BGB tritt die Ersatzpflicht nicht ein, wenn es der Geschädigte schuldhaft unterlassen hat, den Schaden durch den Gebrauch eines Rechtsmittels abzuwenden. Deshalb muss der Geschädigte gegen die rechtswidrige Ablehnung des Bauantrags bzw. der Bauvoranfrage das vorgesehene Rechtsmittel (Widerspruch und/oder Verpflichtungsklage) einlegen, wenn dies – ggf. nach Einholung von Rechtsrat – erfolgversprechend erscheint. Tut er es nicht, so bleibt ihm der Ersatzanspruch versagt, wenn und soweit er bei Einlegung des Rechtsmittels Erfolg gehabt und den Schaden noch abgewendet hätte.

Verjährung

Der Amtshaftungsanspruch verjährt nach drei Jahren (Regelverjährung, § 195 BGB). Die Verjährungsfrist beginnt mit dem Schluss des Jahres, in dem der Anspruch entstanden ist und der Geschädigte von den Tatsachen, die den Anspruch begründen, Kenntnis erlangt hat oder ohne grobe Fahrlässigkeit erlangen musste (§ 199 Abs. 1 BGB). Bei rechtswidriger Ablehnung eines Bauantrags/Bauvorbescheids beginnt die dreijährige Verjährungsfrist in aller Regel mit dem Schluss des Jahres, in dem der Ablehnungsbescheid dem Geschädigten zugestellt worden ist.

Hemmung der Verjährung

Wer gegen den Ablehnungsbescheid Rechtsmittel einlegt, hat nicht zu befürchten, dass während des laufenden Widerspruch- bzw. Klageverfahrens sein Amtshaftungsanspruch verjährt. Denn die Verjährung wird durch den Primärrechtsschutz gehemmt (BGH, BGHZ 95, 238).

7.11.1.2 Verschuldensunabhängige Haftung der Baugenehmigungsbehörden nach §§ 39 ff. OBG NRW (und nach entsprechenden Regelungen in anderen Bundesländern)

Neben dem Amtshaftungsanspruch kann dem Geschädigten ein Entschädigungsanspruch aus landesrechtlichen Haftungsnormen zustehen. In Nordrhein-Westfalen finden sich diese Regelungen in §§ 39-

43 des Ordnungsbehördengesetzes (OBG NRW). Es handelt sich um eine verschuldensunabhängige Haftung, der insbesondere dann eine eigenständige Bedeutung zukommt, wenn der Amtshaftungsanspruch nach § 839 BGB i.V.m. Art. 34 GG daran scheitert, dass dem für den rechtswidrigen Ablehnungsbescheid verantwortlichen Amtsträger kein Schuldvorwurf gemacht werden kann.

In anderen Bundesländern gibt es vergleichbare Regelungen, die aber hinsichtlich der Haftungsvoraussetzungen wie auch hinsichtlich der Haftungsfolgen zum Teil erheblich voneinander abweichen. Die unterschiedlichen Regelungen im Einzelnen aufzuzeigen, würde den Rahmen dieses Beitrags sprengen, weshalb im Folgenden nur auf die Bestimmungen im nordrhein-westfälischen Ordnungsbehördengesetz abgestellt wird.

Die Bauaufsichtsbehörden sind Sonderordnungsbehörden; die ihnen obliegenden Aufgaben gelten als solche der Gefahrenabwehr (§ 60 Abs. 2 BauO NRW). Wird ein Bauantrag bzw. eine Bauvoranfrage negativ beschieden, obwohl öffentlich-rechtliche Vorschriften nicht entgegenstehen und der Antragsteller somit einen Anspruch auf Erteilung der Baugenehmigung/des Bauvorbescheids hat, stellt dies eine rechtswidrige ordnungsbehördliche Maßnahme i.S.d. § 39 Abs. 1 b OBG NRW dar. **Rechtswidrige ordnungsbehördliche Maßnahme**

Die Haftung für den Schaden, den der Antragsteller durch die rechtswidrige Ablehnung der Baugenehmigung/des Bauvorbescheids erleidet, setzt nicht voraus, dass die Baugenehmigungsbehörde ein Verschulden trifft. Hierin besteht der wesentliche Unterschied im Vergleich mit dem Amtshaftungsanspruch aus § 839 BGB i.V.m. Art. 34 GG. In den Fällen, wo der Baugenehmigungsbehörde kein Verschulden vorzuwerfen ist und die Amtshaftung aus § 839 BGB i.V.m. Art. 34 GG somit versagt, kann die Baugenehmigungsbehörde gleichwohl nach § 39 Abs. 1 b OBG NRW auf Schadensersatz in Anspruch genommen werden. **Kein Verschulden erforderlich**

Der Ersatzanspruch erstreckt sich auf die Vermögensschäden, die dem Antragsteller durch die rechtswidrige Versagung der Baugenehmigung bzw. des Bauvorbescheids entstehen. Er umfasst auch den entgangenen Gewinn, soweit er sich im Rahmen des gewöhnlichen Verdienstes oder Nutzungsentgelts bewegt (§ 40 Abs. 1 Satz 2 OBG NRW). Durch Baukostensteigerungen entstandene Mehrkosten zählen ebenfalls zu den zu ersetzenden Vermögensnachteilen. **Umfang der Entschädigung**

Auch im Hinblick auf die Haftung nach §§ 39 ff. OBG NRW empfiehlt es sich, gegen den rechtswidrigen Ablehnungsbescheid Widerspruch und/oder verwaltungsgerichtliche Klage zu erheben. Wenn der Geschädigte es fahrlässig unterlassen hat, gegen den Ablehnungsbescheid ein erfolgversprechendes Rechtsmittel einzulegen, so begründet dies ein bei der Bemessung der Entschädigung zu berücksichtigendes Mitverschulden (§ 40 Abs. 4 OBG NRW). **Primärrechtsschutz**

Nach § 41 OBG NRW verjährt der Entschädigungsanspruch in drei Jahren von dem Zeitpunkt an, in welchem der Geschädigte von dem **Verjährung**

321

Schaden und von der zur Entschädigung verpflichteten Körperschaft Kenntnis erlangt, spätestens aber in dreißig Jahren von der Entstehung des Entschädigungsanspruchs an. Durch den Primärrechtsschutz (Widerspruch und/oder verwaltungsgerichtliche Klage) wird die Verjährung auch hinsichtlich des Entschädigungsanspruchs gehemmt.

7.11.2 Haftung der Baugenehmigungsbehörde wegen verzögerter Bearbeitung eines Baugesuchs

7.11.2.1 Schadensersatz wegen schuldhafter Amtspflichtverletzung nach § 839 BGB i. V. m. Art. 34 GG

Amtspflicht-verletzung

Jede Behörde hat die an sie gerichteten Anträge mit der gebotenen Beschleunigung zu bearbeiten und innerhalb einer angemessenen Frist zu bescheiden. Wird die Bearbeitung eines Antrags verzögert, stellt dies eine Amtspflichtverletzung dar (BGH, BGHZ 170, 260, 266).

Angemessener Bearbeitungszeitraum

Welche Frist für die sachgerechte Bearbeitung und Bescheidung eines Baugesuchs angemessen ist, hängt von den im Einzelfall gegebenen Umständen ab. Die für die Erhebung einer verwaltungsgerichtlichen Untätigkeitsklage in § 75 VwGO normierte Drei-Monats-Frist bildet nur eine Richtschnur und darf keineswegs immer ausgeschöpft werden. Vielmehr kann der angemessene Zeitraum für die Bearbeitung eines Baugesuchs auch deutlich kürzer anzusetzen sein, insbesondere dann, wenn die Baugenehmigungsbehörde mit dem Vorhaben in dieser oder ähnlicher Form zuvor bereits befasst gewesen ist (z.B. aufgrund einer Bauvoranfrage). In einem so gelagerten Fall hat der Bundesgerichtshof eine Bearbeitungszeit von max. sechs Wochen zugebilligt (BGH, Beschluss vom 23.1.1992 – 3 ZR 191/90, www.juris.de). Umgekehrt kann die Bearbeitungsfrist auch mit mehr als drei Monaten zu bemessen sein, beispielsweise wenn der Umfang des Vorhabens, die Schwierigkeit der Materie und die gebotene Beteiligung anderer Behörden einen größeren Zeitaufwand erfordern. Auch wenn die erforderlichen Antragsunterlagen anfänglich noch unvollständig sind und erst im Laufe des Genehmigungsverfahrens komplettiert werden, kann sich dadurch der erforderliche Bearbeitungszeitraum verlängern.

Ändernde Planungsmaßnahmen nach §§ 14, 15 BauGB

Nach der Einreichung eines Bauantrags, der nach gültiger Rechtslage positiv zu bescheiden ist, hat die Gemeinde immer noch die Möglichkeit, ändernde Planungsmaßnahmen einzuleiten und diese nach Maßgabe der §§ 14, 15 BauGB durch Zurückstellung und Veränderungssperre zu sichern. Jedoch darf die Gemeinde von diesen Sicherungsinstrumenten nur innerhalb des Zeitraums Gebrauch machen, der für die Bearbeitung des Bauantrags/der Bauvoranfrage ohnehin erforderlich und angemessen ist. Wenn es ihr innerhalb dieses Zeitraums nicht gelingt, die Voraussetzungen für eine Zurückstellung nach § 15 BauGB zu schaffen, muss die Genehmigungsbehörde die beantragte Baugenehmigung bzw. den beantragten Bauvorbescheid erteilen, auch wenn das Vorhaben den gemeindlichen Planungsabsichten zuwiderläuft. Die Genehmigungsbehörde ist nicht berechtigt, die Bearbeitung und/oder die Bescheidung eines Baugesuchs hinauszuzögern, bis die Veränderungssperre in Kraft gesetzt ist bzw. bis die Voraussetzungen für eine Zurückstellung des Baugesuchs vorliegen. Ein solches Zuwarten ist amtspflichtwidrig (BGH, BauR 2001, 1884).

Jeder Amtsträger sollte wissen, dass er einen Antrag zügig zu bearbeiten und zu bescheiden hat. Wird die angemessene Bearbeitungszeit gleichwohl überschritten, liegt in aller Regel auch das für den Amtshaftungsanspruch erforderliche Verschulden vor. Dies gilt erst recht, wenn die Bearbeitung oder die Bescheidung bewusst und gewollt hinausgezögert wird, bis ein Zurückstellungsbescheid ergehen kann oder eine Veränderungssperre in Kraft gesetzt ist. — **Verschulden**

Wenn es bei der bloßen Verzögerung verbleibt und das Vorhaben nach Erteilung der Baugenehmigung noch realisiert werden kann, hängt die Schadenshöhe – entgangener Gewinn während des Verzögerungszeitraums, etwaige Baukostensteigerungen usw. – im Wesentlichen von der Dauer des Verzögerungszeitraums ab. — **Schadensumfang**

Kann aber das Vorhaben infolge der verzögerten Bearbeitung des Baugesuchs nicht mehr realisiert werden, z.B. weil der Bauantrag nach zwischenzeitlicher Änderung des Bebauungsplans abgelehnt wurde, so ist der gesamte Ausfallschaden zu ersetzen, d h. der entgangene Gewinn bezogen auf die gesamte Nutzungsdauer, die für dieses Vorhaben bei seiner Realisierung anzusetzen gewesen wäre. Dabei sind die aus einer anderweitigen Nutzung des Grundstücks realisierbaren Gewinne im Wege der Vorteilsausgleichung anzurechnen.

In den hier angesprochenen Fällen, wo der Baugenehmigungsbehörde eine verzögerliche Bearbeitung des Baugesuchs vorzuwerfen ist, kommt eine anderweitige Ersatzmöglichkeit i. S. d. § 839 Abs 1. Satz 2 BGB (siehe hierzu oben unter 7.11.1) in aller Regel nicht in Betracht. — **Keine anderweitige Ersatzmöglichkeit**

Wird ein Baugesuch nur schleppend oder gar nicht bearbeitet, darf der Antragsteller nicht tatenlos zusehen, wenn er seinen Schadensersatzanspruch nicht aufs Spiel setzen will. Vielmehr muss er die Bearbeitung anmahnen und ggf. Untätigkeitsklage gem. § 75 VwGO erheben. Unterlässt er dies, so ist der Amtshaftungsanspruch nach § 839 Abs. 3 BGB ausgeschlossen, soweit die Untätigkeitsklage Erfolg gehabt hätte und dadurch der Schaden noch abgewendet worden wäre. — **Primärrechtsschutz**

Die Verjährungsfrist beträgt 3 Jahre (siehe hierzu Näheres oben unter 7.11.1). — **Verjährung**

7.11.2.2 Verschuldensunabhängige Haftung nach §§ 39 ff. OBG NRW (bzw. nach entsprechenden Regelungen in anderen Bundesländern)

Da in aller Regel eine schuldhafte Amtspflichtverletzung vorliegt, wenn ein Baugesuch nicht innerhalb angemessener Frist bearbeitet und beschieden wird, kommt hier der verschuldensunabhängigen Haftung aus §§ 39 ff. OBG NRW neben dem Amtshaftungsanspruch praktisch keine eigenständige Bedeutung zu.

Ordnungsbehördliche „Maßnahme"

Im Übrigen würde die verschuldensunabhängige Haftung vielfach daran scheitern, dass ein bloßes Unterlassen – und somit auch die Nichtbearbeitung eines Baugesuchs – keine Maßnahme i.S.d. § 39 Abs. 1 OBG NRW darstellt. Demgegenüber macht es für die Amtshaftung aus § 839 BGB i.V.m. Art. 34 GG keinen Unterschied, ob die Amtspflichtverletzung in einem Handeln oder in einem Unterlassen steht.

Literaturverzeichnis

Battis, Ulrich/Krautzberger, Michael, Baugesetzbuch, BauGB, 11. Aufl. München 2009.

Bracher, Christian-Dietrich/Gelzer, Konrad/Reidt, Olaf, Bauplanungsrecht, 7. Aufl. Köln 2004.

Buntenbroich, Lothar/Voss, Rainer, BauO NRW – Landesbauordnung. Loseblatt-Kommentar, Essen 2012.

Dolde, Klaus-Peter, Das ergänzende Verfahren nach § BauGB § 215a BauGB § 215a Absatz 1 BauGB als Instrument der Planerhaltung, in: Neue Zeitschrift für Verwaltungsrecht (NVwZ) Nr. 9 (2001), S. 976–981.

Dürr, Hansjochen (Hrsg.)/König, Helmut (Bearb.), Baurecht. Bauplaunungsrecht, Bauordnungsrecht, gerichtlicher Rechtsschutz (Bayerisches Landesrecht), 4. Aufl. Baden-Baden 2000.

Ernst, Werner/Zinkahn, Willy/Bielenberg, Walter, Baugesetzbuch. Loseblatt-Kommentar, 103. Aufl. München 2012.

Fickert, Hans Carl/Fieseler, Herbert, Baunutzungsverordnung. Kommentar unter besonderer Berücksichtigung des deutschen und gemeinschaftlichen Umweltschutzes mit ergänzenden Rechts- und Verwaltungsvorschriften, 11. Aufl. Stuttgart 2008.

Finkelnburg, Klaus/Ortloff, Karsten-Michael/Kment, Martin, Öffentliches Baurecht. Band I: Bauplanungsrecht (JuS-Schriftenreihe/Studium Bd. 107), 6. Aufl. München 2011.

Gädtke, Horst/Czepuck, Knut/Johlen, Markus [et al.], BauO NRW. Kommentar, 12. Aufl. Köln 2011.

Hoppenberg, Michael/de Witt, Siegfried, Handbuch des öffentlichen Baurechts, 32. Aufl. München 2012.

Johlen, Heribert (Hrsg.), Verwaltungsrecht (Münchener Prozessformularbuch, Bd. 7), 3. Aufl. München 2009.

Johlen, Heribert/Oerder, Michael (Hrsg.), Verwaltungsrecht (Münchner Anwaltshandbuch Bd. 35), 3. Aufl. München 2012.

König, Helmut/Roeser, Thomas/Stock, Jürgen, Baunutzungsverordnung: BauNVO. Kommentar, 2. Aufl. München 2003.

Kuschnerus, Ulrich, Der sachgerechte Bebauungsplan. Handreichungen für die kommunale Planung, 4. Aufl. Bonn 2010.

Simon, Alfons/Busse, Jürgen, Bayerische Bauordnung. Kommentar, 108. Aufl. München 2012.

Voss, Rainer/Buntenbroich, Lothar, Das neue Baurecht in der Praxis. Das BauGB nach Einführung der Novelle 2007, 2. Aufl. Köln 2007.

8 Partnerschaftliche Projektentwicklung

Michael Oerder

8.1 Kooperative Handlungsformen

Die Entwicklung von Einzelhandelsvorhaben erfolgt in der Regel in den beiden in Kapitel 6 und 7 beschriebenen Phasen, nämlich der Schaffung des Planungsrechts und dem Genehmigungsverfahren. In beiden Phasen ist kooperatives Handeln zwischen Staat und Bürger möglich. Anzutreffen ist es regelmäßig dann, wenn sich bei der Klärung des Planungsrechtes herausstellt, dass dieses geändert werden muss. Zwar ist die Gemeinde Trägerin der Planungshoheit und damit auf die Mitwirkung des Vorhabenträgers nicht angewiesen. Sie lässt sich hierbei jedoch in vielen Fällen durch den Vorhabenträger unterstützen. Die beiden häufigsten Gründe hierfür sind für die Gemeinden das Fehlen ausreichender Mittel (personelle und finanzielle Ressourcen) und die vielfach fehlende Erfahrung der Gemeinde bei der Planung von Einzelhandelsimmobilien. Hier verfügen Projektentwickler häufig aus der Vielzahl der von ihnen betreuten Fälle über einen Erfahrungsvorsprung insbesondere gegenüber kleineren Gemeinden. Der Vorhabenträger kann sich in der Regel dem Wunsch der Gemeinde nach Unterstützung nicht entziehen. Für ihn hat dies meist den Vorteil, dass er damit das Verfahren beschleunigen und ein größeres Maß an Rechtssicherheit erreichen kann.

Gemeinsame Interessenlage

Rechtliche Grundlage für diese Form der Zusammenarbeit bei der Schaffung von Planungsrecht sind insbesondere die §§ 11 und 12 BauGB. Geht es um die Umsetzung der Planung durch Herstellung der notwendigen Erschließungsanlagen ist auf § 124 BauGB abzustellen.

Rechtsgrundlagen

In der Rechtsprechung ist anerkannt, dass kooperatives Handeln zwischen Gemeinde und Vorhabenträger keine unzulässige Vorabbindung der Gemeinde zur Schaffung von Planungsrecht zur Folge hat und regelmäßig auch nicht zu einer Verkürzung der der Gemeinde obliegenden Abwägung führt.

Keine unzulässige Vorabbindung

Formen der Zusammenarbeit

Die Inhalte einer möglichen Zusammenarbeit zwischen Vorhabenträger und Gemeinde sind vielfältig. Der Vorhabenträger kann sich gegenüber der Gemeinde verpflichten, die bei der Bebauungsplanaufstellung entstehenden Kosten ganz oder teilweise zu tragen. Er kann aber auch selbst in Abstimmung mit der Gemeinde Planungsleistungen, wie die technische Erstellung eines Bauleitplans oder die hierfür erforderlichen Gutachten, beauftragen.

Kooperatives Handeln im öffentlichen Recht kann informell oder im Rahmen vertraglicher Beziehungen vorkommen. Allgemeine Regelungen über öffentlich-rechtliche Verträge sind in den Verwaltungsverfahrensgesetzen (§§ 54 ff. VwVfG) des Bundes und der Länder enthalten. Anzuwenden ist das Verwaltungsverfahrensgesetz desjenigen Bundeslandes, in dem die betroffene Gemeinde liegt. Für städtebauliche Verträge enthält das Baugesetzbuch vorgehende Bestimmungen, insbesondere in den §§ 11, 12 und 124 BauGB.

8.2 Städtebauliche Verträge nach § 11 BauGB

8.2.1 Allgemeines

Entstehungsgeschichte

Städtebauliche Verträge sind keine Erfindung des Gesetzgebers, sondern der Gemeinden. Der rechtliche Rahmen dieser Verträge wurde durch die Rechtsprechung bei der Überprüfung gemeindlicher Modelle sukzessive entwickelt. Eine ausdrückliche Regelung über städtebauliche Verträge enthalten die bundesrechtlichen Regelungen zum Bauplanungsrecht erst seit 1991. Sie waren zunächst in § 6 BauGBMaßnahmenG enthalten und sind im Jahr 1998 durch § 11 BauGB als Dauerrecht in das Baugesetzbuch übernommen worden.

Ihre Legitimation erhalten städtebauliche Verträge daraus, dass sie geeignet sind, den Gemeinden städtebaulich sinnvolle Planungen zu ermöglichen, zu denen sie ansonsten wegen fehlender Sach- oder Personalmittel, wegen des erforderlichen Planungsaufwandes oder wegen der mit dem Vorhaben verbundenen Folgekosten nicht in der Lage wären. Des Weiteren sollen auf vertraglicher Grundlage auch planungsrechtliche Ziele der Gemeinde vereinbart werden können, die allein durch Festsetzungen eines Bebauungsplanes nicht oder nicht in dem gewünschten Umfang gesichert werden können.

§ 11 BauGB regelt seit der Klimaschutznovelle zum BauGB 2011 fünf verschiedene Vertragstypen (§ 11 Abs. 1 Satz 2 Nr. 1-5 BauGB). Diese sind nicht abschließend zu verstehen, sondern nur beispielhaft („insbesondere"). Die Vertragsparteien können also auch andere Vertragsinhalte „erfinden".

Die Gemeinden sind allerdings bei der Ausgestaltung städtebaulicher Verträge nicht frei. Sie unterliegen zum einen den für alle gemeindlichen Verträge geltenden allgemeinen Bindungen. Für einzelne Vertragsformen hat der Gesetzgeber zusätzliche Schranken formuliert. Diese Schranken enthalten Vertragsinhaltsverbote. Ein Verstoß gegen ein solches Verbot führt zur Unwirksamkeit der entsprechenden Klausel oder des gesamten Vertrages.

Vertrags-inhaltsverbote

Noch ungeklärt ist, ob auf städtebauliche Verträge, die vielfach auf von der Gemeinde vorgegebenen Mustern beruhen, die Vorschriften über die Gestaltung rechtlicher Schuldverhältnisse durch Allgemeine Geschäftsbedingungen Anwendung (§§ 305 ff. BGB) finden. Das Bundesverwaltungsgericht hat diese Frage auch zuletzt ausdrücklich offen gelassen. Im Ergebnis kommt es in den meisten Fällen hierauf nicht an, da die wesentlichen Schranken der §§ 305 ff. BGB über die für alle öffentlich-rechtlichen Verträge geltenden Gebote der Angemessenheit und des Sachzusammenhangs auch für diese Verträge gelten dürften.

Allgemeine Geschäfts-bedingungen in städtebaulichen Verträgen?

8.2.2 Keine vertragliche Regelung bei bestehendem Rechtsanspruch

Gemäß § 11 Abs. 2 Satz 2 BauGB ist die Vereinbarung einer vom Vertragspartner zu erbringenden Leistung unzulässig, wenn dieser auch ohne die Vereinbarung einen Anspruch auf die Gegenleistung hat. Besteht Baurecht, darf die Gemeinde die Erteilung der Genehmigung nicht von zusätzlichen Leistungen des Bauwilligen abhängig machen.

Unzulässig bei Anspruch auf Gegenleistung

Beispiel: Der nicht großflächige Einzelhandelsbetrieb ist in einem planungsrechtlich gesicherten Mischgebiet nach § 6 BauNVO genehmigungsfähig. Seine Erschließung ist gesichert. Die Gemeinde will die Erteilung der Genehmigung davon abhängig machen, dass das Vorhaben zweigeschossig errichtet wird, da anderenfalls eine planungsrechtlich unerwünschte Mindernutzung vorliege. Macht die Gemeinde die Erteilung der Baugenehmigung von der vertraglichen Festlegung der zweigeschossigen Bauweise abhängig, verstößt dies gegen § 11 Abs. 2 Satz 2 BauGB. Eine entsprechende vertragliche Regelung ist unwirksam. Etwas anderes gilt, wenn die Gemeinde die planungsrechtlichen Voraussetzungen für die Zulässigkeit eines Vorhabens erst schaffen muss oder wenn die Gemeinde das Grundstück an einen Vorhabenträger veräußert.

8.2.3 Angemessenheit und Sachzusammenhang

Gemäß § 11 Abs. 2 Satz 1 BauGB müssen die vereinbarten Leistungen den gesamten Umständen nach angemessen sein. Ergänzt wird diese Bestimmung durch § 56 VwVfG, wonach die Gegenleistung im sachlichen Zusammenhang mit der vertraglichen Leistung stehen muss.

Angemessen ist eine vom Vertragspartner der Gemeinde versprochene Leistung, wenn sie dem Übermaßverbot entspricht, wenn sie nicht Folge

Angemessenheit

eines Machtmissbrauchs der Gemeinde ist und wenn Leistung und Gegenleistung in einem ausgewogenen Verhältnis zueinander stehen.

Beispiel: Als Voraussetzung für ein Vorhaben muss auch der Flächennutzungsplan geändert werden. Die Gemeinde verlangt vom Vorhabenträger, die gesamten Planungskosten zu übernehmen, obwohl ein Teil der Kosten durch Planungen veranlasst wird, die nicht das Grundstück des Vorhabenträgers betreffen und auch nicht durch das Vorhaben veranlasst sind. Das wäre nicht angemessen.

Sachzusammenhang

Der erforderliche Sachzusammenhang zwischen dem Vorhaben und der Leistung des Vorhabenträgers fehlt bspw., wenn die Leistung nicht wegen, sondern nur anlässlich des Vorhabens vereinbart wird.

Beispiel: Die Gemeinde macht die Planung für ein Einkaufszentrum davon abhängig, dass der Vorhabenträger der Gemeinde Geld für ein innerstädtisches Parkleitsystem zur Verfügung stellt. Sie begründet dies damit, dass dadurch die Konkurrenzfähigkeit der Innenstadt aufgewertet werden soll. Hier kann der notwendige Sachzusammenhang fehlen.

8.2.4 Formerfordernis

Schriftform

Alle Verträge, an denen sich die öffentliche Hand beteiligt, setzen die Einhaltung der Schriftform voraus, sofern nicht eine besondere Form erforderlich ist (z.B. die Beurkundung einer Verpflichtung zur Grundstücksübertragung). Für städtebauliche Verträge ergibt sich dies aus § 11 Abs. 3 BauGB.

Notarielle Beurkundung

Berechtigter Vertreter der Gemeinde

Ein Vertrag, der ohne Beachtung der gesetzlich vorgeschriebenen Form abgeschlossen wurde, ist auch dann unwirksam, wenn die Parteien oder eine Partei das Formerfordernis kannte. Wichtig ist, dass sowohl auf der Seite der Gemeinde als auch auf Seiten des Vorhabenträgers der nach den gesetzlichen Bestimmungen Vertretungsberechtigte unterzeichnet. In vielen Gemeindeordnungen (vgl. § 64 Abs. 1 GO NW) setzt eine Verpflichtungserklärung der Gemeinde zu ihrer Wirksamkeit die Unterzeichnung mehrerer vertretungsberechtigter Gemeindeorgane (hier des Bürgermeisters oder seines allgemeinen Vertreters und eines weiteren vertretungsberechtigten Beamten) voraus. Verpflichtungserklärungen die ohne Beachtung dieser Form abgegeben werden, binden die Gemeinde in aller Regel nicht. Sie haftet grundsätzlich auch nicht unter dem Aspekt der Duldungs- oder Anscheinsvollmacht.

Beispiel: In einem nur vom Bürgermeister unterschriebenen Vertrag verpflichtet sich die Gemeinde zur Herstellung einer Erschließungsanlage rechtzeitig zur Eröffnung des Fachmarktes. Diese Erklärung ist wegen Nichtbeachtung des § 64 Abs. 1 GO NW unwirksam, sofern ihre Abgabe – was eher fernliegt – nicht als einfaches Geschäft der laufenden Verwaltung i.S.v. § 64 Abs. 2 GO NW eingeordnet werden kann. Verzögert sich die Fertigstellung der Straße, kommen Schadenersatzansprüche gegen die Gemeinde aus der Zusage nicht in Betracht.

8.2.5   Rechtsfolgen unwirksamer Verträge

Ein städtebaulicher Vertrag kann also wegen Nichteinhaltung der gesetzlichen Form oder wegen eines Verstoßes gegen ein Vertragsinhaltsverbot unwirksam sein.

In beiden Fällen stellt sich die Frage, ob der Verstoß nur die Unwirksamkeit der betroffenen Klausel oder aber die Unwirksamkeit des gesamten Vertrages zur Folge hat. Betrifft der Nichtigkeitsgrund nur einen Teil des öffentlich-rechtlichen Vertrages, so ist dieser gem. § 59 Abs. 3 VwVfG im Ganzen nichtig, wenn nicht anzunehmen ist, dass der Vertrag auch ohne den nichtigen Teil abgeschlossen worden wäre. Dieser gesetzlichen Vermutung einer Gesamtnichtigkeit versuchen die Vertragsparteien regelmäßig durch die sog. salvatorische Klausel zu entgehen. Üblich sind Formulierungen, wonach die Unwirksamkeit einer einzelnen Klausel die Wirksamkeit des Vertrages im Übrigen nicht berühren soll. Die Rechtsprechung akzeptiert solche Regelungen. Sind sie im Vertrag enthalten, wird in den meisten Fällen nur Teilunwirksamkeit angenommen. **Salvatorische Klausel** **Teilunwirksamkeit**

Nach der Rechtsprechung des Bundesverwaltungsgerichtes soll ein nicht beurkundeter Erschließungsvertrag, in dem die Parteien auch die Verpflichtung zur Übertragung des Eigentums an den hergestellten Erschließungsflächen regeln, bei Vorliegen einer salvatorischen Klausel im Zweifel ebenfalls nur teilunwirksam sein (BVerwG, Beschluss vom 28.01.2010 – 9 B 46.09).

Unwirksame Leistungsversprechen brauchen nicht erfüllt zu werden. Hat der Vorhabenträger bereits geleistet, kann er die Leistung in der Regel zurückfordern. Dabei sind Verjährungsfristen zu beachten. In einigen Landesgesetzen (z.B. Bayern) gelten gegenüber dem Bürgerlichen Gesetzbuch abweichende Verjährungsfristen für Ansprüche aus öffentlich-rechtlichen Verträgen. **Verjährung**

Die Rückforderung lässt den Bestand der gemeindlichen Gegenleistung in Form einer Baugenehmigung oder eines Bebauungsplanes in aller Regel unberührt. **Rückforderung**

Beispiel: Die Gemeinde lässt sich vom Vorhabenträger die Zahlung eines Betrages für 100.000 Euro für Planungskosten versprechen. Die tatsächlich bei der Gemeinde entstehenden Kosten betragen nur 20.000 Euro. Nach Inkrafttreten des Bebauungsplans und Erteilung der Baugenehmigung verlangt der Vorhabenträger die 100.000 Euro zurück. Die Rückforderung stellt die Wirksamkeit des Bebauungsplanes und der Baugenehmigung nicht in Frage.

Nach ständiger Rechtsprechung verstößt das Rückforderungsverlangen auch nicht gegen den nach öffentlichem Recht geltenden Grundsatz von Treu und Glauben (vgl. § 242 BGB), wenn der Vorhabenträger zunächst die Erteilung der Baugenehmigung abwartet und erst dann das Rückforderungsverlangen geltend macht. Für die Annahme eines solchen Verstoßes müssen vielmehr weitere Umstände hinzutreten. **Treu und Glauben**

8.2.6   Rechtsweg

Streiten die Parteien über Ansprüche aus einem städtebaulichen Vertrag oder über dessen Wirksamkeit, dann ist meistens das Verwaltungsgericht zuständig. Denn in aller Regel sind städtebauliche Verträge öffentlich-rechtliche Verträge i.S.v. § 40 VwGO. Entscheidend für das Vorliegen eines öffentlich-rechtlichen Vertrages ist nicht die Beteiligung der Gemeinde als Teil der öffentlichen Hand, sondern der Gegenstand des Vertrages. Öffentlich-rechtlicher Natur sind regelmäßig Planungsvereinbarungen zwischen Gemeinde und Vorhabenträger i.S.v. § 11 Abs. 1 Satz 2 Nr. 1, Folgekostenverträge nach § 11 Abs. 1 Satz 2 Nr. 3 BauGB, Durchführungsverträge nach § 12 BauGB und Erschließungsverträge nach § 124 BauGB. Planverwirklichungsvereinbarungen nach § 11 Abs. 1 Satz 2 Nr. 2 BauGB können öffentlich-rechtlicher oder zivilrechtlicher Natur sein.

Beispiel: Ein Vertrag, in dem sich ein Grundstückseigentümer verpflichtet, sein Vorhaben innerhalb einer Frist von 4 Jahren zu verwirklichen kann einem städtebaulichen und damit einem öffentlich-rechtlichen Ziel dienen. Verspricht der Grundstückseigentümer, das Grundstück bei Nichteinhaltung der Bauverpflichtung zum Verkehrswert an die Gemeinde zu veräußern, geht es insoweit jedoch nur um einen zivilrechtlichen Anspruch. Dieser wäre nicht beim Verwaltungsgericht, sondern beim Landgericht geltend zu machen.

8.2.7   Fallgestaltungen

Wie vorstehend bereits erwähnt, regelt das Baugesetzbuch die verschiedenen städtebaulichen Verträge nicht abschließend. Die nachstehend behandelten Verträge sind jedoch im Rahmen der Projektentwicklung für Einzelhandel die bedeutsamsten.

8.2.7.1   Planungsvereinbarung
§ 11 Abs. 1 Satz 2 Nr. 1 BauGB

Der häufigste Anwendungsfall der Planungsvereinbarung ist die Übernahme von Kosten oder Aufgaben der Gemeinde im Rahmen der Bauleitplanung. § 11 Abs. 1 Satz 2 Nr. 1 a.E. BauGB stellt ausdrücklich klar, dass die Beteiligung des Privaten an der Bauleitplanung die Verantwortung der Gemeinde für das gesetzlich vorgesehene Bebauungsplanaufstellungsverfahren unberührt lässt. Aus Gründen der Außendarstellung kann es sinnvoll sein, dass die Gemeinde die Planungsleistungen und Gutachten in eigenem Namen beauftragt und der Vorhabenträger der Gemeinde lediglich die Kosten erstattet.

Personalkosten und Sachmittelkosten der Gemeinde

Umstritten war, ob die Gemeinde im Rahmen der Bauleitplanung mit dem Vorhabenträger auch die Übernahme von Kosten für Personal- und Sachmittel vereinbaren darf. Das Bundesverwaltungsgericht hat in einem Urteil vom 25.11.2005 die Zulässigkeit einer solchen Regelung bejaht (Az. 4 C 15.04). Erstattet werden können die Kosten für solche Tätigkeiten der Gemeindemitarbeiter, die nicht zwingend in den hoheitlichen Bereich gehören.

Beispiel: Zulässig ist die Übernahme von Kosten für das Zeichnen der Pläne oder für die Formulierung der textlichen Festsetzungen und der Begründung. Unzulässig wäre dagegen die Übernahme der Sitzungsentschädigungen, die den Ratsmitgliedern für die Teilnahme an Ratssitzungen zustehen. Die Angemessenheit derartiger Regelungen ist im Einzelfall sorgfältig zu prüfen.

8.2.7.2 Planverwirklichungsvereinbarung
§ 11 Abs. 1 Satz 2 Nr. 2 BauGB

Durch die Planverwirklichungsvereinbarung kann sich der Vorhabenträger zur Förderung und Sicherung der mit der Bauleitplanung verfolgten Ziele, insbesondere hinsichtlich der Grundstücksnutzung, verpflichten. Beispielhaft nennt das Gesetz die Durchführung des Ausgleichs nach § 1a Abs. 3 BauGB, die Deckung des Wohnbedarfs von Bevölkerungsgruppen mit besonderen Wohnraumversorgungsproblemen sowie des Wohnbedarfs der ortsansässigen Bevölkerung (Einheimischenmodelle).

Viele Gemeinden nutzten Planverwirklichungsvereinbarungen, um innerhalb von Sonder- oder Kerngebieten Verkaufsflächen und Sortimente vertraglich zu vereinbaren. Der Vertrag führe zu einer stärkeren, auch durch Vertragsstrafenversprechen abzusichernden Bindung des Vorhabenträgers sowie zu einer größeren Flexibilität bei der Ausgestaltung der Inhalte.

Beispiel: Die Vertragsparteien vereinbaren eine Obergrenze der Verkaufsfläche im gesamten Sondergebiet von insgesamt 20.200 m² und für zentrenrelevante Sortimente von 5.000 m². Um auch den Rechtsnachfolger zu binden, wird die Nutzungsbeschränkung als beschränkt persönliche Dienstbarkeit im Grundbuch eingetragen.

Diese Form der vertraglichen Nutzungsbeschränkung wurde insbesondere unmittelbar nach den Entscheidungen des Bundesverwaltungsgerichtes vom 3.4.2008 als Lösung angesehen, nachdem das Bundesverwaltungsgericht gebietsbezogene Verkaufsflächen- oder Sortimentsbeschränkungen in Bebauungsplänen generell für unzulässig erklärt hatte (vgl. oben 6.3.2.2).

Gegen die Zulässigkeit derartiger festsetzungsersetzender vertraglicher Regelungen sind inzwischen jedoch erhebliche Zweifel laut geworden (zuletzt OVG Lüneburg, Urteil vom 8.3.2012 – 12 LB 244.10). Selbst wenn man sie für zulässig hielte, wäre zu beachten, dass eine dingliche Sicherung der Nutzungsbeschränkungen zwar den jeweiligen Eigentümer, nicht jedoch einen Mieter bindet.

Festsetzungsersetzende Verträge

8.2.7.3 Folgekostenvereinbarung
§ 11 Abs. 1 Satz 2 Nr. 3 BauGB

Mit der Folgekostenvereinbarung kann sich ein Vorhabenträger zur Übernahme von Kosten für Maßnahmen verpflichten, die Voraussetzung oder Folge seines Vorhabens sind. Die Zulässigkeit einer solchen Regelung setzt zwingend die Kausalität zwischen Vorhaben und Folgemaßnahme voraus.

Kausalität

Beispiel: Die mit der Ansiedlung des SB-Warenhauses verbundenen zusätzlichen Ziel- und Quellverkehre lassen sich verkehrstechnisch nur dann befriedigend abwickeln, wenn eine bestehende Kreuzung beampelt wird. Der Vorhabenträger kann sich zur Tragung der Kosten der Maßnahme verpflichten.

Umstritten war, ob es den Anforderungen an die Kausalität auch dann entspricht, wenn eine Folgemaßnahme von mehreren Vorhaben ausgelöst wird.

Beispiel: Zur Herstellung einer befriedigenden Anbindung mehrerer Gewerbegebiete an eine Bundesstraße ist ein gemeinsamer Zubringer erforderlich.

Das Bundesverwaltungsgericht bejaht die Zulässigkeit einer entsprechenden anteiligen Kostenbeteiligung, wenn die Zuordnung transparent ist und Gegenstand einer Beschlussfassung des zuständigen Gemeindeorgans (in der Regel: Gemeinderat) war (BVerwG, Urteil vom 29.1.2009, BauR 2009).

Das Erfordernis der Kausalität schließt es aus, dass die Gemeinde statt die Kosten für konkrete Folgemaßnahmen abzuwälzen, die Zahlung einer maßnahmeunabhängigen Infrastrukturabgabe vereinbart. Derartige Zahlungen können nicht nur vom Vorhabenträger verweigert bzw. zurückgefordert werden. Macht die Gemeinde ihre Bauleitplanung in unzulässiger Weise von solchen Zahlungen abhängig, kommt eine Strafbarkeit der Vertreter der Gemeinde wegen Erpressung gemäß § 253 StGB in Betracht (vgl. Grziwotz, BauR 2001, 1530).

8.2.7.4 Vereinbarungen zum Klimaschutz
§ 11 Abs 1 Satz 2 Nr. 4 BauGB und von Anforderungen an die energetische Qualität von Gebäuden (§ 11 Abs. 1 Satz 2 Nr. 5 BauGB)

Klimaschutz

Auf dieser Grundlage können Gemeinde und Investor eine bestimmte Form der Energieversorgung (Photovoltaik, Fernwärme, Blockheizkraftwerke mit Kraft-Wärme-Kopplung, Erdwärme) langfristig vereinbaren. Durch die als letzte Änderung in das BauGB aufgenommene Klimaschutznovelle ist klargestellt, dass der überlokale Klimaschutz auch zu den legitimen gemeindlichen Aufgaben gehört. In aller Regel bedürfen derartige Vereinbarungen der dinglichen Sicherung. Sie werden vielfach mit einem durch gemeindliche Satzung begründeten Anschluss- und Benutzungszwang (z.B. an ein Fernwärmenetz oder das Verteilernetz eines lokalen Blockheizkraftwerks) kombiniert.

8.2.7.6 Durchführungsverträge bei vorhabenbezogenen Bebauungsplänen § 12 BauGB

Vorhabenbezogene Bebauungspläne unterscheiden sich von den sonst üblichen Bebauungsplänen dadurch, dass sie ein bestimmtes Vorhaben zum Gegenstand haben. Sie sind als planungsrechtliche Grundlage für die Ansiedlung von Einzelhandelsunternehmen besonders gut geeignet. Wirksamkeitsvoraussetzung eines vorhabenbezogenen Bebauungsplanes ist der Abschluss eines sog. Durchführungsvertrages, durch den sich der Vorhabenträger vor dem Satzungsbeschluss zur Durchführung des Vorhabens innerhalb einer bestimmten Frist und zur vollständigen oder teilweisen Tragung der Planungs- und Erschließungskosten verpflichtet.

Vorhabenbezogener Bebauungsplan

Durchführungs- vertrag

Der Vorhabenträger muss zur Realisierung des Vorhabens bereit und in der Lage sein. Dazu muss er über das Grundstück verfügen können. Dies setzt regelmäßig eine Eigentümerstellung oder zumindest ein dinglich gesichertes Erwerbsrecht voraus. Mehrere Vorhabenträger müssen sich zur Durchführung des Vorhabens gesamtschuldnerisch verpflichten. Der Vorhabenträger ist nur dann in der Lage, das Vorhaben zu errichten, wenn er entsprechend leistungsfähig ist und die Finanzierung sicherstellen kann.

Das Bundesverwaltungsgericht geht von einem engen Vorhabenbegriff aus. Hieraus ergaben sich Probleme, wenn der Vorhabenträger in der Planungsphase noch nicht abschließend zur Konkretisierung seines Vorhabens in der Lage war oder wenn das Vorhaben nachträglich geändert werden soll. Der Gesetzgeber hat dem durch die Einfügung des Absatzes 3a in § 12 BauGB Rechnung getragen. Die Konkretisierung kann weitgehend dem Durchführungsvertrag überlassen werden, der auch nachträglich geändert oder durch einen neuen Durchführungsvertrag ersetzt werden kann.

Enger Vorhabenbegriff

§ 12 Abs. 3a BauGB

Wenn das Vorhaben nicht innerhalb der vertraglich vereinbarten Frist realisiert wird, dann soll die Gemeinde den vorhabenbezogenen Bebauungsplan gem. § 12 Abs. 6 BauGB aufheben. Sie kann hiervon nur in atypischen Fällen absehen. Die Belange des Vorhabenträgers sind in die Abwägung einzustellen. Auch eine Fristverlängerung ist möglich. Im Falle der Aufhebung des vorhabenbezogenen Bebauungsplanes nach § 12 Abs. 6 BauGB können Entschädigungsansprüche gegen die Gemeinde nicht geltend gemacht werden (vgl. hierzu näher 6.3.6).

Aufhebung bei Fristablauf

8.3 Erschließungsverträge § 124 BauGB

Grundsätzlich ist die Erschließung von Bauland Aufgabe der Gemeinde (Erschließungslast nach § 123 BauGB). Die Gemeinde kann die Erschließung jedoch gemäß § 124 BauGB einem Dritten, nämlich dem sog. Erschließungsträger, übertragen. § 124 BauGB erfasst nicht die Fälle, in denen die Gemeinde einem Straßenbauunternehmen den Bauauftrag zur Herstellung der Erschließungsanlage gegen eine Vergütung erteilt. Der Erschließungsträger ist in der Regel entweder selbst Eigentümer der zu erschließenden Grundstücke oder er refinanziert sich durch Vereinbarungen mit den jeweiligen Grundstückseigentümern (vgl. auch 9.1).

Echter Erschließungsvertrag

Beim echten Erschließungsvertrag i.S.v. § 124 BauGB übernimmt der Erschließungsträger die Durchführung der Erschließung auf eigene Kosten. Dies gilt auch für den gemeindlichen Eigenanteil in Höhe von 10% der Erschließungskosten, der gem. § 129 Abs. 3 BauGB in Fällen der Eigenerschließung durch die Gemeinde und der daraus folgenden Heranziehung der Eigentümer der erschlossenen Grundstücke zu Erschließungsbeiträgen bei der Gemeinde verbleibt.

Kostenbeteiligung der Gemeinde

§ 124 BauGB schließt es nicht aus, dass sich die Gemeinde an den Kosten für die Herstellung der Erschließung beteiligt. Dies kann etwa erforderlich werden, wenn durch die Erschließungsmaßnahme in erheblichem Umfang Fremdgrundstücke begünstigt werden. In diesem Fall kann vereinbart werden, dass der Erschließungsträger der Gemeinde den ihm entstehenden Aufwand in Rechnung stellt, die Gemeinde den Aufwand mit dem auf die Grundstücke des Erschließungsträgers entfallenden Erschließungsbeiträge verrechnet und die Gemeinde die Eigentümer der Drittgrundstücke zu Erschließungsbeiträgen heranzieht (sog. unechter Erschließungsvertrag).

Unechter Erschließungsvertrag

Ausschreibung nach VOB

EU-weite Ausschreibung

Umstritten ist, ob Erschließungsverträge der Ausschreibung nach den Bestimmungen der VOB bedürfen. Ist der Erschließungsträger Eigentümer der zu erschließenden Flächen und der zukünftigen Erschließungsflächen, dürfte eine Ausschreibung regelmäßig ausscheiden. Wird der für die EU-weite Vergabe maßgebenden Schwellenwert für Bauleistungen in Höhe von 5 Mio. Euro überschritten, ist aus Gründen der anwaltlichen Vorsorge wegen der weitreichenden Folgen eines EU-rechtsrelevanten Vergabeverstoßes die Durchführung eines Vergabeverfahrens zu empfehlen.

Notarielle Beurkundung

Erschließungsverträge, in denen sich der Erschließungsträger zur in der Regel unentgeltlichen Übereignung der zukünftigen Erschließungsflächen auf die Gemeinde verpflichtet, bedürfen zu ihrer Wirksamkeit gem. § 311 b) BGB der notariellen Beurkundung. In der Praxis ist eine rechtlich nicht ganz unbedenkliche Aufspaltung des beurkundeten Grundstücksübertragungsgeschäftes und des nicht beurkundeten Restes des Erschließungsvertrages zu beobachten (vgl. hierzu zuletzt BVerwG, Beschluss vom 28.1.2010, DNotZ 2010, 549 ff.). Sie birgt allerdings für die Gemeinde mehr Risiken als für den Vorhabenträger.

Mit erfolgter Eintragung des Eigentumswechsels im Grundbuch wird der Vertrag insgesamt wirksam.

Bei der Gestaltung der Grundstücksübertragungsverträge ist dem Thema Grunderwerbssteuer besondere Aufmerksamkeit zu widmen. Die OFD Köln bewertet die zukünftigen öffentlichen Flächen mit Null, wenn nach dem Grundstücksübertragungsvertrag erst die Übertragung der hergestellten Erschließungsanlage geschuldet wird oder wenn zum Zeitpunkt des Entstehens der Übertragungspflicht die Voraussetzungen des § 133 Abs. 3 BauGB für die Erhebung von Vorausleistung auf den Erschließungsvertrag gegeben sind. Damit kann die Verpflichtung zur Zahlung einer Grunderwerbssteuer für die künftigen Erschließungsflächen durch eine entsprechende Vertragsgestaltung vermieden werden.

Grunderwerbssteuer

Soweit der Erschließungsträger beim echten Erschließungsvertrag endgültig die Kosten der Erschließung übernimmt, entsteht der Gemeinde für die Herstellung der Erschließung kein Aufwand, der zum Gegenstand eines Erschließungsbeitragsbescheides gemacht werden könnte. Dies gilt allerdings nur für die Erschließungsanlagen, die nach den Bestimmungen des Baugesetzbuches erstellt werden. Nicht erfasst werden die nach den jeweiligen Kommunalabgabengesetzen beitragspflichtigen Erschließungsanlagen. Praktische Bedeutung hat dies insbesondere bei den Anlagen der Grundstücksentwässerung. Diese Anlagen werden nicht baugebietsbezogen, sondern gemeindegebietsbezogen abgerechnet. Die Herstellung von Anlagen der Grundstücksentwässerung durch den Erschließungsträger schließt es daher nicht aus, die Grundstücke des Erschließungsträgers zu Kanalanschlussbeiträgen heranzuziehen. Wenn der Erschließungsträger dies vermeiden will, bedarf dies einer entsprechenden Regelung im Erschließungsvertrag. Sonderregelungen gelten auch für die Versorgungsanlagen für Wasser, Gas, Elektrizität und Fernwärme. Hier sind in erster Linie die Allgemeinen Versorgungsbedingungen (AVB) maßgebend. Regelmäßig müssen diese Anlagen vom Versorgungsträger auf dessen Kosten bereitgestellt werden. Dieser kann unter den in der AVB geregelten Voraussetzungen die Vereinbarung eines Baukostenzuschusses des Grundstückseigentümers in Höhe von bis zu 30% der Baukosten verlangen (vgl. auch 9.3).

Erschließungsvertrag und Beitragspflicht

Beitragspflicht nach BauGB und nach KAG

Versorgungsanlagen

Die in einem Erschließungsvertrag vereinbarten Leistungen müssen den gesamten Umständen nach angemessen sein und in einem sachlichen Zusammenhang mit der Erschließung stehen. Ein Verstoß gegen dieses Gebot führt zur vollständigen oder teilweisen Unwirksamkeit des Vertrages. Leistungen, die auf diesen unwirksamen Vertrag erbracht worden sind, sind nach bereichungsrechtlichen Grundsätzen zurückabzuwickeln. Der der Gemeinde hierdurch entstehende Aufwand kann – vorbehaltlich des Eintritts der Verjährung und abzüglich des gemeindlichen Eigenanteils gem. § 129 Abs. 3 BauGB – Gegenstand eines Erschließungsbetragsbescheides gegenüber den zum Zeitpunkt der Bescheiderlasses im Grundbuch eingetragenen Grundstückseigentümern bzw. Erbbauberechtigten werden (hierzu 9.1).

Angemessenheit und Sachzusammenhang

8.4 Business Improvement Districts

Business Improvement Districts (BID) sind räumlich festgelegte, innerstädtische Bereiche (Quartiere), in denen Grundstückseigentümer auf weitgehend freiwilliger Basis zeitlich begrenzte Maßnahmen zur Verbesserung des Umfeldes und der Attraktivität des Bereiches finanzieren und durchführen. BIDs werden in von konsumnahen Dienstleistungen, insbesondere von Einzelhandel geprägten Gebieten wie Fußgängerzonen eingesetzt. Sie werden als geeignete Antwort auf die vielfältigen Herausforderungen zeitgemäßer Stadtentwicklung angesehen, wie etwa die Positionierung im interkommunalen Wettbewerb, die nachhaltige Förderung der Handelslandschaft oder Revitalisierung von Innenstädten und innenstadtnahen Standorten.

Neue Lösungen für die Stadtentwicklung

Eine bundesgesetzliche Rechtsgrundlage besteht seit 2007. Nach Maßgabe des Landesrechts können gem. § 171 f BauGB Gebiete festgelegt werden, in denen in privater Verantwortung standortbezogene Maßnahmen durchgeführt werden, die auf der Grundlage eines mit den städtebaulichen Zielen der Gemeinde abgestimmten Konzepts der Stärkung oder Entwicklung von Bereichen der Innenstädte, Stadtteilzentren, Wohnquartiere und Gewerbezentren sowie von sonstigen für die städtebauliche Entwicklung bedeutsamen Bereichen dienen. Zur Finanzierung der Maßnahmen und gerechten Verteilung des damit verbundenen Aufwands können durch Landesrecht Regelungen getroffen werden. Landesgesetze mit Regelungen zu Business Improvement Districts gibt es derzeit in Hamburg, Schleswig-Holstein, Bremen, Hessen, im Saarland und in Nordrhein-Westfalen.

Finanzierung

Am 27. August 2010 ist durch das Hamburgische Oberverwaltungsgericht die erste obergerichtliche Entscheidung zu Business Improvement Districts gefällt worden (Az. 1 Bf 149/09). Gegenstand der Klage war ein Bescheid in Höhe von ca. 178.000 Euro, die der Eigentümer eines Grundstücks am Neuen Wall in Hamburg zum Ausgleich der Vorteile zahlen sollte, die infolge von Maßnahmen in der Umgebung für sein Grundstück eingetreten seien. Die Klage wurde – anders als noch in der ersten Gerichtsinstanz – abgewiesen. Die Revision zum Bundesverwaltungsgericht ist jedoch zugelassen worden. Eine Entscheidung des Bundesverwaltungsgerichtes steht noch aus.

Primär: Privatinitiative

Diese Form der Zusammenarbeit setzt auf Privatinitiative. Der Gesetzgeber und die Verwaltung stellen hierfür nur den gesetzlichen Rahmen zur Verfügung und übernehmen zum Teil hoheitliche Aufgaben, wie die Geltendmachung von Ausgleichszahlungen.

Es bleibt abzuwarten inwieweit sich dieses neue Planungsmodell durchsetzt.

Literaturhinweise

Erschließungsvertrag

Decker, Andreas, Lernbeitrag Öffentliches Recht. Ausgewählte examensrelevante Probleme des städtebaulichen Vertrages, in: Juristische Arbeitsblätter (JA) Nr. 4 (2012), S. 286–292.

Driehaus, Hans-Joachim, Der Erschließungsvertrag nach BauGB-Novelle 2012, in: Kommunale Steuer-Zeitung (2012), S. 61.

Walter, Thomas, Der Erschließungsvertrag im System des Erschließungsrechts, Berlin 2010.

Vorhabenbezogene Bebauungspläne

Krautzberger, Michael, Der Durchführungsvertrag beim Vorhaben- und Erschließungsplan gemäß § 12 BauGB, in: Zeitschrift für die notarielle Beratungs- und Beurkundungspraxis (NotBZ) Nr. 7 (2010), S. 241–251.

Oerder, Michael, Praktische Probleme beim vorhabenbezogenen Bebauungsplan gemäß § 12 BauGB, in: Baurecht (BauR) Nr. 5 (2009), S. 744–755.

Städtebaulicher Vertrag

Busse, Jürgen, Städtebauliche Verträge im Lichte des Rechtsschutzes, in: Kommunaljurist (KommJur) Nr. 7 (2009), S. 241–249.

Grziwotz, Herbert, Verträge im Zusammenhang mit Baulandausweisungen und Bauplatzveräußerungen, in: Mitteilungen des Bayerischen Notarvereins (MittBayNot) Nr. 5 (2010), S. 356–363.

9 Beiträge und Ablösungsverträge

Rainer Schmitz

Der hohe Flächenverbrauch für Handelsimmobilien wirkt sich auf die Höhe der Beitragsforderungen für kommunale Infrastruktureinrichtungen aus. Für die Erschließung durch Straßenneu- bzw. -ausbau erheben die Kommunen Erschließungsbeiträge bzw. Straßenausbaubeiträge, für die Grundstücksentwässerung werden Kanalanschlussbeiträge und für die Wasserversorgung Wasseranschlussbeiträge gefordert.

Vielfach bieten Kommunen im Interesse der Vermeidung von Rechtsstreitigkeiten über Beitragsbescheide den Abschluss sogenannter Ablösungsvereinbarungen an.

9.1 Erschließungsbeiträge

Die Erhebung von Erschließungsbeiträgen erfolgt in den meisten Bundesländern aufgrund der Vorschriften des BauGB; lediglich Baden-Württemberg hat ein umfassendes landesrechtliches Regelwerk innerhalb des dortigen Kommunalabgabengesetzes erlassen, welches von dem des BauGB abweicht.

Durch Erschließungsbeiträge wird die erstmalige Herstellung einer Erschließungsanlage abgerechnet. Erschließungsbeiträge genießen Vorrang vor den landesgesetzlich geregelten Straßenausbaubeiträgen; erst wenn eine Straße erschließungsbeitragsrechtlich abgerechnet wurde (oder es sich ausnahmsweise um eine erschließungsbeitragsfreie Straße handelt), kann für weitere bauliche Maßnahmen ein Straßenausbaubeitrag gefordert werden.

Erstmalige Straßenherstellung

9.1.1 Die beitragsfähige „Anlage" im Erschließungsbeitragsrecht

Die nach Erschließungsbeitragsrecht abrechenbaren Anlagen sind in § 127 BauGB aufgezählt. Diese Auflistung ist abschließend, steht also nicht zur Disposition der Kommunen.

Die wichtigsten beitragspflichtigen Erschließungsanlagen sind die in § 127 Abs. 2 Nr. 1 BauGB genannten „öffentlichen zum Anbau bestimmten Straßen, Wege und Plätze". Weitere ebenfalls der Erschließungsbeitragspflicht unterliegende Anlagen wie Parkflächen, Grünanlagen, Immissionsschutzeinrichtungen usw. spielen in der Praxis eine untergeordnete Rolle und werden daher in diese Darstellung nicht einbezogen.

Straßenname unbeachtlich

Das Gesetz gibt nicht vor, wie eine nach Erschließungsbeitragsrecht abzurechnende Straße räumlich definiert wird. Zu beachten ist, dass zwischen einer Straße im erschließungsbeitragsrechtlichen Sinne und dem Straßenzug, der einen einheitlichen Straßennamen führt, nicht notwendigerweise Deckungsgleichheit besteht. Die Rechtsprechung stellt vielmehr darauf ab, was nach dem äußeren Erscheinungsbild sich als einheitliche Erschließungsanlage darstellt. Diese sog. natürliche Betrachtungsweise erfordert eine konkrete Bewertung des Erscheinungsbildes der Straße. Beispielsweise wäre ein Straßenzug, der in seinem gesamten Verlauf eine einheitliche Fahrbahn- und Gehwegbreite aufweist, in der Pflasterung identisch bleibt, durchgehend Parkbuchten bietet und in regelmäßigen Abständen von Straßenbäumen gesäumt wird, eine einzige Anlage im Sinne des Erschließungsbeitragsrechts, auch wenn während einer solchen Strecke der Straßenname wechselt. Wird ein solcher an sich einheitlichem Straßenverlauf aber durch eine große Kreuzung unterbrochen, markiert diese dann auch die Grenze zwischen zwei Erschließungsanlagen.

Natürliche Betrachtungsweise

Es kommt also drauf an, was unter Berücksichtigung von Trassenverlauf, Fahrbahnbreite, technischen Teileinrichtungen (Bestehen von Gehwegen, Parkbuchten usw.) einem objektiven Betrachter in der Örtlichkeit als einheitliche Straße erscheint.

9.1.2 Erschließungsbeitragsfreie Straßen

Vorhandene Straße

Für einige Kategorien älterer Straßen dürfen die Kommunen keinen Erschließungsbeitrag verlangen. Dies betrifft gem. § 242 BauGB die sogenannten vorhandenen Straßen. Darunter fallen diejenigen Straßen, die am 29.6.1961 (letzter Tag vor Inkrafttreten des BBauG und damit des heutigen Erschließungsbeitragsrechts) bereits existierten und den damaligen rechtlichen Anforderungen an eine zum Anbau bestimmte Straße entsprachen. Welche Kriterien hierfür seinerzeit zu erfüllen waren, richtet sich nach den bis dahin geltenden regionalen oder örtlichen Straßenbauvorschriften. Die Prüfung des Vorliegens einer vorhandenen Straße erfordert daher regelmäßig aufwendige historische Recherchen zum Straßenzustand am Stichtag 29.6.1961, ihrem Charakter als Anbaustraße und den maßgeblichen altrechtlichen Bestimmungen.

Ferner zählen zu den beitragsfreien Straßen diejenigen, die in den neuen Bundesländern vor dem Wirksamwerden des Beitritts bereits hergestellt waren.

9.1.3 Erschließungsbeitragsfähige Maßnahmen

Mit dem Erschließungsbeitrag wird die erstmalig fertiggestellte Straße abgerechnet. Für die Fertigstellung müssen einerseits technische und andererseits rechtliche Voraussetzungen erfüllt sein. Hierzu finden sich die wichtigsten Regelungen in der örtlichen Erschließungsbeitragssatzung, welche zwingende Voraussetzung für jede Beitragserhebung ist.

Erschließungs-beitragssatzung

Zu den technischen Voraussetzungen für die Fertigstellung gehört, dass die zur Abrechnung anstehende Straße alle Teileinrichtungen aufweist, die in der jeweiligen gemeindlichen Erschließungsbeitragssatzung festgelegt sind. Typischerweise listen derartige Satzungen folgende Teileinrichtungen auf, die eine Straße aufweisen muss:

- Fahrbahn
- beidseitige Gehwege
- Kanalisation (zur Ableitung des Straßenoberflächenwassers)
- Straßenbeleuchtung

Satzungsmäßige Herstellungs-merkmale

Mitunter kann oder will eine Kommune alle diese durch die Satzung vorgegebenen Teileinrichtungen nicht herstellen, also z.B. nur einen einseitigen Gehweg anlegen. In diesem Fall muss sie eine sogenannte Abweichungssatzung beschließen.

Allein die satzungsmäßigen Kriterien genügen aber nicht, eine Straße als fertiggestellt zu qualifizieren und somit beitragsrechtlich abrechnen zu können. Es bedarf vielmehr zusätzlich der Erfüllung des von der Verwaltung oder vom Rat beschlossenen sogenannten Bauprogramms. Erst aus diesem ergibt sich das genaue Aussehen der Straße. Denn dort werden Fahrbahnbreite, Gehwegbreite, Pflasterung, Zahl und Positionierung der Straßenbeleuchtungseinrichtungen usw. festgelegt.

Bauprogramm

Neben diese technischen Voraussetzungen der Fertigstellung treten weitere rechtliche Anforderungen. Dazu gehört insbesondere der Grunderwerb, da mitunter bei älteren Straßen die Flächen der Fahrbahn oder der Gehwege teilweise noch in privatem Eigentum stehen. Dies führt in der Praxis oft zu beträchtlichen Zeitspannen zwischen technischer Fertigstellung und Abrechnung, wenn die Gemeinde für eine noch nicht in ihrem Eigentum stehende Straßenlandparzelle erst ein Enteignungsverfahren durchführen muss.

Grunderwerb

Ferner zählt zu den rechtlichen Erfordernissen die Schaffung der notwendigen planungsrechtlichen Grundlage für den Bau der neuen

Bebauungsplan oder planersetzende Abwägung

Straße. Diese sogenannte Planbindung soll nach dem in § 125 Abs. 1 BauGB genannten Regelfall durch einen Bebauungsplan gewährleistet werden, der die Trasse der öffentlichen Verkehrsfläche festlegt. Liegt kein Bebauungsplan vor, dürfen Erschließungsbeiträge nur für solche Straßen erhoben werden, die gemäß § 125 Abs. 2 BauGB den Zielen der Raumplanung angepasst sind und deren Herstellung eine fehlerfreie Abwägung der öffentlichen und privaten Belange nach § 1 Abs. 5 bis 7 BauGB zugrunde liegt. Nach Auffassung einiger Obergerichte muss diese Abwägung zwingend vom Rat vorgenommen werden (OVG Münster, Beschluss vom 8.5.2009 – 15 A 770/07; VGH Mannheim, Urteil vom 18.12.2007 – 2 S 1657/06), wobei es aber nicht der Form einer Satzung bedarf.

Widmung

Der in der Praxis oft zeitlich letzte Rechtsakt, der für die Fertigstellung im erschließungsbeitragsrechtlichen Sinne erforderlich ist, besteht in der Bekanntmachung der straßenrechtlichen Widmungsverfügung.

9.1.4 Erschließungsaufwand

Gemeindeanteil

Von den Kosten für die Herstellung der Straße muss die Kommune einen Mindestanteil von 10% selbst tragen. Ansonsten sind die Aufwendungen für die Herstellung der Straße mit allen ihren in der gemeindlichen Satzung sowie dem konkret beschlossenen Bauprogramm vorgesehenen Teileinrichtungen umlagefähig.

Erforderlichkeitsgebot

Rügen zum Erschließungsaufwand sind in zweierlei Richtung möglich: Es kann die Erforderlichkeit der gebauten Straße als solche – das „Ob" – in Frage gestellt (anlagenbezogene Erforderlichkeit) oder die Berechtigung des Kostenaufwands – das „Wie" – bestritten werden (kostenbezogene Erforderlichkeit).

Die anlagenbezogene Erforderlichkeit ist nach der Rechtsprechung erst dann zu verneinen, wenn sich der Bau der neuen Straße als schlechthin unvertretbar darstellt. Dies lässt sich nur in Ausnahmefällen bejahen. Insbesondere entfällt die anlagenbezogene Erforderlichkeit nicht schon deshalb, weil die abgerechnete Straße für den herangezogenen Grundstückseigentümer eine Zweiterschließung darstellt. Eine Besonderheit ergibt sich allerdings, wenn die die Zweiterschließung bietende Straße in einem Gewerbegebiet liegt, da sie dann so ausgebaut sein muss, um komplikationslos mit Lastkraftwagen befahren werden zu können (OVG Koblenz, Urteil vom 13.3.2001 – 6 A 11455/00).

Auch bei der kostenbezogenen Erforderlichkeit bestehen sehr weite gemeindliche Entscheidungsspielräume. Ausgeschlossen sind allein solche Kosten, die für eine besonders aufwendige, in erster Linie im Interesse städtebaulicher Gestaltung vorgenommene Maßnahme angefallen sind („Luxusausbau"). Ferner liegt eine Überschreitung des Entscheidungsspielraums vor, wenn das Gebot der sparsamen und wirtschaftlichen Haushaltsführung in grober Weise verletzt wurde (OVG Münster, Urteil vom 29.11.1996 – 3 A 2373/93).

9.1.5 Vorteil durch die Erschließungsmaßnahme

Der Vorteil im erschließungsbeitragsrechtlichen Sinne liegt darin, dass das Grundstück gerade mit Blick auf die abzurechnende Straße bebaubar wird, also eine Baugenehmigung nicht mehr unter Hinweis auf die fehlende verkehrliche Erschließung abgelehnt werden darf.

Bebaubarkeit als Vorteil

Immer wieder auf Unverständnis bei den herangezogenen Grundstückseigentümern stößt die Veranlagung zum Erschließungsbeitrag für eine das Grundstück zweiterschließende Straße, die faktisch nicht benötigt wird. Nach gefestigter Rechtsprechung entspricht eine derartige auf den konkreten Nutzen der Zweiterschließung abstellende Betrachtungsweise aber nicht dem erschließungsbeitragsrechtlichen Vorteilsgedanken. Vielmehr muss in einer solchen Konstellation die bestehende Ersterschließung hinweggedacht werden und ist dann zu prüfen, ob die neue Straße dem Grundstück seine Bebaubarkeit vermittelt. Ist diese Frage zu bejahen, schuldet der Eigentümer auch für die an sich „überflüssige" weitere Straße den Erschließungsbeitrag (BVerwG, Beschluss vom 14.12.2010 – 9 B 58.10).

Zweiterschließung

Die mit der Beitragspflicht für die Zweiterschließung verbundene Härte wird in der Regel durch die in den örtlichen Erschließungsbeitragssatzungen enthaltenen Eckgrundstücksermäßigungen gemildert.

9.1.6 Erschließungsbeitragsrechtliches Abrechnungsgebiet

Der umlagefähige Erschließungsaufwand ist nach §131 BauGB auf alle diejenigen Grundstücke zu verteilen, die bebaubar und durch die abgerechnete Straße erschlossen sind. Diese bilden dann das Abrechnungsgebiet.

Die Frage der Bebaubarkeit richtet sich nach dem Bauplanungsrecht, also den Bestimmungen der §§ 30, 34 BauGB. Für Grundstücke im Außenbereich nach § 35 BauGB wird kein Erschließungsbeitrag geschuldet.

An die Erschließung eines Grundstücks stellen die jeweiligen bauplanungsrechtlichen Gebietstypen unterschiedliche Anforderungen. Es bedarf daher zunächst der Prüfung, welche durch Bebauungsplan festgesetzte oder faktische Gebietsart vorliegt. Für Wohn- und Mischgebiete gilt, dass ein Grundstück im erschließungsbeitragsrechtlichen Sinne dann erschlossen ist, wenn auf der abgerechneten Straße bis auf Höhe des Grundstücks mit einem Fahrzeug herangefahren und es von dort aus betreten werden kann, wobei dazwischen liegende Straßenbestandteile wie ein Gehweg oder Grünstreifen unbeachtlich sind.

Bedeutung des Baugebiets

Heranfahrenkönnen

Beispiel: Liegt planungsrechtlich ein Allgemeines Wohngebiet vor, reicht es für das Erschlossensein im erschließungsbeitragsrechtlichen Sinne selbst bei einem großflächigen Verkaufsmarkt aus, wenn an dessen Grundstück herangefahren werden kann (OVG Lüneburg, Urteil vom 17.8.2000 – 9 L 4119/98).

Die Möglichkeit des Heranfahrens an ein Grundstück wird mitunter durch verkehrsrechtliche Regelungen wie Halte- und Parkverbote ausgeschlossenen. Wenn in einem solchen Fall auch nicht die Möglichkeit besteht, unmittelbar auf das Grundstück heraufzufahren, fehlt es an der Erschließung im beitragsrechtlichen Sinne (OVG Münster, Beschluss vom 30.8.2010 – 15 A 646/07).

Herauffahrenkönnen

Diese gesteigerte Erschließungsanforderung, also die Möglichkeit des Herauffahrens auf das Grundstück, gilt generell für Grundstücke in durch Bebauungsplan festgesetzten oder faktischen Gewerbe- und Industriegebieten. Hierfür verlangt die Rechtsprechung, dass von der Straße aus Lastkraftwagen in der Lage sind, auf das Grundstück heraufzufahren. Dies erfordert eine 3 Meter breite Zufahrtsmöglichkeit.

Tiefenbegrenzung

Nicht in das Abrechnungsgebiet gehören die Flächen, die außerhalb der in den meisten Erschließungsbeitragssatzungen vorgesehenen Tiefenbegrenzungslinie von z.B. 40 Metern liegen. Solche Satzungsregelungen gelten aber nur für Grundstücke im unbeplanten Innenbereich.

Begrenzte Erschließungswirkung

Ferner kann in besonderen Grundstückssituationen trotz Erfüllung der Erschließungsvoraussetzungen ausnahmsweise diejenige Grundstücksfläche aus dem Abrechnungsgebiet herausfallen, der die abgerechnete Straße lediglich eine sog. begrenzte Erschließungswirkung vermittelt. Dabei geht es um den Fall eines zwischen zwei Straßen liegenden übergroßen Grundstücks, für das der Bebauungsplan die Bebauung mit zwei gleichgewichtigen Gebäuden vorsieht, welche aber nach dem erkennbaren Planungswillen jeweils zu einer anderen Straße orientiert sind. Der Bebauungsplan muss gewissermaßen eine spiegelbildliche Bebauung konzipieren, die es dann rechtfertigt, das Grundstück beitragsrechtlich in zwei Teile aufzuspalten. Eine andere Fallgruppe der begrenzten Erschließungswirkung knüpft ebenfalls an ein übergroßes Grundstück mit zwei erschließenden Straßen an. Wenn durch ein solches Grundstück die Grenze zwischen zwei völlig unterschiedlichen Baugebieten verläuft, denen sich jeweils ihre eigene Erschließungsstraße zuordnen lässt, wird ebenfalls nur für die jeweilige Teilfläche der Erschließungsbeitrag geschuldet.

Schließlich kann die Erschließung eines Grundstücks durch die angrenzende Straße nach § 133 BauGB auch an tatsächlichen oder rechtlichen Hindernissen scheitern.

Faktisches Erschließungshindernis

Ein faktisches Hindernis wäre etwa eine zwischen der Straße und dem Gewerbegrundstück liegende steile Böschung. Dagegen hindern vom Grundstückseigentümer an der Grenze zur abgerechneten Straße errichtete bauliche Hindernisse wie z.B. eine Grundstückseinfriedung das Erschlossensein nicht, solange sie mit zumutbarem finanziellem Aufwand ausgeräumt werden könnten.

Beachtlich sind ferner auch temporäre Hindernisse, wie beispielsweise die Erfassung des Grundstücks von einer Veränderungssperre. Eine solche steht zwar der Bebaubarkeit und damit einem Erschlossensein nicht gänzlich entgegen. Das blockierte Baurecht hindert aber die Entstehung der Beitragspflicht, so dass die Gemeinde für die Geltungsdauer der Veränderungssperre den entsprechenden Anteil am Erschließungsaufwand vorläufig selbst tragen muss.

Rechtliches Erschließungshindernis

Relevante rechtliche Hindernisse sind ferner im Bebauungsplan enthaltene Zu- und Abfahrtsverbote; dies gilt jedenfalls für gewerblich und industriell genutzte Grundstücke, die nur dann als erschlossen gelten, wenn von der Straße auf sie heraufgefahren werden kann.

9.1.7 Entstehung der Erschließungsbeitragspflicht

Die Erschließungsbeitragspflicht entsteht (erst) mit dem letzten zur endgültigen Straßenherstellung erforderlichen tatsächlichen oder rechtlichen Akt.

In tatsächlicher Hinsicht müssen sämtliche im Bauprogramm vorgesehenen technischen Teileinrichtungen realisiert und abgerechnet sein. Maßgeblich ist insoweit der Eingang der letzten Unternehmerrechnung. Immer wieder kommt es zu Verstimmungen bei den herangezogenen Grundstückseigentümern, wenn die technische Fertigstellung der Straße schon lange zurückliegt, die Beitragsabrechnung aber bislang nicht vorgenommen werden konnte, weil die letzte Unternehmerrechnung fehlte. Dies kann aber selbst dann, wenn die Gemeinde ein nachhaltiges Vorgehen gegen den säumigen Unternehmer unterlässt, nicht zu einer Verschiebung der Entstehung der Beitragspflicht auf den Zeitpunkt der technischen Fertigstellung und damit einem früheren Beginn des Laufs der Verjährungsfrist führen (VGH Mannheim, Urteil vom 25.11.2010 – 2 S 1314/10).

Technische Fertigstellung

Auch alle rechtlichen Voraussetzungen wie die Festsetzung der Straßentrasse durch Bebauungsplan bzw. planersetzende Festlegung, der Straßenlanderwerb durch die Gemeinde und die Widmung der Straße müssen abgeschlossen sein.

Durchführung der Rechtsakte

Mit dem Ablauf des Kalenderjahres, in welchem die Beitragspflicht entstanden ist, beginnt dann die vierjährige Festsetzungsverjährungsfrist. In diesem Zusammenhang ist eine Besonderheit bei gemeindeeigenen Grundstücken zu beachten. Für diese darf die Gemeinde nach dem Grundsatz, dass niemand sein eigener Schuldner sein kann, keinen Beitragsbescheid erlassen. Vielmehr entsteht für ein solches Grundstück trotz Erfüllung aller sonstigen Beitragsvoraussetzungen die Beitragspflicht so lange nicht, bis die Gemeinde das Grundstück einem anderen überträgt (OVG Greifswald, Beschluss vom 28.2.2002 – 1 L 85/01). Erst ab diesem Zeitpunkt beginnt dann der Lauf der Verjährungsfrist. Der Investor, der ein solches Grundstück erwirbt, muss also

Vierjährige Verjährungsfrist

den noch geschuldeten Erschließungsbeitrag in seine Preiskalkulation einbeziehen.

9.1.8   Veranlagung zum Erschließungsbeitrag

Veranlagungsobjekt ist in Erschließungsbeitragsverfahren das Grundstück.

Buchgrundstück

Im Erschließungsbeitragsrecht gilt der Grundstücksbegriff des Bürgerlichen Rechts, der sogenannte Buchgrundstücksbegriff. Nur ausnahmsweise können mehrere Buchgrundstücke als ein Grundstück im wirtschaftlichen Sinne zusammengefasst werden, etwa im Fall eines großen bebauten Grundstücks und einer kleinen zur Zufahrt gehörenden Splitterparzelle. Umfasst der Beitragsbescheid mehrere große Buchgrundstücke und setzt hierfür einen Gesamtbeitrag fest, leidet er an einem Bestimmtheitsmangel. Dieser kann allerdings noch im gerichtlichen Verfahren geheilt werden, etwa durch entsprechende Aufschlüsselung seitens des Behördenvertreters in der mündlichen Verhandlung.

Kein Teilflächenabzug

Das Grundstück muss grundsätzlich mit seiner gesamten Fläche veranlagt werden. Häufig wenden Grundstückseigentümer ein, dass der Bebauungsplan für ihr Grundstück Festsetzungen enthalte, welche dann die Bebauung des betroffenen Teilbereichs hindern, z.B. Festsetzung einer privaten Grünfläche, Schutzabstände usw. Auch solche Flächen unterliegen nach der Rechtsprechung der Erschließungsbeitragspflicht, da die Ausweisung als Bauland nie die volle Überbauung eines Grundstücks zulässt, sondern die Freihaltung erheblicher Grundstücksteile voraussetzt (OVG Koblenz, Urteil vom 16.3.2004 – 6 A 1171/03). Nur dann, wenn derartige Festsetzungen eine vernünftige Bebaubarkeit des Grundstücks ausschließen, kann die Beitragspflicht infrage gestellt werden.

Flächenvervielfältigung nach Maß und Art

Die Grundstücksfläche allein bildet nur ein Kriterium bei der Berechnung des Beitrags. Die Erschließungsbeitragssatzungen sehen im Regelfall vor, dass zusätzlich Art und Maß der Nutzung zu berücksichtigen sind. Das Maß der Nutzung wird häufig durch Multiplikation der Fläche mit einem Berechnungsfaktor, der an die Zahl der zulässigen Vollgeschosse anknüpft, berücksichtigt. Die Einbeziehung der Art der Nutzung erfolgt über den sogenannten Artzuschlag, den die Satzungen für Gewerbe-, Industrie- und Kerngebiete sowie Sondergebiete mit entsprechendem Nutzungsprofil vorsehen.

Persönlicher Beitragspflichtiger

Beitragspflichtig ist nach § 134 Abs. 1 Satz 1 BauGB derjenige, der zum Zeitpunkt der Bekanntgabe des Beitragsbescheides im Grundbuch als Grundstückseigentümer steht. Hiervon abweichende Vereinbarungen in Grundstückskaufverträgen sind für die Behörde unbeachtlich. Der in der beitragsrechtlichen Praxis oft erhobene Einwand, nach dem Inhalt des Grundstückskaufvertrages habe der Verkäufer den Erschließungsbeitrag zu übernehmen, kann daher nicht berücksichtigt werden.

9.1.9 Checkliste: Heranziehung zu Erschließungsbeiträgen

Für die Heranziehung zu Erschließungsbeiträgen ergibt sich folgende „Checkliste":

- Straße ist erstmalig endgültig fertiggestellt.
- Technischer Ausbau der Straße entspricht dem Bauprogramm
- Erschließungsaufwand ist anlagen- und kostenbezogen erforderlich
- Abrechnungsgebiet ist zutreffend ermittelt
- Beitragspflicht ist entstanden und nicht verjährt
- Veranlagte Grundstücksfläche ist richtig berechnet
- Adressat ist eingetragener Grundstückseigentümer

9.1.10 Erschließungsbeitragsrechtliche Ablösungsverträge

Nach § 133 Abs. 3 Satz 5 BauGB haben die Gemeinden die Möglichkeit, Bestimmungen über die Ablösung – also die vorweggenommene Tilgung – des künftigen Erschließungsbeitrages zu treffen. Derartige Bestimmungen über die Zulässigkeit der Ablösung und die Modalitäten der Berechnung werden häufig in die örtlichen Erschließungsbeitragssatzungen aufgenommen. Es genügt aber auch, wenn sie in sonstigen gemeindlichen Richtlinien fixiert sind. Aus diesen Bestimmungen muss sich die Ermittlung des voraussichtlichen Aufwandes und dessen Verteilung auf die erschlossenen Grundstücke ergeben. Ein Ablösungsvertrag, der inhaltlich nicht mit diesen Ablösebestimmungen übereinstimmt, ist nichtig. In der Praxis findet sich häufig als Ablösungsbestimmung in Erschließungsbeitragssatzungen lediglich die Formulierung, dass die Höhe des Ablösungsbetrages sich nach der voraussichtlichen Höhe des Erschließungsbeitrags richtet.

Ablösebestimmungen

Das gemeindliche Motiv für das Angebot eines Ablösungsvertrages liegt in der im Vergleich zur Beitragsheranziehung deutlich früheren Erlangung von Finanzmitteln für den Bau der Straße und in der Vermeidung des Risikos einer Klage gegen den Beitragsbescheid. Aber auch für den Grundstückseigentümer ist ein Ablösungsvertrag von Interesse. Hat er den vertraglichen Ablösebetrag gezahlt, tritt die Ablösungswirkung ein mit der Folge, dass er von späteren Baukostensteigerungen, die die Gemeinde bei der Kalkulation ihres Ablöseangebotes nicht eingestellt hat, verschont bleibt.

Vorteile der Ablösungsvereinbarung

In der Praxis finden sich solche Verträge häufig im Zusammenhang mit dem Erwerb des für ein Vorhaben benötigten Grundstücks von der Gemeinde. Derartige in einen Grundstückskaufvertrag inkorporierte Ablösungsverträge bedürfen einer besonders sorgfältigen Prüfung. Enthält der mit einer Kommune abgeschlossene Grundstückskaufvertrag

Ablösung im Grundstückskaufvertrag

nämlich einen Gesamtpreis, der den auf den Erschließungsbeitrag entfallenden Ablöseanteil nicht erkennen lässt, und gibt es auch außerhalb des Vertrages keine entsprechende Aufschlüsselung, handelt es sich um eine unzulässige verdeckte Ablösung. Als Rechtsfolge tritt die Nichtigkeit der Ablösungsvereinbarung ein. Erschließungsbeitragsrechtliche Ablösungsvereinbarungen im Kontext anderer Verträge müssen daher die Höhe und die Berechnung des Ablösungsbetrages eindeutig erkennen lassen. Denn nur so lässt sich prüfen, ob die gemeindlichen Ablösungsbestimmungen eingehalten wurden.

Zeitliche Grenze

Eine weitere wichtige Einschränkung für die Möglichkeit zum Abschluss eines Ablösungsvertrages bildet die in § 133 Abs. 3 Satz 5 BauGB fixierte zeitliche Grenze, wonach im Zeitpunkt des Vertragsschlusses die sachliche Beitragspflicht noch nicht entstanden sein darf. Damit soll dem beitragspflichtigen Grundstückseigentümer die Möglichkeit genommen werden, zwischen dem von der Gemeinde im Ablösungsvertrag angebotenen Betrag und dem sich im Zeitpunkt der Entstehung der Beitragspflicht berechenbaren Betrag einer hoheitlichen Heranziehung zu wählen. Mit dem Ablösungsvertrag kann nur die Erschließungsbeitragspflicht insgesamt abgelöst werden. Eine Ablösung über einzelne Teileinrichtungen ist unzulässig.

Wird auf den Ablösungsvertrag gezahlt, tritt die Ablösungswirkung ein. Stellt sich bei der zeitlich späteren Entstehung der Beitragspflicht auf Basis der erst dann vorliegenden endgültigen Unternehmerrechnungen heraus, dass der in diesem Vertrag vereinbarte Ablösungsbetrag über bzw. unter demjenigen liegt, der sich bei einer satzungsmäßigen Abrechnung ergibt, so kann der Grundstückseigentümer keine Erstattung seiner Überzahlung verlangen und umgekehrt die Gemeinde keine Nachforderung vornehmen. Eine Ausnahme gilt nach der Rechtsprechung allerdings dann, wenn die sogenannte absolute Missbilligungsgrenze überschritten wird (BVerwG, Urteil vom 9.11.1990 – 8 C 36.89). Dies liegt dann vor, wenn der in einem regulären Heranziehungsverfahren festzusetzende Beitrag das Doppelte (oder sogar mehr als das Doppelte) bzw. die Hälfte (oder weniger als die Hälfte) des vereinbarten Ablösungsbetrages ausmacht. Bei einer dieser Konstellationen ist der Ablösungsvertrag nichtig.

Nichtigkeit bei Missbilligungsgrenze

Bei der Vertragsformulierung empfiehlt sich eine exakte Bestimmung, welche Fläche von der Ablösung erfasst wird, am besten durch Beifügung einer Karte mit einer entsprechenden Kennzeichnung. Bei einer Bezeichnung lediglich der Grundstücksgröße oder der Flurstücksnummer ergeben sich ansonsten Schwierigkeiten, wenn das Grundstück später geteilt und katastermäßig fortgeschrieben oder aber umgekehrt mit einer hinzuerworbenen Fläche vereinigt wird.

Vertragsterminologie

Ferner sollte die gesetzliche Bezeichnung „Erschließungsbeitrag" im Vertrag verwendet werden, da sonstige Oberbegriffe wie z.B. Anliegerbeiträge zu Auslegungsschwierigkeiten führen können. Die Rechtsprechung legt allerdings letztlich die vertraglichen Begriffe so aus, wie es nach dem gesamten Vertragskontext dem Willen der Parteien entsprach. Dies kann dann sogar dazu führen, dass bei einer dem Gebot von Treu und Glauben verpflichteten Auslegung der ausdrücklich gewählte Begriff „Erschließungsbeitrag" dahin zu verstehen ist, dass in Wirklichkeit der „Straßenausbaubeitrag" gemeint war, weil für das Grundstück überhaupt kein Erschließungsbeitrag mehr entstehen konnte (OVG Münster, Urteil vom 19.3.2002 – 15 A 4034/00).

9.2   Straßenausbaubeiträge

Für Straßenbaumaßnahmen, die eine Kommune an bereits erschließungsbeitragsrechtlich abgerechneten oder erschließungsbeitragsfreien Straßen vornimmt, kann sie einen Straßenausbaubeitrag verlangen. Anders als das bundesrechtliche Erschließungsbeitragsrecht ist das Straßenausbaubeitragsrecht landesrechtlich geregelt. Mit Ausnahme von Baden-Württemberg haben alle Bundesländer in ihren Kommunalabgabengesetzen die Städte und Gemeinden ermächtigt, für bestimmte Straßenbaumaßnahmen einen Ausbaubeitrag zu erheben. Eine gültige Straßenausbausatzung ist zwingende Voraussetzung der Beitragspflicht. Es handelt es sich dabei um eine einmalige Beitragsleistung. Einige Bundesländer sehen die Möglichkeit vor, die Investitionsaufwendungen für derartige Straßenbaumaßnahmen im Wege sogenannter wiederkehrender Beiträge geltend zu machen.

Landesrechtliche Regelung

Straßenausbaubeitragssatzung

9.2.1   Die beitragsfähige „Anlage" im Straßenausbaubeitragsrecht

Für die nach Straßenausbaubeitragsrecht abzurechnende Anlage gilt in den meisten Bundesländern der oben erläuterte erschließungsbeitragsrechtliche Anlagenbegriff.

In einigen Bundesländern werden jedoch auch Abweichungen zugelassen. So können in Nordrhein-Westfalen und in Brandenburg die Kommunen durch ihre Satzung festlegen, dass der räumliche Bereich der abzurechnenden Straße durch das für die konkrete Baumaßnahme beschlossene Bauprogramm definiert wird. Die Grenzziehung durch dieses Bauprogramm wiederum darf dann aber nicht willkürlich sein, sondern muss nach örtlich erkennbaren Merkmalen (z.B. markante Straßenkreuzung) oder nach rechtlichen Gesichtspunkten (z.B. Grenze eines Bebauungsplangebietes) vorgenommen werden.

9.2.2   Straßenausbaubeitragsfähige Maßnahmen

Nach den Kommunalabgabengesetzen der Länder sind insbesondere diejenigen Straßenbaumaßnahmen beitragsfähig, die als Erneuerung (sogenannte nachmalige Herstellung), Verbesserung oder Erweiterung qualifiziert werden können.

Erneuerung

Wenn eine abgenutzte Straße ganz oder beschränkt auf Teileinrichtungen wie z.B. die Gehwege in gleichwertiger Form wiederhergestellt wird, spricht man von einer Erneuerung. Die sich für eine solche Erneuerung entscheidende Kommune muss belegen können, dass die Anlage verschlissen und ihre übliche Nutzungszeit abgelaufen ist. Zur üblichen Nutzungszeit haben sich in der Rechtsprechung folgende Orientierungspunkte entwickelt:

- Straße: 20-25 Jahre

- Gehweg: 20-25 Jahre

- Straßenbeleuchtung: 30 Jahre

Je länger die übliche Nutzungszeit abgelaufen ist, desto geringer sind die Anforderungen an die gemeindliche Dokumentation zur Verschlissenheit. Das Alter einer Straße von 50 Jahren indiziert deren Abgenutztheit, so dass die Gemeinde keine umfassenden Zustandsüberprüfungen vorzunehmen hat.

Die Erneuerungsmaßnahme muss sich nicht zwingend auf die gesamte Straße erstrecken. Die Kommune darf diejenigen Flächen der Fahrbahn oder des Gehweges aussparen, die sie nicht als erneuerungsbedürftig ansieht. Gleichwohl bleiben auch die Eigentümer beitragspflichtig, deren Grundstücke an einem solchen ausgesparten Abschnitt der Straße liegen.

Beitragsfreie Instandsetzung

Von der beitragspflichtigen Erneuerung muss die beitragsfreie Instandsetzung abgegrenzt werden. Sie unterscheiden sich in ihrem Umfang. Die Erneuerung zielt auf eine vollständige Ersetzung der Straße insgesamt oder einzelner ihrer Teileinrichtungen, umfasst also im Falle der Fahrbahn alle Straßenschichten. Wird lediglich eine neue Verschleißschicht aufgebracht, liegt eine Instandsetzung vor.

Verbesserung

Während die Erneuerung den ursprünglichen Zustand wiederherstellt, bewirkt die Verbesserung eine Optimierung gegenüber dem früheren Zustand. Die Erscheinungsformen einer Verbesserung sind vielfältig: Sie kann sich aus einer Umgestaltung der bisherigen verkehrstechnischen Konzeption ergeben, etwa durch den Umbau einer Straße in eine verkehrsberuhigte Zone. Ferner liegt eine Verbesserung dann vor, wenn eine Straße bisher nicht vorhandene Teileinrichtungen erhält, wie z.B. einen Radweg oder Parkbuchten. Schließlich bewirkt auch die technisch aufwendigere Ausstattung eine Verbesserung, wie z.B. der erstmalige Einbau einer Frostschutzschicht in die Fahrbahn.

Erweiterung

Den Beitragstatbestand der Erweiterung erfüllt die Vergrößerung der räumlichen Ausdehnung einer Straße. Es müssen also zusätzliche, vorher nicht Straßenzwecken dienende Flächen in Anspruch genommen worden sein.

Welche Maßnahmen konkret durchzuführen sind, bestimmt die Gemeinde durch das für die Straße beschlossene Bauprogramm.

9.2.3   Beitragsaufwand

Für den über die Beiträge umzulegenden Kostenaufwand gelten die gleichen Grundsätze wie im Erschließungsbeitragsrecht. Danach darf die Gemeinde alle erforderlichen Aufwendungen in den beitragswirksamen Aufwand einstellen. Die Erforderlichkeit im Straßenbaubeitragsrecht umfasst zum einen die Notwendigkeit der Baumaßnahme als solche wie auch die Art ihrer Durchführung (sogenannte anlagenbezogene Erforderlichkeit) und zum anderen die Angemessenheit und Sachbezogenheit der angefallenen Aufwendungen (sogenannte kostenbezogene Erforderlichkeit).

Erforderlichkeitsgebot

Bei der Prüfung der anlagenbezogenen Erforderlichkeit üben die Gerichte erhebliche Zurückhaltung. Sie sehen es nicht als ihre Aufgabe an, zu prüfen, ob die Gemeinde die sinnvollste und zweckmäßigste Ausbaumaßnahme gewählt hat, solange die Kostenfolge für die Anlieger im Rahmen des sachlich Vertretbaren bleibt (OVG Magdeburg, Beschluss vom 15.11.2002 – 2 M 261/02). Im Regelfall zeigen sich die Kommunen in der Lage, eine straßenbau- oder verkehrstechnische Rechtfertigung für die gewählten Baumaßnahmen darzulegen.

Anlagenbezogene Erforderlichkeit

Dagegen unterlaufen den Kommunen häufiger Rechtsfehler bei der Beurteilung der kostenbezogenen Erforderlichkeit. Oft fließen Kostenpositionen in den Beitragsaufwand ein, die entweder überhaupt nicht oder jedenfalls nicht in diesem Umfang mit der abgerechneten Straße in einem Sachzusammenhang stehen (Beispiel: keine Beitragsfähigkeit des Mehraufwandes für die Verlegung eines Leitungsrohres DN 600 an Stelle der ausreichenden Leitungsrohres DN 300, wenn dieses der Fortleitung des auch aus anderen Straßen stammenden Straßenoberflächenwassers dient; OVG Schleswig, Urteil vom 10.2.2011 – 2 LB 19/10).

Kostenbezogene Erforderlichkeit

Am Beitragsaufwand hat sich die Gemeinde mit unterschiedlichen Quoten zu beteiligen. Diese richten sich nach der Straßenkategorie und müssen in der jeweiligen örtlichen Satzung geregelt sein. Die wichtigsten Straßentypen sind:

Gemeindeanteil

- Anliegerstraße,
- Haupterschließungsstraße,
- Hauptverkehrsstraße.

Straßenkategorien

Bei den Anliegerstraßen ist der Gemeindeanteil am niedrigsten und bei den Hauptverkehrsstraßen am höchsten anzusetzen.

Die Definition für die Straßenkategorie findet sich in der jeweiligen Satzung. Danach dienen Anliegerstraßen überwiegend dem Anliegerverkehr und Hauptverkehrsstraßen überwiegend dem Durchgangsverkehr. Dagegen bestehen bei einer Haupterschließungsstraße annähernd gleichwertige Anteile von Anlieger- und Durchgangsverkehr. Bei der auf Grundlage dieser Definitionen vorzunehmenden Einstufung muss aber nicht konkret der Umfang des Anlieger- und des Durchgangsverkehrs berechnet werden, sondern es gilt eine typisierende Betrachtungsweise (VGH München, Urteil vom 9.2.2012 – 6 B 10.866). Maßgebliche Kriterien dieser typisierenden Bewertung sind: Rolle der Straße in der gemeindlichen Verkehrsplanung und im Straßennetz, Lage und Führung der Straße, Ausbauzustand, verkehrsrechtliche Funktion.

Sonderfall Fußgängerzone

Viele Handelsimmobilien liegen an Fußgängerzonen. Diese nehmen im Straßenausbaubeitragsrecht eine Sonderrolle ein. Eine dieser Besonderheiten liegt darin begründet, dass mit der Gestaltung von Fußgängerzonen die Kommunen immer auch städtebauliche Ziele wie beispielsweise die Steigerung der Attraktivität des Ortsbildes verfolgen. Die Kommune darf eine Fußgängerzone daher auch mit solchen Gegenständen ausstatten, die im Zusammenhang mit deren spezieller Aufenthalts- und Kommunikationsfunktion stehen. Beitragsfähig sind daher charakteristische Bestandteile einer Fußgängerzone wie Sitzbänke, Brunnenanlagen, Bepflanzungen, Poller usw. Wird allerdings eine Fußgängerzone ausschließlich unter städtebaulichen Gesichtspunkten zur Verbesserung der Aufenthalts- und Kommunikationsfunktion umgestaltet, ohne dass zugleich auch beitragsfähige Maßnahmen an der Pflasterung stattfinden, liegt keine Verbesserung im ausbaubeitragsrechtlichen Sinne vor (OVG Münster, Beschluss vom 8.10.1999 – 15 A 3305/96). In jedem Fall ist wegen des gesteigerten öffentlichen Interesses der Gemeindeanteil höher anzusetzen. Auch dieser wird im Regelfall in der kommunalen Beitragssatzung festgelegt. Er erweist sich oft aber als nicht ausreichend, etwa dann, wenn die Ausbaumaßnahme in besonderer Weise durch die Verbesserung des städtebaulichen Erscheinungsbildes motiviert wurde. Dann muss eine Gemeinde durch Sondersatzung den höheren Gemeindeanteil speziell festlegen.

9.2.4   Vorteil durch die Ausbaumaßnahme

Wirtschaftlicher Vorteil

Die landesrechtlichen Bestimmungen verlangen, dass dem Grundstückseigentümer durch die Straßenbaumaßnahme ein wirtschaftlicher Vorteil erwächst. Dieser Vorteil ist nicht im Sinne einer Wertsteigerung des Grundstücks zu verstehen. Der Vorteilsbegriff im Straßenausbaubeitragsrecht zielt vielmehr auf eine Besserstellung hinsichtlich der Benutzbarkeit der Straße ab. Somit liegt ein Vorteil bereits dann vor, wenn den Anliegern aufgrund der von der Kommune durchgeführten Maßnahmen wieder eine für viele Jahre intakte und funktionstüchtige Straße zur Verfügung steht.

Erschließungsvorteil

Der ausbaubeitragsrechtliche Vorteilsbegriff erfordert aber auch eine Erreichbarkeit des Grundstücks durch die abgerechnete Straße. Hier ist an die baurechtlichen Erschließungsanforderungen anzuknüpfen, so dass es für eine Wohnnutzung ausreicht, wenn über die Straße an das Grundstück herangefahren werden kann, während man auf gewerblich oder industriell genutzte Grundstücke herauffahren können muss. Bei einem Handelsbetrieb, welcher in einem Sondergebiet mit der Zweckbestimmung „Großflächiger Einzelhandel" liegt, verlangt die Rechtsprechung für den Vorteil im straßenausbaubeitragsrechtlichen

Sinne, dass der Anlieferverkehr ungehindert auf das Grundstück fahren kann (VG Münster, Urteil vom 12.9.2011 – 3 K 126/11).

Ferner kann die Prüfung der Vorteilslage zu dem Ergebnis führen, dass der Eigentümer des an die ausgebaute Straße anliegenden Grundstücks keinen oder einen nur verringerten Ausbaubeitrag zahlen muss. Dies ist dann der Fall, wenn die baulichen Maßnahmen trotz ihrer positiven Effekte zugleich Verschlechterungen auslösen. Eine solche Konstellation kann etwa dann eintreten, wenn in beachtlichem Umfang bislang vorhandene Parkplätze entfallen sind. Ein weiteres Beispiel wäre die auf Kosten der Fahrbahnverbreiterung vorgenommene Gehwegverschmälerung, die dessen Funktionsfähigkeit in Frage stellt (Beispiel: Die Maßnahmen zur Verbesserung des Gehwegausbaus können vollständig kompensiert werden durch dessen Verschmälerung auf eine Breite von im Durchschnitt 1,52 m; so VGH München, Urteil vom 26.3.2002 – 6 B 36.3901). Die Kompensation führt zur Verringerung oder sogar zum Wegfall der Beitragsforderung für die betroffene Teileinrichtung. Ist z.B. der Gehweg so verschmälert worden, dass er seine Funktion nicht mehr ordnungsgemäß erfüllt, entfällt hierfür der Beitrag vollständig.

Vorteilskompensation

Die Prüfung der Vorteilskompensation erfordert aber in jedem Fall eine umfassende Gesamtbewertung. Gerade bei Handelsimmobilien sind die Gerichte zur Zuerkennung einer Kompensation eher nicht bereit, wenn etwa bei aufwendigen Straßenumgestaltungen im innerstädtischen Bereich mit dem Ziel seiner Attraktivitätssteigerung sich für die Geschäftsinhaber zwar Verschlechterungen durch Entfallen von Parkplätzen und Erschwernisse beim Anlieferungsverkehr ergeben, andererseits aber durch Begrünungs- und sonstige gestalterische Maßnahmen eine Zurückdrängung des Fahrzeugverkehrs und eine höhere Anziehungskraft für Fußgänger, mithin für potenzielle Kunden, ausgelöst wurde (OVG Schleswig, Urteil vom 5.11.2010 – 9 A 72/07).

9.2.5 Ausbaubeitragsrechtliches Abrechnungsgebiet

In das Abrechnungsgebiet einer Straßenbaumaßnahme gehören alle Grundstücke, die durch die abgerechnete Straße erschlossen werden. Hierfür gelten im Grundsatz die gleichen Kriterien, wie oben für das Erschließungsbeitragsrecht dargestellt. Eine wichtige Abweichung hiervon besteht allerdings darin, dass auch die nicht bebaubaren Grundstücke sowie die Außenbereichsgrundstücke zu veranlagen sind. Diese erlangen von der Ausbaumaßnahme zwar nicht – wie im Erschließungsbeitragsrecht – den Vorteil der Möglichkeit einer Baugenehmigungserteilung. Im Straßenausbaubeitragsrecht genügt aber die bloße Inanspruchnahmemöglichkeit der abgerechneten Straße für die Vorteilsentstehung.

Einbeziehung auch unbebaubarer Grundstücke

Allerdings sehen die kommunalen Satzungen für großflächige nicht bebaubare Anlagen wie Sportplätze, Friedhöfe, Dauerkleingärten usw.

eine Vergünstigung vor, um die sonst entstehende unverhältnismäßig hohe Beitragsbelastung zu mildern. Dies wird von der Rechtsprechung gebilligt (z.B. Ermäßigung der beitragswirksamen Grundstücksfläche auf 60% des tatsächlichen Flächenumfangs für einen Golfspielplatz – OVG Koblenz, Urteil vom 13.12.2011 – 6 A 10870/11).

9.2.6 Entstehung der Ausbaubeitragspflicht

Erfüllung des Bauprogramms

Die Beitragspflicht entsteht, wenn das von der Gemeinde für die konkrete Ausbaumaßnahme beschlossene Bauprogramm vollständig umgesetzt worden ist. Das Bauprogramm definiert den räumlichen Umfang und die konkreten Ausbaumaßnahmen, beschreibt also exakt Fahrbahn- und Gehwegbreite, zu verwendende Materialien, Zahl und Standort der Beleuchtungskörper usw. Enthält die örtliche Beitragssatzung eine abstrakte Regelung zu den Kriterien einer beitragsfähigen Ausbaumaßnahme, müssen auch diese vorliegen.

Der auf Grundlage eines solchen Bauprogramms dann konkret zu bestimmende Zeitpunkt der Beitragspflichtentstehung wird aufgrund divergierender Rechtsprechung in den Bundesländern unterschiedlich fixiert; teilweise kommt es auf den Zeitpunkt der werkvertraglichen Abnahme, teilweise auf den Zeitpunkt des Eingangs der letzten Unternehmerrechnung an.

Verjährungsfrist

Wie im Erschließungsbeitragsrecht beginnt mit Ablauf des Kalenderjahres, in welchem die Beitragspflicht entstand, die vierjährige Festsetzungsverjährungsfrist.

9.2.7 Veranlagung zum Ausbaubeitrag

Die Heranziehung zum Ausbaubeitrag knüpft an das Grundstück an. In den meisten Bundesländern gilt dabei der Buchgrundstücksbegriff. Davon abweichend vertreten das OVG Münster und das OVG Berlin-Brandenburg den wirtschaftlichen Grundstücksbegriff.

Beitragswirksame Grundstücksfläche

Bei der Berechnung des auf das konkrete Grundstück entfallenden Beitrages gelten aufgrund der jeweiligen Satzung die gleichen Maßstäbe, wie sie oben bereits für das Erschließungsbeitragsrecht dargestellt wurden. Somit wird die Grundstücksfläche aufgrund der in der Satzung enthaltenen Maßstabsregelung vervielfacht, wobei das Maß der baulichen Ausnutzbarkeit sowie die Art der Nutzung die gängigen Kriterien bilden.

Artzuschlag

Bei der Berücksichtigung der Art der Nutzung durch den Gewerbezuschlag wird in Prozessen oft beanstandet, dass dieser gestaffelt werden müsse, da eine Straßenbaumaßnahme einer Handelsimmobilie die Chance erhöhten Kundenzulaufs verschaffe, während einer sonstigen gewerblichen Nutzung ein solcher positiver Effekt nicht zugute komme. Die Rechtsprechung lehnt aber bislang die Notwendigkeit derartiger Ausdifferenzierungen beim Gewerbezuschlag ab (VGH München, Urteil vom 5.2.2007 – 6 BV 05.2153).

Baubeschränkungen, die aufgrund besonderer Vorschriften für ein Grundstück gelten, bleiben im Regelfall unberücksichtigt. So ist es unbeachtlich, wenn etwa wegen straßenrechtlicher Anbauverbote oder landschaftsschutzrechtlicher Bauverbote Teilflächen des Grundstücks keiner baulichen Nutzung zugänglich sind. Auch diese Flächen gelten als beitragswirksam, weil zu einem Grundstück üblicherweise stets eine größere Freifläche gehört.

Kein Teilflächenabzug

Bei der Bestimmung der persönlichen Beitragspflicht divergieren die landesrechtlichen Regelungen. In einigen Bundesländern schreiben die Kommunalabgabengesetze zwingend vor, dass die persönliche Beitragspflicht denjenigen trifft, der zum Zeitpunkt der Bekanntgabe des Beitragsbescheides als Eigentümer im Grundbuch eingetragen ist. In Brandenburg, Nordrhein-Westfalen, Rheinland-Pfalz, Sachsen und Thüringen können die Kommunen in ihren Satzungen auch denjenigen als persönlich Beitragspflichtigen bestimmen, der zum Zeitpunkt der Entstehung der Beitragspflicht Grundstückseigentümer ist; für Bayern gilt dies aufgrund der entsprechenden Regelung im dortigen Kommunalabgabengesetz zwingend.

Persönlich Beitragspflichtiger

9.2.8 Ausbaubeitragsrechtliche Ablösungsverträge

Die Zulässigkeit, den Straßenausbaubeitrag vertraglich abzulösen, ist teilweise in den Kommunalabgabengesetzen der Bundesländer ausdrücklich geregelt, teilweise als ungeschriebenes beitragsrechtliches Rechtsinstitut anerkannt. Die Möglichkeit der vertraglichen Ablösung entfällt, wenn die Beitragspflicht schon entstanden ist. Es soll damit vermieden werden, dass der beitragspflichtige Grundstückseigentümer zwischen dem hoheitlichen Beitragssatz und dem vertraglichen Ablöseangebot wählt.

Ablösezeitpunkt

Inhaltlich muss ein Ablösungsvertrag den gemeindlichen Ablösebestimmungen entsprechen. Diese finden sich in einigen Bundesländern kraft entsprechender gesetzlicher Anordnung in den Ausbaubeitragssatzungen; ansonsten können sie formlos ergehen. Aus ihnen muss hervorgehen, wie der Ablösebetrag errechnet wird. In der Praxis findet sich vielfach lediglich die Bestimmung, dass der Ablösebetrag sich nach der Höhe des voraussichtlichen Beitrages richten soll. Entspricht der vertraglich vereinbarte Ablösebetrag nicht den gemeindlichen Ablösebestimmungen, ist der gesamte Vertrag nichtig.

Ablösebestimmungen

Für eine Ablösevereinbarung gilt das Gebot der Offenlegung, was insbesondere die klare Erkennbarkeit erfordert, welcher Betrag als Ablösung auf den künftigen Straßenausbaubeitrag gezahlt wird. Wenn der Vertrag also mehrere Ablöse- oder sonstige Zahlungsvereinbarungen enthält, muss der auf den Straßenausbaubeitrag entfallende Teil eindeutig erkennbar und nachprüfbar bleiben.

Die Ablösungswirkung eines solchen Vertrages tritt nicht schon im Zeitpunkt des Vertragsschlusses, sondern dem der Zahlung ein (Ausnahme: Baden-Württemberg). Die Beitragspflicht kann dann nicht mehr entstehen.

Bei straßenausbaubeitragsrechtlichen Ablösungsvereinbarungen ist es besonders wichtig, genau zu bezeichnen, welche Straßenbaumaßnahme auf diese Weise abgegolten werden soll. Denn anders als beim einmaligen Erschließungsbeitrag oder auch beim einmaligen Kanalanschlussbeitrag können sich Straßenausbaubeitragsforderungen für Ausbaumaßnahmen an einer Straße immer wieder ergeben

Mehrdeutigkeit von „Anliegerbeiträgen"

Ferner sollte im Vertrag eindeutig zum Ausdruck gebracht werden, dass es um die Ablösung eines Straßenausbaubeitrags geht. Häufig findet sich in Verträgen die Formulierung, dass damit „Erschließungs- und sonstige Anliegerbeiträge" abgegolten werden sollen. Der Begriff der „Anliegerbeiträge" umschließt aber nicht selbstverständlich auch die Straßenausbaubeiträge. Nach der Rechtsprechung ist durchaus die Auslegung vertretbar, wonach damit nur die Anschlussbeiträge für die leitungsgebundenen Einrichtungen, also die Kanal- und Wasseranschlussbeiträge, gemeint sein können (OVG Frankfurt, Beschluss vom 23.10.2003 – 2 B 265/03).

9.3   Kanal- und Wasseranschlussbeiträge

Für die von der Kommune bereitgestellten Entwässerungs- und Wasserversorgungsanlagen kann von den Grundstückseigentümern ein Kanalanschluss- bzw. Wasseranschlussbeitrag gefordert werden. Es liegt aber im Rahmen des kommunalen Ermessens, sich für eine Finanzierung dieser Anlagen ausschließlich über Benutzungsgebühren zu entscheiden. In der Praxis verbreitet ist die Kombination aus der Beitragsfinanzierung des durch die Herstellung der Anlagen und der Gebührenfinanzierung des durch deren Benutzung verursachten Kostenaufwandes.

Ferner besteht ein kommunales Wahlrecht zu Gunsten einer rein privatrechtlichen Ausgestaltung. Diese findet sich insbesondere bei der Wasserversorgung, die oft in der Regie privatrechtlich organisierter Stadtwerke betrieben wird. Hier gilt im Regelfall die „Verordnung über Allgemeine Bedingungen für die Versorgung mit Wasser" (AVBWasserV). Die Heranziehung zu den Kosten erfolgt dann nicht über hoheitliche Beiträge und Gebühren, sondern über den dort geregelten Baukostenzuschuss sowie das Wassergeld.

Die vorliegende Darstellung beschränkt sich auf die Veranlagung im Wege hoheitlicher Beiträge am Beispiel des Kanalanschlussbeitrags. Für Wasseranschlussbeiträge gilt die Darstellung sinngemäß.

Die Rechtsgrundlagen der Kanalanschlussbeitragserhebung sind mit denjenigen identisch, die oben zum Straßenausbaubeitragsrecht beschrieben wurden. Es gibt also keine bundesrechtliche Regelung, sondern die in den Kommunalabgabengesetzen der Bundesländer enthaltenen Ermächtigungen der Kommunen, Satzungen zur Organisation der gemeindlichen Abwasserentsorgungsanlage und einer zugehörigen Beitragssatzung zu erlassen. Daher müssen bei der rechtlichen Prüfung eines Kanalanschlussbeitrages regelmäßig die kommunale Entwässerungssatzung und die Kanalanschlussbeitragssatzung beigezogen werden.

Entwässerungs- und Kanalanschlussbeitragssatzung

9.3.1 Die beitragsfähige „Anlage" im Kanalanschlussbeitragsrecht

Anders als im Erschließungs- und Straßenausbaubeitragsrecht zahlt der herangezogene Grundstückseigentümer mit dem Kanalanschlussbeitrag nicht für die vor seinem Grundstück verlaufende und konkret zur Entwässerung genutzte Kanalleitung. Er erbringt vielmehr eine Abgeltung zum Ersatz des Aufwandes der Gemeinde für deren gesamtes Entwasserungssystem. Dazu gehören neben den Hauptsammlern die einzelnen die Grundstücke erschließenden Sammler, Pumpanlagen, Regenrückhaltebecken, Klärwerke sowie alle sonstigen Anlagen, die die Gemeinde betreibt, um die ihr obliegende Abwasserbeseitigungspflicht zu erledigen. Sie kann beispielsweise auch die Grundstücksanschlüsse oder Wegeseitengräben zum Bestandteil der öffentlichen Abwassereinrichtung erklären. Die Auflistung, was alles zur gemeindlichen Kanalisation gehört, findet sich in der jeweiligen kommunalen Entwässerungssatzung.

Kanalisationssystem als Anlage

9.3.2 Kanalanschlussbeitragsfähige Maßnahmen

Die Maßnahmen, für die die Kommune einen Beitrag fordern kann, müssen in der Kanalanschlussbeitragssatzung aufgeführt sein. Die meisten kommunalen Abgabengesetze sehen als solche Maßnahmen die Herstellung, Anschaffung und Erweiterung von Entwässerungseinrichtungen vor; in einigen Bundesländern kommen noch die Tatbestände der Verbesserung und der Erneuerung hinzu.

Für die Praxis bedeutsam ist die Maßnahme der Herstellung der Entwässerungseinrichtung. Denn die Herstellung des gesamten Kanalisationssystems in einem Gemeindegebiet stellt einen auf Dauer angelegten Prozess ständiger Änderung und Erweiterung dar, so dass die anderen gesetzlichen Tatbestandsalternativen nur eine untergeordnete Rolle spielen.

Herstellung

In einigen Bundesländern besteht die Möglichkeit, außer dem einmaligen Herstellungsbeitrag die weiteren Investitionsaufwendungen über die Erhebung wiederkehrender Beiträge geltend zu machen.

9.3.3 Beitragsaufwand

Da im Kanalanschlussbeitragsrecht als abzurechnende Anlage auf das gesamte kommunale Entwässerungssystem abstellt wird, bedarf es einer besonderen Methode zur Ermittlung des zu berücksichtigenden Aufwandes. Für diese Ermittlung stehen verschiedene Kalkulationsmethoden zur Verfügung; verbreitet sind die Globalberechnung und die Periodenkalkulation.

Globalrechnung

Bei der sogenannten Globalberechnung werden alle vergangenen und zukünftigen Investitionen für die öffentliche Abwasserentsorgungseinrichtung im gesamten Gemeindegebiet vom Beginn bis zum prognostizierten Endausbau kalkulatorisch berechnet und diesem Aufwand die Flächen gegenübergestellt, die entweder hieran schon angeschlossen oder künftig anschließbar sind. Eine Globalberechnung erstreckt sich daher notwendigerweise über sehr lange Zeiträume. Die erstmalige Globalberechnung kann dann weiter fortgeschrieben werden.

Periodenkalkulation

Weniger Ermittlungsaufwand erfordert die Periodenkalkulation. Bei dieser wird für eine überschaubare Rechnungsperiode von beispielsweise vier Jahren der durchschnittliche Investitionsaufwand für die in diesem Zeitraum durchgeführten bzw. anstehenden Kanalbaumaßnahmen ermittelt. Im nächsten Schritt erfolgt die Berechnung der durch diese Maßnahmen erschlossenen Flächen. Die Division des Investitionsaufwandes durch die Summe der beitragswirksamen Flächen ergibt dann den Beitragssatz. Dieser steht gewissermaßen stellvertretend für den Gesamtaufwand, welcher für die kommunale Entwässerungsanlage in ihrem endgültigen Ausbauzustand erforderlich sein wird.

9.3.4 Vorteil durch die Kanalbaumaßnahme

Gebrauchs- und Nutzungswerterhöhung

Der Vorteil im Kanalanschlussbeitragsrecht ist wirtschaftlich zu verstehen, was aber nicht mit einer Grundstückswertsteigerung gleichgesetzt werden darf. Die Rechtsprechung sieht die Vorteilslage in der Gewährleistung einer ordnungsgemäßen Erschließung, zu welcher auch eine gesicherte Grundstücksentwässerung gehört. Einige Obergerichte sprechen von der Erhöhung des Gebrauchs- und Nutzungswerts des Grundstücks. Das Grundstück erlangt hiernach durch die Möglichkeit, die kommunale Entwässerungsleistung in Anspruch nehmen zu können, einen höheren Gebrauchswert, weil es eine endgültige abwassertechnische Erschließung erhält und nicht mehr auf Provisorien wie beispielsweise grundstückseigene Kleinkläranlagen angewiesen ist.

Abhängigkeit vom Bebauungsplan

Der Vorteil der Inanspruchnahmemöglichkeit der kommunalen Abwasserentsorgung liegt bei Grundstücken im Geltungsbereich eines Bebauungsplanes allerdings nur dann vor, wenn die Anschlussmöglichkeit an den Kanal in derjenigen Straße besteht, welche als plangemäße Erschließung vorgesehen ist. Wurden diese Planstraße und damit die in ihr liegende gemeindliche Kanalleitung noch nicht gebaut, darf die Kommune nicht unter Hinweis darauf einen Kanalanschlussbeitrag verlangen, dass die Anschlussnahme an den Kanal in einer außerhalb des Plangebiets liegenden Straße möglich wäre (OVG Magdeburg, Beschluss vom 23.11.2007 – 4 L 202/05).

9.3.5 Entstehung der Kanalanschlussbeitragspflicht

Die Voraussetzungen für das Entstehen der Beitragspflicht sind in der jeweiligen kommunalen Beitragssatzung geregelt. Diese sehen üblicherweise vor, dass die Beitragspflicht entsteht, sobald das Grundstück an die kommunale Kanalisation angeschlossen werden kann; als weitere Voraussetzung muss die Bebauung oder jedenfalls Bebaubarkeit des Grundstücks hinzukommen. Fehlt die Bebaubarkeit – etwa bei Außenbereichsgrundstücken –, kann gleichwohl die Kanalanschlussbeitragspflicht entstehen, dann aber erst mit dem tatsächlichen Anschluss.

In tatsächlicher Hinsicht muss die Anschlussnahme technisch und mit einem zumutbaren Aufwand möglich sein. Es bedarf hierzu einer betriebsfertigen Kanalleitung auf Höhe des Grundstücks. Diese Anzeige der Betriebsfertigkeit durch die Kommune unterliegt keinen besonderen Formerfordernissen, sofern nicht das jeweilige Landesgesetz einen förmlichen Fertigstellungsbeschluss verlangt. — **Betriebsfertiger Kanal**

Entstehen dem Grundstückseigentümer spezielle Kosten zur Realisierung des Anschlusses, etwa aufgrund einer besonderen Länge der Hausanschlussleitung oder der Notwendigkeit zur Installation einer Druckpumpe, bleibt er im Regelfall gleichwohl anschluss- und damit beitragspflichtig. Nach der Rechtsprechung sind bei Wohngrundstücken Anschlusskosten von 25.000 Euro (ohne Kanalanschlussbeitrag!) durchaus zumutbar (OVG Münster, Beschluss vom 5.2.2010 – 15 A 2642/09). — **Anschlusskosten**

In einigen Bundesländern bedarf es zusätzlich zu den technischen Voraussetzungen für die Entstehung der Beitragspflicht auch noch der Erfüllung der Anforderungen, welche die kommunale Entwässerungssatzung an das sog. Anschlussrecht stellt.

Für den Kanalanschlussbeitrag gilt der Grundsatz der Einmaligkeit. Dies schließt aber Nachveranlagungen nicht aus, wenn sich der Sachverhalt ändert. Zulässige Konstellation einer Nachveranlagung wäre die Vergrößerung der beitragsfähigen Fläche, etwa infolge des Hinzuerwerbs eines weiteren Grundstücks, welches mit dem schon veranlagten ein neues wirtschaftliches Grundstück bildet. Der Fall einer zulässigen weiteren Veranlagung liegt auch dann vor, wenn das Grundstück bisher nur zu dem auf die Schmutzwasserentsorgung entfallenden Beitragsanteil herangezogen wurde und dann infolge Verlegung eines gemeindlichen Niederschlagswasserkanals der weitere entsprechende Teilbeitrag verlangt wird. — **Nachveranlagung**

Mit Ablauf des Kalenderjahres, in welchem die Beitragspflicht entstand, beginnt die vierjährige Frist zur Festsetzung des Kanalanschluss- — **Verjährungsfrist** beitrags. Vorsicht ist geboten, wenn das Grundstück von einer Gemeinde erworben wird. Hier wiederholt sich die beim Erschließungsbeitragsrecht behandelte Problematik, dass die Gemeinde sich nicht selbst zu einem Beitrag heranziehen kann. Somit beginnt nach überwiegender Auffassung im Kanalanschlussbeitragsrecht der Lauf der Festsetzungsverjährungsfrist für solche Grundstücke erst mit dem Ende des Jahres, in welchem die Übereignung an einen Privaten stattfand (OVG Saarlouis, Urteil vom 28.9.2009 – 1 A 313/09).

9.3.6   Veranlagung zum Kanalanschlussbeitrag

Grundstücksbegriff

Der Kanalanschlussbeitrag wird grundstücksbezogen erhoben, wobei es keinen bundeseinheitlichen Grundstücksbegriff gibt. In den meisten Bundesländern wird auf das Buchgrundstück abgestellt. Einige lassen aber auch den wirtschaftlichen Grundstücksbegriff zu. In letzterem Fall muss auf die wirtschaftliche Einheit abgestellt werden, also die Fläche, welche demselben Eigentümer gehört und die von ihm selbstständig baulich oder gewerblich genutzt werden kann.

Die Maßstäbe, welche der konkreten Berechnung der Beitragsforderung zugrunde zu legen sind, ergeben sich aus der Kanalanschlussbeitragssatzung. Beim in der Praxis häufigen Vollgeschossmaßstab wird die Grundstücksfläche mit einem variablen Faktor je nach der Zahl der zulässigen Geschosse multipliziert. In Betracht kommt auch eine Kombination aus Grundstücksfläche und Geschossfläche.

Tiefenbegrenzung

Sofern die kommunale Satzung es vorsieht, ist die Reduzierung der beitragspflichtigen Fläche nach Maßgabe einer Tiefenbegrenzung zulässig. Diese kommt allerdings nur Grundstücken im unbeplanten Innen- oder im Außenbereich zugute. Grundstücke, die innerhalb des Geltungsbereichs eines Bebauungsplanes liegen, sind mit ihrer vollen Fläche beitragspflichtig, also nicht etwa nur mit ihrer durch Baugrenzen oder Baulinien definierten überbaubaren Fläche.

Kein Teilflächenabzug

Häufig wird von herangezogenen Grundstückseigentümern ein Teilflächenabzug verlangt, weil sie in der baulichen Ausnutzung eingeschränkt sind, etwa durch die im Bebauungsplan enthaltenen Festsetzung einer privaten Grünfläche oder durch Abstandsgebote zur Autobahn, einem Wald usw. Diese Einwendungen greifen regelmäßig nicht durch, weil zu bebauten Grundstücken stets auch Freiflächen gehören. Nur dann, wenn derartige Einschränkungen ein solches Ausmaß annehmen, dass keine angemessene bauliche Nutzbarkeit mehr besteht, entfällt die Grundlage einer Beitragserhebung.

Artzuschlag

Auch im Kanalanschlussbeitragsrecht kann die Beitragssatzung neben der Beitragsberechnung aufgrund von Fläche und baulichem Ausnutzungsmaß des Grundstücks zusätzlich einen Artzuschlag vorsehen. Die Satzungen bestimmen den entsprechenden Faktor regelmäßig für Grundstücke in Kerngebieten, Gewerbegebieten, Industriegebieten oder Sondergebieten mit entsprechendem Nutzungsprofil. Der häufige

Einwand, dass der Abwasseranfall auf einem gewerblichen Grundstück sich nicht wesentlich von einem zu Wohnzwecken genutzten Grundstück unterscheidet, bleibt vor den Gerichten in der Regel erfolglos. Denn maßgeblich ist nicht das einzelne Gewerbegrundstück, sondern das Abwasseraufkommen von allen gewerblich und industriell genutzten Grundstücken im Gemeindegebiet. Bewirken diese aufgrund ihrer gesamten Abwassermenge und des Verschmutzungsgrades einen verglichen mit den Wohnnutzungen erheblichen Mehraufwand bei der gemeindlichen Abwasserbehandlung, ist ein Artzuschlag gerechtfertigt (VGH Mannheim, Urteil vom 12.11.2009 – 2 S 434/07).

Hinsichtlich der persönlichen Beitragspflicht treffen die Kommunalabgabengesetze der Länder unterschiedliche Regelungen. Einige Gesetze sehen als Beitragspflichtigen denjenigen vor, der zum Zeitpunkt der Entstehung der Beitragspflicht Grundstückseigentümer ist; andere Gesetze stellen auf die Eigentumssituation zum Zeitpunkt der Bekanntgabe des Beitragsbescheides ab.

9.3.7 Kanalanschlussbeitragsrechtliche Ablösungsverträge

Kanalanschlussbeiträge können Gegenstand von Ablösungsvereinbarungen sein. In einigen Bundesländern enthalten die Kommunalabgabengesetze ausdrückliche Regelungen; ansonsten gilt die Ablösung als ungeschriebenes, aber anerkanntes abgabenrechtliches Rechtsinstitut.

Voraussetzung einer solchen Ablösung ist in den meisten Bundesländern eine entsprechende Ermächtigung in der kommunalen Beitragssatzung. Die Satzung kann auch die einzelnen Ablösebestimmungen zum Beitragssatz und -maßstab beinhalten; soweit nicht gesetzlich zwingend vorgegeben, genügen auch außerhalb der Satzung festgelegte Ablösebestimmungen („Ablöserichtlinien").

Ablösebestimmungen

Ein Ablösungsvertrag, der gegen die Ablösebestimmungen verstößt, ist nichtig. Ferner muss im Vertrag das Offenlegungsgebot beachtet werden, welches dann Relevanz gewinnt, wenn die kanalanschlussbeitragsrechtliche Ablösung in ein komplexes Vertragswerk mit mehreren Beitragsablösungen einbezogen oder sie in Verbindung mit der Kaufpreiszahlung für ein gemeindeeigenes Grundstück im Kaufvertrag vereinbart wird. Es muss dann gesondert der Betrag offengelegt werden, der auf die abgelöste Kanalanschlussbeitragsforderung entfällt.

Offenlegungsgebot

Die Ablösung nur von Teilforderungen ist nach der Rechtsprechung unzulässig (OVG Weimar, Beschluss vom 15.3.2005 – 4 EO 1520/04).

Als Variante zu Ablösungsvereinbarungen treten in der Praxis gelegentlich gemeindliche Freistellungserklärungen auf. Wenn Kommunen, für die ein Abwasserzweckverband die Erledigung der Abwasserbeseitigungspflicht übernimmt, Grundstücke veräußern, enthalten die

**Unwirksame
Freistellung**

Kaufverträge oft die gemeindliche Erklärung, den Erwerber von künftigen Beitragsforderungen des Verbandes freizustellen. Solche Freistellungen hindern den Verband aber nicht an der Beitragsheranziehung. Nach der Rechtsprechung sind solche gemeindliche Erklärungen unwirksam, da eine Kommune derartige Gewährübernahmen nicht eingehen darf (VG Magdeburg, Urteil vom 17.1.2012 – 4 A 248/11). Der am gemeindlichen Grundstück interessierte Investor kann sich also nicht auf die Freistellung der Kommune verlassen, sondern muss darauf achten, dass eine für den Verband verbindliche Ablösungsvereinbarung abgeschlossen wird.

Literaturhinweise

Hans-Joachim Diehaus: Erschließungs- und Ausbaubeiträge, 9. Auflage 2012

Hans-Joachim Diehaus (Hrsg.): Kommunalabgabenrecht, Kommentar, Loseblattsammlung, Stand: Januar 2012

10 Immobilienkaufverträge

Philipp Libert

10.1 Einführung –
Grundlegende Vertragsinhalte

Immobilienkaufverträge unterscheiden sich je nach Stand der Entwicklung des Kaufobjekts erheblich. Während der Entwicklung kann das Thema Baurecht eine große Rolle spielen. Liegt eine bestandskräftige Baugenehmigung vor, werden bei der Veräußerung einer vermieteten Handelsimmobilie an einen Investor die Mietverträge im Vordergrund eines Kaufvertrags und dessen Verhandlung stehen. Gleiches gilt bei weiteren Veräußerungen.

Kaufgegenstand ist stets ein Grundstück – ein Grundstückskaufvertrag bezieht sich immer auf ein abgegrenztes Stück Erdoberfläche, denn das Eigentum an einem Gebäude folgt dem Eigentum am Grundstück. Der Abschluss eines Kaufvertrags setzt jedoch nicht voraus, dass das zu veräußernde Grundstück als eigenständige Parzelle katastermäßig bereits erfasst ist. Verkäufer und Käufer können Verträge über noch unvermessene Teilflächen abschließen. Die Parteien müssen dann im Kaufvertrag präzise festlegen, welche Teilstücke bereits vorhandener Flurstücke Gegenstand des Kaufvertrags sein sollen. **Teilflächenverkauf möglich**

Die Teilung bestehender Flurstücke bedarf der behördlichen Genehmigung (z.B. § 8 Abs. 1 Bauordnung NRW). Die Genehmigung wird erteilt, wenn durch die neu geschaffenen Flurstücke keine baurechtswidrigen Verhältnisse geschaffen werden. **Teilungsgenehmigung notwendig**

Der Vollzug des Kaufvertrags im Grundbuch in Form der Eigentumsumschreibung setzt hingegen die Festlegung neuer Flurstücke voraus. Zur Vermeidung späterer Differenzen sollte in diesen Fällen der Kaufvertrag Regelungen dazu enthalten, wer die notwendige Vermessung in die Wege leitet, wann dies der Fall sei soll und wer die Kosten der Vermessung trägt. **Vermessung vor Umschreibung des Eigentums notwendig**

Kaufpreis

Auch die Regelungen zum Kaufpreis unterscheiden sich je nach Entwicklungsstand der Immobilie. Der vom Käufer zu entrichtende Kaufpreis kann im Kaufvertrag betragsmäßig endgültig festgelegt werden. Bei Verkäufen von Teilflächen ist die Angabe eines bestimmten Quadratmeterpreises üblich, da die genaue Größe des verkauften Grundstücks sich erst aus der noch durchzuführenden Vermessung ergibt. Der Kaufpreis hängt von der später ermittelten genauen Quadratmeterzahl ab und wird nachträglich ermittelt. Wird eine vermietete Immobilie verkauft, wird der Kaufpreis häufig an die erzielte Miethöhe gekoppelt (Faktor mal Jahresmiete).

Fälligkeit des Kaufpreises

Die Fälligkeit des Kaufpreises ist nahezu immer von verschiedenen Bedingungen abhängig. Neben den Wirksamkeitsvoraussetzungen (z.B. nachträgliche Genehmigungen, Eintritt aufschiebender Bedingungen) sind dies im Regelfall die Eintragung einer Auflassungsvormerkung zu Gunsten des Käufers, die Erklärung der örtlichen Gemeinde, dass Vorkaufsrechte nicht bestehen bzw. Vorkaufsrechte nicht ausgeübt werden (sog. Negativattest), sowie das Vorliegen aller notwendigen Unterlagen zur Freistellung von auf dem Grundstück im Grundbuch eingetragenen Lasten, die der Käufer nach dem Vertrag nicht übernimmt. Im Regelfall sind dies Finanzierungsgrundpfandrechte des Verkäufers; der Verkäufer kann sich aber auch verpflichten, andere Rechte wie zum Beispiel Dienstbarkeiten, die eine Ausnutzung des Grundstücks erschweren, löschen zu lassen. Da hierzu die Zustimmung des durch das eingetragene Recht Begünstigten erforderlich ist, muss sich der Verkäufer vor Vertragsabschluss vergewissern, ob ihm die Löschung gelingt.

Schutz vor ungesicherten Vorleistungen

Die Fälligkeitsvoraussetzungen sollen die Vertragspartei vor einer ungesicherten Vorleistung schützen. Der Kaufpreis soll erst dann fällig gestellt werden, wenn sicher ist, dass der Verkäufer das Kaufobjekt in vertragsgemäßem Zustand übertragen kann. Sollte sich der Verkäufer im Vertrag – neben der Eigentumsverschaffung – zu weiteren Leistungen verpflichten, muss im Einzelfall überlegt werden, ob der Kaufpreis oder Teile des Kaufpreises erst fällig gestellt werden dürfen, wenn der Verkäufer die Leistungspflicht erfüllt hat. Ansonsten läuft der Käufer Gefahr, dass er seine Pflicht (Zahlung des Kaufpreises) vollständig erfüllt und damit in Vorleistung geht. Bei Störungen des Vertragsvollzuges trägt der Käufer in diesen Fällen das Insolvenzrisiko des Verkäufers.

Beispiel: Zur Veräußerung steht ein Grundstück, auf dem sich noch Reste einer alten Bebauung befinden. Der Verkäufer erklärt sich bereit, die Gebäudereste auf eigene Kosten zu entfernen. Hierzu ist der Verkäufer aber erst nach Abschluss eines Kaufvertrages bereit. Bezahlt der Käufer den Kaufpreis vor Durchführung der Beseitigungsmaßnahmen, trägt er das Risiko, dass der Verkäufer seine Leistungen nicht erfüllt. Ein Teileinbehalt vom Kaufpreis sichert den Käufer ab.

Der Immobilienkaufvertrag enthält in Deutschland darüber hinaus regelmäßig die für den Käufer wichtige Finanzierungsvollmacht. Um dem Käufer eine Fremdfinanzierung des Kaufpreises zu ermöglichen, bevollmächtigt der Verkäufer den Käufer, das Kaufobjekt schon vor der Eigentumsübertragung mit Finanzierungsgrundpfandrechten zu belasten. Der Käufer wäre ansonsten nicht in der Lage, seiner Bank das Kaufobjekt als Sicherheit für das Kaufpreisdarlehen anzubieten. Der Verkäufer wird durch vertragliche Regelungen zum Inhalt des Finanzierungsgrundpfandrechtes vor einer unberechtigten Überlastung der noch in seinem Eigentum stehenden Grundstücke geschützt. Das Grundpfandrecht darf nur der Finanzierung des Kaufpreises dienen, ausgezahlte Darlehensbeträge dürfen nur zur Kaufpreiszahlung verwendet werden. Bei Vertragsstörungen ist der Grundpfandrechtgläubiger verpflichtet, das Finanzierungsgrundpfandrecht gegen Rückzahlung bereits ausgezahlter Beträge wieder zu löschen.

Finanzierungsvollmacht

Jeder Immobilienkaufvertrag muss von einem Notar beurkundet werden (§ 311 b BGB). Ansonsten ist der Vertrag formnichtig. Die Formbedürftigkeit bezieht sich auf alle vertraglichen Absprachen zwischen Verkäufer und Käufer, soweit sie nicht ganz unwesentlich sind. Enthält der Kaufvertrag verbindliche Nebenabsprachen nicht, ist er ebenfalls formnichtig.

Notarielle Beurkundung notwendig

Die Formbedürftigkeit von Kaufverträgen über Immobilien hat zur Folge, dass beide Verhandlungspartner bis zur Beurkundung des Vertrags die Verhandlungen beenden können, ohne sich schadensersatzpflichtig zu machen. Beide Seiten haben zu beachten, dass Investitionen im Hinblick auf einen Vertragsabschluss auf eigenes Risiko getätigt werden. Lediglich in Ausnahmefällen, wenn eine Seite die andere bewusst schädigt, gesteht die Rechtsprechung Schadensersatzansprüche zu.

Das Gesetz enthält keine Regelungen, ob Kaufverträge über Anteile an einer grundbesitzhaltenden Personengesellschaft formbedürftig sind. Im wirtschaftlichen Sinne kann das Eigentum an einer Immobilie einerseits im Wege eines Kaufvertrags über die Immobilie (Asset Deal), andererseits aber auch durch Veräußerung sämtlicher Anteile an einer Gesellschaft übertragen werden, deren ausschließlicher oder maßgeblicher Vermögensgegenstand die Immobilie darstellt (Share Deal). Die Rechtsprechung ist bei der Annahme einer Formbedürftigkeit von Anteilen an einer Personengesellschaft sehr zurückhaltend (grundlegend BGH, Urteil vom 31.1.1983 – II ZR 288/81, BGHZ 86, 367). Selbst wenn sämtliche Anteile übertragen werden und das Gesellschaftsvermögen fast ausschließlich aus der Immobilie besteht, gilt grundsätzlich, dass der Vertrag nicht formbedürftig ist. Eine Formbedürftigkeit besteht nur dann, wenn die Vertragsparteien den Verkauf von Gesellschaftsanteilen bewusst gewählt haben, um die notarielle Beurkundung zu umgehen. Aus Vorsichtsgründen sollte dennoch bei jedem Verkauf von Anteilen an einer Personengesellschaft geprüft werden, ob der Kaufvertrag der notariellen Beurkundung bedarf.

Verkauf von Immobilien über Share Deals

Die vorstehenden Ausführungen gelten ausschließlich für Personengesellschaften. Die Übertragung von Geschäftsanteilen an einer GmbH ist immer nach § 15 GmbH-Gesetz in notarieller Form abzuschließen.

10.2   Unsicheres Baurecht

Für Projektentwickler und Investoren kann es attraktiv sein, ein Grundstück zu einem Zeitpunkt zu erwerben, in dem noch kein wirksames Baurecht für die geplante Entwicklung existiert. Enthält der Kaufvertrag in diesen Fällen keine besonderen Regelungen bezüglich des noch zu schaffenden Baurechtes, kauft der Käufer auf eigenes Risiko. Je nach Verhandlungssituation bietet es sich folglich für den Käufer an, die möglichen Risiken bei der Schaffung von Baurecht im Vertrag zu berücksichtigen. Ob eine Berücksichtigung beim Verkäufer durchsetzbar ist, dürfte nicht zuletzt von der Berechnung des Kaufpreises abhängen. Bezahlt der Käufer einen Wert, den das Grundstück erst durch die Entwicklung erlangen wird, kann sich der Verkäufer der Berücksichtigung des unsicheren Baurechts im Kaufvertrag nicht verschließen. Auf der anderen Seite kann der Käufer keine Absicherung baurechtlicher Risiken im Kaufvertrag erwarten, wenn sich das Entwicklungspotenzial im Kaufpreis nicht widerspiegelt.

Einseitiges Verkaufsangebot

Dies kann dadurch geschehen, dass sich der Käufer lediglich ein einseitiges Angebot des Verkäufers zum Vertragsabschluss abgeben lässt. Ein solches Angebot ist vormerkungsfähig, so dass der Käufer gegen anderweitige Verfügungen des Verkäufers gesichert ist, obwohl noch kein wirksamer Kaufvertrag abgeschlossen wurde. Der Käufer kann über die Annahme frei entscheiden und wird das Angebot dann annehmen, wenn das Baurecht für sein Vorhaben gesichert ist. Das Angebot enthält zumeist Fristen, innerhalb derer der Käufer über die Annahme entscheiden muss. Für den Verkäufer ist diese Vorgehensweise unsicher, da der Käufer nach freiem Ermessen Abstand vom Ankauf nehmen kann, soweit keine weitergehenden Regelungen getroffen werden.

Aufschiebende Bedingung

Des Weiteren kann die Schaffung des Baurechtes als aufschiebende Bedingung in den Kaufvertrag aufgenommen werden. Für den Käufer ist diese Vorgehensweise wirtschaftlich attraktiv, weil Grunderwerbsteuer erst anfällt, wenn durch den Eintritt der Bedingung ein wirksamer Vertrag entsteht. Die Bedingung muss im Vertrag sorgfältig definiert werden, da Streitigkeiten über den Bedingungseintritt regelmäßig eine hohe wirtschaftliche Tragweite für beide Seiten haben. Darüber hinaus sollte festgelegt werden, ab welchem Zeitpunkt mit einem Bedingungseintritt nicht mehr zu rechnen ist, wann also feststehen soll, dass der Vertrag endgültig nicht wirksam wird, um eine ungewisse und langfristige Bindung der Parteien an den Vertrag zu verhindern. Dies kann einerseits ein bestimmter Zeitpunkt sein oder ein bestimmtes Ereignis. Der Vertrag wird dann endgültig unwirksam.

Eine weitergehende Bindung gehen die Parteien ein, wenn ein vollwirksamer Vertrag mit Rücktrittsrechten abgeschlossen wird. Als Rücktrittsgrund kann beispielsweise vereinbart werden, dass die Gemeinde die Aufstellung eines bestimmten Bebauungsplans nicht beschließt oder ein Aufstellungsverfahren wieder einstellt. Praxisrelevant sind auch Rücktrittsgründe, wenn eine Baugenehmigung nicht mit einem vom Käufer gewünschten Inhalt erteilt wird. Auflagen und Sortimentsbeschränkungen können dazu führen, dass eine vom Käufer beabsichtigte Vermietung nicht mehr möglich ist. Die Parteien sind dann zunächst an den wirksamen Kaufvertrag gebunden und müssen sämtliche Pflichten aus dem Vertrag erfüllen. Grunderwerbsteuer wird in der üblichen Weise sofort fällig. Erst wenn eine Seite einen wirksamen Rücktritt ausspricht, wird der Kaufvertrag in ein sogenanntes Rückgewährschuldverhältnis umgewandelt. Nach der gesetzlichen Regelung müssen die Parteien bereits erhaltene Leistungen zurückgeben. In bestimmten Fällen ist darüber hinaus Wertersatz zu leisten. Damit beide Seiten für den Fall eines Rücktrittes eine möglichst sichere Planungsund Rechtsgrundlage haben, sollte überlegt werden, ob die Folgen eines Rücktrittes im Vertrag detailliert geregelt werden. Bei einem Rücktritt besteht im Regelfall die Möglichkeit, bereits gezahlte Grunderwerbsteuer gemäß § 16 GrEStG aufzuheben.

Rücktrittsrecht

Aufschiebende Bedingung und Rücktrittsrecht können in einem Kaufvertrag zudem kombiniert werden. Im Vertrag wird dann geregelt, dass einer oder beiden Seiten ein Rücktrittsrecht vom Vertrag zusteht, wenn die Bedingung bis zu einem bestimmten Zeitpunkt nicht eingetreten ist.

Insbesondere der Käufer, der sich durch eine aufschiebende Bedingung oder ein Rücktrittsrecht gegenüber Risiken bei der Schaffung des Baurechts absichern möchte, sollte große Sorgfalt auf die Formulierung der entsprechenden vertraglichen Regelungen verwenden. Wenn er den Kaufvertrag nur vollziehen möchte, wenn ein ganz bestimmtes Vorhaben realisierungsfähig ist, muss dieses Vorhaben im Vertrag im Einzelnen festgelegt werden. Rechtliche Schwierigkeiten werfen immer wieder Verträge auf, in denen nur stichwortartig von einem bestimmten Projekt die Rede ist. Setzt die Gemeinde im Rahmen der Planaufstellung bestimmte Einschränkungen durch, die das Vorhaben nicht insgesamt verhindern, muss im Einzelfall geprüft werden, ob bereits einzelne Einschränkungen zu einem Rücktrittsrecht führen oder aber den Kaufvertrag erst gar nicht wirksam werden lassen, wenn eine aufschiebende Bedingung vereinbart wurde.

Werden im Kaufvertrag Rücktrittsrechte aufgenommen, muss überlegt werden, ob die Fälligkeit des Kaufpreises an das Erlöschen von Rücktrittsrechten geknüpft wird. Im Regelfall sollte der Kaufpreis erst fällig werden, wenn alle Rücktrittsrechte erloschen sind, da erst dann ein Vollzug des Kaufvertrags gesichert ist. Kommt es zu einem Rücktritt, nachdem der Käufer den Kaufpreis bezahlt hat, besteht das Risiko, dass der Verkäufer zu einer Rückzahlung nicht mehr in der Lage ist.

Verknüpfung von Rücktrittsrechten und Kaufpreisfälligkeit

10.3 Mietverhältnisse

Ist die Projektentwicklung fortgeschritten und wurden bereits Mietverhältnisse abgeschlossen, sollte ein Immobilienkaufvertrag auf die abgeschlossenen Mietverhältnisse bzw. noch abzuschließende Mietverträge eingehen. Nach §§ 578, 566 BGB gilt der Grundsatz „Kauf bricht nicht Miete": Wird das Mietobjekt nach Überlassung an den Mieter an einen Dritten veräußert, tritt der Erwerber in alle Rechte und Pflichten aus dem Mietverhältnis anstelle des Vermieters ein. Der Übergang erfolgt erst mit Eintragung des Erwerbers im Grundbuch, der bloße Abschluss eines Kaufvertrags, die Eintragung einer Auflassungsvormerkung im Grundbuch oder die Kaufpreiszahlung reichen nicht aus.

Kauf bricht nicht Miete

Die gesetzliche Regelung ist zwingend und kann durch eine Regelung zwischen Veräußerer und Käufer nicht abbedungen werden. Eine Abbedingung im Verhältnis Vermieter/Mieter dürfte zumindest in einem vom Vermieter gestellten Formularmietvertrag ebenfalls nicht möglich sein.

§ 566 BGB gilt erst ab Überlassung des Mietobjekts

Für die Projektentwicklung von Bedeutung ist, dass § 566 BGB erst ab Überlassung des Mietobjektes an den Mieter gilt. Schließt der Verkäufer einen Mietvertrag über ein noch in der Planung oder im Bau befindliches Mietobjekt und veräußert er es an einen Käufer, tritt der Käufer nicht automatisch in den Mietvertrag ein. Der Verkäufer muss also den Käufer im Kaufvertrag verpflichten, das Mietverhältnis zu übernehmen. Anderenfalls macht er sich gegenüber dem Mieter schadensersatzpflichtig, wenn er den Mietvertrag aufgrund der Veräußerung des Objektes nicht mehr erfüllen kann. Auf der anderen Seite wird auch der Käufer im Regelfall ein Interesse an der Übernahme des Mietvertrages haben, um sich die Einnahmen aus dem Mietvertrag zu sichern. Sofern die Vertragsparteien des Grundstückskaufvertrags eine Übernahme der Mietverhältnisse durch den Käufer vereinbaren, gehen die Mietverträge auch ohne Zustimmung des Mieters auf den Erwerber über (§§ 578, 567a BGB).

Eintritt in alle Pflichten des Vermieters

Ist das Mietobjekt bereits an den Mieter übergeben, gilt der oben dargestellte Grundsatz „Kauf bricht nicht Miete" und der Käufer tritt mit Eigentumsumschreibung im Grundbuch kraft Gesetzes in alle Rechte und Pflichten aus dem Mietvertrag ein. Da der Käufer auch in alle Instandhaltungs- und Gewährleistungspflichten aus dem Mietvertrag eintritt, sollte er sich vor einem Ankauf über den Zustand des Mietobjektes und einen möglichen Instandhaltungsstau informieren. Unwissenheit schützt den Käufer nicht.

Mietsicherheiten bei Verkauf

Eine besondere gesetzliche Regelung gibt es für Mietsicherheiten, wie z.B. Kautionen oder Bürgschaften. Nach §§ 578, 566a BGB tritt der Erwerber in die für Mietsicherheiten begründeten Rechte und Pflichte ein. Er muss also bei Beendigung des Mietverhältnisses die Sicherheit herausgeben. Dies gilt unabhängig davon, ob er selbst die Sicherheit vom Verkäufer erhalten hat. Der Erwerber sollte also in geeigneter Weise sicherstellen, dass er vom Mieter gestellte Sicherheit vom Verkäufer erhält. Auch hier bietet es sich an, dem Käufer das Recht zum Einbehalt eines Teils des Kaufpreises einzuräumen, bis der Verkäufer alle Mietsicherheiten herausgegeben hat.

Für den Verkäufer gilt, dass er für eine Rückgabe der Sicherheiten auch nach einer Veräußerung des Mietobjektes haftet, wenn der Erwerber zu einer Rückgewähr nicht in der Lage ist. Der Verkäufer kann aber durch die Einholung der Zustimmung der Mieter zu einer Übergabe der Mietsicherheiten bewirken, dass er aus der Haftung für die Rückgabe der Mietsicherheit bei Beendigung des Mietverhältnisses befreit wird. Die Verpflichtung zur Abgabe einer solchen Zustimmungserklärung kann im Mietvertrag vorgesehen werden.

Eine wichtige Frage stellt bei der Veräußerung von vermieteten Objekten die Einhaltung der gesetzlichen Schriftform bei Abschluss des Mietvertrages und etwaiger Nachträge dar. Dieses sehr praxisrelevante Thema wird in Kapitel 11 ausführlich erörtert. Der Erwerber eines vermieteten Objektes muss zur dauerhaften Sicherung der Mieteinnahmen im Rahmen des Ankaufs sicherstellen, dass die Mietverträge nicht aufgrund einer Verletzung der gesetzlichen Schriftform vorzeitig kündbar sind.

Einhaltung der Schriftform

10.4 Sachmängelhaftung / Altlasten

Obwohl der Verkäufer eines Grundstückes und eines Gebäudes nach dem Gesetz für Mängel haftet, wird die Sachmängelhaftung in nahezu allen Immobilienkaufverträgen ausgeschlossen („Verkauft wie es steht und liegt"). Der Käufer sollte das Objekt also in technischer Hinsicht sorgfältig prüfen, um mögliche Mängel bei der Vertragsgestaltung oder der Kaufpreisbemessung zu berücksichtigen.

Gewährleistungsausschluss üblich

Den Verkäufer trifft allerdings eine Aufklärungspflicht bezüglich aller ihm bekannten Mängel, die dem Käufer nicht bekannt und für den Käufer nicht erkennbar sind. Dies gilt auch, wenn der Verkäufer die Gewährleistung im Kaufvertrag ausschließt. Dem Verkäufer ist also anzuraten, ihm bekannte Mängel frühzeitig dem Erwerbsinteressenten offenzulegen. Fragen des Erwerbers muss der Veräußerer korrekt beantworten. Der Verkäufer erleichtert sich den Nachweis, wenn er im Kaufvertrag oder einer Bezugsurkunde benennt, welche Unterlagen der Käufer (z.B. technische Gutachten, Mängelberichte etc.) eingesehen hat. Bei größeren Projekten, in denen ein Datenraum angelegt wird, sollte der gesamte Inhalt des Datenraums digitalisiert als Anlage zum Kaufvertrag genommen werden.

Aufklärungspflichten des Verkäufers

Die Vertragsparteien haben einen weiten Spielraum, Gewährleistungsfragen im Kaufvertrag zu regeln. Sowohl ein vollständiger Ausschluss als auch eine volle Gewährleistung des Verkäufers können vereinbart

Parteien haben einen weiten Gestaltungsspielraum

werden. Da Immobilienkaufverträge zumeist als Grundregel einen Gewährleistungsausschluss enthalten, werden Beschaffenheiten des Kaufobjekts, für die der Verkäufer gewährleistungspflichtig sein soll, positiv im Vertrag geregelt.

Typische Regelungen zur Gewährleistung stellen sich wie folgt dar:

- Festlegung bestimmter Mindestkosten für Mängelbeseitigung (z.B. 10.000 Euro pro Mangel), um geringfügige Mängel von der Gewährleistung auszuschließen.

- Festlegung von Schwellenwerten in Form von Freigrenzen und Freibeträgen. Der Verkäufer soll beispielsweise erst haften, wenn die Mängelbeseitigungskosten einen Betrag von 100.000 Euro überschreiten.

- Betragsmäßige Beschränkung von Ansprüchen des Käufers auf einen Prozentsatz des Kaufpreises (z.B. Verkäufer haftet nur bis zu einer Höhe von max. 10% des Kaufpreises).

- Ausschluss bestimmter Gewährleistungsrechte, z.B. Ausschluss des Rücktrittsrechtes.

Garantien des Verkäufers

Eine spezielle Form von Gewährleistungsrechten stellen Garantien des Verkäufers dar. Über eine Garantie kann sich der Käufer zumindest vermögensmäßig absichern, so dass ihm z.B. durch einen nach Vertragsabschluss bekannt gewordenen Rechtsstreit, der die Immobilie betrifft, keine finanziellen Nachteile drohen. Da sich Verletzungen von Garantien erst längere Zeit nach Abschluss des Kaufvertrags herausstellen können, ergeben Garantien nur dann wirtschaftlich einen Sinn, wenn Schadensersatzforderungen beim Verkäufer durchgesetzt werden können.

Durch die Garantie steht der Verkäufer dafür ein, dass ein bestimmter Zustand eingehalten oder erreicht wird. Über eine Garantie kann der Käufer sicherstellen, dass er so gestellt wird, als weise das Kaufobjekt bestimmte Eigenschaften auf, die er bei der Kaufpreiskalkulation zugrunde gelegt hat. Garantien spielen dort eine Rolle, wo der Käufer keine abschließende Prüfung vor Abschluss des Kaufvertrags vornehmen kann oder eine Prüfung mit Unsicherheiten behaftet wäre. Will der Käufer z.B. absichern, dass keine Rechtsstreitigkeiten mit Mietern laufen, ist ihm eine sichere Prüfung kaum möglich.

Durch eine Mietgarantie kann der Verkäufer ein noch nicht in ausreichender Höhe oder sogar gar nicht vermietetes Objekt „als vermietet" veräußern. Der Verkäufer garantiert, dass der Käufer Mieteinnahmen in bestimmter Höhe erzielen wird. Trifft dies später tatsächlich nicht zu, muss der Verkäufer den Käufer so stellen, als würde er die Mieteinnahmen erzielen. Der Verkäufer muss also Zahlungen bis zur Höhe des in der Mietgarantie vereinbarten Betrages leisten.

Altlasten

Eine besondere gesetzliche Regelung für Altlasten und schädliche Bodenveränderungen enthält das Bundesbodenschutzgesetz (BBodSchG). Im Regelfall stellen Altlasten und schädliche Bodenveränderungen

Mängel des Kaufgegenstandes dar. Die Untere Bodenschutzbehörde kann nahezu alle Personen für die Beseitigung von Altlasten in Anspruch nehmen, die mit der Altlast eine Verbindung aufweisen (§ 4 BBodSchG). In erster Linie ist dies der Verursacher der Altlast. Die Behörde kann aber auch den Eigentümer eines von einer Altlast betroffenen Grundstücks in Anspruch nehmen, obwohl der Eigentümer die Altlast nicht selbst verursacht hat.

Dies ist beim Abschluss eines Grundstückskaufvertrags zu beachten, wenn ein Altlastenverdacht besteht. Die Behörde kann den Käufer eines Altlastengrundstücks in Anspruch nehmen, obwohl dieser weder die Altlast verursacht hat noch ggfs. überhaupt von der Altlast etwas wusste. Der Verkäufer muss wissen, dass er auch nach der Veräußerung eines Altlastengrundstücks für die Beseitigung von Altlasten in die Haftung genommen werden kann (sog. Ewigkeitshaftung). Die öffentlich-rechtliche Altlastenhaftung des Grundstückseigentümers bleibt nach einer Veräußerung bestehen. Die Behörde kann im Rahmen ihres Ermessens entscheiden, auf welche Weise eine Altlastensanierung effektiv durchgesetzt werden kann und wer zur Altlastensanierung herangezogen wird.

Ein „Zwischen-Eigentümer", der ein Altlasten-Grundstück erworben und nach dem 1.3.1999 weiterveräußert hat, kann in Anspruch genommen werden, wenn er bei der Veräußerung von den Altlasten Kenntnis hatte (§ 4 Abs. 6 BBodSchG). Dies gilt nicht, wenn das Grundstück gutgläubig, d.h. im Vertrauen auf eine Altlastenfreiheit erworben wurde.

Die Behörde ist an vertragliche Regelungen in einem Grundstückskaufvertrag in keinem Fall gebunden. Vereinbaren die Vertragsparteien, dass der Käufer sämtliche Haftung für Altlasten übernimmt, gilt dies nur zwischen den Vertragsparteien. Die Behörde kann weiterhin den Verursacher zur Sanierung und Kostenübernahme heranziehen.

Ein weitere Regelung aus dem Bundesbodenschutzgesetz ist für Grundstückskaufverträge von großer Bedeutung: Gemäß § 24 Abs. 2 BBodSchG haben mehrere nach dem Bundesbodenschutzgesetz Verpflichtete untereinander einen Ausgleichsanspruch bezüglich Kosten, die bei der Entsorgung und Beseitigung von Altlasten und schädlichen Bodenveränderungen entstehen. Soweit nichts anderes vereinbart wird, hängt der Umfang des Ausgleichs davon ab, inwieweit und durch wen die Altlast oder schädliche Bodenveränderung verursacht worden ist. Wird der Käufer eines Altlastengrundstücks also von der Behörde für die Beseitigung der Altlast in Anspruch genommen, kann er die entstandenen Kosten vom Verursacher der Altlast ersetzt verlangen.

Ausgleichsanspruch nach § 24 Abs. 2 BBodSchG

Der Bundesgerichtshof hat in einem Urteil aus dem Jahr 2004 entschieden, dass ein allgemeiner Ausschluss der Sachmängelhaftung in einem Immobilienkaufvertrag nicht zwingend zugleich Ausgleichsansprüche nach § 24 Abs. 2 BBodSchG ausschließt. Den Vertragsparteien ist deshalb dringend zu empfehlen, im Rahmen des Immobilienkauf-

Regelung zu § 24 Abs. 2 BBodSchG

sehr empfehlenswert

vertrages neben der allgemeinen Sachmängelhaftung eine ausdrückliche Regelung zu möglichen Altlasten und zu eventuellen Ausgleichsansprüchen nach § 24 Abs. 2 BBodSchG zu treffen, wenn das Risiko von Altlasten nicht gänzlich ausgeschlossen werden kann. Wenn sich der Ausschluss der Gewährleistung auch auf Altlasten erstrecken soll, müssen die Vertragsparteien zugleich die Geltendmachung von Ausgleichsansprüchen durch den Käufer gegen den Verkäufer ausschließen.

Aus Sicht des Verkäufers, der im Immobilienkaufvertrag die Altlastenhaftung im Vertrauen auf geringe Kosten übernimmt, ist es sinnvoll, sich ein Rücktrittsrecht für den Fall überraschend hoher Kosten vorzubehalten. Ansonsten drohen Kosten, die den Kaufpreis unter Umständen übersteigen.

10.5 Steuerliche Fragestellungen

Kaufpreis grundsätzlich umsatzsteuerfrei

Der für eine Immobilie zu entrichtende Kaufpreis ist grundsätzlich gem. § 4 Nr. 9a Umsatzsteuergesetz umsatzsteuerbefreit, da der Kaufpreis bereits unter das Grunderwerbsteuergesetz fällt. Enthält ein Immobilienkaufvertrag keine Regelungen zur Umsatzsteuer, schuldet der Käufer also allein den (Netto-)Kaufpreis.

Nach § 9 Abs. 1 UStG kann ein Unternehmer auf die Steuerbefreiung verzichten, wenn der Umsatz an einen anderen Unternehmer für dessen Unternehmen ausgeführt wird. Man spricht in diesem Fall von einer Option zur Umsatzsteuer, die im notariell zu beurkundenden Kaufvertrag enthalten sein muss. Der Käufer schuldet dann auf den Kaufpreis die gültige Umsatzsteuer. Gemäß § 13b Umsatzsteuergesetz gilt die Besonderheit, dass Steuerschuldner der Käufer ist. Er muss also den Nettokaufpreis an den Verkäufer zahlen und die Umsatzsteuer direkt an das Finanzamt entrichten.

Voraussetzung für die Option zur Umsatzsteuer ist, dass Verkäufer und Käufer Unternehmer im Sinne des Umsatzsteuerrechtes sind und die Grundstücksveräußerung an den Käufer für dessen Unternehmen ausgeführt wird.

Vermeidung einer Berichtigung gem. § 15a UStG

Die Option zur Umsatzsteuer hat für den Verkäufer den Vorteil, dass er keine Vorsteuerberichtigung gem. § 15a UStG durchführen muss, falls er im zehnjährigen Berichtigungszeitraum Vorsteuerabzüge getätigt hat. Hat der Verkäufer innerhalb von zehn Jahren vor Veräußerung der Immobilie Vorsteuerabzüge getätigt, müsste er diese teilweise berichtigen, wenn er das Objekt umsatzsteuerfrei veräußert. Ebenfalls wird ihm durch die Option ein Vorsteuerabzug aus Veräußerungskosten ermöglicht.

Fußstapfentheorie

Der Erwerber muss berücksichtigen, dass er nach der sogenannten „Fußstapfentheorie" in die Vorsteuerberichtigungsposition des Verkäufers eintritt (§ 15a Abs. 10 UStG). Der Käufer kann sich also ein Steuerrisiko einkaufen.

Keine Umsatzsteueroption ist möglich, wenn die Immobilienveräußerung eine Geschäftsveräußerung im Ganzen darstellt (§ 1 Abs. 1a UStG). Eine Geschäftsveräußerung im Ganzen kann bei Handelsimmobilien vorliegen, wenn ein Objekt seit langem vermietet ist und eine Veräußerung unter Übernahme der Mietverträge stattfindet. Der Kaufvertrag wird dann als eine Übernahme eines Betriebes gewertet und nicht als eine Lieferung von Gegenständen.

10.6 Unzulässige Architektenbindung (Koppelungsverbot)

Im Zusammenhang mit der „Grundstücksbeschaffung" kann Artikel 10 § 3 des Gesetzes vom 4.11.1971 eine wichtige Rolle spielen. Nach der genannten Vorschrift ist „eine Vereinbarung, durch die der Erwerber eines Grundstücks sich im Zusammenhang mit dem Erwerb verpflichtet, bei der Planung oder Ausführung eines Bauwerks auf dem Grundstück die Leistungen eines bestimmten Ingenieurs oder Architekten in Anspruch zu nehmen", unwirksam. Dieses sogenannte Koppelungsverbot wird in der Praxis sehr weit interpretiert. „Im Zusammenhang mit dem Erwerb" eines Baugrundstücks steht jede Verpflichtung des Käufers zur Inanspruchnahme von Ingenieur- und/oder Architektenleistungen, ohne die der Käufer (aus rechtlichen oder tatsächlichen Gründen) das maßgebliche Grundstück nicht bekommen hätte. Dabei ist es für die Anwendung des Gesetzes unerheblich, wie der vertragliche Zwang, beim Grundstückskauf einen bestimmten Architekten zu beauftragen, im Einzelfall ausgestaltet ist und wer diesbezüglich die Initiative ergriffen hat. Zwei Fallgruppen kommen hier regelmäßig in Betracht:

Koppelungsverbot

- Der Verkäufer eines Grundstücks macht den Verkauf davon abhängig, dass der Erwerber einen bestimmten Architekten beauftragt,

oder

- ein Architekt, Makler oder sonstiger Dritter hat ein bestimmtes Grundstück „an der Hand" und macht die Vermittlung des Ankaufs davon abhängig, dass der Käufer im Falle des Grundstückserwerbs einem bestimmten Architekten einen Auftrag erteilt.

Wesentliche Fallgruppen

Beide vorgenannten Fallgruppen werden vom Gesetz erfasst und als unzulässig angesehen. Die bewusst sehr weit greifende Zielrichtung des Gesetzes geht dahin, dem Käufer eines Grundstücks bei der Wahl des Architekten die Freiheit zu lassen. Eine wegen des Grundstückserwerbes versuchte Architektenbindung soll verhindert werden.

Freiheit bei der Wahl des Architekten

Um diese Zielsetzung effektiv umzusetzen, bestimmt das Gesetz, dass Vereinbarungen, die gegen das sog. Koppelungsverbot verstoßen, unwirksam sind. Werden also im Zusammenhang mit einem Grundstückskaufvertrag Regelungen getroffen, die den Erwerber des Grund-

Unwirksamkeit der die Architektenbindung enthaltenden Vertragsteile

stücks verpflichten, künftig für die Bebauung dieses Grundstücks die Leistungen eines bestimmten Ingenieurs oder Architekten in Anspruch zu nehmen, sind diese Vertragsteile unwirksam. Die Unwirksamkeit beschränkt sich nach dem Gesetz auf diejenigen Vertragsteile, die die Architektenbindung zu Lasten des Grundstückserwerbers beinhalten.

Grundstückserwerb bleibt wirksam

In § 3 Satz 2 des Gesetzes wird ausdrücklich klargestellt: „Die Wirksamkeit des auf den Erwerb des Grundstücks gerichteten Vertrages bleibt unberührt". Unwirksam sind also nur die Vertragsteile, die darauf abzielen, dem Architekten einen Auftrag zukommen zu lassen. Der Grundstückserwerb selbst wird nicht infrage gestellt und hat Bestand.

BGH bestätigt das Verbot

Trotz nachdrücklicher Kritik am Koppelungsverbot hält die Rechtsprechung bisher konsequent an dieser Rechtslage fest. Der BGH hat zuletzt in seiner Entscheidung vom 22.7.2010 – VII ZR 144/09 (NJW 2010, 3154) betont, Artikel 10 § 3 des Gesetzes vom 4.11.1971 sei weiterhin zu beachten. Die Vorschrift sei mit dem Grundgesetz vereinbar.

Ausnahmen bei Initiative des Bauherrn und Architektenwettbewerben

Allerdings hält der BGH in besonderen Fallkonstellationen eine einschränkende Auslegung des Koppelungsverbotes für angebracht. Wenn der Bauherr von sich aus an einen Architekten herantritt und die Beauftragung von Architektenleistungen in Aussicht stellt oder ein Architekt als Sieger eines Architektenwettbewerbs Grundstücke „an die Hand" bekommt, soll das Koppelungsverbot nicht zur Anwendung kommen.

Bundesverfassungsgericht bestätigt die Regelung

Darüber hinaus hat sich nunmehr auch das Bundesverfassungsgericht mit dem Koppelungsverbot befasst. In seinem Beschluss vom 16.6.2011 (NJW 2011, 2782) stellt das Gericht fest, dass die Berufsfreiheit der Architekten nicht beeinträchtigt wird und keine verfassungsmäßigen Bedenken gegen das Gesetz bestehen. Damit dürfte die schon lange andauernde Diskussion zur Frage der Verfassungsmäßigkeit des Gesetzes abschließend zu Gunsten der freien Architektenwahl des Bauherrn entschieden sein.

Literaturverzeichnis

Steinke, Christian/Niewerth, Johannes/Ludwig, Viktoria, Due Diligence bei Grundstücksgeschäften, Köln 2009.

Usinger, Wolfgang/Minuth, Klaus (Hrsg.), Immobilien – Recht und Steuern. Handbuch für die Immobilienwirtschaft, 3. Aufl. Köln 2004.

van Kann, Jürgen (Hrsg.), Immobilientransaktionen. Praxishandbuch zur Strukturierung, Vertragsgestaltung und Bewertung, Berlin 2007.

11 Mietverträge

Philipp Libert

11.1 Einführung – Grundlegende Vertragsinhalte

Handelsimmobilien werden ganz überwiegend vermietet, denn nur in seltenen Fällen nutzt der Eigentümer sein Objekt selbst. Die Verhandlung eines Mietvertrags oder mehrerer Mietverträge geht deshalb mit fast jeder Entwicklung einer Handelsimmobilie einher. Während der Nutzung ist der Mietvertrag das rechtliche Bindeglied zwischen dem Eigentümer der Handelsimmobilie und deren Nutzern.

Vermietung der Regelfall

Im Mietvertrag verpflichtet sich der Vermieter, dem Mieter den Gebrauch an einem bestimmten Mietobjekt gegen Entgelt (Miete) zu gewähren (§ 535 BGB). Ein besonderes Mietrecht für gewerbliche Mietobjekte kennt das Bürgerliche Gesetzbuch nur in geringem Umfang. In den §§ 578 bis 580 a BGB finden sich Vorschriften zu „Mietverhältnissen über andere Sachen", zu denen auch gewerbliche Mietobjekte gehören. Von Praxisbedeutung ist allein die in § 580 a Abs. 2 BGB enthaltene Regelung der gesetzlichen Kündigungsfristen.

Das BGB enthält darüber hinaus in den §§ 535 bis 548 Regelungen, die auf sämtliche Mietverhältnisse, also auch auf Mietverträge über Handelsimmobilien, anwendbar sind. Gemäß § 578 BGB sind zudem zahlreiche Vorschriften aus dem Wohnungsmietrecht entsprechend auf Geschäftsraum-Mietverhältnisse anzuwenden.

Gesetzliche Vorschriften

Viele Regelungsgegenstände eines typischen Mietvertrags über Geschäftsräume sind im BGB nicht geregelt. So finden sich im BGB keine Regelungen über die Betriebspflicht oder zum Konkurrenzschutz. Es gibt aber auch in anderen Gesetzen wichtige Regelungen für gewerbliche Mietverträge, wie z.B. in der Insolvenzordnung (insbesondere

§§ 108 ff. InsO), im Umsatzsteuergesetz (insbesondere § 9 UStG) oder im Preisklauselgesetz.

Vermietung setzt kein bestehendes Mietobjekt voraus

Der Abschluss eines Mietvertrags setzt nicht voraus, dass das vermietete Objekt bereits existiert. Ein Mietvertrag kann über ein noch zu errichtendes Objekt abgeschlossen werden (sog. Vertrag vom Reißbrett), was erhöhte Anforderungen an die Beschreibung des Mietobjektes im Mietvertrag stellt. Zumeist nehmen die Parteien eine ausführliche Baubeschreibung (häufig als Mieterbaubeschreibung bezeichnet) als Anlage zum Mietvertrag, aus der sich die Beschaffenheit des Mietobjekts im Einzelnen ergibt.

Mit Abschluss des Mietvertrags übernimmt der Vermieter das Risiko, das Mietobjekt zum vereinbarten Zeitpunkt in vertragsgemäßem Zustand zu übergeben. Sollte der Vermieter schon bei Vertragsabschluss Schwierigkeiten erkennen, die eine Übergabe des Mietobjektes verzögern oder sogar unmöglich machen können, muss er sich im Mietvertrag entsprechend absichern. Hält der Vermieter noch keine Baugenehmigung für das Mietobjekt in den Händen, ist es aus Sicht des Vermieters ratsam, im Mietvertrag ein Rücktrittsrecht für den Fall aufzunehmen, dass er keine Baugenehmigung für das Mietobjekt erhält.

Vertragsgemäßer Gebrauch

Der vertragsgemäße Zustand des Mietobjekts und dessen vertragsgemäßer Gebrauch ergibt sich allein aus dem Mietvertrag. Die Festlegung des vertragsgemäßen Gebrauchs ist deshalb von hoher Bedeutung und sollte bei der Vertragsabfassung entsprechend behandelt werden. Aus Sicht des Vermieters ist sicherzustellen, dass der Mieter die Räumlichkeiten zum vertraglichen Mietzweck nutzen kann. Neben der baulichen Beschaffenheit kommt es hierbei auch auf die baurechtliche Nutzbarkeit des Objekts an. Insbesondere Baugenehmigungen für Objekte, die zu Einzelhandelszwecken genutzt werden, enthalten oftmals Beschränkungen bezüglich Sortiment, Anlieferungszeiten etc. Diese öffentlich-rechtlichen Beschränkungen stellen Einschränkungen der Nutzbarkeit einer Immobilie dar, die der Vermieter im Mietvertrag dem Mieter auferlegen sollte, indem er den Mietzweck, also den vertragsgemäßen Gebrauch, entsprechend eng fasst.

Auch der Mieter hat ein Interesse sicherzustellen, dass die von ihm beabsichtigte Nutzung baurechtlich zulässig ist. Schreitet die Behörde während der Mietzeit gegen eine nach dem Mietvertrag vorgesehene Nutzung ein, stehen dem Mieter zwar Gewährleistungsrechte bis hin zu einem Recht zur außerordentlichen Kündigung zu. Diese Ansprüche müssen aber gegenüber dem Vermieter geltend gemacht werden. Die bei einer ungewollten vorzeitigen Beendigung eines Mietvertrags eintretenden Schäden sind im Regelfall nur mit erheblichem Aufwand zu beziffern und nachzuweisen. Zudem besteht das allgemeine Risiko, Ansprüche in einer solchen Situation gegen den Vermieter durchzusetzen.

Vorlage der Baugenehmigung sinnvoll

Der Mieter sollte sich also im Zweifel bei Anmietung die Baugenehmigung vorlegen lassen, um selbst zu klären, ob die von ihm beabsichtigte Nutzung baurechtlich zulässig ist. Im Rahmen des Erwerbs einer Handelsimmobilie und einer möglichen Due Diligence liegt hier ein wichtiger Prüfungspunkt. Dies gilt insbesondere bei Umnutzungen bereits existierender Immobilien.

11.2 Die gesetzliche Schriftform, § 550 BGB

Ein Mietvertrag erfordert grundsätzlich keine bestimmte Förmlichkeit. Auch eine großflächige Handelsimmobilie könnte durch einen mündlich abgesprochenen Mietvertrag „per Handschlag" wirksam vermietet werden. Eine Formbedürftigkeit besteht, wenn Regelungen in einen Mietvertrag aufgenommen werden, die für sich genommen formbedürftig sind. Dies kann zum Beispiel ein im Grundbuch einzutragendes Vorkaufsrecht sein. Hier wird in der Praxis immer wieder übersehen, dass der gesamte Mietvertrag aufgrund einer solchen Regelung unwirksam sein kann.

Grundsatz: Keine Form einzuhalten

Der Mietvertrag ist im Ausnahmefall auch dann formbedürftig, wenn er in einem untrennbaren Zusammenhang mit dem Abschluss eines anderen, formbedürftigen Vertrags, insbesondere eines Grundstückskaufvertrags steht. Erfolgt die Anmietung einer Immobilie im Rahmen eines Sale-and-Leaseback-Verfahrens, muss auch der Mietvertrag notariell beurkundet werden. Ansonsten sind sämtliche Verträge nichtig.

Die gesetzliche Schriftform hat im gewerblichen Mietrecht dennoch eine überragende Bedeutung. Eine Vielzahl gerichtlicher Verfahren und Entscheidungen beschäftigt sich mit den Anforderungen der gesetzlichen Schriftform gerade bei Handelsimmobilien. Ausgangspunkt ist § 550 BGB, der festlegt: „Wird der Mietvertrag für längere Zeit als ein Jahr nicht in schriftlicher Form geschlossen, so gilt er für unbestimmte Zeit. Die Kündigung ist jedoch frühestens zum Ablauf eines Jahres nach Überlassung des Wohnraums zulässig."

Schriftform notwendig, wenn Laufzeit von mehr als einem Jahr vereinbart

Die Nichteinhaltung der gesetzlichen Schriftform hat damit zur Folge, dass (lediglich) eine vertraglich vorgesehene feste Laufzeit ihre Wirksamkeit verliert, sofern der Mietvertrag länger als ein Jahr laufen soll. Der Mietvertrag ist folglich als Mietverhältnis auf unbestimmte Zeit anzusehen, das innerhalb der gesetzlichen Fristen gekündigt werden kann. Der Mietvertrag ist also wirksam und muss von beiden Parteien erfüllt werden, solange er nicht durch Kündigung beendet wird. Die feste Laufzeit von mehr als einem Jahr ist aber von Anfang an unwirksam.

Mietvertrag wirksam, aber kündbar

Da eine Laufzeit von mehr als einem Jahr bei Handelsimmobilien der Normalfall ist, muss nahezu jeder Mietvertrag über eine Handelsimmobilie die gesetzliche Schriftform wahren, um eine ordentliche Kündbarkeit des Vertrags auszuschließen. Obwohl die gesetzliche Schriftform seit vielen Jahren die Gerichte beschäftigt, sind Marktteilnehmer immer wieder überrascht, welche Schwierigkeiten im Einzelfall die Schriftform aufwirft. Seit einigen Jahren zeichnet sich in der Rechtsprechung des Bundesgerichtshofs allerdings die Tendenz ab, die Anforderungen an die Einhaltung der Schriftform zu lockern (sog. Auflockerungsrechtsprechung).

Die unbeabsichtigte Nichteinhaltung der Schriftform hat wirtschaftlich gravierende Konsequenzen, die auf der Hand liegen. Der Vermieter verliert möglicherweise überraschend seinen Mieter, dessen fest einkalkulierte Mietzahlungen Grundlage der Finanzierung waren. Die gesetzliche Kündigungsfrist (hierzu Kapitel 11.4) beträgt maximal neun Monate. Auf der anderen Seite kann der Mieter nach einer Kündigung durch den Vermieter zur Räumung eines Mietobjektes gezwungen sein, mit dem er langfristig plante.

Schutz des Erwerbers

Das Motiv des Gesetzgebers, eine längere Befristung gewerblicher Mietverträge von einer schriftlichen Vertragsurkunde abhängig zu machen, geht auf den Grundsatz „Kauf bricht nicht Miete" zurück (siehe hierzu Kapitel 9.3). Da der Erwerber einer vermieteten Immobilie kraft Gesetzes und unabhängig von seinem Willen in laufende Mietverhältnisse eintritt, soll er anhand einer schriftlichen Urkunde prüfen können, welche Rechte und Pflichten er mit dem Erwerb der Immobilie übernimmt. Wenn es keinen schriftlichen Vertrag gibt, der überprüft werden kann, soll der Erwerber das laufende Mietverhältnis wenigstens in einer überschaubaren Frist kündigen können, um sich vor rechtlichen und insbesondere finanziellen Nachteilen zu schützen.

Mittlerweile sieht die Rechtsprechung als weiteren Zweck der Schriftform die allgemeine Beweisbarkeit der vertraglichen Absprachen an.

Vor diesem Hintergrund lässt sich durchaus die Frage aufwerfen, warum nicht nur der Erwerber einer Immobilie, sondern auch die ursprünglichen Vertragsparteien losgelöst von einer Veräußerung des Mietobjekts im Falle einer Schriftformverletzung das Mietverhältnis entgegen einer vereinbarten Festlaufzeit kündigen können. Das sofortige Kündigungsrecht wurde allerdings vom Gesetzgeber bewusst normiert, und auch die letzten Mietrechtsreformen haben die Regelung des § 550 BGB nicht geändert.

Schriftform gilt auch für Nachträge

Die Schriftform gilt auch für Nachträge. Ein nicht die Schriftform einhaltender Nachtrag führt grundsätzlich zu einem insgesamt nicht schriftformgemäßen Mietvertrag (sog. infizierende Wirkung). Anders herum kann ein die Schriftform einhaltender Nachtrag einen Schriftformverstoß im Ursprungsmietvertrag heilen, so dass das Mietverhältnis mit Wirksamwerden des Nachtrags nicht mehr ordentlich kündbar ist. Stellt eine Vertragspartei während der Mietlaufzeit einen Schriftformmangel fest, kann sie versuchen, den gesamten Mietvertrag durch den Abschluss eines schriftformgemäßen Nachtrags zu retten.

Berufung auf Schriftformmangel nicht treuwidrig

Die Berufung auf einen Schriftformmangel ist auch nach einer mehrjährigen unproblematischen Vertragsdurchführung nicht treuwidrig. In Ausnahmefällen haben Gerichte eine Treuwidrigkeit angenommen, wenn der Schriftformfehler auf die Gestaltung des Mietvertrags durch denjenigen zurückzuführen war, der sich auf den Formmangel berief.

Im Grundsatz verlangt die gesetzliche Schriftform, dass

- alle wesentlichen Vertragsbestandteile eines Mietvertrags sich aus der Mietvertragsurkunde selbst entnehmen lassen und

- der Mietvertrag von allen Vertragsparteien handschriftlich unterschrieben wird.

Voraussetzungen der Schriftform

11.2.1 Bestimmung der wesentlichen Vertragsbestandteile

Der Vertragsinhalt muss anhand der Vertragsurkunde bestimmt oder aber zumindest bestimmbar sein. Zu den wesentlichen Bestandteilen des Mietvertrags gehören bei Handelsimmobilien

- die Festlegung des Mietobjektes,

- die Mietdauer/Vertragslaufzeit,

- die Miethöhe und

- die Mietvertragsparteien.

Schwierigkeiten treten in der Praxis immer wieder bei der Festlegung des Mietobjekts und der Mietdauer auf.

Die Bezeichnung des Mietobjektes erfolgt aus Praktikabilitätsgründen zumeist über einen Grundriss oder Lageplan. Ein am Vertragsschluss nicht beteiligter Dritter muss in der Lage sein, lediglich anhand der Vertragsurkunde inklusive Anlagen das Mietobjekt zu bestimmen. In einfach gelagerten Fällen kann die Angabe einer Adresse oder der grundbuchlichen Bezeichnung genügen, wenn ein Grundstück oder ein vollständiges Objekt Mietgegenstand ist. Eine nähere Präzisierung ist erforderlich, wenn einzelne Räume in einem größeren Objekt – beispielsweise einem Einkaufszentrum – vermietet werden. Findet sich im Mietvertrag die bloße Angabe von Räumen oder die Angabe einer bestimmten Fläche, bei der sich in der Örtlichkeit nicht ableiten lässt, wo genau die Mietflächen liegen, ist die Schriftform verletzt.

Bezeichnung des Mietobjekts

Die Laufzeit kann nach Jahren angegeben werden, ebenso kann ein bestimmter Endtermin vereinbart werden. Bezüglich der Mietdauer gab es unterschiedliche gerichtliche Entscheidungen zu der Frage, ob die Formulierung „X Jahre ab Übergabe" die Schriftform einhält. Ein Schriftformverstoß wurde darin gesehen, dass sich allein aus der Mietvertragsurkunde nicht ableiten ließe, wann genau das Mietverhältnis beginnt und wann es endet, da der Übergabezeitpunkt bei Vertragsabschluss noch nicht feststeht. Der Bundesgerichtshof hat hierzu mittlerweile aber entschieden, dass eine derartige vertragliche Regelung die Schriftform nicht verletzt, sofern die Vertragsparteien den Zeitpunkt der Übergabe in einem schriftlichen Protokoll festhalten. Die

Bestimmung der Mietdauer

Dauer des Mietverhältnisses ist dann zwar nicht in der Vertragsurkunde bestimmt festgelegt, aber in Verbindung mit dem Übergabeprotokoll bestimmbar.

Eine erhöhte Aufmerksamkeit ist in diesem Zusammenhang den Anlagen zum Mietvertrag zu widmen. Fast jedem Mietvertrag über Handelsimmobilien sind Anlagen beigefügt (z.B. Lagepläne und Grundrisse, Baupläne, Baubeschreibungen etc.). Soweit es sich hierbei um wesentliche Vertragsbestandteile handelt – was immer unterstellt werden sollte –, müssen auch Anlagen die gesetzliche Schriftform einhalten. Der Mietvertrag muss die in Bezug genommenen Anlagen zweifelsfrei bezeichnen. Eine Bezugnahme auf den Mietvertrag ist hingegen in der Anlage nicht notwendig. Eine körperlich feste Verbindung zwischen Mietvertrag und Anlage ist ebenfalls nicht notwendig. Ebenfalls dürfte es nicht erforderlich sein, dass auch die Anlage von den Parteien unterzeichnet wird. Die Rechtsprechung stellt darauf ab, dass die Zwecke der Schriftform bereits durch die klare Bezugnahme im unterzeichneten Hauptvertrag eingehalten werden. Durch die Bezugnahme könne ein Unbeteiligter die Anlage identifizieren und sich über den Inhalt informieren.

11.2.2   Unterzeichnung

Unterzeichnung des Mietvertrages

Die gesetzliche Schriftform verlangt eine eigenhändige Unterschrift der Vertragsparteien. Ein per Telefax zurückgesandter Mietvertrag erfüllt also nicht die gesetzliche Schriftform. Es genügt in diesem Fall nicht, dass ein Exemplar des Mietvertrags mit Originalunterschriften bei einer Vertragspartei vorhanden ist. Ausreichend ist es aber, wenn beide Vertragsparteien in Anwesenheit eine Vertragsurkunde unterzeichnen. Der Vertrag wird mit Unterzeichnung wirksam. Die Schriftform verlangt nicht, dass für jede Partei eine Urkunde unterzeichnet wird. Aus Gründen der Beweisbarkeit ist aber dringend anzuraten, dass jede Vertragspartei eine beidseits unterzeichnete Urkunde zu ihren Akten nimmt.

Lange Zeit umstritten war die Frage, ob der Unterzeichnende klarstellen muss, in welcher Funktion er den Vertrag unterschreibt. Diese Frage wird immer dann aufgeworfen, wenn die Vertragsurkunde nicht durch die Vertragspartei selbst, sondern durch einen Vertreter unterzeichnet wird. Hierzu gilt der Grundsatz, dass ein Vertretungszusatz nicht erforderlich ist, wenn der Vertrag durch eine Person unterzeichnet wird, die nicht selbst Vertragspartei ist. Es ergibt sich aus den äußeren Umständen, dass der Unterzeichner in Vertretung handeln möchte. Aus Gründen der Rechtssicherheit bietet es sich an, Vertretungsverhältnisse dennoch im Mietvertrag zu kennzeichnen, indem beispielsweise im Vertragsrubrum die Vertretung durch einen Zusatz „hier vertreten durch" klargestellt wird.

Die Rechtsprechung des Bundesgerichtshofs verlangt hingegen, dass ein ausdrücklicher Vertretungshinweis in die Vertragsurkunde aufgenommen wird, wenn der Vertrag nicht durch alle Personen unterzeichnet wird, die gesellschaftsrechtlich zur Vertretung notwendig sind. Gibt es bei einer Aktiengesellschaft oder einer GmbH mehrere Vorstände oder Geschäftsführer, die nach der Satzung Gesamtvertretungsmacht haben, ist die Mietvertragsurkunde von allen zur Vertretung notwendigen Geschäftsführern/Vorständen zu unterzeichnen. Unterzeichnet nur eine Person die Urkunde, ergibt sich aus der Urkunde nicht, ob die Unterzeichnung durch einen weiteren Vorstand/Geschäftsführer fehlt oder ob der unterzeichnende Geschäftsführer zugleich in Vollmacht oder Ermächtigung für die übrigen Geschäftsführer handeln wollte. Nach einer Entscheidung des Bundesgerichtshofs aus dem Jahr 2009 ist die Schriftform verletzt. Trotz vielfacher Kritik ist das Urteil in der Praxis zu beachten. Es müssen deshalb alle Personen, die zur Vertretung der Gesellschaft nötig sind, die Urkunde unterzeichnen oder es ist in der Urkunde selbst klarzustellen, dass der Unterzeichner auch in Vertretung für die übrigen Geschäftsführer handelt.

Ggfs. Vertretungszusatz erforderlich

Vorsicht bei GmbH und AG

Das gleiche Problem stellt sich bei der Gesellschaft bürgerlichen Rechts. Die Gesellschaft bürgerlichen Rechts wird kraft Gesetzes durch alle Gesellschafter gemeinsam vertreten, was bedeutet, dass der Mietvertrag durch alle Gesellschafter zu unterzeichnen ist. Unterzeichnet nur ein Gesellschafter ohne Vertretungszusatz, liegt ein Formmangel vor. Der Mietvertrag muss entweder durch alle Gesellschafter unterzeichnet werden oder aber der Unterzeichner muss durch einen ausdrücklichen Hinweis klarstellen, dass er für sich selbst und in Vertretung für alle übrigen Gesellschafter unterzeichnet.

Gesellschaft bürgerlichen Rechts

11.2.3 Heilungsklausel

Noch nicht höchstrichterlich entschieden ist, ob eine sog. Heilungsklausel eine Berufung auf die Nichteinhaltung der gesetzlichen Schriftform verhindert. Viele Mietverträge enthalten eine Klausel, nach der die Parteien auch nach Abschluss des Mietvertrags alles zu tun haben, um evtl. Schriftformfehler zu heilen. Des Weiteren wird vereinbart, dass keine Partei den Mietvertrag unter Berufung auf einen Schriftformfehler kündigen darf. Die Instanzgerichte beurteilen diese Frage unterschiedlich, so dass nach wie vor erhöhte Aufmerksamkeit auf die Einhaltung der gesetzlichen Schriftform bei der Abfassung von Mietverträgen und Nachträgen zu richten ist.

11.3 Miete und Wertsicherungsklauseln

Die Höhe der Miete kann von den Vertragsparteien bis zur Grenze der Sittenwidrigkeit frei festgelegt werden.

11.3.1 Festlegung der Miete

Bei Handelsobjekten findet sich zumeist eine feste Grundmiete oder – insbesondere wenn das Mietobjekt noch nicht existiert – eine quadratmeterabhängige Grundmiete, bei der sich die Parteien auf einen bestimmten Mietzins pro Quadratmeter verständigen. Im letzteren Fall sind weitere Regelungen zur Ermittlung der mietzinsrelevanten Fläche nach Vertragsabschluss nötig. Hierzu bieten sich Bezugnahmen auf anerkannte Regelungen wie z.B. die DIN 277 oder die Richtlinie zur Berechnung der Mietfläche für gewerblichen Raum (MFG) von der Gesellschaft für immobilienwirtschaftliche Forschung e.V. – zumeist kurz „gif" genannt – an. Sofern eine der Regelungen in Bezug genommen wird, ist zur Vermeidung von Missverständnissen darauf zu achten, dass auch der Mietvertrag die in der entsprechenden technischen Regelung verwendeten differenzierten Begrifflichkeiten verwendet.

Bezugnahme auf DIN 277 oder gif sinnvoll

Teilinklusivmiete

Es bleibt den Parteien überlassen, inwiefern sie durch die Miete auch Nebenkosten abgelten wollen. Man spricht von einer Teilinklusivmiete, wenn ein Teil der Nebenkosten durch die Miete abgegolten wird, und von einer Inklusivmiete, wenn sämtliche Nebenkosten mit der Miete abgegolten werden. Bei Handelsimmobilien ist eine solche Regelung kaum gebräuchlich. Attraktive Mieter können aber durchaus eine Teilinklusivmiete erreichen.

Umsatzmiete

Neben der fixen Miete kann sich die Miete an den vom Mieter im Objekt erzielten Umsätzen orientieren (Umsatzmiete). In der Praxis finden sich insbesondere Vertragsgestaltungen, die eine bestimmte Sockelmiete vorsehen zuzüglichen eines umsatzabhängigen Anteils.

In diesem Fall sollte im Mietvertrag ausführlich geregelt werden, auf welche Weise der Umsatzanteil berechnet wird und welche Kontrollrechte dem Vermieter zustehen.

Verjährung der Mietforderung

Ansprüche des Vermieters auf Mietzahlung verjähren innerhalb von drei Jahren. Die Frist beginnt mit Ablauf des Kalenderjahres, in dem die Miete fällig wurde.

11.3.2 Vereinbarung einer Wertsicherung

Aufgrund der Rechtsnatur des Mietvertrags als Dauerschuldverhältnis enthält nahezu jeder Mietvertrag über eine Handelsimmobilie zur Absicherung gegen Inflation Regelungen zur Wertsicherung der Miete.

11.3.2.1 Staffelmiete

Die einfachste Vorgehensweise liegt in der Vereinbarung einer Staffelmiete. Die Parteien legen hierbei schon im Ursprungsmietvertrag konkrete Mieterhöhungen für bestimmte in der Zukunft liegende Zeiträume fest. Die Parteien können sich auf bestimmte Beträge einigen oder aber prozentuale Erhöhungen der Grundmiete vereinbaren. Der Vorteil liegt für beide Seiten in einer rechtssicheren und vorhersehbaren Entwicklung der Miete.

Die für Wohnraummietverhältnisse geltenden Vorschriften des BGB zur Staffelmiete finden auf Gewerberaummietverträge keine Anwendung.

Staffelmiete

11.3.2.2 Wertsicherungsklauseln

Am gebräuchlichsten dürften in der Praxis sogenannte Wertsicherungsklauseln sein. Wertsicherungsklauseln haben den Zweck, das im Ursprungsmietvertrag verhandelte Äquivalenzverhältnis von Leistung und Gegenleistung über die Dauer des Mietvertrages zu erhalten. Der Inhalt von Wertsicherungsklauseln steht nicht im freien Belieben der Vertragsparteien.

Wertsicherungsklauseln

Die Zulässigkeit und Wirksamkeit einer Wertsicherungsklausel richtet sich nach dem Preisklauselgesetz. Danach sind Wertsicherungsklauseln grundsätzlich unzulässig, es sei denn der Mietvertrag erfüllt bestimmte Voraussetzungen, die in § 3 Preisklauselgesetz niedergelegt sind. Auf gewerbliche Mietverträge sind insbesondere die Ausnahmen gem. § 3 Abs. 1 d) und e) Preisklauselgesetz anwendbar, wonach Preisklauseln zulässig sind:

Zulässigkeit von Wertsicherungsklauseln

§ 3 Preisklauselgesetz

- in Verträgen über wiederkehrende Zahlungen, die zu erbringen sind für die Dauer von mindestens zehn Jahren, gerechnet vom Vertragsabschluss bis zur Fälligkeit der Zahlung (§ 3 Abs. 1 d) und

Mindestlaufzeit von 10 Jahren

- in Verträgen, bei denen der Gläubiger für die Dauer von mindestens zehn Jahren auf das Recht zur ordentlichen Kündigung verzichtet oder der Schuldner das Recht hat, die Vertragsdauer auf mindestens zehn Jahre zu verlängern (§ 3 Abs. 1 e).

Wertsicherungsklauseln sind deshalb nur zulässig, wenn die vertragliche Mindestlaufzeit zehn Jahre beträgt oder der Mieter die Möglichkeit hat, die vertragliche Laufzeit ohne Mitwirkung des Vermieters auf mindestens zehn Jahre zu erhöhen. Beläuft sich die Festlaufzeit auf fünf Jahre, ist eine Wertsicherungsklausel folglich wirksam, wenn der Mieter das Mietverhältnis über Verlängerungs-Optionen auf eine Laufzeit von mindestens zehn Jahre verlängern kann.

Des Weiteren verbietet § 2 Preisklauselgesetz unangemessene Benachteiligungen. Eine unangemessene Benachteiligung liegt insbesondere vor, wenn die vertragliche Regelung eine Mietanpassung nur in eine

Richtung erlaubt. Die Wertsicherung muss so formuliert sein, dass sowohl eine Anpassung der Miete nach oben, aber auch nach unten grundsätzlich möglich ist.

Eine wichtige Besonderheit enthält § 8 Satz 1 Preisklauselgesetz. Eine nicht den Vorgaben des Preisklauselgesetzes entsprechende Wertsicherungsklausel ist zwar unwirksam. Die Unwirksamkeit der Preisklausel tritt aber erst zum Zeitpunkt des rechtskräftig festgestellten Verstoßes ein, soweit nicht eine frühere Unwirksamkeit vereinbart ist. Die Vertragspartei, die sich durch die unzulässige Preisklausel benachteiligt sieht, muss also die Unwirksamkeit in einem gerichtlichen Verfahren klären lassen. Für die Dauer des Verfahrens gilt die Preisklausel als wirksam. Geleistete Mietzahlungen sind auch im Falle einer späteren gerichtlichen Feststellung der Unwirksamkeit nicht rückwirkend zurückzuzahlen. Die Vertragsparteien können allerdings eine andere Regelung in den Mietvertrag aufnehmen, da dies § 8 Preisklauselgesetz ausdrücklich zulässt.

Unwirksamkeit einer Klausel muss gerichtlich geltend gemacht werden

Verbraucherpreisindex (VPI)

Preisklauseln beziehen sich regelmäßig auf bestimmte öffentlich bekanntgemachte Indizes. Am verbreitetsten ist die Bezugnahme auf den Verbraucherpreisindex (VPI) des Statistischen Bundesamtes.

Die Vertragsparteien sind nicht gehalten, Indexveränderungen im Verhältnis 1:1 umzusetzen. Die Parteien können indexfreie Zeiträume vereinbaren, wonach Indexsteigerungen erst ab einem bestimmten Zeitablauf zu berücksichtigen sind. Aus Praktikabilitätsgründen wird darüber hinaus regelmäßig vereinbart, dass nur in bestimmten Zeitabständen die Miete anzupassen ist. In diesem Zusammenhang bleibt es den Vertragsparteien vorbehalten, die Preisklausel so zu gestalten, dass die Miete sich automatisch anpasst, ohne dass eine Vertragspartei die Anpassung verlangen muss (echte Gleitklausel). Eine solche Vertragsgestaltung sichert den Vermieter, der durch Unachtsamkeit eine Mieterhöhung zu spät geltend macht, davor, Mietansprüche zu verlieren. Sollte eine Mietanpassung von beiden Seiten über einen längeren Zeitraum unbemerkt bleiben, können nicht unerhebliche Mietrückstände entstehen. Alternativ kann die Preisklausel auch so gestaltet werden, dass die Mietanpassung erst eintritt, wenn die Anpassung von der begünstigten Vertragspartei verlangt wird (unechte Gleitklausel).

Echte Gleitklausel

Unechte Gleitklausel

Ferner haben die Vertragsparteien die Möglichkeit, die Indexveränderung nur zu einem gewissen Prozentsatz widerzuspiegeln. Die Miete steigt bzw. sinkt dann in Höhe von beispielsweise 70% der Indexveränderung. Eine solche Absenkung der Mietsteigerungen ist stets eine Frage der Verhandlungsposition des Mieters.

11.4　Mietdauer, Verlängerungsoptionen

Die Laufzeit des Mietvertrags kann von den Vertragsparteien bis zu einer längstmöglichen Dauer von 30 Jahren frei vereinbart werden. Gem. § 544 BGB kann ein Mietvertrag, der für eine längere Zeit als 30 Jahre geschlossen wurde, nach Ablauf von 30 Jahren nach Überlassung der Mietsache außerordentlich mit der gesetzlichen Frist gekündigt werden. Eine Ausnahme bilden gem. § 544 Satz 2 BGB Mietverhältnisse, die auf die Lebenszeit von Vermieter oder Mieter geschlossen wurden. Dies kommt bei Handelsimmobilien praktisch nicht vor.

Maximale Laufzeit von 30 Jahren zulässig

Die Bestimmung der Laufzeit eines Mietvertrags nimmt Einfluss auf andere Regelungsbereiche. Soll der Mietvertrag eine feste Laufzeit von länger als einem Jahr haben, muss er die gesetzliche Schriftform erfüllen (hierzu oben unter 11.2.). Eine Mindestlaufzeit von zehn Jahren ist notwendig, um eine Wertsicherung der Miete durch eine Preisklausel zu vereinbaren.

Wird die Laufzeit eines Mietvertrags im Mietvertrag nicht festgelegt, spricht man von einem Mietverhältnis auf unbestimmte Zeit. Beide Parteien haben dann die Möglichkeit, das Mietverhältnis bis zum 3. Werktag eines Kalenderquartals zum Ablauf des nächsten Kalenderquartals zu kündigen (§ 580a Abs. 2 BGB). Im Monat Februar könnte ein gewerbliches Mietobjekt somit bei Anwendung der gesetzlichen Kündigungsfristen bis zum 30. September des Jahres von beiden Vertragsparteien gekündigt werden.

In vielen Mietverträgen zu Handelsobjekten finden sich Verlängerungsoptionen zugunsten des Mieters. Über eine Verlängerungsoption hat der Mieter die Möglichkeit, einseitig den Mietvertrag um eine vorher festgelegte Dauer zu verlängern. Die mehrmalige Verlängerung eines Mietvertrags ist bei entsprechender Regelung möglich. Auch über Verlängerungsoptionen kann die maximale Laufzeit nicht über 30 Jahre hinaus festgelegt werden.

Verlängerungsoptionen

Es bleibt der Regelung durch die Vertragsparteien vorbehalten, ob eine Option ausdrücklich ausgeübt werden muss oder ob der Mieter einer Verlängerung ausdrücklich widersprechen muss. Je nach Regelung führt das Schweigen des Mieters in einem Falle zur Beendigung des Mietvertrags, im anderen Falle zur Verlängerung.

Optionsausübung

Setzt der Mieter nach Ablauf der vertraglich vorgesehenen Mietlaufzeit die Nutzung des Mietobjektes fort, verlängert sich das Mietverhältnis gem. § 545 BGB auf unbestimmte Zeit. Eine Beendigung bewirkt erst der Ausspruch einer ordentlichen Kündigung unter Einhaltung der entsprechenden Fristen. Die Verlängerung auf unbestimmte Zeit tritt nicht ein, wenn eine Vertragspartei der Verlängerung innerhalb von zwei Wochen widerspricht. Die Frist beginnt für den Mieter mit der Fortsetzung des Gebrauchs, für den Vermieter mit dem Zeitpunkt, in dem er von der Fortsetzung Kenntnis erhält. Die Regelung des § 545

Fortsetzung der Nutzung nach Mietende

BGB können die Parteien im Mietvertrag abbedingen, was nahezu immer der Fall ist. Das Mietverhältnis endet in diesem Fall mit Ablauf der vertraglichen Mietzeit. Setzt der Mieter die Nutzung dennoch fort, verhält er sich vertragswidrig. Gemäß § 546 a BGB schuldet er mindestens die vereinbarte Miete als Entschädigung für die Dauer des weiteren Gebrauchs. Alternativ kann der Vermieter die ortsübliche Vergleichsmiete verlangen, was er regelmäßig tun wird, wenn diese höher ist. Daneben kann der Vermieter weitere Verzugsschäden geltend machen.

Sonderkündigungs-rechte

Auch bei Vereinbarung einer festen Laufzeit können die Parteien Sonderkündigungsrechte vereinbaren, die nur bei Vorliegen bestimmter Gründe ausgeübt werden können. In der Gestaltung von Sonderkündigungsrechten sind die Parteien frei.

11.5   Instandsetzungspflichten, Schönheitsreparaturen

Unterhalt der Mietsache nach dem Gesetz

Durch den Gebrauch des Mietobjektes unterliegt das Mietobjekt der Abnutzung. Gebäude und technische Anlagen müssen instand gehalten und gewartet werden. Das Gesetz sieht in § 535 Abs. 1 Satz 2 BGB vor, dass der Vermieter die Mietsache während der Mietzeit im vertragsgemäßen Zustand erhalten muss. Treffen die Vertragsparteien folglich im Mietvertrag keine Regelungen zum Thema Schönheitsreparaturen, Instandhaltung und Instandsetzung, ist der Vermieter verpflichtet, für die Dauer des Mietvertrags sämtliche Schönheitsreparaturen und Instandhaltungs-/ Instandsetzungsarbeiten durchzuführen.

Abweichende vertragliche Regelungen

In der Praxis dürfte das gesetzliche Grundkonzept in fast allen Mietverträgen zu Lasten des Mieters geändert werden. Da derartige vertragliche Abweichungen nicht dem gesetzlichen Leitbild entsprechen, unterliegen sie einer besonderen richterlichen Prüfung, wenn die Regelung eine Allgemeine Geschäftsbedingung des Vermieters darstellt.

Die Regelung von Schönheitsreparaturen und Instandhaltung/Instandsetzung erfordert deshalb Augenmaß und Sorgfalt, soweit die Regelung vom Vermieter gestellt wird. Die Rechtsfolge einer Klausel, die den Mieter unverhältnismäßig benachteiligt, ist deren Unwirksamkeit. Anstelle der vertraglichen Regelung gilt das Gesetz, so dass der Vermieter Schönheitsreparaturen und Instandhaltungsarbeiten durchführen muss – selbstverständlich auf eigene Kosten.

Der Bundesgerichtshof wirft seit seinen Grundentscheidungen aus den Jahren 2003 und 2004 (BGH, Urteil vom 25.6.2003 – VIII ZR 335/02; BGH, Urteil vom 22.9.2004 – VIII ZR 360/03) ein strenges Auge auf die Regelung von Schönheitsreparaturen und Instandhaltungsklauseln. Die sich zunächst auf Wohnungsmietverhältnisse beziehende Rechtsprechung findet auch auf gewerbliche Mietverträge Anwendung (BGH, Urteil vom 6.4.2005 – XII ZR 308/02). Die Grundlinien der

Rechtsprechung sind deshalb bei der Abfassung von Mietverträgen unbedingt zu beachten.

11.5.1 Schönheitsreparaturen

Die Bedeutung von Schönheitsreparaturen in Mietverhältnissen über Handelsimmobilien ist geringer als in Mietverhältnissen über Büroräumlichkeiten.

Schönheits-reparaturen

Auch im Gewerberaummietrecht gilt die Definition des § 28 Abs. 4 Satz 4 II. BV, nach der Schönheitsreparaturen ausschließlich „das Tapezieren, Anstreichen oder Kalken der Wände und Decken, das Streichen der Fußböden, Heizkörper einschließlich Heizrohre, der Innentüren sowie der Fenster und Außentüren von innen" umfassen.

Keine Bedenken bestehen dagegen, dem Mieter grundsätzlich die Durchführung von Schönheitsreparaturen aufzuerlegen. Die Gerichte gehen davon aus, dass die Regelung der Schönheitsreparaturen von den Vertragsparteien bei der Bemessung der Miete berücksichtigt wurde und der Mieter eine entsprechend geringere Miete zu bezahlen hat. Unzulässig ist aber in vom Vermieter gestellten Formularmietverträgen die Aufnahme von starren Fristen, innerhalb derer der Mieter Schönheitsreparaturen auszuführen hat. Eine vertragliche Regelung muss so formuliert sein, dass der Mieter nur bei Bedarf Schönheitsreparaturen ausführen muss. Einer starren Frist kommt es gleich, wenn der Mieter zusätzlich zur Übernahme von Schönheitsreparaturen bei Auszug aus dem Objekt renovieren muss (sog. Endrenovierungsklausel). Da die Klausel nicht auf den Zustand des Objekts abstellt und der Mieter auch dann renovieren müsste, wenn eigentlich kein Renovierungsbedarf besteht, ist die Klausel wegen einer unangemessenen Benachteiligung unwirksam. Die Wirksamkeit der Klausel ist dabei nicht davon abhängig, ob der Mieter tatsächlich im Einzelfall benachteiligt ist, weil kein Renovierungsbedarf besteht. Die Wirksamkeit der Klausel beurteilt sich allein auf der Grundlage der vertraglichen Regelung danach, ob theoretisch eine Situation eintreten könnte, in der der Mieter aufgrund der Klausel unangemessen benachteiligt wird.

Starre Fristen für Durchführung von Schönheitsreparaturen unwirksam

Endrenovierungs-klausel

Im Wohnraummietrecht hat der Bundesgerichtshof sogar eine sogenannte Endrenovierungsklausel gekippt (BGH, Urteil vom 12.9. 2007 – VIII ZR 316/06), die einen Mietvertrag betraf, in dem der Mieter nicht zur Durchführung von Schönheitsreparaturen verpflichtet war. Endrenovierungsklauseln sollten demnach in vom Vermieter gestellten Formularmietvertragen keine Verwendung finden. Stattdessen empfiehlt es sich, die Verpflichtung aufzunehmen, das Objekt „in vertragsgemäßem Zustand" zurückzugeben.

Die dargestellte Rechtsprechung bezieht sich nur auf vom Vermieter gestellte Formularmieterverträge. Geht der Mietvertrag auf ein Formular des Mieters zurück, muss er sich im Regelfall an den für ihn möglicherweise ungünstigen Regelungen festhalten lassen.

11.5.2 Instandhaltung und Instandsetzung

Maßnahmen, die über die Durchführung von Schönheitsreparaturen hinausgehen, will der Vermieter und Eigentümer der Immobilie zumeist selbst durchführen. In Mietverträgen geht es deshalb vornehmlich darum, ob und in welchem Umfang der Mieter an den Kosten von Instandhaltungsmaßnahmen beteiligt wird.

Instandhaltung / Instandsetzung

Instandhaltung und Instandsetzung lassen sich nicht immer klar voneinander trennen. Die Instandhaltung bezieht sich auf die Beseitigung von Mängeln, bevor größere Schäden entstanden sind. Die Instandsetzung bezieht sich auf die Beseitigung bereits entstandener Schäden.

Die Kosten für Instandhaltung und Instandsetzung können auch im Wege eines Formularmietvertrags als Allgemeine Geschäftsbedingung auf den Mieter umgelegt werden, soweit bestimmte Vorgaben Berücksichtigung finden.

Grenzen der Kostenübertragung

Dach und Fach

Das Mietobjekt muss sich bei Anmietung in einem vertragsgemäßen Zustand befinden, damit aus der Instandhaltungspflicht keine Herrichtungspflicht wird. Durch einen Formularvertrag kann nicht die Sachgefahr und das Erhaltungsrisiko auf den Mieter abgewälzt werden. Es empfiehlt sich deshalb, Kosten für die Instandsetzung von Dach und Fach nicht dem Mieter aufzuerlegen. Die Rechtsprechung verlangt ferner Kostenobergrenzen, um dem Mieter kein unkalkulierbares Risiko aufzubürden (BGH, Urteil vom 6.4.2005 – XII ZR 158/01). Das Risiko unkalkulierbarer Kosten kann durch die Vereinbarung einer vertraglichen Kostenobergrenze vermieden werden (z.B. Mieter trägt maximal Kosten in Höhe einer Monats-Nettokaltmiete). Der Bundesgerichtshof hat eine derartige Kostenbegrenzung auf einen Prozentsatz der Jahresmiete in seiner vorgenannten Entscheidung ausdrücklich angesprochen. Dies gilt insbesondere für die Instandhaltungskosten von Gemeinschaftsflächen („Mall"), die nicht allein von Kunden des Mieters genutzt werden, wie sie z.B. in Einkaufszentren und Outlet-Center regelmäßig anzutreffen sind.

11.6 Betriebs- und Nebenkosten

Betriebskosten

Die Nutzung jeder Immobilie ist mit Kosten verbunden. Allgemein regelt § 556 Abs. 1 Satz 2 BGB, dass Betriebskosten die Kosten sind, die dem Eigentümer durch das Eigentum am Grundstück oder durch den bestimmungsgemäßen Gebrauch des Gebäudes, der Nebengebäude, Anlagen, Einrichtungen und des Grundstücks laufend entstehen.

Nebenkosten

Demgegenüber umschließt der Begriff Nebenkosten alle Kosten, die der Mieter neben der Miete an den Vermieter leisten muss.

Verlagerung auf Mieter üblich

Betriebskosten werden in gewerblichen Mietverhältnissen über Handelsimmobilien zumeist vollständig auf den Mieter verlagert. Da sich dies nicht aus dem Gesetz ergibt, muss der Mietvertrag im Einzelnen regeln, welche Betriebskosten der Vermieter auf den Mieter umlegen

kann. Eine vertragliche Regelung, die eine Überlagerung der Betriebskosten auf den Mieter vorsieht, weicht vom gesetzlichen Leitbild ab,
so dass die oben schon angeführten Vorgaben für vom Gesetz abweichende Regelungen zu beachten sind.

Es empfiehlt sich deshalb, sämtliche Positionen aufzuführen, die auf
den Mieter umgelegt werden sollen. Ebenso ist eine Bezugnahme auf
die Betriebskostenverordnung möglich, die dann als Anlage zum Mietvertrag genommen werden sollte. Nicht zu den Betriebskosten gehören
die Kosten für Instandhaltung und Instandsetzung (hierzu 11.5).

Sämtliche Positionen im Mietvertrag benennen

Insbesondere bei Handelsimmobilien war zuletzt die Behandlung von
Kosten der „technischen und kaufmännischen Hausverwaltung" in
vom Vermieter gestellten Formularmietverträgen streitig. Nach jetzt
höchstrichterlicher Rechtsprechung (BGH, Urteil vom 9.12.2009 – XII
ZR 109/08) kann der Vermieter in einem gewerblichen Mieterverhältnis eigene Verwaltungskosten dem Mieter als Nebenkosten in Rechnung stellen. Eine solche Klausel sei in einem Formularmietvertrag
weder überraschend noch für den Mieter unangemessen belastend.

Kosten der Hausverwaltung

Im Sommer 2011 hat der Bundesgerichtshof hingegen entschieden,
dass die zusätzliche Belastung des Mieters – neben den Kosten der
Hausverwaltung – mit Kosten des „Centermanagements" in einem Formularmietvertrag unwirksam ist (BGH, Urteil vom 3.8.2011 – XII ZR
205/09). Der Begriff „Centermanagement" sei zu unpräzise, da nicht
zu ermitteln sei, welche Kosten hierunter zu subsumieren seien.

Kosten des Centermanagements

Für alle Betriebs- und Nebenkosten gilt das Wirtschaftlichkeitsgebot.
Der Vermieter muss Sorge tragen, dass der Mieter nicht mit unnötig
hohen Kosten belastet wird.

Wirtschaftlichkeits- gebot

Es bleibt der Parteiregelung vorbehalten, ob die Betriebskosten pauschal abgedeckt werden sollen oder aber in bestimmten Zeiträumen
vom Vermieter abzurechnen sind. Die ganz überwiegende Zahl der gewerblichen Mietverträge sieht eine Abrechnung von zuvor vom Mieter
geleisteten Vorauszahlungen vor.

Zur Abrechnung der Nebenkosten muss der Vermieter eine geordnete
Aufstellung der Gesamtkosten, nachvollziehbare Angaben zum Umlagemaßstab, die daraus resultierenden auf den Mieter entfallenden Kosten sowie den Abzug der Vorauszahlungen angeben. Der Mieter muss
in der Lage sein, anhand der Abrechnung die Berechnungsmethodik
nachzuvollziehen.

Abrechnung der Nebenkosten

Hält der Vermieter diese Vorgaben nicht ein, ist die Abrechnung formell fehlerhaft – ein eventueller Nachzahlungsanspruch wird nicht
fällig. Die Nebenkosten gelten als nicht abgerechnet.

Rechnet der Vermieter nicht innerhalb der vertraglichen Abrechnungszeiträume die Betriebs- und Nebenkosten ab, steht dem Mieter zunächst ein Anspruch auf Abrechnung zu. Darüber hinaus hat der Mieter ein Zurückbehaltungsrecht an künftigen Vorauszahlungsbeträgen.
Wenn das Mietverhältnis bereits beendet ist, hat der Mieter einen An-

Abrechnungspflicht

spruch auf Auszahlung aller nicht fristgemäß abgerechneten Vorauszahlungen. Holt der Vermieter eine vertragsgemäße Abrechnung nach, muss der Mieter allerdings die Nebenkosten wie vertraglich vorgesehen bezahlen.

11.7   Gewährleistungsrechte des Mieters

Das Gesetz enthält verschiedene Gewährleistungsrechte zugunsten des Mieters, die er geltend machen kann, wenn das Mietobjekt nicht den vertraglichen Vorgaben entspricht. Gewährleistungsrecht kann von den Parteien mit gewissen Einschränkungen im Mietvertrag frei geregelt werden.

Gesetzliche Gewährleistungsansprüche setzen einen Mangel des Mietobjektes oder das Fehlen einer zugesicherten Eigenschaft voraus.

11.7.1   Mangelbegriff

Subjektiver Mangelbegriff

Wie auch in anderen Rechtsgebieten gilt im Mietrecht der sog. subjektive Mangelbegriff. Ein Mietobjekt ist mangelhaft, wenn es (in nachteiliger Weise) vom vertraglich geschuldeten und von den Vertragsparteien festgelegten Zustand abweicht. Die Parteien haben es deshalb weitgehend selbst in der Hand, den vertraglichen Zustand festzulegen. Je nach vertraglicher Regelung kann es folglich sein, dass ein und dasselbe Mietobjekt nach einem Mietvertrag einen Mangel aufweist, nach einem anderen Mietvertrag nicht. Sofern der Mietvertrag keine ausdrückliche Regelung zur Beschaffenheit des Mietobjektes enthält, gilt die objektive Verkehrsanschauung. Das Mietobjekt muss dann für den üblichen und gewöhnlichen Gebrauch geeignet sein.

Bei der Prüfung, ob ein Mietobjekt einen Mangel aufweist, ist der vertragliche Mietzweck von hoher Bedeutung. Lagerräume sind beispielsweise von vornherein an anderen Voraussetzungen zu messen als Verkaufsräume.

Konkretisierung durch Baubeschreibung

Um Meinungsverschiedenheiten zwischen Vermieter und Mieter zum geschuldeten Zustand des Mietobjektes vorzubeugen, kann es sich empfehlen, den Zustand über eine Baubeschreibung detailliert zu regeln. Dies gilt insbesondere für Mietverträge vom Reißbrett, bei denen dem Mieter eine Besichtigung des Mietobjektes vor Vertragsabschluss nicht möglich ist.

Neben der Einhaltung der einschlägigen technischen Vorschriften hat der Vermieter Sorge zu tragen, dass das Mietobjekt die öffentlich-rechtlichen Vorgaben erfüllt. Allein das formale Fehlen einer Bau- und Nutzungsgenehmigung oder andere Verstöße gegen öffentlich-rechtliche Beschränkungen oder Pflichten führen aber nach ständiger Rechtsprechung noch nicht zu einem Mangel des Mietobjektes, der Gewährleistungsrechte auslöst (BGH, Urteil vom 16.9.2009 – VIII ZR 275/08; zuletzt auch OLG Düsseldorf, Beschluss vom 19.7.2011 – 24 U 31/11, sogar für Verstoß gegen Brandschutzvorschriften). Erst wenn die zuständige Behörde gegen die Nutzung des Mieters einschreitet oder ein Einschreiten androht, weist das Mietobjekt einen Mangel auf.

Eine andere Problematik, die typischerweise bei Handelsimmobilien auftreten kann, stellen vom Kunden nicht oder nur unzureichend angenommene Einkaufszentren dar. Der Mieter eines Ladenlokals in einem Einkaufszentrum ist in hohem Maße von der Kundenakzeptanz des gesamten Zentrums abhängig. In abgeschwächter Form gilt dies auch für Fachmarktzentren. Mieter berufen sich immer wieder darauf, dass sie zur Minderung der Miete berechtigt sind, wenn der nötige Umsatz ausbleibt, weil das gesamte Zentrum nicht vom Kunden angenommen wird. Enthält der Mietvertrag keine besonderen Regelungen zu der Problematik, lehnt die Rechtsprechung in diesen Fällen einen Mangel des Mietobjektes ab (BGH, Urteil vom 3.3.2010 – XII ZR 131/08). Zur Begründung wird auf den mietrechtlichen Grundsatz abgestellt, dass der Mieter das Verwendungsrisiko des Mietobjekts trage. Der Vermieter muss nicht dafür einstehen, dass der Mieter durch die Nutzung des Mietobjektes einen angemessenen Umsatz erzielen kann. Dies gilt auch für Einkaufszentren.

Sterbendes Einkaufszentrum im Regelfall kein Mangel

Mieter trägt das „Verwendungsrisiko"

Der Mieter einer Geschäftseinheit in einem Einkaufs- oder Fachmarktzentrum kann sich nur durch ausdrückliche vertragliche Regelungen behelfen, dass ihm bestimmte Rechte zustehen, wenn andere Mieter den Betrieb einstellen. Ansonsten lehnen die Gerichte sowohl einen Mangel als auch einen Wegfall der Geschäftsgrundlage ab.

11.7.2 Einzelne Gewährleistungsrechte

Liegt ein Mangel vor, stehen dem Mieter nach dem Gesetz die folgenden Rechte zu: Der Mieter ist berechtigt, die Miete in einem angemessenen Verhältnis zu mindern. Genau genommen ist die Minderung kein Recht, da eine Minderung kraft Gesetzes eintritt. Bemessungsgrundlage ist die Bruttomiete, die nach einem im Einzelfall zu bestimmenden Anteil herabgesetzt wird. Dies hat zur Folge, dass die Minderung auch die Nebenkosten erfasst, was bei der Abrechnung entsprechend zu berücksichtigen ist.

Auch im Wege eines Formularmietvertrags ist es möglich, das Recht des Mieters zur Minderung auszuschließen. Der Mieter ist dann verpflichtet, selbst bei Bestehen eines erheblichen Mangels die Miete weiter in vollem Umfang zu bezahlen. Derartige vertragliche Regelungen sind aber so auszulegen, dass lediglich das Recht zur sofortigen Kürzung der Miete abbedungen ist. Der Mieter kann die aufgrund der Minderung zu viel gezahlte Miete im Wege der Klage zurückzufordern.

Ausschluss des Minderungsrechts möglich

Ersatzvornahme

Beseitigt der Vermieter den Mangel trotz Anzeige und Fristsetzung nicht, kann der Mieter den Mangel beseitigen und den ihm hierbei entstandenen Aufwand beim Vermieter geltend machen – § 536a Abs. 2 BGB.

Schadensersatz

Trifft den Vermieter an dem Mangel ein Verschulden, kann der Mieter darüber hinaus Schadensersatz fordern – § 536a Abs. 1 BGB.

Zurückbehaltungs-recht

Des Weiteren steht dem Mieter das Recht zu, die Miete teilweise einzubehalten, solange der Mangel besteht. Da dem Zurückbehaltungsrecht auch die Funktion zukommt, auf den Vermieter Druck auszuüben, den Mangel schnell zu beseitigen, geht das Zurückbehaltungsrecht im Regelfall weiter als die Minderung. Der Mieter muss aber einbehaltene Miete an den Vermieter auszahlen, wenn der Mangel beseitigt wird.

11.8 Betriebspflicht

Grundsatz: keine Betriebspflicht

Der Mietvertrag gewährt dem Mieter ein Nutzungsrecht, aber keine Nutzungsverpflichtung. Der Mieter ist also nicht verpflichtet, das Mietobjekt zu nutzen, sofern ihm dies im Mietvertrag nicht ausdrücklich aufgegeben wird. Eine Pflicht zur Benutzung besteht nicht einmal dann, wenn der Mietvertrag eine Umsatzmiete enthält.

Anforderungen an Betriebspflicht

Den Vertragsparteien steht es aber frei, eine Betriebspflicht zu Lasten des Mieters im Mietvertrag zu vereinbaren. Eine Betriebspflicht ist auch in einem vom Vermieter gestellten Formularmietvertrag (Allgemeine Geschäftsbedingung) grundsätzlich zulässig und wirksam. Wenn die Betriebspflicht auf einem vom Vermieter wiederholt gestellten Formularvertrag beruht, unterliegt die Betriebspflicht als Allgemeine Geschäftsbedingung des Vermieters der Angemessenheitskontrolle. Die Klausel muss dann so formuliert sein, dass die Betriebspflicht keine unangemessene Benachteiligung des Mieters begründet. Insbesondere ist bei Abfassung der Betriebspflicht zu berücksichtigen, dass die dem Mieter vorgeschriebenen Betriebszeiten nicht so weit reichen, dass der Mieter nicht mehr den vertraglichen oder gesetzlichen Verpflichtungen nachkommen kann.

In Mietverträgen, die den Mieter zu Schönheitsreparaturen und Instandhaltungsmaßnahmen verpflichten, muss die Betriebspflicht eine entsprechende Ausnahme für Zeiten vorsehen, in denen der Mieter beispielsweise Schönheitsreparaturen und Instandhaltungsmaßnahmen durchführen kann (BGH, Urteil vom 3.3.2010 – XII ZR 131/08, Kammergericht Berlin, Urteil vom 5.3.2009 – 8 U 177/08). Ansonsten kann die Klausel, die die Betriebspflicht festlegt, wegen einer unangemessenen Benachteiligung des Mieters unwirksam sein.

Auch im Rahmen der Betriebspflicht gilt der Grundsatz, dass der Mieter das wirtschaftliche Risiko der Nutzung des Mietobjektes trägt. Ein erhöhter Leerstand eines Einkaufszentrums, in dem sich das Mietobjekt befindet, führt grundsätzlich nicht zu einer Entbindung von der vertraglich vereinbarten Betriebspflicht.

Verstöße gegen die Betriebspflicht können durch eine Vertragsstrafe sanktioniert werden. Verstöße des Mieters gegen die Betriebspflicht dürften nur im Ausnahmefall zu nachweisbaren Schäden des Vermieters führen. Enthält der Mietvertrag keine Vertragsstrafe, könnte der Vermieter zwar den Anspruch auf Einhaltung der Betriebspflicht notfalls gerichtlich durchsetzen, Schadensersatz dürfte aber nur schwer durchsetzbar sein. Eine Vertragsstrafe ist deshalb ein zusätzliches Druckmittel für den Vermieter. Bei einem fortgesetzten Verstoß des Mieters gegen die Betriebspflicht kann der Vermieter nach Abmahnung das Mietverhältnis fristlos kündigen.

Sanktionierung durch Vertragsstrafe möglich

11.9 Konkurrenzschutz

Betreiber von Einzelhandel sind stetiger Konkurrenz ausgesetzt. Jeder Mietvertrag verpflichtet den Vermieter im Rahmen des sog. vertragsimmanenten Konkurrenzschutzes, den Mieter in einem bestimmten Umfang vor Wettbewerb zu schützen. Die Rechtsfigur des Konkurrenzschutzes beruht auf Richterrecht und ist von zahlreichen Einzelfallentscheidungen geprägt. Nach gefestigter Rechtsprechung umfasst der vertragsgemäße Gebrauch durch den Mieter, in einem bestimmten Umfang vor Konkurrenz geschützt zu werden (BGH, Urteil vom 7.12.1977 – VIII ZR 101/76, BGH, Urteil vom 24.1.1979 – VIII ZR 56/78; KG, Beschluss vom 5.9.2005 – 12 U 95/05). Der Konkurrenzschutz gilt ausdrücklich auch in Einkaufszentren. Der Kunde des Mieters könnte andernfalls beim Betreten des Mietobjekts aufgrund der vor Ort bestehenden Konkurrenz „abgelenkt" werden und von einem Besuch des Mietobjekts absehen. Der Mieter würde dadurch in seinem vertragsgemäßen Gebrauch der Mietsache beeinträchtigt. Die Reichweite des Konkurrenzschutzes in örtlicher und auch personeller Hinsicht kann nur im Einzelfall bestimmt werden.

Vertragsimmanenter Konkurrenzschutz

Räumlicher Anwendungsbereich

Grundsätzlich bezieht sich der Konkurrenzschutz nur auf das Grundstück, auf dem sich das Mietobjekt befindet. Auf diesem Grundstück darf der Vermieter keine andere Vermietung vornehmen, die in Konkurrenz zu einem Mieter steht. Daneben bezieht sich der Konkurrenzschutz auch auf unmittelbare Nachbargrundstücke, soweit diese ebenfalls im Eigentum des Vermieters stehen. Der Konkurrenzschutz greift insbesondere dann, wenn ein Kunde des Mieters beim Betreten des Mietobjektes durch Konkurrenz abgelenkt wird. Liegt zwischen dem Mietobjekt und dem Grundstück, auf dem Konkurrenz betrieben wird, ein Grundstück, das nicht dem Vermieter gehört, greift Konkurrenzschutz nur im Ausnahmefall ein.

Inhaltlich bezieht sich der vertragsimmanente Konkurrenzschutz nur auf die Hauptartikel des Mieters. Hierunter fallen Waren, die den Stil des Geschäfts bestimmen und diesem das ihm eigentümliche Gepräge

Inhaltlicher Anwendungsbereich

geben. Indiziell können sich Umsätze auf die Unterscheidung zwischen Hauptartikel und Nebenartikel auswirken.

Personaler Anwendungsbereich

In personeller Hinsicht ist zu beachten, dass der Konkurrenzschutz nur den Vermieter erfasst. Der Mieter wird nicht gegen jedwede Konkurrenz in der Umgebung geschützt. Ist der Vermieter eine OHG oder eine Gesellschaft bürgerlichen Rechts, werden aber auch die Gesellschafter von der Konkurrenzschutzverpflichtung erfasst.

Konkurrenzschutz ist dispositiv

Der vertragsimmanente Konkurrenzschutz ist dispositiv, was bedeutet, dass der Konkurrenzschutz im Mietvertrag von den Parteien abweichend von der oben dargestellten Rechtslage geregelt werden kann. Bei der Vermietung von Einkaufszentren kann und sollte der Vermieter sich über eine ausführliche vertragliche Konkurrenzschutzklausel vor möglichen Ansprüchen von Mietern mit konkurrierenden Sortimenten schützen. Der Vermieter kann den Konkurrenzschutz vertraglich gänzlich ausschließen, was nach überwiegender Ansicht auch über eine Allgemeine Geschäftsbedingung des Vermieters möglich ist. Der Vermieter ist in diesem Fall frei, Vermietungen vorzunehmen, die in Konkurrenz zu anderen Mietern treten.

In umgekehrter Weise sind viele vertragliche Regelungen denkbar, die dem Mieter einen über den vertragsimmanenten Konkurrenzschutz hinausgehenden Schutz gewähren. Der Konkurrenzschutz kann sich inhaltlich auf bestimmte Produkte oder Branchen beziehen; in örtlicher Hinsicht kann der Konkurrenzschutz auf bestimmte Radien um das Mietobjekt oder auf bestimmte Straßen oder Orte ausgeweitet werden.

11.10 Kündigung und Beendigung des Mietvertrages

Ein Mietvertrag als Dauerschuldverhältnis kann entweder durch eine Kündigung oder den Ablauf der vorgesehenen Mietzeit beendet werden. Der Mieter ist verpflichtet, das Mietobjekt bei Beendigung in vertragsgemäßem Zustand zurückzugeben. Der Vermieter ist verpflichtet, das Mietobjekt zurückzunehmen.

11.10.1 Ordentliche Kündigung

Das ordentliche Kündigungsrecht ist dadurch gekennzeichnet, dass der Kündigende keinen Kündigungsgrund angeben und nachweisen muss. Es genügt die Erklärung, dass das Mietverhältnis beendet werden soll.

Feste Laufzeiten der Regelfall

Die ganz überwiegende Mehrzahl gewerblicher Mietverträge über Handelsobjekte enthält feste Laufzeiten und ist folglich während der festen Laufzeit nicht ordentlich kündbar. Ob ein Mietvertrag mit Ablauf der Festlaufzeit sofort beendet wird oder ob eine andere Regelung greifen soll, hängt von der Vertragsgestaltung ab. Häufig vereinbaren die Parteien, dass sich der Mietvertrag um eine bestimmte Anzahl von Jahren verlängern soll, wenn das Mietverhältnis von keiner Seite gekündigt wird. Möchte eine Partei den Mietvertrag mit Ablauf der Festmietzeit beenden, muss in diesen Fällen zusätzlich eine Kündigung ausgesprochen werden.

Eine Kündigung zum Ablauf der Festmietzeit ist durch den Vermieter nicht möglich, wenn der Mieter eine vertragliche Verlängerungs-Option ausübt. Sinn einer Option ist es, den Mieter einseitig zu einer Verlängerung des Mietvertrages zu berechtigen. Auch hier hängt es von der Vertragsgestaltung ab, wie und zu welchem Zeitpunkt eine Option durch den Mieter ausgeübt werden soll.

Option genießt Vorrang vor Kündigung

11.10.2   Sonderkündigungsrechte

Die Vertragspraxis kennt darüber hinaus Sonderkündigungsrechte. Sonderkündigungsrechte müssen im Mietvertrag ausdrücklich vorgesehen werden. Ein Sonderkündigungsrecht setzt regelmäßig, aber nicht zwingend einen bestimmten Grund voraus, der eine Seite zur Kündigung berechtigen soll (z.B. die Kündigung eines wichtigen Ankermieters eines Fachmarktzentrums).

Sonderkündigungsrecht

11.10.3   Außerordentliche Kündigung

Darüber hinaus steht beiden Vertragsparteien das Recht zur außerordentlichen fristlosen Kündigung zu, sofern ein entsprechender Grund vorliegt. § 543 Abs. 1 BGB enthält die Grundregel, dass eine Vertragspartei das Mietverhältnis aus wichtigem Grund außerordentlich fristlos kündigen kann, wenn dem Kündigenden unter Berücksichtigung aller Umstände des Einzelfalls, insbesondere eines Verschuldens der Vertragsparteien, und unter Abwägung der beiderseitigen Interessen die Fortsetzung des Mietverhältnisses bis zum Ablauf der Kündigungsfrist oder bis zur sonstigen Beendigung des Mietverhältnisses nicht zugemutet werden kann. Neben dieser abstrakten Grundregel enthält das Gesetz drei Regelbeispiele für einen wichtigen Grund. Dies sind nach § 543 Abs. 2 Nr. 1 BGB die Nichtgewährung und der Entzug des vertragsgemäßen Gebrauchs der Mietsache, nach Nr. 2 die erhebliche Gefährdung oder unbefugte Überlassung an einen Dritten der Mietsache sowie nach Nr. 3 der Zahlungsverzug für zwei aufeinander folgende Termine.

Außerordentliche, fristlose Kündigung

Gesetzliche Gründe für außerordentliche Kündigung

Besteht der wichtige Grund in der Verletzung einer vertraglichen Pflicht, darf gemäß § 543 Abs. 3 BGB die außerordentliche fristlose Kündigung erst ausgesprochen werden, wenn eine angemessene Frist zur Abhilfe erfolglos abgelaufen oder eine Abmahnung erfolgt ist. Dies gilt nach dem Gesetz (§ 543 Abs. 3 S. 2 BGB) nicht, wenn die Frist bzw. Abmahnung offensichtlich keinen Erfolg verspricht, die sofortige Kündigung bei Abwägung der beiderseitigen Interessen ausnahmsweise gerechtfertigt ist oder sich der Mieter im Zahlungsverzug befindet. In diesen besonderen Fällen kann sofort fristlos gekündigt werden.

Keine Kündigungsfrist notwendig

Die außerordentliche Kündigung kennt keine Kündigungsfrist. Die zur Kündigung berechtigte Vertragspartei kann das Mietverhältnis sofort beenden, weshalb die außerordentliche Kündigung auch fristlose Kündigung genannt wird. Dem Kündigenden bleibt es aber unbenommen, eine gewisse Frist zur Beendigung auch bei Ausspruch einer außerordentlichen Kündigung zu setzen. Ein Mieter wird beispielsweise häufig ein Interesse haben, zuvor ein anderes Mietobjekt anzumieten, wenn der Kündigungsgrund überraschend auftritt und er den Betrieb nicht sofort einstellen kann.

Kündigung muss kurzfristig ausgeübt werden

Zwischen dem Bekanntwerden des Kündigungsgrunds und dem Ausspruch der Kündigung darf keine längere Zeitspanne liegen. Die 2-Wochen-Frist aus dem Arbeitsrecht (§ 626 Abs. 2 BGB) findet zwar keine Anwendung, doch sollte im Regelfall ein Zeitraum von vier Wochen nicht überschritten werden. Auch hier ist der Einzelfall entscheidend. Führt der zur Kündigung Berechtigte das Mieterverhältnis über Monate oder gar Jahre fort, steht dies im Widerspruch dazu, dass ihm ein Festhalten am Mietvertrag aufgrund des Kündigungsgrunds nicht mehr zuzumuten ist.

11.10.4 Pflichten bei Beendigung des Mietverhältnisses

Rückgabe in vertragsgemäßen Zustand

Bei Beendigung des Mietverhältnisses muss der Mieter das Mietobjekt geräumt und in vertragsgemäßem Zustand zurückgeben. Der Mieter muss sämtliche Schlüssel des Mietobjektes zurückgeben. Die übliche Abnutzung des Mietobjektes gehört zum vertragsgemäßen Gebrauch. Schäden und zurückgelassene Gegenstände, die mit geringem Aufwand beseitigt werden können, begründen kein Recht des Vermieters, die Rücknahme abzulehnen. Der Vermieter muss auch bei Schäden das Mietobjekt zurücknehmen, kann aber Ansprüche auf Beseitigung oder Schadensersatz gelten machen. Sollten dem Vermieter aufgrund der zur Schadensbeseitigung erforderlichen Maßnahmen Mieteinnahmen entgehen, kann er den Einnahmeverlust als entgangenen Gewinn beim Mieter geltend machen. Voraussetzung ist aber der Nachweis, dass er im konkreten Fall Mieteinnahmen erzielt hätte.

Kurze Verjährung von sechs Monaten, § 548 BGB

Für beide Vertragsparteien ist wichtig, dass im Mietrecht eine kurze Verjährung von sechs Monaten für bestimmte Ansprüche gilt. Gemäß § 548 Abs. 1 BGB verjähren Ersatzansprüche des Vermieters wegen Veränderungen oder Verschlechterungen der Mietsache in sechs Monaten ab Rückgabe des Mietobjektes. Gem. § 548 Abs. 2 BGB verjähren Ansprüche des Mieters auf Ersatz von Aufwendungen oder auf Gestattung der Wegnahme einer Einrichtung in sechs Monaten ab Beendigung des Mietverhältnisses. Es gelten also zwei unterschiedliche Zeitpunkte für den Verjährungsbeginn. Die Rückgabe ist ein tatsächlicher Vorgang und setzt voraus, dass der Mieter jeglichen Besitz am Mietobjekt verliert. Dies liegt spätestens dann vor, wenn sämtliche Schlüssel an den Vermieter übergeben werden. Unter Beendigung ist hingegen die rechtliche Beendigung des Mietverhältnisses und nicht die Rückgabe zu verstehen. Sollte sich im Streitfall erst im Nachhinein herausstellen, dass ein Mietvertrag trotz fortgesetzter Nutzung bereits durch eine Kündigung beendet war, können Ersatzansprüche des Mieters bereits im Zeitpunkt der (tatsächlichen) Rückgabe des Mietobjektes verjährt sein. Der Mieter muss deshalb noch während der laufenden Nutzung Maßnahmen gegen die drohende Verjährung unternehmen. Am einfachsten ist es, vom Vermieter eine Verjährungsverzichtserklärug einzuholen. Hierauf besteht zwar kein Anspruch, doch wird eine solche Erklärung häufig auch im Interesse des Vermieters liegen. Gibt er keine Erklärung ab, müsste der Mieter zur Hemmung der Verjährung eine Klage gegen den Vermieter erheben oder einen Mahnbescheid beantragen.

Bei einer verspäteten Rückgabe der Mietsache schuldet der Mieter für die Dauer der Vorenthaltung des Mietobjektes als Entschädigung die vereinbarte Miete (§ 546a BGB).

Nutzungsentschädigung, § 546a BGB

11.11 Mietverträge in der Insolvenz

Die Eröffnung eines Insolvenzverfahrens über das Vermögen des Vermieters oder Mieters stellt für den Mietvertrag eine wichtige Zäsur dar. Schon der Antrag auf Eröffnung eines Insolvenzverfahrens führt dazu, dass die mietvertraglichen Regelungen durch die Insolvenzordnung (InsO) überlagert werden. Zu unterscheiden ist zwischen der Insolvenz des Vermieters und der Insolvenz des Mieters. Das Gesetz sieht für beide Fälle unterschiedliche Regelungen vor.

11.11.1 Insolvenz der Vermieters

Die Insolvenz des Vermieters hat auf den laufenden Mietvertrag zunächst keine Auswirkungen (§ 108 Abs. 1 InsO). Der Mieter ist weiterhin verpflichtet, die Miete zu zahlen. Ab Eröffnung des Insolvenzverfahrens kann dies mit schuldbefreiender Wirkung nur noch an den Insolvenzverwalter erfolgen.

Insolvenz der Vermieters

Im Gegenzug ist der Insolvenzverwalter des Vermieters verpflichtet, alle Vermieterpflichten zu erfüllen. Er muss das Mietobjekt also instand halten und etwaige Mängel beseitigen. Dies gilt nach richtiger Auffassung auch für solche Mängel, die bei Verfahrenseröffnung bestanden, denn die Instandhaltungspflicht ist eine Dauerschuld, die ständig neu entsteht. Bei Schadensersatzansprüchen des Mieters ist danach zu differenzieren, ob ein Schadensersatzanspruch bei Verfahrenseröffnung bereits entstanden war. Dann würde es sich um eine Insol-

Instandhaltungspflicht des Insolvenzverwalters

venzforderung handeln, die der Mieter zur Insolvenztabelle anmelden muss. Selbst wenn die Forderung festgestellt wird, erhält der Mieter nur eine Auszahlung in Höhe der im Verfahren festgelegten Quote, die meist sehr gering ausfällt. Der Mieter muss also – wie alle anderen Insolvenzgläubiger – Einbußen hinnehmen. Ist ein Schadensersatzanspruch erst nach Eröffnung des Insolvenzverfahrens entstanden, kann der Mieter die Forderung als Masseforderung in voller Höhe geltend machen. Die Masseforderung ist für den Mieter also wesentlich günstiger.

Abrechnung der Nebenkosten

Der Insolvenzverwalter ist zur Nebenkostenabrechnung für sämtliche Zeiträume verpflichtet, die noch nicht abgerechnet sind. Dies gilt auch für Abrechnungszeiträume, die vor Insolvenzeröffnung bereits abgeschlossen sind. Ergibt sich zugunsten des Vermieters ein Nachzahlungsanspruch, ist dieser an die Insolvenzmasse zu leisten. Nach der Rechtsprechung des BGH soll allerdings ein Rückerstattungsanspruch des Mieters nur als Insolvenzforderung geltend zu machen sein, wenn die Nebenkosten vor Insolvenzeröffnung gezahlt wurden.

Sonderkündigungsrecht gem. § 111 InsO

Veräußert der Insolvenzverwalter das Mietobjekt im laufenden Insolvenzverfahren, gilt der Grundsatz „Kauf bricht nicht Miete" gemäß § 566 BGB mit der Folge, dass der Erwerber in die laufenden Mietverhältnisse eintritt. Dem Erwerber steht allerdings gemäß § 111 Satz 1 InsO ein Sonderkündigungsrecht zu. Dieses Sonderkündigungsrecht durchbricht vertraglich festgelegte Laufzeiten, so dass der Mieter im Falle der Insolvenz seines Vermieters mit einer vorzeitigen Kündigung des Mietverhältnisses rechnen muss. Entsteht dem Mieter hierdurch ein Schaden, kann er Schadensersatzansprüche nur als Insolvenzforderung zur Tabelle anmelden. Das Sonderkündigungsrecht kann jedoch nur zum nächstmöglichen Zeitpunkt nach Eintragung des Erwerbers als neuer Eigentümer im Grundbuch ausgeübt werden. Lässt der Erwerber diesen Zeitpunkt verstreichen, kann er fortan nicht mehr gemäß § 111 InsO kündigen. Die Laufzeit richtet sich allein nach den vertraglichen Regelungen.

Das Sonderkündigungsrecht gemäß § 111 InsO gilt nicht für Mietverträge, die vom Insolvenzverwalter abgeschlossen wurden.

11.11.2   Insolvenz des Mieters

Kündigung wegen Insolvenz des Mieters?

Wird über das Vermögen des Mieters ein Insolvenzeröffnungsverfahren eröffnet, stellt dies keinen Kündigungsgrund für den Vermieter dar. Die Insolvenzordnung schließt eine fristlose Kündigung wegen eines Verzugs mit der Entrichtung der Miete, der in der Zeit vor dem Eröffnungsantrag eingetreten ist (§ 112 Nr. 1 InsO), sowie eine Kündigung wegen einer Verschlechterung der Vermögensverhältnisse des Mieters aus (§ 112 Nr. 2 InsO). Vertragliche Regelungen, die als Kündigungsgrund die Stellung eines Insolvenzantrags durch den Mieter oder die Eröffnung eines Insolvenzverfahrens vorsehen, sind folglich unwirksam, denn nach § 119 InsO sind Vereinbarungen, die im Voraus die Anwendung von § 112 InsO ausschließen oder einschränken, unwirksam. Gleiches gilt für eine vertragliche Regelung, nach der der Mietvertrag automatisch im Falle der Insolvenz des Mieters enden soll.

Diese Regelungen gelten nicht für die Zeit nach einem Insolvenzantrag. Gerät der Mieter nach Stellung des Insolvenzantrags in Zahlungsverzug, gelten die allgemeinen Regelungen zur fristlosen Kündigung wegen Zahlungsverzugs.

Nach Eröffnung des Insolvenzverfahrens kann der Insolvenzverwalter des Mieters ein Mietverhältnis mit einer Frist von drei Monaten zum Monatsende kündigen (§ 109 Abs. 1 InsO). Dieses Kündigungsrecht ist nicht auf den erstmöglichen Termin beschränkt, sondern kann während des Insolvenzverfahrens jederzeit ausgeübt werden. Der Vermieter muss also während eines Insolvenzverfahrens ständig mit einer Kündigung rechnen, die zudem noch mit kürzeren Fristen als nach dem Mietrecht außerhalb der Insolvenz vorgesehen ausgeübt werden kann. Schäden, die der Vermieter durch die vorzeitige Ausübung des Kündigungsrechtes erleidet, kann er nur als Insolvenzforderung geltend machen.

Kündigungsrecht des Insolvenzverwalters

Bis zur Beendigung des Mietverhältnisses ist der Insolvenzverwalter zur Zahlung der Miete verpflichtet. Steht das Mietobjekt im Zeitpunkt des Insolvenzantrags unter Zwangsverwaltung, geht das Zwangsverwaltungsverfahren dem Insolvenzverfahren vor. Miete ist also weiterhin an den Zwangsverwalter zu entrichten.

11.12 Dingliche Sicherung des Mieters (Dienstbarkeiten)

Der Mietvertrag berechtigt den Mieter zur Nutzung des Mietobjekts. Der Mietvertrag ist folglich eine dauerhafte und ausreichende Absicherung des Nutzungsrechtes. Es bedarf also eigentlich keiner weiteren Absicherung des Nutzungsrechtes wie durch eine im Grundbuch des Mietobjekts zugunsten des Mieters eingetragene Dienstbarkeit.

Dennoch verschafft eine Dienstbarkeit, die die Nutzung des Mietobjektes zum Gegenstand hat, in gewissen Situationen Vorteile für den Mieter. Im Gegensatz zum Mietvertrag kann eine Dienstbarkeit im Falle einer Zwangsversteigerung über das Mietobjekt oder einer Insolvenz über das Vermögen des Vermieters nicht durch den Ersteigerer bzw. oder einen Erwerber aus der Insolvenz aufgehoben oder gekündigt werden. Die gesetzlichen Sonderkündigungsrechte für den Erwerber gemäß § 111 InsO sowie den Ersteher im Zwangsversteigerungsverfahren gemäß § 57a ZVG erfassen nur den Mietvertrag, nicht aber eine zugunsten des Mieters eingetragene Dienstbarkeit. Der Mieter kann sich also durch eine Dienstbarkeit vor der Ausübung von Sonderkündigungsrechten schützen. Selbst wenn der Ersteher oder der In-

Vorteile der Dienstbarkeit

solvenzverwalter den Mietvertrag kündigt, kann der Mieter die Nutzung des Mietobjektes auf der Grundlage der Dienstbarkeit rechtmäßig fortsetzen.

Auf Rang der Dienstbarkeit achten!

Diesen Schutz gewährt die Dienstbarkeit bei Zwangsversteigerungen jedoch nur, wenn sie im Rang den Finanzierungsgrundpfandrechten vorgeht, aus denen die Zwangsversteigerung betrieben wird. Ansonsten würde die Dienstbarkeit als im Rang nachgehendes Recht mit Zuschlag erlöschen, so dass der Schutz des Mieters nicht mehr besteht.

Mieterdienstbarkeiten können zu Schwierigkeiten im Rahmen der Finanzierung des Mietobjektes führen, denn die finanzierende Bank muss die Mieterdienstbarkeit im Rang vor ihr Grundpfandrecht treten lassen. Hierzu sind Banken aber durchaus bereit, wenn sich der Mieter verpflichtet, auch bei der Nutzung auf der Grundlage der Dienstbarkeit ein Entgelt für die Nutzung zu entrichten.

Vermieter, die sich zur Eintragung einer Mieterdienstbarkeit bereit erklären, sollten zuvor mit der finanzierenden Bank sicherstellen, dass diese ebenfalls der Eintragung der Dienstbarkeit zustimmt. Ansonsten ist dem Vermieter und Eigentümer die Eintragung einer erstrangigen Dienstbarkeit rechtlich nicht möglich, was zu Ansprüchen des Mieters führen kann.

11.13　Steuerliche Aspekte des Mietvertrages

Miete und Nebenkosten grundsätzlich umsatzsteuerfrei

In steuerlicher Hinsicht stellt sich für die Vertragsparteien die Frage, ob die Miete und die Nebenkosten umsatzsteuerpflichtig sein sollen oder nicht. Grundsätzlich regelt § 4 Nr. 12a Umsatzsteuergesetz, dass die Vermietung von Grundstücken umsatzsteuerfrei ist. Enthält ein Mietvertrag keine besonderen Regelungen zur Umsatzsteuer, ist die vereinbarte Miete eine Nettomiete, auf die der Mieter keine weitere Umsatzsteuer zu zahlen hat.

Gemäß § 9 Abs. 1 Umsatzsteuergesetz kann der Vermieter die eigentlich umsatzsteuerfreie Miete als steuerpflichtig behandeln, wenn der Umsatz an einen anderen Unternehmer für dessen Unternehmen ausgeführt wird. Dieser Verzicht auf die Steuerbefreiung wird im vertraglichen Sprachgebrauch meistens als „Option zur Umsatzsteuer" bezeichnet. Die Option zur Umsatzsteuer hat für den Vermieter den Vorteil, dass er selbst zum Vorsteuerabzug berechtigt ist.

Voraussetzung für eine Optierung zur Umsatzsteuer

Eine wirksame Option zur Umsatzsteuer setzt voraus, dass Vermieter und Mieter Unternehmer im Sinne des Umsatzsteuergesetzes sind und dass der Mieter das Grundstück ausschließlich für Umsätze verwendet oder zu verwenden beabsichtigt, die den Vorsteuerabzug nicht ausschließen. Der Mieter muss das Mietobjekt also selbst für umsatzsteuerpflichtige Leistungen verwenden, ansonsten ist eine Option des Vermieters zur Umsatzsteuer nicht möglich und unwirksam.

Im gewerblichen Bereich erfüllen die meisten Mieter die Anforderungen an die Umsatzsteueroption. Typische Beispiele für Mieter, bei denen nicht zur Umsatzsteuer optiert werden kann, sind Banken (nicht aber das Investmentbanking), Ärzte sowie die öffentliche Hand. In diesen Beispielsfällen erbringt der Mieter keine umsatzsteuerpflichtigen Leistungen, so dass die Voraussetzungen des § 9 Abs. 2 Umsatzsteuergesetz nicht erfüllt sind.

Sonderfälle

Die Option zur Umsatzsteuer muss im Mietvertrag erfolgen und kann nachträglich nicht nachgeholt werden, wenn sich der Vermieter dies im Mietvertrag nicht vorbehält. Bei einer Option zur Umsatzsteuer muss der Vermieter dem Mieter eine die Umsatzsteuer ausweisende Rechnung erstellen, was zumeist im Wege einer sogenannten Dauermietrechnung geschieht.

Eine vertragliche Regelung der Option zur Umsatzsteuer sollte zugleich die Verpflichtung des Mieters enthalten, das Objekt ausschließlich für umsatzsteuerpflichtige Leistungen zu verwenden. Der Mieter macht sich dann schadensersatzpflichtig, wenn die Option unwirksam wird, weil das Objekt nicht in ausreichendem Maße für umsatzsteuerpflichtige Leistungen genutzt wird. Der Schaden liegt in der Vorsteuerberichtigung, die der Vermieter gemäß § 15a UStG ggfs. mit den entsprechenden finanziellen Nachteilen durchführen muss.

Weitere Regelungen sinnvoll

Vereinbaren die Parteien im Mietvertrag weitere Zahlungspflichten, wie zum Beispiel einen Zuschuss des Vermieters zu Ausbaukosten des Mieters, muss im Einzelfall geprüft werden, ob auf die Leistungen Umsatzsteuer anfällt.

Literaturverzeichnis

Blank, Hubert (Hrsg.), Mietrecht. Schmidt-Futterer, 10. Aufl. München 2011.

Lindner-Figura, Jan/Oprée, Frank/Stellmann, Frank (Hrsg.), Geschäftsraummiete, 2. Aufl. München 2008.

Neuhaus, Kai-Jochen (Hrsg.), Handbuch der Geschäftsraummiete. Recht, Praxis, Verwaltung, 4. Aufl. Köln 2011.

Sternel, Friedemann, Mietrecht aktuell, 4. Aufl. Köln 2009.

Wolf, Eckhard/Eckert, Hans G./Ball, Wolfgang, Handbuch des gewerblichen Miet-, Pacht- und Leasingrechts, 9. Aufl. Köln 2004.

12 Gestaltung von Bau- und Planerverträgen

Thomas Elsner

12.1 Bauverträge

12.1.1 Grundlegende Vertragsinhalte

Wird ein Unternehmer mit der Durchführung von Bauleistungen beauftragt, handelt es sich dabei rechtlich um einen Werkvertrag gemäß
§§ 631 ff. BGB. Die Besonderheit dieses Rechtsverhältnisses liegt darin,
dass der Auftragnehmer nach § 631 Abs. 1 BGB einen sogenannten
Werkerfolg schuldet. Diese Erfolgsbezogenheit ist eine Spezialität des
Werkvertragsrechtes und begründet die typische Haftung eines Auftragnehmers im Rahmen eines Bauvertrages. Der beauftragte Unternehmer schuldet nicht nur die Erbringung bestimmter Tätigkeiten,
sondern er haftet auch dafür, dass seine Arbeit im Ergebnis „erfolgreich" ist, also die Werkleistung den vertraglichen Anforderungen genügt, die sich dann im Einzelnen aus den Vertragsgrundlagen ergeben.

Erfolgsbezogenheit des Bauvertrages

Welchen Anforderungen eine Werkleistung im konkreten Einzelfall genügen mus, kann nicht aus dem Gesetz abgeleitet werden, sondern
bestimmt sich zunächst nach den individuellen Vorgaben, der Vertragsparteien für das jeweilige Bauvorhaben. Die Vertragspartner sind
hier gefordert, möglichst genau zu definieren, welche Anforderungen
und besonderen Wünsche in Bezug auf das Bauvorhaben und die diesbezüglichen Leistungen des Unternehmers bestehen. Diese Festlegung
der zu erbringenden Werkleistung des Auftragnehmers ist kein rechtlich bestimmter Vorgang, sondern in erster Linie eine sachliche Beschreibung der technischen und sonstigen Anforderungen an das
Bauwerk. Der in diesem Zusammenhang geschlossene Bauvertrag
bildet lediglich den rechtlichen Rahmen für die primär fachlich vor-
zugebenden Anforderungen. Nur wenn die Leistungen des Unternehmers am Ende, d.h. bei der Abnahme diesen Anforderungen genügen,

Genaue Definition der baulichen Anforderungen

ist der vertraglich geschuldete Erfolg herbeigeführt. Andernfalls weist das Werk Mängel auf, die der Unternehmer zu beseitigen hat, um so schließlich den geschuldeten Werkerfolg herbeizuführen.

Die Vorschriften des BGB zum Werkvertrag regeln nicht speziell bauvertragliche Themen, sondern betreffen eine Vielzahl von Lebenssachverhalten, bei denen Werkleistungen erbracht werden (z.B. individuelle Programmierungsleistungen oder Kfz-Reparatur). Deshalb ist den Vertragspartnern eines Bauvertrages sehr zu empfehlen, durch entsprechende Vertragsgestaltung den jeweils bestehenden besonderen Interessen auf Seiten des Auftraggebers bzw. auf Seiten des Auftragnehmers durch spezifische Regelungen Rechnung zu tragen. Zu erwägen ist dabei insbesondere auch eine Einbeziehung der VOB/B in den Bauvertrag. Die VOB/B ist weder Gesetz noch Rechtsverordnung. Auch ist ihr Inhalt nicht gewohnheitsrechtlich anerkannt. Deshalb gilt die VOB/B bei Bauverträgen keineswegs „automatisch", sondern nur, wenn sie ausdrücklich in den Vertrag einbezogen wird. Dies geschieht in der Regel durch einen entsprechenden Hinweis im Vertrag, wonach die VOB/B für das Vertragsverhältnis gelten soll. Ist einer der Vertragsbeteiligten nicht gewerblich im Baubereich tätig und bestehen deshalb Zweifel, ob der Betreffende die VOB/B kennt, ist der Text der VOB/B demjenigen vorsorglich und in nachweisbarer Form zur Kenntnis zu bringen (z.B. als Vertragsanlage). Für den hier angesprochenen Leserkreis dürfte eine solche Situation aber eher unwahrscheinlich sein.

Einbeziehung der VOB/B

12.1.2 Einbeziehung von Vertragsanlagen und ergänzenden Vertragsbestimmungen

Wie bereits festgestellt, bildet der schriftliche Bauvertrag nur einen rechtlichen Rahmen für die Vertragsparteien, der inhaltlich in Bezug auf die geschuldeten Bauleistungen mit fachlich-technischen Vorgaben auszufüllen ist. Deshalb kommt der Beschreibung der technischen Anforderungen an die geschuldete Leistung eine sehr erhebliche Bedeutung zu. Da dies in der Praxis oft unterschätzt wird, wird an dieser Stelle ausdrücklich darauf hingewiesen, dass der vollständigen und fachlich präzisen Beschreibung der geschuldeten Bauleistungen größte Aufmerksamkeit zu widmen ist. Alle insoweit technisch/fachlich relevanten Inhalte sind in entsprechenden Vertragsunterlagen zusammenzustellen, die im Bauvertrag dann näher aufzuzählen sind (z.B. Leistungsverzeichnis, Baubeschreibung, Pläne, Bodengutachten, Mieterbaubeschreibung u.s.w.). Durch Einbeziehung solcher Vertragsgrundlagen wird die eigentliche Vertragsurkunde ergänzt und es erfolgt eine Präzisierung der Leistungspflichten des Unternehmers. Häufig wird dann in Vertragstexten eine Rangfolge dieser ergänzenden Vertragsunterlagen hergestellt und festgelegt, dass diese Unterlagen in der im Vertrag gewählten Reihenfolge nacheinander gelten. Aus Sicht des Verfassers ist von solchen – allerdings sehr häufig anzutreffenden – Regelungen abzuraten, da eine Hierarchie z.B. zu ungewollten Lücken führt, wenn eine vorrangige zeichnerische

Präzisierung der Leistungspflichten durch technische Vertragsunterlagen

Rangfolge bei den Vertragsunterlagen?

Vertragsgrundlage eine Leistung nicht enthält, die in der (nachrangigen) Baubeschreibung aber erfasst ist. Ob dann diese Leistung vom Bauherrn tatsächlich gefordert werden kann, ist mindestens zweifelhaft. Wird hingegen von der Vereinbarung einer Rangfolge der Vertragsgrundlagen abgesehen, dürfte das Fehlen eines Leistungsteils in einer von mehreren Vertragsunterlagen meist unproblematisch sein und nicht zum Ausschluss dieser Bauleistung führen. Fehlt eine ausdrückliche Rangfolge zwischen verschiedenen Vertragsunterlagen, ist der wirkliche Parteiwille durch Auslegung zu ermitteln (§ 133 BGB). Dabei kann dann durchaus die Annahme gerechtfertigt sein, dass die (nur) in einem Vertragsteil erwähnte Leistung von den Parteien als vertraglich geschuldet angesehen worden ist. Eine Grundregel, wonach textlichen Beschreibungen immer Zeichnungen vorangehen sollen oder umgekehrt, kann nicht aufgestellt werden. Ohne ausdrückliche Rangfolge sind alle Vertragsunterlagen als sinnvolles Ganzes auszulegen (BGH, BauR 2003, 388). Dies dürfte gegenüber einer festen Rangfolge immer vorzugswürdig sein.

Ohne Rangfolge: Auslegung der gesamten Vertragsunterlagen.

12.1.3   Pauschalfestpreis

Während beim Einheitspreisvertrag nach Fertigstellung die tatsächlich erbrachten Leistungen konkret ermittelt und abgerechnet werden, wird beim Pauschalpreisvertrag für die vertraglich vorgesehenen Leistungen bereits bei Vertragsschluss eine feststehende Vergütung vereinbart. Der vom Auftragnehmer tatsächlich getätigte Aufwand bleibt also beim Pauschalpreisvertrag grundsätzlich ohne Einfluss auf die geschuldete Vergütung. Massenmehrungen oder -minderungen bleiben im Regelfall ohne Auswirkung auf den geschuldeten Werklohn. Welche Leistungen im Einzelfall durch den Pauschalpreis abgegolten sind bzw. welche Arbeiten zusätzliche, vom Pauschalpreis nicht erfasste Leistungen darstellen, ist eine Frage des Einzelfalls und hängt entscheidend davon ab, wie die Vertragsparteien die für den Pauschalpreis zu erbringenden Leistungen vertraglich definiert haben. Von der konkreten Art und Weise der Pauschalierung ist es abhängig, ob dem Unternehmer eventuell Nachtragsforderungen zustehen oder solche vom Bauherrn abgewehrt werden können.

Pauschalpreis erspart detaillierte Abrechnung

Reichweite der Pauschalierung ist individuell

Häufig wird der Unternehmer in ein vorbereitetes Leistungsverzeichnis mit Massenangaben „seine" Einheitspreise einsetzen und auf dieser Basis dann ein Angebot abgeben. Im Rahmen der Verhandlungen über einen etwaigen Vertragsabschluss, kann der Unternehmer meist noch zu einem gewissen Nachlass bewegt werden und es kommt dann zur Vereinbarung eines (gerundeten) „Pauschalpreises". Ein solchermaßen angebahnter Vertragsschluss stellt keinen Pauschalpreisvertrag im eigentlichen Sinne dar, denn hier wird lediglich der Werklohn pauschaliert, den der Bauherr zu zahlen hat. Die vom Unternehmer zu erbringenden Leistungen hingegen sind durch das (weiterhin unveränderte) Leistungsverzeichnis exakt festgeschrieben, also gerade nicht pauschaliert. Bestehen in derartigen Fällen keine zusätzlichen Verein-

„Unechter" Pauschalpreisvertrag

Bloße Rundung des Angebotspreises ist keine Pauschalierung

barungen, muss der Unternehmer für den „Pauschalpreis" exakt nur das leisten, was sich aus dem Leistungsverzeichnis ergibt. Leistungen und Massen, die über die Festlegungen im Leistungsverzeichnis hinausgehen, werden vom unechten Pauschalpreis nicht erfasst und begründen damit Nachtragsforderungen (BGH, BauR 2002, 787; BGH, NJW 1984, 1676). Wird Nachtragssicherheit vom Bauherrn gesucht, ist dieser Weg zur Pauschalierung des Werklohns keinesfalls zielführend.

Global-Pauschalpreisvertrag

Die weitestgehende Pauschalierung der vom Unternehmer zu erbringenden Leistungen erfolgt beim sogenannten Global-Pauschalpreisvertrag. Diese Vertragsgestaltung beinhaltet kein detailliertes, sondern ein rein funktional beschriebenes Leistungssoll. Die zu erbringenden Leistungen werden also eher allgemein und zielgerichtet beschrieben. Konkrete Massenangaben oder sonstige Details fehlen in der Regel. Das herzustellende Objekt kann z.B. auch durch die Entwurfs- oder Ausführungspläne und ergänzende Angaben zu gewünschten Ausstattungs- oder Qualitätsmerkmalen umrissen werden. Eine so gefasste Be-

Hohe Kostensicherheit durch funktionale Leistungsbeschreibung

schreibung lässt in der Regel viele Einzelfragen offen, weshalb für den Bauherrn ein verhältnismäßig geringes Nachtragsrisiko besteht, denn der Auftragnehmer muss wegen der Erfolgsbezogenheit des Werkvertrages (s.o.) alle für ein ordnungsgemäßes Werk erforderlichen Leistungen erbringen. Gleichzeitig wird es ihm bei einer pauschalen Leistungsbeschreibung schwer fallen, eine Nachtragsleistung zu benennen, die nicht von dem (eher allgemein beschriebenen) Leistungssoll erfasst wird. Das Risiko, den zur Erreichung des vertraglichen Leistungsziels angenommenen Aufwand unterschätzt zu haben, geht zu Lasten des Unternehmers.

„Komplettheitsklauseln" bei funktionaler Leistungsbeschreibung unbedenklich

Soweit beim Global-Pauschalpreisvertrag versucht wird, durch sogenannte „Komplettheitsklauseln" etwaige Lücken im vertraglich beschriebenen Leistungsumfang zugunsten des Bauherrn zu schließen und den Unternehmer zu verpflichten, alle Leistungen durchzuführen, die zur Herstellung des gesamten Bauvorhabens notwendig sind, erscheint dies unbedenklich, denn die Lückenhaftigkeit und Unvollständigkeit der vertraglichen Leistungsbeschreibung liegt in der Natur des Global-Pauschalpreisvertrages. Deshalb übernimmt bei dieser Vertragsform der Unternehmer bewusst das Risiko in Bezug auf den zu erbringenden Leistungsumfang.

Detail-Pauschalpreisvertrag

Genauere Detaillierung des Leistungssolls

Eine Mischform zwischen dem „unechten" Pauschalpreisvertrag und dem Global-Pauschalpreisvertrag stellt der Detail-Pauschalpreisvertrag dar. Hier werden die vom Unternehmer zu erbringenden Leistungen differenzierter beschrieben. Möglicherweise stützt sich die Erfassung der vertragsgegenständlichen Leistungen sogar auf ein Leistungsverzeichnis oder ähnliche Unterlagen. Die Pauschalierung der vom Auftragnehmer zu erbringenden Leistungen ist unterschiedlich ausgeprägt. Wegen der eher genauen Beschreibung der Leistung ist eine verhältnismäßig gute Abgrenzung zwischen vertragsgegenständlichen und zusätzlichen Leistungen möglich. Für den Bauherrn wird es in solchen Fällen eher schwer sein, Nachtragsforderungen abzuwehren, wenn diese sich auf Leistungen beziehen, die nicht ausdrücklich im detailliert beschriebenen Leistungssoll erwähnt werden. Hier gilt die von der Rechtsprechung grundsätzlich für Pauschalpreisverträge aufgestellte Vermutung, dass alle nicht vorher festgelegten Leistungen grundsätzlich nicht vom Pauschalpreis abgegolten sind (BGH, BauR 2002, 787; OLG Düsseldorf, NJW-RR 1998, 597).

Höhere Anfälligkeit für Nachtragsforderungen

12.1.4 Nachtragsmanagement

„Nicht vereinbarte Leistungen, die zur Ausführung der vertraglichen Leistung erforderlich werden, hat der Auftragnehmer auf Verlangen des Auftraggebers mit auszuführen, außer wenn sein Betrieb auf derartige Leistungen nicht eingerichtet ist."

§ 1 Abs. 4 VOB/B

„Wird eine im Vertrag nicht vorgesehene Leistung gefordert, so hat der Auftragnehmer Anspruch auf besondere Vergütung."

§ 2 Abs. 6 Nr. 1 VOB/B

Diese in der VOB/B ausdrücklich formulierten Grundsätze gelten auch nach dem Werkvertragsrecht des BGB, denn es ist selbstverständlich, dass eine Zusatzleistung vom Auftraggeber auch vergütet werden muss. Wenn gleichwohl außerordentlich häufig Nachtragsstreitigkeiten entstehen, liegt das nicht daran, dass jemand die Vergütungspflicht für zusätzliche Leistungen bezweifelt. In Streit steht in solchen Fällen in der Regel vielmehr die Frage, ob eine bestimmte Leistung sich tatsächlich als Zusatzleistung darstellt oder noch vom ursprünglichen Leistungssoll erfasst war und damit auch noch durch den vereinbarten Pauschalpreis abgegolten ist. Diese Frage lässt sich nicht allgemein, sondern nur unter Rückgriff auf die Vertragsgrundlagen des konkreten Einzelfalls beantworten. Je nachdem, wie detailliert das geschuldete Leistungssoll beschrieben ist, erhöht oder verringert sich das Risiko des Bauherrn, mit einem Nachtrag in Anspruch genommen zu werden.

Vergütung von Zusatzleistungen

Umfang einer Pauschalierung

Das Risiko entsprechender Nachtragsforderungen lässt sich im Allgemeinen nicht mit rein juristischen Formulierungen in den Griff bekommen. Solche sogenannten Vollständigkeits- oder Komplettheitsklauseln, die sinngemäß besagen, dass ein Auftragnehmer alle Arbeiten für die komplette Fertigstellung/Schlüsselfertigkeit eines Objektes zu erbringen hat, auch wenn sie nicht ausdrücklich im Vertrag beschrieben sind, sind im Regelfall nach der Rechtsprechung wirkungslos, wenn dem Vertrag eine detaillierte und damit eng definierte Leistungsbeschreibung zugrunde liegt. In einem solchen Fall kann die von den Vertragsparteien gewählte (enge und detaillierte) Form der Leistungsbeschreibung nicht durch juristische Klauseln „ausgehebelt" bzw. erweitert werden (BGH BauR 1997, 1036; OLG Koblenz, BauR 2010, 1109; OLG Celle BauR 2008, 100, 101). Insoweit bleibt es also grundsätzlich dabei, dass in erster Linie bereits mit der Art und Weise der Pauschalierung (s.o. 12.1.3) die Grundlagen für oder gegen Nachtragsforderungen gelegt werden.

„Komplettheitsklauseln"

Gefährdung des
Bauablaufs durch
Nachtragsstreitig-
keiten

Gleichwohl kann es auch bei vermeintlich klarer Beschreibung des Leistungssolls später zu Unklarheiten darüber kommen, ob eine bestimmte Leistung vom Unternehmer im Rahmen der Pauschale zu erbringen ist oder nicht. Derartige Auseinandersetzungen können den gesamten Bauablauf gefährden, wenn der Unternehmer bis zur Klärung der Vergütungsfrage seine diesbezüglichen Leistungen einstellt. Zur Minimierung solcher Risiken empfehlen sich Regelungen im Bauvertrag, die einem solchen Szenario von vornherein entgegenwirken. Zu empfehlen sind etwa Regelungen mit folgendem Inhalt:

Regelungsvorschlag

„Besteht zwischen den Vertragsparteien Streit, ob bestimmte Leistungen nach dem Vertragsinhalt geschuldet oder als geänderte oder zusätzliche Leistungen vom Auftraggeber zu vergüten sind, ist der Auftragnehmer nicht berechtigt, seine Arbeiten einzustellen. Die streitigen Arbeiten sind vom Auftragnehmer durchzuführen. Der Streit über Anspruchsgrund und/oder Anspruchshöhe soll von den Vertragsparteien einer baldigen Klärung zugeführt werden, ohne dass es zu einer Verzögerung des Bauablaufs kommt."

Auf Basis einer solchen Vertragsbestimmung lässt sich zwar ein Nachtragsstreit nicht immer vermeiden. Es sollten aber zumindest die negativen Auswirkungen einer solchen Auseinandersetzung auf den Bauablauf gering gehalten werden. Im Übrigen wird es dann häufig keine rein juristische, sondern eine fachtechnische Frage sein, ob streitige Leistungen von den vorliegenden technischen Beschreibungen bereits erfasst sind oder eine darüber hinausgehende – ggf. vergütungspflichtige – zusätzliche Anforderung darstellen.

12.1.5 Bauzeitverzögerungen

Aus naheliegenden Gründen kommt der termingerechten Durchführung und Fertigstellung eines Bauvorhabens erhebliche Bedeutung zu. Diesbezügliche Vorgaben müssen von den Vertragsparteien im Bauvertrag festgelegt werden. Dabei ist von allgemeinen Bezugnahmen auf Bauzeitenpläne abzuraten. Diese können zwar ergänzend herangezogen werden. Aus Gründen der Vertragsklarheit und -sicherheit sollten jedoch besonders wichtige Fristen oder Termine immer ausdrücklich in die Vertragsurkunde aufgenommen werden. Überall, wo es möglich ist, sollten ferner keine Vertragsfristen (z.B. 14 Monate nach Baubeginn), sondern konkrete datumsmäßige Termine in dem Vertrag vereinbart werden. Solche Termine bieten bei der Vertragskontrolle größere Klarheit und Sicherheit. Außerdem hat ein festes Datum den Vorteil, dass ein Verzug des Unternehmers in jedem Fall bei Verstreichen des Datums eintritt (§ 286 Abs. 2 BGB), was u.U. zweifelhaft sein kann, wenn ein Termin aufgrund der Vorgabe einer Frist erst berechnet werden muss. In solchen Fällen ist der Termin möglicherweise rechtlich unklar, weil beispielsweise der genaue Zeitpunkt für den Fristbeginn (z.B. Baubeginn) nicht klar bestimmt werden kann bzw. streitig ist.

Präzise Definition von
Fristen bzw. Terminen

Eintritt des Verzugs

Sind konkrete Daten noch nicht im Vertrag fixierbar und werden deshalb bestimmte Bauzeiten für die Fertigstellung der vertragsgegenständlichen Leistungen festgelegt, müssen die diesbezüglichen Angaben hinreichend bestimmt sein, um eine ausreichende Bindung des Auftragnehmers zu erzeugen. Zur Klarstellung empfiehlt es sich, Bauzeiten, die rechtlich erheblich sein sollen, ausdrücklich als „verbindliche Ausführungsfrist" zu bezeichnen und im Zuge der Vertragsabwicklung darauf zu achten, dass Klarheit über den konkreten Beginn des diesbezüglichen Fristlaufs besteht. Etwaige Unklarheiten und späterer Streit können im Übrigen dadurch vermieden werden, dass dem Auftragnehmer im Zuge der Vertragsdurchführung eine schriftliche Mitteilung zum Zeitpunkt des Fristbeginns gemacht wird. Hat der Auftragnehmer beispielsweise vom Bauherrn ein Schreiben erhalten, in dem ihm mitgeteilt wird, dass an einem bestimmten Tag die Frist für den Baubeginn bei der Tiefgarage beginnt und demgemäß diese Arbeiten bis zu einem bestimmten Datum fertiggestellt sein müssen, wird er später im Streitfall kaum noch einwenden können, er sei von anderen Vertragsfristen ausgegangen.

Klare zeitliche Vorgaben

Verfolgung und Präzisierung von Fristen bei der Vertragsdurchführung

Soweit Ausführungsfristen nach Tagen bemessen werden, ist bei der Fristberechnung und auch schon bei der Vertragsgestaltung zu berücksichtigen, dass – wenn nicht ausdrücklich etwas anderes vereinbart wird – im Falle der Einbeziehung der VOB/B nur Werktage zu zählen sind, zu denen allerdings auch der Samstag gehört (§ 11 Abs. 3 VOB/B).

Samstag ist Werktag

Ob zur fristgerechten Ausführung der Leistung auch die Räumung der Baustelle gehört, dürfte rechtlich nicht eindeutig zu beantworten sein. Deshalb empfiehlt sich auch dazu eine ausdrückliche Vereinbarung.

Räumung der Baustelle

12.1.6 Vertragsstraferegelungen

Der Einhaltung vereinbarter Vertragstermine durch den Unternehmer kann mit Vertragsstraferegelungen mehr Nachdruck verliehen werden. Solche Vertragsstraferegelungen beinhalten im Regelfall die Verpflichtung des Unternehmers, bestimmte (Straf-) Zahlungen an den Bauherrn zu leisten, wenn eine Vertragsfrist schuldhaft nicht eingehalten wird. Da nicht alle Fristen und Termine, die in einem Bauvertrag oder den Vertragsanlagen genannt sind, auch sogleich einer Vertragsstraferegelung unterfallen müssen, ist es zunächst erforderlich, dass im Bauvertrag eindeutig klargestellt wird, welche Fristen/Termine überhaupt einer Vertragsstrafe unterliegen sollen.

Sanktionierung von Terminen

Typischer Anwendungsfall für eine Vertragsstrafenregelung ist zunächst der Fertigstellungstermin eines Objektes. Daneben kann auch für Zwischentermine die Vereinbarung einer Vertragsstrafe erwogen werden, wenn solche Zwischentermine für den Bauablauf oder aus sonstigen organisatorischen Gründen von besonderer Wichtigkeit sind. Vertragsstrafen für Zwischentermine sollten in jedem Fall aller-

Fertigstellungstermin

Zwischentermine

dings nur zurückhaltend angewandt werden, da insbesondere wegen der nachfolgend noch anzusprechenden rechtlichen Grenzen für Vertragsstrafevereinbarungen die Anwendung einer Vertragsstrafe auf zu viele Einzeltermine häufig die eigentliche Zielsetzung jeder Vertragsstrafenregelung (Einhaltung des Endtermins) schwächt.

Inhaltliche Kontrolle von Vertragsstrafenregelungen

Vertragsstraferegelungen in Standardverträgen unterliegen einer strengen rechtlichen Inhaltskontrolle. Regelungen, die unangemessen hohe Vertragsstrafen enthalten, sind gemäß § 307 BGB unwirksam. In Bezug auf Vertragsstrafen bei einem Bauvertrag haben sich in der Rechtsprechung strenge Anforderungen herausgebildet. Diese gehen dahin, dass eine Vertragsstrafe, die formularmäßig vereinbart wird, sowohl in Bezug auf den jeweiligen Tagessatz als auch im Hinblick auf ihre Gesamtsumme angemessen zu begrenzen ist. Konkret bedeutet dies, dass Vertragsstraferegelungen unzulässig, d.h. unwirksam sind, wenn sie pro Werktag einen Betrag von 0,2% bis 0,3% der Auftragssumme (BGH, BauR 2008, 508) überschreiten. Ferner müssen Vertragsstraferegelungen eine Obergrenze hinsichtlich ihrer Gesamtsumme aufweisen. Insoweit geht die Rechtsprechung dahin, dass als Höchstsatz für eine Vertragsstrafe maximal 5% der Auftragssumme zulässig sind (BGH, BauR 2003, 870).

Obergrenze für Tagessatz

Obergrenze insgesamt

Unwirksamkeit zu hoher Vertragsstrafen

Vertragsstrafevereinbarungen, die diese Grenzen nicht beachten, sind insgesamt unwirksam. Die Rechtsprechung geht also nicht so vor, dass ein zu hoher Ansatz in einer Vertragsstrafenregelung nach unten korrigiert wird, sondern die Regelung wird dann insgesamt als wirkungslos betrachtet. Das hat zur Folge, dass sich der Bauherr dann überhaupt nicht mehr auf eine Vertragsstraferegelung berufen kann. Wenn ein Auftraggeber also nicht das Risiko eingehen will, wirkungslose Vertragsstrafevereinbarungen zu treffen, sind die vorstehend genannten Beschränkungen unbedingt zu beachten. Wegen der genannten Höchstgrenze von 5% muss bei der Vertragsgestaltung ferner berücksichtigt werden, dass diese Obergrenze für die Summe aller Vertragsstrafen gilt, die gegebenenfalls in einem Bauvertrag vereinbart werden. Die vertraglichen Regelungen müssen also deutlich machen, dass die Summe aller Einzelvertragsstrafen auf 5% der Auftragssumme gedeckelt ist. Wird der Vertrag an dieser Stelle unklar formuliert und lässt er eventuell das Missverständnis zu, dass die 5%-Grenze jeweils auf verschiedene Vertragstermine, also mehrmals anzuwenden ist, würde eine Vertragsstrafenregelung dann aus diesem Grund unwirksam sein.

Vorsicht bei mehreren Vertragsstrafen

Verschuldensabhängigkeit der Vertragsstrafe

Da Vertragsstraferegelungen letztlich eine Form des pauschalierten Schadensersatzes darstellen, ist auch der zivilrechtliche Grundsatz zu berücksichtigen, dass Schadensersatzansprüche prinzipiell immer ein Verschulden der anderen Vertragsseite voraussetzen. Bezogen auf Vertragsstrafeansprüche bedeutet dies, dass bei standardmäßig verwendeten Vertragsstraferegelungen ausdrücklich klarzustellen ist, dass der Bauherr einen Anspruch auf die Vertragsstrafe nur dann hat, wenn der Unternehmer einen Termin schuldhaft nicht einhält (vgl. auch § 339 BGB). Trifft den Unternehmer an der zeitlichen Verzögerung hingegen kein Verschulden, weil sie beispielsweise aus Gründen, die er nicht zu verantworten hat, unabwendbar war, darf der Bauherr auch keine Vertragsstrafe verlangen. Dies sollte sich aus dem Vertragsinhalt klar ergeben. In der Regel wird dies dadurch erreicht, dass die Vertragsstrafe ausdrücklich für schuldhafte Terminverletzungen des Unternehmers vereinbart wird.

Im Zusammenhang mit den bereits angesprochenen Zwischenterminen ist im Moment noch ungeklärt, ob es zulässig ist, die Nichteinhaltung eines Zwischentermins mit einem Vertragsstrafe-Tagessatz zu belegen, der 0,2% bis 0,3% der gesamten Auftragssumme beträgt. Möglicherweise könnte eine solche Regelung als unangemessen und damit unwirksam angesehen werden, wenn der Bautenstand, auf den sich der Zwischentermin und die diesbezügliche Vertragsstrafe beziehen, wertmäßig noch deutlich hinter der Gesamtauftragssumme zurückbleibt. Aus Gründen der Vorsorge dürfte es sich deshalb empfehlen, den Tagessatz einer Vertragsstrafe für Zwischentermine an dem Wert des diesbezüglichen Bautenstandes zu orientieren oder aber gemäß der eingangs bereits ausgesprochenen Empfehlung überall dort, wo es nicht sachlich zwingend ist, auf Vertragsstrafen bei Zwischenterminen zu verzichten.

Höhe des Tagessatzes bei Zwischenterminen

Kommt es im Bauverlauf zu einer Terminverzögerung, durch die die Vertragsstrafe ausgelöst wird, ist schließlich § 341 Abs. 3 BGB und ggf. auch § 11 Abs. 4 VOB/B zu berücksichtigen. Diese Vorschriften besagen, dass ein Bauherr eine Vertragsstrafe nur verlangen kann, wenn er sich deren Geltendmachung bei Abnahme der Bauleistung vorbehalten hat. Die Anforderungen der Rechtsprechung an die Einhaltung der genannten Bestimmungen sind streng. Weder soll ein im Voraus (vorsorglich) erklärter Vorbehalt ausreichend sein noch ist es genügend, wenn der Vorbehalt erst kurze Zeit nach der Abnahme erklärt wird. Deshalb empfiehlt es sich, in den Abnahmeprotokollen standardmäßig solche Vorbehalte vorzusehen (vgl. BGH, NJW 1983, 385). Als zulässig wird allerdings eine Regelung im Bauvertrag angesehen, die es dem Bauherrn gestattet, den Vorbehalt der Vertragsstrafe noch bis zur Schlusszahlung geltend zu machen (BGH, BauR 1979, 56). Gleichwohl empfiehlt es sich aus Gründen der Vorsicht, den Vertragsstrafevorbehalt standardmäßig immer bereits bei der Abnahme in nachweisbarer Form geltend zu machen. In keinem Fall wäre es zulässig, den Zeitpunkt für die Geltendmachung der Vertragsstrafe auf einen späteren Termin als die Schlusszahlung zu verschieben. Solche Regelungen dürften in jedem Fall unwirksam sein (BGH, NJW 1983, 385).

Wichtig: Vorbehalt der Vertragsstrafe

Wann muss der Vorbehalt erklärt werden?

12.1.7 Sicherheiten

Sicherungsbedarf beim AG und beim AN

Sowohl auf Auftraggeber- als auch auf Auftragnehmerseite besteht im Regelfall das Bedürfnis, sich gegenüber wirtschaftlichen Notsituationen der anderen Vertragsseite abzusichern. Beim Bauvertrag haben sich verschiedene Sicherheiten herausgebildet, die beim Bauherrn vor allen Dingen das Interesse an Vertragserfüllung und Gewährleistung betreffen und beim Unternehmer die Absicherung des Werklohns.

Sicherung des Auftragnehmers

Sicherungshypothek

Sicherungsinteressen des Bauunternehmers sind im BGB unter § 648 und § 648a geregelt. Nach § 648 BGB kann der Unternehmer eines Bauwerks zur Absicherung seiner Forderungen die Einräumung einer Sicherungshypothek an dem Baugrundstück des Bestellers verlangen. Wichtig zu beachten ist, dass § 648 BGB Identität zwischen Grundstückseigentümer und Auftraggeber voraussetzt. Die Vorschrift kommt also regelmäßig nicht zur Anwendung, wenn der Auftraggeber der Bauleistungen nicht identisch mit dem Grundstückseigentümer ist. Im Übrigen ist die praktische Bedeutung des § 648 BGB auch deshalb begrenzt, weil in vielen Fällen die Werthaltigkeit einer Sicherungshypothek zweifelhaft sein dürfte. Häufig wird der wirtschaftliche Wert der Sicherungshypothek begrenzt sein, weil das Grundstück schon mit anderen vorrangigen Grundpfandrechten beispielsweise im Zusammenhang mit der Kaufpreisfinanzierung belastet ist. Die Bedeutung der Sicherungshypothek des Bauunternehmers reduziert sich deshalb oft darauf, eine gewisse Druckposition innezuhaben.

Sicherheit nach § 648a BGB

Künftiger Werklohn wird gesichert

Insolvenzsicherung

§ 648a BGB als Druckmittel

Größere wirtschaftliche Bedeutung hat die Bauhandwerkersicherung nach § 648a BGB. Nach dieser Vorschrift kann der Unternehmer von seinem Auftraggeber eine Sicherheit in Höhe der geschuldeten und noch nicht gezahlten Vergütung verlangen. Während § 648 BGB also eine Sicherheit für bereits erbrachte Werkleistungen darstellt, wird über § 648a BGB der künftige (voraussichtliche) Werklohnanspruch des Unternehmers abgesichert. Abzuziehen sind lediglich eventuell schon geleistete Abschlagszahlungen. In der Regel wird die Sicherheit nach § 648a BGB durch die Bürgschaft einer Bank, öffentlichen Sparkasse oder eines Kreditversicherers erbracht. Da gemäß § 648a Abs. 2 BGB der Bürge Zahlungen an den Unternehmer nur leisten darf, wenn der Auftraggeber den Vergütungsanspruch anerkennt oder entsprechend verurteilt worden ist, bringt eine solche Sicherheit dem Unternehmer kein „schnelles" Geld, wohl aber eine echte Absicherung gegen Zahlungsschwierigkeiten oder Insolvenz des Bauherrn. In der Praxis spielt § 648a BGB nach den Beobachtungen des Verfassers allerdings weiterhin eine verhältnismäßig untergeordnete Rolle. Das Sicherungsbegehren wird häufig dann geltend gemacht, wenn sich die Vertragsbeziehung der Parteien bereits in einer Schieflage befindet, beispielsweise weil erhebliche Nachtragsstreitigkeiten oder Differenzen über Mängel der Werkleistung bestehen. Häufig wird das Verlangen einer Sicherheit nach § 648a BGB dann vom jeweiligen Unternehmer eingesetzt, um den Bauherrn unter Druck zu setzen oder gar einen Vorwand zu finden, den Werkvertrag zu kündigen. Eine solche Möglichkeit wird durch § 648a Abs. 5 BGB eröffnet. Danach hat der Auftragnehmer die Möglichkeit, seine Leistungen einzustellen und den Werkvertrag zu kündigen, wenn der Bauherr trotz angemessener Fristsetzung die geforderte Sicherheit nicht vorlegt. Kommt es in einem solchen Fall durch Kündigung zur Vertragsauflösung, kann der Unternehmer nicht nur die Vergütung der bereits erbrachten Leistungen, sondern auch eine anteilige Vergütung für die nicht erbrachten Leistungsteile verlangen. Nach § 648a Abs. 5 Satz 3 BGB wird gesetzlich vermutet, dass dem Unternehmer in Bezug auf die noch nicht erbrachten Werkleistungen 5% des diesbezüglichen Honorars zustehen. Der Bauherr, der eine angeforderte Sicherheit nach § 648a BGB nicht erbringt, ist in diesem Zusammenhang also erheblichen rechtlichen und wirtschaftlichen Risiken ausgesetzt. Das Verlangen eines Unternehmers nach Bauhandwerkersicherung ist deshalb sehr ernst zu nehmen. Diesbezügliche Fristsetzungen müssen beachtet werden, wenn man hier nicht das Risiko einer Vertragskündigung mit eventuell erheblichen wirtschaftlichen Folgen eingehen will.

Folgen einer Kündigung nach § 648a BGB

Hohe Risiken des Bauherrn

Von praktisch größerer Bedeutung dürfte im Übrigen das Verlangen des Unternehmers nach einer Zahlungsbürgschaft auf vertraglicher Grundlage sein. Hier werden häufig Sicherheiten in einer Größenordnung von 10% des vertraglich vereinbarten Werklohns vereinbart. Besondere rechtliche Anforderungen an solche Vereinbarungen bestehen nicht. Zu empfehlen ist lediglich, dass mit der Regelung hinreichend klar gemacht wird, welche Zahlungsansprüche des Unternehmers durch die Bürgschaft abgesichert werden sollen. Im Regelfall werden dies nach dem (berechtigten) Willen des Unternehmers alle Zahlungsansprüche sein, also sowohl Ansprüche auf Abschlagszahlungen als auch auf die Schlusszahlung und gegebenenfalls auch eventuelle Nachtragsforderungen.

Zahlungsbürgschaft

Umfang der Sicherheit klarstellen

Mit dem Sicherungsbedürfnis des Bauherrn befasst sich das Werkvertragsrecht des BGB nicht ausdrücklich. Da insoweit spezielle gesetzliche Regelungen fehlen, ist hier in jedem Fall eine vertragliche Vereinbarung erforderlich und sinnvoll. Für die ordnungsgemäße Durchführung des Bauvorhabens wird in der Regel eine sogenannte Ausführungsbürgschaft i.H.v. 10% des vertraglich vorgesehenen Werklohns vereinbart. Ist der Auftraggeber zum Vorsteuerabzug berechtigt, werden die 10% am Netto-Auftragsvolumen bemessen, anderenfalls sollte der Brutto-Werklohn der Berechnung zugrunde gelegt werden. Wer als Bürge in Betracht zu ziehen ist, bleibt letztlich eine kaufmännische Entscheidung, wobei aus naheliegenden Gründen (inländische) Kreditinstitute oder Kreditversicherer der Bürgschaft einer Konzernmutter vorzuziehen sind. Zur Vermeidung von Lücken bei der Absicherung sollte auf alle Fälle Wert darauf gelegt werden, dass durch die Bürgschaft alle vertraglichen Ansprüche des Auftragnehmers besichert sind. Anderenfalls kann Streit darüber entstehen, ob die Bürgschaft beispielsweise auch Rückzahlungsansprüche bei überzahltem Werk-

Sicherung des Bauherrn

Ausführungsbürgschaft

Umfang der Sicherheit klarstellen

lohn oder Schadensersatzansprüche wegen eingetretener Schäden an sonstigen Rechtsgütern des Auftragnehmers absichert.

Ist das Bauvorhaben durchgeführt und abgenommen, besteht regelmäßig Interesse des Bauherrn an einer Absicherung seiner Gewährleistungsansprüche. Zur Person des Bürgen gilt das bereits Gesagte. Auch bei der Gewährleistungsbürgschaft sollte Wert darauf gelegt werden, dass der Bürgschaftszweck weit gefasst ist, also alle vertraglichen Ansprüche des Bauherrn gesichert werden. Die Bürgschaft dürfte sich im Regelfall auf 5% des Schlussrechnungsbetrages belaufen, wobei auch hier für die Bezugsgröße (Brutto- oder Nettowerklohnforderung) die Frage entscheidend sein dürfte, ob der Auftraggeber zum Vorsteuerabzug berechtigt ist. Wird eine entsprechende Gewährleistungsbürgschaft vereinbart, wäre es unzulässig, daneben auch noch einen Sicherheitseinbehalt in bar zu verlangen. Dies gilt im Übrigen auch, wenn eine Vertragserfüllungsbürgschaft vereinbart ist. Nach der Rechtsprechung sind nämlich Situationen zu vermeiden, die dem Unternehmer zu viel Liquidität entziehen und auf eine Übersicherung des Bauherrn abzielen (BGH, NZBau 2011, 229).

Sowohl für die Vertragserfüllungsbürgschaft als auch für die Gewährleistungsbürgschaft zugunsten des Bauherrn gilt, dass sogenannte Bürgschaften auf erstes Anfordern in diesem Zusammenhang unzulässig sind, wenn sie in standardisierten Verträgen vorgesehen werden. Der Bundesgerichtshof ist insoweit der Auffassung, dass Bürgschaften, die dem Bauherrn gestatten, die Bürgschaftssumme mit einem bloßen Anforderungsschreiben in Anspruch zu nehmen, eine unangemessene Benachteiligung des Auftragnehmers darstellen und deshalb einer Inhaltskontrolle nach § 307 BGB nicht standhalten (BGH, BauR 2002, 1533, BGH, NJW 2002, 3098).

Gewährleistungsbürgschaft

Gewährleistungsbürgschaft und Sicherheitseinbehalt

Keine Bürgschaft auf erstes Anfordern

12.1.8 Abnahme der Bauleistung

Die Erfüllung des Bauvertrages tritt nicht allein mit dem Erbringen der vertraglich vereinbarten Leistungen ein, sondern wird durch die Abnahme abgeschlossen. Die Abnahme der Werkleistung beinhaltet ein tatsächliches und ein rechtliches Element. Der Auftraggeber nimmt das Werk entgegen und billigt es als vertragsgemäße Leistung, wenn es – jedenfalls im Wesentlichen – ordnungsgemäß erbracht worden ist. Liegen diese Voraussetzungen vor, ist die Abnahme auch eine Verpflichtung des Auftraggebers. Dieser kann die Abnahme wegen unwesentlicher Mängel nicht verweigern – § 640 Abs. 1 BGB. Nur erhebliche Mängel rechtfertigen die Zurückweisung des Werks. In diesem Fall ist die Werkleistung dann noch nicht abgeschlossen und der Unternehmer muss sich (weiterhin) bemühen, ein ordnungsgemäßes Werk zu erbringen. Gesetzliche Regelungen dazu, wie die Abnahme zu erfolgen hat, bestehen nicht. Prinzipiell empfiehlt es sich, die Abnahme förmlich durchzuführen, d.h. in einem oder mehreren Abnahmeterminen die Werkleistung zu prüfen, etwaige Restarbeiten oder Mängel aufzu-

Bedeutung der Abnahme

Unwesentliche Mängel stehen der Abnahme nicht entgegen

Förmliche Abnahme

listen und das Ergebnis dieser Abnahme zu protokollieren. Auch ohne eine solche förmliche Abnahme können allerdings die rechtlichen Wirkungen einer Abnahme eintreten. Es muss insoweit grundsätzlich nicht irgendwelche Termine oder formalen Erklärungen geben. Auch die bloße Inbenutzungnahme einer Bauleistung ohne die Geltendmachung ausdrücklicher Vorbehalte kann je nach den Umständen des Einzelfalls als Abnahme aufgefasst werden. Insbesondere dann, wenn im Zusammenhang mit der Benutzung des Objekts die Zahlung der Schlussrechnung erfolgt, ohne dass sich der Auftraggeber wegen etwaiger Mängel ausdrücklich eine spätere Abnahme vorbehält. Wegen der Möglichkeit, dass die Abnahme auch stillschweigend eintreten kann, ist einem Auftraggeber immer sehr zu empfehlen, frühzeitig etwaige Mängel schriftlich geltend zu machen und ausdrücklich klarzustellen, wenn unerledigte Restarbeiten oder Mängel eines Bauvorhabens als so gravierend angesehen werden, dass aus Sicht des Bauherrn die Abnahme des Bauvorhabens (noch) nicht in Betracht kommt. In solchen Fällen sind schriftliche Klarstellungen wichtig, um Streit zur Frage der Abnahme oder rechtliche Nachteile durch eine stillschweigende Abnahme zu vermeiden

Stillschweigende Abnahme

Die rechtlichen Wirkungen der Abnahme sind sehr erheblich. Sie bestehen insbesondere darin, dass – ggf. nach Stellung der Schlussrechnung – der gesamte Werklohn fällig wird, die Fristen für Gewährleistungsansprüche zu laufen beginnen und sich die Beweislast für die Ordnungsgemäßheit des Werks umkehrt. Während bis zur Abnahme der Unternehmer im Streitfall beweisen muss, dass seine Arbeiten ordnungsgemäß erbracht worden sind, hat nach Abnahme der Bauherr den Beweis zu führen, dass ein von ihm behaupteter Mangel vorliegt. Sind im Übrigen Mängel schon bei der Abnahme bekannt, ohne dass diese Mängel der Abnahme grundsätzlich entgegenstehen, muss der Bauherr sich unbedingt alle Rechte wegen dieser Mängel in nachweisbarer Form, also am besten schriftlich, vorbehalten. Anderenfalls kann er wegen dieses Mangels später keine Rechte mehr geltend machen (§ 640 Abs. 2 BGB).

Rechtliche Wirkungen der Abnahme

Umkehr der Beweislast

Vorbehalt bei bekannten Mängeln

12.1.9 Gewährleistungsansprüche des Bauherrn

Beim Bauvertrag hat der Unternehmer dem Bauherrn gemäß § 633 Abs. 1 BGB eine Werkleistung abzuliefern, die frei von Sach- und Rechtsmängeln ist. Wann ein Bauwerk im Sinne des Gesetzes mangelfrei ist, wird in § 633 Abs. 2 BGB geregelt. Die Vorschrift unterscheidet zwischen zwei Varianten. Nach der ersten Alternative ist ein Bauwerk frei von Sachmängeln, wenn es die vereinbarte Beschaffenheit hat. Dieser Anwendungsfall des Gesetzes setzt also voraus, dass die Vertragsparteien im Bauvertrag oder den dazugehörigen Unterlagen konkrete Angaben zur Beschaffenheit des Bauwerks gemacht haben. Dies ist beispielsweise dann der Fall, wenn bei einem Gebäude konkrete Festlegungen zur Belastbarkeit von Decken getroffen worden sind. Nur

Sachmangel

Vorrang konkreter Vereinbarungen

wenn das Bauwerk diese Maßgaben dann auch einhält, ist der vertraglich vereinbarte Werkerfolg erzielt und das Werk mangelfrei. Fehlt es indessen an konkreten Angaben für die Beschaffenheit, geht das Gesetz davon aus, dass ein Objekt mangelfrei ist, wenn es entweder (a) die nach dem Vertrag vorausgesetzte Beschaffenheit aufweist oder (b) sich für die gewöhnliche Verwendung eignet und eine Beschaffenheit aufweist, die bei Werken gleicher Art üblich ist und die der Besteller nach der Art des Werkes erwarten kann. Hier geht das Gesetz also von gestaffelten Anforderungen bei der Beurteilung der Mangelfreiheit eines Werks aus. Fehlt es ausdrücklich an vereinbarten Beschaffenheitsmerkmalen, muss das Werk zumindest die nach dem Vertrag vorausgesetzte Beschaffenheit aufweisen.

Vertraglich vorausgesetzte Beschaffenheit

Im Hinblick auf das oben genannte Beispiel der Belastbarkeit der Decken würde dies bedeuten, dass ein Gebäude, welches für eine Büronutzung gebaut ist, eine entsprechende Belastbarkeit der Decken aufweisen muss. Diese wird naturgemäß anders sein als bei einem Gebäude, bei dem nach dem Vertrag damit zu rechnen ist, dass dort schwere Maschinen aufgestellt werden müssen. Wenn also im Bauvertrag nicht schon konkrete technische Beschaffenheitsanforderungen formuliert werden, empfiehlt es sich doch auf alle Fälle, zumindest – beispielsweise in die Vorbemerkung eines Vertrages – aufzunehmen, zu welchem Zweck ein Gebäude errichtet wird bzw. welche Nutzungen dort künftig vorgesehen werden. Auf diese Weise besteht dann wenigstens ein gewisser Anhaltspunkt dafür, wie die Frage der Mangelhaftigkeit bzw. Mangelfreiheit eines Objektes zu bewerten ist.

Sonstige Eignung

Fehlen auch solche Angaben, beurteilt sich die Frage der Mangelfreiheit des Gebäudes allein danach, ob es für eine „gewöhnliche Verwendung" geeignet ist und eine Beschaffenheit aufweist, die bei entsprechenden Objekten üblich ist. Hier zeigt sich dann, dass es im Einzelfall außerordentlich schwierig sein kann, die Frage der Ordnungsgemäßheit einer Werkleistung zu beurteilen. Greift man noch einmal das vorgenannte Beispiel auf, wird man feststellen, dass die Frage, welche Belastbarkeit Decken bei einem Gebäude üblicherweise haben müssen, wenig spezifiziert ist. Soweit der Auftraggeber also keine konkreten Vorgaben gemacht hat und sich auch keine besonderen Anforderungen aus dem Vertrag ableiten lassen, muss er sich hinsichtlich der Qualität des Objektes mit dem begnügen, was „üblich" ist – was immer das im Einzelfall dann bedeutet.

Hohe Bedeutung technischer Vorgaben

Die vorstehenden Ausführungen machen deutlich, dass die Frage der Mangelfreiheit eines Bauwerks stark von den konkreten Vorgaben des Bauherrn abhängt und im Einzelfall durchaus nach dem Gesetz von einem mangelfreien Bauwerk auszugehen ist, auch wenn es sich möglicherweise für die – dem Auftragnehmer nicht offengelegten – Zwecke des Auftraggebers nicht eignet. Der Definition technischer Anforderungen und gewünschter Qualitäten kommt also eine ganz erhebliche Bedeutung zu.

Die vorstehend zu § 633 BGB dargestellte Rechtslage stellt sich auch in der VOB entsprechend dar. Die diesbezüglichen Regelungen finden sich dort in § 13 Abs. 1 VOB/B.

§ 13 Abs. 1 VOB/B

Weist ein Bauwerk unter Berücksichtigung der soeben dargestellten Maßstäbe einen Mangel auf, kann der Bauherr gemäß § 634 BGB

Rechtsfolgen bei Mangel

- Nacherfüllung verlangen oder
- gemäß § 637 BGB den Mangel auf Kosten des Unternehmers beseitigen, wobei im Regelfall dem Unternehmer zunächst eine angemessene Frist zur Mangelbeseitigung zu setzen ist oder
- vom Vertrag zurücktreten (§ 323 BGB) oder
- gemäß § 638 BGB die Vergütung mindern oder
- Schadensersatz vom Unternehmer verlangen (§§ 280 ff. BGB).

Welche Rechtsausübung der Bauherr wählt, wird davon abhängen, wie sich im jeweiligen Einzelfall seine Interessenlage darstellt. Der im Gesetz vorgesehene Rücktritt wird im Regelfall kaum zum Zuge kommen, da er auf Rückabwicklung der jeweils erbrachten Leistungen gerichtet ist und bei einem fertiggestellten Gebäude eine solche Rückabwicklung (Rückgabe des Gebäudes gegen Rückzahlung geleisteter Werklohnzahlungen) aus praktischen Gründen nicht umsetzbar ist. Für die Praxis am bedeutsamsten dürften die Selbstvornahme (früher: Ersatzvornahme) und die Geltendmachung von Schadensersatzansprüchen sein. In beiden Fällen ist zu beachten, dass das Gesetz davon ausgeht, dass der Bauherr dem Unternehmer zunächst eine angemessene Frist zu setzen hat. Im Falle der Selbstvornahme soll dem Unternehmer auf diese Weise die Möglichkeit gegeben werden, einen Mangel doch noch selbst zu beseitigen. Stehen Schadensersatzansprüche im Raum, soll dem Unternehmer – soweit sich nicht schon konkrete Schäden realisiert haben – die Möglichkeit gegeben werden, durch ein Tätigwerden weitergehende Schadenseintritte zu vermeiden oder zumindest zu verringern. In diesen Situationen wird auf Seiten des Bauherrn häufig wenig Neigung bestehen, dem Unternehmer noch einmal Gelegenheit zur Nachbesserung zu geben, weil die Vertragsverhältnisse oft bereits stark belastet sind.

I.d.R. kein Rücktritt

Selbstvornahme / Schadensersatz

Frist zur Mangelbeseitigung

Aus rechtlicher Sicht kann gleichwohl nur dringend angeraten werden, dem Unternehmer vorsorglich noch einmal entsprechende Fristen zu setzen. Zwar kennt das Gesetz auch den Fall, dass von einer Fristsetzung abgesehen werden kann, weil eine solche Fristsetzung sinnlos erscheint (§ 637 Abs. 2 i.V.m. § 323 Abs. 2 bzw. § 281 Abs. 2 BGB). Nach den genannten Vorschriften kann der Auftraggeber ausnahmsweise von einer Fristsetzung absehen, wenn der Unternehmer beispielsweise schon endgültig ein Tätigwerden seinerseits verweigert hat oder sonstige besondere Umstände vorliegen, die ein Vorgehen des Bauherrn ohne vorherige Fristsetzung rechtfertigen. Allerdings ist darauf hinzuweisen, dass die subjektive Einschätzung des Bauherrn einerseits und die Anforderungen des Gesetzes andererseits oft

Fristsetzung sehr selten entbehrlich

auseinanderklaffen. Wie schon erwähnt, stellt das Gesetz sehr strenge Anforderungen an die Entbehrlichkeit einer Fristsetzung. Im Zweifelsfall wird man eine gewisse Unwilligkeit des Unternehmers nicht schon als endgültige Erfüllungsverweigerung auslegen können. Eine Erfüllungsverweigerung muss klar und deutlich und unter Betrachtung der gesamten Umstände objektiv vorliegen. Die Weigerung des Auftragnehmers muss gewissermaßen als das letzte Wort aufzufassen sein, wenn man sich wirklich rechtssicher darauf verlassen will, dass eine Fristsetzung entbehrlich ist. Auch wenn es wegen der belasteten Vertragsverhältnisse oder der Dringlichkeit der Angelegenheit häufig als schwierig empfunden wird, noch eine Frist zu setzen, sollte im Zweifel dieser Anforderung des Gesetzes immer Genüge getan werden. Anderenfalls läuft der Auftraggeber das Risiko, dass seine Schadensersatzansprüche scheitern bzw. er die Kosten einer Selbstvornahme doch nicht vom Unternehmer erstattet bekommt.

Systematik nach der VOB/B

Die vorstehende Systematik gilt grundsätzlich auch, wenn die Parteien die VOB/B vereinbart haben. Eine Besonderheit ergibt sich in diesem Zusammenhang lediglich insoweit, als in der VOB der Rücktritt wegen Mängeln nicht erwähnt wird. Nach überwiegender Auffassung soll dies den Rückschluss zulassen, dass bei einem VOB-Vertrag der Rücktritt von vornherein durch die VOB ausgeschlossen ist. Die praktische Bedeutung dieser Rechtsfrage ist dabei eher gering, da aus den oben genannten Gründen beim Bauvertrag eine Rückabwicklung im Regelfall schon an praktischen Erwägungen scheitern dürfte.

Unverhältnismäßigkeit der Mangelbeseitigung

Soweit in § 13 Abs. 6 VOB/B ausgeführt wird, der Auftragnehmer könne die Beseitigung eines Mangels verweigern, wenn sie einen unverhältnismäßig hohen Aufwand erfordert, ist darauf hinzuweisen, dass die Bedeutung dieser Vorschrift von den Auftragnehmern häufig überbewertet wird. Ist eine Mangelbeseitigung kompliziert und kostenträchtig, wird in der Praxis vom Auftragnehmer häufig eingewandt, dies sei unverhältnismäßig und könne vom Bauherrn nicht verlangt werden. Meist geht ein solcher Einwand fehl, denn lediglich hohe Kosten der Mangelbeseitigung begründen noch nicht deren Unverhältnismäßigkeit. Nach der Rechtsprechung des BGH ist von einer solchen Unverhältnismäßigkeit vielmehr nur dann auszugehen:

> „Wenn mit der Nachbesserung der in Richtung auf die Beseitigung des Mangels erzielbare Erfolg bei Abwägung aller Umstände des Einzelfalls in keinem vernünftigen Verhältnis zur Höhe des dafür erforderlichen Aufwandes steht. Unverhältnismäßigkeit ist danach in aller Regel nur anzunehmen, wenn einem objektiv geringen Interesse des Bestellers an einer völlig ordnungsgemäßen vertraglichen Leistung ein ganz erheblicher und deshalb vergleichsweise unangemessener Aufwand gegenübersteht. Hat der Besteller hingegen objektiv ein berechtigtes Interesse an einer ordnungsgemäßen Erfüllung, kann ihm regelmäßig nicht wegen hoher Kosten die Nachbesserung verweigert werden"   (BGH, BauR 1997, 638).

Nach § 634a Abs. 1 Nr. 2 BGB verjähren „Rechte des Bestellers bei Mängeln" bei einem Bauwerk in fünf Jahren ab Abnahme des Werks. Liegt kein Bauwerk im Sinne des § 634a Abs. 1 Nr. 2 BGB vor, werden also beispielsweise nur Grundstücksarbeiten erbracht, die nicht als Bauwerk im Rechtssinne anzusehen sind, beträgt die Verjährungsfrist für Mängelansprüche des Bauherrn lediglich zwei Jahre – § 634a Abs. 1 Nr. 1 BGB. Grundstücksbezogene Arbeiten, bei denen grundsätzlich nur von einer zweijährigen Verjährungsfrist auszugehen ist, sind z.B. Arbeiten an Grund und Boden ohne Bauwerkserrichtung, Reparaturarbeiten an einem (Abwasser-) Kanal oder Malerarbeiten zur ausschließlichen Verschönerung.

Bei Einbeziehung der VOB/B werden die vorgenannten Verjährungsfristen modifiziert: § 13 Abs. 4 Abs. 1 VOB/B sieht für Bauwerke eine Verjährungsfrist von lediglich vier Jahren vor, wenn im Bauvertrag nichts anderes vereinbart worden ist. Für Arbeiten an einem Grundstück kommt auch nach der VOB/B eine Verjährungsfrist von zwei Jahren in Betracht. Sonderregelungen bestehen in § 13 Abs. 4 VOB/B noch für die vom Feuer berührten Teile von Feuerungsanlagen (zwei Jahre) und für wartungsbedürftige Teile von maschinellen und elektrotechnischen/ elektronischen Anlagen, wenn kein Wartungsvertrag abgeschlossen wird (zwei Jahre). Im Übrigen beginnt auch nach der VOB/B der Fristlauf grundsätzlich mit Abnahme der Bauleistung (§ 13 Abs. 4 Nr. 3 VOB/B).

Anders als nach dem BGB ist bei Anwendung der VOB/B zur Hemmung der Verjährung die bloße Aufforderung des Auftraggebers an den Auftragnehmer, einen Mangel zu beseitigen, ausreichend. Dies stellt eine erhebliche Erleichterung gegenüber den gesetzlichen Regelungen dar, bei denen der Bauherr im Zweifel seine Ansprüche zur Hemmung der Verjährung gerichtlich geltend machen muss (§ 204 BGB). Nach § 13 Abs. 5 VOB/B reicht es aus, wenn der Bauherr den Auftragnehmer vor Verjährungseintritt zur Beseitigung eines Mangels schriftlich aufgefordert hat. Für die Mängel, die Gegenstand der Aufforderung waren, läuft dann eine eigene zweijährige Verjährungsfrist. Spricht der Auftraggeber z.B. unmittelbar vor Eintritt einer fünfjährigen Verjährung das Mangelbeseitigungsbegehren nach der VOB/B aus, läuft aufgrund der weiteren Zwei-Jahres-Frist nach § 13 Abs. 5 VOB/B für diesen Mangel also praktisch eine siebenjährige Verjährungsfrist. Nach Durchführung und Abnahme der Mangelbeseitigung läuft in Bezug auf die Mängelbeseitigungsleistung des Auftragnehmers wiederum eine (neue) Verjährungsfrist von zwei Jahren.

Im Übrigen können die Vertragsparteien eines Bauvertrages auch vertragliche Vereinbarungen zur Verjährung treffen. Dies betrifft dann in der Regel die Länge der Verjährungsfristen, also z.B. eine Verlängerung der Verjährungsfrist über die vier Jahre nach der VOB/B bzw. fünf Jahre nach dem BGB hinaus. Grundsätzlich ist nach § 202 Abs. 2 BGB eine Verlängerung der gesetzlichen Verjährungsfristen zulässig. Dies gilt aber nicht uneingeschränkt. Vorsicht ist bei Formularverträgen geboten, da

Verjährung

Verjährung und VOB/B

Hemmung der Verjährung

Vertragliche Regelungen zur Verjährung

Grenzen bei Verlängerung der Verjährung

im Anwendungsbereich der §§ 305 ff. BGB eine über fünf Jahre hinausgehende Verlängerung der Verjährungsfrist nur zulässig sein dürfte, wenn dies durch ein entsprechendes besonderes Interesse des Bauherrn gerechtfertigt erscheint (BGHZ 132, 383 – Zulässigkeit einer formularmäßig vereinbarten Verjährungsfrist von zehn Jahren und einem Monat bei Flachdacharbeiten; OLG Köln, BauR 1989, 376 – sieben Jahre für Dachabdichtungsarbeiten). Rechtliche Unsicherheiten gemäß § 307 BGB bestehen immer dann, wenn eine gänzlich unangemessene Ausweitung der Verjährung gegenüber dem gesetzlichen Rahmen erfolgt. Eine Verkürzung der Verjährungsfristen des § 634a BGB in Formularverträgen ist im Übrigen nach § 309 Nr. 8 b) ff) BGB unwirksam.

12.1.10 Checkliste zur Vertragsgestaltung

☐ Vertragsgegenstand möglichst konkret beschreiben

☐ alle Vertragsbestandteile und -grundlagen im Vertrag oder in einer Anlagenliste zum Vertrag auflisten

☐ Vergütung festlegen (pauschal / nach Einheitspreisen)

☐ Zahlungs- und Abrechnungsmodalitäten (z.B. leistungsbezogene Abschlagszahlungen)

☐ Gibt es besonders Termine, die im Vertrag hervorzuheben sind?

☐ Festlegung einer Vertragsstrafe für diese Termine

☐ Erhält der Bauherr Sicherheiten vom Unternehmer? (Vertragserfüllungs- / Vorauszahlungs- / Gewährleistungsbürgschaft)

☐ Erhält der Unternehmer Sicherheiten vom Bauherrn? (Zahlungsbürgschaft)

☐ Sind besondere Regelungen zur vorzeitigen Vertragsbeendigung / Kündigung / zu Sonderkündigungsrechten erforderlich?

☐ Besondere Anforderungen an die Abnahme der Bauleistung

☐ u. U. Regelungen zu technischen Zustandsfeststellungen vor der Abnahme (z.B. Bauteile, die später nicht mehr zugänglich sind)

☐ Gewährleistung (insbesondere Festlegung von Gewährleistungsfristen)

☐ Sind besondere Vereinbarungen zur Beweissicherung und Verkehrssicherung geboten?

☐ Welche Vertragspartei ist für welche Versicherungen zuständig? (z.B. Haftpflichtversicherung, Bauwesenversicherung)

☐ Erfolgen Umlagen? (z.B. für Strom, Wasser, Versicherungen)

☐ Sonstige Besonderheiten des Bauvorhabens?

12.2   Architekten- und andere Planerverträge

12.2.1 Grundlegende Vertragsinhalte

Planungsvertrag ist Werkvertrag

Wird ein Architekt oder ein Fachplaner mit der Erbringung von Planungsleistungen für ein Bauvorhaben beauftragt, handelt es sich dabei im Regelfall um einen Werkvertrag gemäß §§ 631 ff. BGB. Die rechtliche Einordnung solcher Planungsverträge stimmt also mit der rechtlichen Einordnung der oben bereits angesprochenen Bauverträge überein. Gleichwohl ist die hinter den einzelnen Verträgen stehende Vertragsleistung eine gänzlich andere. Während beim Bauvertrag körperlich greifbare Bauleistungen ausgeführt werden, erbringt der Architekt oder sonstige Planer gewissermaßen die Vorstufe für diese Bauleistungen, nämlich die planerischen Grundlagen. Da es sich bei solchen Planungsverträgen um Werkverträge handelt, sind auch hier erfolgsbezogene Leistungen geschuldet, d.h. der Planer hat nicht nur die Planungsleistungen an sich zu erbringen, sondern er schuldet einen darüber hinausgehenden Erfolg. Dies bedeutet, dass die Planung

Erfolgsbezogenheit des Planungsvertrags

des Architekten geeignet sein muss, vom Bauherrn vorgegebene Erwartungen an das Bauwerk in technischer, wirtschaftlicher und gestalterischer Hinsicht zu erfüllen. Der vom Architekten herbeizuführende Werkerfolg liegt darin, dass er eine Planung zur Verfügung stellt, die eine geeignete (Planungs-) Grundlage für die mangelfreie Umsetzung eines entsprechenden Bauwerks ist.

Bedeutung der HOAI

Im Übrigen bestimmen sich die Rechte und Pflichten des Bauherrn und des Planers in erster Linie anhand der im Vertrag getroffenen Vereinbarungen und ergänzend anhand der bereits angesprochenen §§ 631 ff. BGB. Die HOAI hat daneben grundsätzlich keine Auswirkungen auf den Vertragsinhalt, denn entgegen einer weit verbreiteten, aber unzutreffenden Auffassung bestimmt die HOAI nicht, welche Leistungspflichten ein Planer zu erbringen hat. Die HOAI befasst sich vielmehr ausschließlich mit der Frage, welche Vergütung einem Planer für Leistungen zusteht, die ihm von einem Bauherrn übertragen worden sind. Deshalb kann auf die in der HOAI beschriebenen Leistungen eines Planers zwar bei der Vertragsgestaltung zurückgegriffen werden. Häufig erleichtert eine Bezugnahme auf die HOAI auch die Beschreibung der Arbeiten, die ein Planer erbringen soll. Die HOAI gibt dies aber nicht aus sich selbst heraus vor.

Umfang der Beauftragung

Im Zusammenhang mit der Beschreibung der vom Planer zu erbringenden Leistungen sollte sich der Auftraggeber insbesondere auch immer die Frage stellen, in welchem Umfang er den Planer (zunächst) beauftragt. Während der Planer naturgemäß bereits zu Beginn seiner Tätigkeit an einer möglichst weitgehenden Beauftragung beispielsweise bis einschließlich zur Leistungsphase 8 des § 33 HOAI interessiert ist, ist es dem Bauherrn in der Regel mehr zu empfehlen, nur eine stufenweise Beauftragung von Architektenleistungen auszusprechen. Gerade im Bereich der Planerverträge ist nämlich häufig zu beobachten, dass sich unter Umständen im Laufe der Planung immer mehr unterschiedliche Auffassungen zwischen Bauherr und Planer oder sonstige Störungen bemerkbar machen, die dann eine Trennung vom Planer und Neuorientierung des Bauherrn erfordern. Dies gelingt rechtlich und wirtschaftlich deutlich einfacher, wenn sich der Bauherr nicht schon sehr weitgehend an den Planer gebunden hat. Außerdem stehen nach Erteilung der Baugenehmigung im Zusammenhang mit der Realisierung des Bauvorhabens bzw. der Fortschreibung der Planung möglicherweise wichtige Entscheidungen an, die in einem früheren Planungsstadium noch nicht zu überblicken waren. Beispielsweise können sich weitere Planungsleistungen aus Sicht des Bauherrn dadurch erübrigen, dass nach Vorliegen der Baugenehmigung ein Generalunternehmer eingeschaltet wird oder für die Realisierung ein anderes Planungsbüro zugezogen wird, dem man größere Kompetenz bei der tatsächlichen Umsetzung des Bauvorhabens und der Bauüberwachung zutraut.

Stufenweise Beauftragung

Welche Beauftragungsschritte bei stufenweiser Beauftragung im Einzelnen in Betracht kommen, lässt sich nicht verallgemeinern. Häufig empfiehlt sich ein erster Beauftragungsschritt bis einschließlich zur Leistungsphase 3 oder 4. Häufig bietet es sich außerdem an, nach der Leistungsphase 5 noch einmal eine Zäsur vorzunehmen. Unabhängig von den im Einzelfall in Betracht zu ziehenden Beauftragungsstufen sollte in jedem Fall zu Beginn eine Art Rahmenvertrag geschlossen werden, der bereits den Abruf eines ersten Planungsabschnittes beinhaltet und im Übrigen die Beauftragung weitergehender Planungsschritte optional vorsieht. Auf diese Weise müssen dann bei der Beauftragung weiterer Planungsleistungen nicht immer wieder neue Verträge geschlossen werden, sondern es reicht der Abruf der im Vertrag beschriebenen optionalen Planungsleistungen, für die dann als rechtlicher Rahmen der bereits geschlossene Vertrag gilt.

Beauftragungsschritte bei stufenweiser Beauftragung

Rahmenvertrag

12.2.2 Pauschalhonorar

Wie bereits vorstehend angesprochen, regelt die HOAI die Honoraransprüche von Architekten und Ingenieuren für die gemäß der HOAI erbrachten Leistungen. Nach ihrem § 1 ist die HOAI nur für Architekten und Ingenieure mit Sitz im Inland anwendbar. Die Vergütungsregelungen der HOAI gelten also nicht für Planer, die ihren Sitz außerhalb der Bundesrepublik haben. Auch ist die HOAI nicht für Leistungen anwendbar, die nicht von der Bundesrepublik aus erbracht werden. Soweit allerdings nach § 1 HOAI eine Anwendbarkeit der HOAI gegeben ist (also bei allen von inländischen Planern im Inland erbrachten Leistungen), sind die Honorarvorgaben der HOAI zwingend. Dies bedeutet, dass – von ungewöhnlichen Ausnahmefällen abgesehen – die Mindesthonorare der HOAI nicht unterschritten werden

Persönlicher Anwendungsbereich der HOAI

Zwingendes Honorargefüge

Mindesthonorare

dürfen. Die HOAI begründet ein Mindestpreissystem (§ 7 Abs. 3 HOAI), welches für den am Vertrag beteiligten Bauherrn und die von diesem beauftragten Planer zwingend ist. Darin liegt eine häufig nicht beachtete rechtliche Unsicherheit bei der Vereinbarung von Pauschalhonoraren.

Risiken bei Pauschalhonorar

Werden mit Architekten oder anderen Planern Pauschalhonorare vereinbart, liegen die insoweit ausgehandelten Beträge oft unterhalb des Honorars, welches sich unter Anwendung der HOAI errechnen würde. Meist wird vom Planer ein erster Honorarvorschlag auf Basis einer HOAI-gemäßen Berechnung unterbreitet und dann auf dieser Basis ein Nachlass ausgehandelt. Dies entspricht gängiger Praxis und soll auch nicht kritisiert werden. Aus Sicht des Bauherrn ist allerdings zu beachten, dass im Falle einer späteren gerichtlichen Überprüfung die getroffenen Honorarabsprachen im Regelfall unwirksam sein dürften, so dass es dem Planer – entgegen der schriftlich getroffenen Honorarabrede – in fast allen Fällen möglich sein wird, Honorarnachforderungen zu stellen und das sich aus der HOAI ergebende Mindesthonorar zu fordern, soweit die vertraglich vereinbarte Pauschale darunter liegt. In der Praxis sind solche Honorarforderungen wohl eher deshalb selten, weil der betreffende Architekt von diesem Bauherrn sicherlich nie wieder einen Anschlussauftrag erhalten wird. Gibt es auf Seiten des Planers allerdings keine solchen Gründe für eine Zurückhaltung, drohen dem Bauherrn echte Honorarnachforderungen bis zur Höhe der durch die HOAI vorgegebenen Mindestsätze. Dies muss keineswegs Anlass sein, von der Vereinbarung günstiger Honorarpauschalen Abstand zu nehmen. Wenn sich alle Beteiligten auch nach Abschluss des Bauvorhabens noch einig sind und sich an die vereinbarte Pauschale halten, ist dies nicht zu beanstanden. Allerdings ist dem Bauherrn zu empfehlen, die Gefahr eines diesbezüglichen Streits und einer eventuellen Honorarnachforderung zumindest als Möglichkeit einzukalkulieren, damit er nicht später unerwarteten Überraschungen ausgesetzt ist.

Rechtsprechung stützt Nachforderungen

Wie schon erwähnt, ist die Rechtsprechung bei der Durchsetzung der Mindestsätze zugunsten der Architekten sehr strikt. Nach der herrschenden Rechtsprechung steht einem Architekten trotz abweichender schriftlicher Honorarvereinbarung grundsätzlich immer ein Honorar gemäß den Mindestsätzen der HOAI zu. Nach Auffassung des BGH (BGHZ 136, 1 (9)) kann es aber unter besonderen Umständen einmal Anlass geben, den Architekten an dem vereinbarten (zu niedrigen) Pauschalhonorar festzuhalten. Dies soll insbesondere dann in Betracht kommen, wenn

Ausnahmsweise Bindung an die Pauschale

(1) der Auftraggeber auf die Wirksamkeit der die Mindestsätze unterschreitenden Honorarvereinbarung vertraut hat und

(2) er auch darauf vertrauen durfte und

(3) der Auftraggeber sich derart auf die Honorarabsprache eingerichtet hat, dass ihm nach Treu und Glauben die Zahlung des Honorarmehrbetrages nicht zugemutet werden kann.

Prüft man diese Ausnahmen genauer, wird man feststellen, dass sich der Architekt im geschäftlichen Verkehr meistens mit etwaigen Nachforderungen durchsetzen wird, weil die Rechtsprechung im Regelfall einem im Immobilienbereich erfahrenen Auftraggeber nicht zubilligt, er habe wirksam auf eine die HOAI verletzende Honorarvereinbarung vertraut (großzügiger zugunsten des Auftraggebers aber z.B. OLG Düsseldorf, Urteil vom 23.11.2010 – 23 U 215/09).

Neben der verbindlichen Festlegung eines Mindestsatzes für Planungsleistungen stellt die HOAI außerdem strenge Anforderungen an Honorare oberhalb der Mindestsätze der HOAI. Honorarvereinbarungen, die einem Planer ein höheres Honorar zusprechen, als es die Mindeststätze der HOAI vorsehen, sind nur wirksam, wenn sie schriftlich bei Auftragserteilung geschlossen worden sind (§ 7 Abs. 6 HOAI). Nur wenn dieses von der Rechtsprechung streng und formalistisch gesehene Kriterium eingehalten wird, ist ein oberhalb der Mindestsätze liegendes Honorar durchsetzbar. Daran scheitern in der Praxis viele Honorarvereinbarungen, denn es ist häufig zu beobachten, dass ein Architekt schon einige Zeit für einen Bauherrn tätig ist und erst im weiteren Verlauf der Durchführung seiner Arbeiten an den Bauherrn herantritt, um mit diesem eine schriftliche Honorarvereinbarung bzw. einen Architektenvertrag zu schließen. Da Planungsverträge auch mündlich abgeschlossen werden können, geht die Rechtsprechung in diesen Fällen grundsätzlich davon aus, dass bereits ein (mündlicher) Vertragsschluss erfolgt ist, als der Architekt mit seinen Arbeiten begonnen hat. Die schriftliche Honorarvereinbarung kommt dann zu spät. Sie erfolgt nicht mehr „bei Auftragserteilung" im Sinne der HOAI und entfaltet dann auch keine rechtliche Bindung mehr. Trotz schriftlicher Fixierung eines oberhalb der Mindestsätze liegenden Honorars kann also eine Situation eintreten, in der der Bauherr sich später zu Recht gegen die Bezahlung eines oberhalb der Mindestsätze liegenden Honorars wendet. Häufig werden solche Streitfälle eintreten, wenn der Bauherr im Nachhinein mit den Architektenleistungen nicht zufrieden ist und nach einem Grund sucht, weniger Honorar zahlen zu müssen. Dies mag man vom Verhalten her kritisch beurteilen. Rechtlich zu beanstanden ist ein solches Vorgehen aber regelmäßig nicht. Deshalb empfiehlt sich in solchen Fällen immer eine sorgfältige Prüfung und rechtliche Bewertung der Umstände des Vertragsschlusses. Wegen der besonderen Anforderungen an die formalen Abläufe kann sich häufig herausstellen, dass eine schriftliche Vereinbarung entgegen den Erwartungen der Beteiligten für das Honorar keine rechtliche Verbindlichkeit hat.

Honorar oberhalb der Mindestsätze

Kritischer Zeitpunkt der Auftragserteilung

Sorgfältige Prüfung des Vertragsschlusses

12.2.3 Haftung des Architekten

Wie bereits ausgeführt, liegt der vom Architekten herbeizuführende Werkerfolg darin, dass er eine Planung erstellt, die geeignete Grundlage für die mangelfreie Errichtung eines entsprechenden Bauwerks ist. Ge-

Anforderungen an Architektenplanung

nügt die Planung diesen Anforderungen nicht, liegt ein Planungsfehler vor. Dabei ist zu beachten, dass nicht jeder Mangel am Bauwerk auch den Rückschluss auf eine insoweit fehlerhafte Architektenplanung zulässt. Der Mangel am Bauwerk kann seine Ursache sowohl in einer fehlerhaften Ausführung durch den Bauunternehmer haben als auch auf falschen planerischen Vorgaben beruhen. Für Letztere haftet der Architekt in jedem Fall. Für Fehler bei der Ausführung durch den Unternehmer nur dann, wenn der Architekt auch mit der Bauüberwachung beauftragt war **und** ein Ausführungsfehler vorliegt, den der Architekt bei ordnungsgemäßer Überwachung des Unternehmers hätte erkennen und verhindern können.

Bauüberwachung

Regeln der Technik und Baukunst

Nach allgemeiner Auffassung muss die Planung eines Architekten den anerkannten Regeln der Baukunst und Technik entsprechen Der Architekt hat die richtigen Baumaterialien auszuwählen und muss bei mehreren Alternativen grundsätzlich den sichersten Weg gehen (KG, ZfBR 2001, 474; OLG Naumburg, BauR 2000, 274). Die sich daraus für den Architekten und ggf. auch für einen eingeschalteten Fachplaner ergebenden Anforderungen sind vielfältig und sehr weitreichend. So haftet der Architekt beispielsweise dafür, dass ein Bauwerk ausreichend gegen Bodenfeuchtigkeit oder drückendes Wasser abgedichtet ist (BGH; BauR 2008, 543). Im Rahmen seiner planerischen Überlegungen muss der Architekt ggf. die notwendigen Untersuchungen veranlassen, die ihn in die Lage versetzen, den Baugrund und die sich daraus in Bezug auf die Abdichtung des Gebäudes ergebenden Risiken zu bewerten. Hier hilft dem Architekten auch nicht der häufig verwendete und meistens falsch verstandene Satz, wonach der Bauherr als Eigentümer des Grundstücks das so genannte Baugrundrisiko trägt. Selbstverständlich haftet zwar der Architekt nicht dafür, dass der Baugrund den Vorstellungen des Bauherrn und dessen Plänen entspricht. Im Rahmen der Grundlagenermittlung und Vorplanung des Architekten muss dieser sich aber mit dem Baugrund einerseits und den Anforderungen des Bauherrn an das zu errichtende Objekt andererseits auseinandersetzen, notfalls weitergehende Untersuchungen veranlassen und darauf aufbauend dauerhaft geeignete Lösungen entwickeln. Fehler, die dem Architekten hier unterlaufen und die zu einem Mangel des Bauwerks führen, sind Planungsfehler, für die der Architekt haftet.

Abdichtung / Baugrund

Materialauswahl / Schallschutz

Weitere häufige Fehler des Architekten, die zu dessen Haftung führen können, sind Fehler bei der Auswahl von Baumaterialien sowie im Zusammenhang mit Fragen des Schallschutzes. Die Anforderungen, die hier an den Architekten und auch sonstige Planer von den Gerichten gestellt werden, sind hoch und einer ständigen Entwicklung unterworfen. So hat beispielsweise zuletzt das OLG Dresden in einer Entscheidung vom 9.6.2010 (1 U 745/09) noch einmal betont, dass ein Ingenieur grundsätzlich eine Planung schuldet, die zum Zeitpunkt ihrer Abnahme dem aktuellen Stand der anerkannten Regeln der Technik entspricht. Der Ingenieur darf sich dementsprechend nicht auf einen bestimmten Planungsstand zurückziehen, sondern er hat sich auf dem Laufenden zu halten und sein Werk auf Übereinstimmung mit den neuesten Regeln der Technik zu überprüfen und ggf. seine Planungsleistungen daraufhin anzupassen.

Besondere Anordnungen oder Wünsche des Auftraggebers entlasten den Architekten bei der Erfüllung dieser strengen Planungsanforderungen nicht. Plant der Architekt beispielsweise mit wenig erprobten Materialien oder stellt er eine aus sonstigen Gründen „riskante" Planung auf, muss er den Bauherrn auf die sich daraus ergebenden Risiken hinweisen und zwar auch dann, wenn der Bauherr sich eine solche Ausführung gewünscht oder diese mit dem Architekten besprochen hat. Der Wunsch des Bauherrn, eine bestimmte Planung/Ausführung zu erhalten, beinhaltet nicht ohne weiteres das Einverständnis in sich daraus ergebende Risiken. Der Bundesgerichtshof fordert ausdrücklich, dass ein Architekt seinen Bauherrn über die Bedeutung und die Tragweite schwieriger oder problematischer Planungsentscheidungen aufklärt und über sich daraus ergebende Risiken belehrt. Selbst wenn es sich um einen fachkundigen Bauherrn handelt, wird vom Architekten grundsätzlich erwartet, dass er auf Bedenken und Risiken konkret hinweist und deren mögliche Auswirkungen mit dem Bauherrn erörtert (BGH, NJW 1996, 2370). Genügt der Architekt diesen strengen Anforderungen nicht, wird er im Regelfall dem Bauherrn gegenüber wegen eingetretener Mängel schadensersatzpflichtig sein, auch wenn der Bauherr grundsätzlich mit den planerischen Maßgaben des Architekten einverstanden war. In diesen Fällen steht nicht das Einverständnis des Bauherrn im Vordergrund, sondern die Haftung des Architekten leitet sich aus dem Umstand ab, dass der Bauherr ohne ausreichende Aufklärung die Folgen seiner Entscheidung möglicherweise nicht ausreichend überblicken konnte.

Hinweispflichten des Planers

Grundsätzlich auch Hinweispflichten bei fachkundigem Bauherrn

Neben diesen technischen Anforderungen hat der Architekt im Rahmen seiner Planung auch die Zulässigkeit des von ihm geplanten Bauvorhabens zu berücksichtigen. Bei der Architektenplanung im Rahmen der Leistungsphasen 1 bis 4 des § 33 HOAI bedeutet dies, dass der Architekt eine dauerhaft genehmigungsfähige Planung schuldet. Ist die Planung des Architekten nicht genehmigungsfähig, weil beispielsweise planungsrechtliche Anforderungen nicht eingehalten oder nachbarschützende Normen des Bauordnungsrechts (z.B. Abstandsflächen) verletzt werden, ist das Architektenwerk mangelhaft (vgl. BGH BauR 2002, 1872, 1873; BauR 1999, 1195). In diesem Fall ist der Architekt verpflichtet, umzuplanen, um die Genehmigungsfähigkeit seiner Leistungen herbeizuführen. Ist dies nicht möglich, liegt ein insgesamt mangelhaftes und nicht mehr nachbesserungsfähiges Architektenwerk vor, für das dann auch keine Vergütung verlangt werden kann. Hinzu kommt, dass der Architekt darüber hinaus auch schadensersatzpflichtig ist und deshalb gegenüber dem Bauherrn alle Schäden zu tragen hat, die sich aus mangelnder Genehmigungsfähigkeit der Planung ergeben. Im schlimmsten Fall kann dies nach Errichtung des Gebäudes so weit gehen, dass Abrisskosten für das unzulässig errichtete Bauwerk

Dauerhaft genehmigungsfähige Planung

vom Architekten zu tragen sind. Hat der Bauherr seine Entscheidung zum Grundstückskauf von der Aussage/Planung des Architekten abhängig gemacht, können den Architekten unter Umständen sogar die insoweit vom Bauherrn nutzlos aufgewendeten Kosten treffen.

12.2.4 Haftungsverhältnis Architekt / Sonderfachmann

Einschaltung von Fachplanern

Hinweispflichten auch des Fachplaners

Abgrenzung der Verantwortlichkeiten

Die Planungszuständigkeit und -verantwortung für ein Bauvorhaben liegt in der Regel nie ausschließlich beim Architekten. Immer werden Sonderfachleute hinzugezogen, in der Regel auf alle Fälle der Tragwerksplaner und möglicherweise auch weitere Fachplaner für die technische Gebäudeausrüstung oder sonstige besondere Anforderungen. Im Grundsatz gelten auch für diese Fachplaner die oben schon im Zusammenhang mit der Haftung des Architekten dargestellten Anforderungen. Auch die Fachplaner müssen selbstverständlich die anerkannten Regeln der Technik beachten und in Sondersituationen den Bauherrn auf mögliche Probleme hinweisen und diesen entsprechend beraten. Verlassen können sich die Sonderfachleute aber in der Regel auf die Richtigkeit der ihnen vorliegenden Architektenplanung. Soweit hier nicht für den Sonderfachmann besonders augenfällige Fehler vorliegen, trifft diesen keine besondere Prüfungspflicht außerhalb seines Fachbereichs. Umgekehrt haftet der Architekt im Regelfall auch nicht für Fehler der Sonderfachleute, denn es liegt auf der Hand, dass er beispielsweise die Richtigkeit einer Statik nicht überprüfen muss und meist auch nicht überprüfen kann.

Haftungsverteilung

Infolge dieser Ausgangslage wird man im Regelfall bei Planungsfehlern entweder des Architekten oder des Sonderfachmanns verhältnismäßig klar zu einer Haftung des einen oder anderen Planers kommen. Denkbar ist aber auch, dass ein Fehler des Bauwerks gleichermaßen durch einen Planungsfehler des Architekten und einen Planungsfehler des Sonderfachmanns verursacht worden ist. In einem solchen Fall haften dann sowohl der Architekt als auch der Fachplaner dem Bauherrn gegenüber als Gesamtschuldner. Eine solche „parallele" Haftung mehrerer Planer kommt beispielsweise auch dann in Betracht, wenn Aufgaben der Bauüberwachung und/oder besondere Qualitätskontrollen sowohl dem bauüberwachenden Architekten als auch einem zusätzlich eingeschalteten Fachplaner obliegen und beide Auftragnehmer gleichermaßen zulasten des Bauherrn Fehler der ausführenden Firmen übersehen haben.

12.2.5 Gewährleistungsansprüche des Auftraggebers

§§ 631 ff. BGB

Wie unter 12.2.1 bereits ausgeführt, handelt es sich bei Architekten- und Ingenieurverträgen regelmäßig um Werkverträge nach §§ 631 ff. BGB. Die Gewährleistungsansprüche des Auftraggebers im Falle eines mangelhaften Architekten-/Ingenieurwerks bestimmen sich also nach den gleichen Regelungen, die oben unter 12.1.9 bereits beim Bauwerkvertrag angesprochen worden sind. Liegt ein Planungsfehler oder ein Fehler bei der Bauüberwachung vor, muss der Bauherr den Architekten/Ingenieur grundsätzlich gemäß den allgemeinen werkvertraglichen Anforderungen zur Nacherfüllung auffordern (§ 635 BGB). Die Nacherfüllung (Mangelbeseitigung) ist sowohl ein Anspruch des Auftraggebers als auch ein Recht des Planers, denn nach den werkvertraglichen Regelungen ist ein Auftragnehmer nicht nur verpflichtet, sondern auch berechtigt, Mängel seiner eigenen Leistung zu beseitigen. Dieser rechtliche Grundsatz stößt allerdings bei Planungsleistungen und Leistungen der Objektüberwachung häufig an seine Grenzen. Ist beispielsweise aufgrund einer fehlerhaften Planung eine Tiefgaragenrampe falsch ausgeführt worden oder wurde eine Kellerwand bei unzulänglicher Objektüberwachung nicht hinreichend abgedichtet, lässt sich die diesbezügliche Architektenleistung grundsätzlich nicht mehr nachbessern, da sich der Fehler des Planers bereits im Bauwerk verkörpert hat und durch erneute Planung oder Objektüberwachung nicht mehr rückgängig gemacht werden kann. In diesen Fällen ist die Nachbesserung der Architektenleistung nicht möglich oder jedenfalls sinnlos. Der Bauherr wird dann direkt wegen der Folgen der mangelhaften Planungs- oder Überwachungsleistung Schadensersatzansprüche gegen den Planer geltend machen können. Eine vorherige Fristsetzung und Aufforderung zur Mangelbeseitigung ist in diesen Situationen nicht erforderlich.

Nachbesserung / Nacherfüllung

Schadensersatz nach Realisierung des Planungsfehlers

Die Nachbesserung der fehlerhaften Planungsleistung bleibt aber immer dann von Bedeutung, wenn sich ein Fehler der Planung noch nicht im Bauwerk verkörpert hat. Dann muss dem Architekten – von seltenen Ausnahmefällen abgesehen – Gelegenheit zur Nachbesserung seiner Planung gegeben werden. Dies kann insbesondere bei dem oben unter 12.2.3 angesprochenen Fall einer nicht genehmigungsfähigen Planung von Bedeutung sein. Lässt sich die Architektenplanung so anpassen, dass eine genehmigungsfähige Planung daraus entsteht, und entspricht das solchermaßen geänderte Vorhaben auch noch den vertraglich zugrunde gelegten Anforderungen des Bauherrn, kann dieser nicht sogleich wegen der nicht erteilten Baugenehmigung Schadensersatz vom Architekten verlangen, sondern er muss diesem grundsätzlich Gelegenheit geben, die Unzulänglichkeiten zu beseitigen, die der Genehmigung entgegenstehen. Übersieht der Bauherr dies und verlangt er Schadensersatz, ohne dem Planer Gelegenheit zur Nachbesserung zu geben, läuft er Gefahr, mit seinen Ansprüchen zu scheitern.

Gelegenheit zur Nachbesserung

Zur Nachbesserung ist eine angemessene Frist zu setzen. Nur in seltenen Fällen ist dies entbehrlich, beispielsweise, wenn der Planer die Nacherfüllung bereits ernsthaft verweigert hat oder vorangegangene Nacherfüllungsversuche schon fehlgeschlagen sind oder aber dem Bauherrn eine Nachbesserung der Planungsleistung unzumutbar ist (§§ 281 Abs. 2, 636 BGB). Dabei ist zu berücksichtigen, dass die Unzu-

Fristsetzung

Entbehrlichkeit einer Fristsetzung

mutbarkeit einer Nachbesserung nur in sehr seltenen Ausnahmefällen anzunehmen ist. In der Praxis zeigt sich häufig, dass der Bauherr – unter Umständen aus guten Gründen – nicht mehr mit dem Architekten zusammenarbeiten möchte, die insoweit bestehenden Vorbehalte aber rechtlich nicht relevant sind. Die Rechtsprechung betont, dass von einer Unzumutbarkeit im Sinne des Gesetzes immer nur dann auszugehen ist, wenn objektive Umstände das Vertrauen des Auftraggebers auf eine ordnungsgemäße Durchführung der Mangelbeseitigung erschüttert haben (BGHZ 46, 242). Nicht ausreichend für eine solche Annahme ist grundsätzlich der Umstand, dass der Auftragnehmer fehlerhaft gearbeitet hat, denn für diesen Fall sieht das Gesetz ja gerade das Nachbesserungsrecht vor. Es müssen also objektiv besondere Umstände hinzutreten, die die Annahme rechtfertigen, dass schlechterdings keine brauchbare Nachbesserung mehr zu erwarten ist. Eine solche Besonderheit im Streitfall darzulegen und zu beweisen, wird in den meisten Fällen außerordentlich schwierig sein, so dass dem Bauherrn nur dringend geraten werden kann, im Zweifel besser eine Frist zu setzen und zur Nachbesserung aufzufordern, solange diese möglich ist.

Im Zweifel besser eine Frist setzen

Schadensersatz

Ist ein Schadensersatzanspruch des Bauherrn gegeben, kann die Haftung des Planers außerordentlich weitgehend sein. Erweist sich beispielsweise wegen fehlerhafter Planung oder bei unzureichender Objektüberwachung die Abdichtung einer Tiefgarage als mangelhaft, trägt der Planer alle Kosten, die mit der Freilegung und Sanierung des mangelhaften Bauteils und der anschließenden Wiederherstellung der Örtlichkeit verbunden sind, einschließlich eventueller sonstiger Schäden, wie beispielsweise Nutzungsausfall.

Grenzen des Nachbesserungs-rechtes

Hat sich ein Planungsfehler oder ein Fehler der Objektüberwachung im Bauwerk realisiert, ist der Bauherr nach dem Gesetz nicht verpflichtet, den Planer insoweit mit der Mangelbeseitigung zu betrauen. Das gesetzliche Nachbesserungsrecht beschränkt sich darauf, den Fehler einer Planung zu überarbeiten, solange dies noch möglich ist. Ein Anspruch, mit der Beseitigung eines bereits im Bauwerk verkörperten Fehlers betraut zu werden, besteht nicht. Eine solche Einbindung des beauftragten Architekten oder Ingenieurs kann der Bauherr ohne Weiteres ablehnen, es sei denn, die Parteien haben in ihren Verträgen ausdrücklich eine Sonderregelung dazu getroffen.

Verjährungsfrist 5 Jahre

Soweit sich die Planungsleistungen auf ein Bauwerk beziehen, verjähren etwaige Gewährleistungsansprüche des Bauherrn gegen den Planer gemäß § 634a Abs. 1 Nr. 2 BGB in fünf Jahren. Die Verjährung beginnt mit der Abnahme. Da bei Planungsleistungen eine Abnahme im eigentlichen Sinne (§ 640 BGB) meist nicht stattfindet, ist in solchen Fällen § 646 BGB zu berücksichtigen. Nach dieser Vorschrift tritt an die Stelle der Abnahme dann die Vollendung des Werks.

12.2.6 Architektenurheberrecht contra Umgestaltung?

Nicht jede Architektenplanung genießt Urheberrechtsschutz. Ein solcher Schutz kommt gemäß § 2 Abs. 1 Nr. 4 und 7 sowie § 2 Abs. 2 UrhG für „Werke der Baukunst" und „Zeichnungen, Pläne, Skizzen" usw. nur dann in Betracht, wenn die Leistung des Architekten eine „persönliche geistige Schöpfung" darstellt. Für die Bejahung von Urheberrechtsschutz ist damit entscheidend, ob im Einzelfall ein künstlerisch gestalteter Bau vorliegt. Im Bauwerk bzw. in den Planungsunterlagen muss sich ein persönliches schöpferisches Schaffen des Architekten offenbaren (BGHZ 24, 55 – Ledigenheim). Da die Frage des Bestehens von Urheberrechtsschutz im Einzelfall häufig schwer zu beurteilen sein wird, empfiehlt sich aus Sicht des Bauherrn immer vorsorglich eine vertragliche Vereinbarung zur Verwendung und Verwertung der Architektenplanung und zu Änderungen am Bauwerk auch ohne Mitwirkung des Architekten. Der Bauherr sollte die Einräumung folgender Befugnisse prüfen:

Wann besteht Urheberrechtsschutz?

Vertragliche Handhabung von Urheberrechten

- Befugnis, Pläne und sonstigen Unterlagen ohne Mitwirkung des Planers zur (einmaligen) Realisierung des Bauvorhabens verwenden zu dürfen.

- Befugnis, an Plänen, sonstigen Unterlagen und auch an realisierten Baulichkeiten (nach Belieben) Änderungen vornehmen zu dürfen, soweit es sich nicht um Entstellungen des Werks (§ 14 UrhG) handelt.

- Befugnis, das Objekt auch gestalterisch (nach Belieben) verändern zu dürfen, soweit es sich nicht um Entstellungen des Werks (§ 14 UrhG) handelt.

Aus Sicht des Bauherrn sollte im Architektenvertrag vorsorglich auch klargestellt werden, dass der Architekt für die Einräumung der vorgenannten Befugnisse vom Bauherrn kein besonderes Entgelt verlangen kann.

Unentgeltlichkeit der Nutzung

Aus Sicht des Architekten bietet es sich an, ergänzend zumindest zu vereinbaren, dass er vor einer Entscheidung des Bauherrn über etwaige Änderungen, die seine urheberrechtliche Belange berühren könnten, anzuhören ist. Eine weitergehende Formulierung dahingehend, dass der Architekt sein Einverständnis mit Änderungen erteilen muss, erscheint zwar aus Sicht des Architekten wünschenswert, allerdings aus Sicht des Bauherrn im Sinne einer unkomplizierten Wahrnehmung seiner Eigentümerinteressen nicht angebracht.

Anhörung des Architekten

Fehlt es an vertraglichen Vereinbarungen zum Urheberrecht bzw. zu den Befugnissen des Bauherrn gegenüber dem Architekten, ergibt sich in allen Fällen, in denen ein Bauherr in das Architektenwerk eingreifen will, eine dreistufige Prüfung. Zunächst ist festzustellen, ob überhaupt ein urheberrechtlich geschütztes Architektenwerk vorliegt. Wird dies bejaht, stellt sich im Anschluss daran die Frage, ob die vom Bauherrn

Rechtslage bei Eingriffen ins Urheberrecht

angestrebten Maßnahmen tatsächlich in dieses geschützte Werk eingreifen. Möglicherweise beabsichtigt der Bauherr Veränderungen am Objekt, die überhaupt nicht die urheberrechtlich geschützten Bereiche des Gebäudes betreffen. Sollte sich tatsächlich ein Eingriff in ein urheberrechtlich geschütztes Architektenwerk feststellen lassen, ist

Interessenabwägung

schließlich eine Interessenabwägung vorzunehmen. Die Interessen des Architekten einerseits an der Unversehrtheit seiner Planungsleistung sind andererseits den Eigentümerinteressen des Bauherrn, möglichst nach Belieben mit seinem Objekt zu verfahren, gegenüberzustellen. Zentrale Vorschriften insoweit sind § 14 und § 39 UrhG. Nach § 14 UrhG hat der Urheber das Recht, eine Entstellung oder andere Beeinträchtigung seines Werks zu verbieten, die geeignet ist, seine berechtigten geistigen oder persönlichen Interessen am Werk zu gefährden. Nach § 39 Abs. 1 UrhG verbietet sich grundsätzlich eine Änderung geschützter Werke, allerdings mit der Einschränkung, dass Änderungen zulässig sind, zu denen ein Architekt als Urheber seine Einwilligung nach Treu und Glauben nicht versagen kann. Welche Interessen sich letztlich durchsetzen, ist regelmäßig eine Frage des Einzelfalls. Bei

Sachlich berechtigte Belange des Bauherrn

sachlich berechtigten Belangen des Bauherrn scheint die Tendenz der Rechtsprechung dahin zu gehen, dass sich der Bauherr mit seinen Änderungswünschen gegenüber dem Architekten durchsetzt. Von großer Bedeutung ist in diesem Zusammenhang das Urteil des BGH vom 31.5.1974 zur Durchführung einer Schulerweiterung (BGHZ 62, 331). In dieser Entscheidung führt der BGH aus:

> „Hat der Urheber sein Werk zu Eigentum veräußert oder, wie bei einem Bauwerk, von vornherein für einen fremden Eigentümer geschaffen, so hat er in der Regel dafür ein Entgelt erhalten und muss damit rechnen, dass ihm in der Ausübung seines Urheberrechts die fremden Eigentumsinteressen entgegenstehen. Das wirkt sich .... auch in der Richtung (aus), dass er (Architekt) der aus dem Eigentumsrecht schließenden Berechtigung, mit dem Werkstück nach Belieben zu verfahren und andere von jeder Einwirkung fernzuhalten, nur insoweit entgegentreten kann, als seine berechtigten urheberrechtlichen Belange ernstlich berührt werden. Das hängt einerseits von Art und Umfang des konkreten Eingriffs sowie andererseits von Intensität und Ausmaß der hiervon in erster Linie betroffenen urheberpersönlichkeitsrechtlichen Interessen ab ..."

Urhebergesetz schützt nicht vor Vernichtung

Im Zusammenhang mit der Revitalisierung bestehender Bauwerke ist schließlich immer zu berücksichtigen, dass das Urheberrecht ggf. nur **Veränderungen** an einem Bauwerk entgegensteht. Das Urhebergesetz schützt also nicht den Bestand eines Architektenwerks an sich. Die (völlige) Vernichtung eines urheberrechtlich geschützten Werks ist also ohne weiteres möglich und kann vom Urheber nicht verhindert werden. Diese Besonderheit erlangt unter Umständen Bedeutung, wenn eine sehr weitgehende Veränderung bei Bauwerken stattfindet. Das

Landgericht Hamburg hat in der sogenannten „Astra-Hochhaus-Entscheidung" (NZBau 2007, 50) zutreffend die Auffassung vertreten, dass bei Abbruchmaßnahmen, bei denen lediglich die konstruktive Grundkonstruktion eines Gebäudes verbleibt, kein urheberrechtlich geschütztes Bauwerk mehr vorliegt. Ein eventuell zunächst urheberrechtlich geschütztes Bauwerk wäre dann im Rechtssinne vernichtet worden. Baumaßnahmen, die lediglich noch die verbliebene Grundkonstruktion betreffen, sind urheberrechtlich nicht relevant, weil diese Grundkonstruktion keinen urheberrechtlichen Schutz mehr genießt. Das ursprünglich geschützte Werk ist in solchen Fällen des umfassenden Rückbaus entfallen und es gibt deshalb keinen Bezugspunkt mehr für eventuelle urheberrechtliche Ansprüche eines Architekten. Bei umfassenden Revitalisierungsmaßnahmen können also unter Umständen Urheberrechtsansprüche des Architekten auf diese Weise hinfällig werden.

Eine differenzierte Betrachtung ist vorzunehmen, wenn nur Teile eines urheberrechtlich geschützten Bauwerks oder eines Ensembles zurückgebaut werden. Dann stellt sich die Frage, ob die verbleibenden Baulichkeiten für sich genommen urheberrechtlichen Schutz genießen und ob Urheberrechte allein dadurch verletzt werden, dass aus einem Gesamtbestand Teile herausgelöst/entfernt werden. Diese schwierige Frage lässt sich abstrakt nicht beantworten. Sie hängt davon ab, welchen urheberrechtlichen Schutz der verbleibende Bestand einerseits genießt und wie sehr in die Gesamtwirkung des ursprünglichen Bestandes durch Entfernung von Teilen eingegriffen wird. Hier muss im Einzelfall anhand der konkreten Baulichkeiten eine Abwägung vorgenommen werden. Auch hier gilt aber, dass sich mit hoher Wahrscheinlichkeit sachlich begründete Interessen des Bauherrn gegenüber urheberrechtlichen Ansprüchen des Architekten meist durchsetzen dürften.

Sonderfall: teilweiser Rückbau

Literaturverzeichnis

Bullinger, Winfried/Wandtke, Artur-Axel (Hrsg.), Praxiskommentar zum Urheberrecht (UrhR), 3. Aufl. München 2009.

Kleine-Möller, Nils/Merl, Heinrich (Hrsg.), Handbuch des privaten Baurechts, 4. Aufl. München 2009.

Kniffka, Rolf/Koeble, Wolfgang, Kompendium des Baurechts, 3. Aufl. München 2008.

Korbion, Hermann/Mantscheff, Jack/Vygen, Klaus (Hrsg.), Honorarordnung für Architekten und Ingenieure (HOAI). Kommentar, 7. Aufl. München 2009.

Locher, Horst/Koeble, Wolfgang/Frik, Werner (Hrsg.), Kommentar zur HOAI. Mit einer Einführung in das Recht der Architekten und der Ingenieure, 10. Aufl. Düsseldorf 2010.

Löffelmann, Peter/Guntram, Fleischmann (Hrsg.), Architektenrecht. Praxishandbuch zu Honorar und Haftung, 6. Aufl. Köln 2012.

Werner, Ulrich/Pastor, Walter, Der Bauprozess. Prozessuale und materielle Probleme des zivilen Bauprozesses, 13. Aufl. Köln 2011.

12.2.7 Checkliste zur Vertragsgestaltung

☐ Beschreibung des Vertragsgegenstandes

☐ Welche Leistungen soll der Architekt erbringen?
(z.B.: Objektplanung für Gebäude / Objektplanung für Freianlagen / Objektplanung für raumbildende Ausbauten)

☐ Welche Leistungsphasen werden beauftragt?
Ggf. nur stufenweise Beauftragung?

☐ Gibt es über die „normalen" Grundleistungen hinaus besondere oder außerhalb der HOAI liegende Leistungen, die der Architekt erbringen soll?

☐ Vergütung des Architekten rein nach HOAI oder pauschaliert?

☐ Nebenkosten

☐ Umsatzsteuer

☐ Regelungen zu Abschlagszahlungen

☐ Haftung des Architekten / Haftungsbeschränkungen / nachzuweisende Haftpflichtversicherung

☐ Vereinbarungen zur Höhe der Baukosten

☐ Urheberrecht des Architekten

☐ Vorzeitige Vertragsbeendigung / Kündigung

☐ Zurückbehaltungsrecht bei Plänen ausschließen

☐ Aufrechnungsverbote

☐ Sonstiges

AUTORENVERZEICHNIS

Die Herausgeber

Dr. Thomas Lüttgau, Rechtsanwalt und Fachanwalt für Verwaltungsrecht. Seit 1990 Rechtsanwalt und seit 1996 Partner der Lenz und Johlen Rechtsanwälte Partnerschaft. Herr Dr. Thomas Lüttgau studierte an der Universität Bonn und promovierte an der Freien Universität Berlin. Er  berät bundesweit insbesondere Einzelhandelsunternehmen, Projektentwickler und Kommunen bei der Entwicklung und Ansiedlung von Einzelhandelsunternehmen und verfügt über große Erfahrung im Rahmen von Raumordnungsverfahren sowie bei der Erstellung der planungsrechtlichen Grundlage. Er ist Mitautor des Münchener Prozessformularbuchs „Verwaltungsrecht" und des Münchener Anwaltshandbuchs „Verwaltungsrecht". Als Mitglied im Ausschuss für Verwaltungsrecht im DeutschenAnwaltVerein ist er Europarechtsbeauftragter und Berichterstatter bei Stellungnahmen des DAV in Gesetzgebungsverfahren. Herr Dr. Thomas Lüttgau ist ständiger Referent auf Fachtagungen.

Joachim Stumpf ist seit 1988 Unternehmensberater bei der BBE-Handelsberatung in München und dort seit 2007 Geschäftsführer. Seine Spezialgebiete sind Strategieentwicklung, Standort-, Image- und Kundenzufriedenheitsforschung für Handelsunternehmen sowie die Entwicklung von Han-  delsimmobilien. Zwischen 1989 und 1992 war Joachim Stumpf zusätzlich Geschäftsführer des ersten bayerischen Stadtmarketingprojekts in Schwandorf, in dessen Folge die CIMA Beratung + Management GmbH entstanden ist. Seit 1994 ist er zudem Geschäftsführer und Gesellschafter der IPH Handelsmanagement GmbH, einer Tochtergesellschaft der BBE. Die IPH entwickelt, revitalisiert, verkauft und vermietet Handelsimmobilien und ist Berater für alle Fragen rund um die damit verbundenen Machbarkeiten. Seit 2010 ist Joachim Stumpf zusätzlich Geschäftsführer der elaboratum GmbH, an der die BBE-Handelsberatung beteiligt ist. Die elaboratum beschäftigt sich mit der Geschäftsfeldentwicklung im Bereich E-Commerce, Mobile Commerce, Multichannel und digitalem Instore-Marketing.

Thomas Elsner, Rechtsanwalt und Fachanwalt für Bau- und Architektenrecht. Herr Thomas Elsner ist seit 1991 Rechtsanwalt und seit 1996 Partner der Lenz und Johlen Rechtsanwälte Partnerschaft. Herr Elsner studierte an der Universität Bonn. Er berät und vertritt bundesweit Investoren, Bauher-  ren und Bauunternehmen in allen Fragen des zivilen Baurechts und besonders bei der Gestaltung und Abwicklung von Bau- und Planerverträgen. Darüber hinaus betreut Herr Elsner verschiedene Einzelhandelsunternehmen im gesamten Bereich des gewerblichen Mietrechts und in Grundstücksangelegenheiten. Vergaberechtlich berät Herr Elsner öffentliche Auftraggeber und Bieter bei der Vorbereitung bzw. Teilnahme sowie der Nachprüfung von bundes- bzw. europaweiten Vergabeverfahren. Er ist Autor des Buches „Bauverträge gestalten" und hält laufend Fachvorträge in den oben genannten Rechtsgebieten. Herr Elsner ist Mitglied im forum vergabe e.V. und in der Deutschen Gesellschaft für Baurecht e.V.

Die Autoren

Andreas Bergmann, Jahrgang 1961, Studium der Sozialgeographie an der TU München mit Vertiefung Volkswirtschaft, Städtebau und Verkehrsplanung (Dipl.-Geogr. (TU)). Ein Schwerpunkt des Studiums lag im Bereich Einzelhandel (Prof. Heinritz). Anschließend arbeitete er freiberuflich als Verkehrsplaner, auch beratend für Architekten und Einzelhandelsgutachter. Eine Vielzahl der Projekte bezog sich auf Einkaufszentren und innerstädtische Geschäftsbereiche. Seit 2010 ist er geschäftsführender Gesellschafter der Planungsgesellschaft Stadt-Land-Verkehr.

Dr. Angelus Bernreuther, Leiter Standortforschung der BBE Handelsberatung GmbH in München. Studium der Geographie mit Schwerpunkt Raumplanung und Promotion im Fach Geographie (Dr. rer. nat.) an der Universität Bayreuth. Fortbildung zum Immobilien-Projektentwickler (EIPOS). Schwerpunkte seiner Tätigkeit sind die Erstellung branchenübergreifender Markt- und Standortanalysen sowie die Beurteilung der Auswirkungen von Vorhaben im Genehmigungsprozess. Des Weiteren erarbeitet Dr. Angelus Bernreuther Nutzungskonzepte für Neuplanungen und Revitalisierungen und verantwortet das Research im Bereich Struktur- und Marktdaten des Einzelhandels. Davor arbeitete er als Unternehmensberater für Kommunalentwicklung und als wissenschaftlicher Mitarbeiter am Lehrstuhl Wirtschaftsgeographie und Regionalplanung an der Universität Bayreuth, wo er heute als Lehrbeauftragter tätig ist. Dr. Angelus Bernreuther ist Autor zahlreicher Veröffentlichungen und nimmt regelmäßig als Referent und Moderator an führenden Veranstaltungen zur Einzelhandels- und Immobilienentwicklung teil.

Dr. Alexander Beutling, Rechtsanwalt und Fachanwalt für Verwaltungsrecht sowie AnwaltMediator DAA. Nach Studium und Promotion an der Universität Bonn sowie Referendariat ist er seit 2000 Rechtsanwalt und seit 2005 Partner der Lenz und Johlen Rechtsanwälte Partnerschaft. Herr Dr. Alexander Beutling verfügt über große anwaltliche Erfahrung insbesondere im Umweltrecht, Energie- und Abgrabungsrecht sowie im öffentlichen Bau-, Planungs- und Denkmalrecht. Er ist Autor der Bücher „Die Ergänzungs- und Ausgleichsabgabe der Kreise", „Anwaltsvergütung und Verwaltungssachen" sowie „Öffentliches Baurecht" sowie Mit-

autor des Kompendiums „Verwaltungsrecht" (Deutscher Anwaltverlag) sowie des Berliner Kommentars zum Bundesnaturschutzgesetz (2011). Herr Dr. Alexander Beutling ist darüber hinaus regelmäßig als Referent beim VHW Bundesverband für Wohnen und Stadtentwicklung und beim Institut für Städtebau Berlin sowie bei den Industrie- und Handelskammern tätig und berät ständig den Westdeutschen Handwerkskommentar, Arbeitskreis Planen und Umweltschutz.

Dr. Kai Petra Dreesen, Rechtsanwältin, seit 2010 bei Lenz und Johlen Rechtsanwälte Partnerschaft. Zwischen 2006 bis 2010 war sie Rechtsanwältin bei einer vorwiegend wirtschaftsrechtlich ausgerichteten Kanzlei und arbeitete im Bereich öffentliches Recht und Vergaberecht. Frau Dr. Kai Petra Dreesen studierte und promovierte an der Ruhr-Universität Bochum und erwarb den Master of European Studies (LL.M.) im Rahmen des Aufbaustudiums „Europäische Integration" am Europa-Institut der Universität des Saarlandes. Frau Dr. Kai Petra Dreesen ist schwerpunktmäßig im Bereich des öffentlichen Bau- und Planungsrechtes, insbesondere bei der Ansiedlung von Einzelhandels vorhaben, tätig.

Dr. Christian Giesecke, Rechtsanwalt und Fachanwalt für Verwaltungsrecht. Herr Dr. Giesecke studierte an den Universitäten Köln und McGill (Montreal, Kanada) und promovierte an der Universität Köln. Er ist seit 2006 Rechtsanwalt und seit 2010 Partner der Lenz und Johlen Rechtsanwälte Partnerschaft. In der Zeit von 2001 bis 2003 war er wissenschaftlicher Mitarbeiter am Institut für Luft- und Weltraumrecht an der Universität Köln (Prof. Hobe) und ist Lehrbeauftragter an der Europafachhochschule Fresenius in Köln für Verwaltungsrecht. Herr Dr. Giesecke berät schwerpunktmäßig im öffentlichen Bau- und Planungsrecht sowie im Infrastrukturrecht, insbesondere zum Luftverkehrs- und Eisenbahnrecht. In beiden Bereichen bringt er die Transferleitungen zum Europarecht mit zahlreichen Kontakten zur Europäischen Kommission ein. Er ist Autor des Buches „Nachtflugbeschränkungen und Luftverkehrsrecht" und kommentiert im Kompendium „Luftverkehrsrecht". Darüber hinaus tritt Herr Dr. Giesecke ständig als Referent zu Fachthemen auf.

Dr. Markus Johlen, Rechtsanwalt und Fachanwalt für Verwaltungsrecht. Dr. Markus Johlen ist seit 2001 Rechtsanwalt und seit 2006 Partner der Lenz und Johlen Rechtsanwälte Partnerschaft. Dr. Johlen studierte an der Universität Münster und promovierte an der Universität Köln. Der Schwerpunkt seiner anwaltlichen Tätigkeit liegt im öffentlichen Bau- und Planungsrecht, insbesondere in der rechtlichen Begleitung bei Baugenehmigungsverfahren und der Beratung in bauordnungsrechtlichen Angelegenheiten. Er ist Autor des Buchs „Die Beeinflussung privater Immissionsabwehransprüche durch das öffentliche Recht" sowie Mitautor des Kommentars „Gädtke, Czepuck, Johlen, Plietz, Wenzel" zur Landesbauordnung NRW. Dr. Johlen ist Dozent bei der Anwaltakademie des Deutschen Anwaltvereins und ständiger Referent bei fachbezogenen Vortragsveranstaltungen.

Gundula Kern, Jahrgang 1959, Studium Stadt- und Gebietsplanung an der Bauhaus-Universität Weimar (Dipl.-Ing.). Bereits im Studium und in der Diplomarbeit Spezialisierung auf die Verkehrsplanung. 1983 bis 1989 wissenschaftliche Mitarbeiterin im Forschungsinstitut für Verkehrswesen in Jena, Mitwirkung an verschiedenen verkehrsplanerischen Forschungsprojekten und Verkehrskonzepten für Städte und Regionen. Ab 1989 Tätigkeit als Verkehrsplanerin bei Lang + Burkhardt, München. Mitarbeit am Forschungsprojekt „Einkaufszentren und Innenstädte" im Auftrag der Obersten Baubehörde im Bayerischen Staatsministerium des Innern, Erarbeitung verkehrlicher Verträglichkeits- und Machbarkeitsstudien für Bau- und Entwicklungsvorhaben. Seit April 2011 Gesellschafterin und Mitarbeiterin der Planungsgesellschaft Stadt-Land-Verkehr.

Nick Kockler, Rechtsanwalt. Nick Kockler ist seit 2011 als Rechtsanwalt bei Lenz und Johlen Rechtsanwälte Partnerschaft tätig. Er studierte an der Universität Bonn und arbeitete zwischen 2008 und 2011 zunächst als wissenschaftlicher Mitarbeiter für Dr. Rainer Voß. Der Schwerpunkt seiner anwaltlichen Tätigkeit liegt im Bereich des öffentlichen Bau- und Planungsrechtes einschließlich der Ansiedlung von Einzelhandelsvorhaben, der Gestaltung von städtebaulichen Verträgen sowie im Bereich des Denkmalschutzrechtes. Herr Kockler ist Mitautor des Beitrages „Stuttgart 21: Konsequenzen für Gesetzgebung und Praxis", erschienen in der konfliktDynamik, Heft 1/2012.

Gerrit Krupp ist seit 2009 Rechtsanwalt und promotionsbegleitend bei Lenz und Johlen Rechtsanwälte Partnerschaft tätig. Er studierte an der Uni-

versität Köln und arbeitet zurzeit an einer Dissertation zum Thema „Die Rechtsnatur des Flächennutzungsplans und der Rechtsschutz gegen seine Darstellungen". Herr Gerrit Krupp befasst sich insbesondere mit der Rechtmäßigkeit von einzelhandelsbezogenen Festsetzungen in Bebauungsplänen und rechtlichen Fragen im Zusammenhang mit der Erstellung von Einzelhandels- und Zentrenkonzepten sowie der unterstützenden Wirkung solcher Konzepte für die Planrechtfertigung.

Tobias Lagaly, Jahrgang 1971, studierte Betriebswirtschaftslehre an der wirtschaftswissenschaftlichen Fakultät der Universität Tübingen mit den Schwerpunkten Betriebswirtschaftliche Steuerlehre, Wirtschaftsprüfung, Controlling und Finance. Akademischer Abschluss als Diplom-Kaufmann. Im Anschluss an das Studium arbeitete er im Headquarter der Daimler Chrysler AG in Stuttgart in einem konzernübergreifenden Projekt-Team zur Kostenreduzierung im Bereich Commercial Vehicles. Im weiteren Werdegang lernte er bei der international tätigen Wirtschaftsprüfungsgesellschaft BDO Dt. Warentreuhand AG in der Wirtschaftsprüfung verschiedene Unternehmensstrukturen und Unternehmensphilosophien kennen. Seit 2004 beschäftigt er sich bei der Unternehmensgruppe der BBE mit dem Management von Immobilien, insbesondere dem Management von Shoppingcentern. Seit 2008 Vortragstätigkeit für die Deutsche Immobilien Akademie an der Universität Freiburg. Derzeit Center-Manager in Freiburg i.Br. bei der IPH Handelsimmobilien GmbH, einer Tochtergesellschaft der BBE Handelsberatung aus München.

Dr. Tanja Lehmann, Rechtsanwältin, seit 2008 bei Lenz und Johlen Rechtsanwälte Partnerschaft. Sie studierte an den Universitäten Gießen und Köln und promovierte an der Universität Köln. Der Schwerpunkt ihrer anwaltlichen Tätigkeit liegt im öffentlichen Bau- und Planungsrecht, insbesondere im Zusammenhang mit der Ansiedlung von Einzelhandelsvorhaben sowie im Denkmalschutzrecht sowie im Gewerbe- und Gaststättenrecht.

Dr. Philipp Libert, Rechtsanwalt seit 2006 und seit 2012 Partner der Lenz und Johlen Rechtsanwälte Partnerschaft. Herr Dr. Libert studierte an den Universitäten Bonn, Münster und Paris-X. In Paris legte er die maîtrise en droit ab. An der Universität zu Köln wurde Herr Dr. Libert promoviert. Den Schwerpunkt seiner anwaltlichen Tätigkeit bildet das zivilrechtliche Immobilienrecht, hier insbesondere das gewerbliche Mietrecht, die Projektentwicklung und Immobilientransaktionen. Daneben beschäftigt sich Herr Dr. Libert mit allgemeinen Fragen des Grundstücksrechts und dem Bau- und Architektenrecht. In diesen Rechtsgebieten veröffentlicht Herr Dr. Libert regelmäßig Beiträge in Fachzeitschriften.

Dr. Michael Oerder, Rechtsanwalt und Fachanwalt für Verwaltungsrecht. Herr Dr. Michael Oerder ist seit 1989 Rechtsanwalt und seit 1993 Partner der Lenz und Johlen Rechtsanwälte Partnerschaft. Herr Dr. Michael Oerder studierte und promovierte an der Universität Köln und war zwischen 1985 und 1986 wissenschaftlicher Assistent bei Prof. Weides. Herr Dr. Oerder berät Einzelhandelsunternehmen, Projektentwickler und Kommunen insbesondere auf dem Gebiet des öffentlichen Bau- und Planungsrechts und dabei schwerpunktmäßig bei der Ansiedlung von Einzelhandelsvorhaben. Er hat große Erfahrungen bei der Gestaltung von städtebaulichen Verträgen und bei der Gestaltung von Public-Private-Partnership-Projekten. Darüber hinaus berät er ständig bei Altlasten-Sanierungsverfahren. Herr Dr. Michael Oerder ist Mitherausgeber des Münchener Anwaltshandbuchs „Verwaltungsrecht" und Mitautor des Münchener Prozessformularbuchs „Verwaltungsrecht" sowie Mitherausgeber des Kommentars zum Bundesbodenschutzgesetz (Oerder/Numberger/Schönfeld). Herr Dr. Michael Oerder ist Vorstandsmitglied der Arbeitsgemeinschaft für Verwaltungsrecht im DeutschenAnwaltVerein und tritt ständig als Referent bei Fachtagungen auf.

Dr. Franz-Josef Pauli, Rechtsanwalt seit 1977 und seit 1981 Partner bei Lenz und Johlen Rechtsanwälte Partnerschaft. Herr Dr. Franz-Josef Pauli studierte an den Universitäten Freiburg und Köln und promovierte an der Universität Gießen. Er ist Vorsitzender der Schieds- und Einigungsstelle beim Erzbistum Köln. Herr Dr. Franz-Josef Pauli verfügt über große Erfahrungen im zivilen Bau- und Architektenrecht sowie Grundstücks- und Immobilienrecht. Er ist insbesondere bei der Durchsetzung zivilrechtlicher Entschädigungs- und Schadenersatzansprüche von Bauherren gegenüber Gemeinden und Genehmigungsbehörden tätig, denen Genehmigungen zu Unrecht versagt oder verzögert erteilt worden sind.

Dr. Felix Pauli, Rechtsanwalt und Fachanwalt für Verwaltungsrecht und Lehrbeauftragter an der Hochschule Fresenius für Wirtschaft und Medien. Herr Dr. Felix Pauli ist seit 2006 Rechtsanwalt und seit 2012 Partner bei Lenz und Johlen Rechtsanwälte Partnerschaft. Er studierte an den Universitäten Konstanz und Münster und promovierte an der Universität Münster. Der Schwerpunkt seiner anwaltlichen Tätigkeit liegt im Umwelt- und Planungsrecht sowie im Baurecht. Herr Dr. Felix Pauli verfügt über große Erfahrungen bei der Ansiedlung von Vorhaben der erneuerbaren Energien, insbesondere von Windenergieanlagen. Herr Dr. Felix Pauli ist Autor des Buchs „Das Gebot der Rücksichtnahme und Drittschutz im Bauplanungsrecht" und Mitglied in mehreren Umlegungsausschüssen.

Rainer Schmidt-Illguth, geboren am 19.7.1959 in Bergisch Gladbach, Studium der Wirtschaftsgeographie und des Städtebaus in Bonn. Nach dem Studium wissenschaftlicher Assistent am Institut für Städtebau und Landesplanung an der bauingenieurwissenschaftlichen Fakultät in Karlsruhe. Seit 1992 Beratungstätigkeit in allen Standortfragen des Einzelhandels, zunächst als Mitarbeiter der ECON-CONSULT GmbH & Co. KG, Köln, ab 2005 für die BBE Unternehmensberatung. Seit Frühjahr 2010 Leiter der Kölner Niederlassung der BBE Handelsberatung. Rainer Schmidt-Illguth verfügt über umfangreiche Erfahrungen in der Erarbeitung kommunaler Einzelhandelskonzepte und der gutachterlichen Begleitung von Genehmigungsvorhaben des großflächigen Einzelhandels.

Rainer Schmitz, Rechtsanwalt und Fachanwalt für Verwaltungsrecht. Herr Rainer Schmitz ist seit 1993 Rechtsanwalt und seit 2000 Partner der Lenz und Johlen Rechtsanwälte Partnerschaft. Er studierte an der Universität Köln. Der Schwerpunkt seiner anwaltlichen Tätigkeit liegt im Bereich des gesamten Abgabenrechts und des Kommunalrechts. Herr Rainer Schmitz verfügt in diesen Bereichen und auch im Bereich des Energie- und Vergaberechts über große praktische Erfahrungen und berät hier insbesondere im Zusammenhang mit der Rekommunalisierung im energierechtlichen Bereich. Herr Rainer Schmitz ist Mitautor im Handbuch für den „Gewässerschutzbeauftragten". Ferner wirkt er in einigen städtischen Umlegungsausschüssen mit.

Dr. Inga Schwertner, Rechtsanwältin und Fachanwältin für Verwaltungsrecht sowie Lehrbeauftragte für das Fachgebiet Europarecht an der Hochschule Fresenius für Wirtschaft und Medien. Frau Dr. Schwertner ist seit 2004 Rechtsanwältin und seit 2010 Partnerin der Lenz und Johlen Rechtsanwälte Partnerschaft. Sie studierte und promovierte an der Universität Trier und war zwischen 1998 und 2001 wissenschaftliche Mitarbeiterin bei Prof. Dr. Reinhardt. Dr. Inga Schwertner hat den Schwerpunkt ihrer anwaltlichen Tätigkeit im Umweltrecht, insbesondere im Abfall- und Immissionsschutzrecht, Wasserwirtschafts- und Bodenschutzrecht. Sie verfügt über große Erfahrungen auch im Planfeststellungsrecht und insbesondere in dem in der Bauleitplanung immer größeres Gewicht gewinnenden Artenschutzrecht. Sie ist Autorin des Buchs „Umweltschäden durch anlagengebundene Erholungsarten" und Mitkommentatorin im Beck'scher Online-Kommentar Umweltrecht, herausgegeben von Giesberts/Reinhardt. Außerdem ist sie Mitautorin des Handbuchs für den Abfallbeauftragten und des Münchener Prozessformularbuchs „Verwaltungsrecht". Neben ihrer umfangreichen Vortragstätigkeit auf Fachveranstaltungen ist sie Mitglied der Vorprüfungsausschusses der Rechtsanwaltskammer Köln für die Verleihung der Fachanwaltsbezeichnung „Verwaltungsrecht" und des Rechtsausschusses des Ingenieurtechnischen Verbandes Altlasten e.V. (ITVA).

Dr. Rainer Voß, Rechtsanwalt und Fachanwalt für Verwaltungsrecht sowie AnwaltMediator (DAA/FU Hagen). Herr Dr. Rainer Voß ist seit 1988 Rechtsanwalt und seit 1993 Partner der Lenz und Johlen Rechtsanwälte Partnerschaft. Herr Dr. Rainer Voß studierte an den Universitäten Köln, Lausanne sowie der London School of Economics und promovierte an der Universität Köln. Herr Dr. Rainer Voß verfügt über jahrelange Erfahrungen bei der Beratung von Einzelhandelsunternehmen, Projektentwicklern und Kommunen im Bereich des öffentlichen Bau- und Planungsrechts, insbesondere bei der Ansiedlung von Einzelhandelsgroßprojekten. Zu seinem Tätigkeitsspektrum gehören auch die Gestaltung von städtebaulichen Verträgen sowie das Denkmalschutzrecht. Er ist Mitautor von Voß/Buntenbroich „Das neue Baurecht in der Praxis", des Kommentars Buntenbroich/Voß „Bauordnung für das Land Nordrhein-Westfalen" sowie Mitautor im Münchener Anwalthandbuch „Verwaltungsrecht". Herr Dr. Rainer

Voß ist darüber hinaus Konfliktmanager im Baurecht und Gründungsmitglied von die-konfliktloeser.de, einem bundesweiten Zusammenschluss von Anwaltmediatoren. Er ist Dozent der Deutschen Anwaltakademie, des vhw und ständiger Referent auf Fachtagungen.

Markus Wotruba, Jahrgang 1976, ist Leiter Standortforschung bei der BBE Handelsberatung GmbH in München. Nach seinem Studium der Geographie an der Universität Regensburg hat er Aufbaustudiengänge zum City- und Regionalmanager (ICR) in Göttingen und Ingolstadt und zum Immobilien-Projektentwicker (EIPOS) in Dresden absolviert. Er erstellt mit seinem Team jedes Jahr eine Vielzahl von Markt- und Standortanalysen für Einzelhandelsunternehmen, Kommunen und die Immobilien- und Finanzwirtschaft. Als Mitglied im Sprecherrat des Arbeitskreises Geographische Handelsforschung und als Mitglied des Arbeitskreises Einzelhandel der Gesellschaft für immobilienwirtschaftliche Forschung (gif e.V.) steht er in engem Dialog mit Experten aus Wissenschaft und Praxis und arbeitet mit diesen an der Schaffung und Fortentwicklung von Branchenstandards und Analysemethoden. Wotruba ist Autor zahlreicher Veröffentlichungen und Studien und hat Lehraufträge am Competence Center Retail Property der IREBS an der Universität Regensburg und am Institut für Geographie der Universität Würzburg.

Filiz Yildirim, Seit Juni 2012 Assessorin juris. Von April bis Dezember 2011 arbeitete sie als Rechtsreferendarin bei Lenz und Johlen Rechtsanwälte Partnerschaft und befasste sich dort insbesondere mit Fragen des öffentlichen Bau- und Planungsrechts. Frau Filiz Yildirim studierte an den Universitäten Heidelberg, Barcelona (Spanien), Reims (Frankreich) und Köln. Im Jahre 2010 erwarb sie den Master of Law (LL.M.) im Wirtschaftsrecht an der Universität zu Köln. Sie ist seit 2009 als Wissenschaftliche Mitarbeiterin/Hilfskraft an der Universität zu Köln tätig.

REGISTER

1a-Lage...... 22, 34, 38-40, 43, 226, 229, 333, 375

Abbiegespur...... 129, 271, 292

Abfahrtsverbot...... 347

Abgewogenheit...... 184, 187

Ablösebestimmungen (Ablösever-einbarungen)...... 349, 357, 363

Ablösungsvertrag...... 341, 349-350, 357, 363

Abnahme...... 107-108, 314, 356, 405, 413, 416-417, 421, 423, 428, 432

Abrechnung...... 107, 343, 345-347, 349-350, 355, 391-393, 400, 407, 423

Abrechnungszeitraum...... 391, 400

Abstandsflächen...... 257, 429

Abstimmungsbedarf...... 282

Abstimmungsgebot...... 166, 169, 197, 199-203, 236, 281-282

Abwägung...... 44, 98, 127, 166-167, 179, 195, 198, 202, 212, 214, 216, 219, 221-222, 226, 228-237, 240, 258, 263, 297, 299, 301, 305, 310, 327, 335, 344, 397-398, 434-435

Abwägungsausfall...... 235

Abwägungsdefizit...... 235

Abwägungs-disproportionalität...... 235

Abwägungsfehler...... 235, 237, 238

Abwehrrecht...... 258, 282, 287, 290, 294, 304, 311

Abweichungssatzung...... 343

Achtungsabstände...... 227

Agglomerationsverbot...... 169, 171, 173, 175, 177, 187

Allgemeine Geschäftsbedingungen 329, 388, 390, 394, 396

Altlast...... 142, 254, 307, 308, 371-374

Altlastenhaftung...... 373-374

Amtshaftungsanspruch...... 285, 319-321, 323-324

Amtspflichtverletzung...... 318-319, 322, 324

Analogverfahren...... 81-82, 86

Anbindung...... 66, 68-69, 72-73, 77, 82-83, 109, 114, 122, 124, 127-130, 334

Anerkenntnis...... 263

Anfahrt...... 127

Angebotsplanung...... 205

Angemessenheit...... 329, 333, 337, 353, 394

Anlagen zum Mietvertrag...... 382

Anlagentyp...... 151-154, 210-212, 215

Anlieferung...... 91, 129, 148, 250-251, 289, 355, 378

Anliegerbeitrag...... 350, 358

Anliegerstraße...... 353

Annexhandel...... 214-216, 225

Anschaffungskosten...... 311-312

Anschlusskosten...... 361

Antragsteller...... 154, 196-197, 210, 249, 321, 323

Apotheken...... 21, 25, 31, 44, 47-49, 79, 82, 84, 89-90

Architektenbindung...... 375-376

Architektonische Selbsthilfe...... 258, 303

Artenschutz...... 227, 229-230, 286

Artzuschlag...... 348, 356, 362-363

Asset Deal...... 367

Asset-Management...... 97-99

Atypiknachweis (Atypik)...... 158, 160-161

Aufklärungspflicht...... 371

Aufstellungsbeschluss...... 247, 252-253, 262

Aufwertungsdürftigkeit...... 229

Ausführungsbürgschaft...... 415

Ausführungsfrist...... 411

Ausgleich...... 136, 182, 198, 228-232, 234-235, 257-258, 270, 282, 320, 323, 333, 338, 373-374

Ausgleichszahlung...... 314

Ausschreibung...... 336

Außenbereich...... 108, 166, 232, 243, 265-268, 278-279, 280-282, 289, 304, 345, 355, 361, 362

Außerordentliche Kündigung...... 397-398

Auswirkungsanalysen...... 121-122

Bauabschnitt...... 129

Bauantrag...... 142, 163-164, 210, 248-249, 252, 274, 308, 316, 318-323

Bauart...... 314

Baubeschreibung...... 378, 382, 392, 406-407

BauGB...... 135, 137, 142-143, 145, 156, 166, 169, 179, 182, 184, 187-206, 212, 215-222, 225-226, 228-235, 237-240, 242-245, 250-251, 253, 254, 255, 257-267, 269-282, 285-289, 291-293, 295, 297, 299-300, 302-305, 307, 322, 324, 327-330, 332-339, 341-342, 344-346, 348-350

Baugebiet...... 142, 141, 145, 155-158, 161, 194, 206-209, 212, 220-221, 239-240, 242-243, 246, 256-260, 271-272, 278, 287-289, 295, 298, 301-303, 305-306, 337, 345-346

Baugebietstyp...... 206-208, 212

Baugenehmigung...... 67, 98-99, 141, 151, 163-164, 191-192, 195, 206, 227, 236, 239, 247-254, 262-264, 277, 283-287, 297, 306, 308, 311, 313-314, 316-323, 329, 331, 345, 355, 365, 369, 378, 425, 431

Baugenehmigungsantrag...... 248, 254

Baugenehmigungsgebühren...... 249, 313-314, 316

Baugenehmigungsverfahren...... 227, 236, 247-251, 253, 286, 298, 306

Baugrenze...... 214, 257, 362

Baugrundrisiko...... 428

Baulast...... 241, 271, 293-294

Bauleitplan...... 136, 142, 154, 166, 175, 195-197, 202-203, 217-218, 231-232, 307, 328,

Bauleitplanung...... 135-137, 142, 147, 151, 166, 179-180, 183-184, 188, 194-195, 197, 202, 217, 219-220, 222, 226-227, 230, 233-234, 249, 252, 267, 297-300, 332-334

Baulinie...... 257, 362

Baumarkt...... 34, 53, 79, 94-96, 98, 147, 153, 214, 315

Baumassenzahl...... 209

BauNVO (Baunutzungsverordnung)...... 25, 41, 45, 123, 142, 154, 156, 205-206, 208, 232, 245, 256, 269, 289

Bauordnung...... 142, 163-164, 248-249, 290, 307, 365

Bauordnungsrecht...... 142, 157, 163, 248, 254, 270, 290, 294, 297, 304, 307-308, 317-318, 324, 429

Bauplanungsrecht...... 56, 99, 142, 153, 163, 189, 204-207, 217-218, 220, 244-245, 248-252, 254, 267, 271, 289, 291, 293-294, 297, 302, 328, 345

Bauprogramm...... 343-344, 347, 349, 351-352, 356

Baurecht...... 44, 50, 51-53, 58-59, 88, 97-99, 141, 148, 151, 153, 155, 166, 205, 239, 245-246, 248, 251, 259, 283, 294, 307-308, 317-318, 320, 324-325, 329, 339, 347, 354, 365, 368, 369, 378-379, 435

Baurechtsschaffung...... 122, 141

Baustopp...... 286

Bauüberwachung...... 425, 428, 430-431

Bauvoranfrage (Bauvorbescheid) ... 142, 163-164, 247-254, 318-322

Bauvorhaben...... 126, 129, 131, 163-164, 229-230, 249, 252-253, 258, 265, 276-278, 283, 285, 287-290, 295-296, 405, 408, 410, 415-417, 423-426, 429-430, 433

Bauvorlagen...... 248-250, 274, 276, 316

Bauzeitplan...... 410

Bearbeitungsfrist...... 248-249, 252-254, 322

Beauftragung, stufenweise...... 425, 436

Bebauungsplan...... 54, 88, 97-98, 128, 135, 137, 142, 145, 147-148, 151, 155-156, 164, 169, 177, 182-183, 188, 191, 194-197, 202-208, 211-213, 216-221, 224, 226, 228-232, 235-246, 247-248, 252-253, 255-265, 274, 281-282, 287-288, 291, 295, 300, 306, 307, 318, 323, 325, 328, 331-333, 335, 339, 344-348, 351, 360, 362, 369

Bebauungsplan, einfacher...... 260

Bebauungsplan, qualifizierter...... 205, 255

Bebauungsplan, vorhabenbezogener...... 205, 227, 236, 239, 259, 335

Bebauungstiefe...... 257

Bebauungszusammenhang...... 243, 266-267

Beeinträchtigungsverbot...... 64, 169-170, 172, 175-176, 182-183, 185, 189, 199

Beendigung des Mietvertrages...... 396

Befahrbarkeit...... 129

Behördenbeteiligung...... 262-263

Belastungsspitze...... 128

Belastungsveränderungen...... 129

Bemessungsfahrzeuge...... 129

Benutzbarkeit...... 259, 293, 354

Beschaffenheit...... 294, 372, 378, 392, 417-418

Bestandsanalyse...... 54, 128

Bestimmtheit...... 167, 184, 186, 203-204, 215, 237, 300, 348

Bestimmtheitsgebot...... 204, 215

Betrachtung, funktionale...... 273

Betreuung des Bauherren...... 126

Betriebsbezogenheit...... 210, 212

Betriebsform...... 21, 23-26, 29-37, 45, 47, 50, 52-53, 59, 62, 73-74, 86, 122, 147

Betriebskosten...... 99, 107, 390

Betriebskostenverordnung...... 391

Betriebspflicht...... 377, 394-395

Betriebstyp...... 21, 53, 78-79, 91-92, 94, 98-99, 158, 160, 210-211, 214-215, 235

Betriebszeiten...... 250, 394

Beurkundung...... 330, 336, 339, 367

Beweislast...... 276-277, 417

Bindungswirkung...... 114, 142, 157, 249, 251-252

Blendung...... 305

Blockheizkraftwerk...... 334-335

Bodenbelastung...... 307

Bodendenkmäler...... 309, 311

Bodenertragsnutzung...... 279, 281

Bodenrecht...... 184-186, 261, 268, 270, 280

Bodenschutzklausel...... 226, 307

Bodenveränderung...... 308, 372-373

Branchenmix...... 34, 42, 44, 46, 49, 55-56, 63, 94, 99-100, 102-103, 108, 110-112, 116, 121, 128

Buchgrundstück...... 348, 356, 362

Bundesbodenschutzgesetz (BBod-SchG)...... 226, 308, 348, 372-374

Business Improvement District (BID)...... 41, 314, 338

CEF-Maßnahme...... 230

Center-Zeitung...... 112

Centermanagement...... 6, 58, 391

City-Immobilien...... 38

Convenience...... 24-25, 33, 36, 46-47, 54, 59, 92

Convenience-Store (Nachbarschafts-laden)...... 25, 33-34, 152, 211

Corporate Identity...... 112

Demografischer Wandel...... 27, 59, 61

Denkmalschutz...... 309-312

Designer-Outlet...... 151, 281

Detail-Pauschalpreisvertrag...... 408

Dienstbarkeit...... 293-294, 333, 366, 401-402

Dienstleistungsrichtlinie...... 189-191

Dienstleistungstätigkeit...... 191

Dimensionierung...... 53, 88, 90, 93, 129, 138-139, 292

Discounter...... 26, 30-31, 33-36, 38, 45-46, 48, 52, 74, 78, 91-92, 94-95, 97, 122, 126, 133, 152-153, 162, 213, 315

Dorfgebiet...... 206, 257, 298, 301, 304-306

Drittbezogenheit...... 319

Drittrechtsbehelfe...... 283-284

Drogeriewaren...... 44, 47-48, 79, 94

Due Diligence...... 96-100, 376, 379

Durchführungsvertrag...... 236, 239-242, 259, 332, 335

E-Commerce...... 26, 32-33, 37, 84

Eckgrundstücksermäßigung...... 345

Eilrechtsmittel...... 285-286

Eilrechtsschutz...... 285

Eilverfahren...... 184, 285-286

Ein-Jahres-Frist...... 284

Eingriffsregelung...... 226, 228-229

Einheimischenmodell...... 333

Einheitspreisvertrag...... 407

Einkaufsverhalten...... 54, 88, 137

Einkaufswagen...... 146

Einkaufszentrum (Shoppingcenter) 22, 24, 26, 28, 31, 34-36, 41-44, 49-53, 55, 60, 63, 66, 72, 83, 101-119, 128, 149-151, 169, 232, 251, 283, 330, 381, 393, 395

Einkommensteuerrecht...... 311

Einzelhandelsausschluss...... 209, 221-225, 235

Einzelhandelsbetrieb, großflächiger 137, 149, 159, 169, 175

Einzelhandelsentwicklung...... 24, 65, 136, 138, 222, 224

Einzelhandelserlass...... 136, 137, 143, 148

Einzelhandelskonzept...... 99, 121, 135-139, 200, 216, 219, 221-224, 234, 273

Einzelhandelsnutzung...... 134, 186-187, 209, 211, 218, 221-223, 225, 269, 272

Einzelhandelssteuerung...... 182, 188, 193, 208, 217, 221

Einzugsbereich(-gebiet)...... 50-51, 57, 65-66, 68-69, 73, 75, 77-80, 82-87, 92-93, 104, 106, 108-110, 124-125, 129, 159, 161, 168, 170, 172, 174, 176, 273, 276

Emissionskontingent...... 227, 300

Endrenovierungsklausel...... 288

Entfernung...... 67-69, 79, 81-82, 107, 125, 275, 435

Entwässerungssatzung...... 359, 361

Erdwärme...... 334

Erforderlichkeit...... 186, 191, 217-222, 230, 243-244, 250, 312, 344, 353

Erforderlichkeitsgebot...... 344, 353

Erhaltungspflicht...... 309-310

Ermäßigung...... 316, 345, 356

Erreichbarkeit...... 40, 47, 69, 72, 109, 122, 127, 129, 167, 354

Ersatzvornahme...... 394, 419

Erschließung...... 40, 68, 88-90, 127-130, 142, 240, 249-250, 252, 254-255, 258-260, 263, 267, 270-271, 278, 291-296, 329, 336-337, 339, 341-342, 344-346, 360

Erschließungsanlage...... 241, 259, 293, 330, 336-337, 341-342

Erschließungsaufwand...... 344-345,

347, 349

Erschließungsbeitrag...... 336-337, 341-351, 353, 355-360, 362

Erschließungshindernis...... 346-347

Erschließungskonzept...... 127

Erschließungskosten...... 335, 336

Erschließungslast...... 295, 336

Erschließungspflicht...... 259, 295

Erschließungsvertrag...... 259, 271, 293, 295, 331-332, 336-337, 339

Erschließungswirkung...... 346

Erweiterung...... 43, 64, 75, 87, 97, 99, 106, 277, 317, 327-328, 351-352, 359

Etikettenschwindel...... 156, 207

Europäischer Gerichtshof (EuGH)... ... 190-192

Europarecht...... 188, 190-193, 226, 272

Ewigkeitsmängel...... 237

Fachhandel...... 24-25, 31, 35, 37, 49, 74, 86

Fachmarkt...... 26, 30-31, 34-36, 38, 41-42, 45, 47-48, 52, 60, 61, 63, 68, 78, 82, 100, 152-154, 160-161, 213-214, 252, 315, 330

Fachmarktzentrum...... 22, 24, 34, 41, 101, 117, 187, 393, 397

Fachplaner...... 130, 424, 428, 430

Factory Outlet Center (FOC)...... 33-34, 49-51, 60, 63, 190, 246

Fälligkeitsvoraussetzung...... 366

Feingliederung...... 208, 221

Fernwärme...... 334-335, 337

Fernwirkung...... 66, 72-73, 77, 88, 151, 157-158, 162, 269, 272

Fertigstellungstermin...... 411

Festlaufzeit...... 380, 385, 397

Festsetzung...... 145, 151-152, 155-156, 165, 182, 194, 203-223, 225, 227-229, 231, 234-245, 255-257, 259-261, 263, 274, 287-288, 291, 300, 313, 328, 333, 347-348, 356, 361-362

Finanzierung...... 64, 122-123, 319, 335, 338, 358, 366-367, 380, 402, 414

Finanzierungsgrundpfand...... 366-367, 402

Finanzierungsvollmacht...... 367

Flächenleistung...... 21-22, 36, 49, 53, 74, 87

Flächennutzungsplan...... 135, 166, 188, 195-197, 203, 217, 330

Flächensicherung...... 224

Folgekostenvereinbarung...... 334

Formbedürftigkeit...... 367, 379

Formerfordernis...... 330, 361

Freistellung...... 163, 363, 364, 366

Frequenzbringer (Magnetbetrieb) 50, 72, 202, 275

Fristsetzung...... 179, 394, 415, 419-420, 431

Funktionseinheit...... 148-150, 169, 187

Funktionsstörung...... 193, 201, 274, 276

Fußgängerzone...... 338, 354

Fußstapfentheorie...... 374

Garantie...... 194, 217, 372

Gebietsbewahrungsanspruch (Gebietserhaltungsanspruch)...... 144, 287-288

Gebietsversorgung...... 144

Gebrauch, vertragsgemäßer...... 378

Gebrauchswert...... 360

Gebrauchswerterhöhung...... 360

Geltungsdauer...... 254, 347

Gemeindeanteil...... 344, 353-354

Gemeindegebiet...... 135, 155, 161, 168, 185, 198, 223, 225, 229, 267, 337, 359-360, 363

Genehmigungserfordernis...... 191

Genehmigungsprozess...... 106, 123, 127, 130

Gesamtnichtigkeit...... 331

Gesamtunwirksamkeit...... 237

Geschossfläche...... 41, 157-160. 164, 172, 208-209, 214, 232, 249, 252, 256, 259, 274, 362

Gesundheitsgefahr...... 299

Gewährleistung...... 197, 288, 360, 370-372, 374, 414, 416, 423

Gewährleistungsanspruch...... 392, 416-417, 430, 432

Gewährleistungsausschluss...... 371-372

Gewährleistungsbürgschaft...... 416, 423

Gewährleistungsrecht...... 372, 378, 392-393

Gewerbegebiet...... 97, 160, 169, 206, 221, 224, 247, 261, 269, 288, 298, 301, 305-306, 334, 344, 362

Gleitklausel...... 386

Gliederung, horizontale...... 207

Global-Pauschalpreisvertrag...... 408

Globalberechnung...... 360

Gravitationsmodelle...... 83

Großflächigkeit...... 45, 145, 147, 152, 157, 162, 211, 276-277

Grunddienstbarkeit...... 293-294

Grunderwerb...... 343

Grunderwerbsteuer...... 337, 368-369, 374

Grundflächenzahl (GRZ)...... 208-209, 214, 249, 256, 257, 268

Grundmiete...... 384-385

Grundsatz größtmöglicher Schonung...... 278

Grundzentrum...... 199

Gutachten...... 68, 121, 123-129, 131, 133-134, 178, 184, 192, 227, 236, 248, 250, 275-276, 293-294, 308, 328, 332, 371, 406

Haftungsprivilegierung...... 320

Hallenbau...... 314-315

Harmonieurteil...... 270

Heilungsklausel...... 383

Hemmung...... 320, 399, 421

Herstellungskosten...... 249, 312, 317

HOAI...... 424-427, 429, 435-436

Huff-Modell...... 83

Image...... 26, 47, 94, 109-110, 112, 114

Immissionskonflikt...... 236, 254

Immissionsprognose (Schallschutzgutachten)...... 250-251

Immissionsrichtwerte...... 289-290, 301-302, 305

Industriegebiet...... 145, 206, 215, 224-225, 301, 305-306, 362

Infizierende Wirkung...... 380

Informelle Planung...... 137, 273

Infrastruktur...... 25, 53, 93-94, 106-107, 127-128, 135, 161, 167, 178, 293, 341

Infrastrukturabgabe...... 334

Infrastrukturelles Gebäudemanagement...... 106-107

Innenbereich (unbeplanter)...... 145, 203, 218, 242, 265-268, 278, 288-289, 292, 303, 346

Innenstadtzentrum...... 200, 274

Insolvenz des Mieters...... 399-401

Insolvenz des Vermieters...... 399

Insolvenzverfahren...... 399-401

Instandhaltung...... 99, 370, 388, 390-391, 394, 399-400

Instandsetzung...... 108, 352, 388, 390, 391

Integrationsgebot...... 64, 168, 170, 172, 174, 176, 182-183, 185, 189, 196

Kanalanschlussbeitrag...... 337, 341, 358-363

Kauf bricht nicht Miete (§ 566 BGB)...... 370, 380, 400

Kaufhaus...... 35, 78-79, 83, 94

Kaufkraftabfluss...... 70, 200-201, 218, 275

Kaufkraftkennziffer...... 68, 70, 84, 85

Kaufmännisches Objektmanagement...... 106-107

Kaufpreis 115, 363, 366-372, 374, 414

Kaufvertrag...... 79, 348-349, 363-374, 379

Kerngebiet...... 145, 151, 156-157, 206, 258, 288, 298, 301, 305-306, 333, 348, 362

Kernöffnungszeit...... 114

Kernsortiment...... 44, 138-139, 152-154, 171-173, 215-216

Klage...... 183, 200, 247, 249, 252-254, 263-264, 281, 283, 284-286, 288, 311, 318, 320-323, 338, 349, 393, 399

Klagefrist...... 284-285

Klimaschutznovelle...... 328, 334

Knotenpunkt...... 129, 130

Konfliktbewältigung...... 236

Konfliktpunkte...... 128

Kongruenzgebot...... 64, 143, 168, 170, 172, 174, 176, 182, 186, 189, 199, 202

Konkurrenzschutz...... 109, 117, 377, 395-396

Konsistenz...... 220

Konzentrationsgrundsatz...... 167-168, 182-183, 186

Kooperative Handlungsformen 327

Koppelungsverbot...... 375-376

Kopplungseffekte...... 89, 94

Kopplungsmöglichkeit...... 128

Kundenherkunft...... 80, 137, 155

Kündigung...... 107, 113, 377-380, 385, 387-388, 396-402, 415, 423, 436

Lage der Zufahrten...... 127, 129, 142, 221, 233, 235, 249, 288, 378, 380, 389, 402

Landesplanung...... 25, 50, 136-137, 143, 165, 167, 169, 171, 173, 175, 177-181, 183, 185-186, 189, 195, 197, 199

Landwirtschaftlicher Betrieb...... 279

Lärmgrenzwerte...... 297

Lärmimmission...... 227, 236, 289, 297-298, 300-304

Lärmpegelbereich...... 300

Lebensmittelhandel...... 23-24, 44, 90, 95, 97, 153, 162

Leerstand...... 56, 58, 72, 93-94, 98, 113-114, 189, 395

Leistungsfähigkeit...... 76, 97, 101, 116, 128-130, 241

Leistungssoll...... 408-410

Leistungsverzeichnis...... 406-408

Lieferverkehr...... 130, 289, 355

LOHAS...... 25, 28

Luftschadstoffe...... 142, 306

Machtmissbrauch...... 330

Magnetbetrieb (Frequenzbringer)... ... 50, 72, 202, 275

Makroanalyse...... 66, 68

Mall...... 51, 89-90, 104-105, 108-109, 111, 118, 147, 151, 390

Mängel...... 57, 124-125, 196, 237-238, 284, 371-374, 390, 392-394, 399, 406, 414, 416-421, 428-429, 431-432

Mangelbegriff, subjektiver...... 392

Marketing...... 25-26, 33, 37, 41-42, 47, 49-50, 54, 56, 58, 60, 62, 75-76, 93, 99-100, 102, 104, 110-113, 115-116

Marktanalyse...... 63-65, 73, 86, 91-95, 121-122, 124-125

Marktauftritt...... 150

Marktentwicklung...... 21, 41, 52, 65, 97

Marktpotenzial...... 51, 65-66, 73, 79, 81, 84, 86-87, 93

Masterplan...... 116

Mehrfachnutzung...... 128

Mietdauer...... 381, 387

Miete...... 21-22, 27, 29, 35, 37, 39, 53, 57-58, 87, 88, 94-95, 98-99, 103, 110-111, 113, 115-116, 366, 370-372, 377, 384-403

Mieterbetreuung...... 102, 104

Mietertragsprognose...... 58, 87

Mietgarantie...... 372

Mietobjekt...... 370-371, 377-378, 380-381, 384, 387, 388, 390, 392-396, 398-403

Mietsicherheit...... 370-371

Mietverhältnis...... 103-104, 113, 115, 370-371, 377, 379-382, 385, 387-391, 395-401

Mikroanalyse...... 66

Minderung...... 107, 307, 393-394

Mindestgröße...... 93, 151, 214

Mindesthonorar...... 425-426

Mischgebiet...... 92, 145, 156, 206, 208, 257-258, 269, 298, 301, 303, 305-306, 329, 345

Missbilligungsgrenze...... 350

Mitnahmeeffekt...... 128

Mobile Commerce...... 24-26, 34, 54

Multi-Channel...... 26, 32-33

Mystery-Shopping...... 113

Nachbarliche Abwehrrechte...... 283, 287

Nachbarprozess...... 286

Nachbarrechtsbehelfe...... 283

Nachbarschaftsladen (Convenience-Store)...... 25, 33-34, 152, 211

Nacherfüllung...... 419, 431

Nachtragsforderung...... 407-409, 415

Nachtverkehr...... 128

Nachveranlagung...... 361

Nahversorger...... 144, 162, 172

Nahversorgungszentrum...... 41, 47

Nebenanlage...... 257

Nebenkosten...... 384, 390-393, 400, 402

Nebenzentrum...... 136, 274

Negativplanung...... 242, 253

Neuverkehr...... 126, 128-129, 131

Niederlassungsfreiheit...... 136, 189-192

Normenkontrollklage...... 263-264

Nutzungsänderung...... 58, 64, 174, 281, 283, 290, 294

Nutzungskonzepte...... 57, 63, 88, 91-95, 97-98, 121, 129

Nutzungswerterhöhung...... 360

Nutzungszweck...... 315-316

Öffentliche Belange...... 136, 233-234, 278, 305

Öffentlichkeitsarbeit...... 106, 117

Öffentlichkeitsbeteiligung...... 154, 179, 262-263

Online-Händler...... 26, 55, 119

ÖPNV...... 40, 68-69, 72, 88

Option zur Umsatzsteuer...... 374, 402-403

Parken...... 40, 88, 127

Parkierungsanlage...... 129-130

Parkplatzlärmstudie...... 226, 301

Parkraumbelegung...... 132, 134

Passantenfrequenz...... 39-40, 72-73

Pauschalhonorar...... 425-426

Pauschalpreisvertrag...... 407-409

Periodenkalkulation...... 360

Pfandrückgabe...... 146-147

Photovoltaik...... 334

Planaufstellung...... 145, 194, 262, 328, 332, 369

Planaufstellungsbeschluss...... 247, 262

Planaufstellungsverfahren...... 197, 200, 231, 236, 238, 241, 263-264, 332

Planbindung...... 344

Planerhaltung...... 238

Planrechtfertigung...... 217, 221

Planreife...... 262-263

Planungserfordernis...... 192, 281-282

Planungsermessen...... 202, 217, 234

Planungsfehler...... 262, 428-432

Planungsgebiet...... 128

Planungshoheit...... 156, 183, 185, 189, 198-199, 217, 219, 236, 327

Planungskosten...... 330-331

Planungsleitlinien...... 219, 233

Planungspflicht...... 197, 202, 217-218

Planungsphase...... 335

Planungsprozess...... 130, 134, 187

Planungssicherheit...... 248

Planungsumgriff...... 128

Planungsvereinbarung...... 332

Planungsvertrag...... 181, 424, 427

Planverwirklichungsvereinbarung 332-333

PlanZV...... 142

Preisklauselgesetz...... 385-387

Privilegiertes Vorhaben...... 278-279, 281

Produzierendes Gewerbe...... 215, 221, 224-226

Projektbegleitung...... 124, 127

Property Management...... 106

Proportionalitätsfaktor...... 305

Prüfungsaufbau...... 228

Prüfungsmaßstab...... 286

Prüfungsumfang...... 250, 254, 263

Quartier...... 24-25, 41, 60, 93, 274, 338

Rahmengebühr...... 316

Rampen...... 129

Randsortiment...... 138-139, 150, 153-154, 160, 171, 173, 175, 177, 190, 193, 216

Raumaufhellung...... 305

Raumordnung...... 25, 50, 100, 136-137, 141, 165-167, 178-184, 186-187, 189, 192, 195-197, 199, 202, 233

Raumordnungsplan...... 166, 168-169, 181-184, 199

Raumordnungsverfahren...... 178-181, 195, 233

Raumverträglichkeit...... 179-180

Realisierungsphase...... 126

Rechtliche Schicksalsgemeinschaft 287

Rechtsbehelfe...... 283-284

Rechtsweg...... 188, 331

Rechtswirkung...... 143, 179-182

Redevelopment...... 52, 57

Regelvermutung...... 156-159, 162-163

Reporting...... 102-103

Restrukturierung...... 52, 57

Revitalisierung...... 21, 30, 34-35, 43, 52-58, 60, 106, 116, 118-119, 122, 338, 434-435

Risikobewertung (Risikoeinschätzung)...... 81, 284

Rohbaukosten...... 249, 313, 316-317

Rohbausumme...... 313

Rohbauwert...... 313, 315-317

Rücksichtnahme...... 250, 255, 258, 270, 287-289, 302-303, 306, 311

Rücktritt...... 369, 419-420

Rücktrittsrecht...... 247, 369, 372, 374, 378

Rügefrist...... 237

Sachmängelhaftung...... 371, 373-374

Sachzusammenhang...... 329-330, 337, 353

Salvatorische Klausel...... 331

Satzungsbeschluss...... 195-197, 238, 241, 262, 335

SB-Warenhaus...... 30-31, 34, 45, 50, 52, 60, 74

Schadensersatz...... 247, 252, 318, 320-322, 394-395, 398, 412, 419, 431

Schadensersatzanspruch...... 248-249, 252-253, 319, 323, 367, 400, 412, 416, 419-420, 432

Schadenshöhe...... 323

Schädigungsverbot...... 169

Schallschutz...... 126, 130, 163, 236, 248, 250, 258, 271, 298, 428

Schleppkurve...... 90, 129

Schönheitsreparatur...... 388-390, 394

Schriftform (gesetzliche)...... 379, 381-382, 387

Schwerverkehrsanteil...... 129, 131

Selbstvornahme...... 419-420

Seveso-II-Richtlinie 228

Share Deal...... 367

Shoppingcenter,...... siehe Einkaufszentrum

Sicherheitseinbehalt...... 416

Sicherungshypothek...... 414

Sofortige Vollziehung...... 254

Sondergebiet...... 97, 145, 152, 155-158, 161, 185, 202, 205-206, 210, 212-214, 227, 245, 271, 288, 298, 300, 333, 348, 354, 362

Sonderkündigungsrecht...... 388, 397, 400, 402

Sondersatzung...... 354

Spitzenstundenbelastung...... 128

Städtebauliche Gründe...... 148, 208, 217, 220-221

Städtebauliche Rechtfertigung 219-221, 223

Staffelmiete...... 385

Standort- u. Marktanalyse (STOMA) 63-65, 73, 86, 91-95, 121-122, 124

Standortagglomeration...... 36, 41, 58

Standortanalyse...... 29, 41, 56-57, 65-66, 68, 95, 100, 103, 119

Standortfaktor...... 57, 70, 72, 124, 127

Stellplätze...... 42, 72, 114, 129, 144, 248-249, 257, 289-290, 304, 317

Steuerungsinstrumente...... 123

Störfallbetrieb...... 228

Straßenabschnitt...... 129

Straßenausbaubeitrag...... 341, 351, 354, 355, 357-359

Straßenherstellung...... 341, 347

Straßenkategorie...... 353

Straßennetz...... 127-130, 291, 295, 354

Subsidiaritätsklausel...... 320

TA Lärm...... 143, 226-227, 270, 289-290, 298-304

Tatbestandsmerkmal...... 147, 157, 163, 262, 267-268, 270, 279

Technisches Gebäudemanagement 106-107

Teilfläche...... 346, 348, 357, 362, 365-366

Teilflächenabzug...... 348, 357, 362

Teilinklusivmiete...... 384

Teilungsgenehmigung...... 365

Teilunwirksamkeit...... 331

Third Places...... 25, 28, 42

Tiefenbegrenzung...... 346, 362

Trennungsgebot...... 297

Typenzwang...... 205

Typisierungsgebot...... 210

Typisierungszwang...... 210-212, 215-216

Übermaßverbot...... 329

Umfeldverträglichkeit...... 129

Umgebungsrahmen...... 267-268

Umlagemaßstab...... 391

Umsatz-Kaufkraft-Relation...... 168

Umsatzmiete...... 29, 57, 384, 394

Umsatzpotenzial...... 57-58, 65-66, 68, 75, 82, 84, 86-87, 92-94

Umsatzsteuer...... 374, 378, 402-403

Umsatzumverteilung...... 193, 200-201, 236, 275

Umweltauswirkungen...... 161, 231

Umweltbelange...... 226, 229, 231, 304

Umweltbericht...... 231

Umwelteinwirkungen...... 289, 299, 307

Umweltprüfung...... 231-232

Umweltrechtsbehelfsgesetz...... 232

Umweltschutz...... 142, 191-193, 226, 231-232, 245

Umweltverträglichkeit...... 178, 180, 232

Untätigkeitsklage...... 247, 252, 254, 322-323

Untersuchungstiefe...... 124

Urheberrechtsschutz...... 433

Veränderungssperre...... 54, 253-254

Verbraucherpreisindex (VPI)...... 386

Verbraucherverhalten...... 26-27, 36, 44

Verfahrensfehler...... 237, 312

Verhinderungsplan...... 220, 252-253

Verjährung...... 320-321, 323, 331, 384, 394, 421-422

Verjährungsfrist...... 347, 356, 361-362, 432

Verkaufsangebot...... 368

Verkaufsfläche...... 21, 23, 28, 36, 38, 42-43, 45-46, 48-49, 51, 63, 66, 73-78, 87-89, 91-93, 138, 145, 147-148, 154, 170-171, 173-177, 210, 212, 249-250, 252, 265, 269, 272, 274, 276-277, 314-315

Verkaufsflächenobergrenze...... 210, 212, 215

Verkaufsflächenvergleich...... 276

Verkaufsstätte...... 314

Verkehrsanbindung...... 66, 68-69, 73, 77, 82-83

Verkehrsaufkommen...... 126, 128, 271, 292

Verkehrsentwicklung...... 129

Verkehrserhebungen...... 128

Verkehrsgutachten...... 126-129, 131, 133-134, 250, 293

Verkehrsinfrastruktur...... 128

Verkehrslenkung...... 130

Verkehrsmenge...... 127, 129

Verkehrsplanung...... 126, 354

Verkehrsprognose...... 129

Verkehrsregelung...... 126

Verkehrssicherheit...... 129

Verkehrsuntersuchungen...... 126

Verkehrsverteilung...... 128, 131

Verkehrswegenetz...... 128

Verkehrszunahme...... 129

Verlängerungsoption...... 387

Vermessung...... 365

Vermietung...... 55-56, 73, 90-91, 95, 98-99, 102-103, 105, 110, 113-114, 377-378

Vermutungsregelung...... 158, 160-161

Versandhandel...... 32, 34, 46, 61, 84

Verschulden...... 319-321, 323-324, 412

Versorgung, wohnortnahe...... 172

Versorgungsbereich...... 53, 170, 273, 276

Versorgungsbereich, zentraler...... 57, 138, 170, 172-174, 222-223, 248, 251, 272-277, 283,

Vertikalisierung...... 25, 27, 64

Verträglichkeit...... 43, 66, 121, 123, 125, 129-130, 139, 178-180, 232, 288

Vertragsinhaltsverbot...... 329

Vertragsstrafe...... 395, 411-413, 423

Vertragsverletzungsverfahren...... 190

Vertriebsformen...... 24, 31

Verwaltungskosten...... 99

Verwendungsrisiko...... 393

Verzögerungsschaden...... 318

VOB/B...... 406, 409, 419-421

Vollgeschoss...... 157, 209, 249, 256, 268, 348

Vollgeschossmaßstab...... 362

Vorauszahlung...... 423

Vorbescheid...... 142, 163-164, 247-254, 317, 319-321, 323

Vorhaben, einheitliches...... 315

Vorhabengenehmigung...... 203, 262

Vorhabenträger...... 242

Vorsteuerabzug...... 374, 402-403, 415-416

Vorsteuerberichtigung...... 374, 403

Vorteilsausgleichung...... 319

Vorteilskompensation...... 355

Warenhaus...... 26, 30, 31, 34-35, 45, 50, 53, 60, 66, 74

Warensortiment...... 153

Wasseranschlussbeitrag...... 358

Werbebeitrag...... 106

Werbegemeinschaft...... 102, 104-105

Werkvertragsrecht...... 356, 424, 431

Wertschöpfung...... 23, 27, 29, 117

Wertsicherung der Miete...... 384, 387

Wertsicherungsklausel...... 384-385

Wettbewerbsanalyse...... 66, 69, 73-75, 78-79, 92-93

Wettbewerbsbeobachtung...... 102, 108

Wettbewerbsfreiheit...... 188

Wettbewerbssituation...... 56, 70, 74-75, 82

Widerspruchsfrist...... 284

Widmung...... 344

Windhundrennen...... 165, 210, 213-214

Wirtschaftlichkeitsgebot...... 391

Wohl der Allgemeinheit...... 261

Zahlungsbürgschaft...... 415, 423